Cambrésis

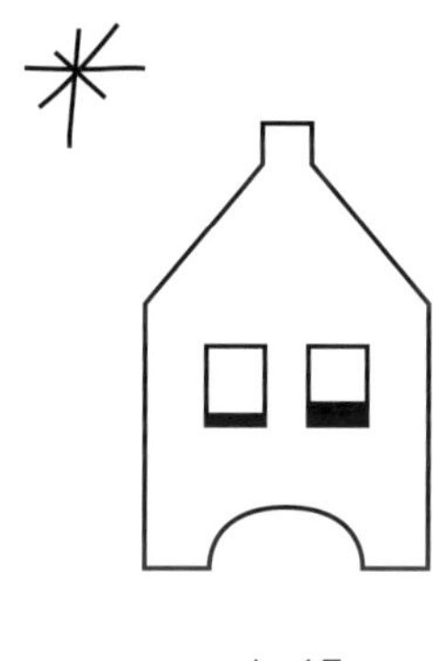

ch. 17

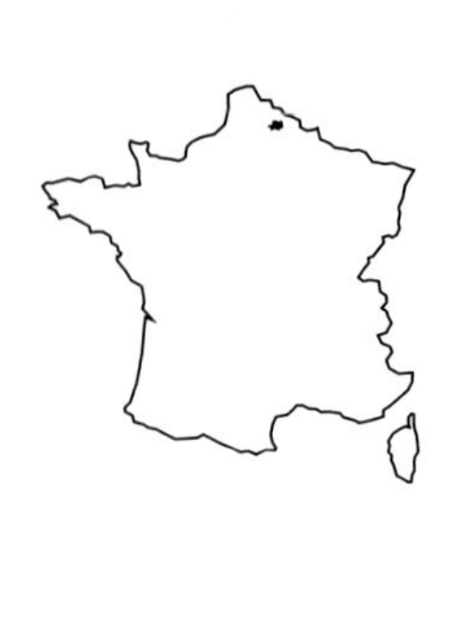

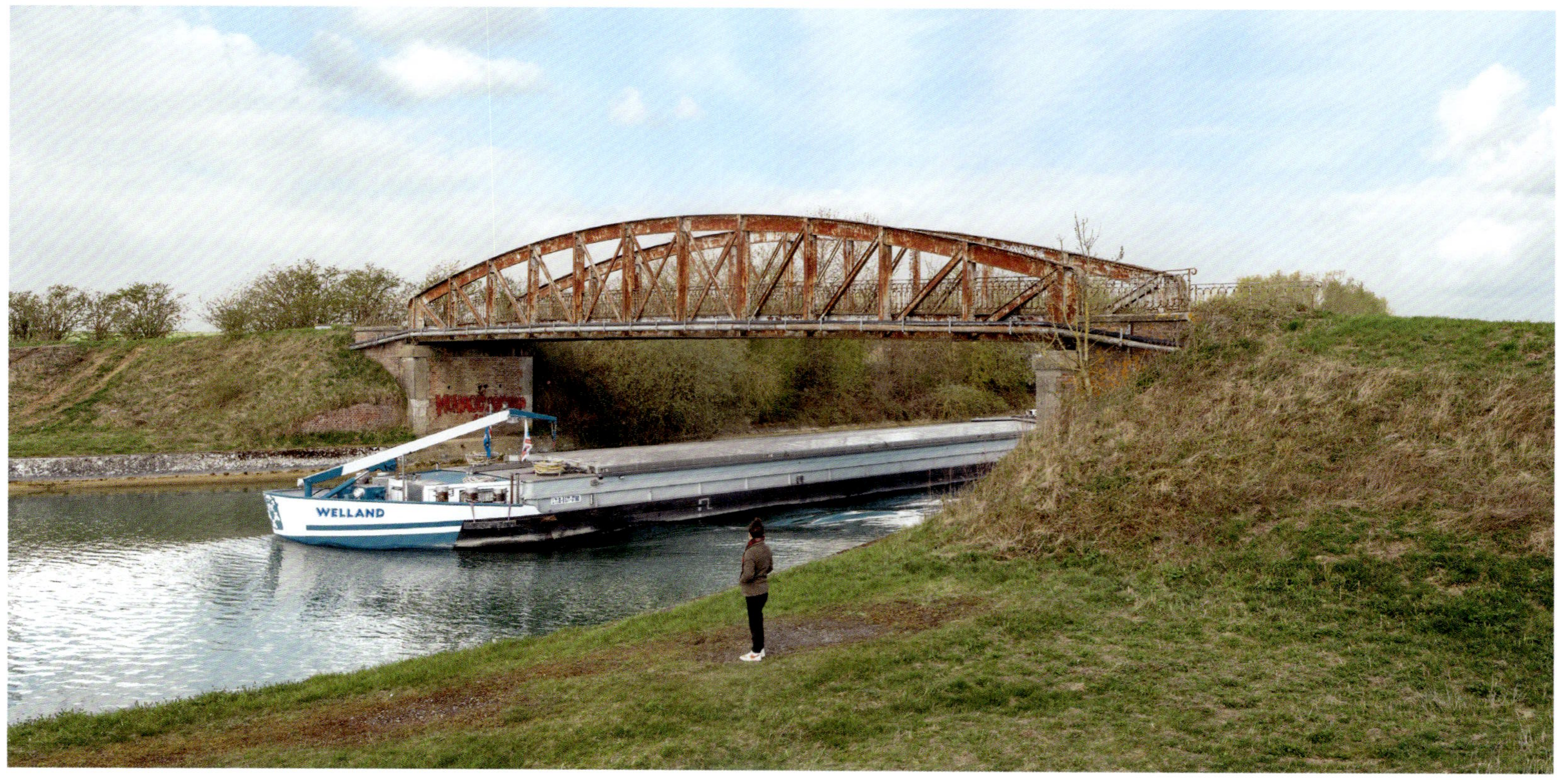

WELLAND

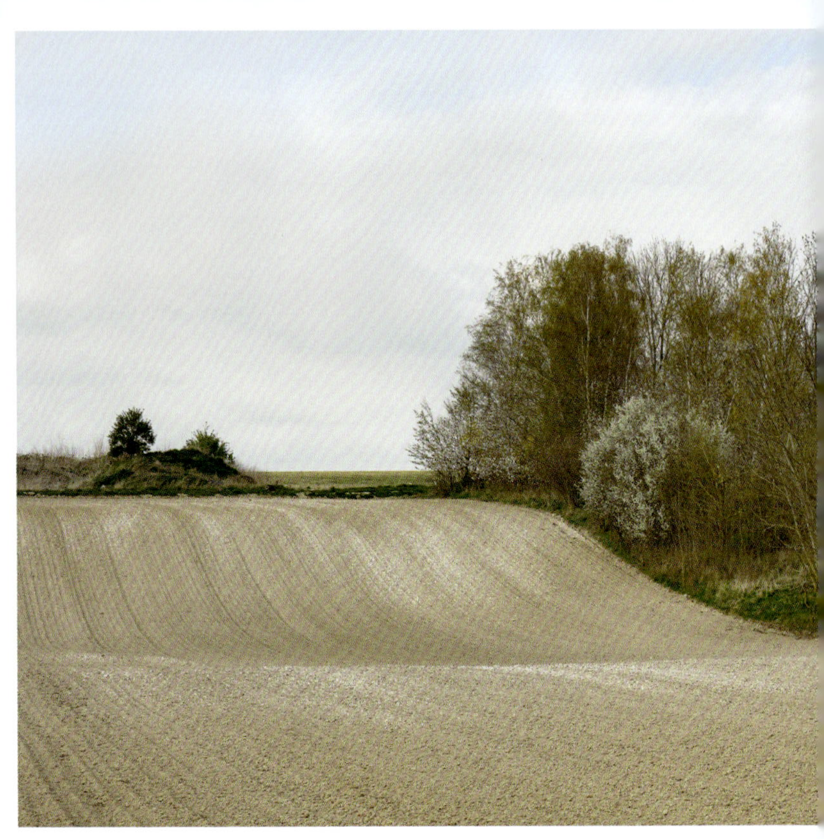

← Graincourt-lès-Havrincourt
Abancourt
→ Viesly
Quiévy

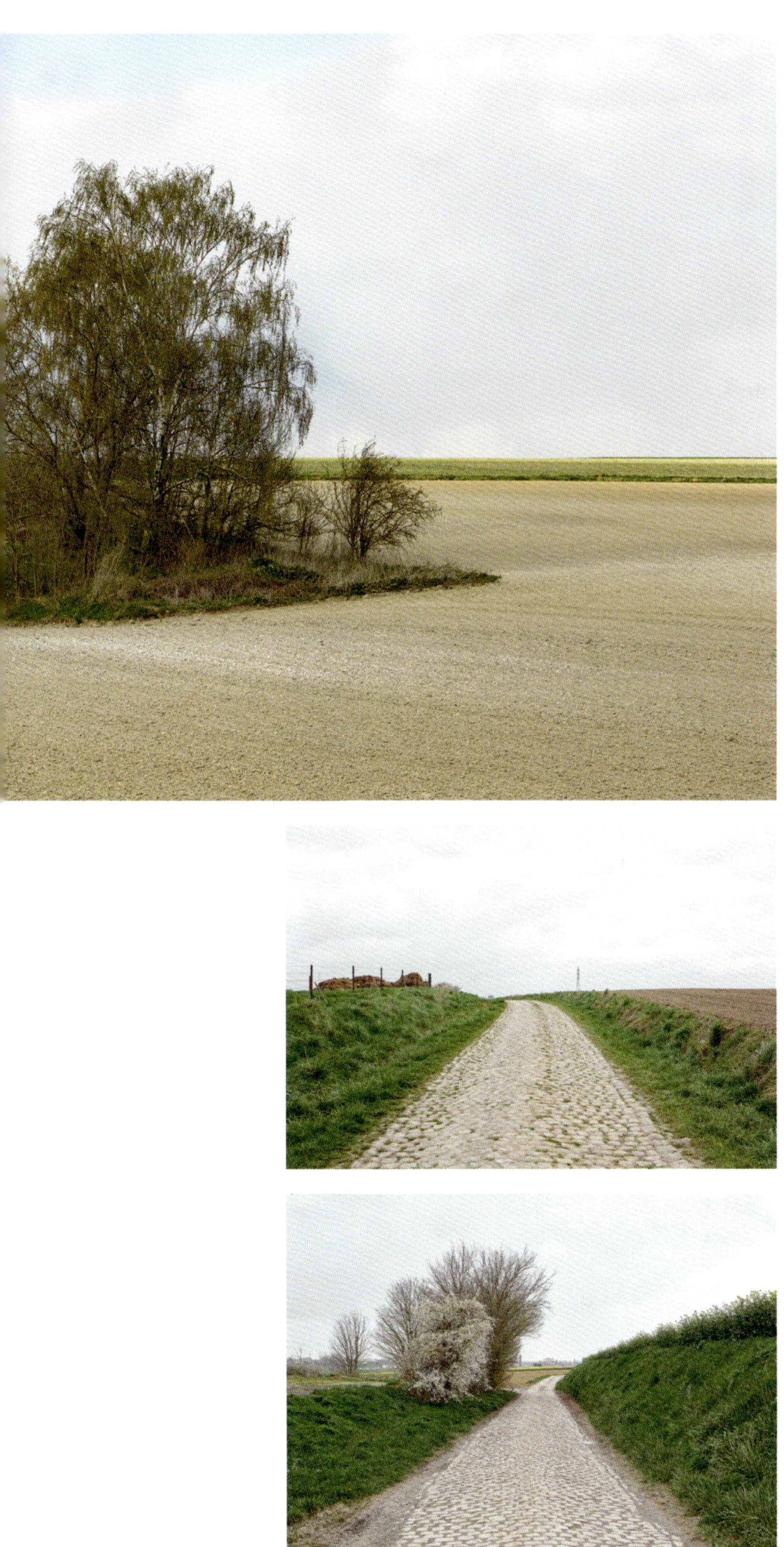

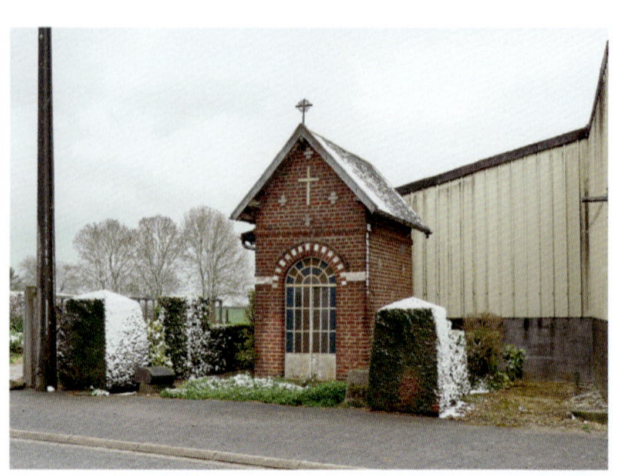

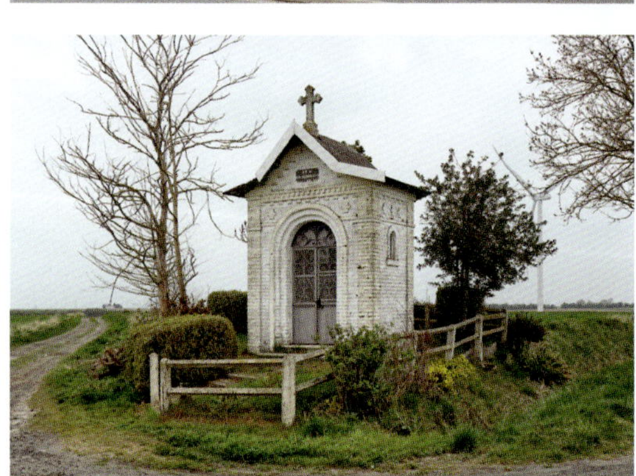

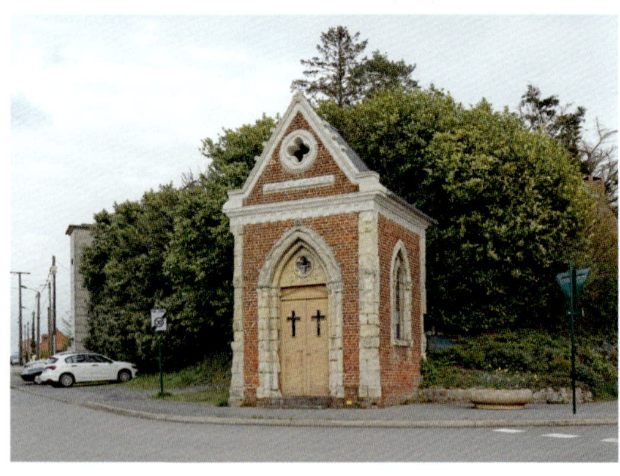

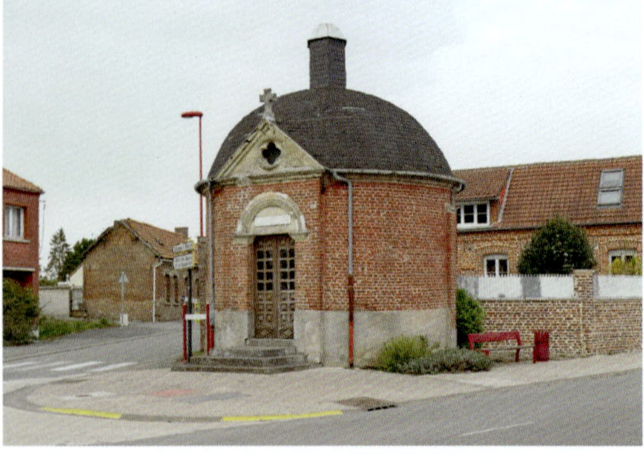

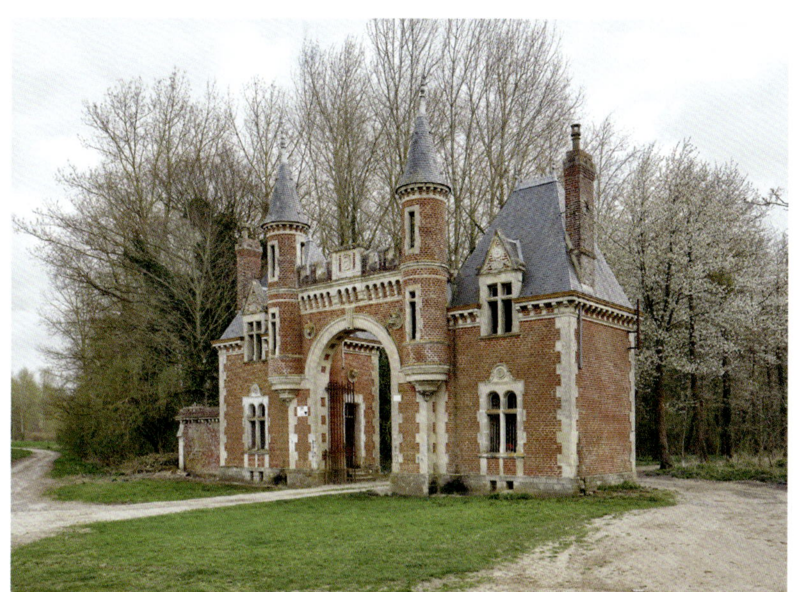

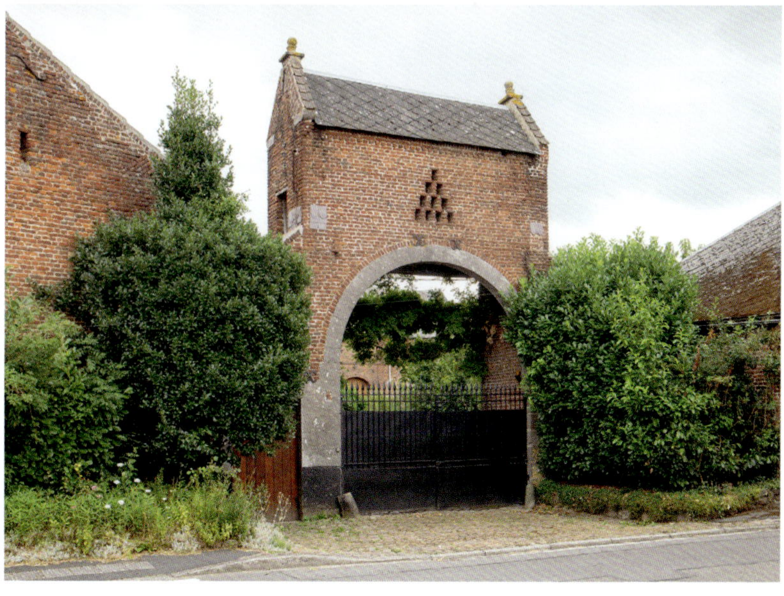

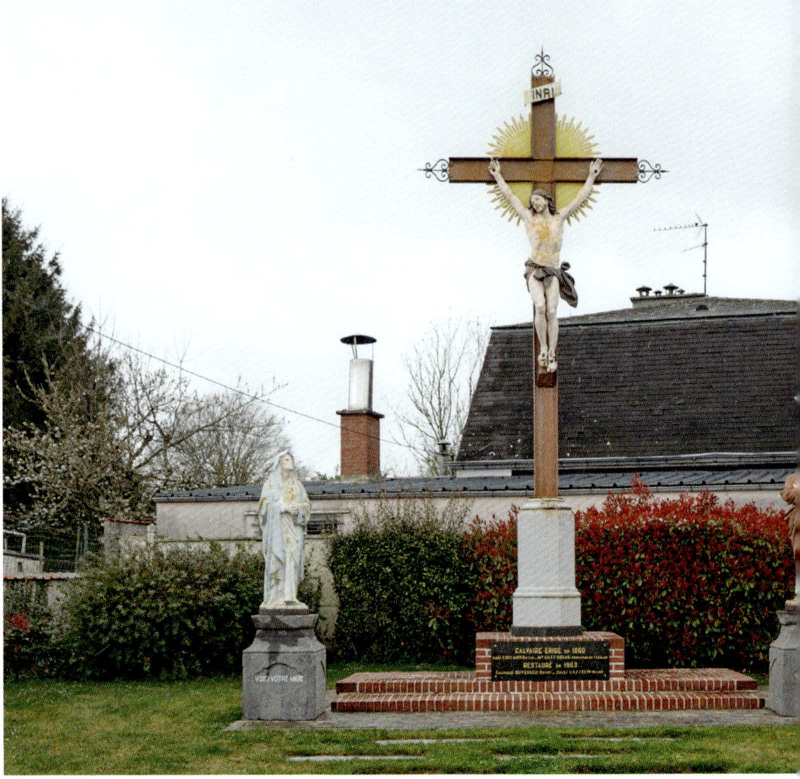

INRI
CALVAIRE ÉRIGÉ en 1860
RESTAURÉ en 1963
VOICI VOTRE MÈRE

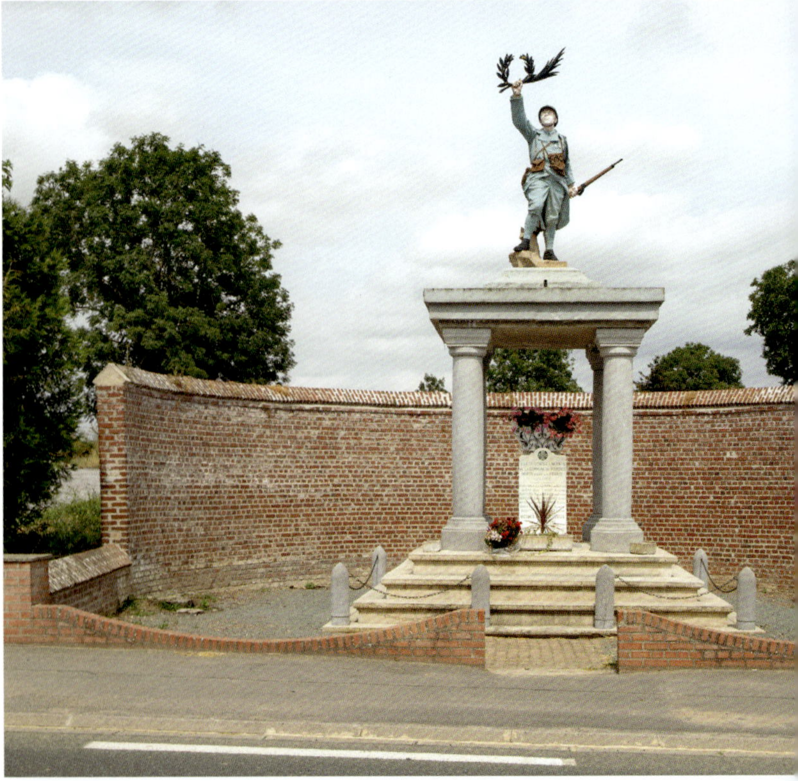

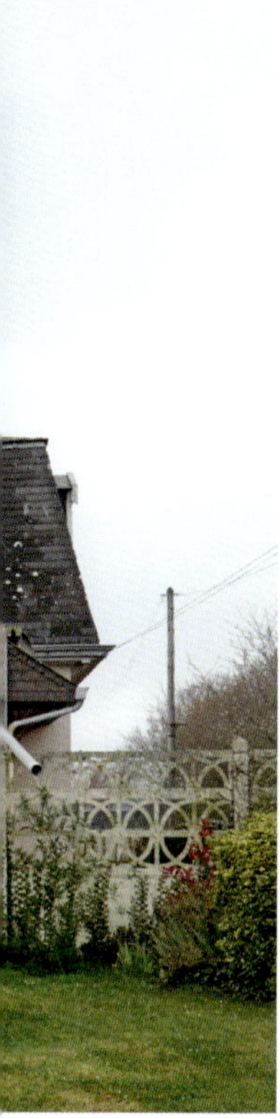

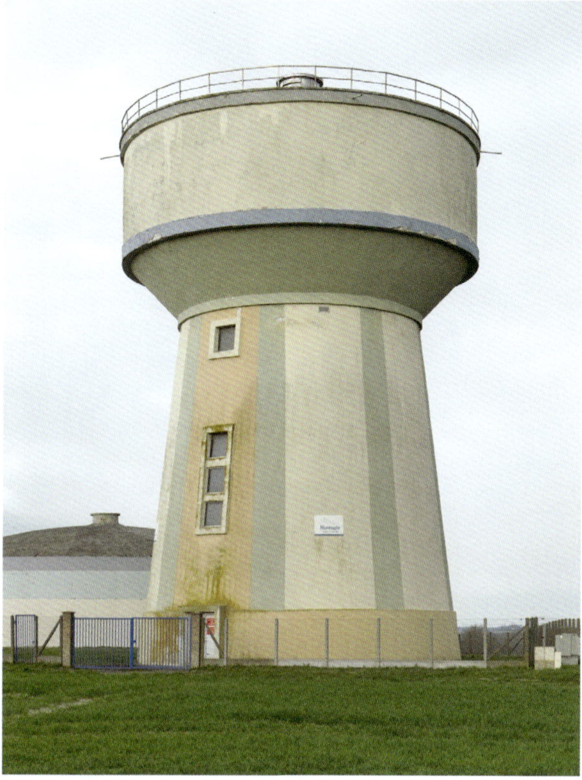

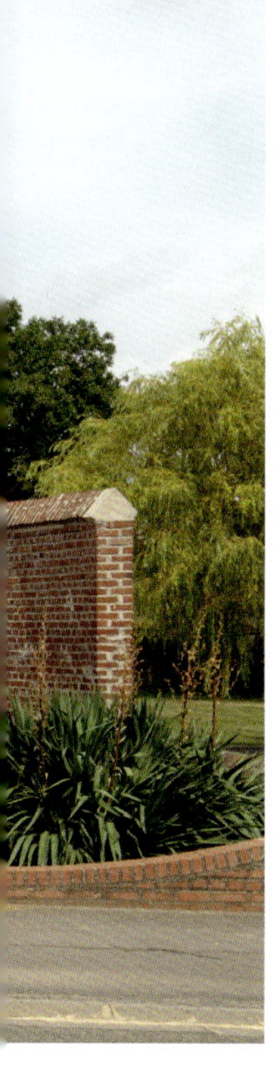

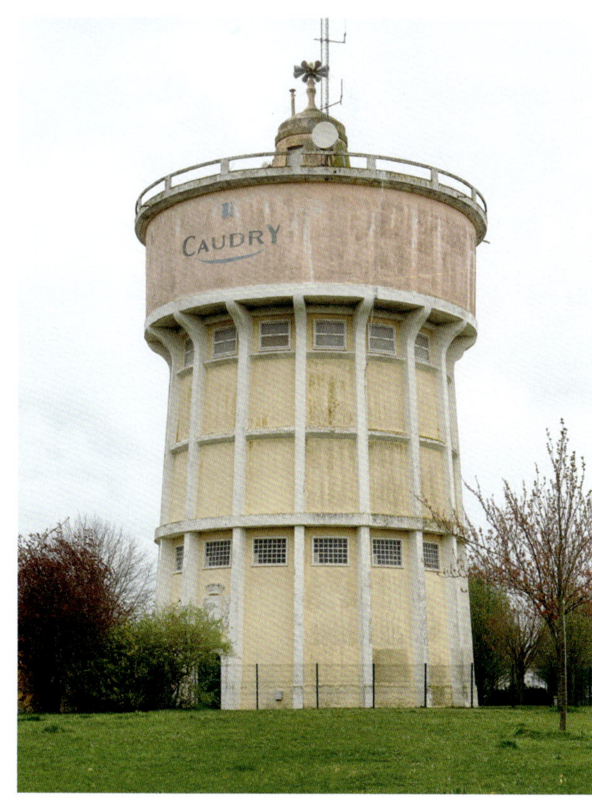
CAUDRY

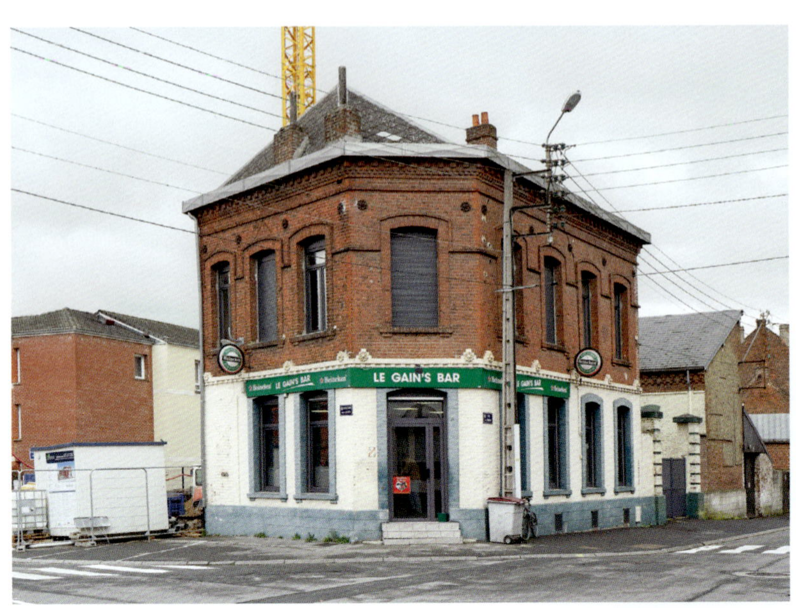

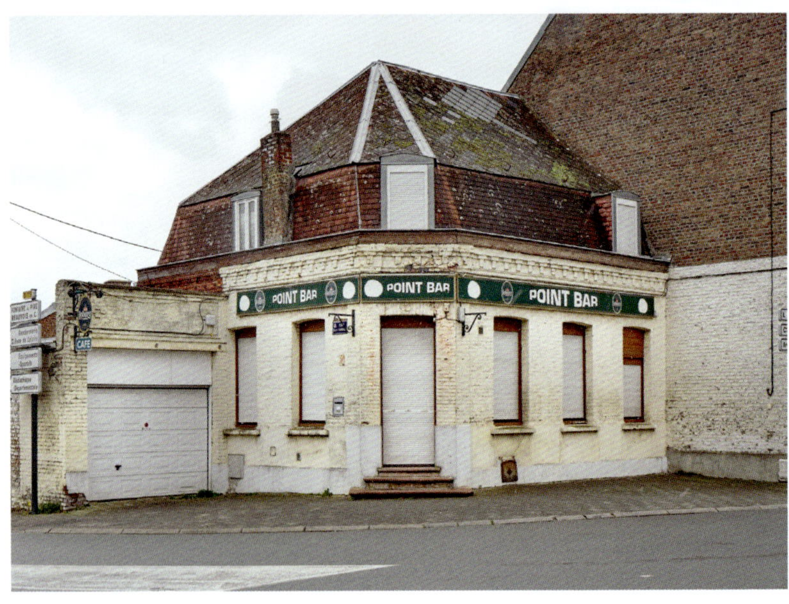

Caudry (2)

→ Rieux-en-Cambrésis
Le Cateau-Cambrésis
Quiévy
Cambrai

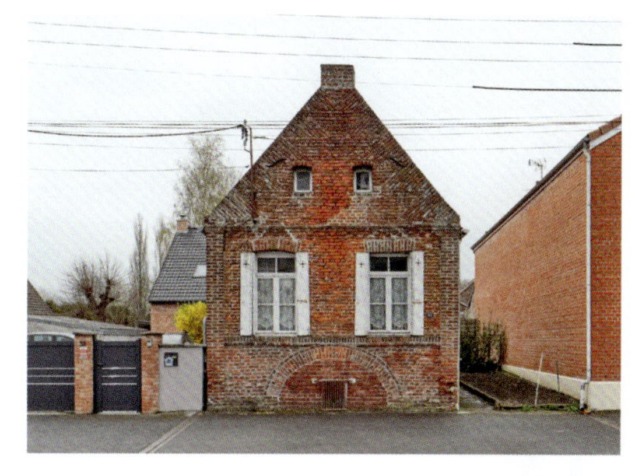

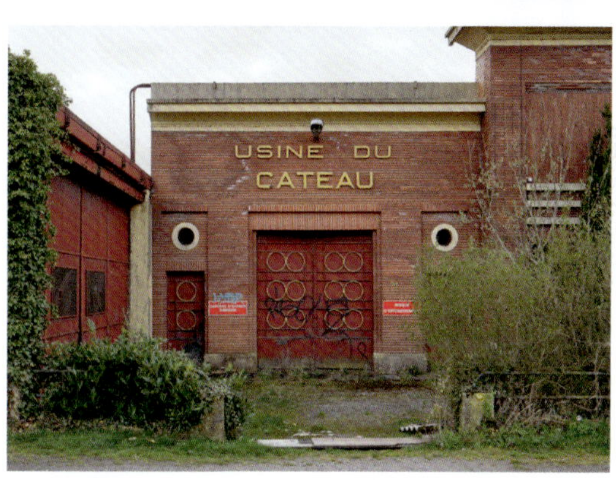

USINE DU
CATEAU

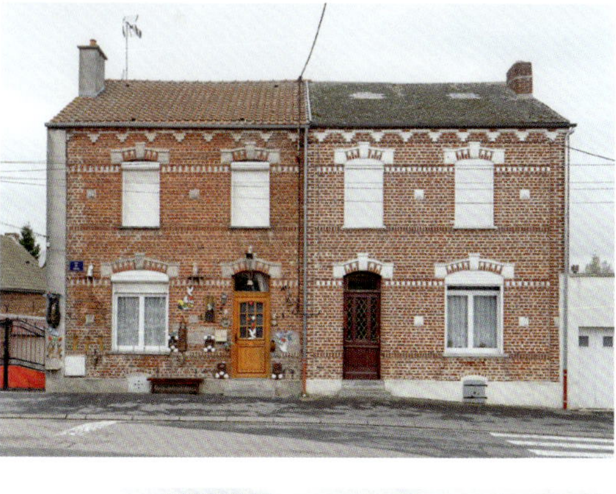

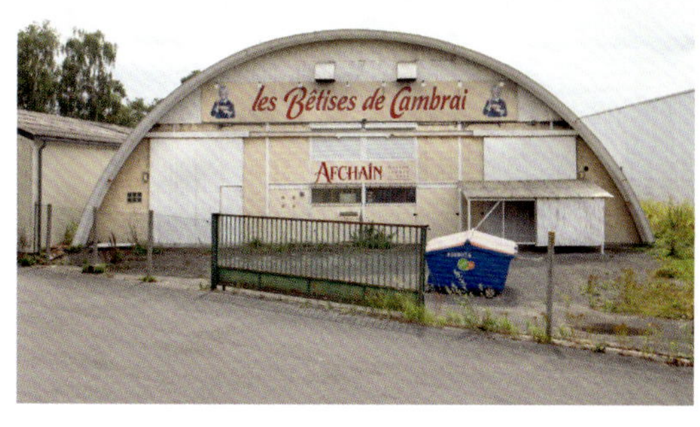

les Bêtises de Cambrai
AFCHAIN

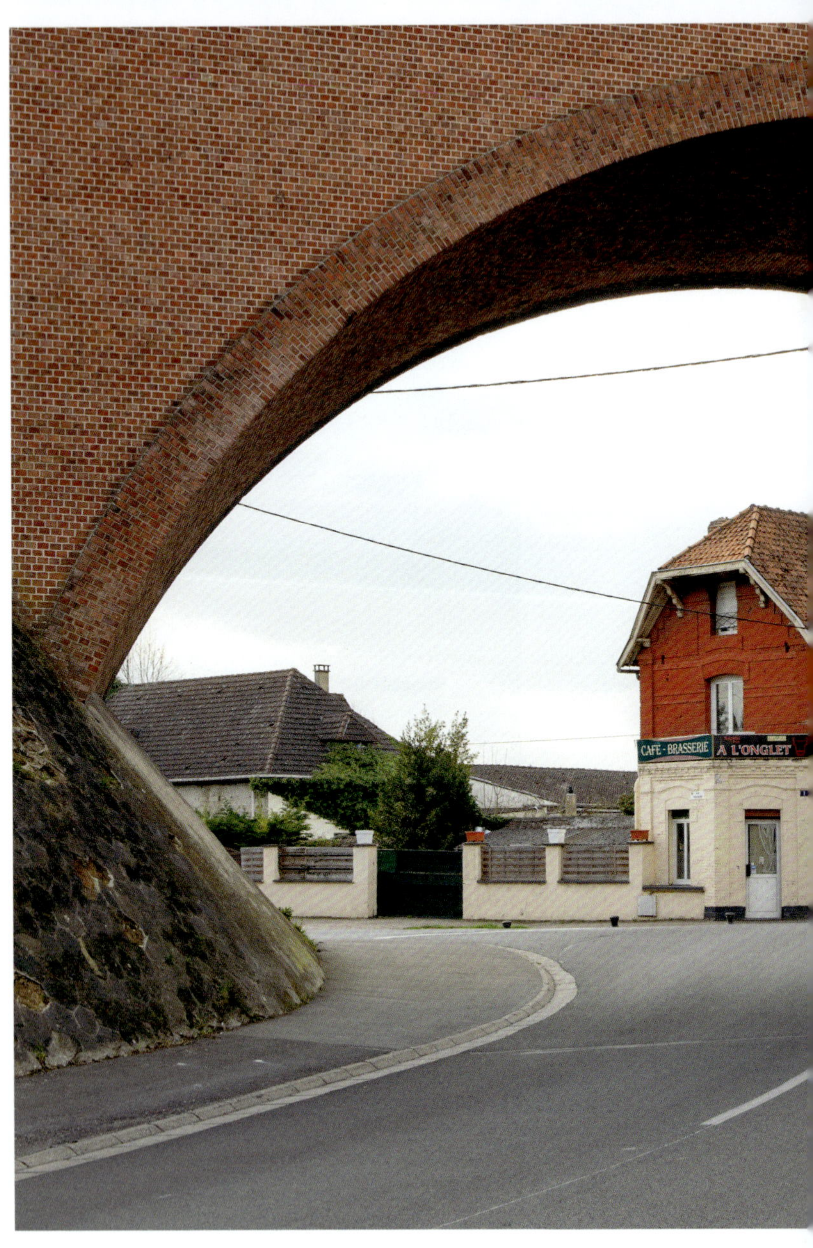

Cambrai

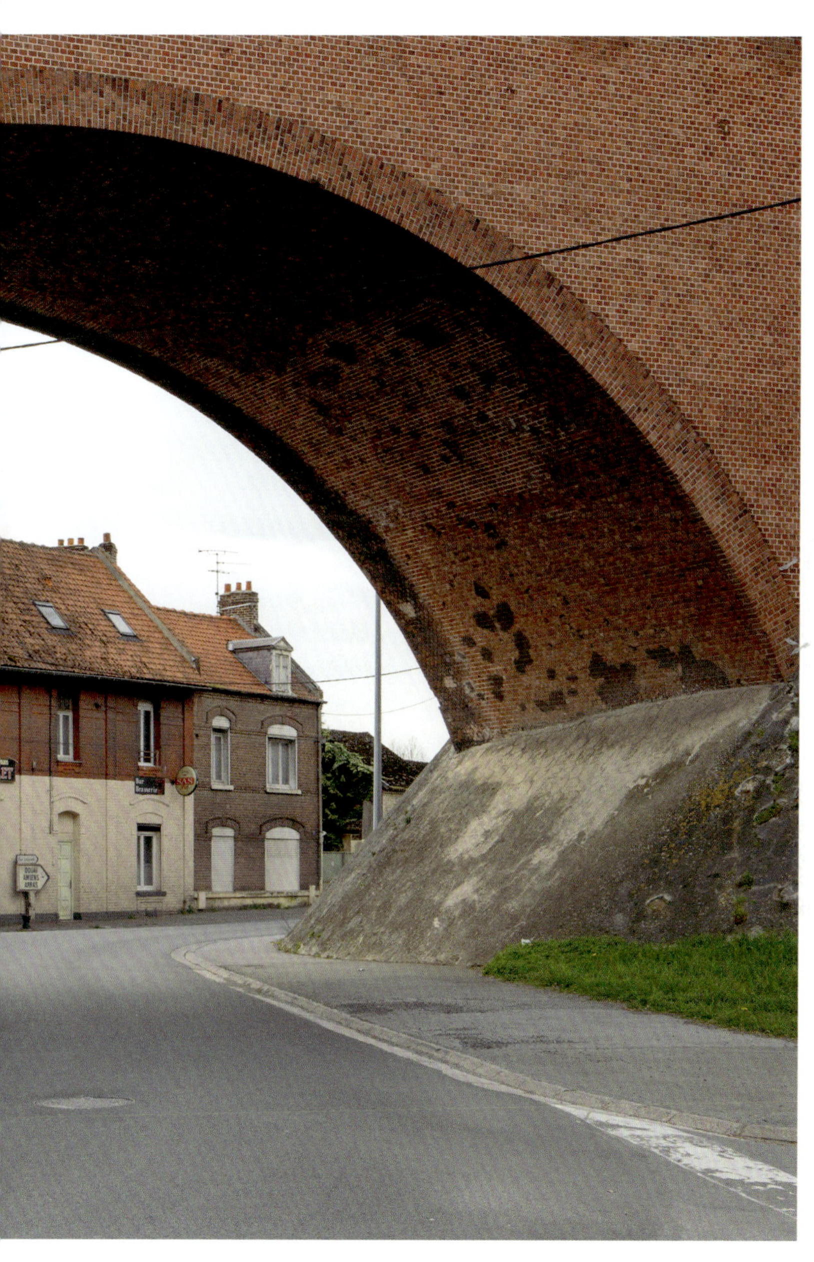

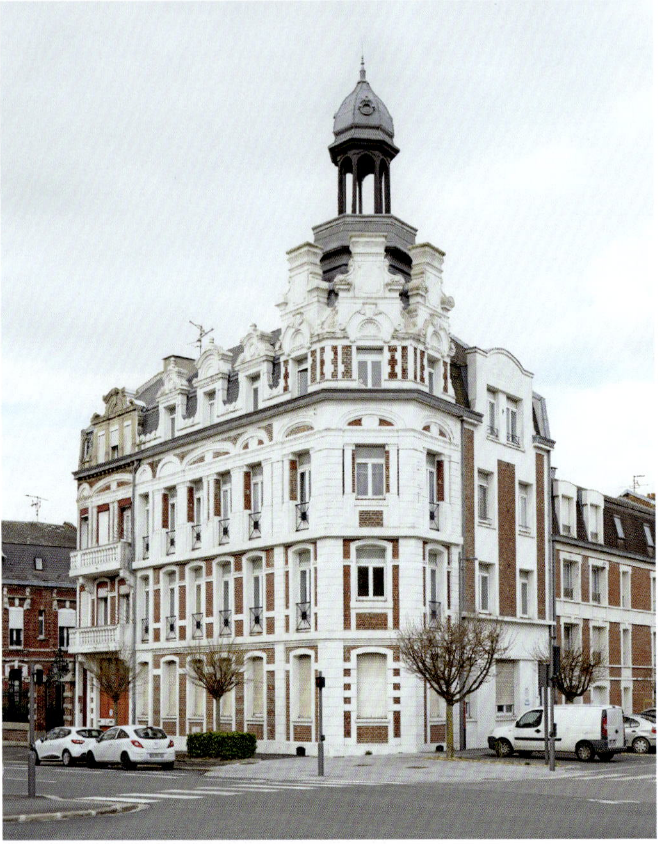

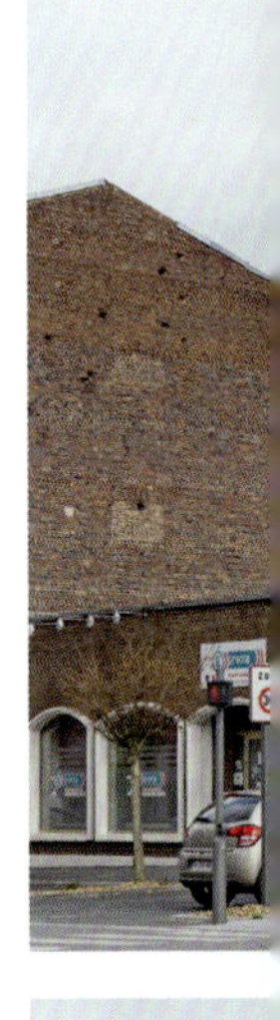
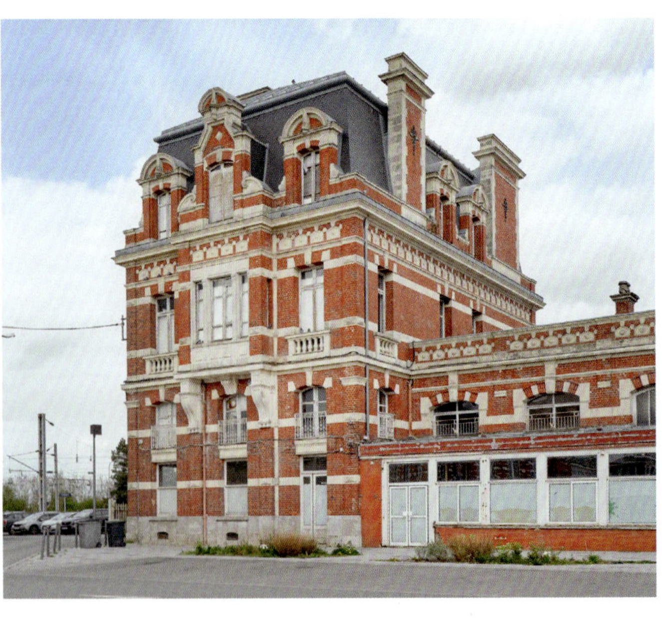
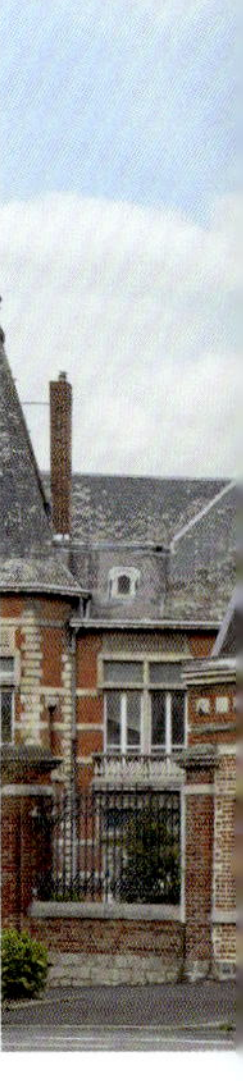

Cambrai

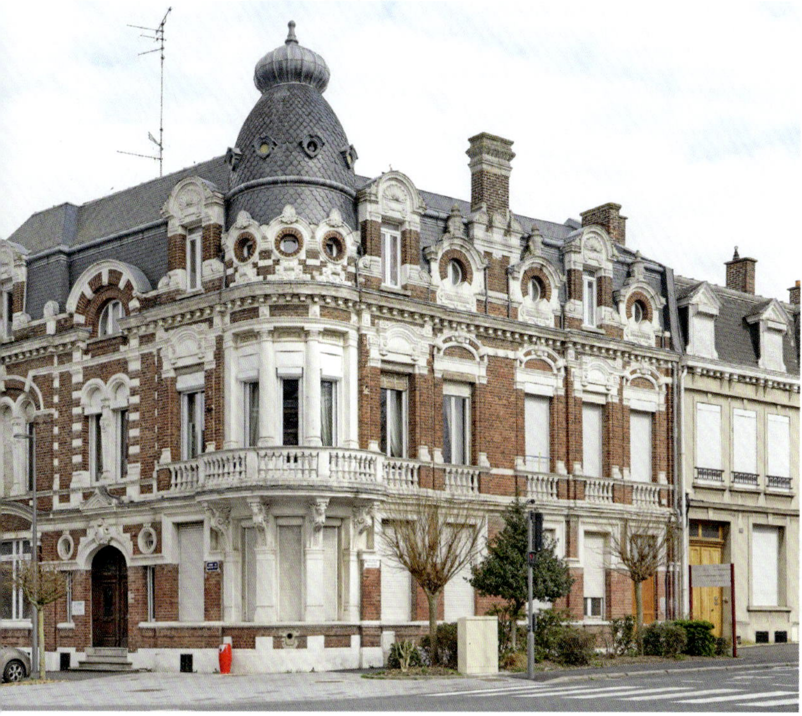

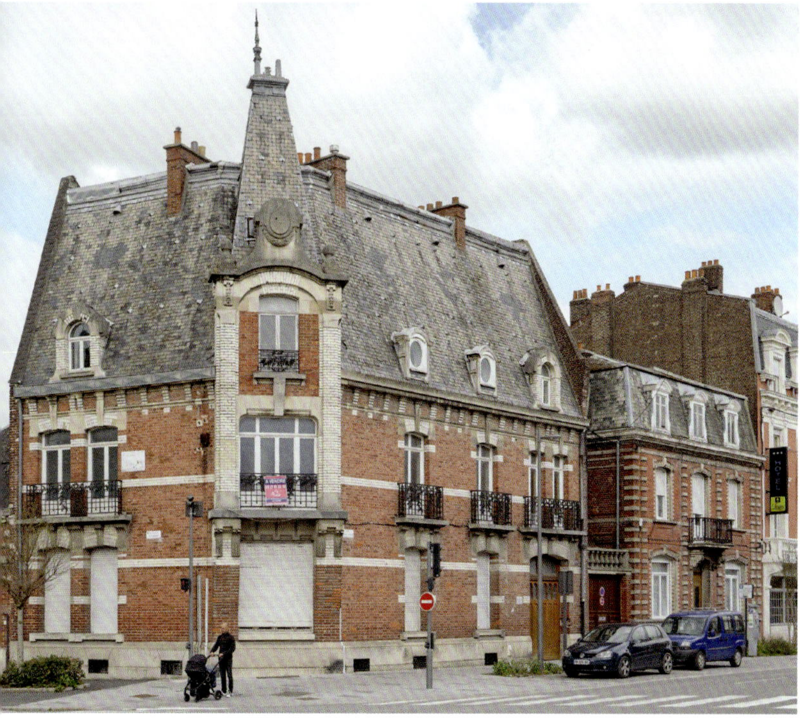

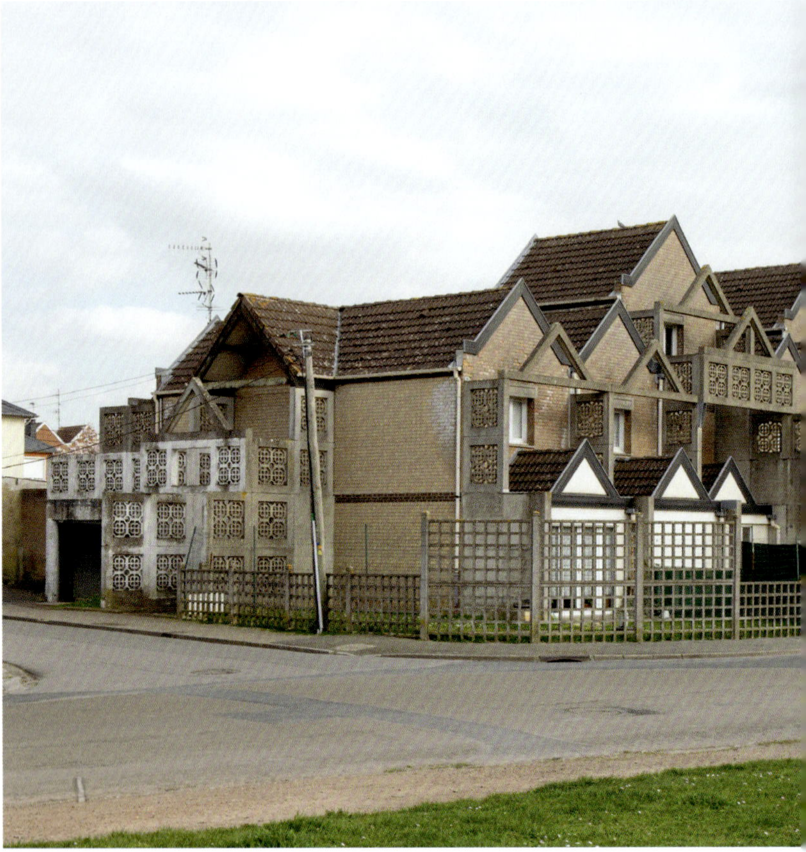

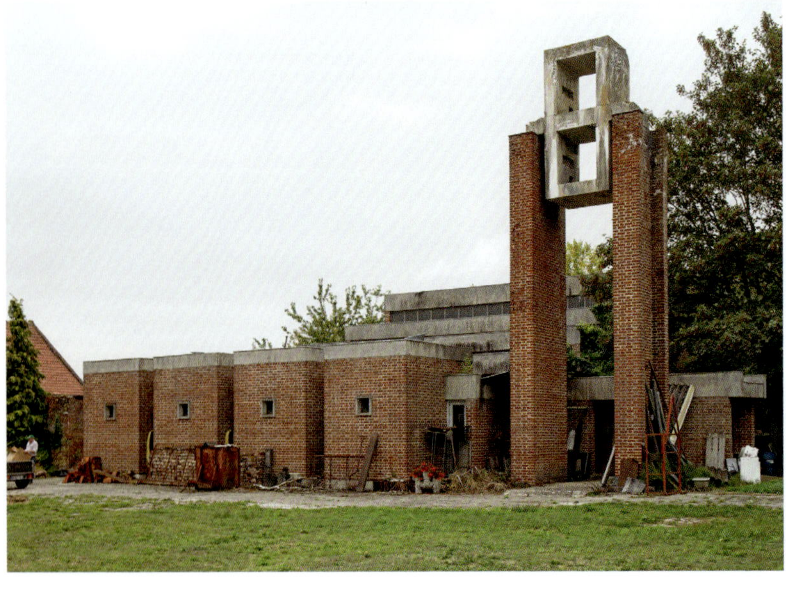

Cambrai
Maretz

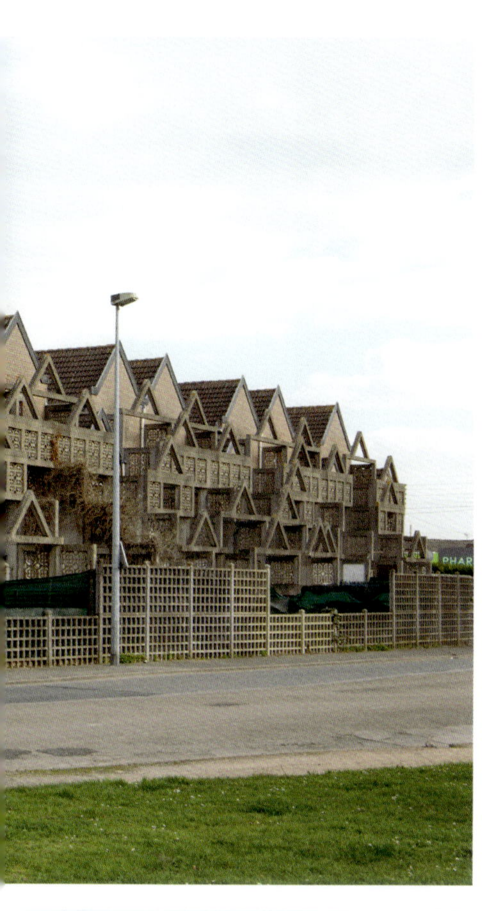

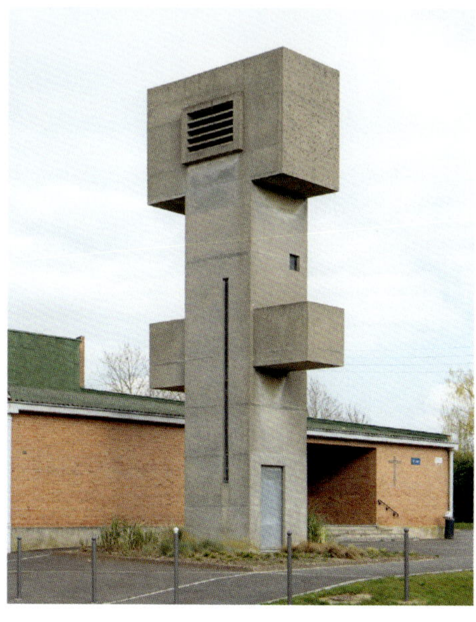

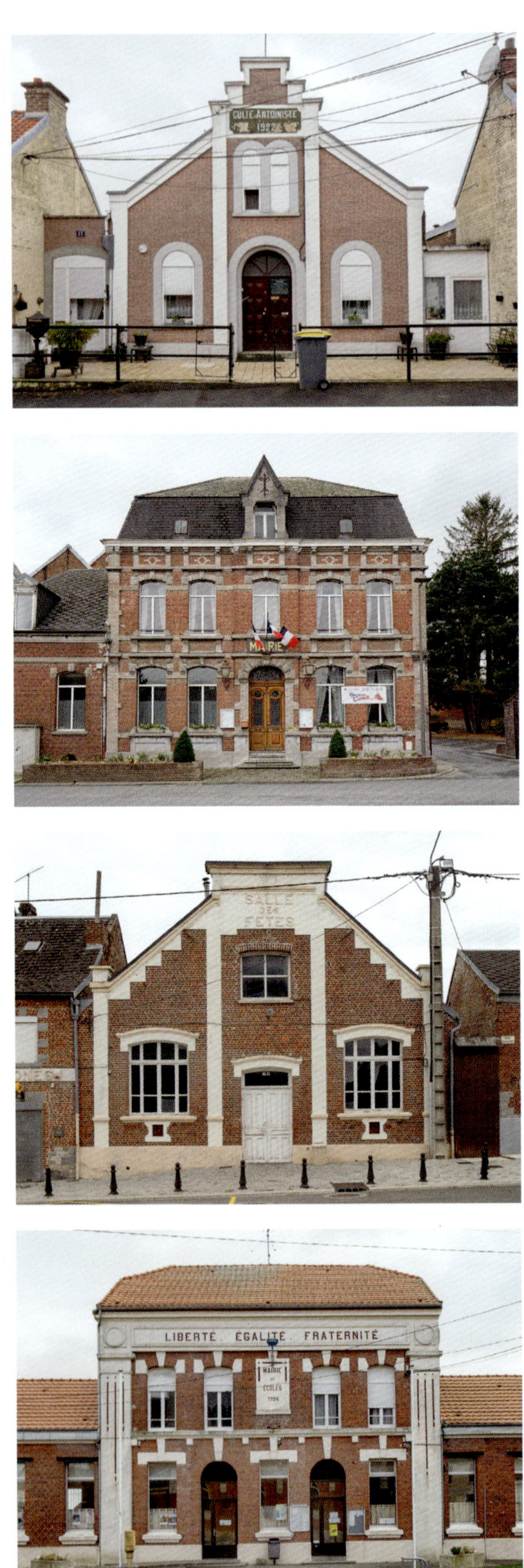

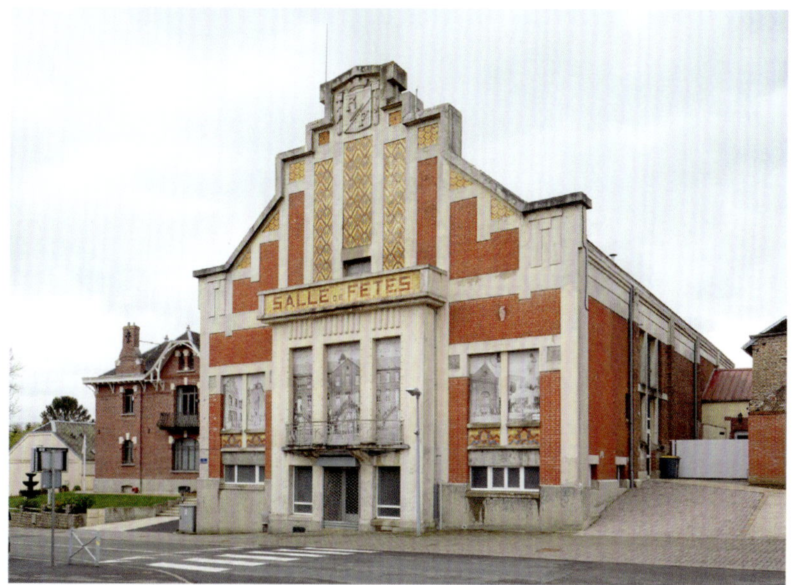
SALLE DE FÊTES

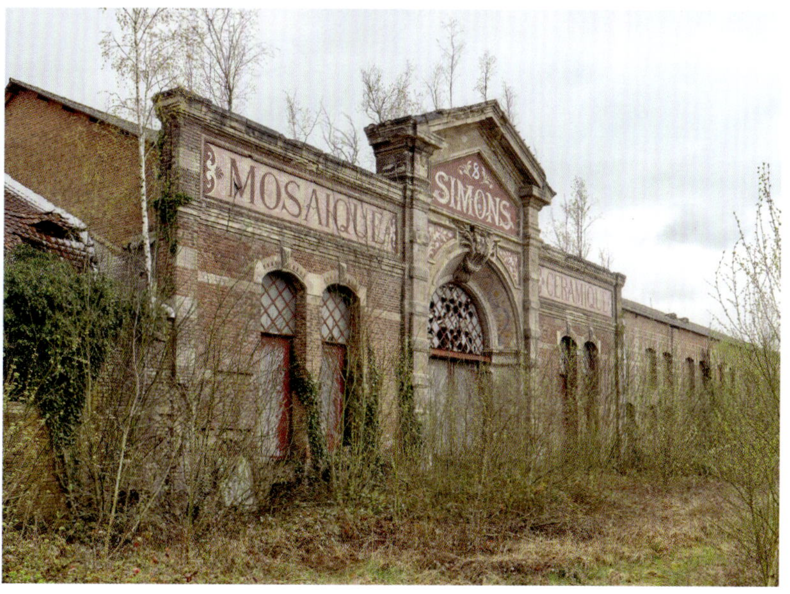
MOSAIQUE
SIMONS
CÉRAMIQUE

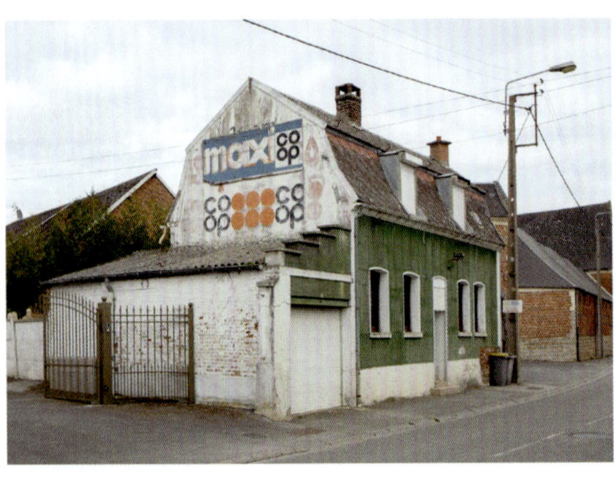

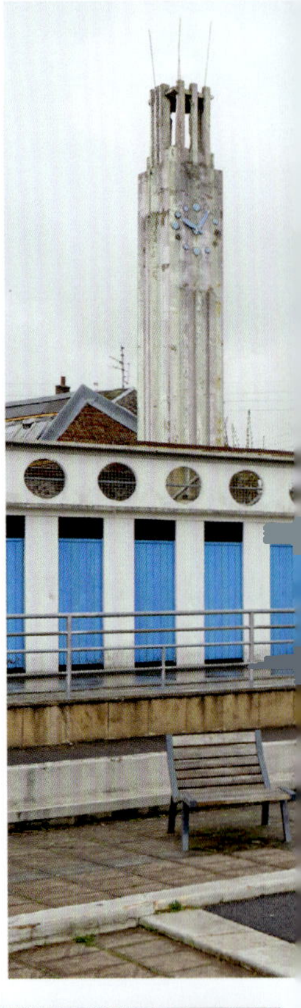

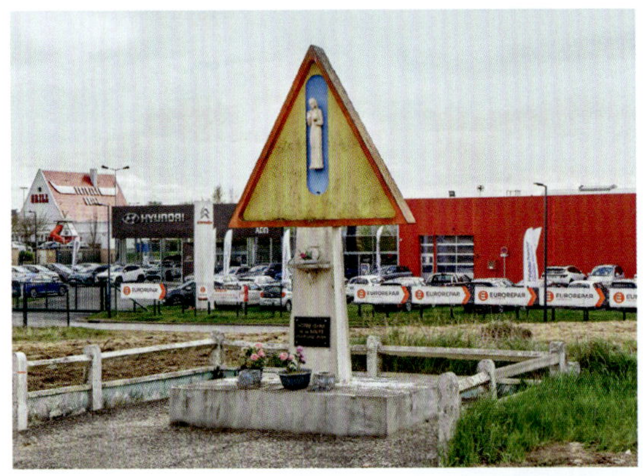

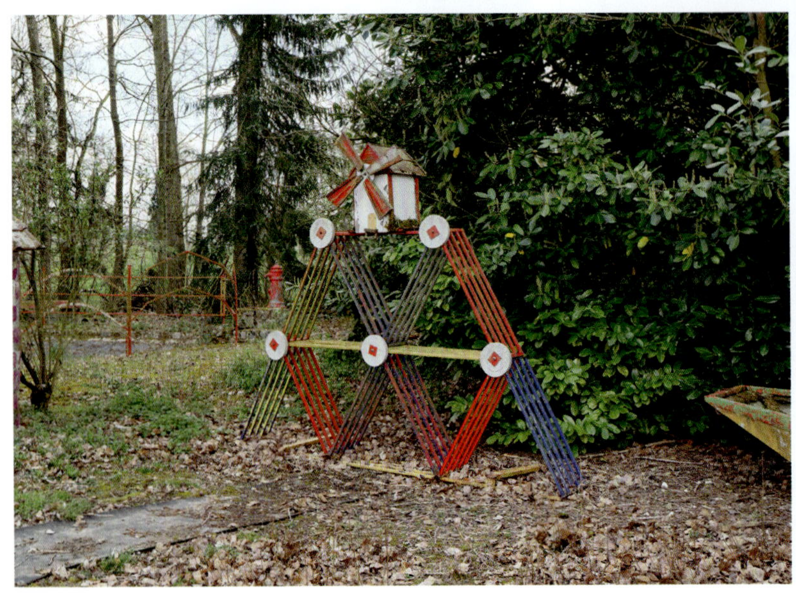

Saint-Python
Caudry
Flesquières

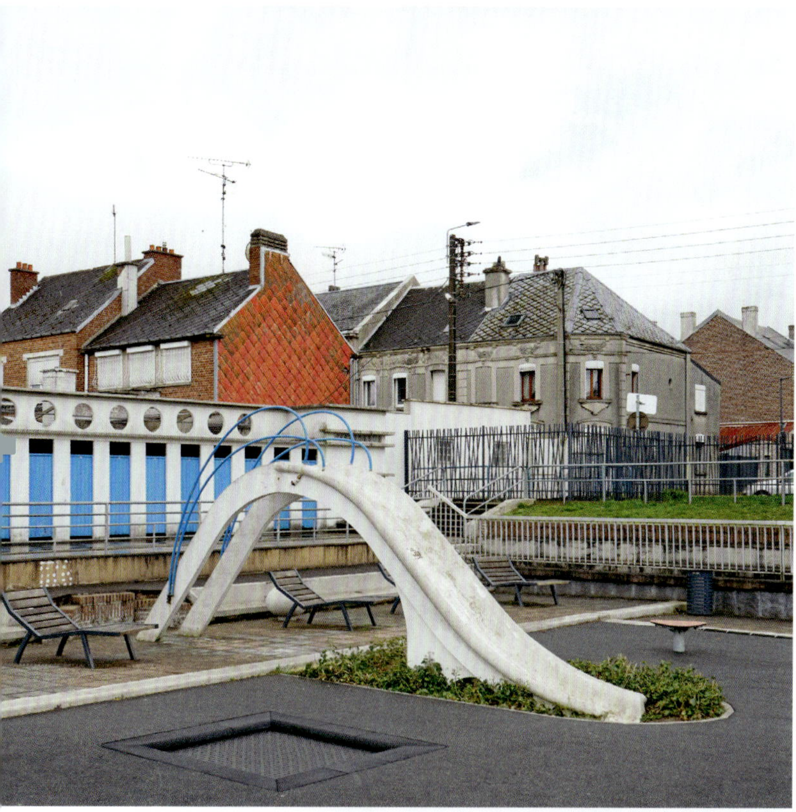

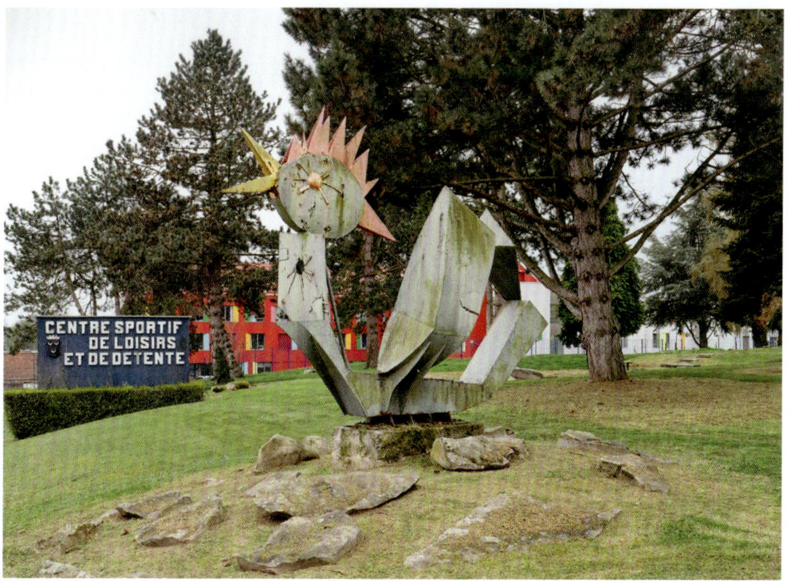

Caudry
Solesmes

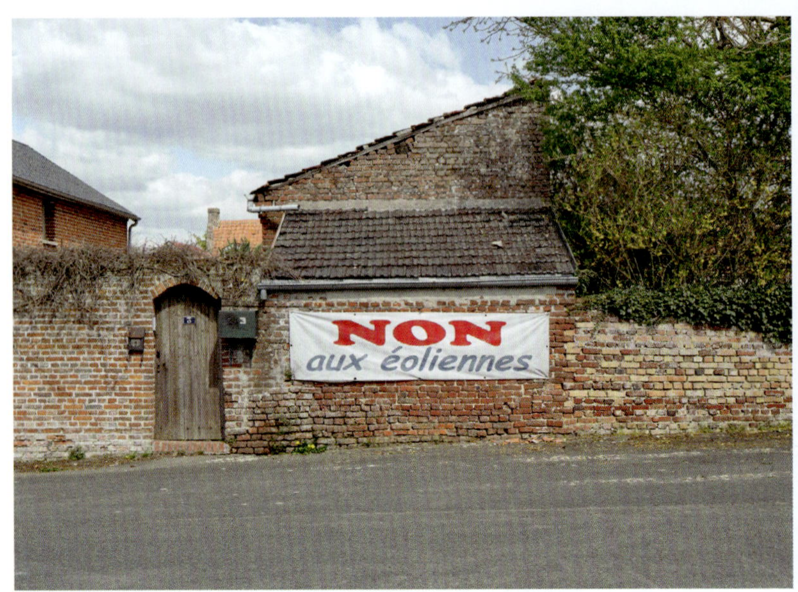

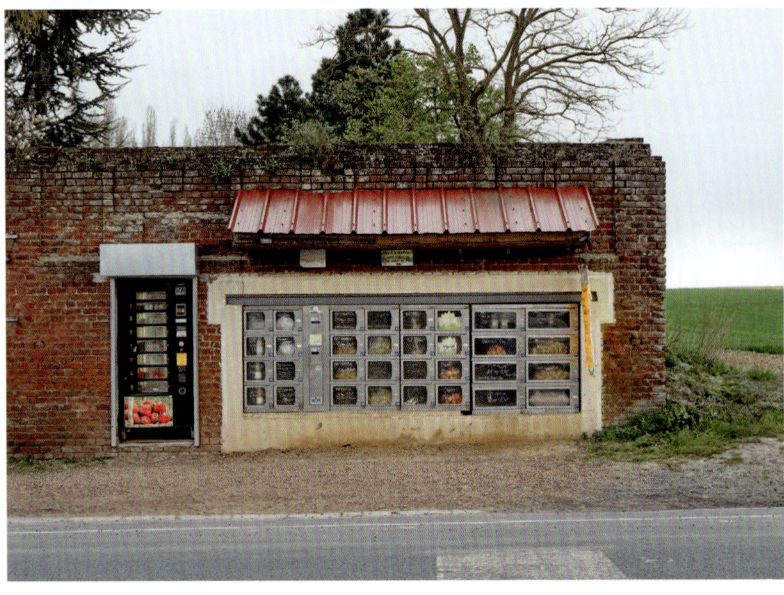

Haucourt-en-Cambrésis
Thun-Saint-Martin

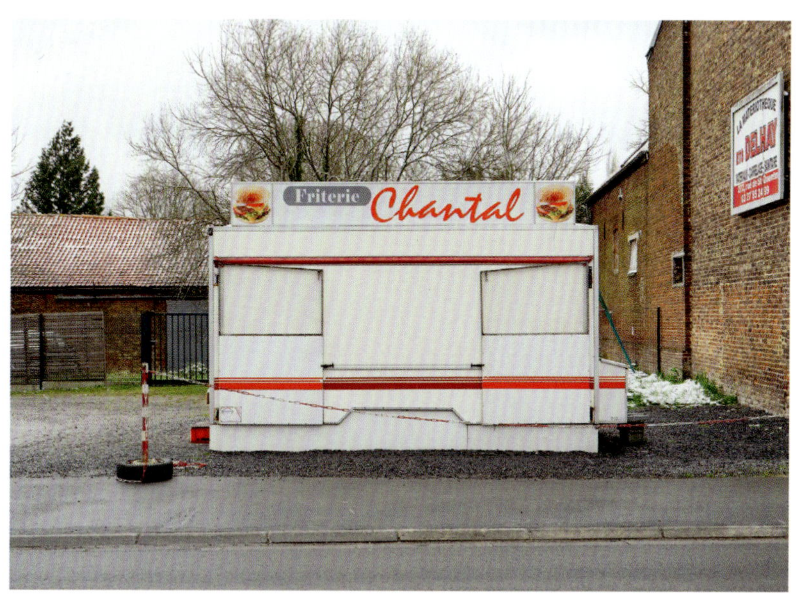

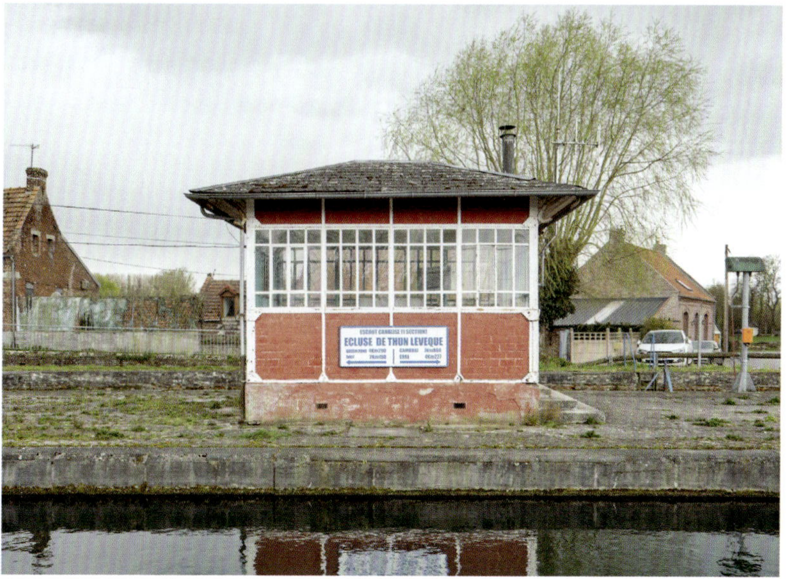

Maretz
Thun-l'Évêque   → Inchy

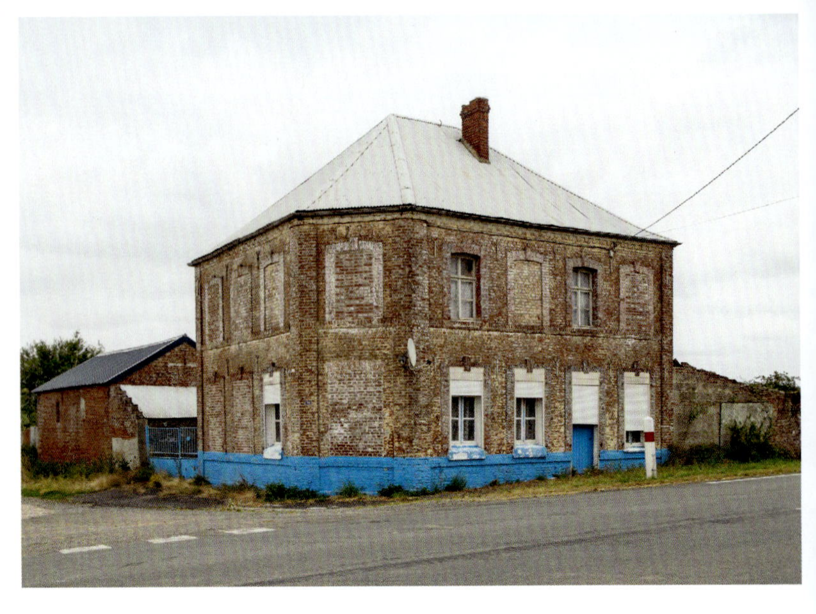

Chablais

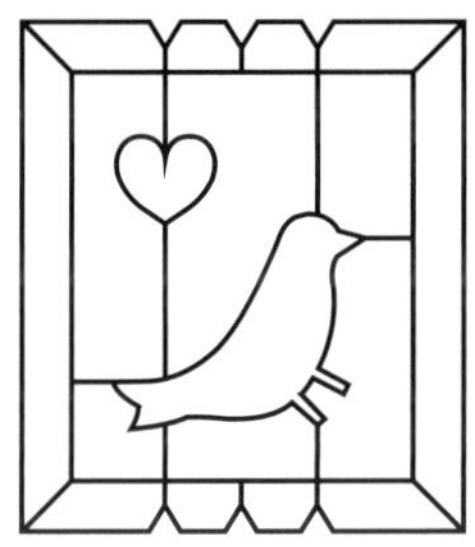

ch. 18

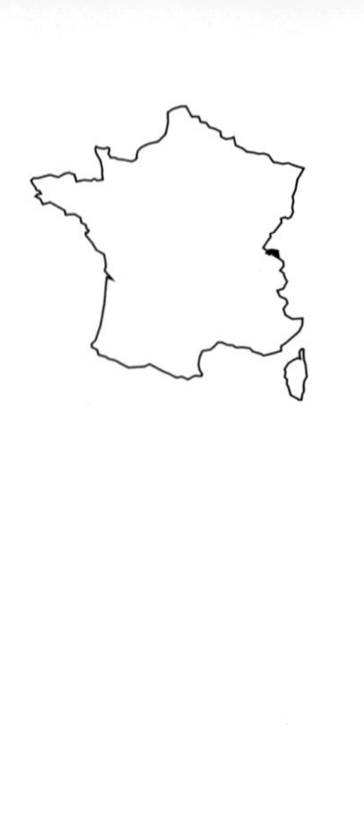

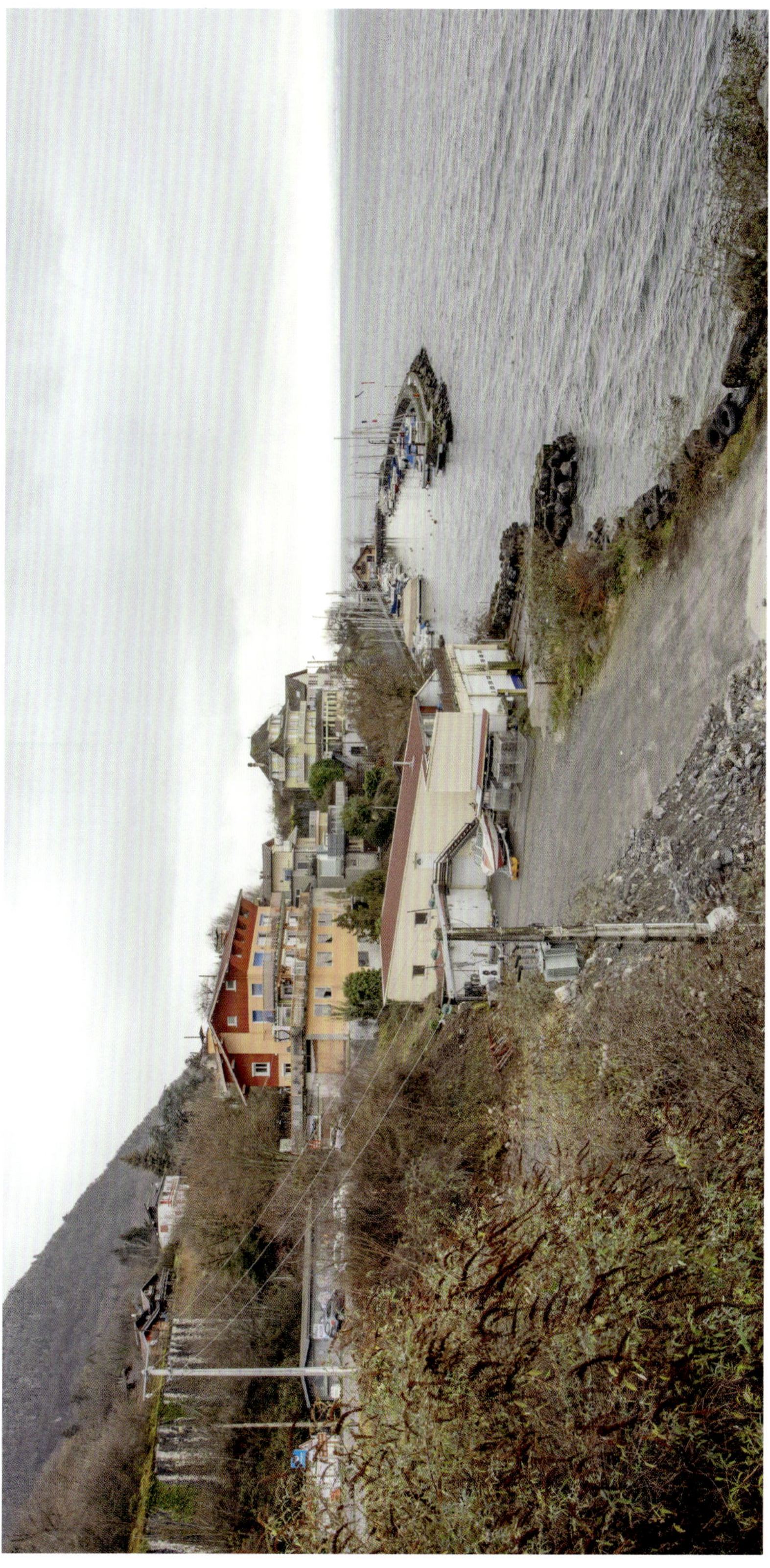

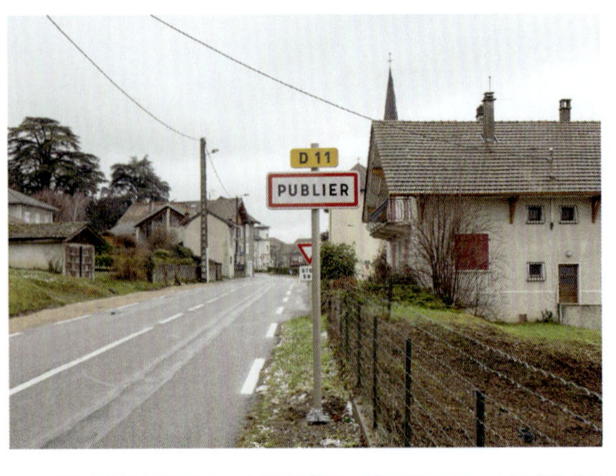

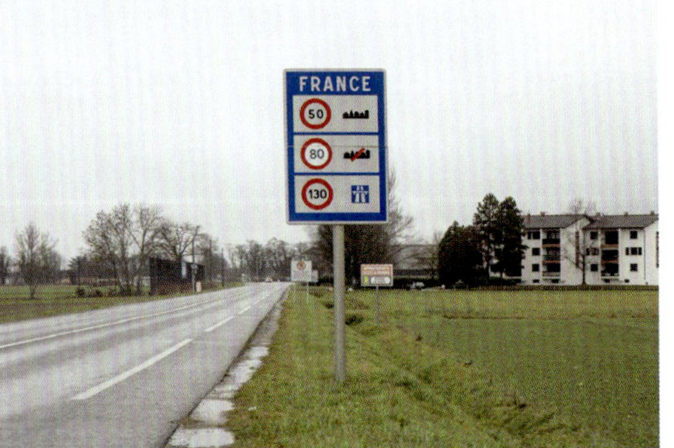

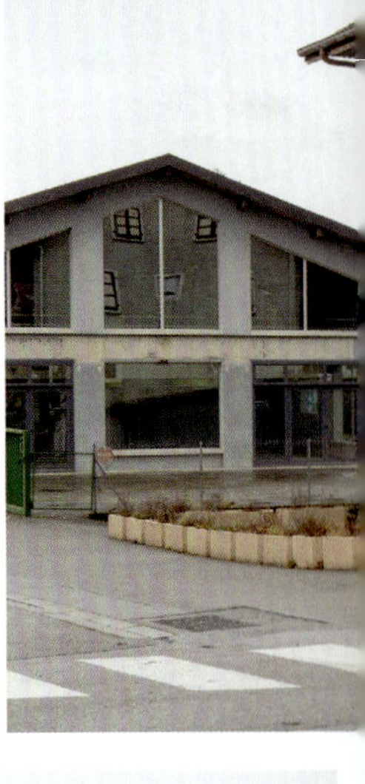

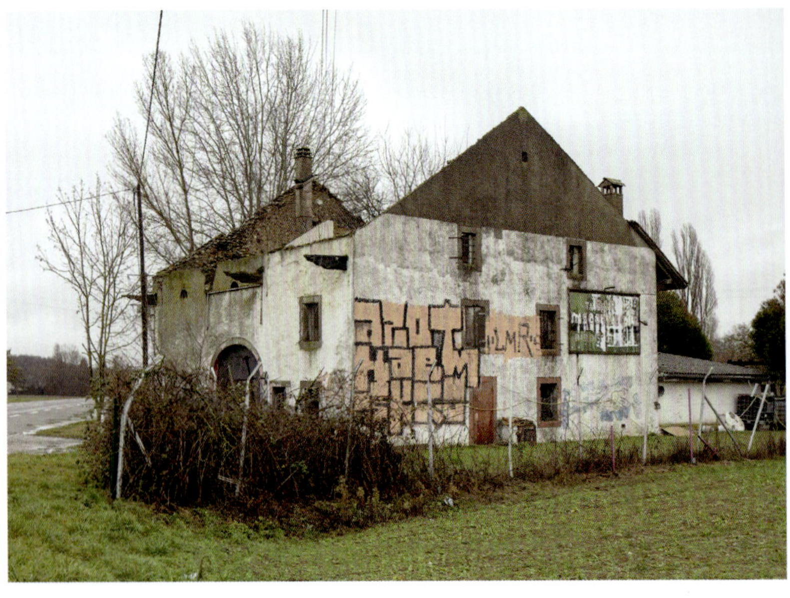

Publier
Veigy-Foncenex (2)

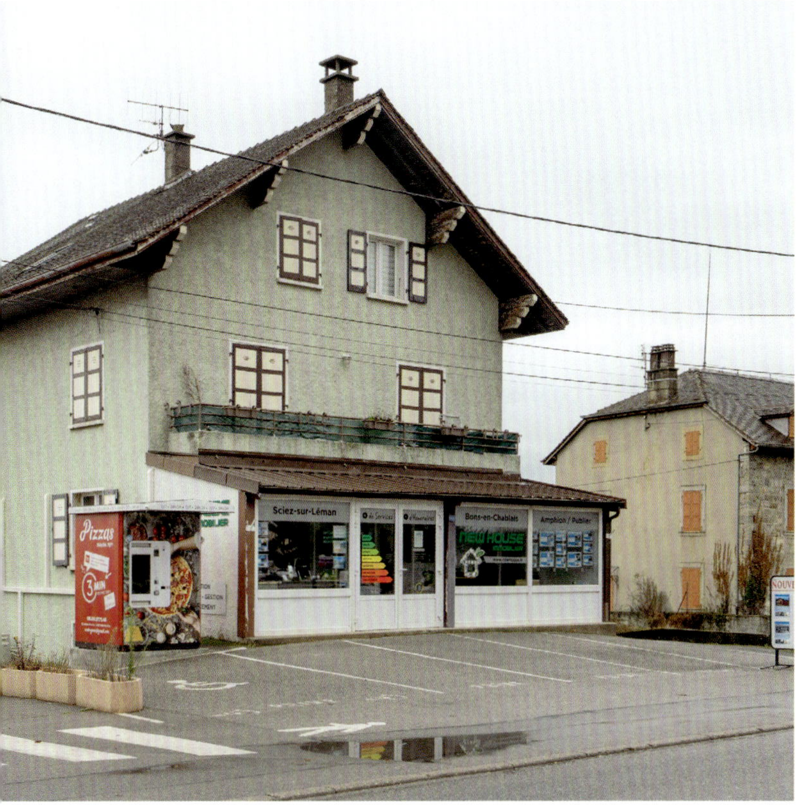

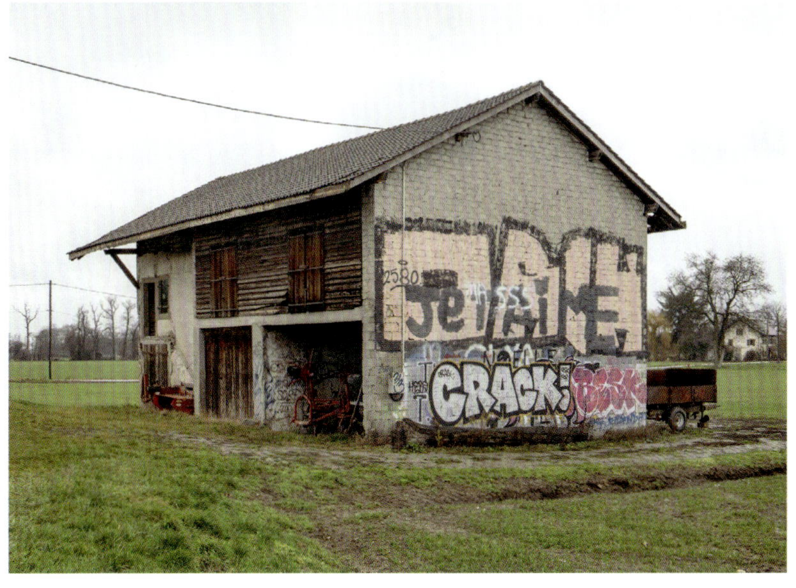

Publier
Veigy-Foncenex

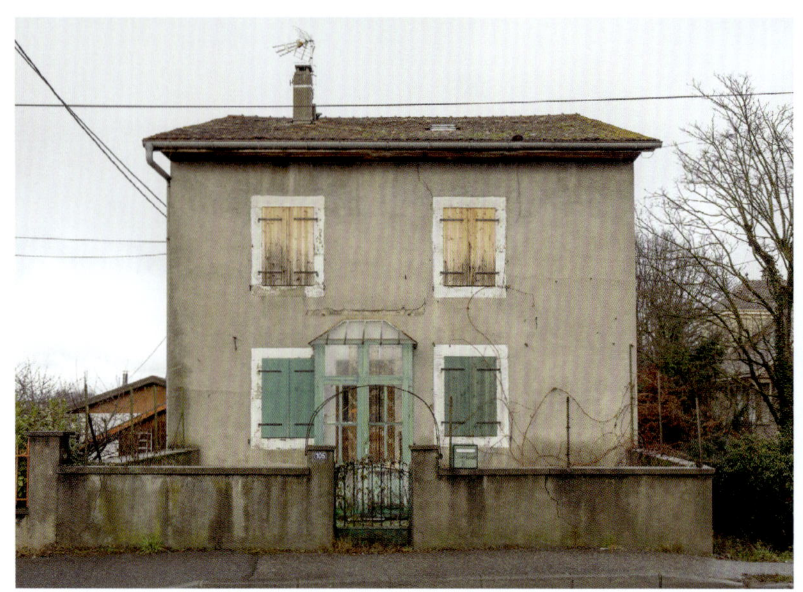

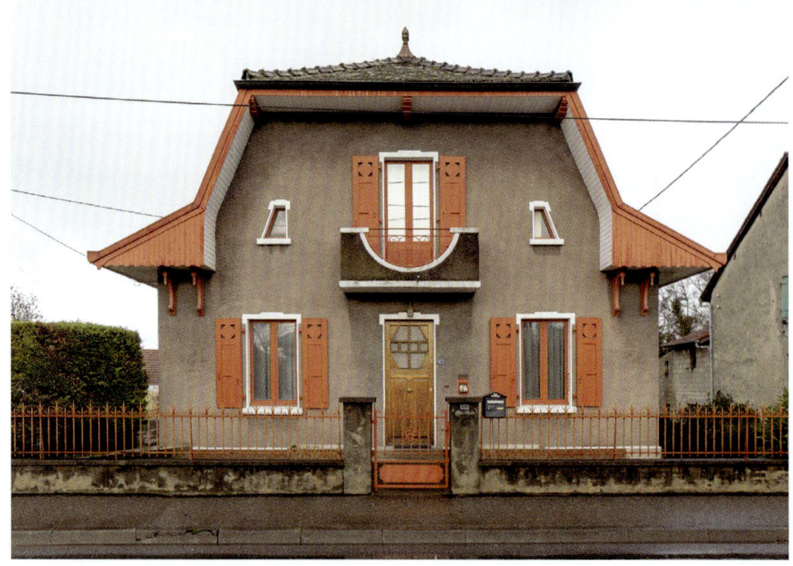

Douvaine (2)

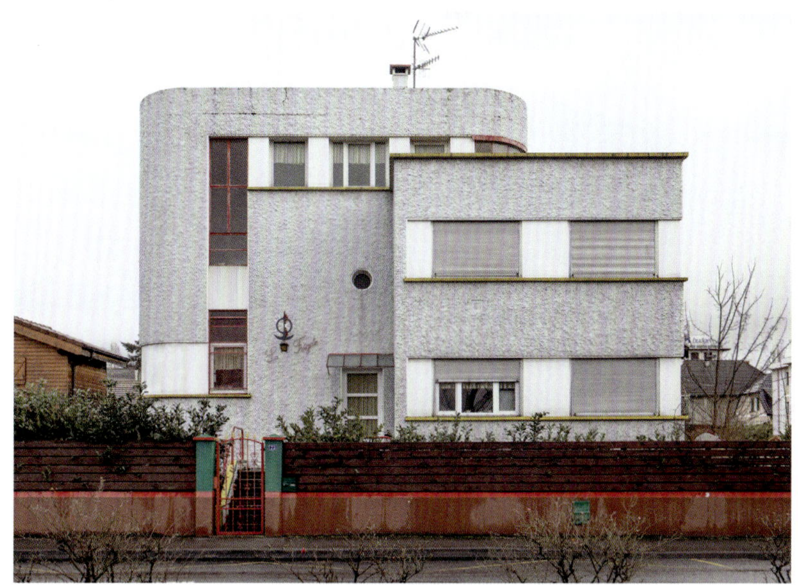

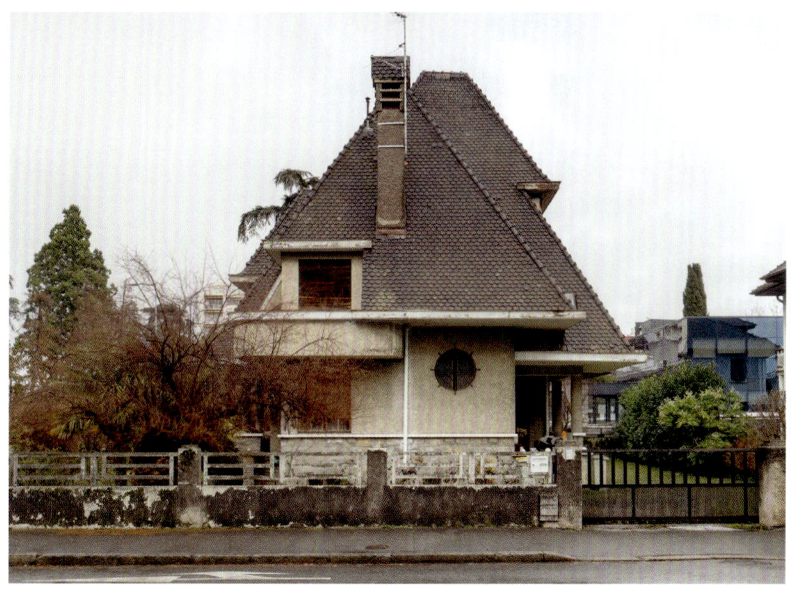

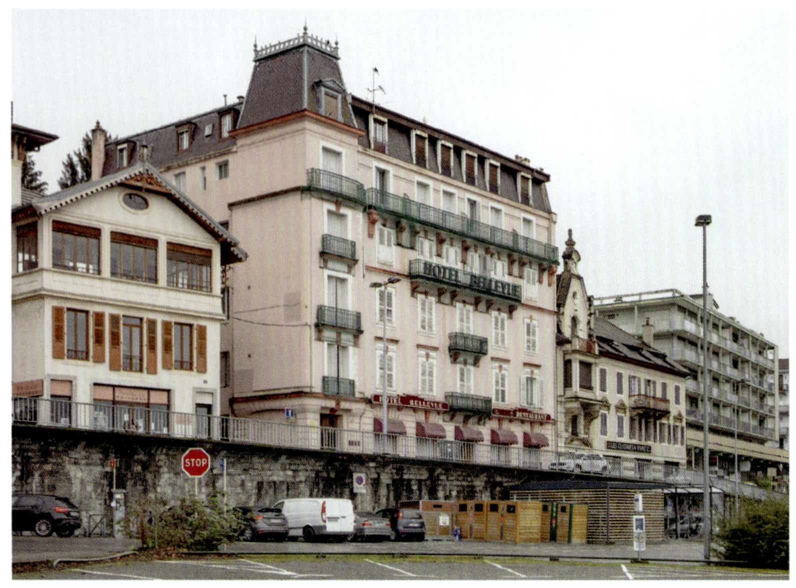

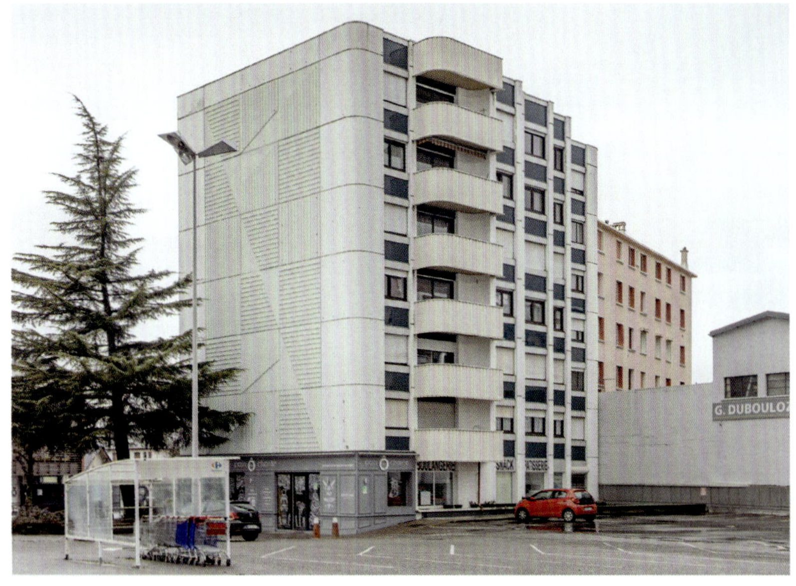

Évian-les-Bains
Thonon-les-Bains

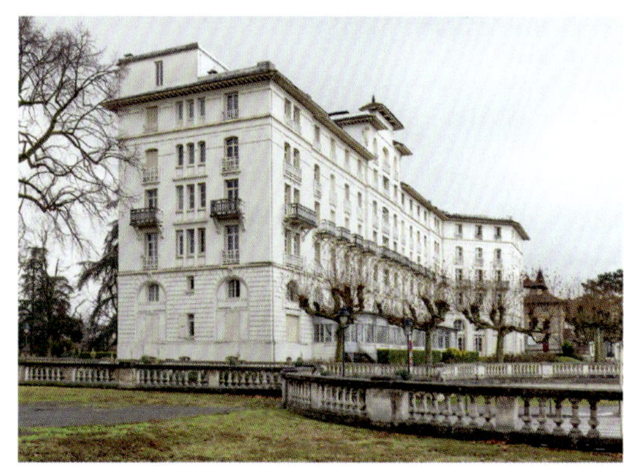

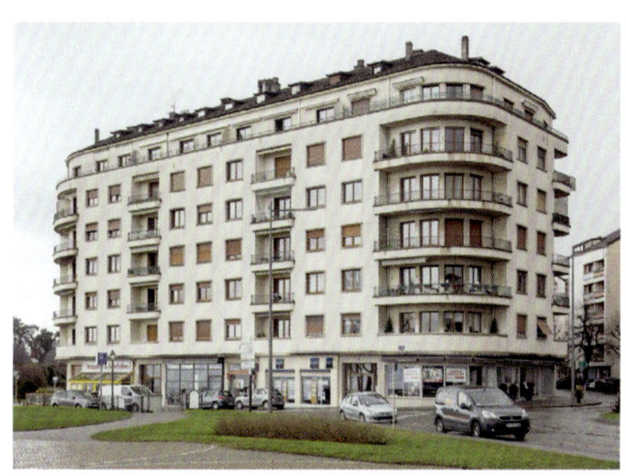

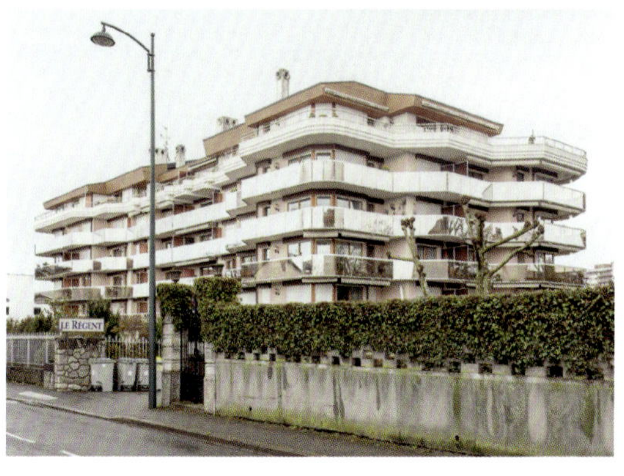

LE RÉGENT

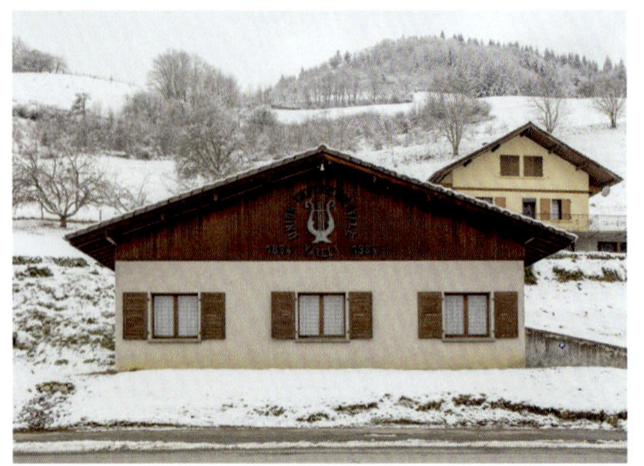

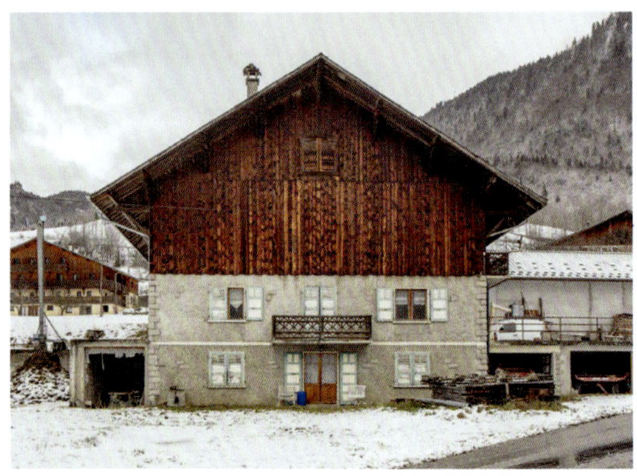

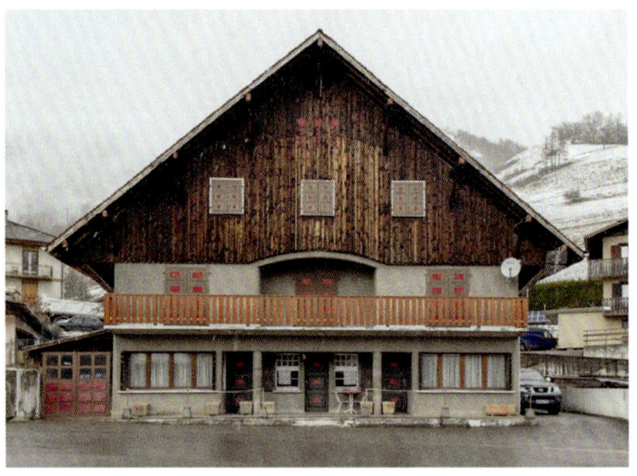

Vailly
Vacheresse
Vailly

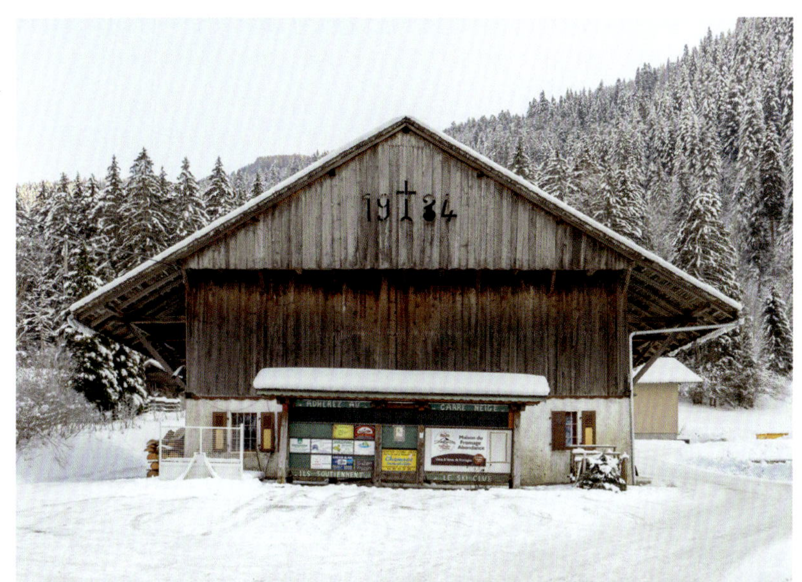

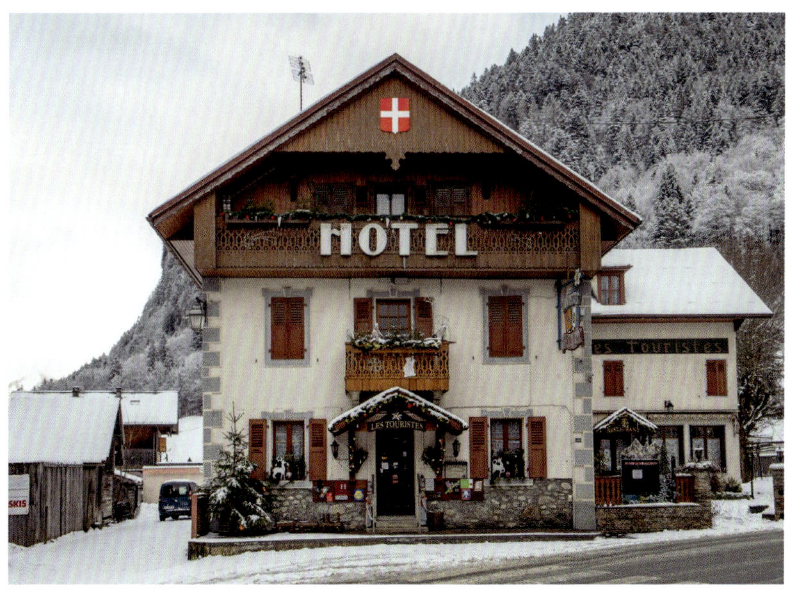

HOTEL
LES TOURISTES

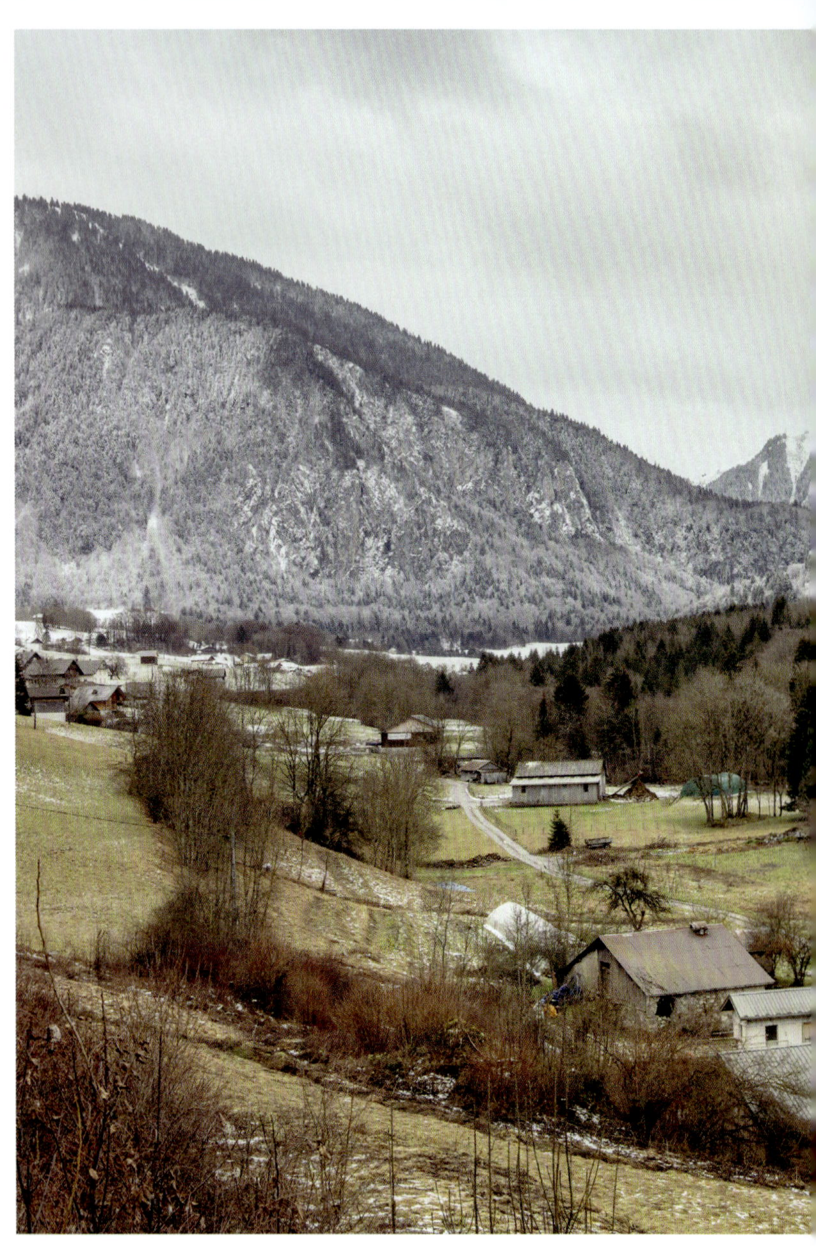

Vacheresse

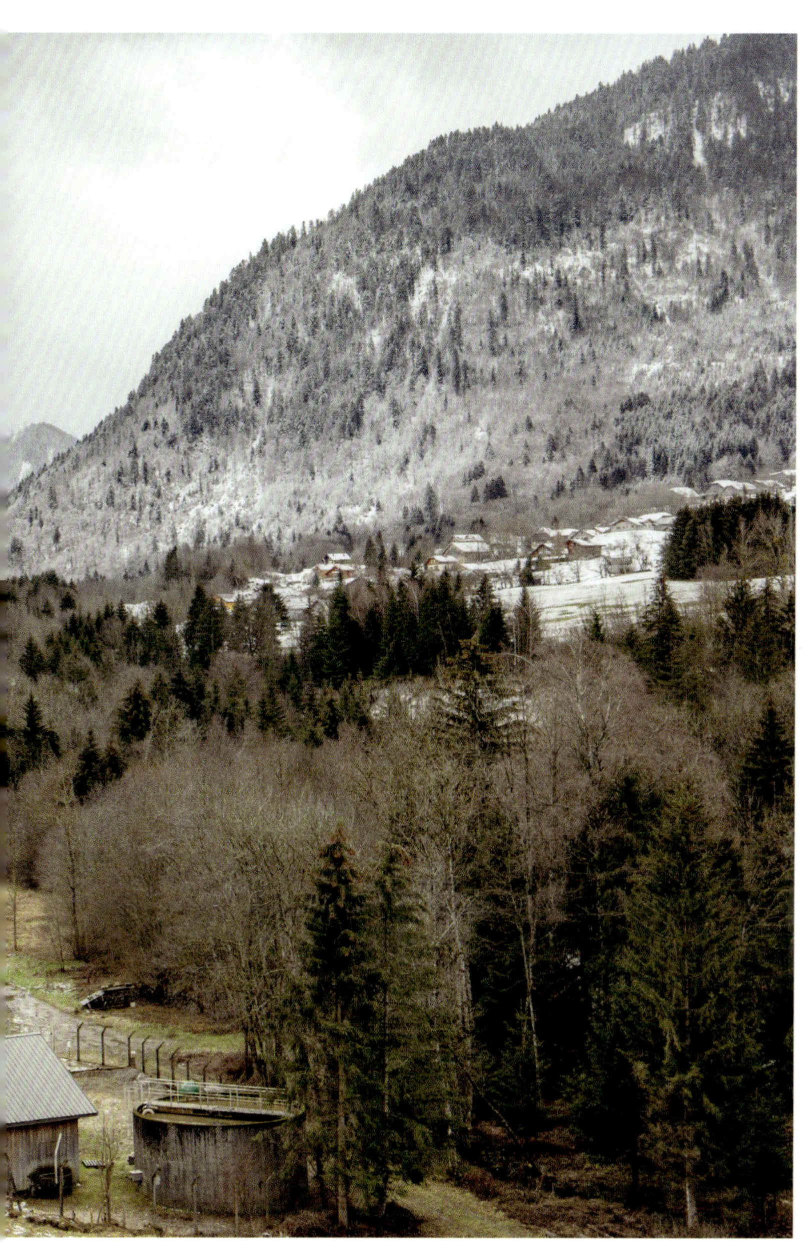

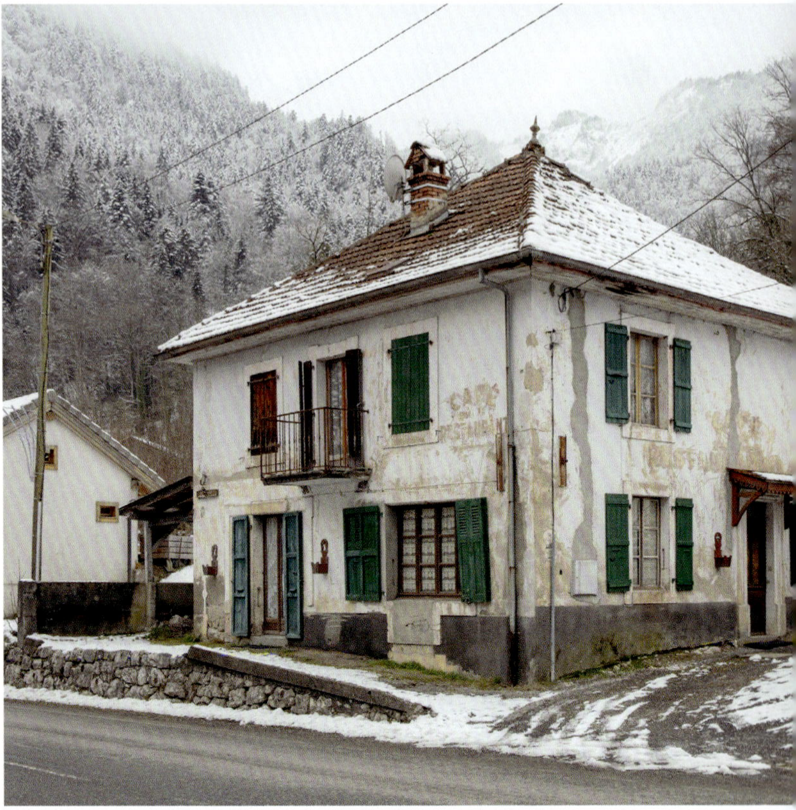

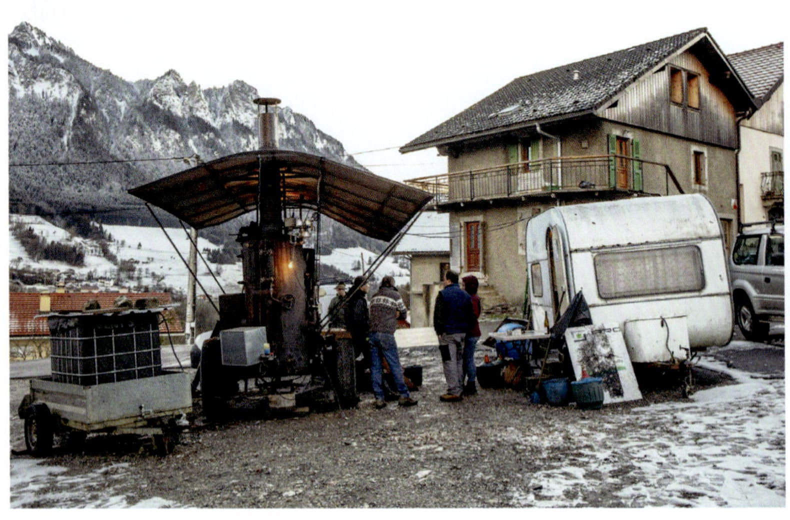

La Baume
Reyvroz

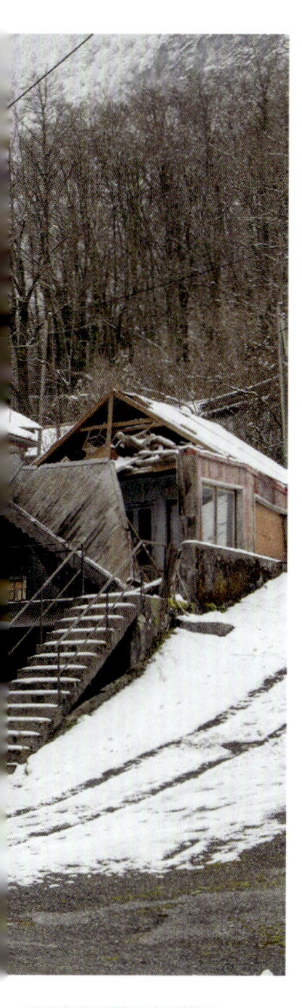

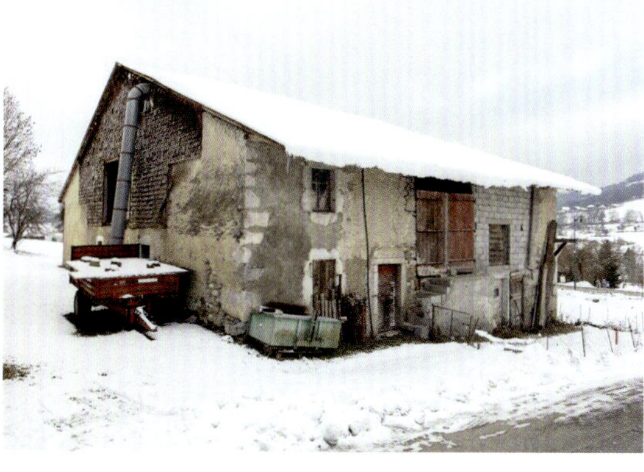

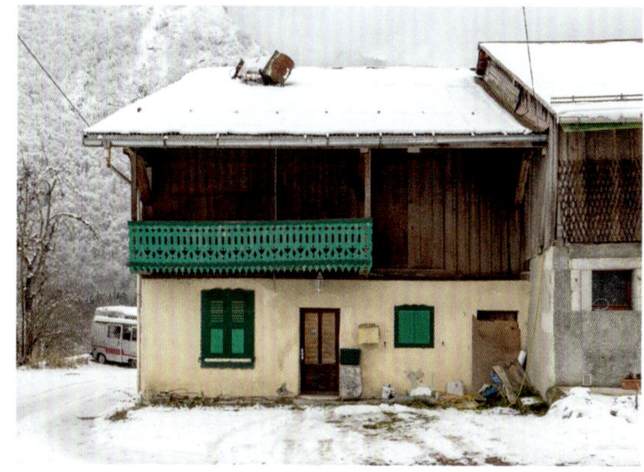

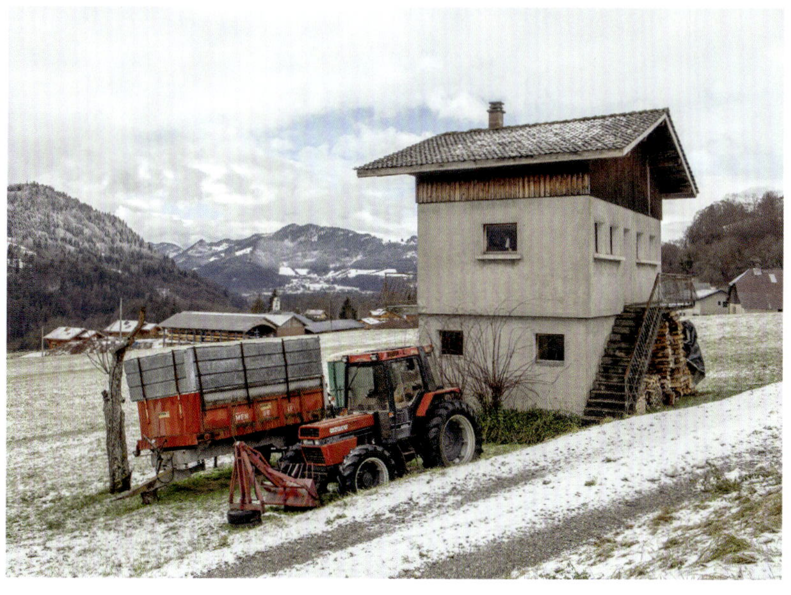

Villard
Vailly
Vinzier

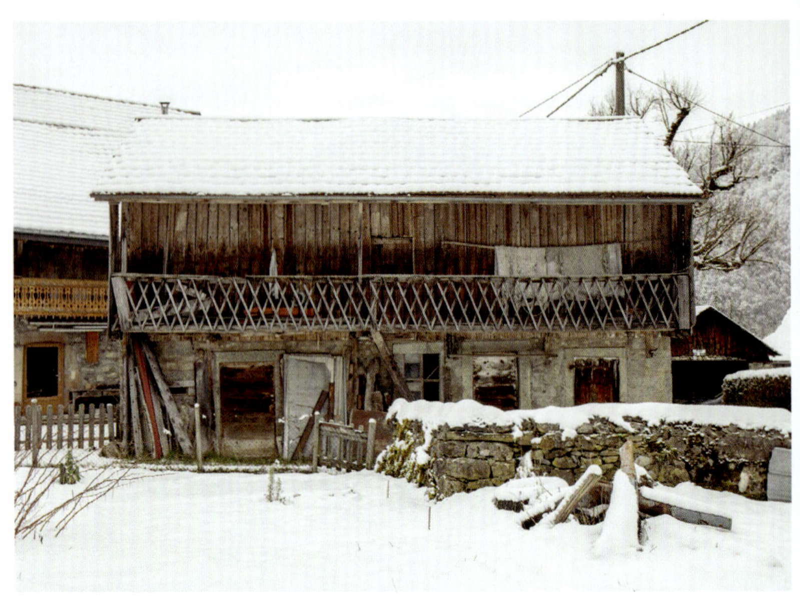

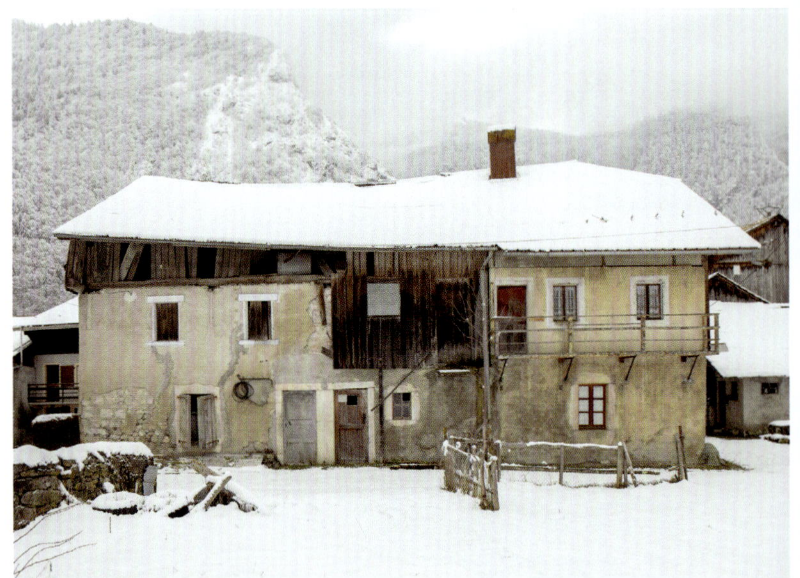

Vailly (2)

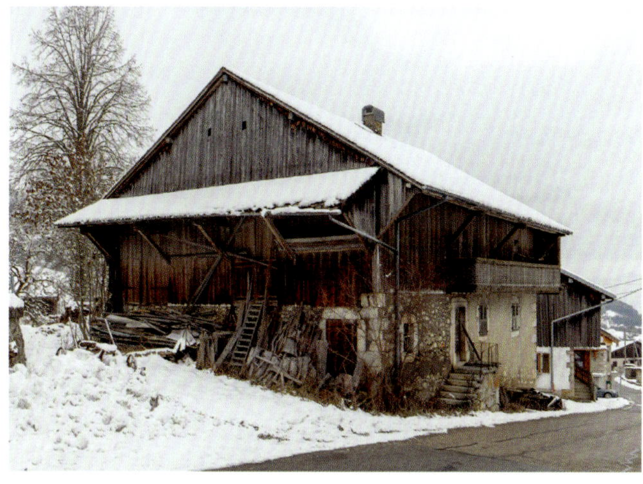

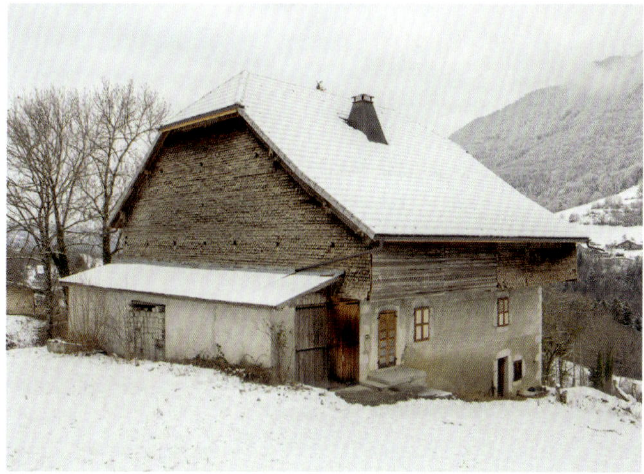

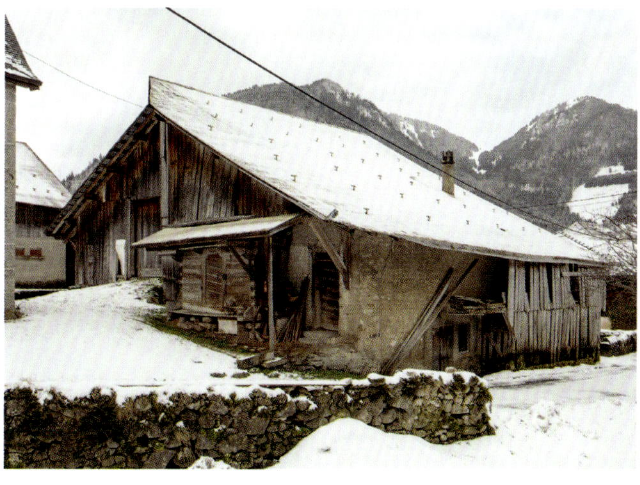

La Vernaz
Vailly
Vacheresse

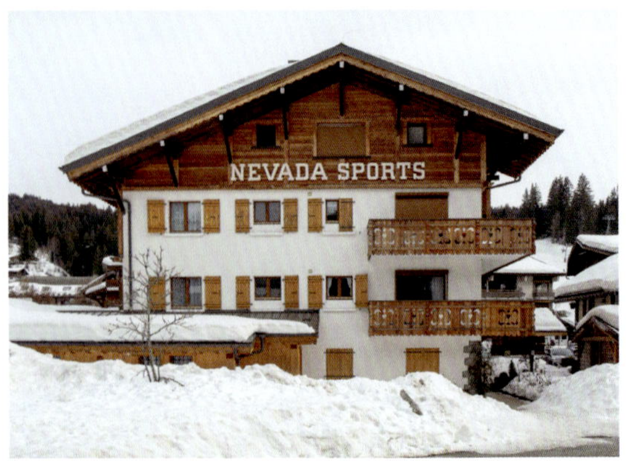

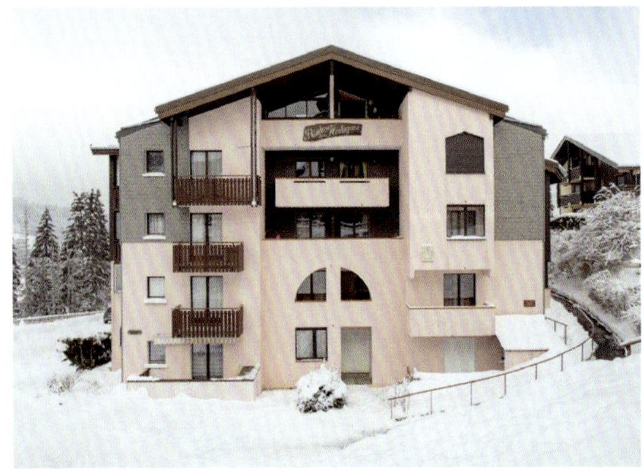

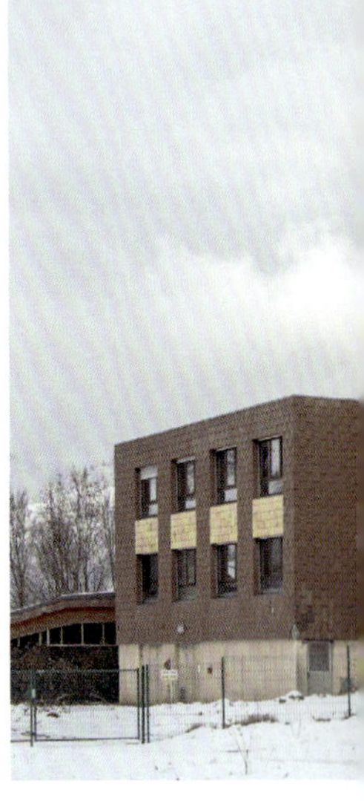

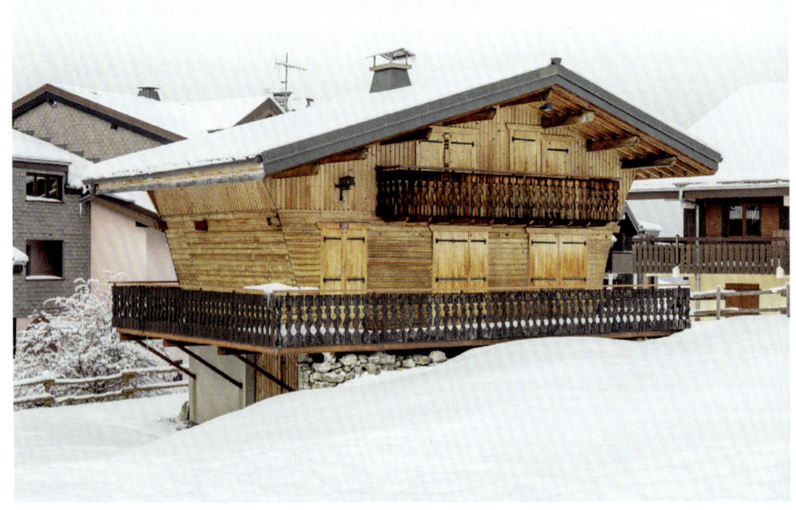

Les Gets
Hirmentaz (2)

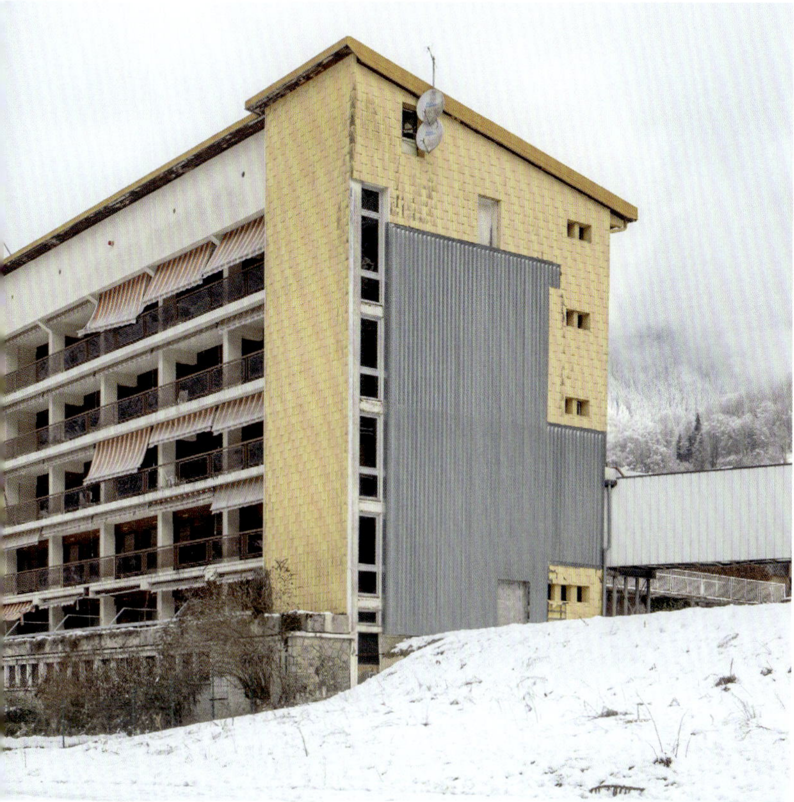

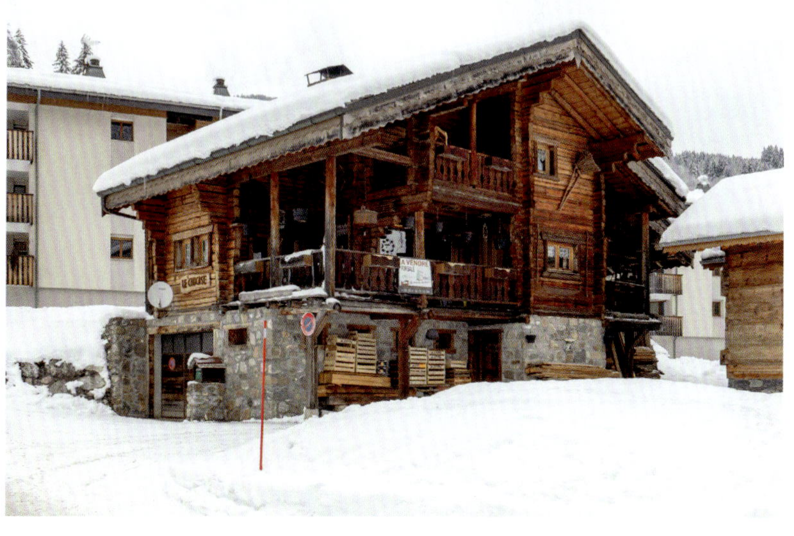

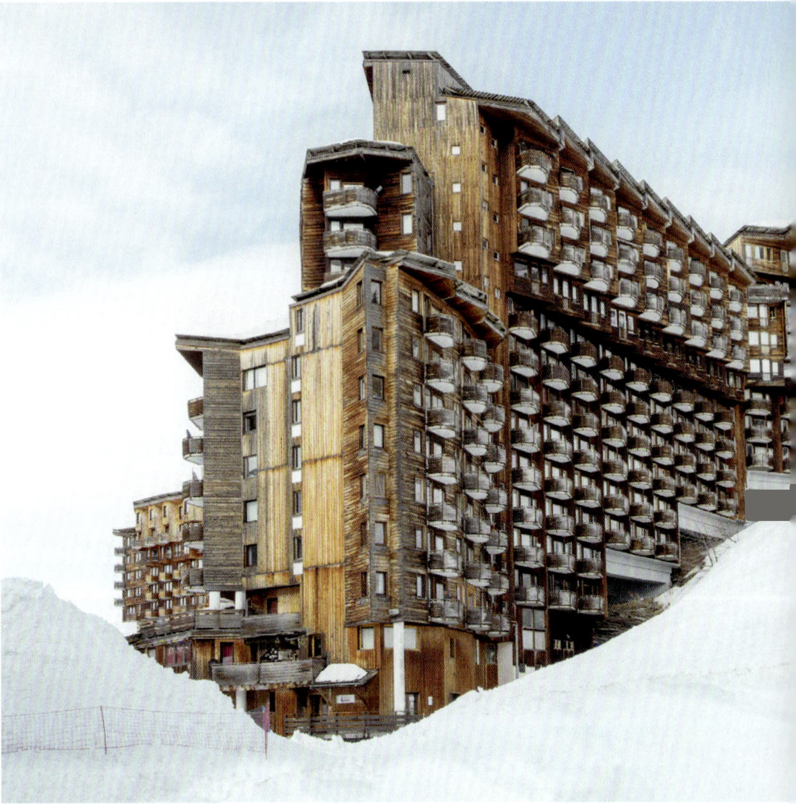

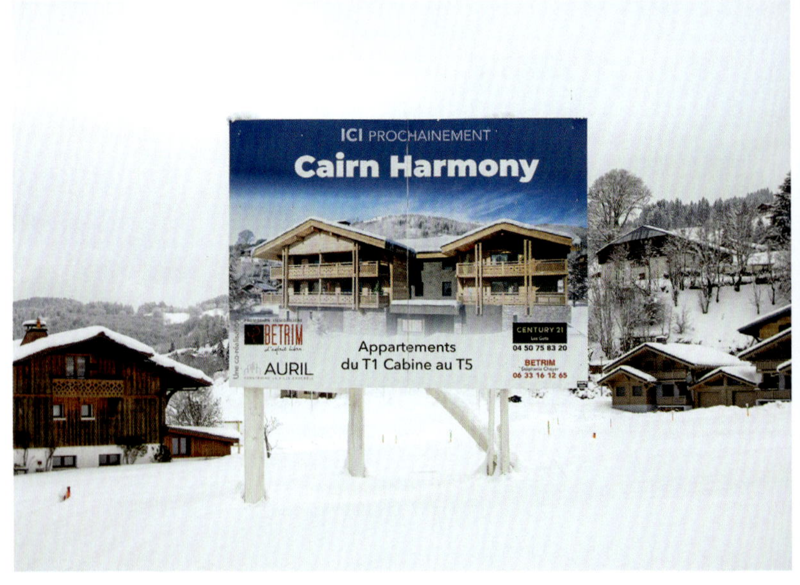

Morzine, *Avoriaz*
Les Gets

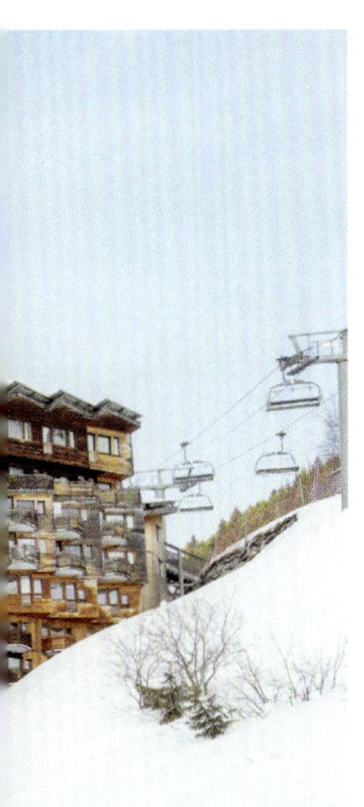

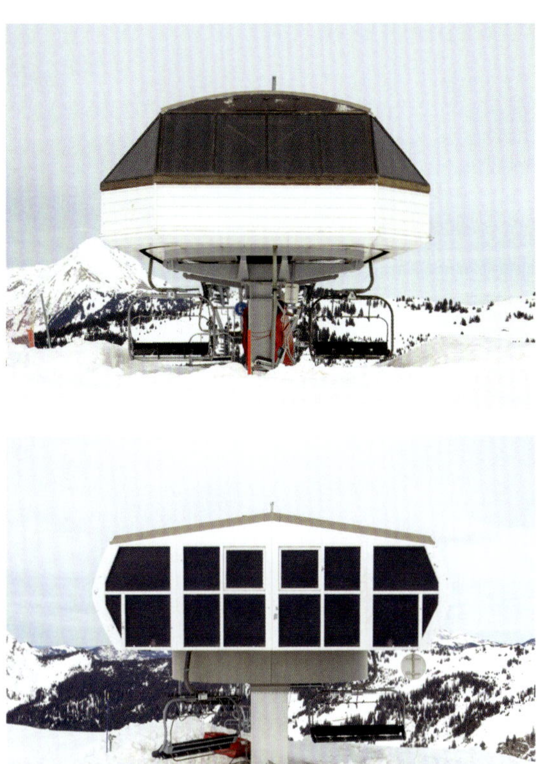

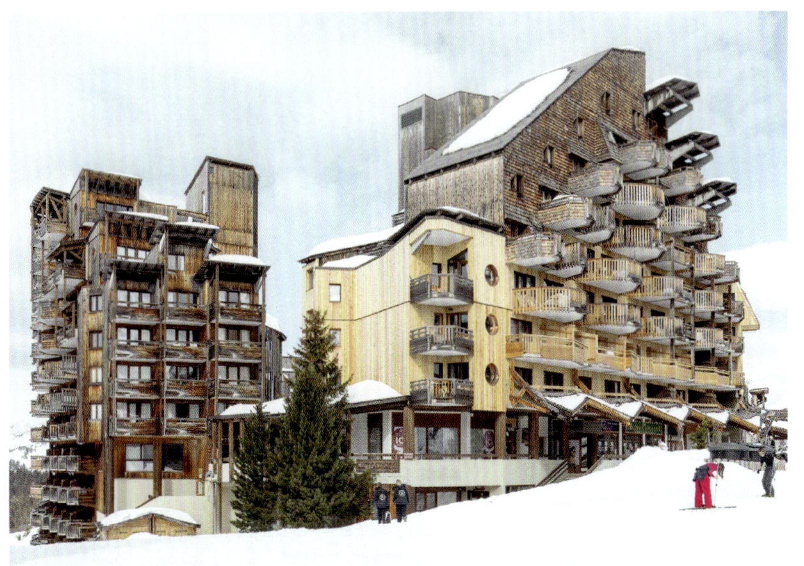

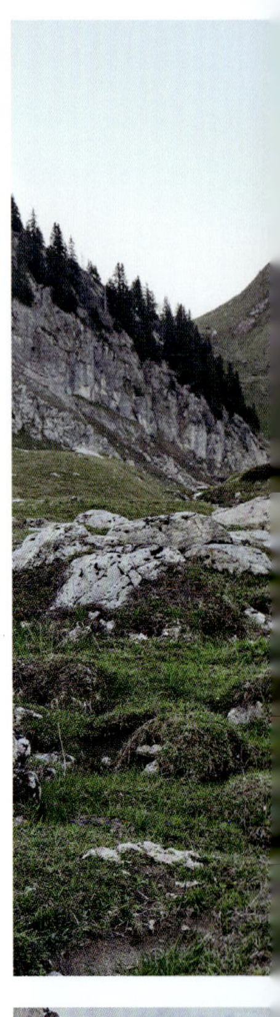

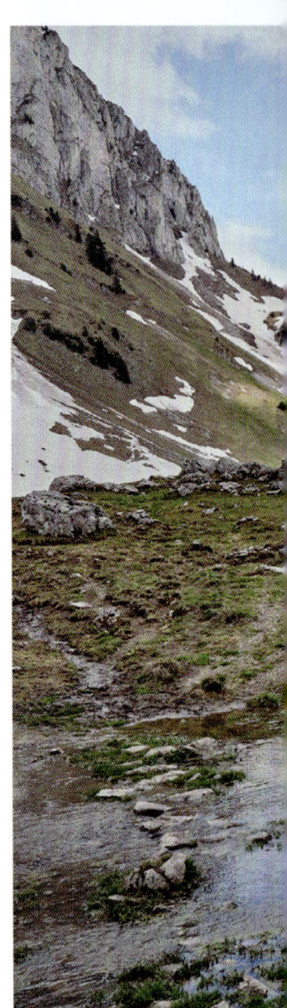

Bellevaux, *Col de Vésinaz*
La Chapelle-d'Abondance, *Alpage de Bise*

→ Mieussy, *Col de la Ramaz*

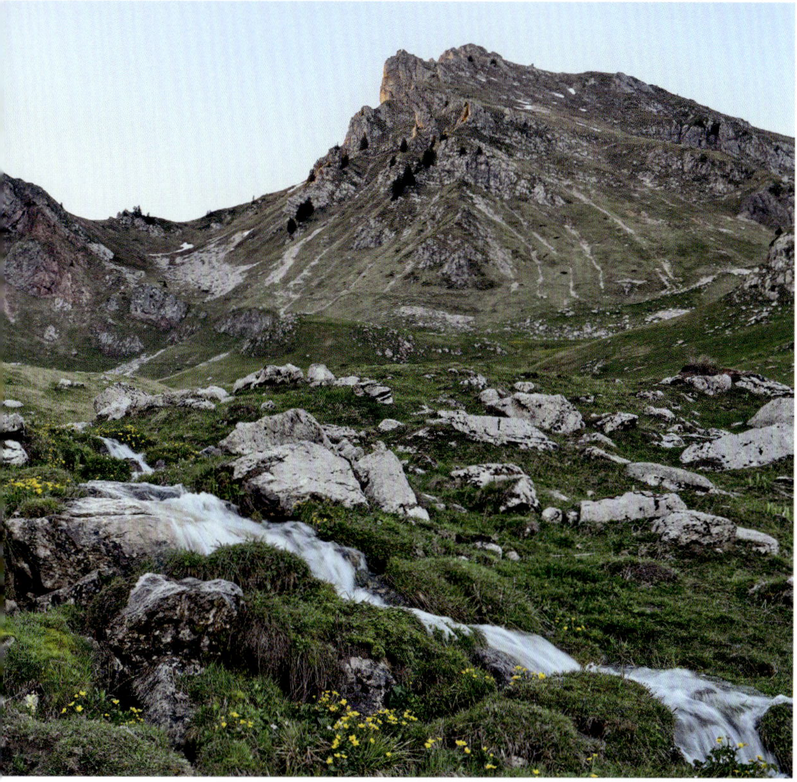

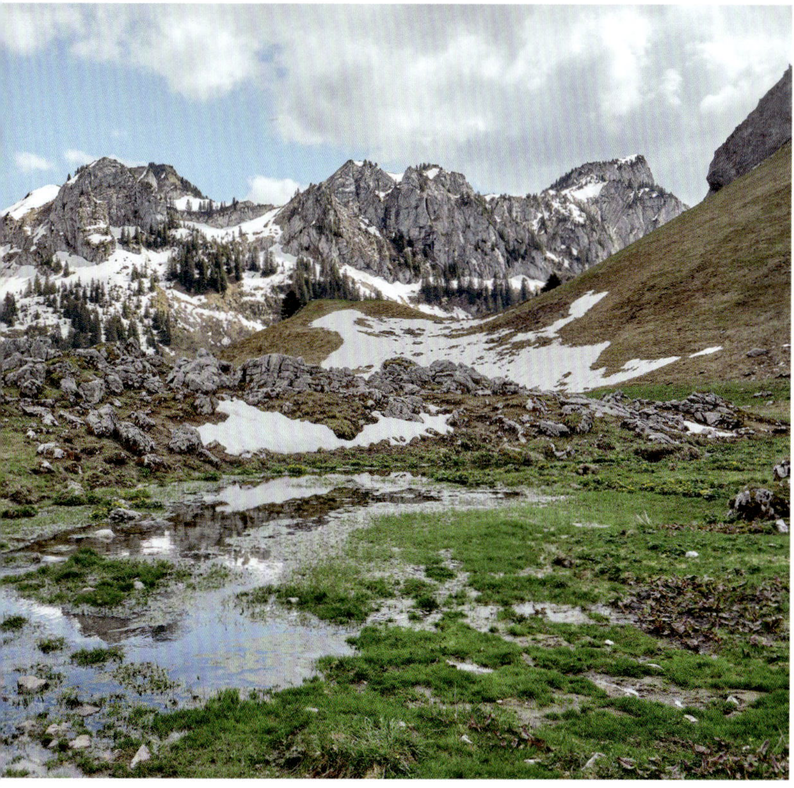

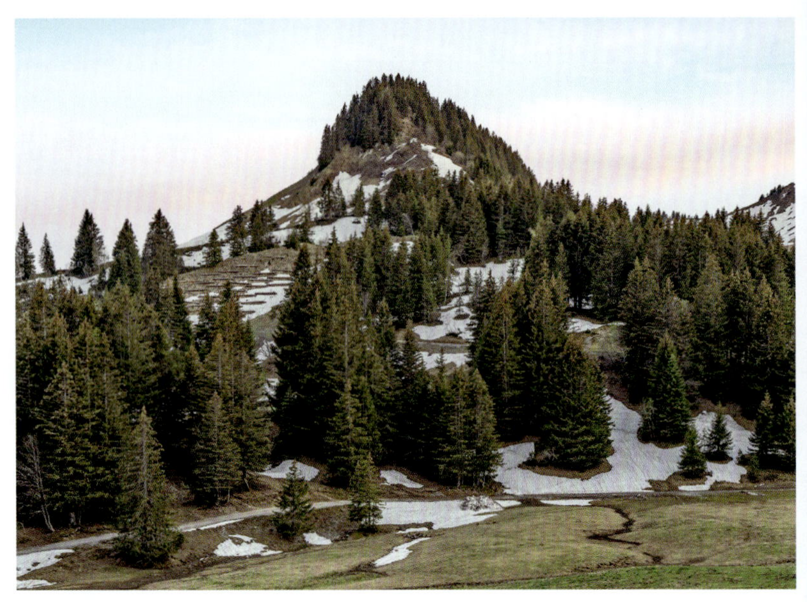

Domfrontais

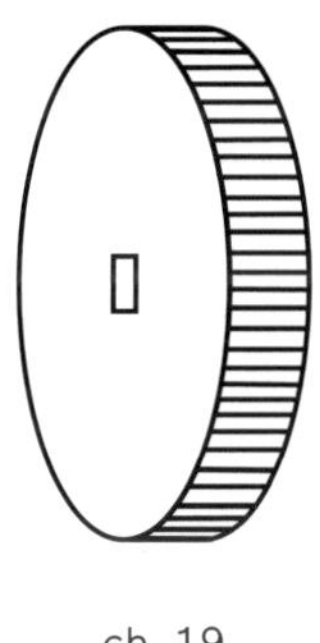

ch. 19

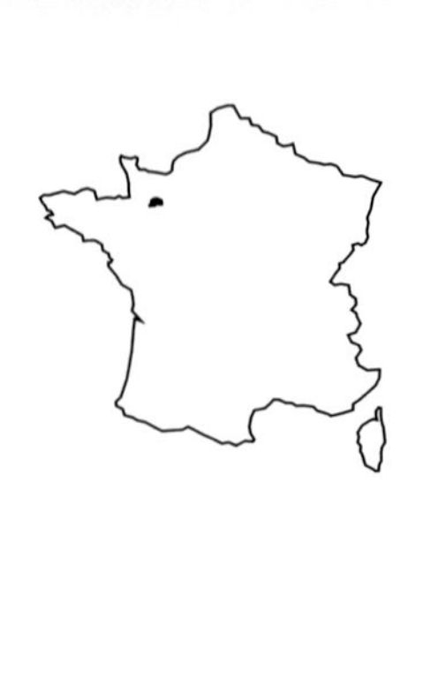

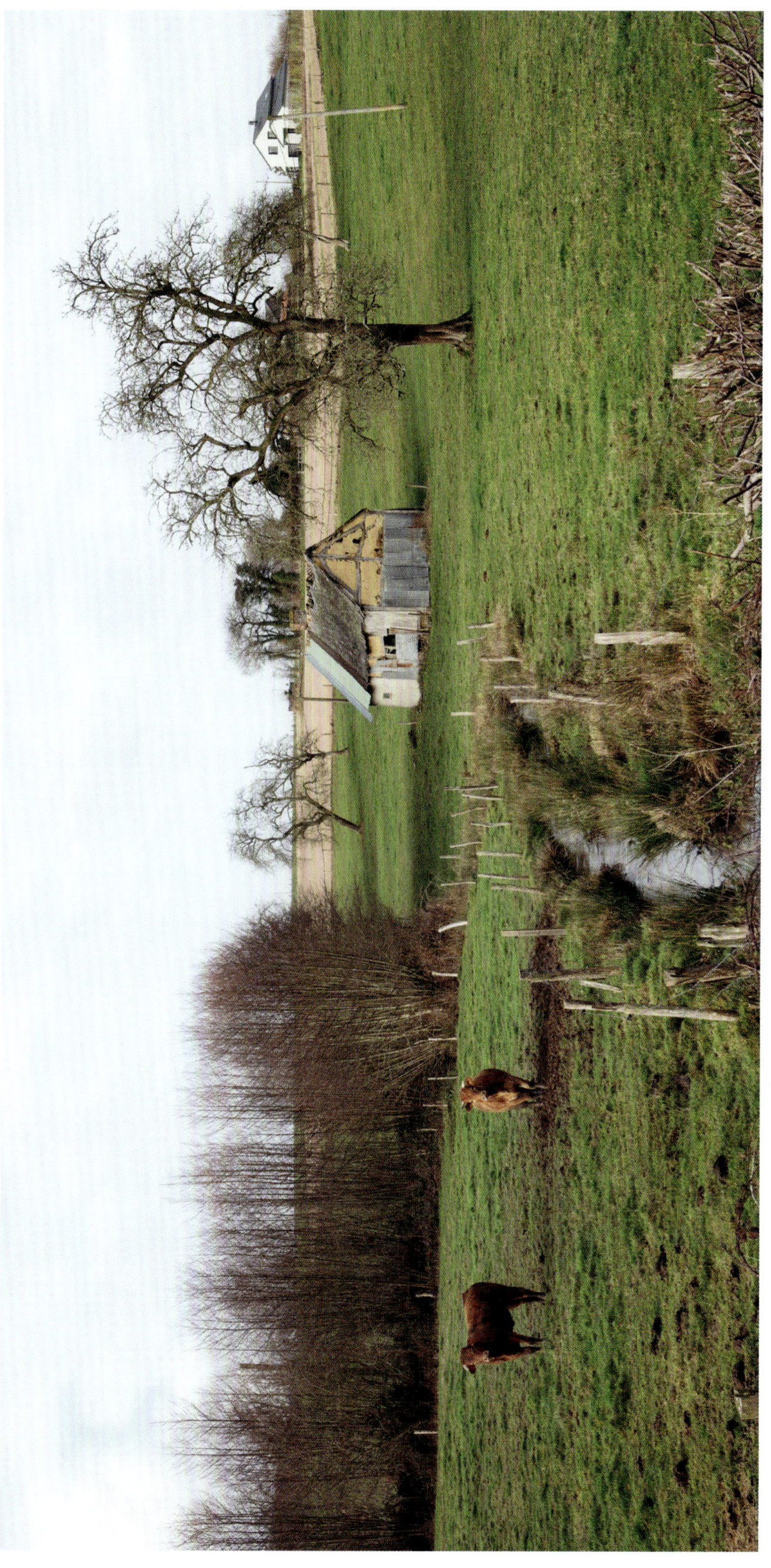

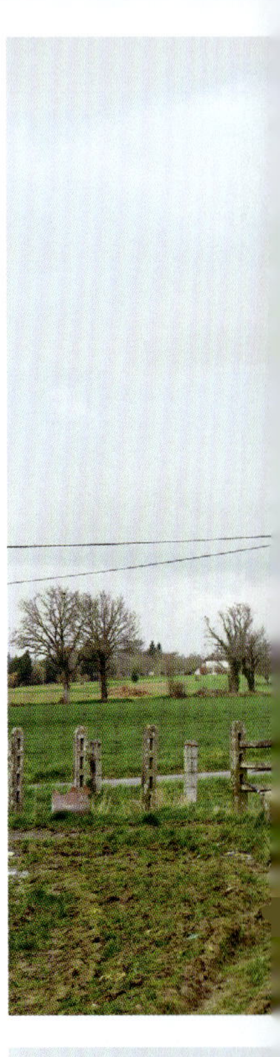

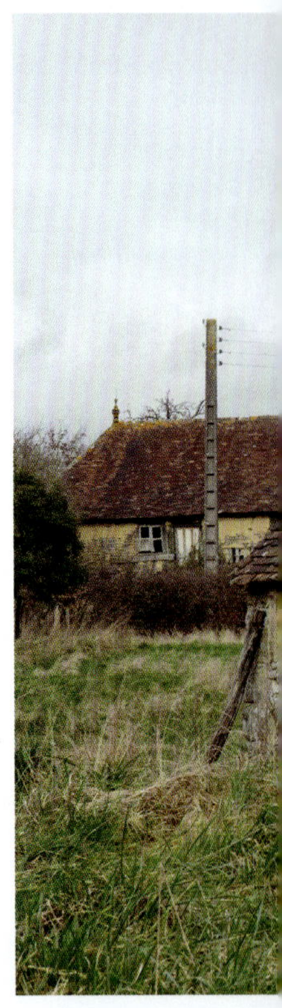

Ceaucé
Saint-Gilles-des-Marais

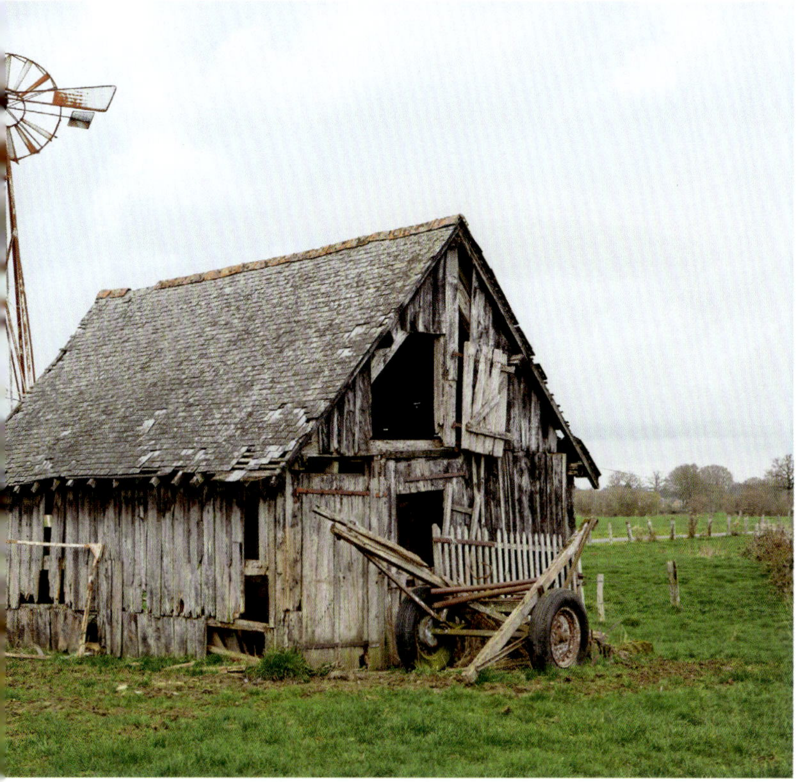

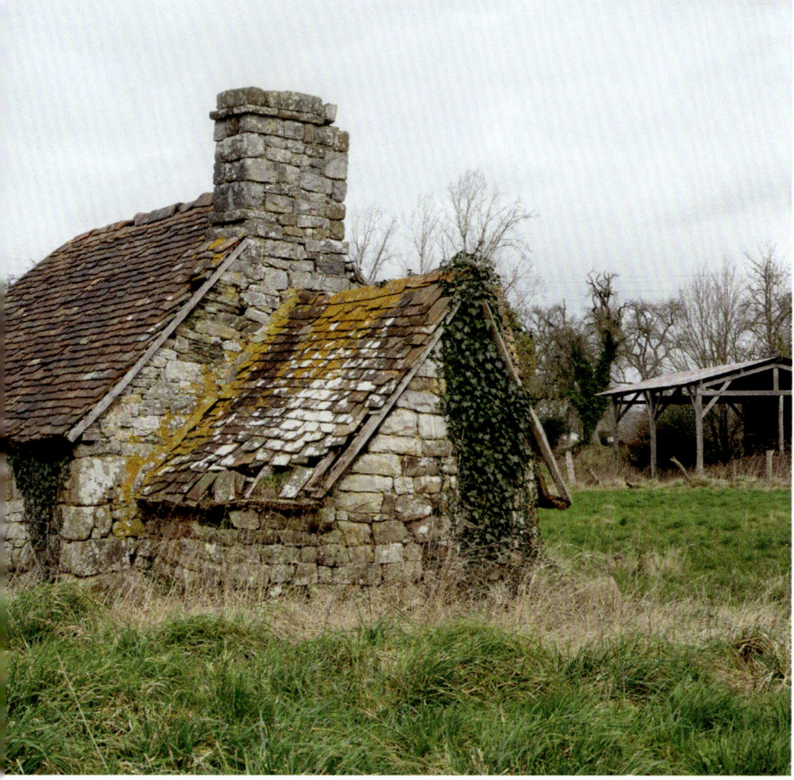

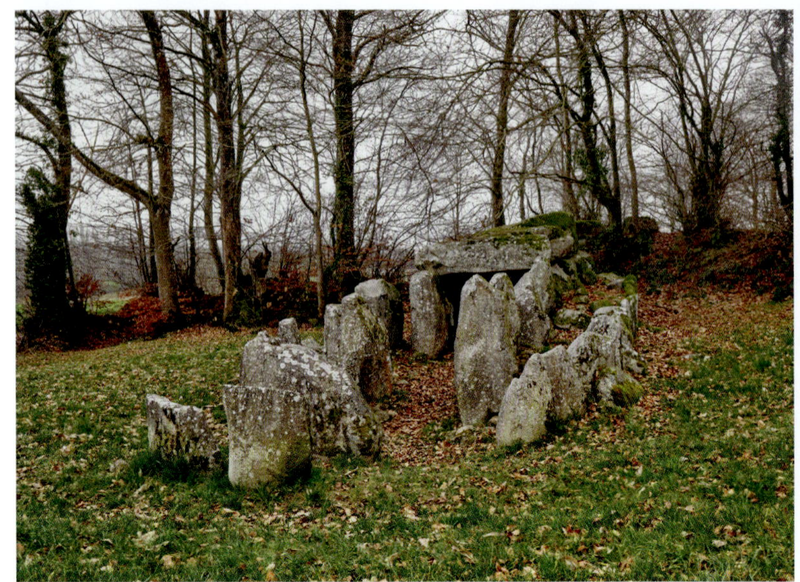

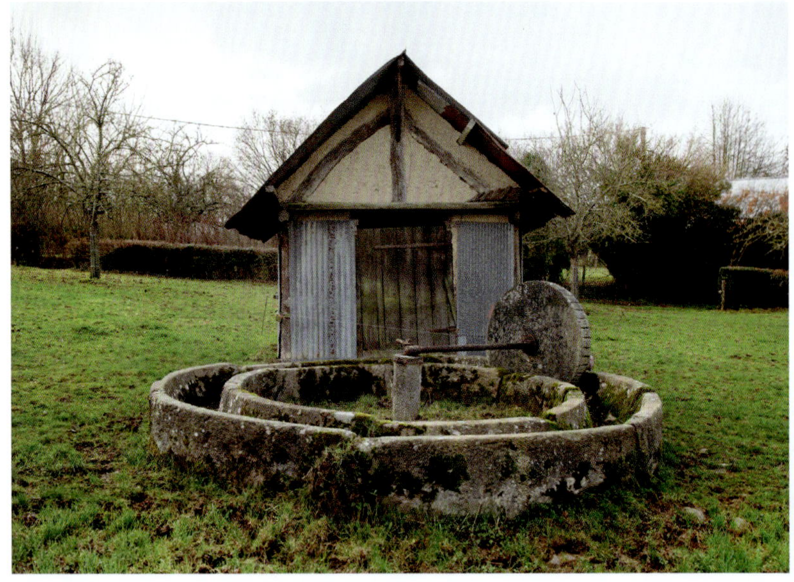

Passais
Le Ménil-de-Briouze

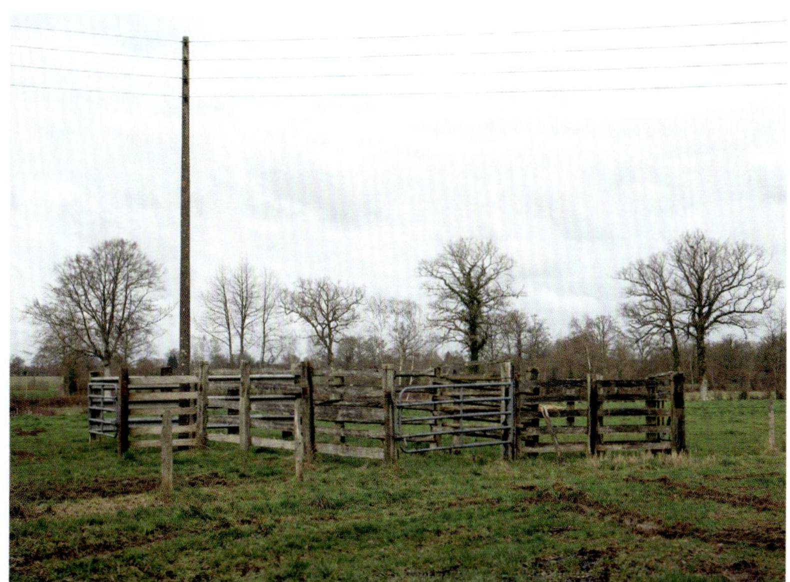

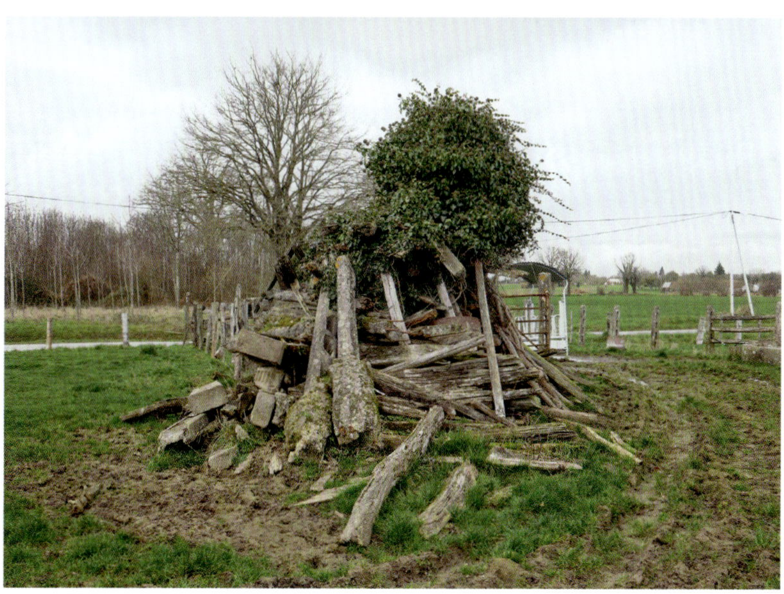

Lonlay-le-Tesson
Ceaucé

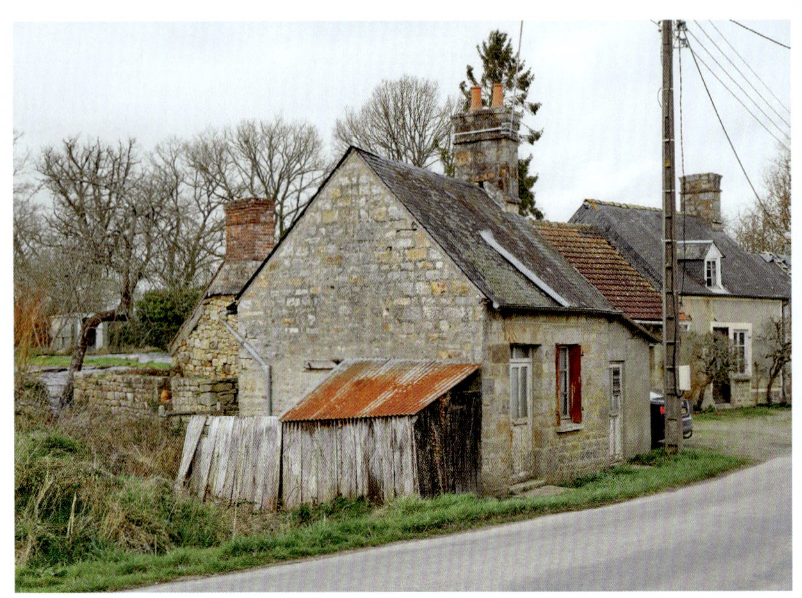

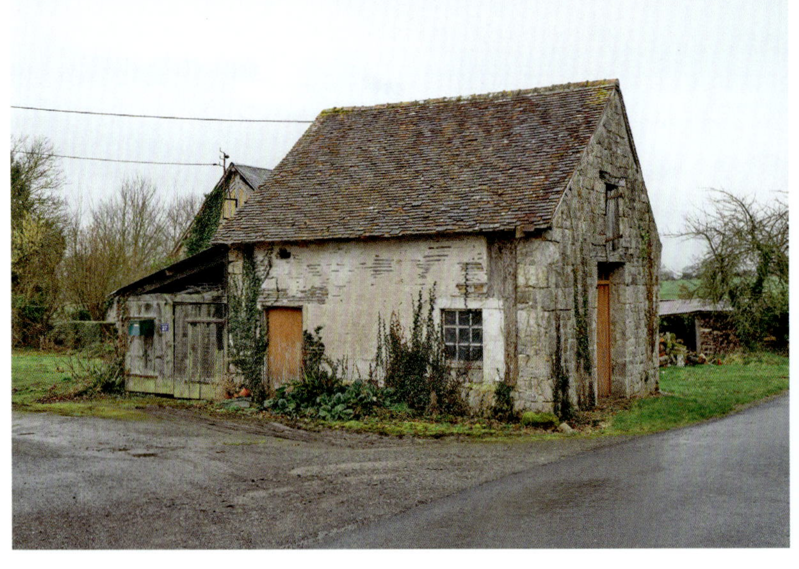

Saint-Gilles-des-Marais
Lonlay-l'Abbaye

→ Saint-Gilles-des-Marais
Ceaucé
Torchamp
La Ferrière-aux-Étangs

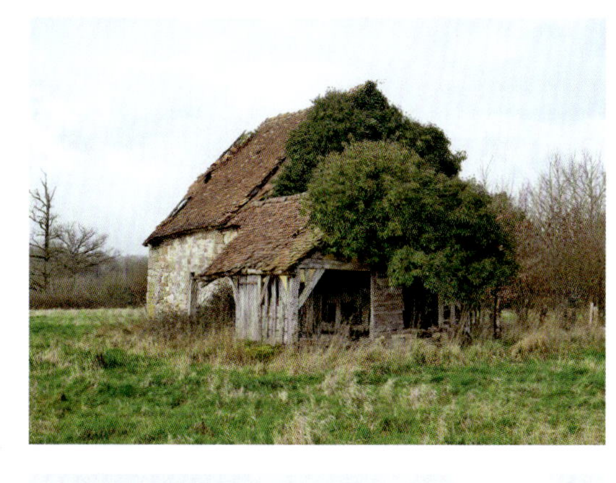

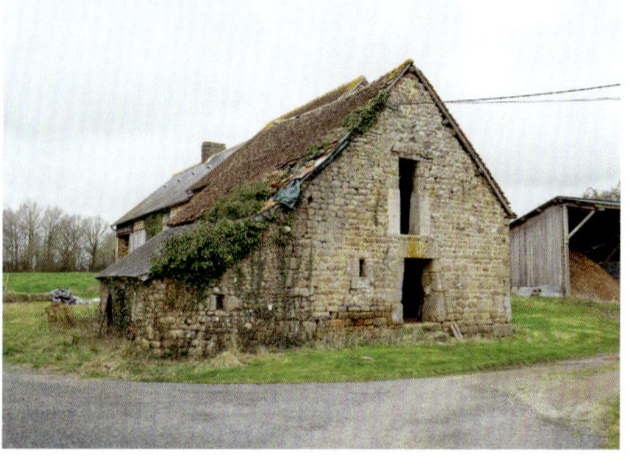

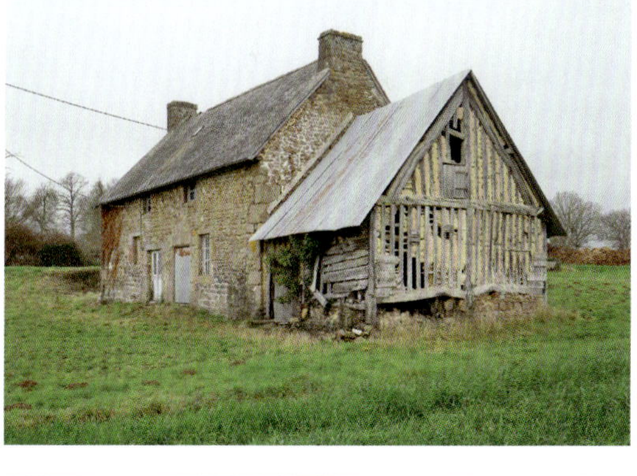

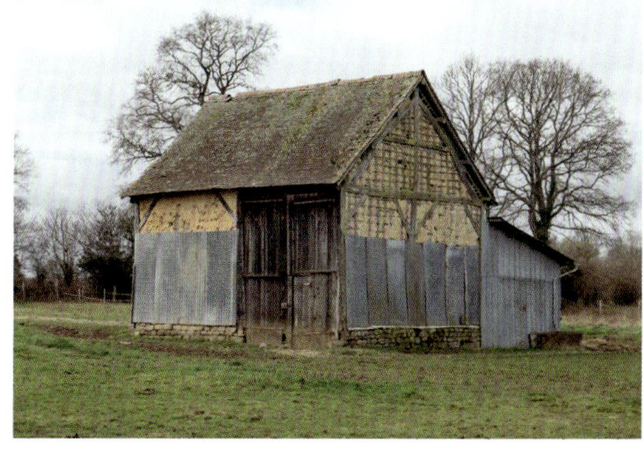

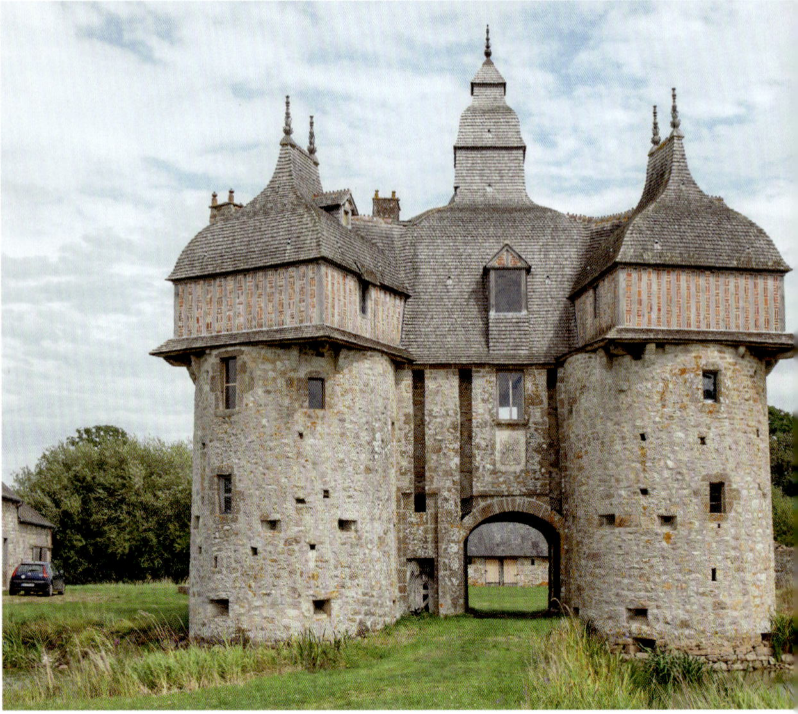

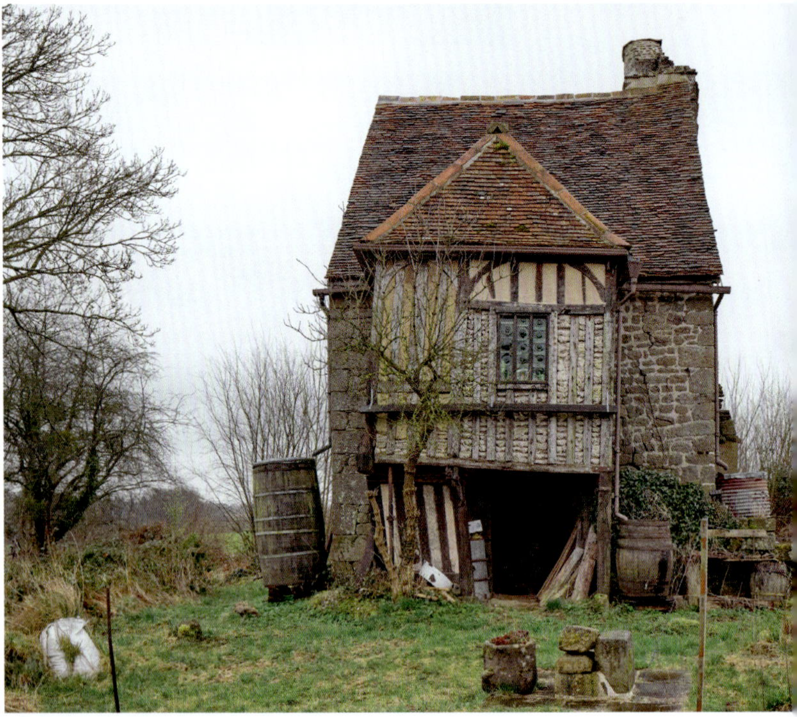

La Haute-Chapelle
Champsecret

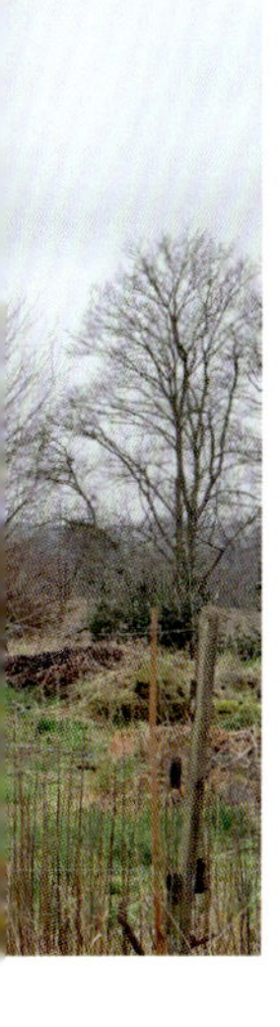

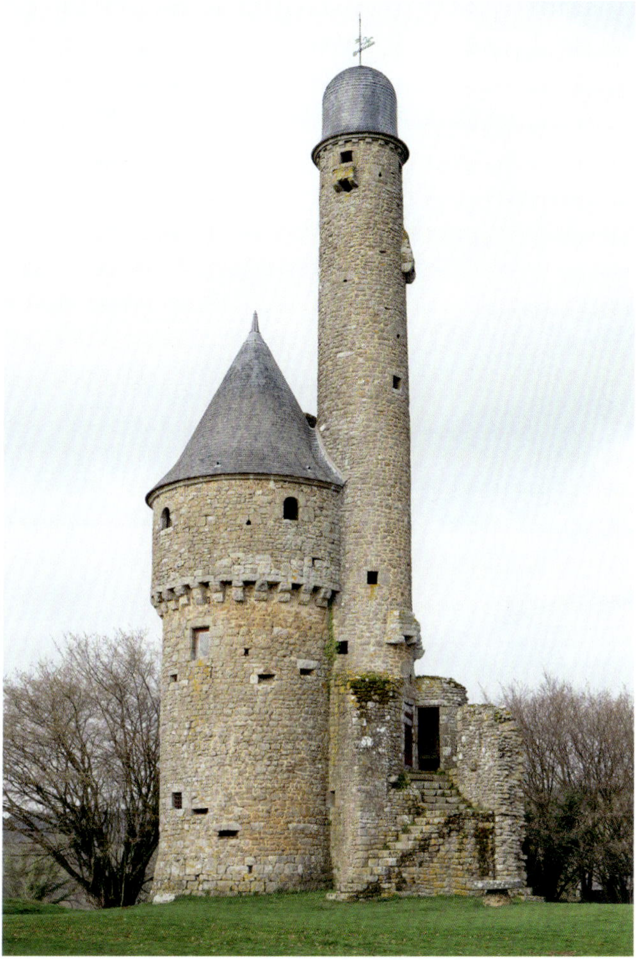

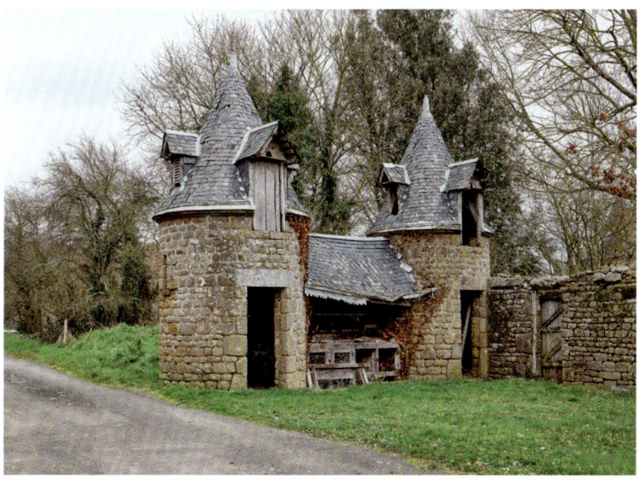

Juvigny-Val-d'Andaine
Saint-Fraimbault

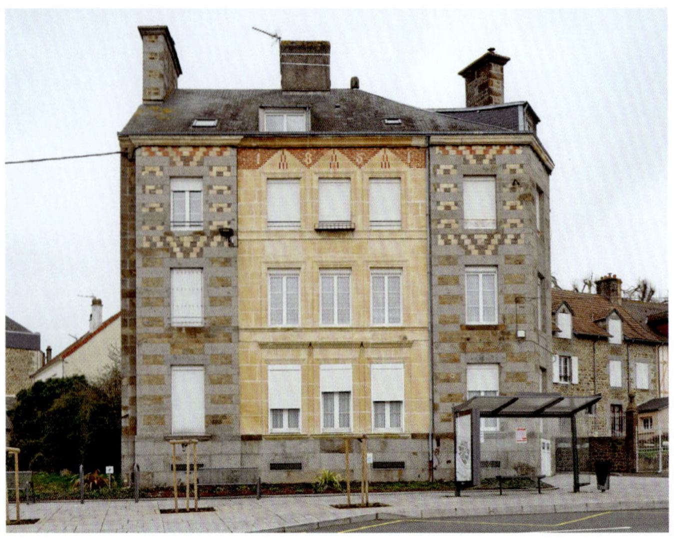

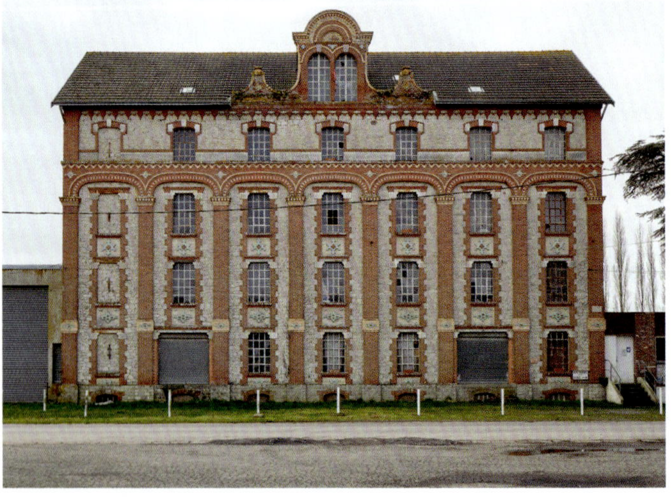

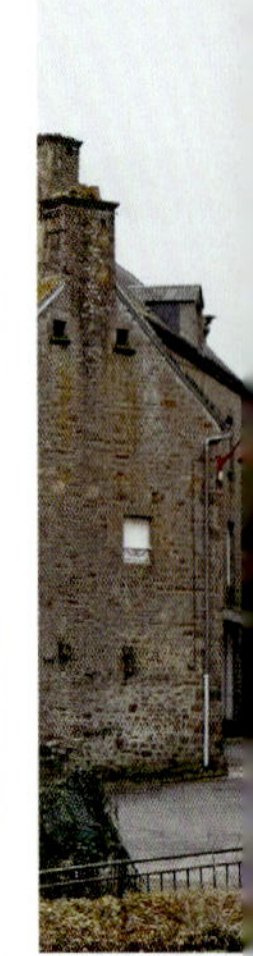

La Ferté-Macé
Couterne

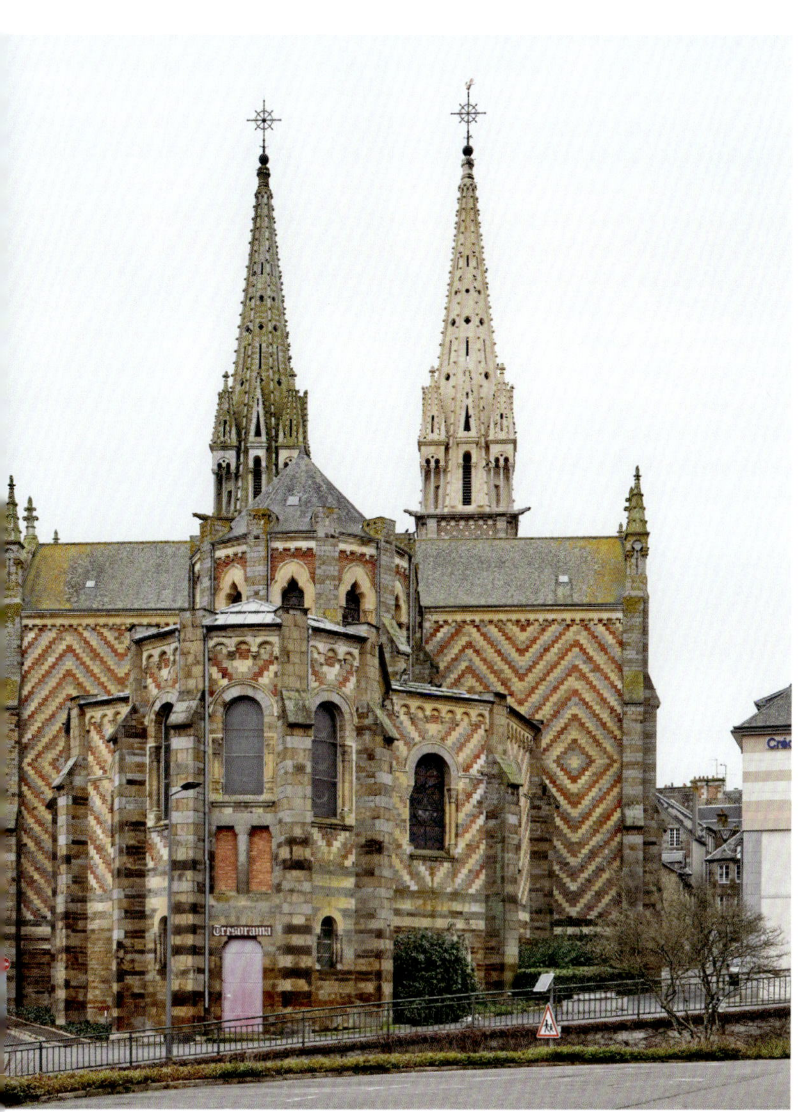

Tresorama

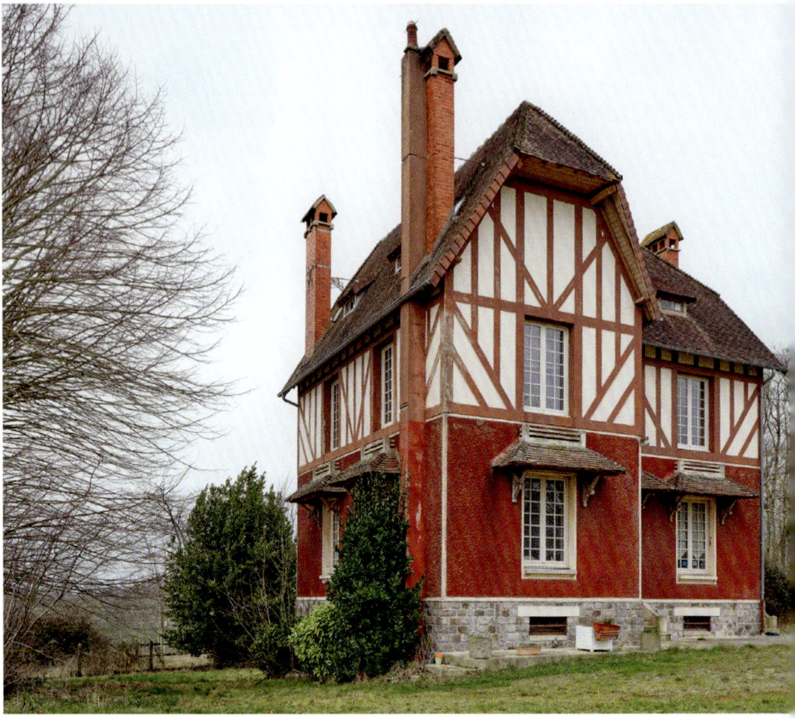

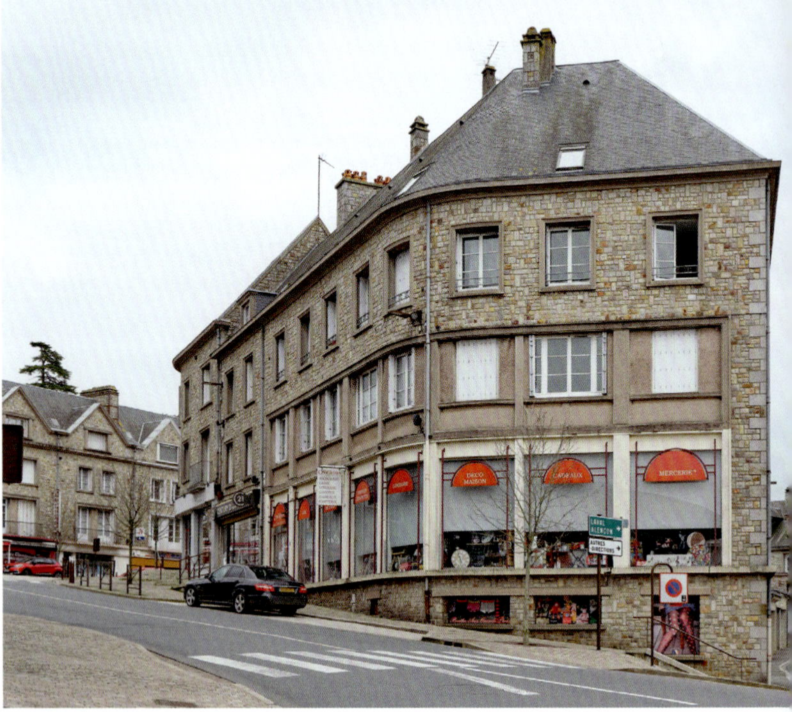

Domfront (2)

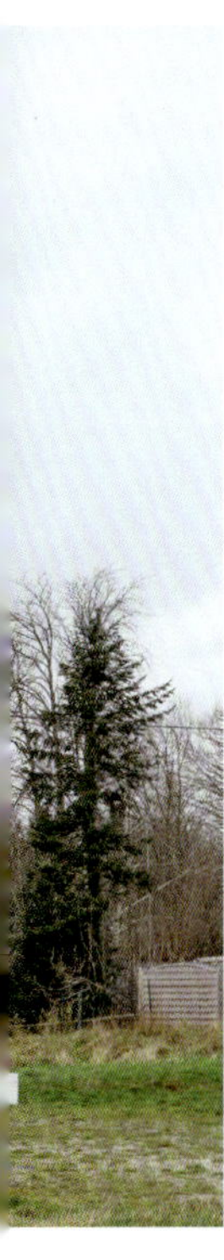

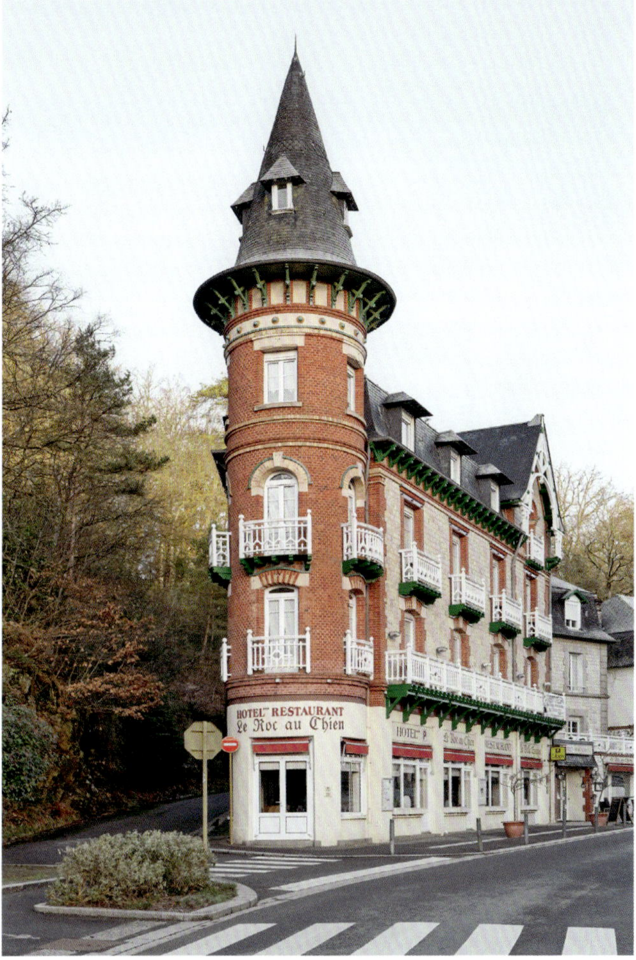

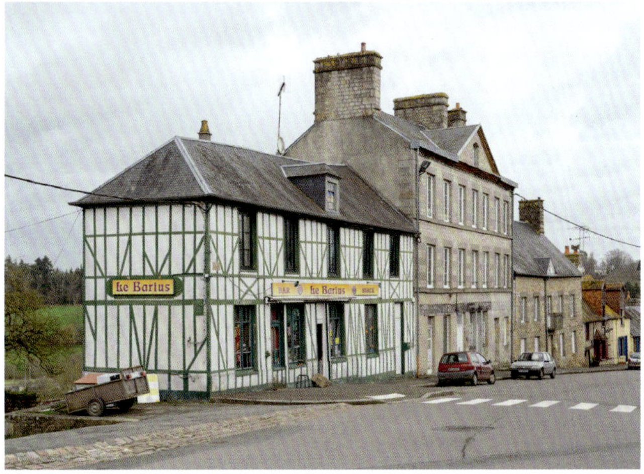

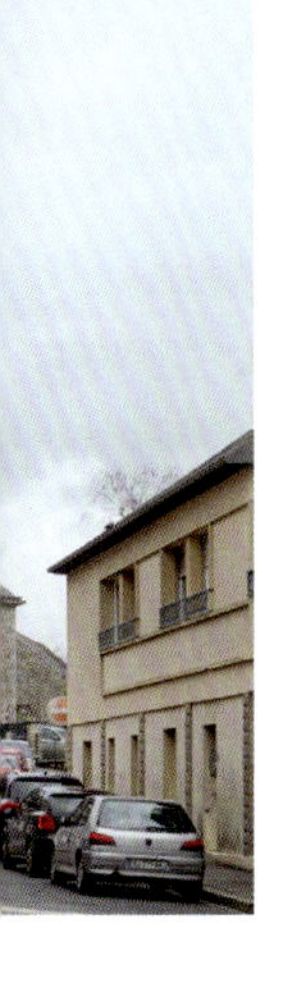

Bagnoles-de-l'Orne
Domfront

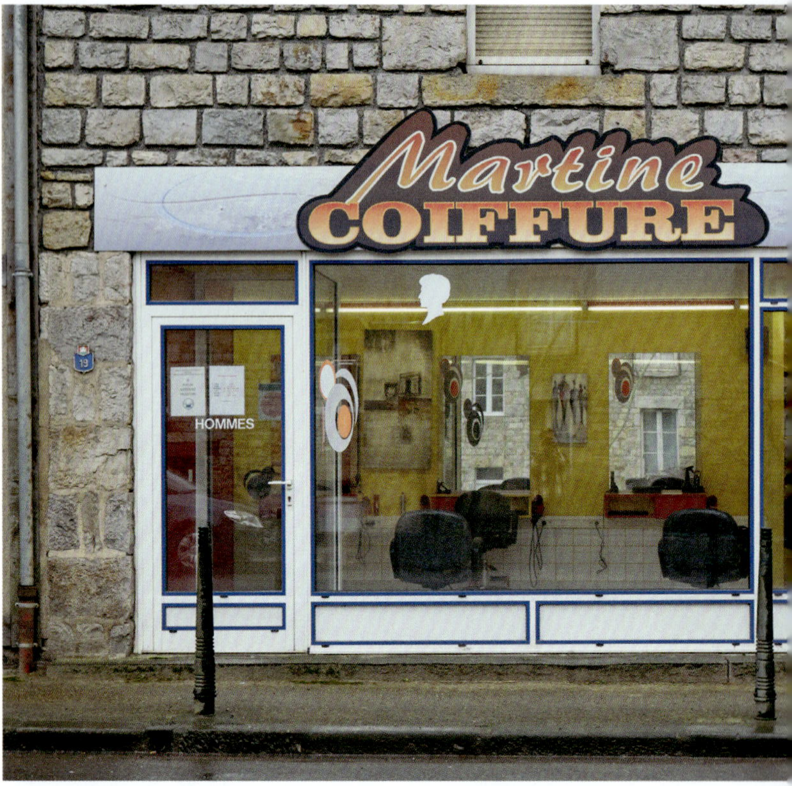

Martine
COIFFURE

HOMMES

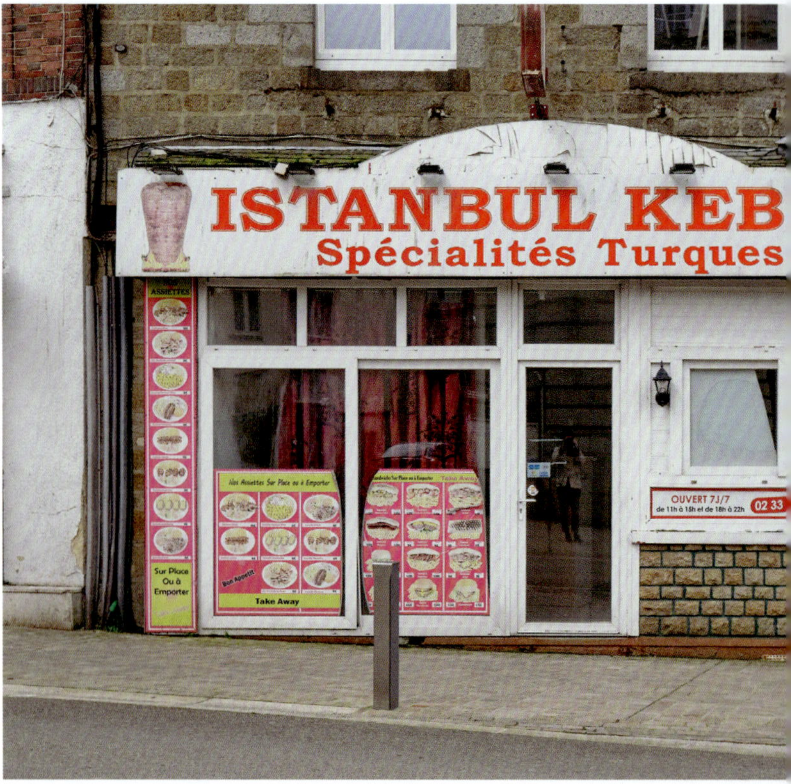

ISTANBUL KEB
Spécialités Turques

ASSIETTES

Nos Assiettes Sur Place ou à Emporter

Take Away

Sur Place
Ou à
Emporter

Bon Appétit

Take Away

OUVERT 7J/7
de 11h à 15h et de 18h à 22h
02 33

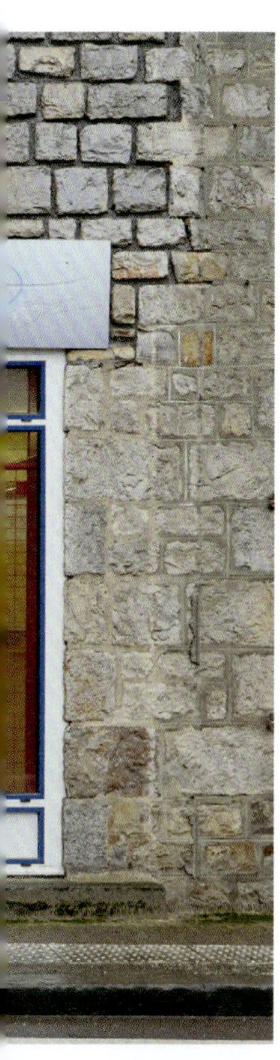

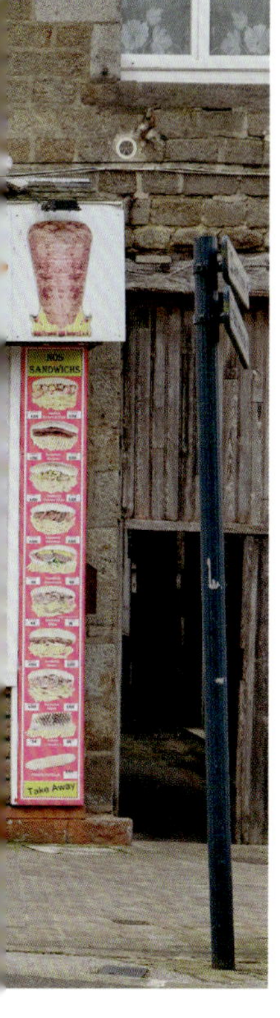

Domfront
La Ferté-Macé

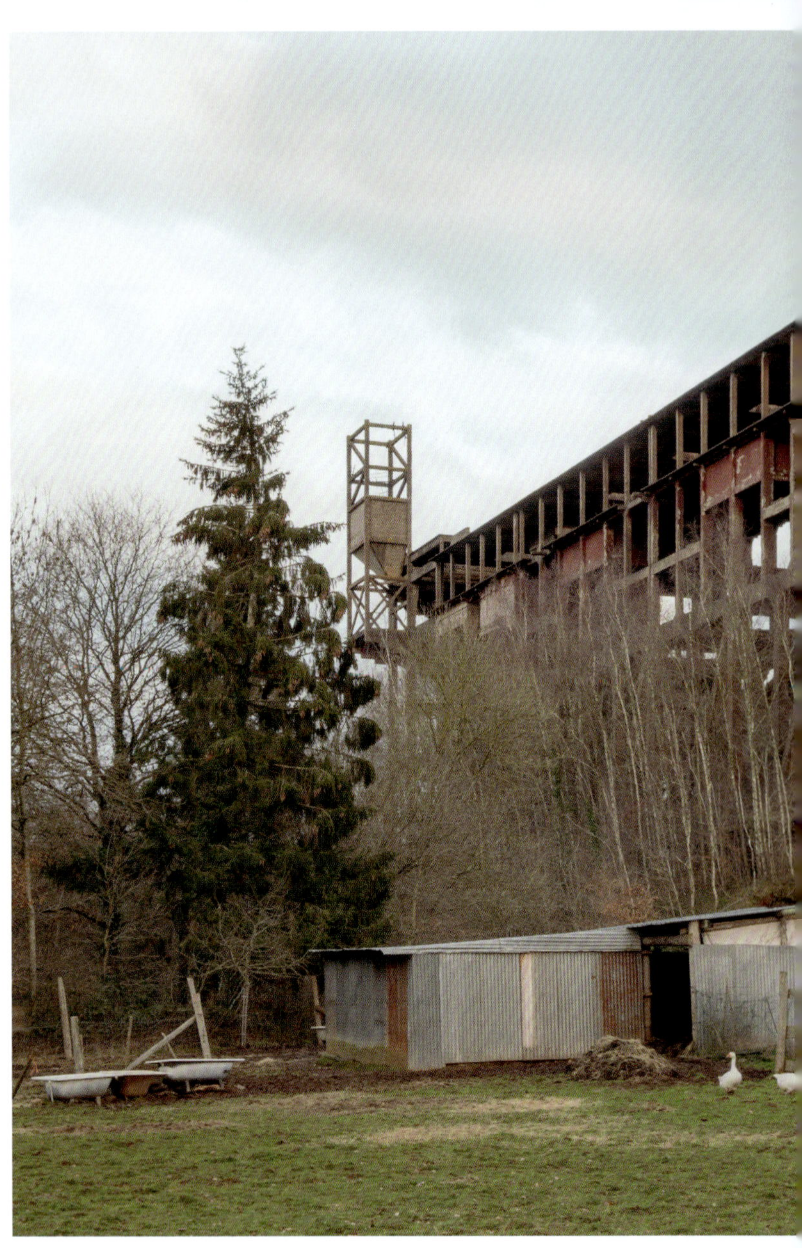

La Ferrière-aux-Étangs

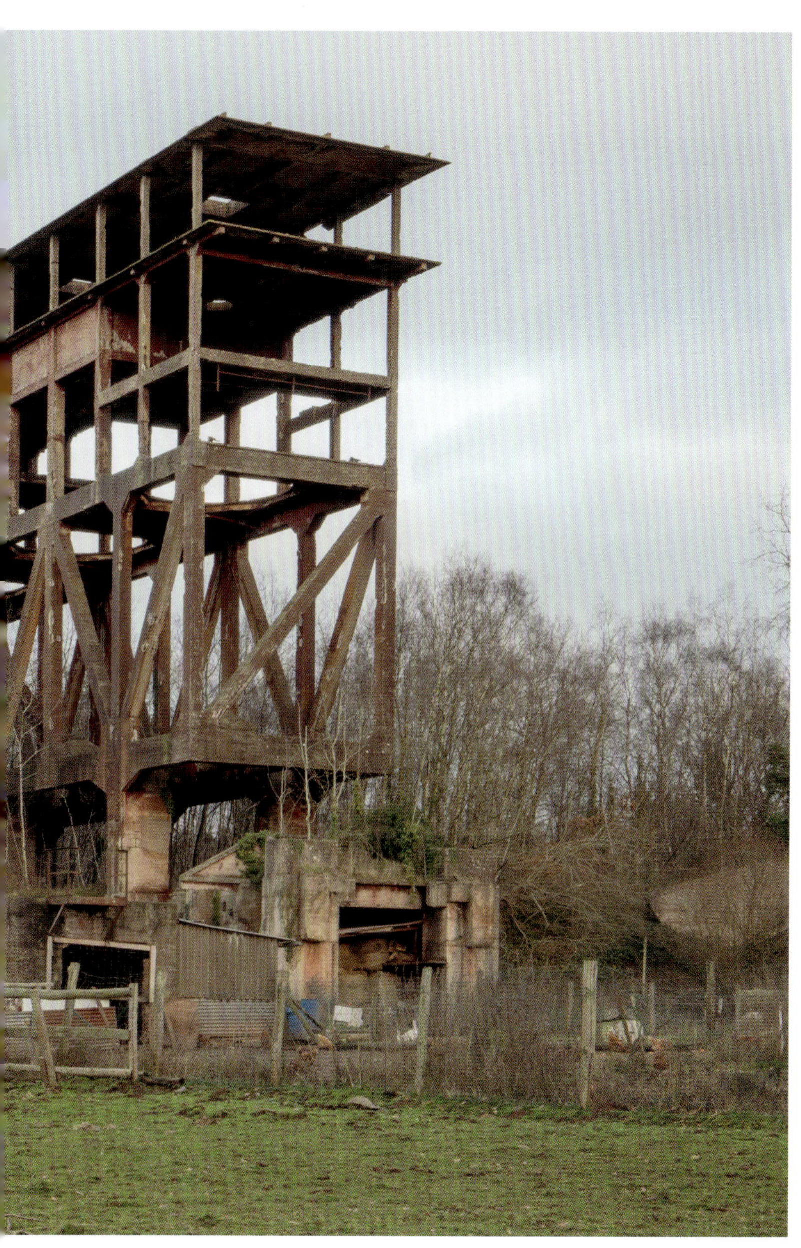

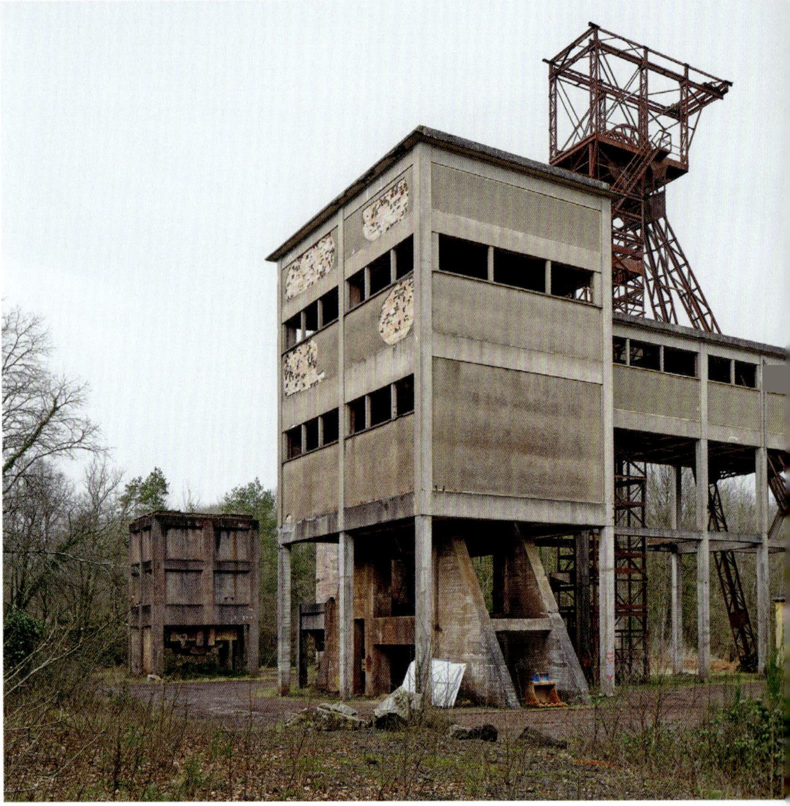

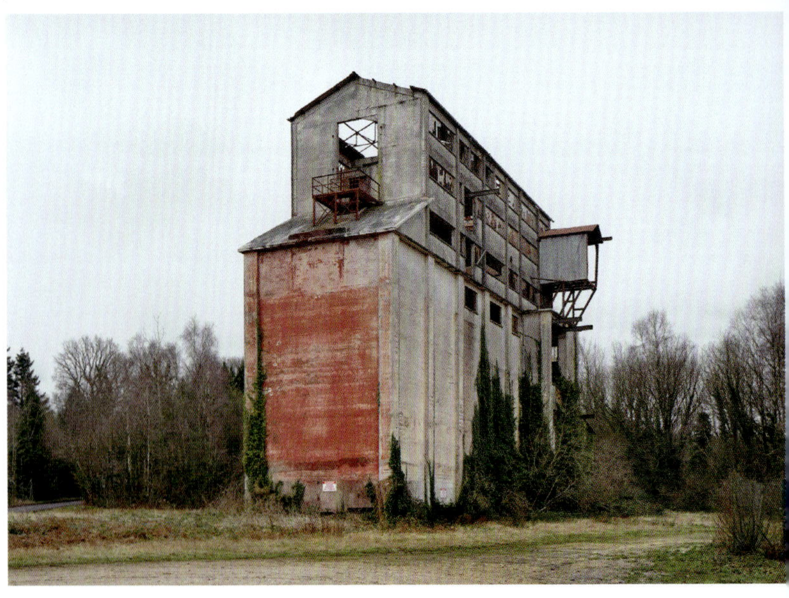

Saint-Clair-de-Halouze
La Ferrière-aux-Étangs

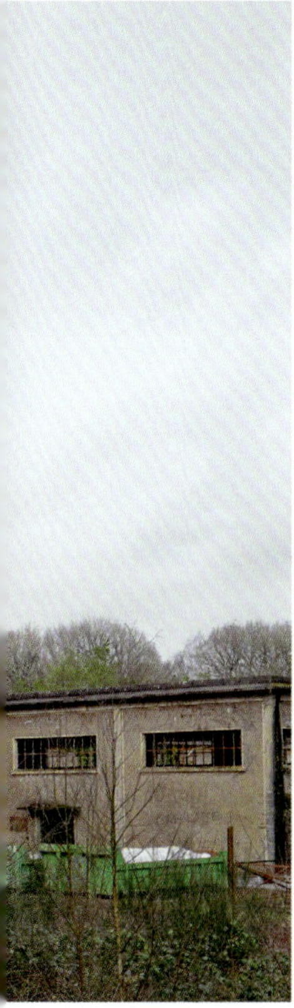

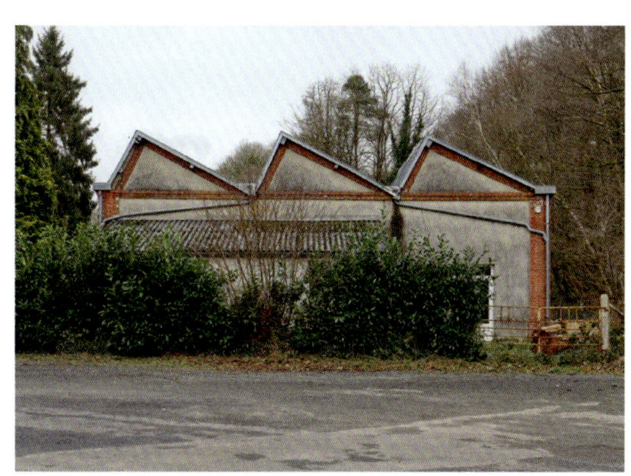

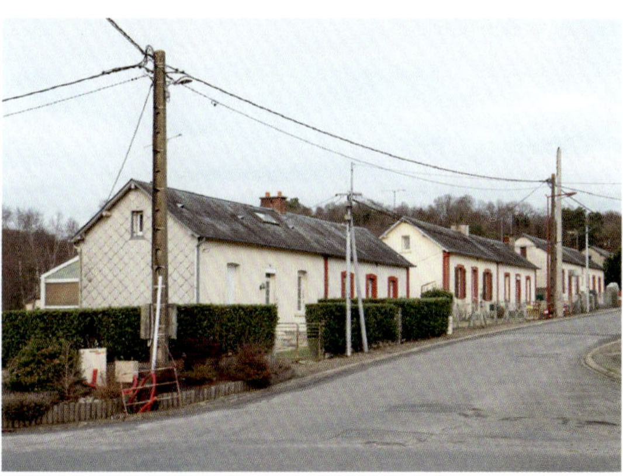

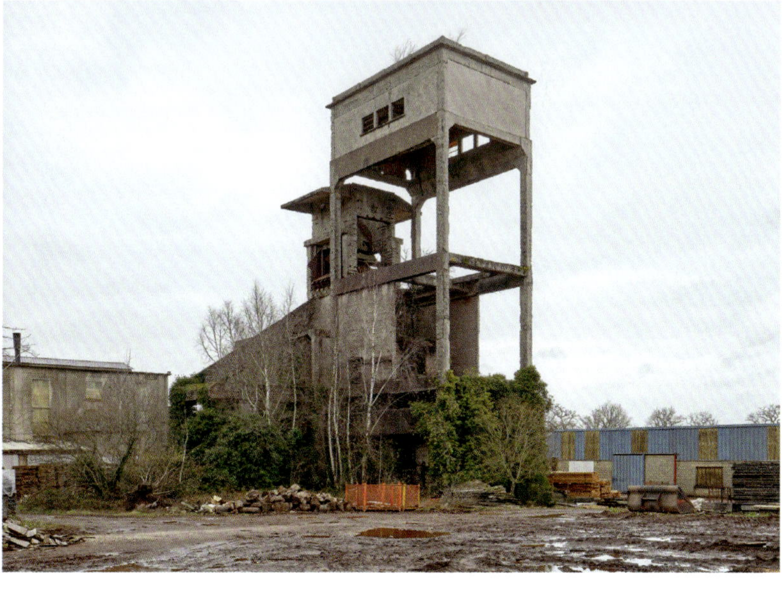

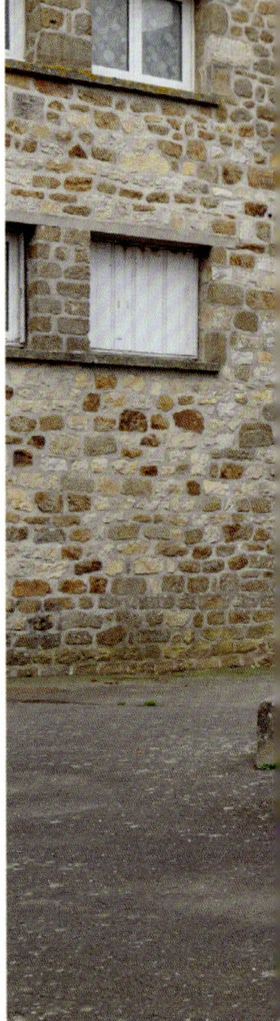

La Ferté-Macé (2)

→ Ceaucé

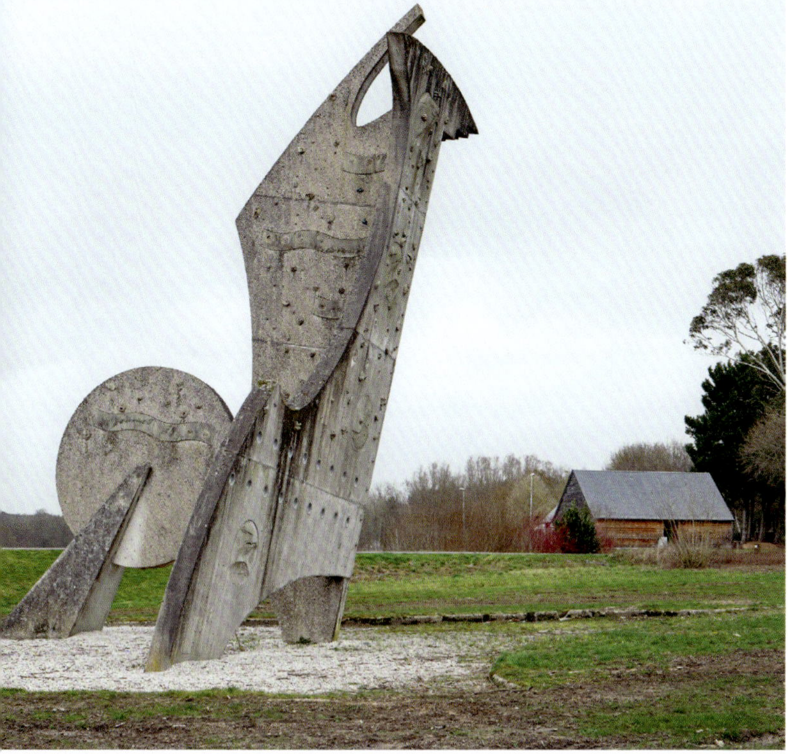

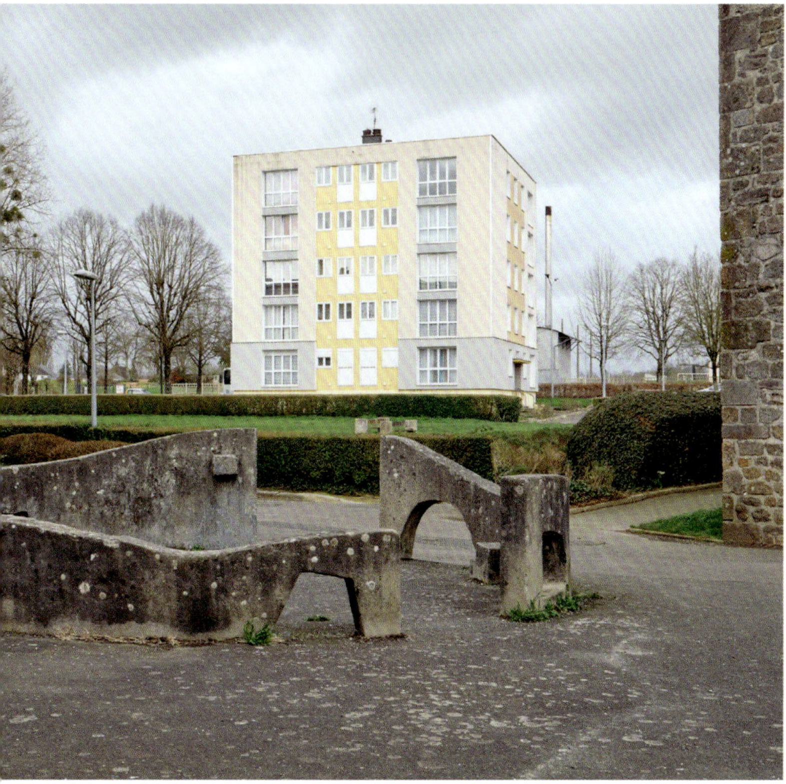

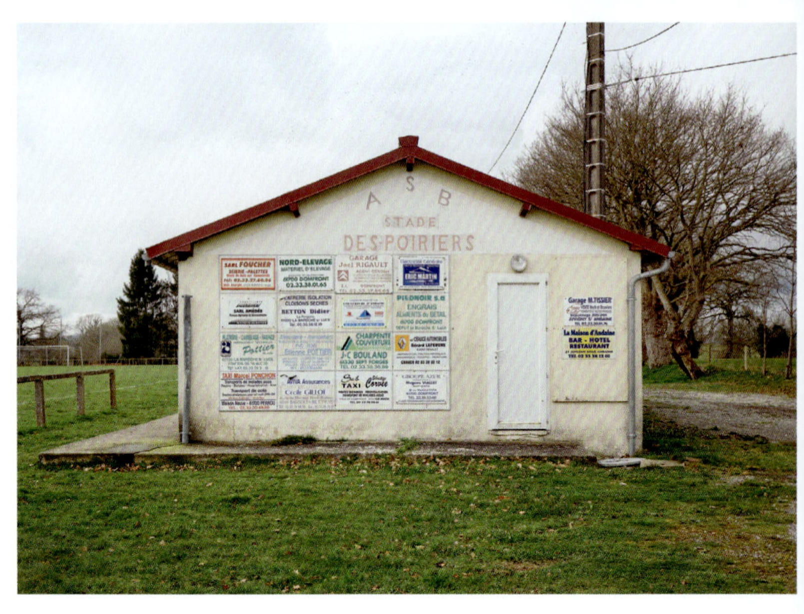
A S B
STADE
DES POIRIERS

Buffets à volonté

ch. 20

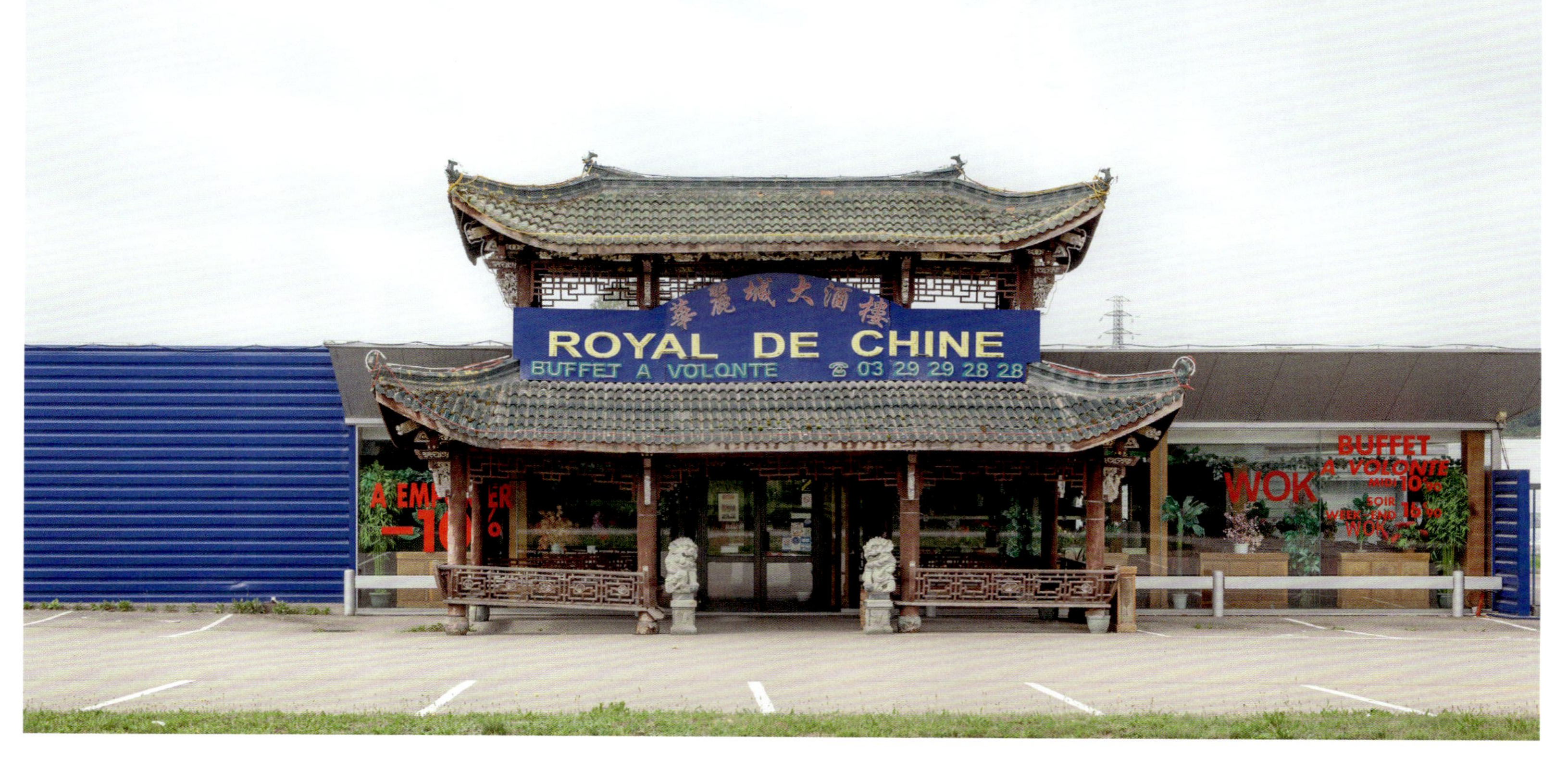
華麗城大酒樓
ROYAL DE CHINE
BUFFET A VOLONTE
☎ 03 29 29 28 28
A EMPORTER -10%
BUFFET
A VOLONTE
MIDI 10%
SOIR
WEEK-END 15%
WOK
WOK

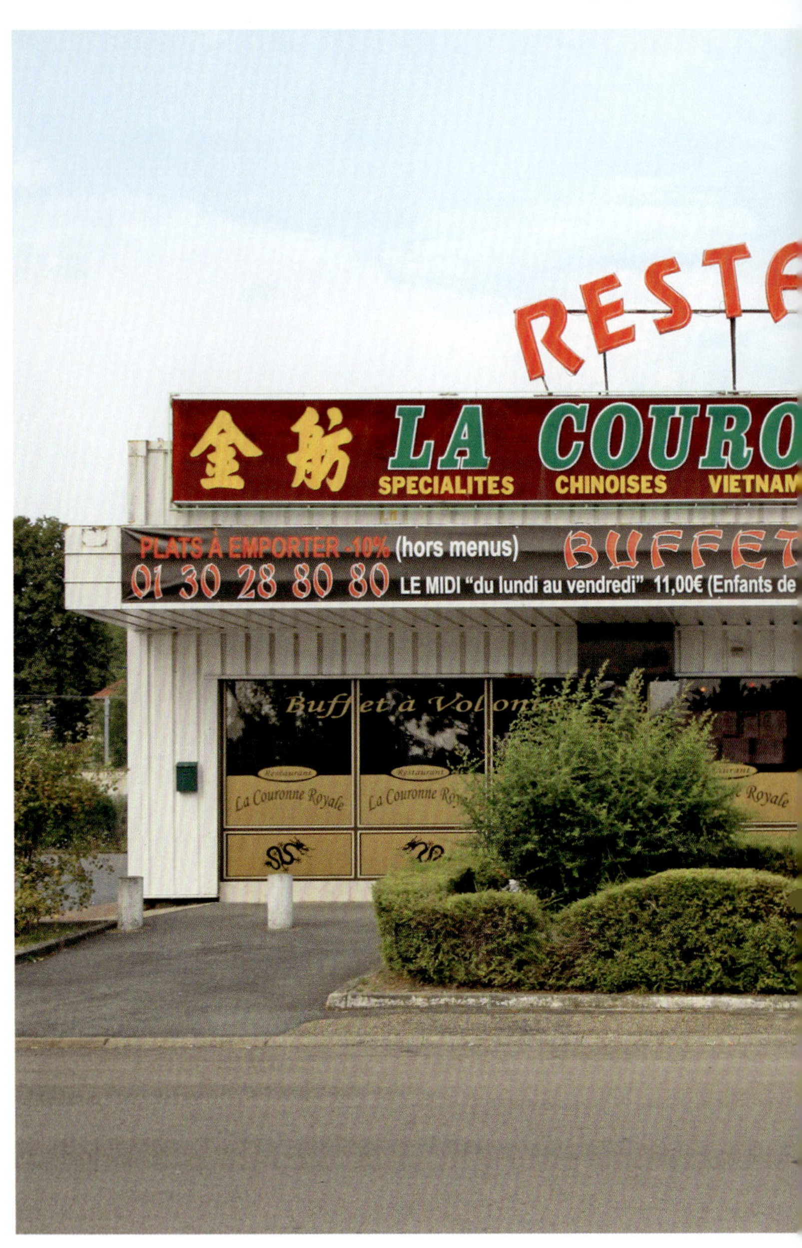

← Chavelot, Plaine sous-vosgienne

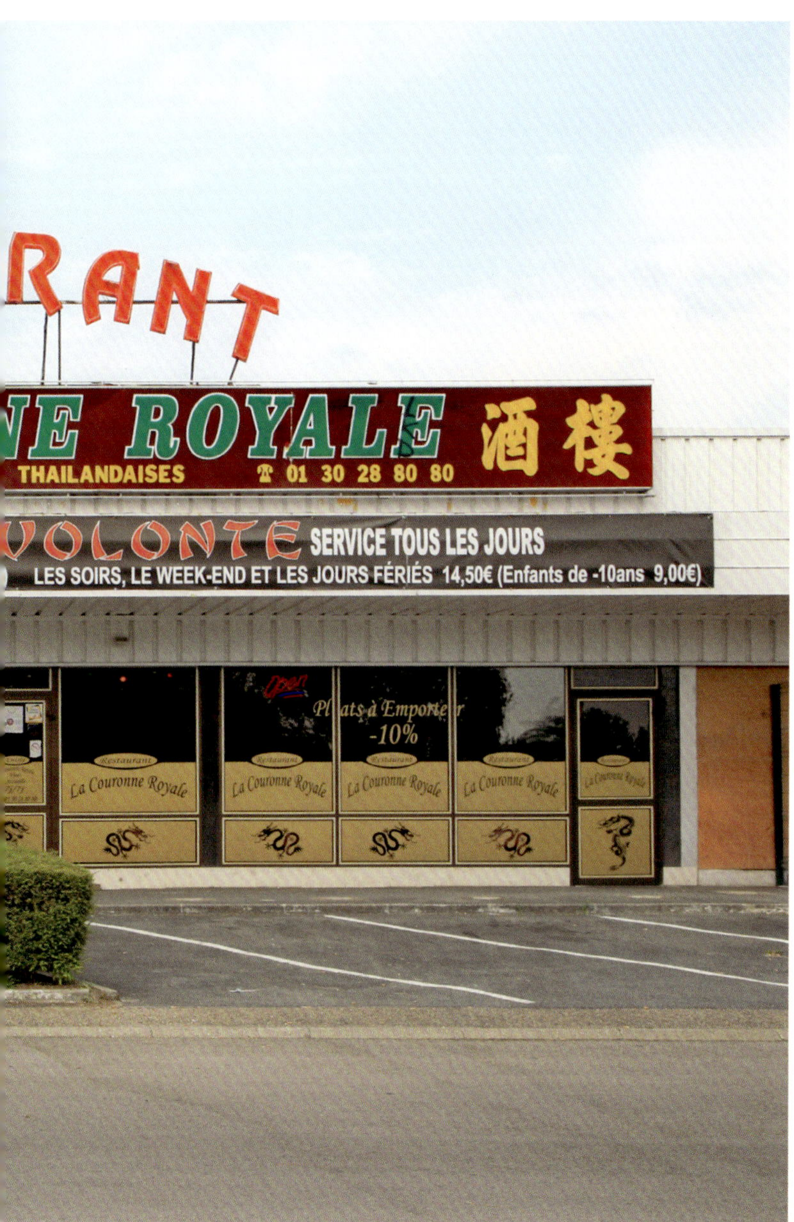

Chambly, Pays de Thelle

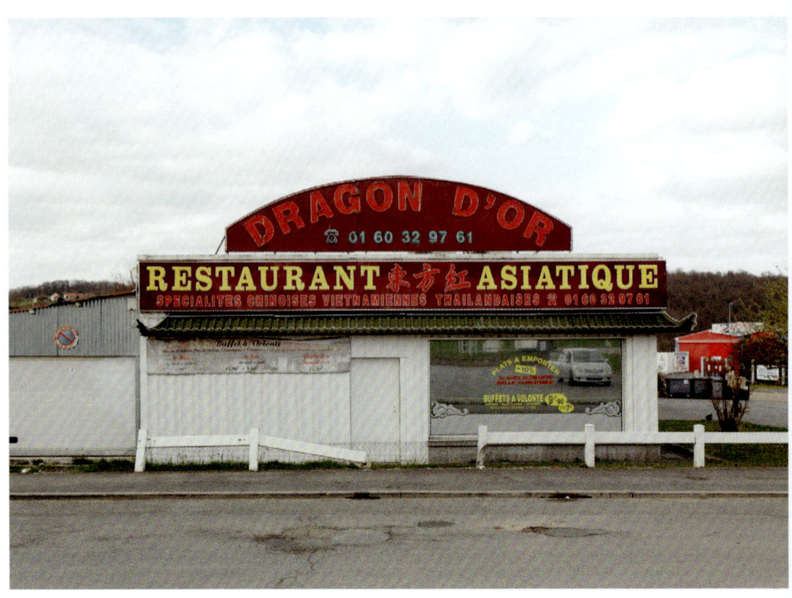

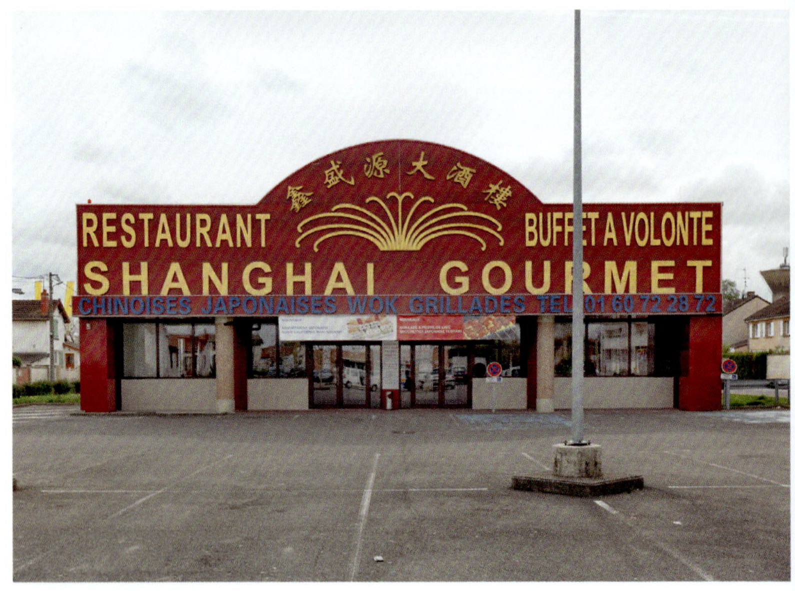

Sept-Sorts, Brie
Varennes-sur-Seine, Sénonais

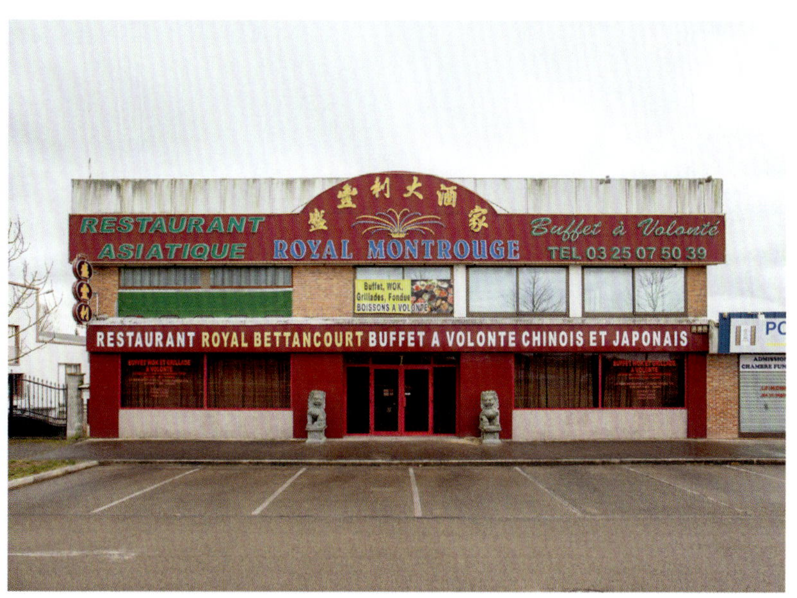

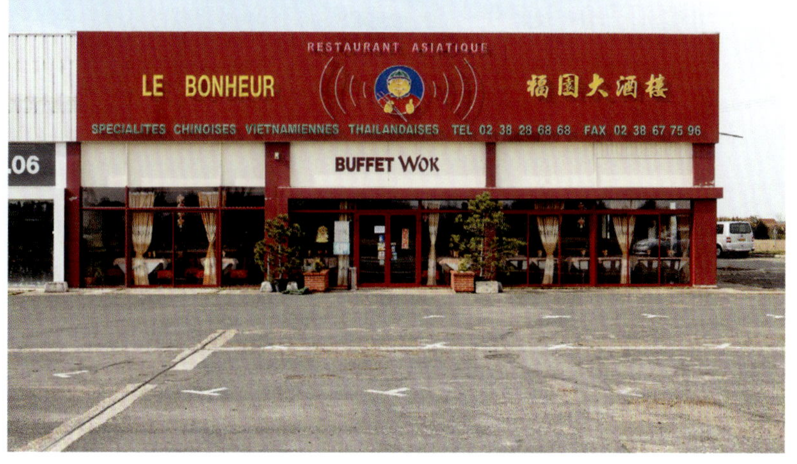

Saint-Dizier, Perthois
Poilly-Lez-Gien, Puisaye

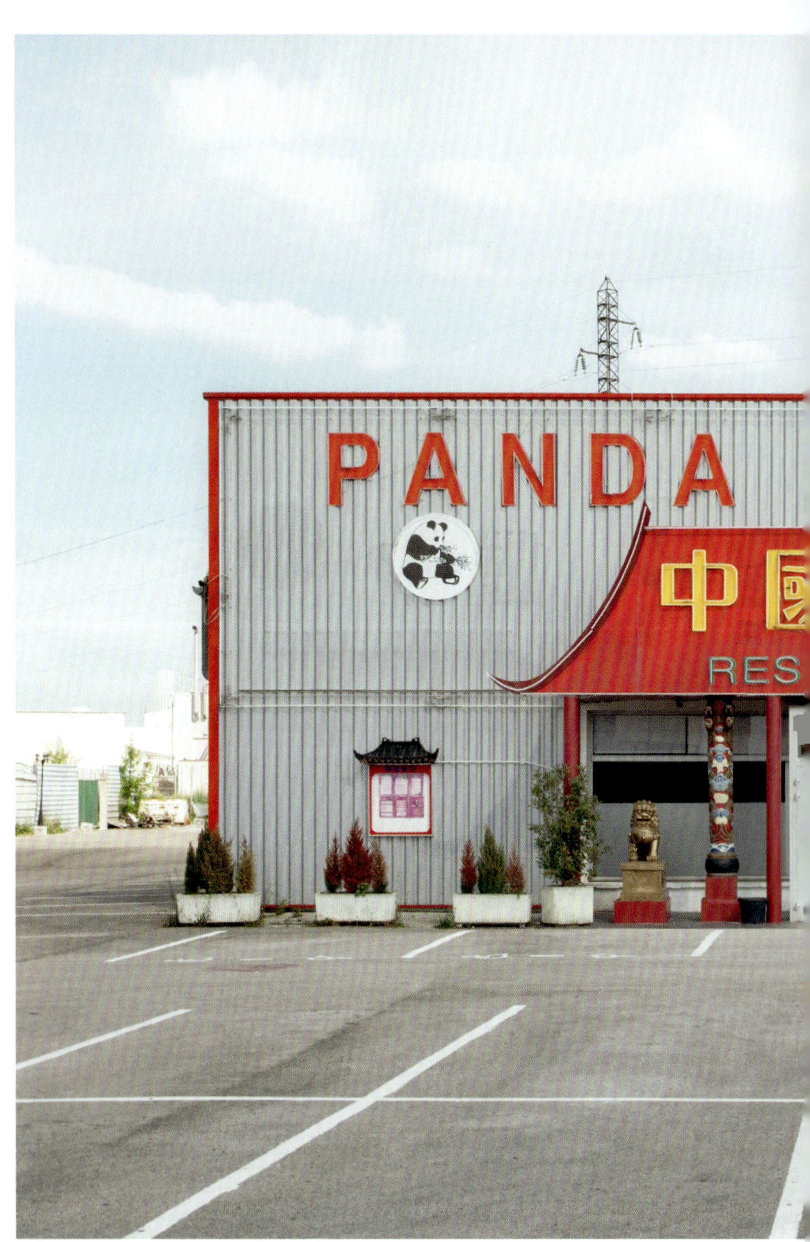

Chenôve, Dijonnais

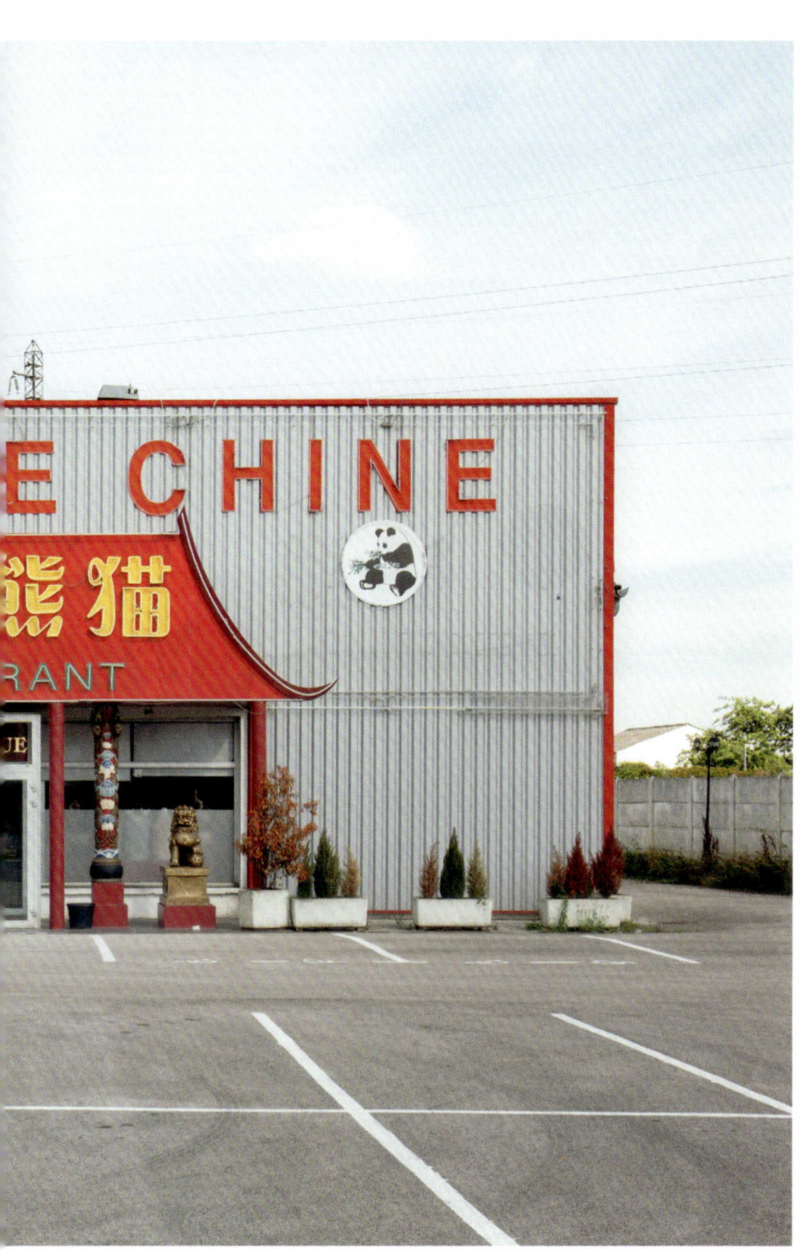

E CHINE
熊猫
RANT

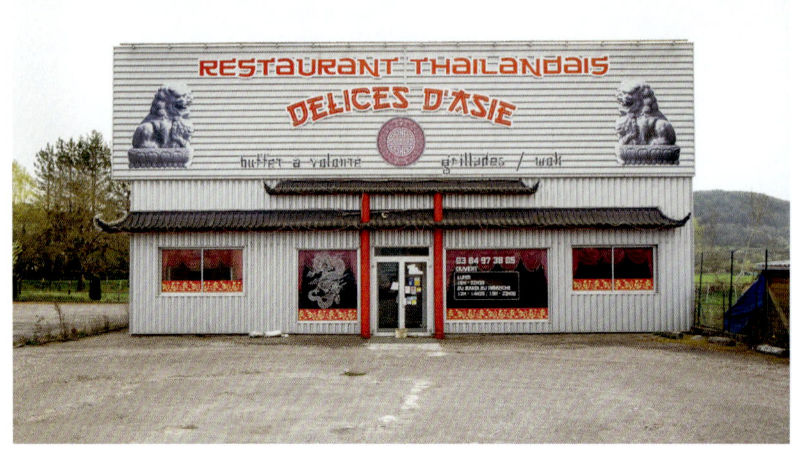

RESTAURANT THAILANDAIS
DELICES D'ASIE
buffet à volonté
grillades / wok
03 84 97 38 05
OUVERT

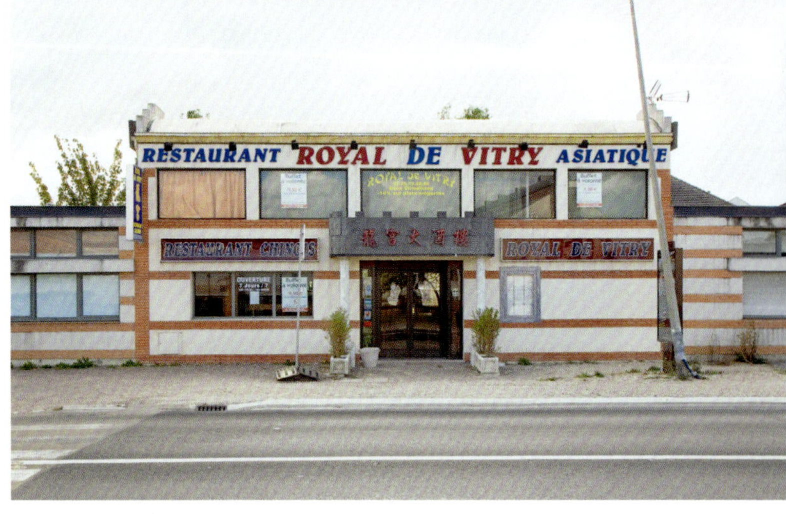

RESTAURANT ROYAL DE VITRY ASIATIQUE
ROYAL DE VITRY
RESTAURANT CHINOIS
ROYAL DE VITRY
OUVERTURE

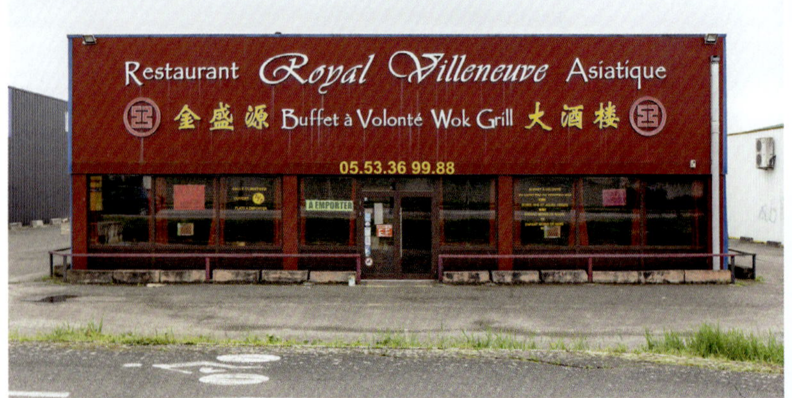

Restaurant Royal Villeneuve Asiatique
金盛源 Buffet à Volonté Wok Grill 大酒楼
05.53.36 99.88
A EMPORTER

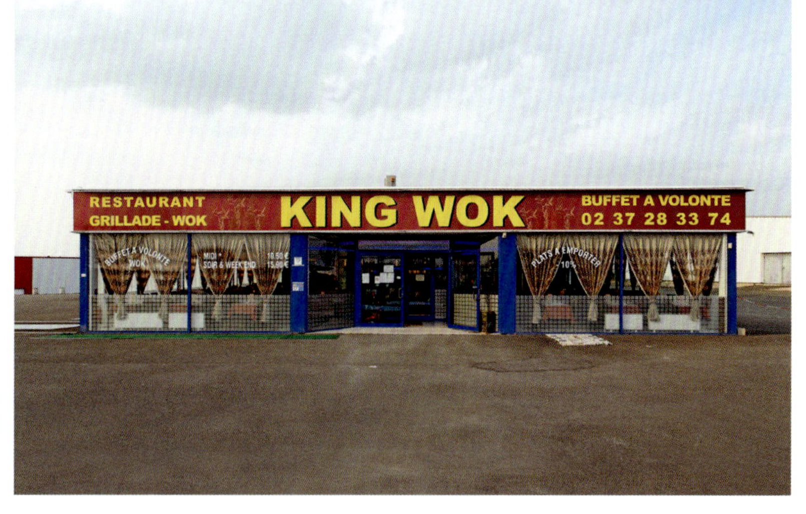

RESTAURANT
GRILLADE - WOK
KING WOK
BUFFET A VOLONTE
02 37 28 33 74
BUFFET A VOLONTE
WOK
PLATS A EMPORTER

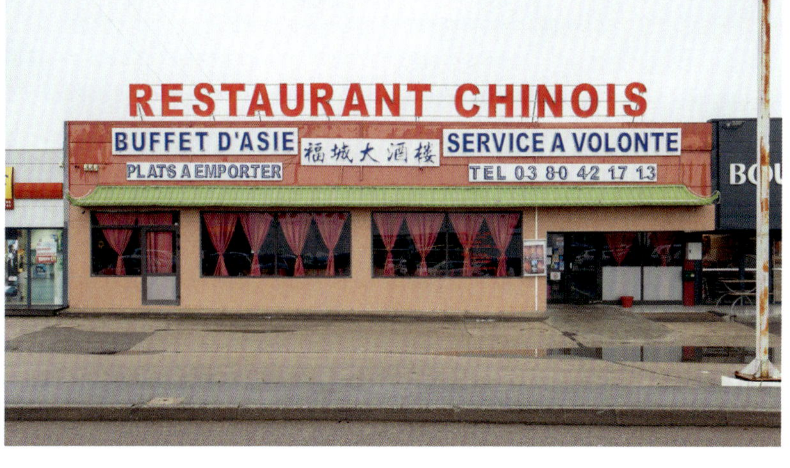

RESTAURANT CHINOIS
BUFFET D'ASIE
PLATS A EMPORTER
福城大酒楼
SERVICE A VOLONTE
TEL 03 80 42 17 13

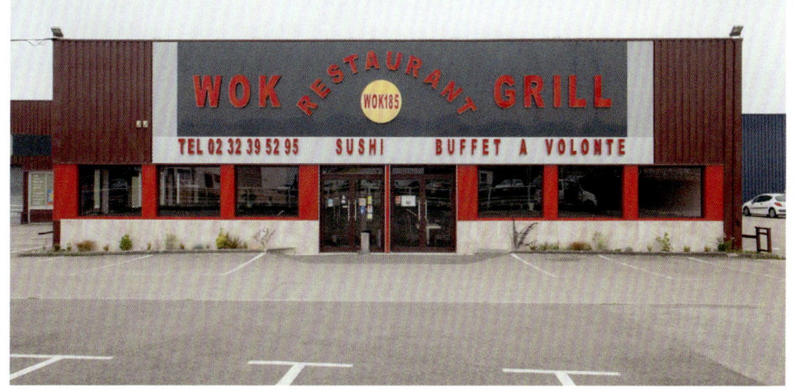

WOK
RESTAURANT
WOK185
GRILL
TEL 02 32 39 52 95
SUSHI
BUFFET A VOLONTE

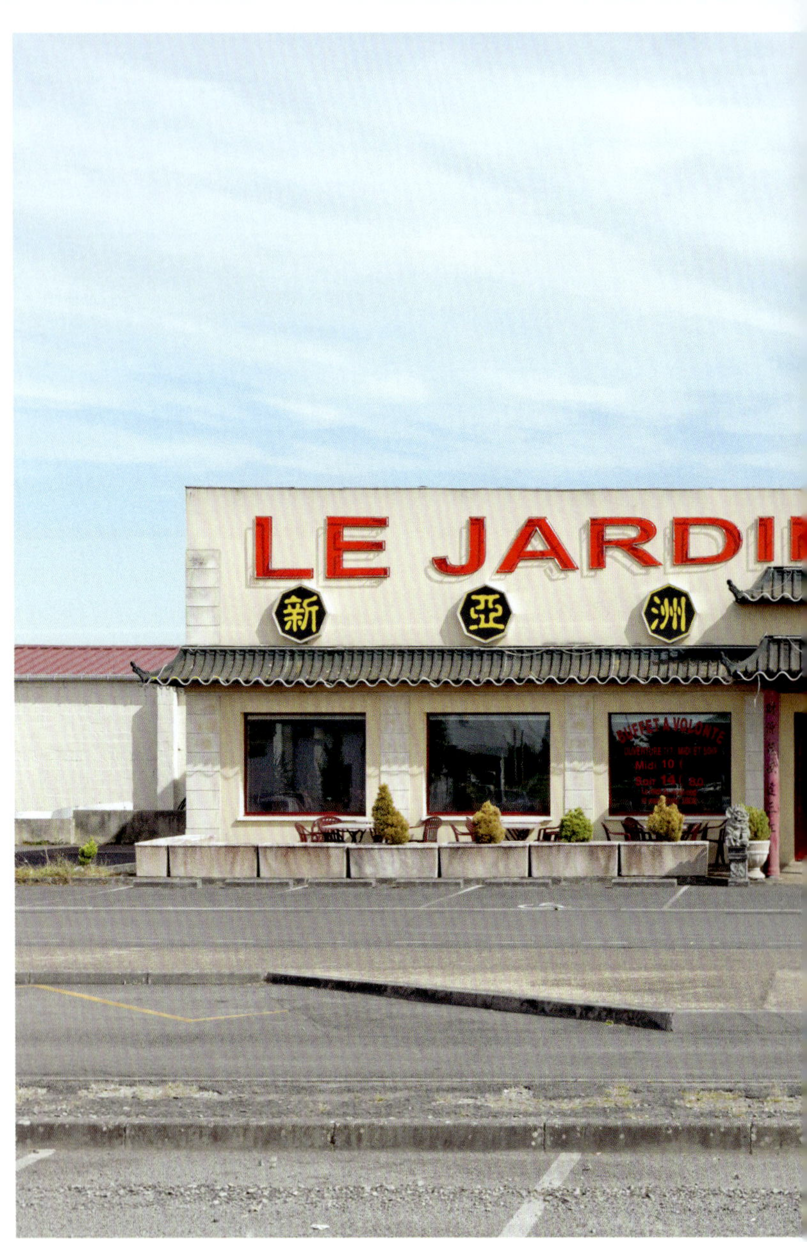

← Luisant, Beauce
Dijon, Dijonnais
Gravigny, Plateau de Saint-André

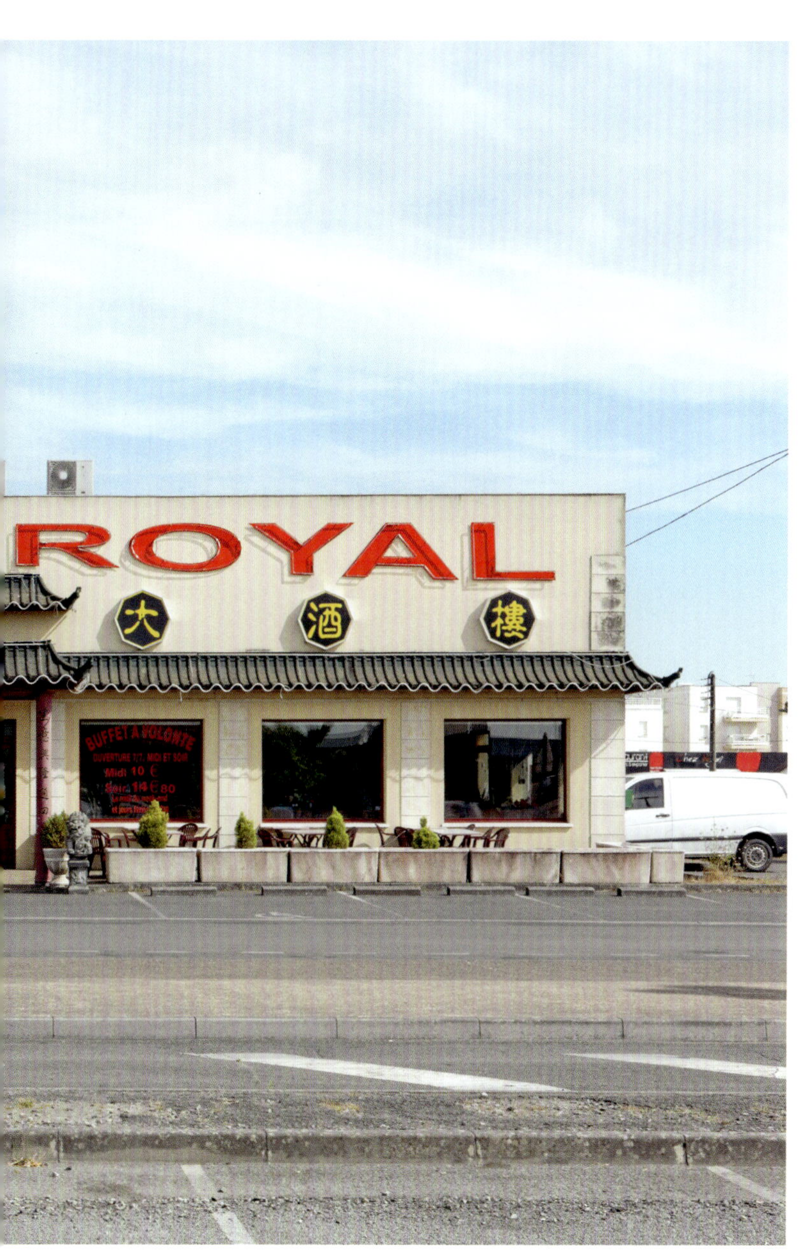

ROYAL
大 酒 樓
BUFFET À VOLONTÉ
OUVERTURE 7/7, MIDI ET SOIR
Midi 10 €
Soir 14 € 80

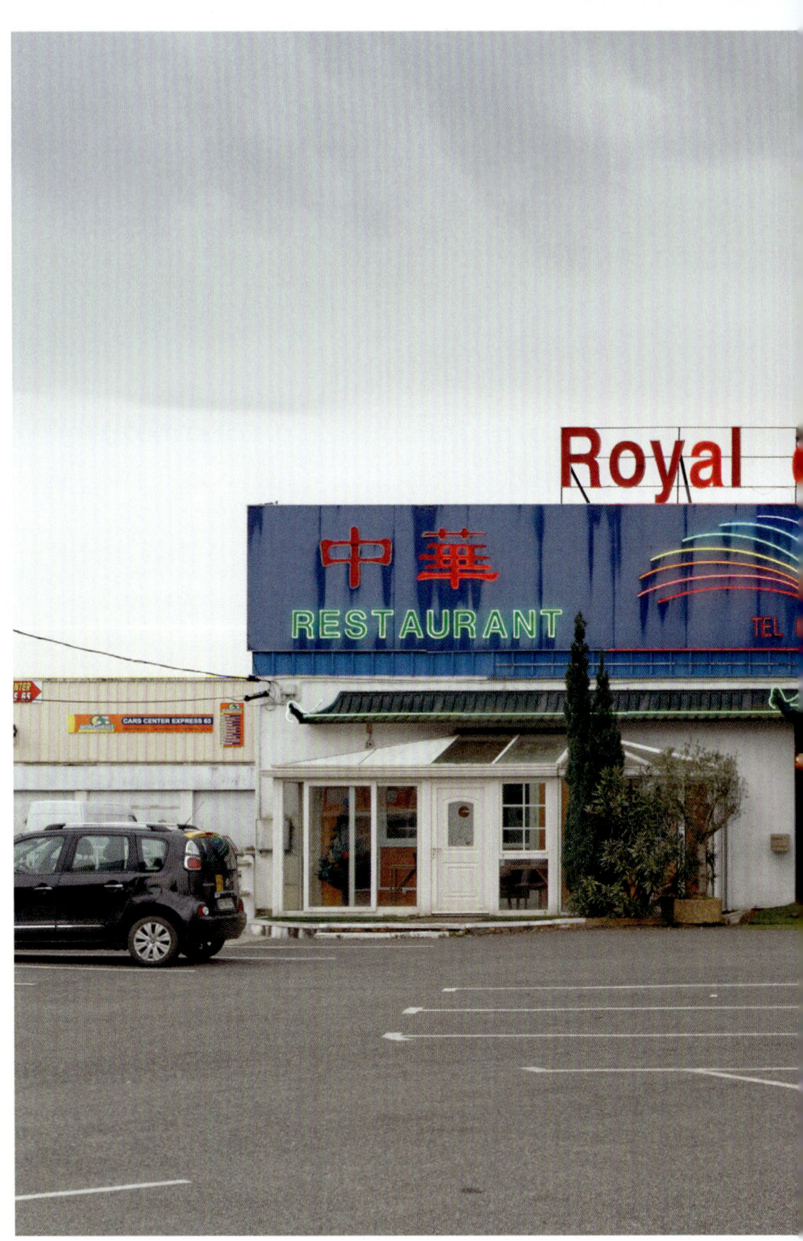

Tarbes, Bigorre

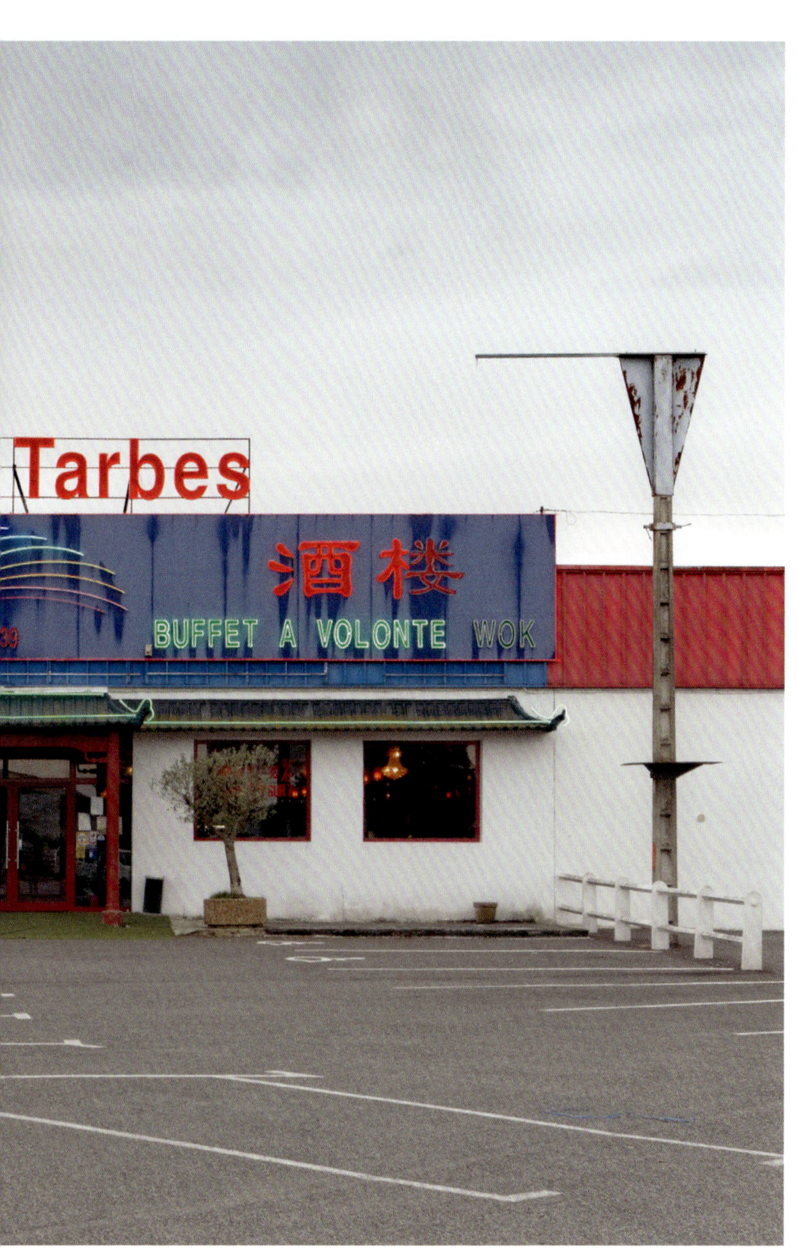
Tarbes
酒楼
BUFFET A VOLONTE WOK

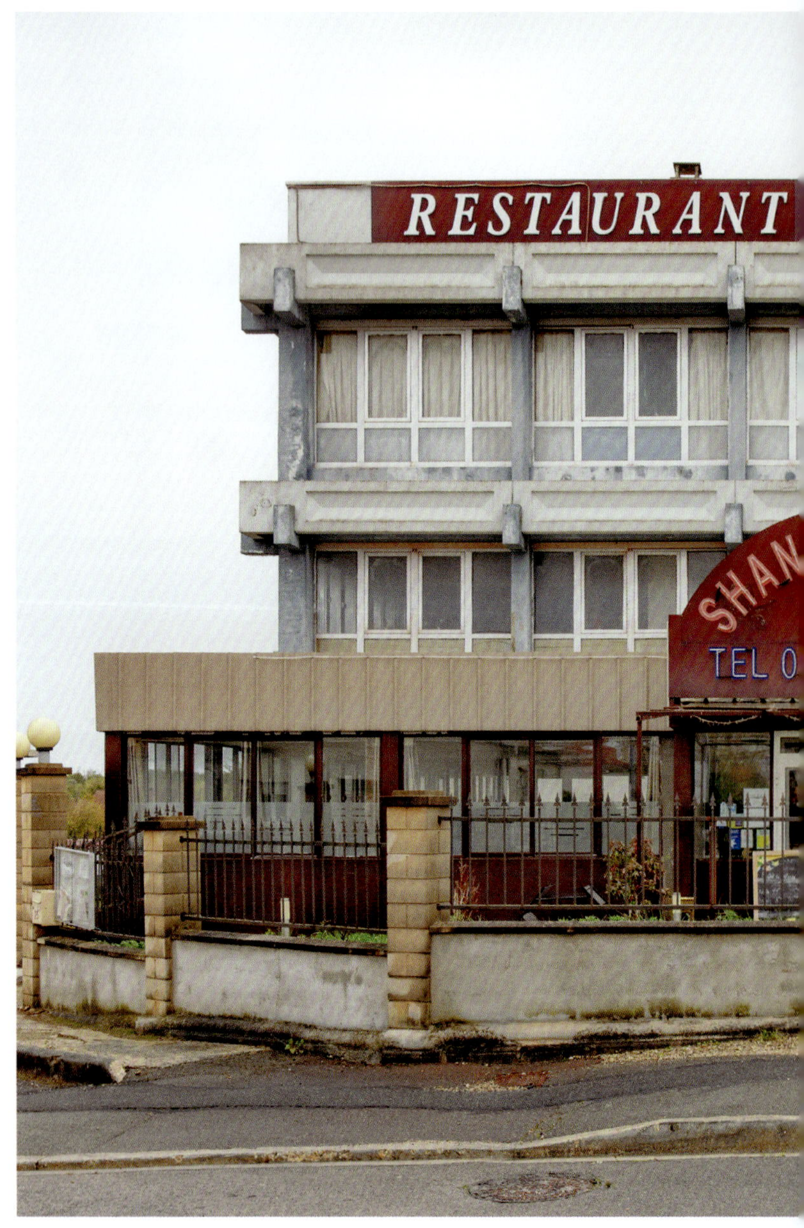

Romilly-sur-Seine, Champagne troyenne

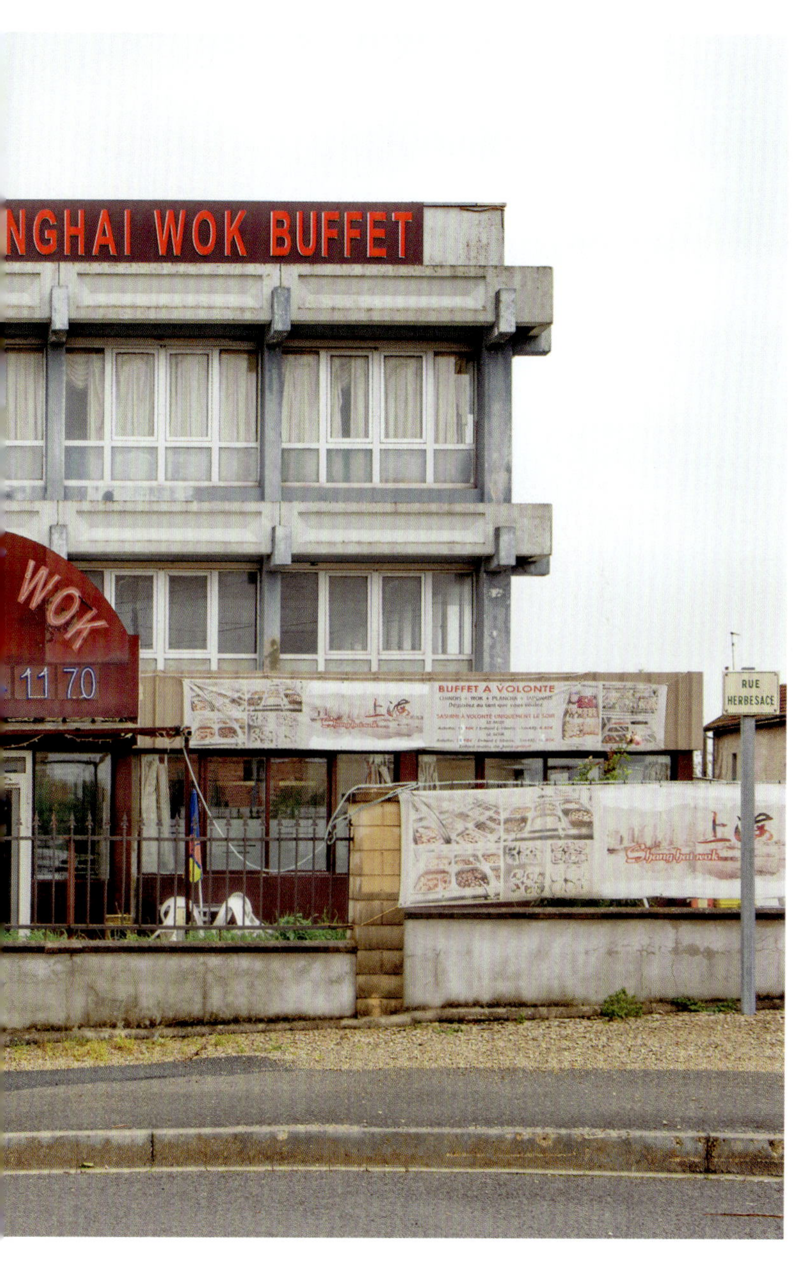
NGHAI WOK BUFFET
WOK
11 70
BUFFET À VOLONTÉ
RUE
HERBESACE

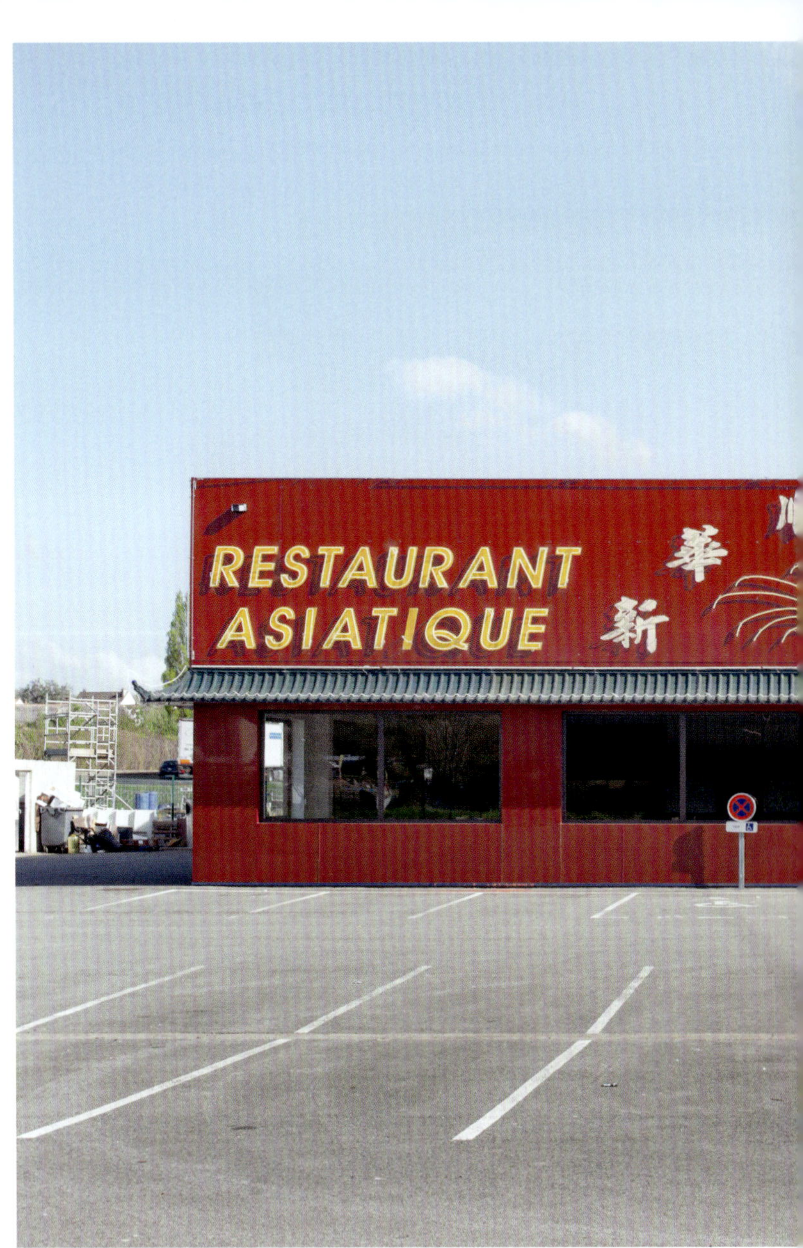

Étréchy, Hurepoix

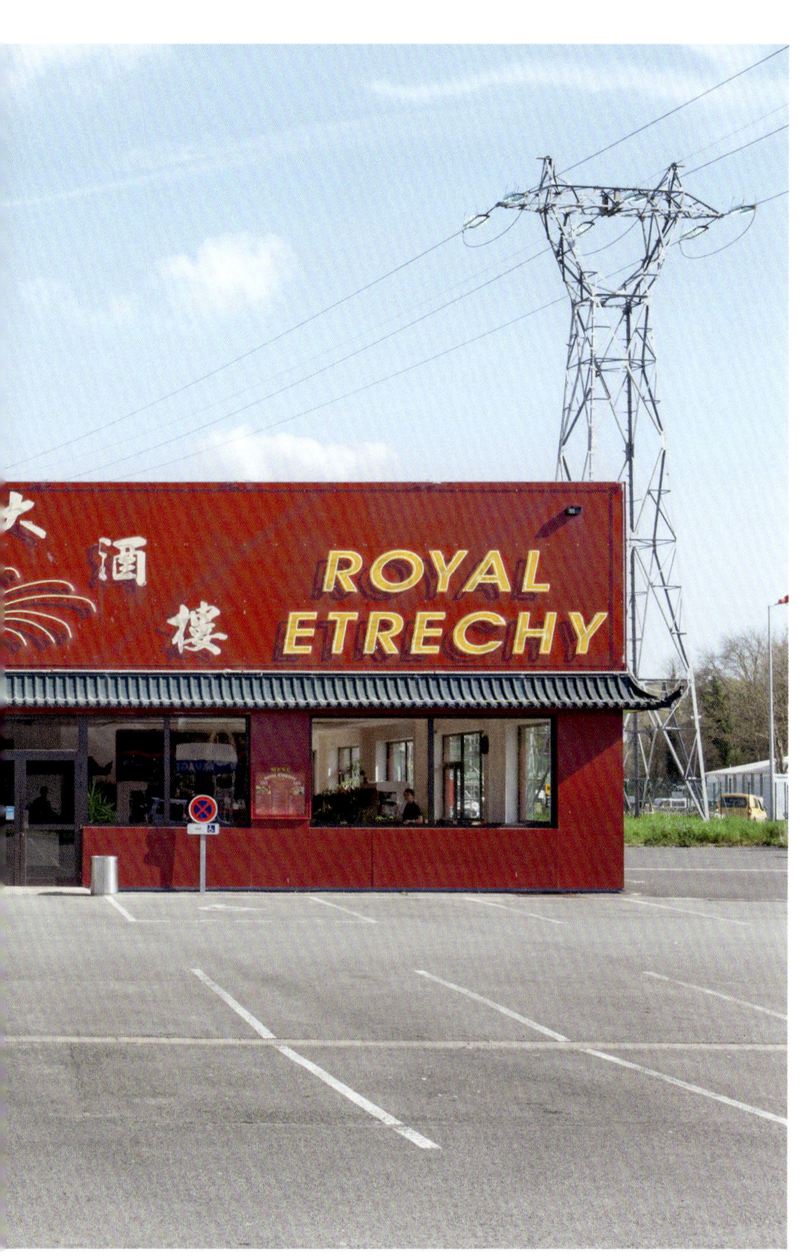

→ Vichy, Montagne bourbonnaise
Royan, Royannais
Luçon, Plaine vendéenne

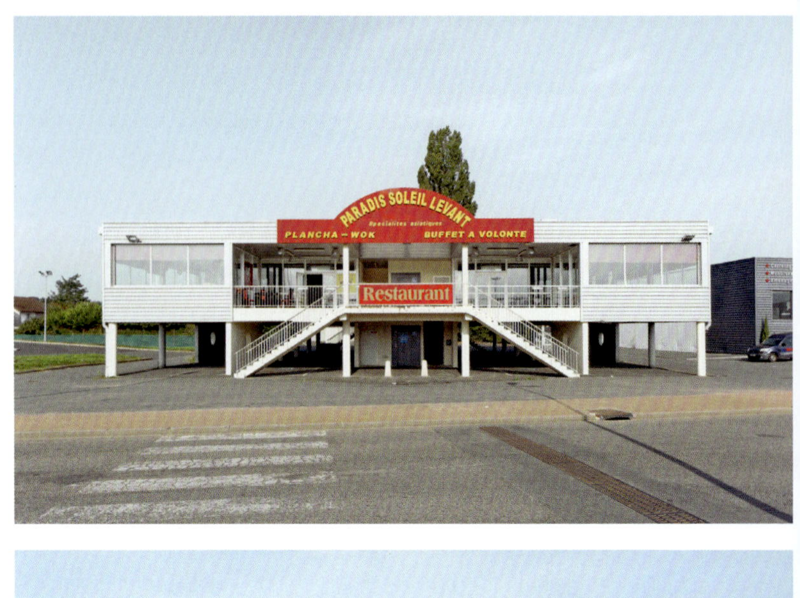
PARADIS SOLEIL LEVANT
Spécialités asiatiques
PLANCHA - WOK   BUFFET A VOLONTE
Restaurant

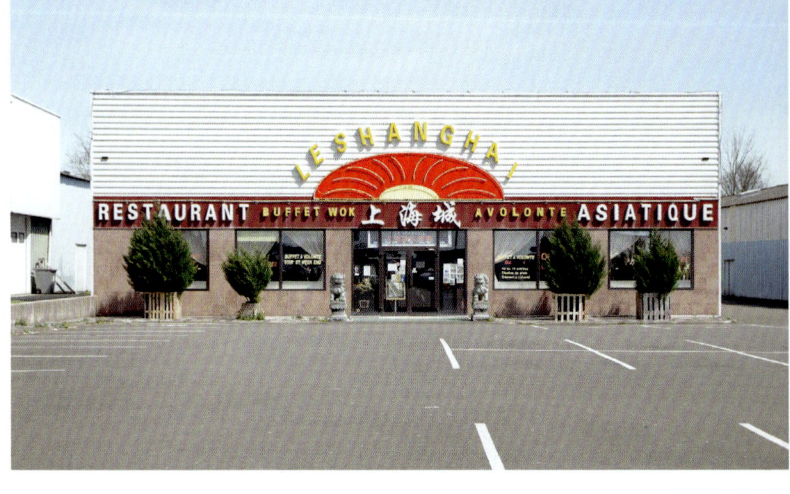
LESHANGHAI
RESTAURANT BUFFET WOK 上海城 A VOLONTE ASIATIQUE

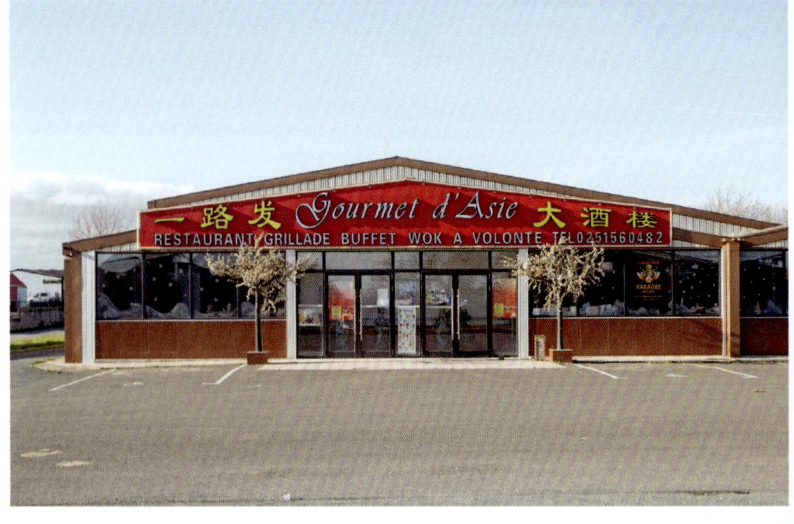
一路发 Gourmet d'Asie 大酒楼
RESTAURANT GRILLADE BUFFET WOK A VOLONTE TEL 0251560482

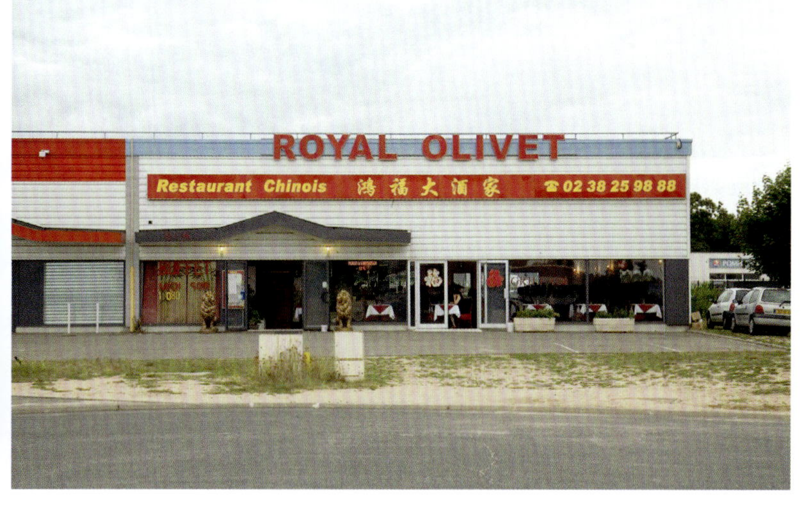

ROYAL OLIVET
Restaurant Chinois 鴻福大酒家 ☎ 02 38 25 98 88

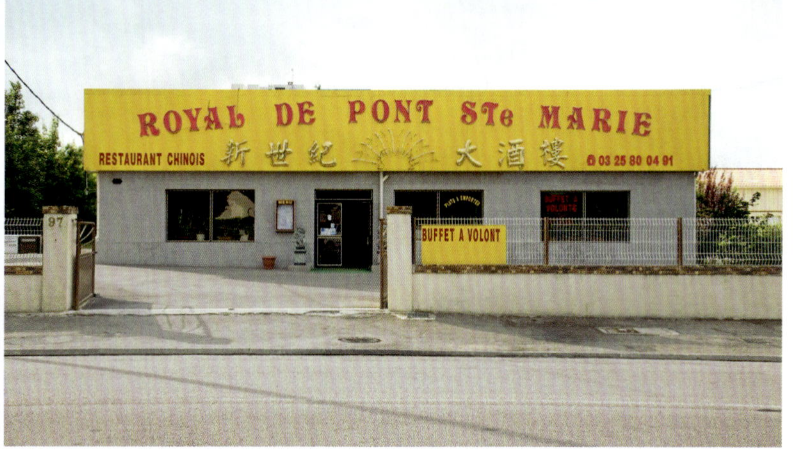

ROYAL DE PONT STe MARIE
RESTAURANT CHINOIS 新世紀 大酒楼 ☎ 03 25 80 04 91
BUFFET A VOLONT
97

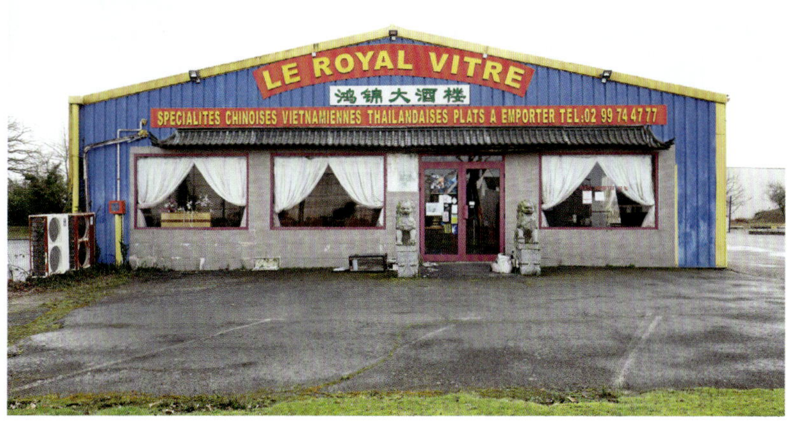

LE ROYAL VITRE
鴻錦大酒楼
SPECIALITES CHINOISES VIETNAMIENNES THAILANDAISES PLATS A EMPORTER TEL:02 99 74 47 77

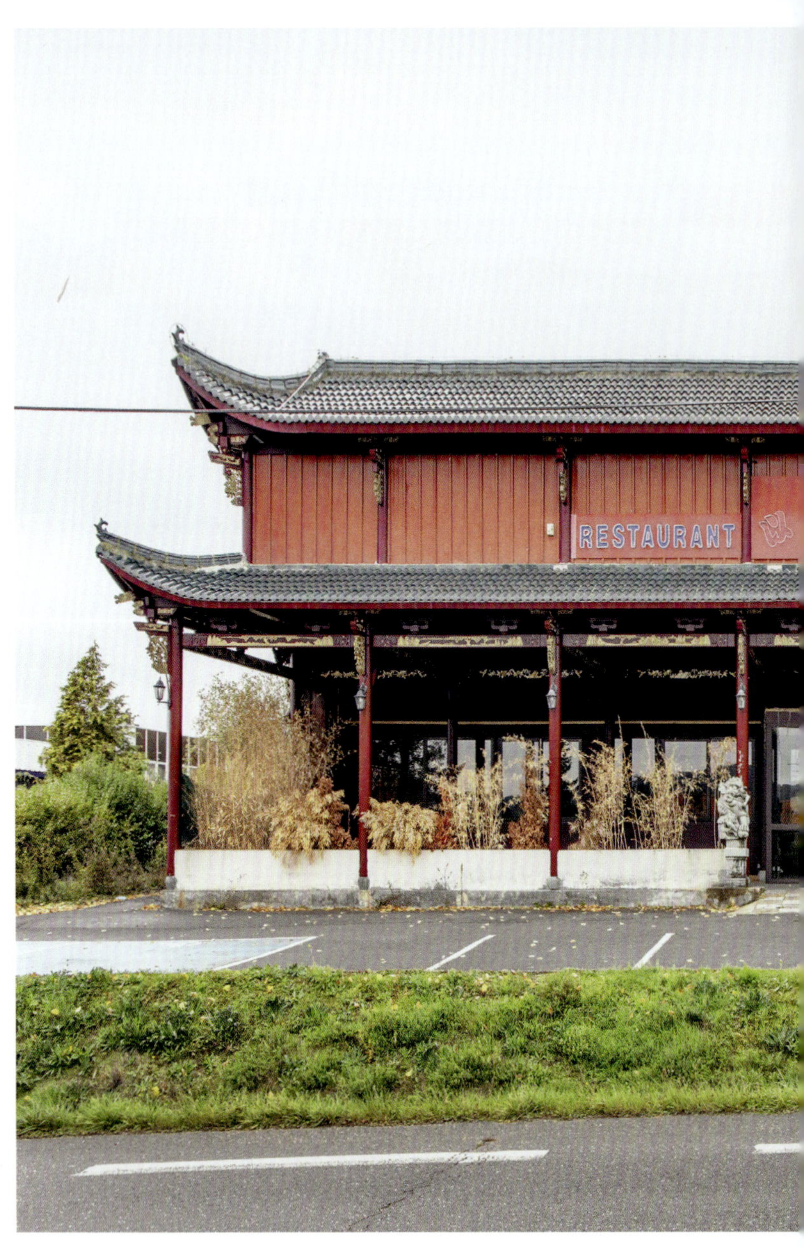

← Olivet, Val de Loire orléanais
Pont-Sainte-Marie, Champagne troyenne
Vitré, Pays de Vitré

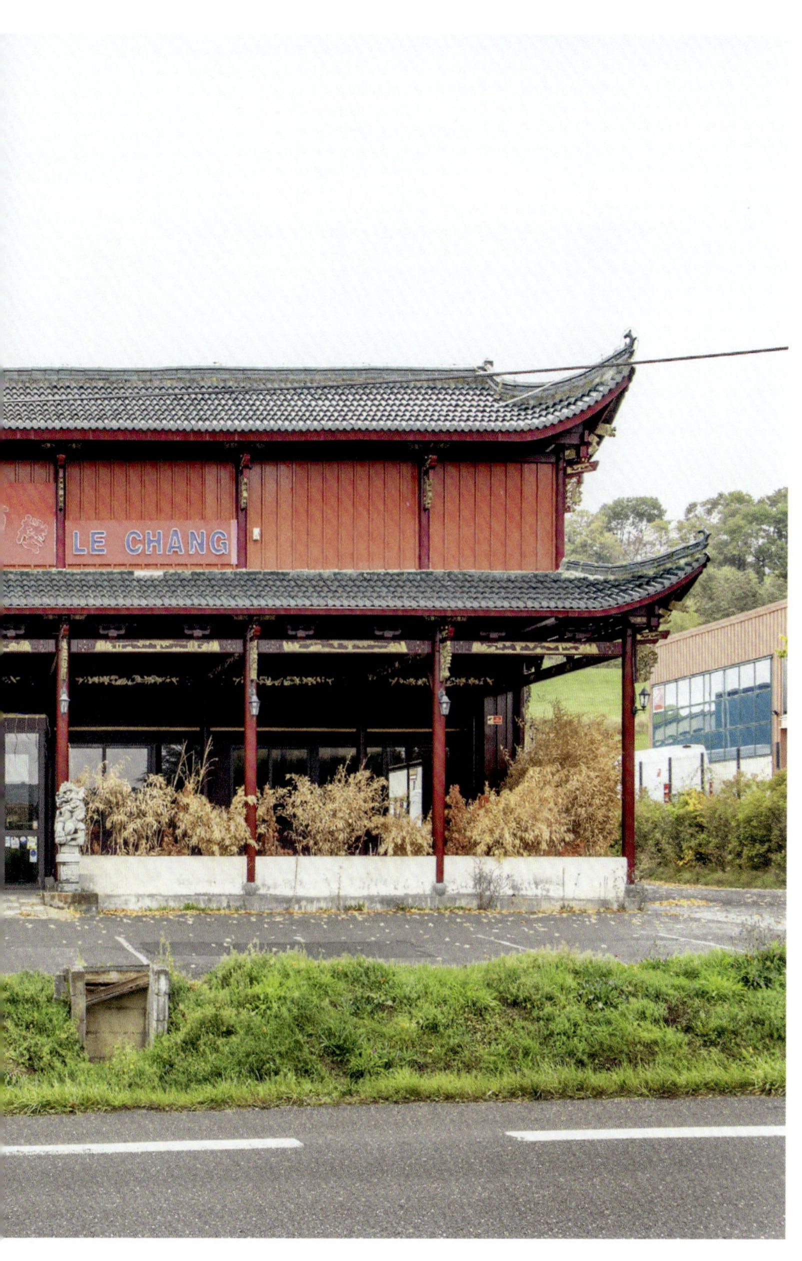
LE CHANG

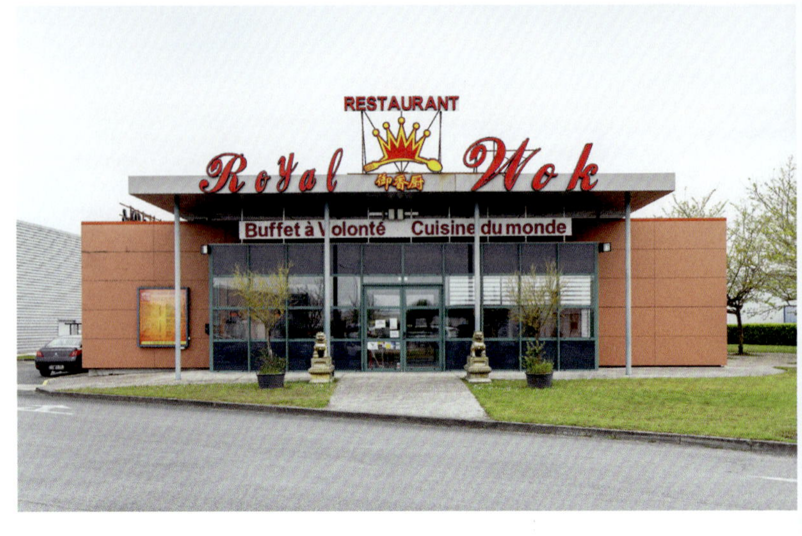
RESTAURANT
Royal Wok
御香厨
Buffet à Volonté   Cuisine du monde

Haut Agenais

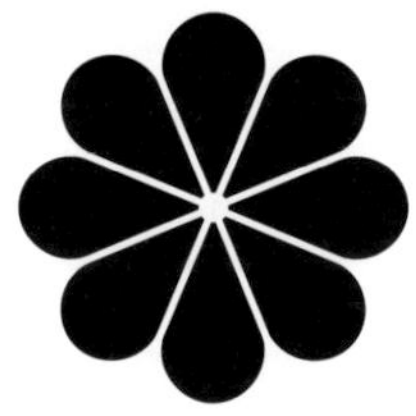

ch. 21

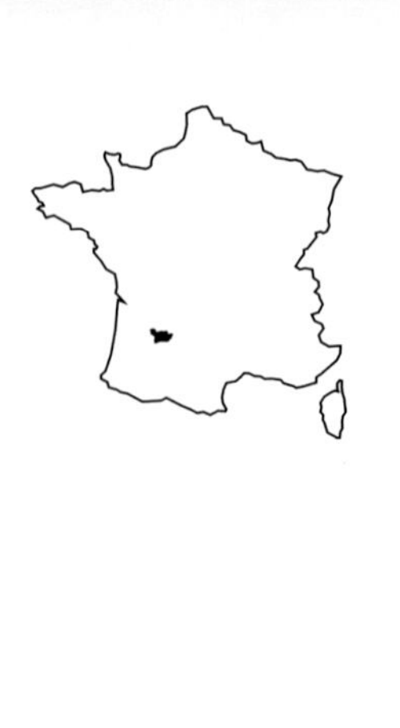

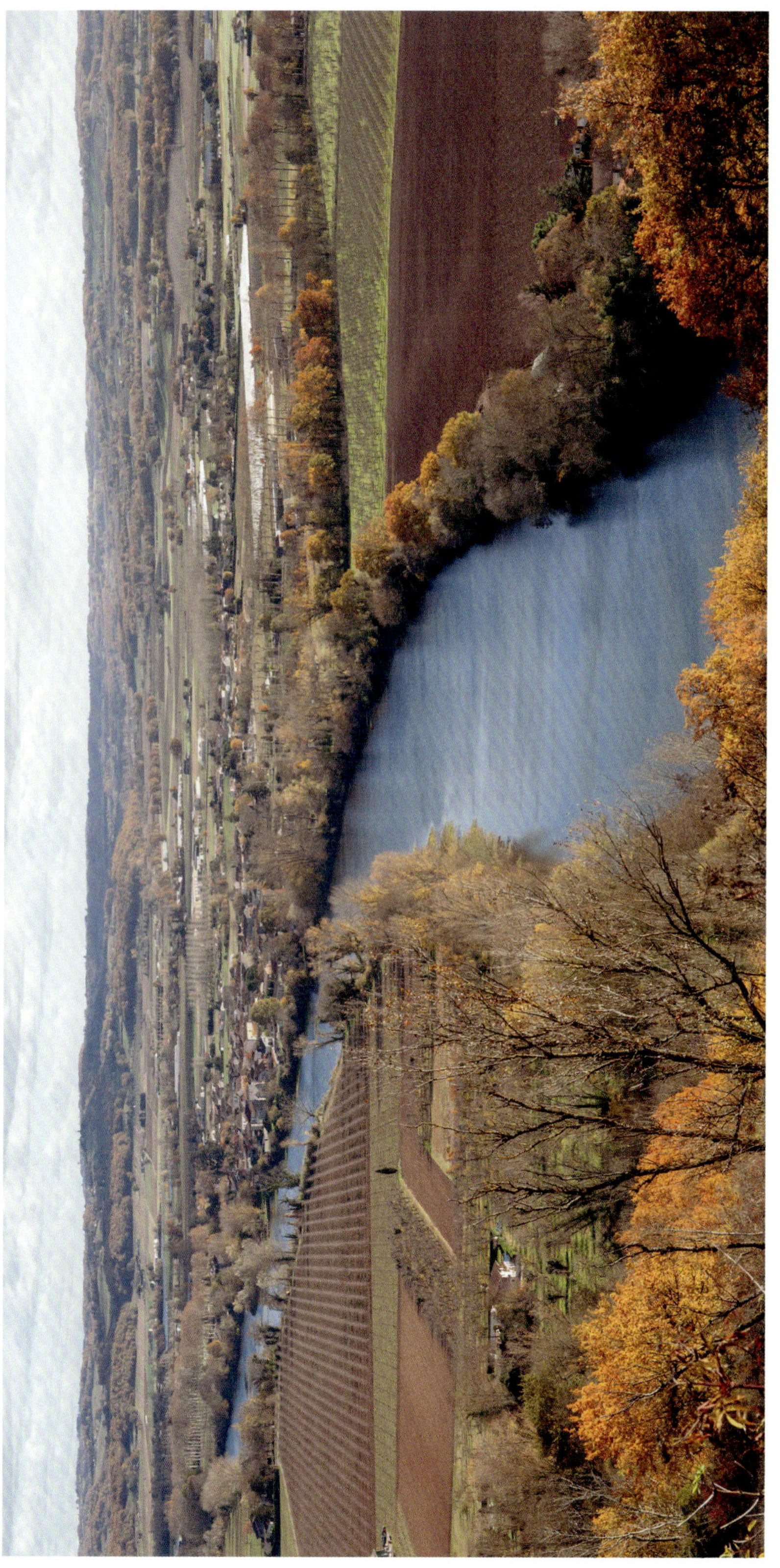

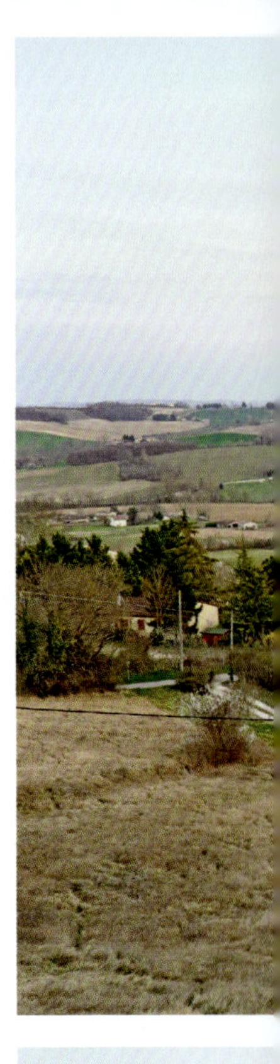

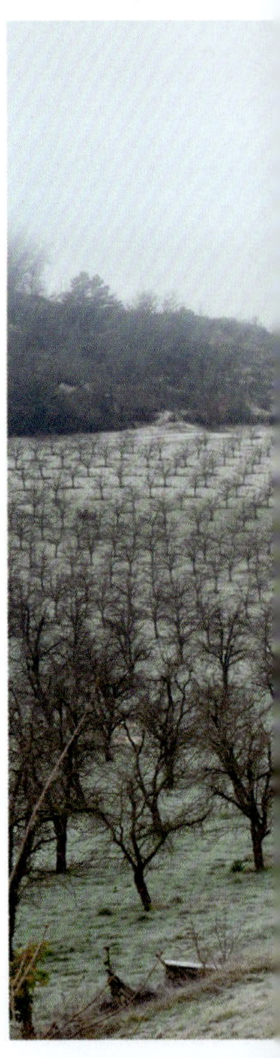

← Laparade

Monclar
Saint-Pastour

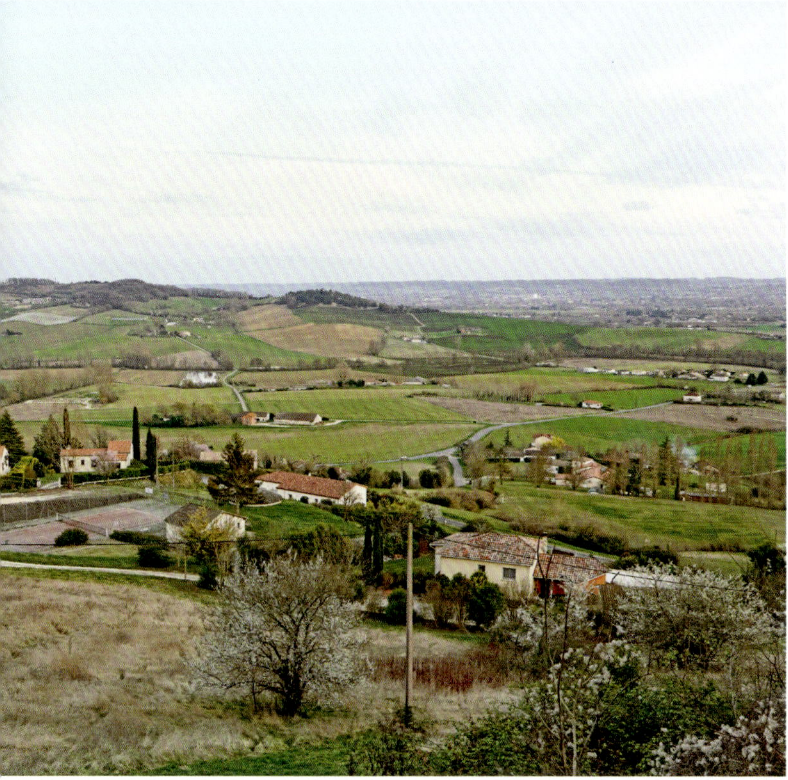

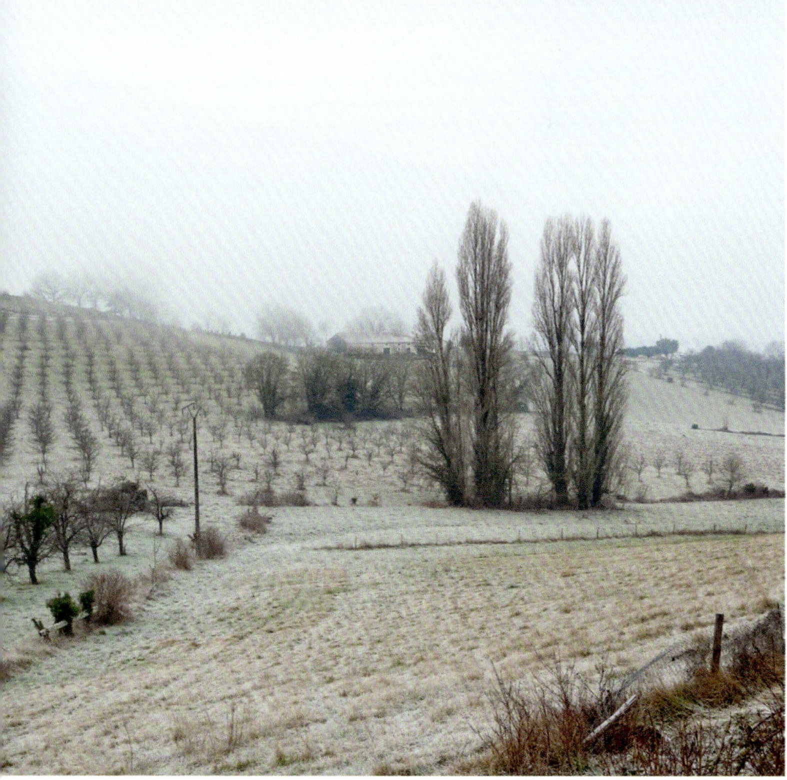

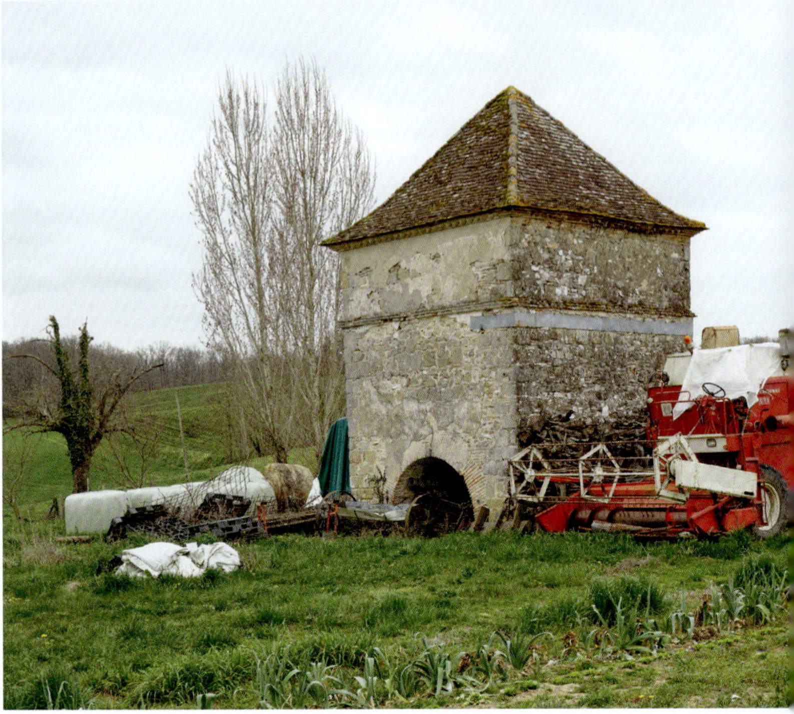

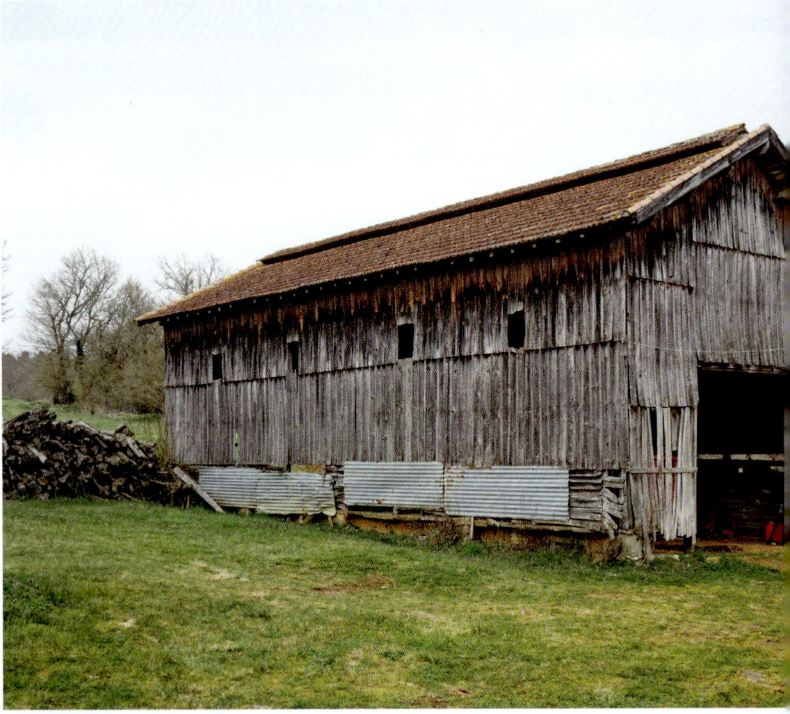

Monbahus
Saint-Avit

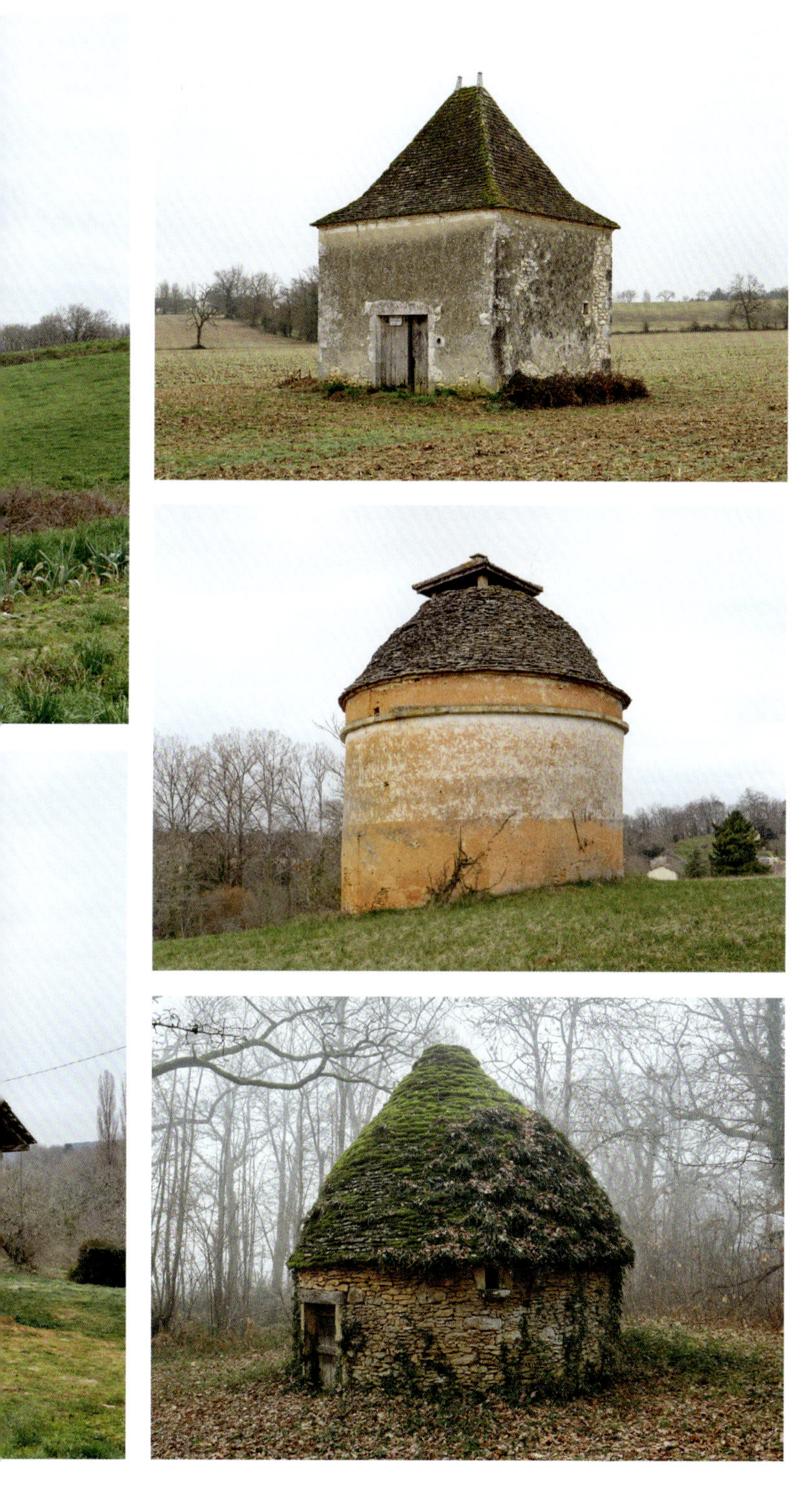

Castillonnès
Lacapelle-Biron
Gavaudun

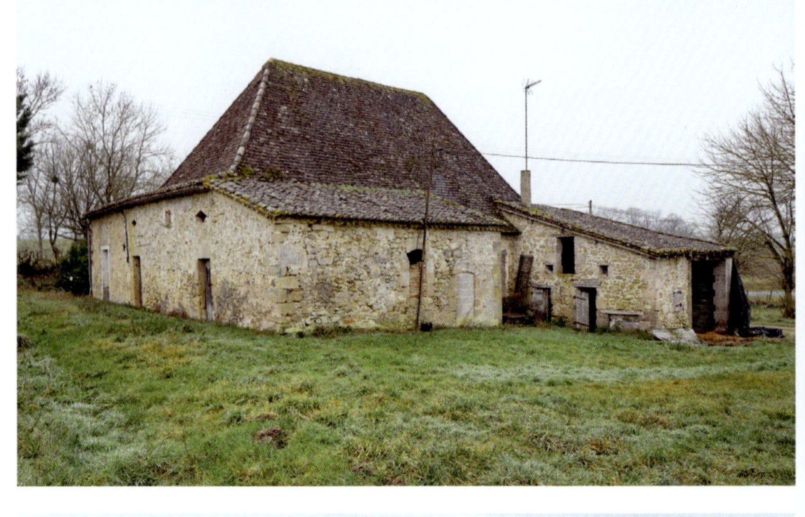

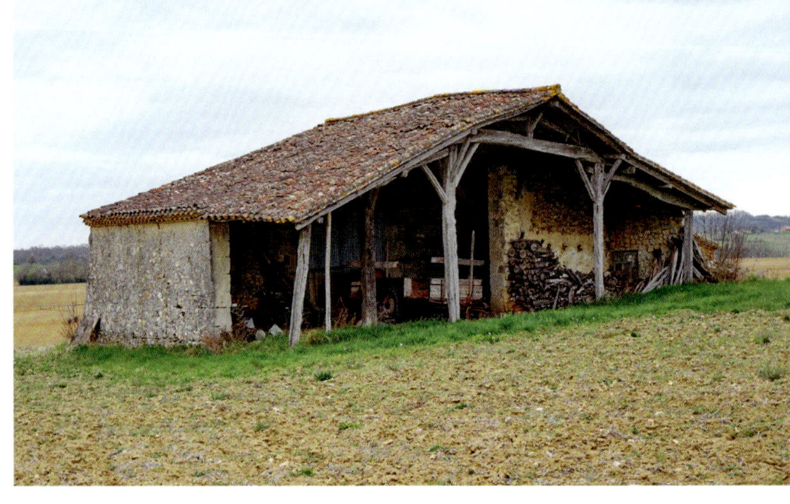

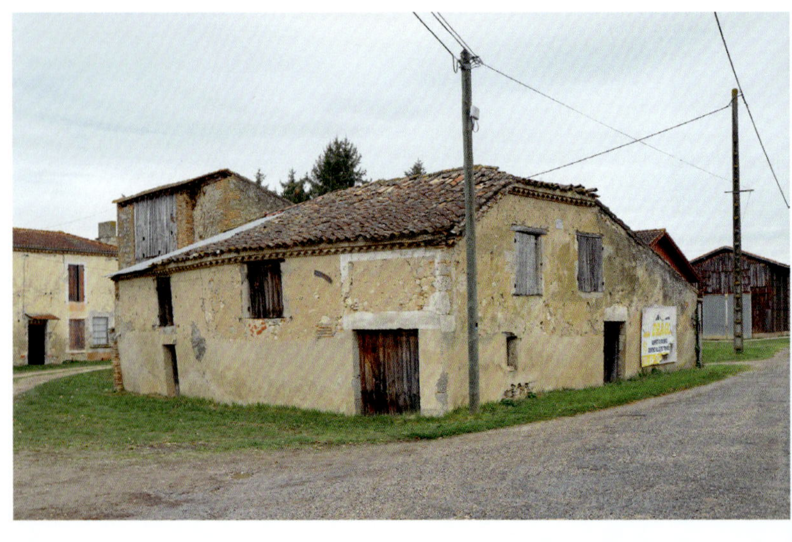

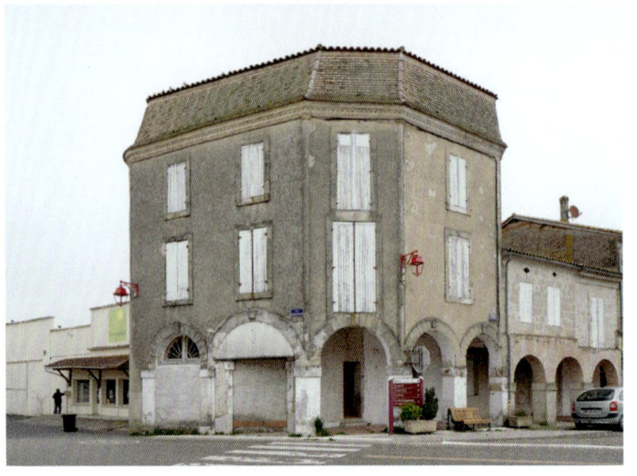

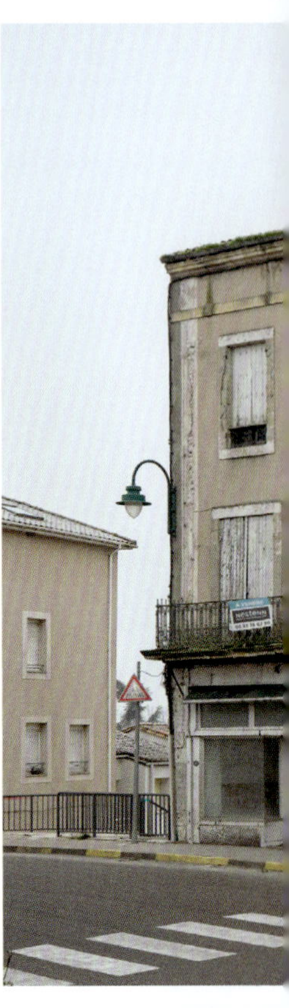

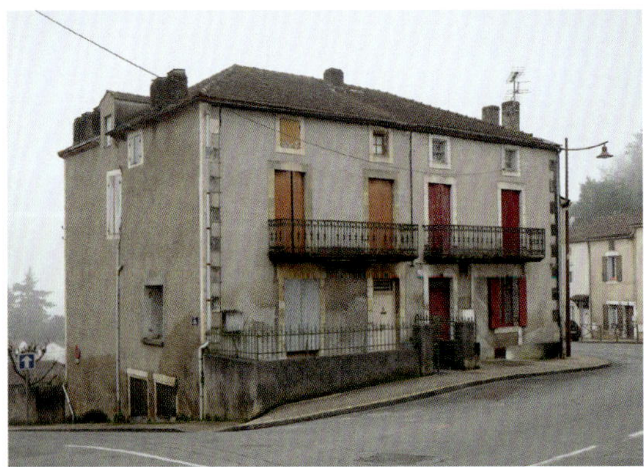

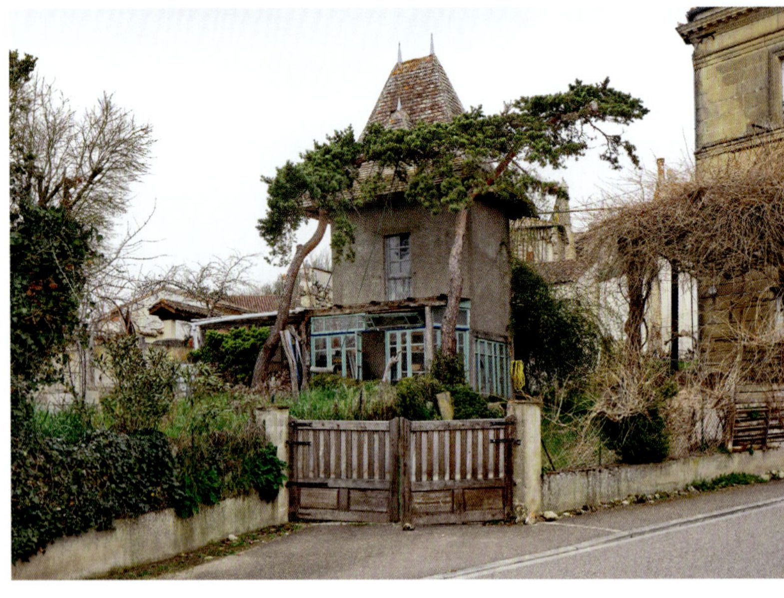

Verteuil-d'Agenais
Fumel
Tombebœuf

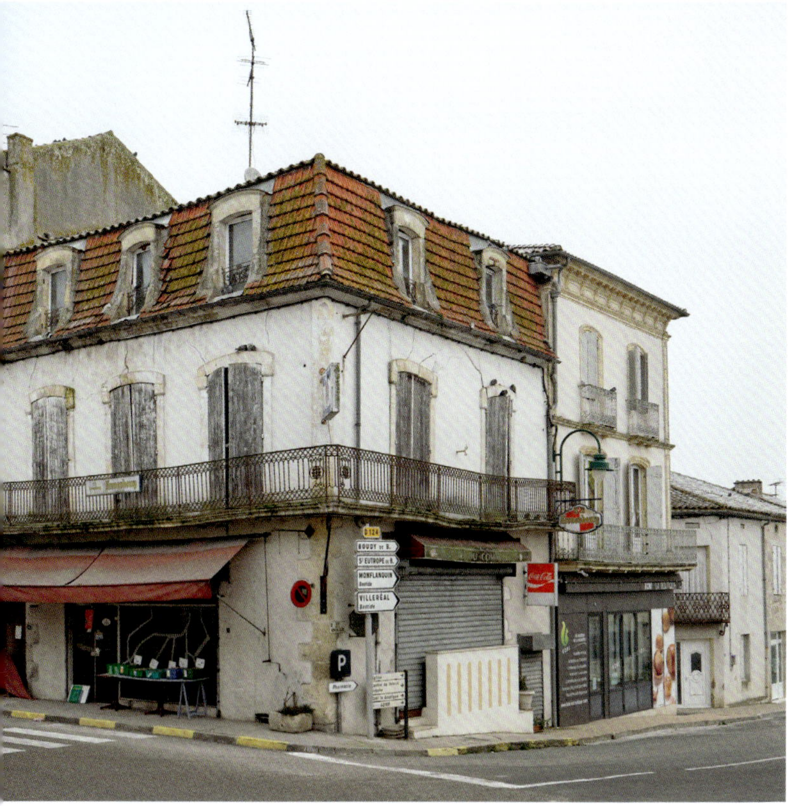

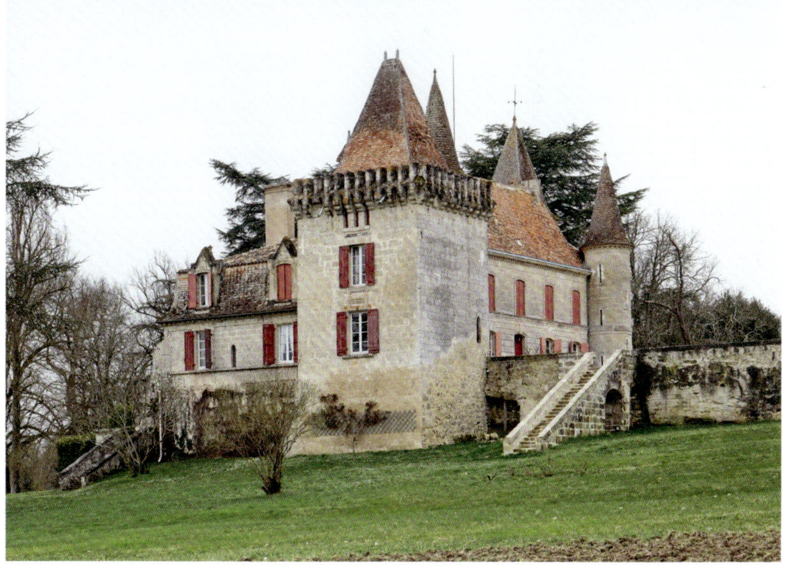

Cancon
Tombebœuf

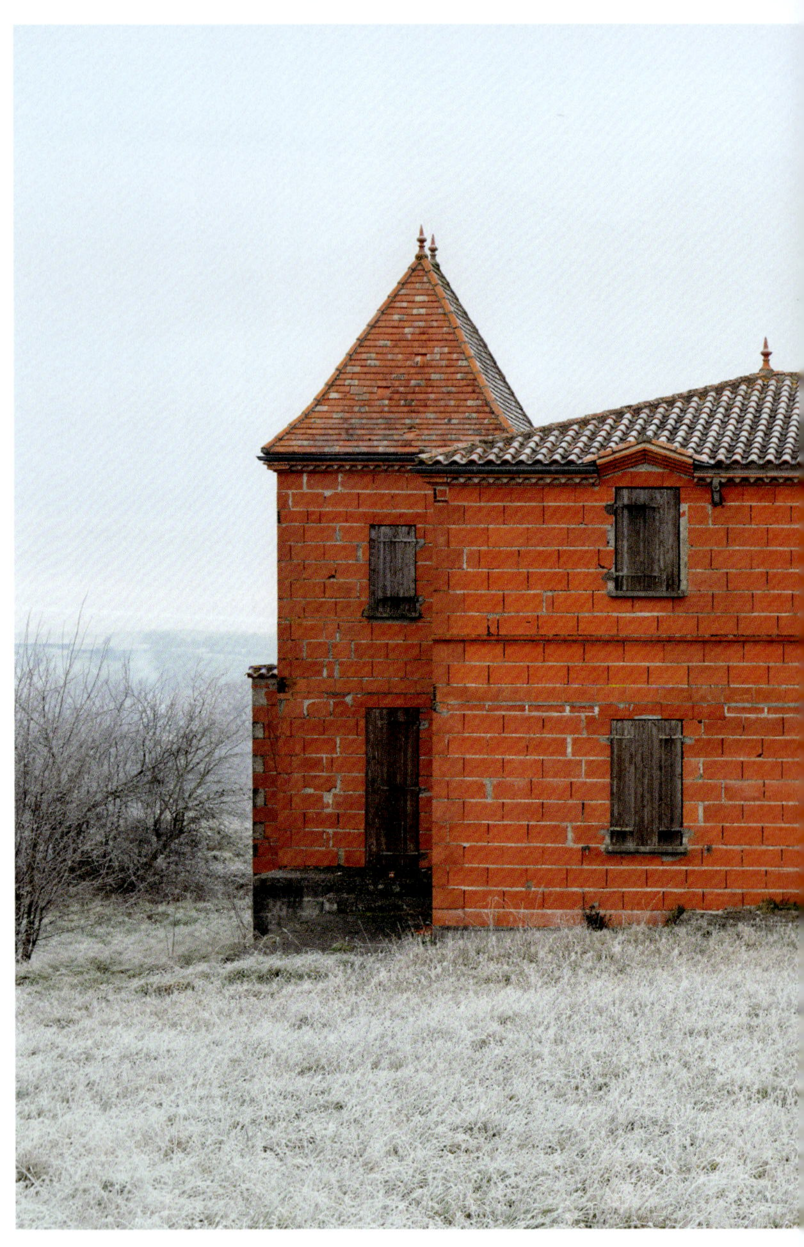

Cancon

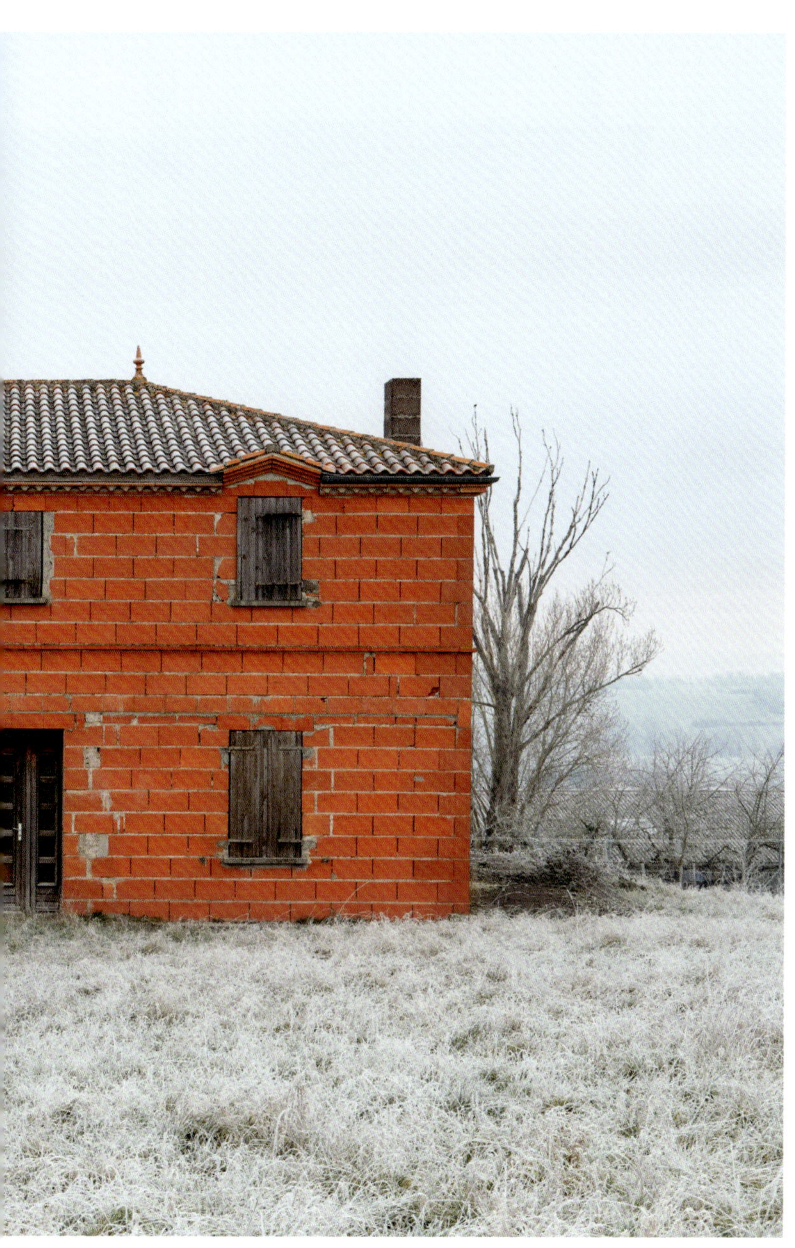

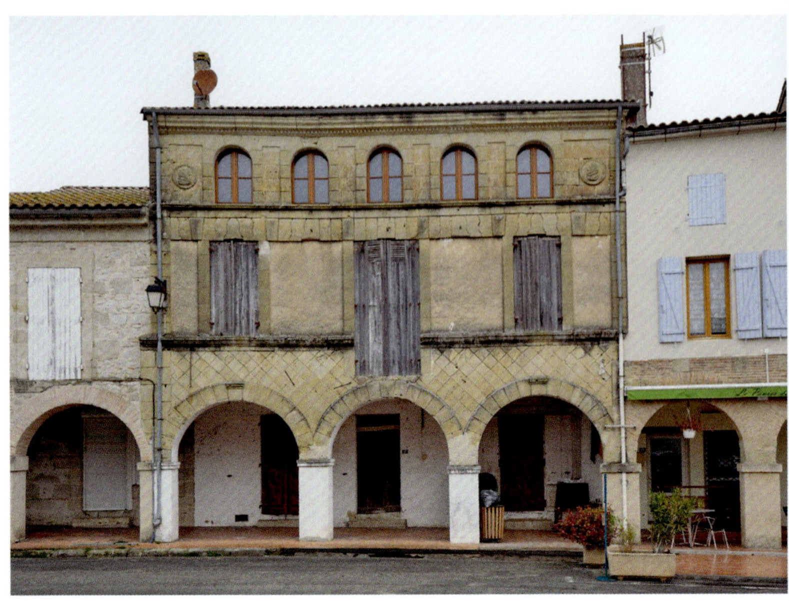

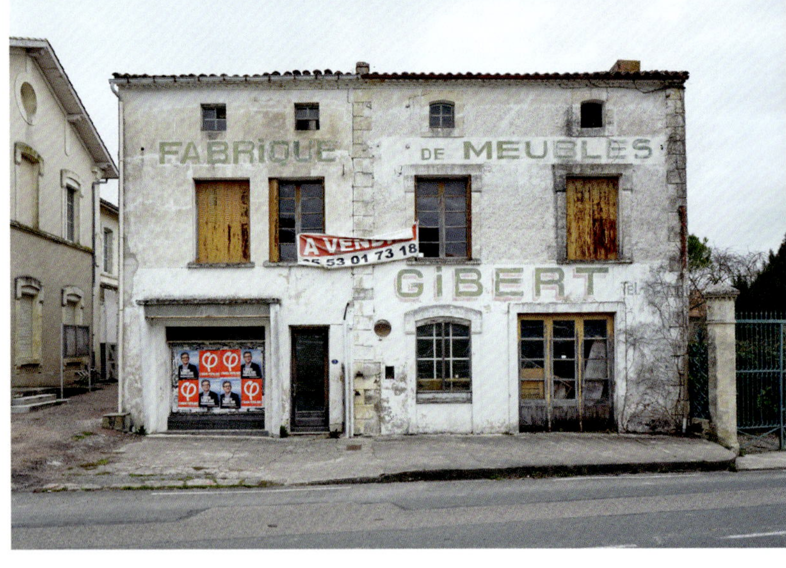

Verteuil-d'Agenais
Cancon

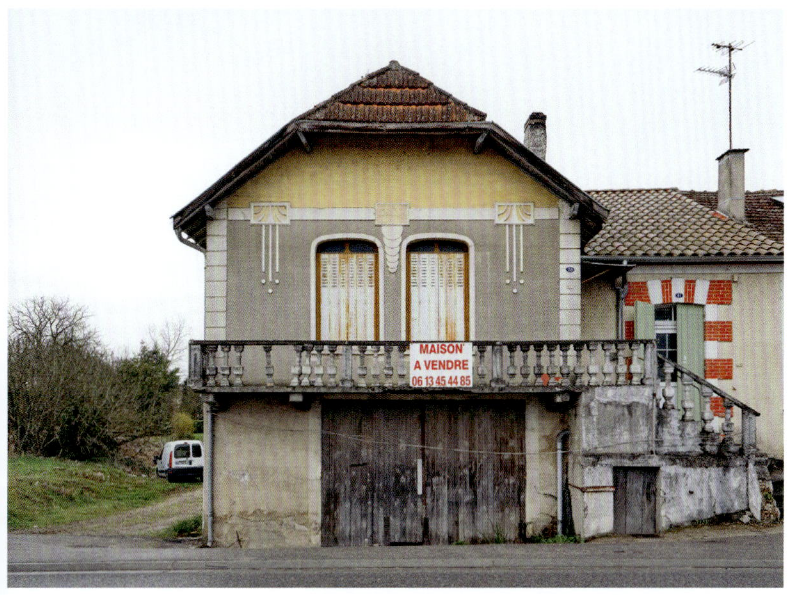

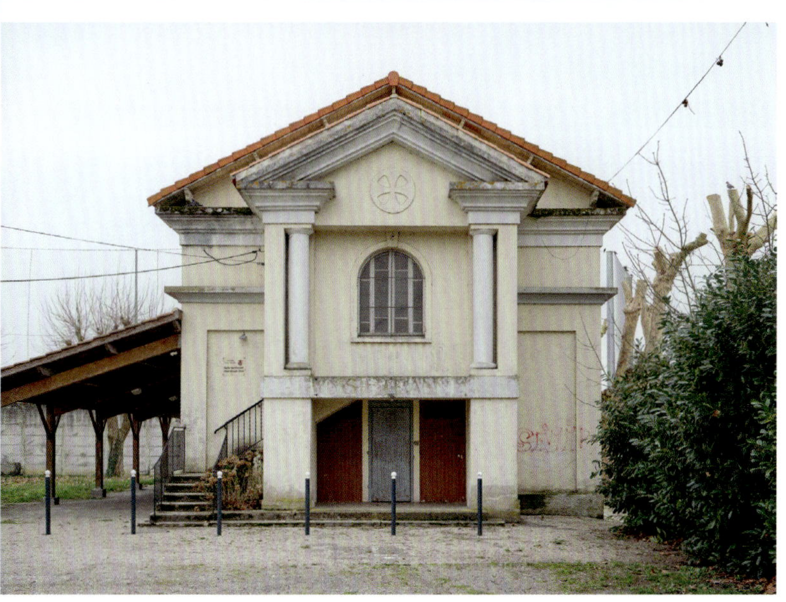

Miramont-de-Guyenne
Villeneuve-sur-Lot

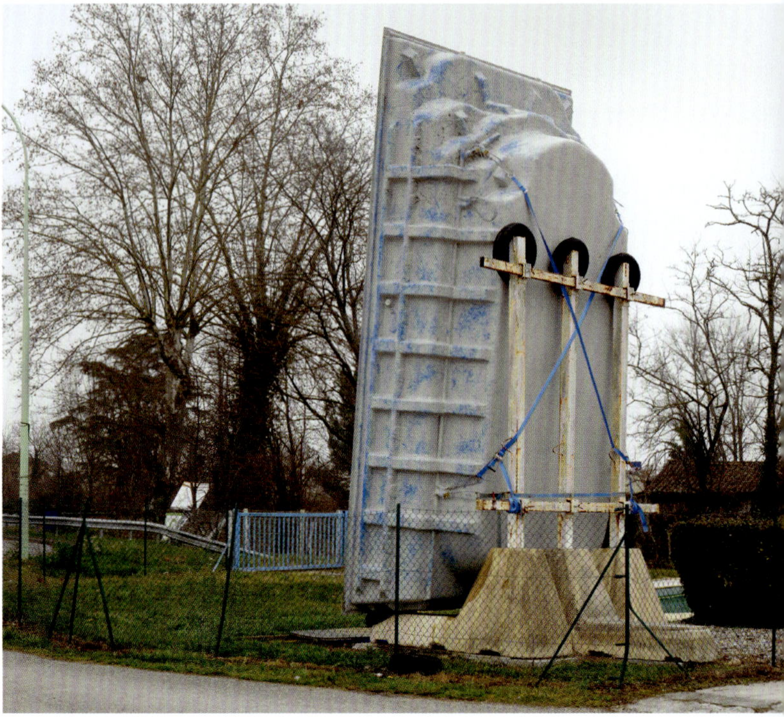

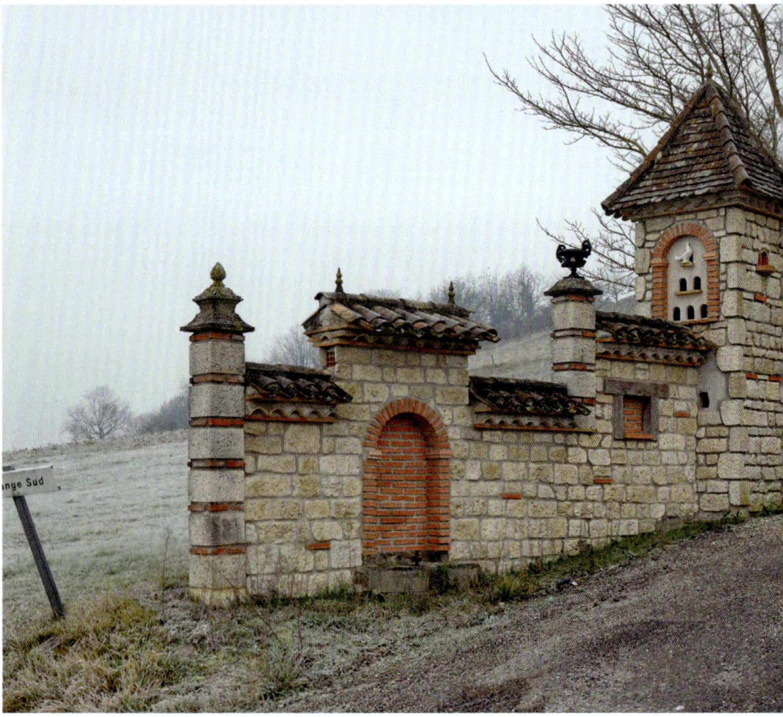

Bias
Saint-Pastour

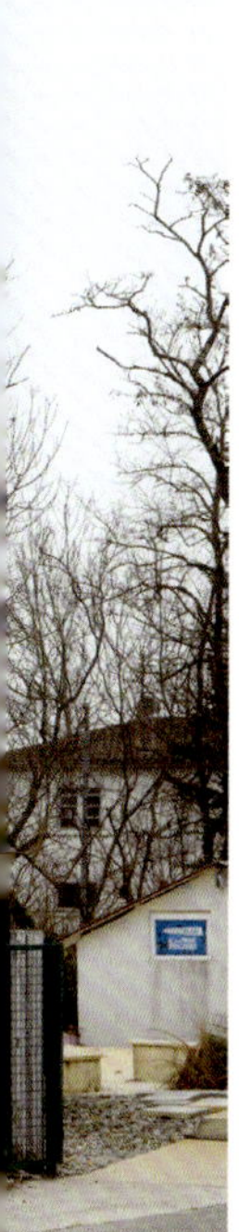

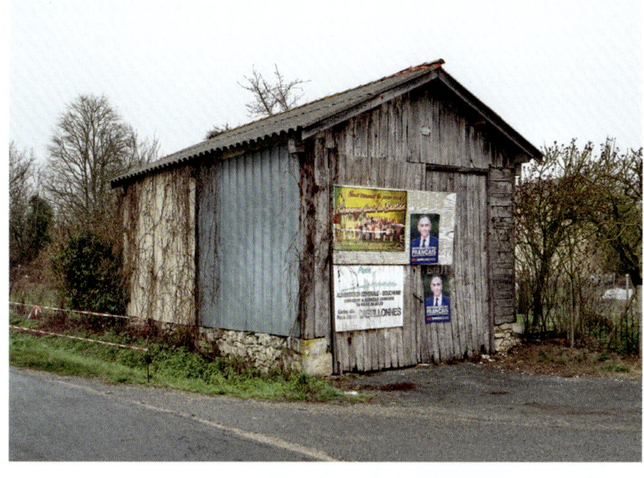

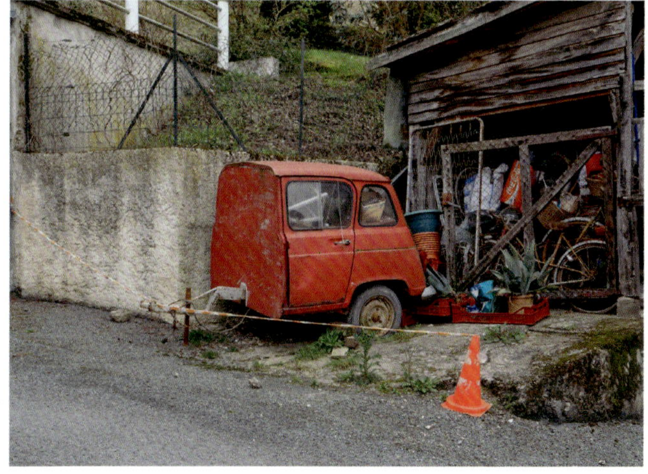

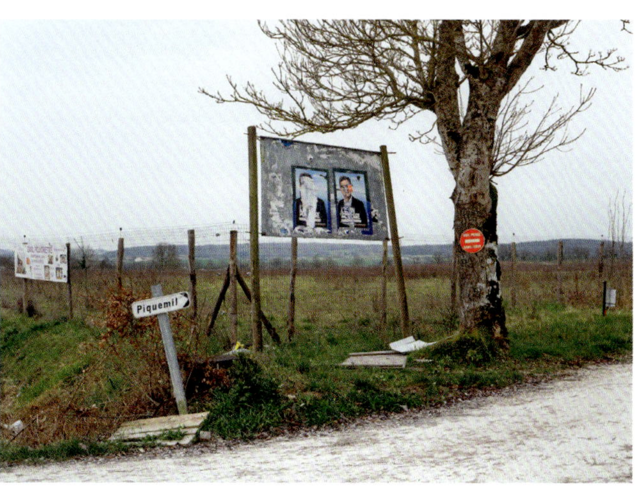

Castillonnès
Tombebœuf
Monflanquin

→ Sainte-Livrade-sur-Lot, *Centre d'accueil des Français d'Indochine*
Pardaillan, *Maison d'enfance de Marguerite Duras*
Duras

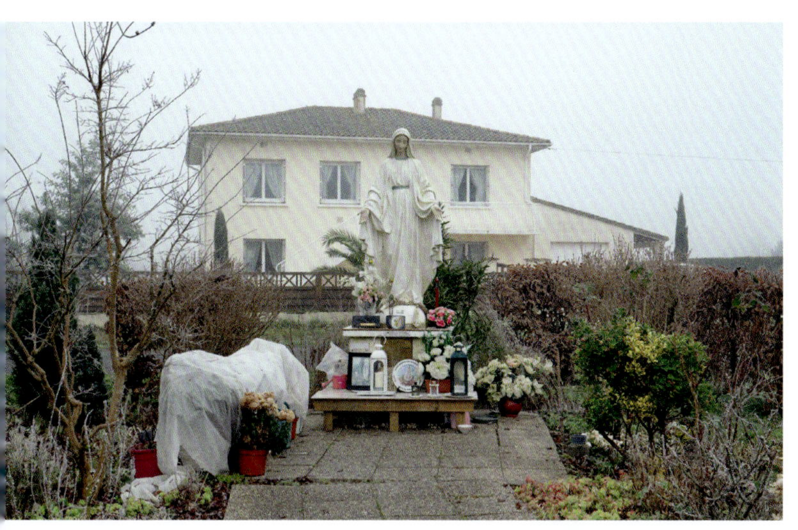

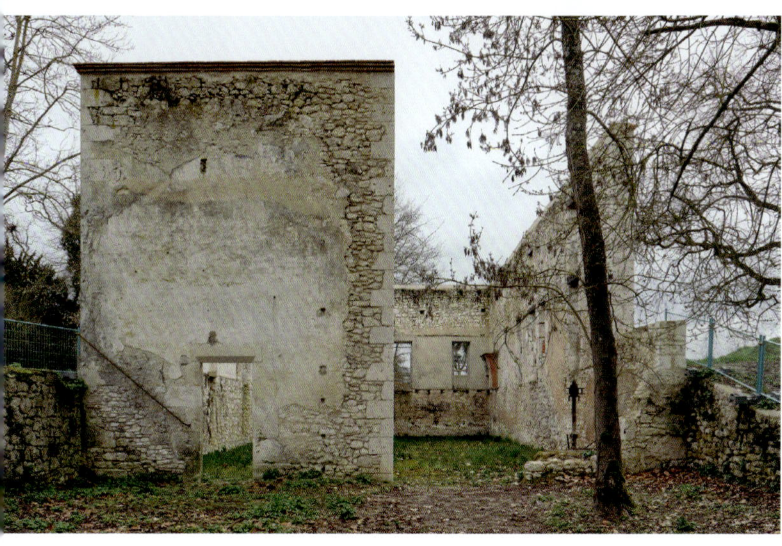

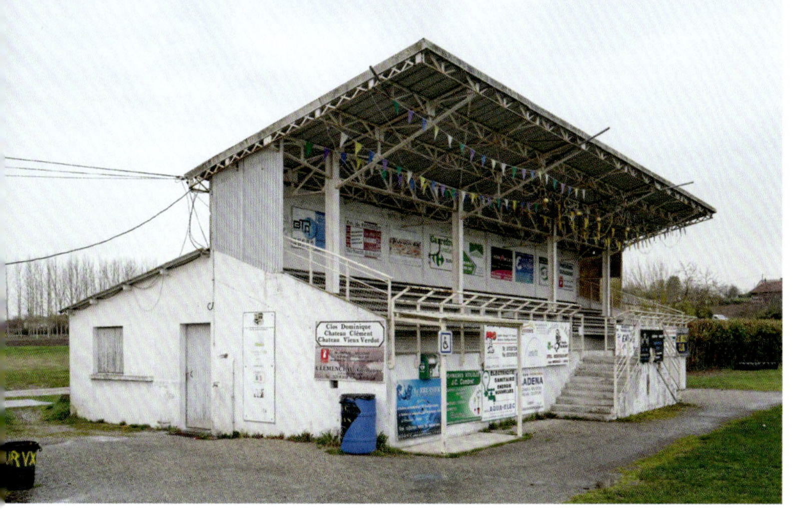

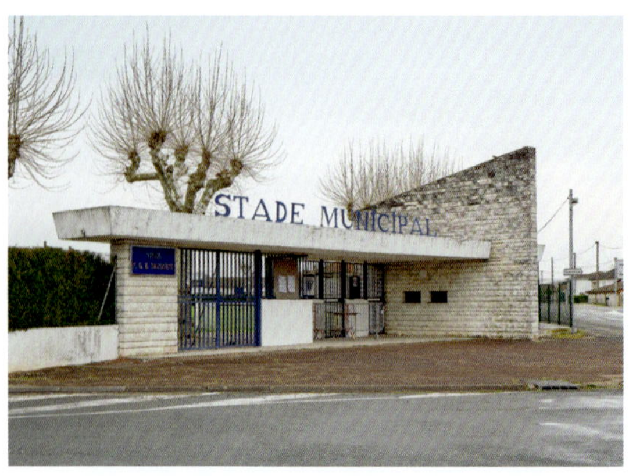

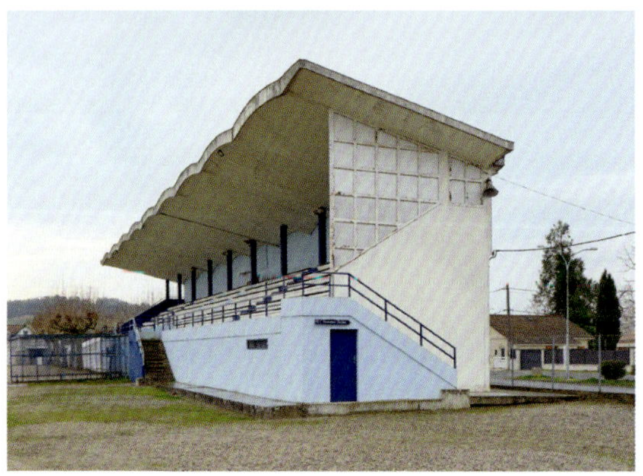

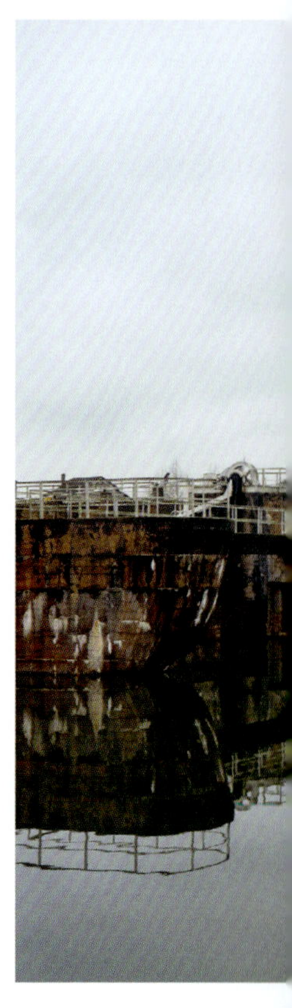

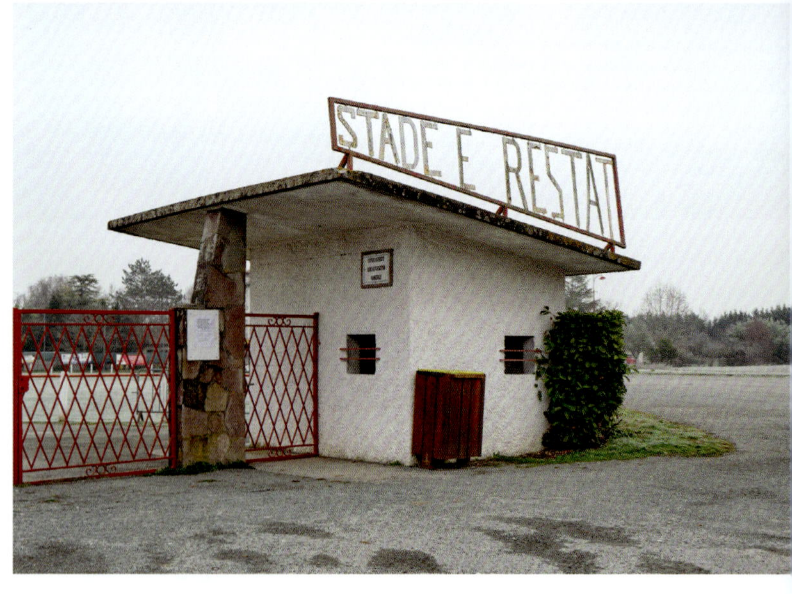

Sainte-Livrade-sur-Lot (2)
Casseneuil

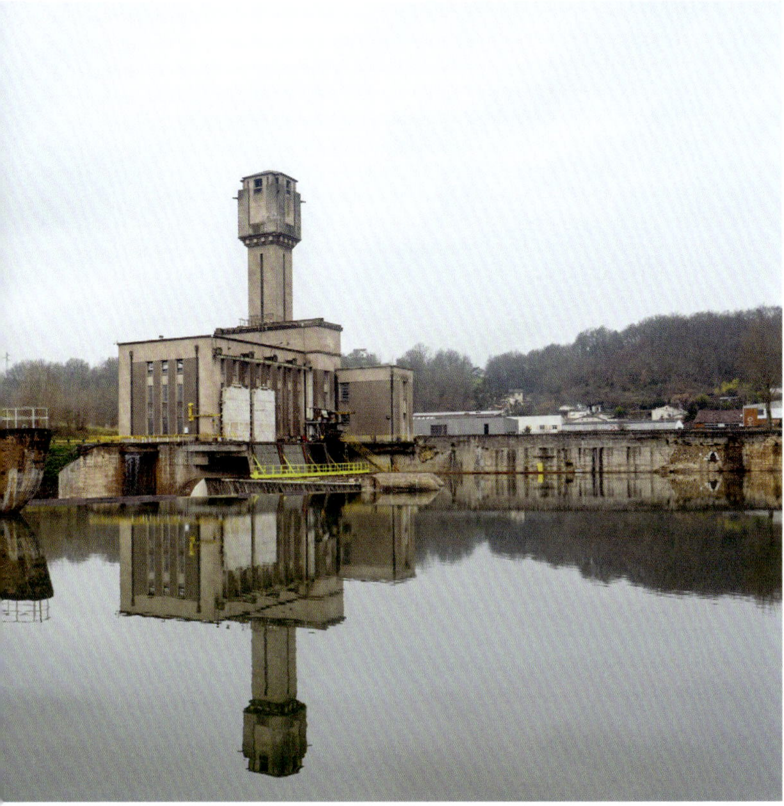

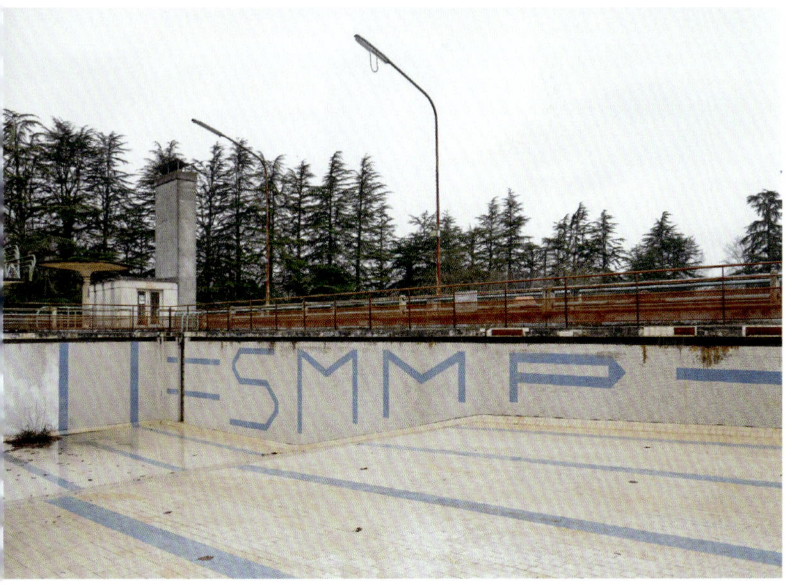
ESMMP

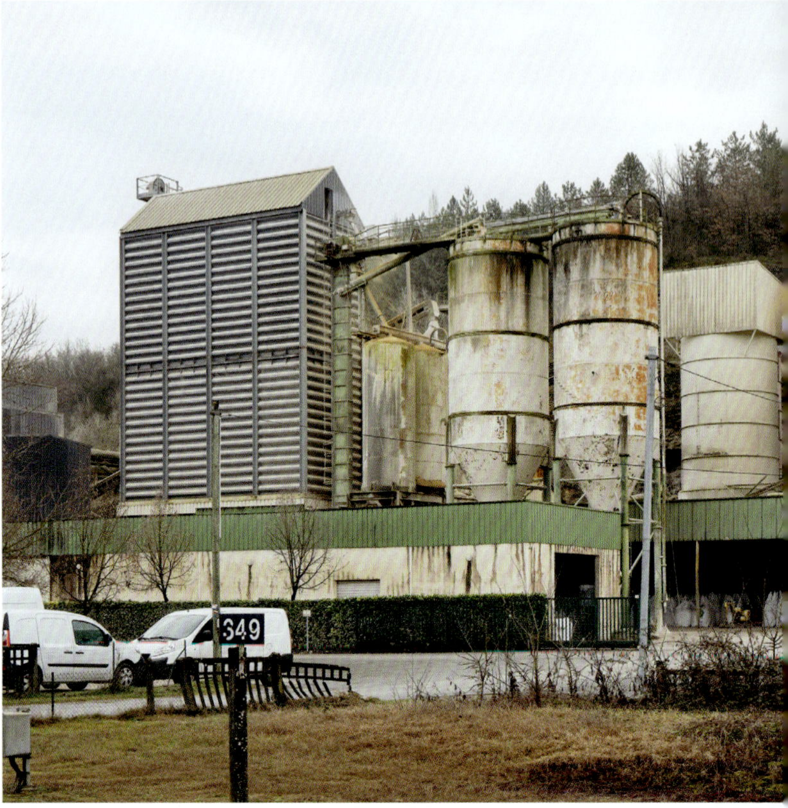

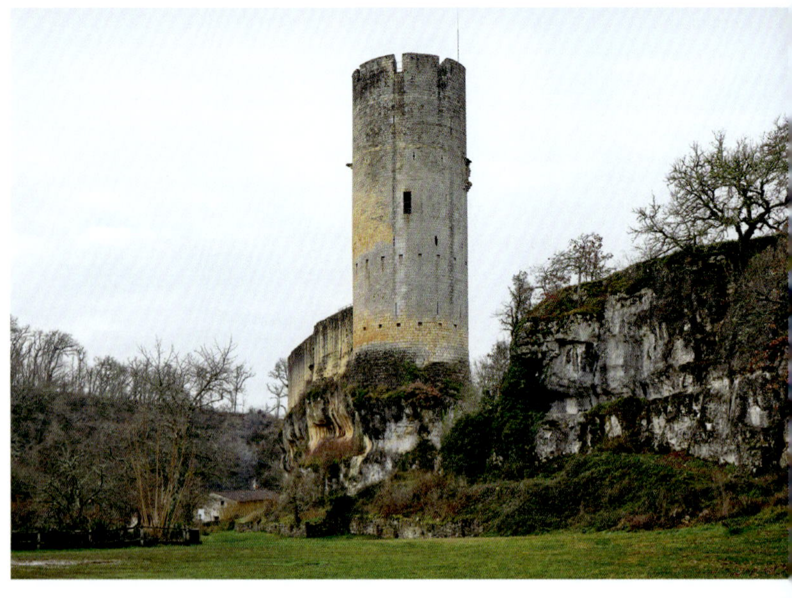

Saint-Front-sur-Lémance
Gavaudun

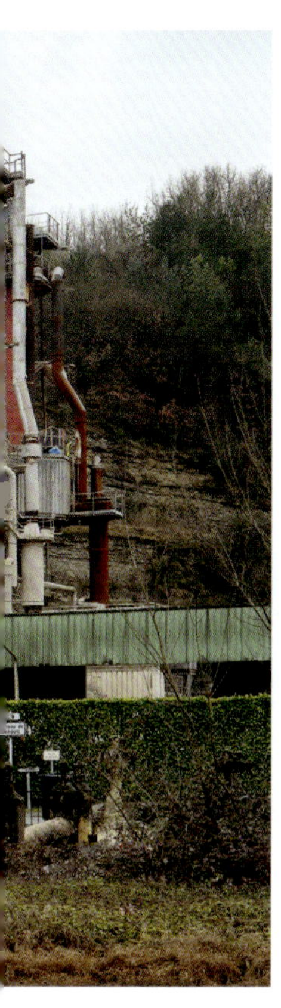

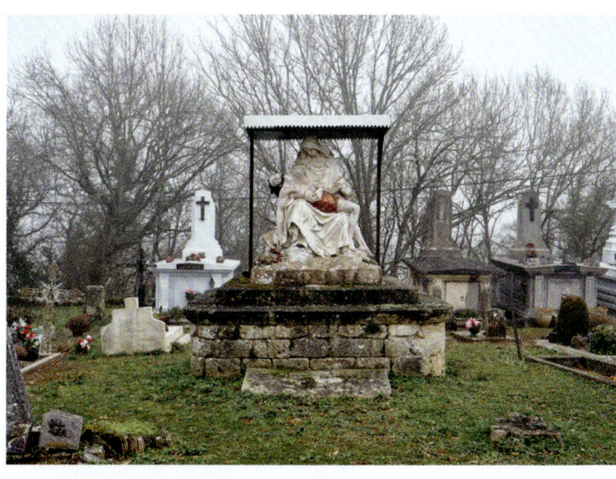

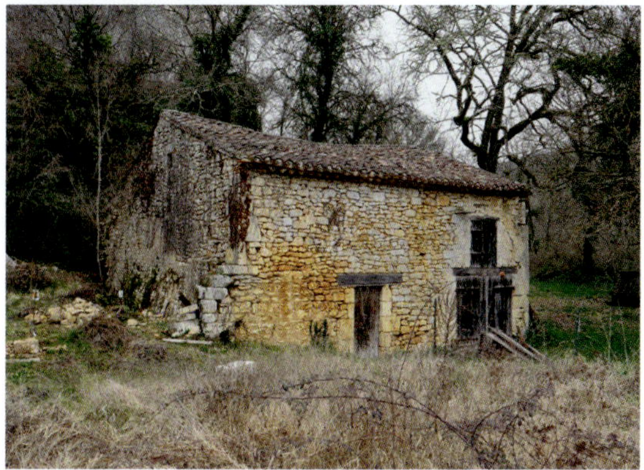

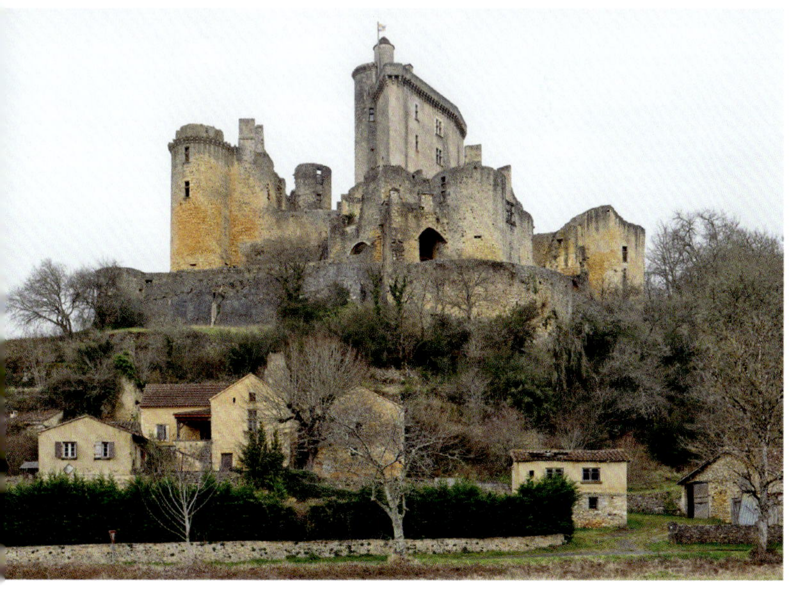

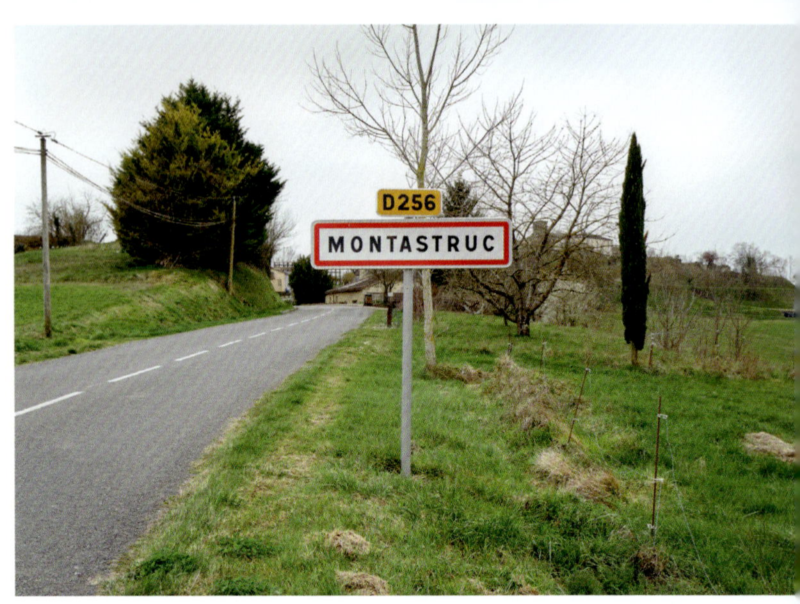
D256
MONTASTRUC

Haute Marche

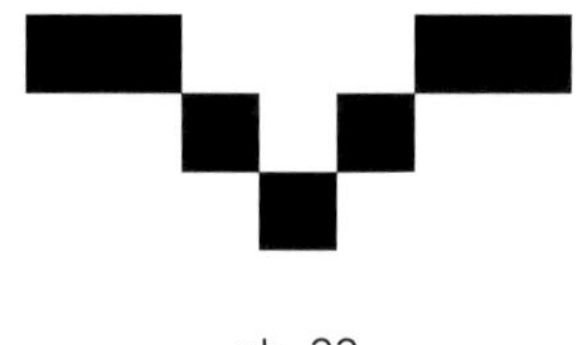

ch. 22

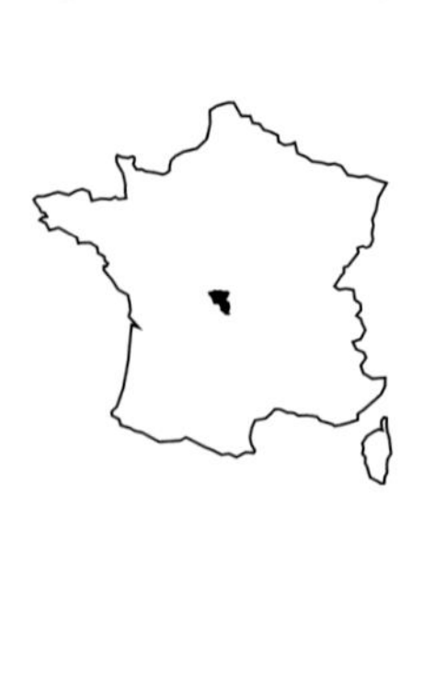

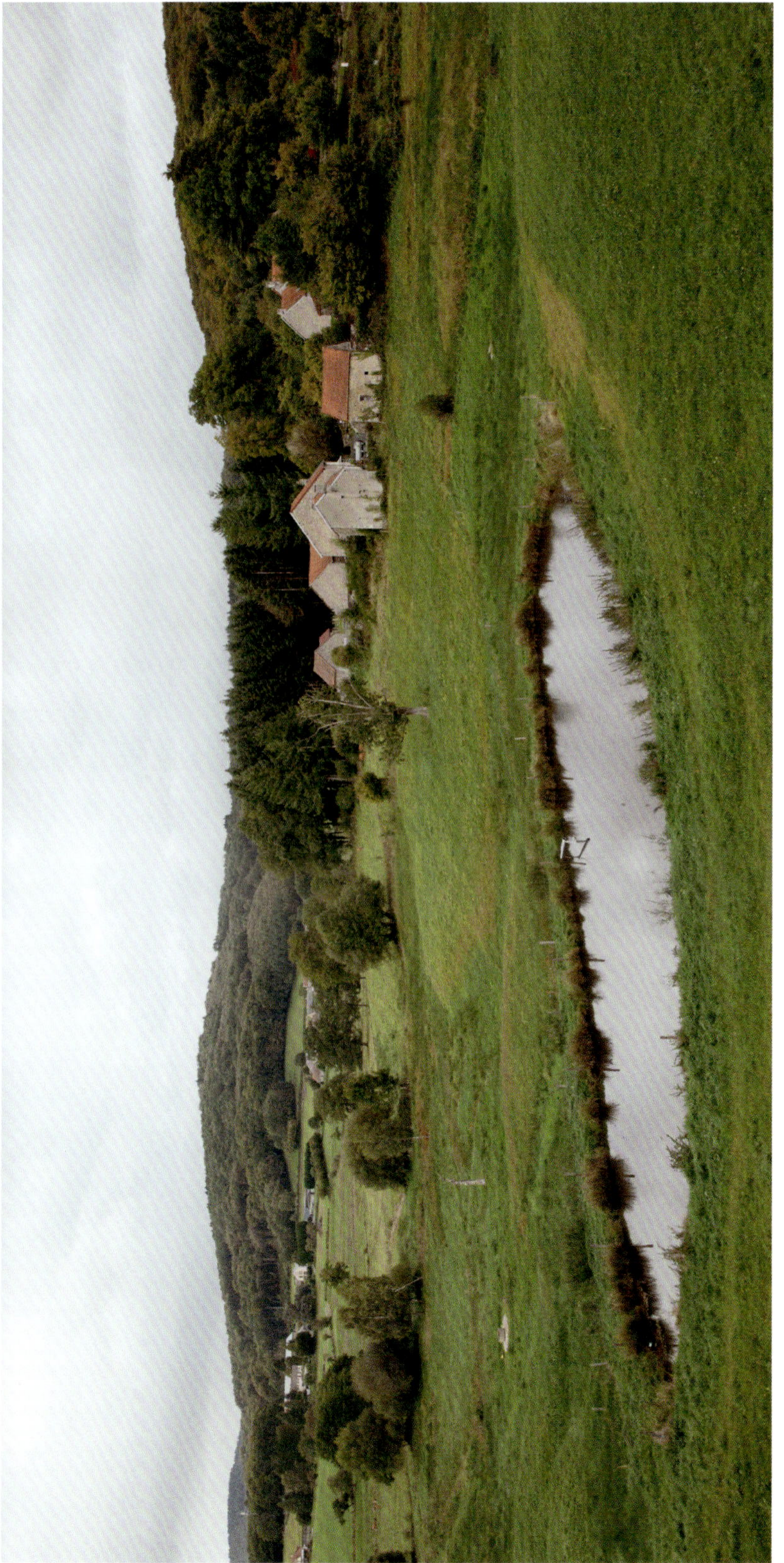

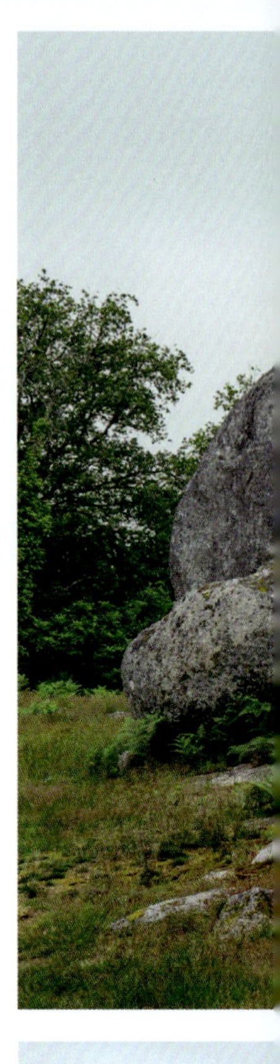

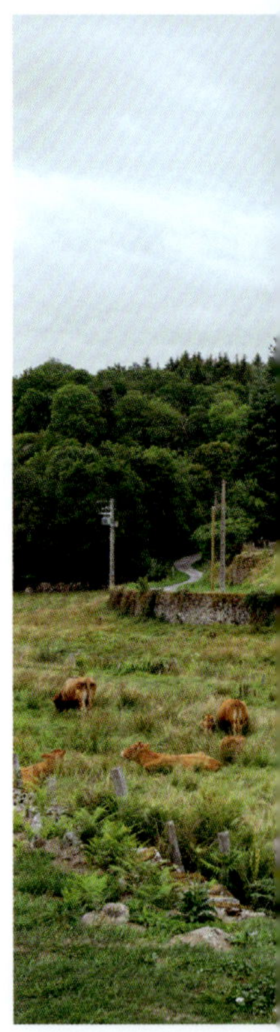

← Haute Marche

Toulx-Sainte-Croix, *Pierres Jaumâtres*
Saint-Dizier-la-Tour

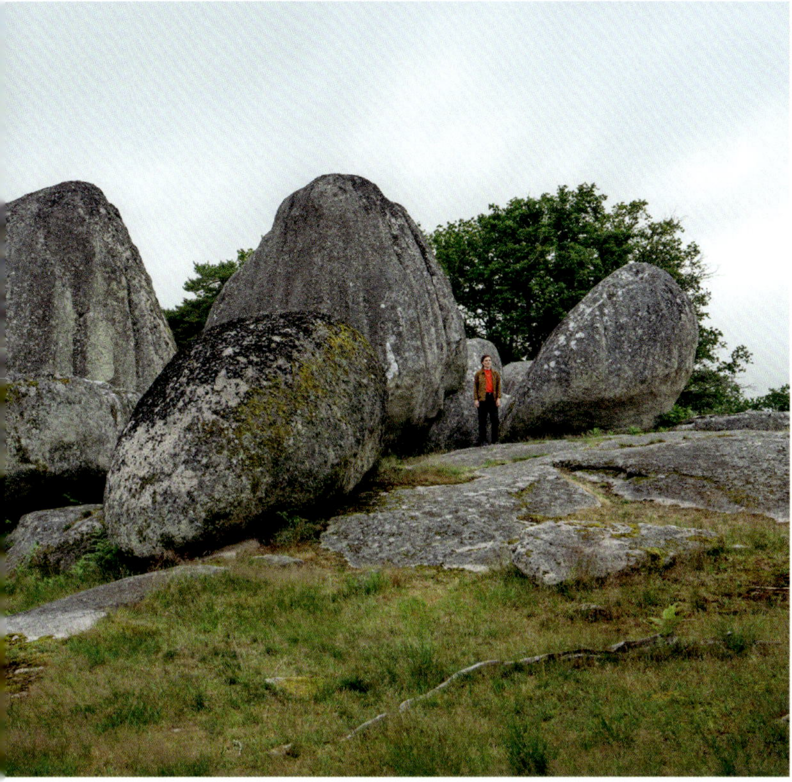

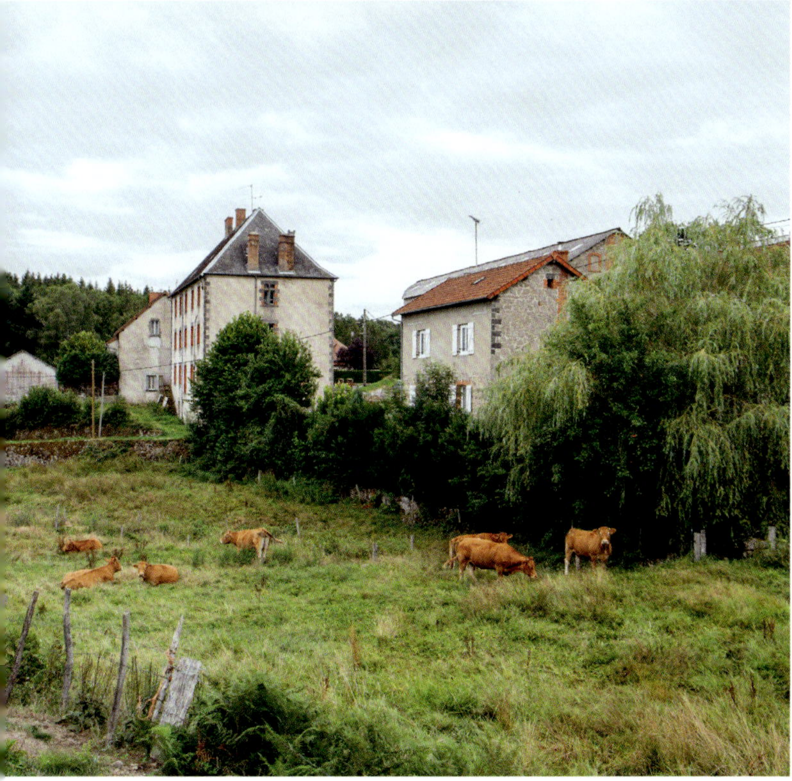

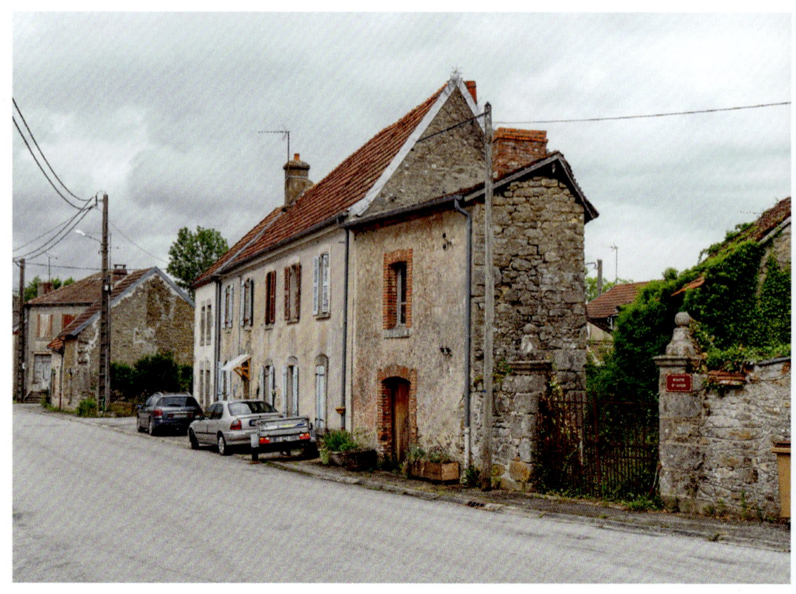

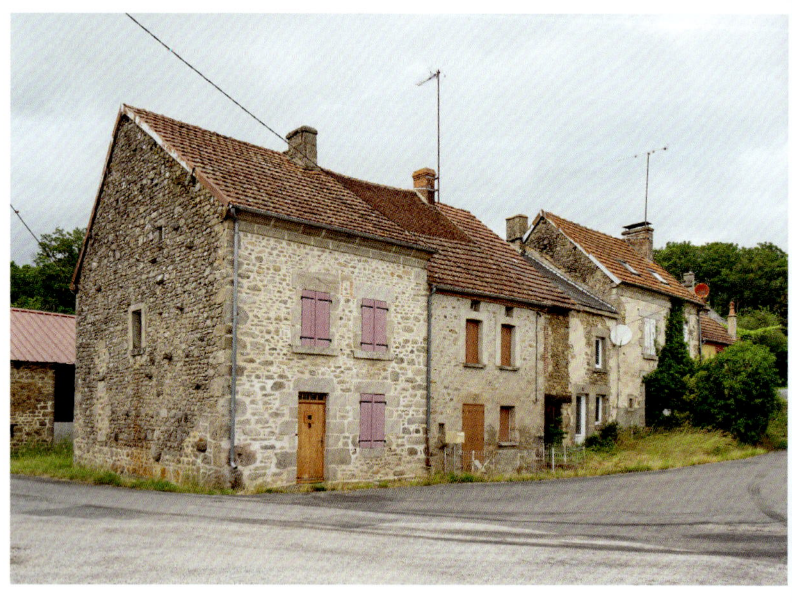

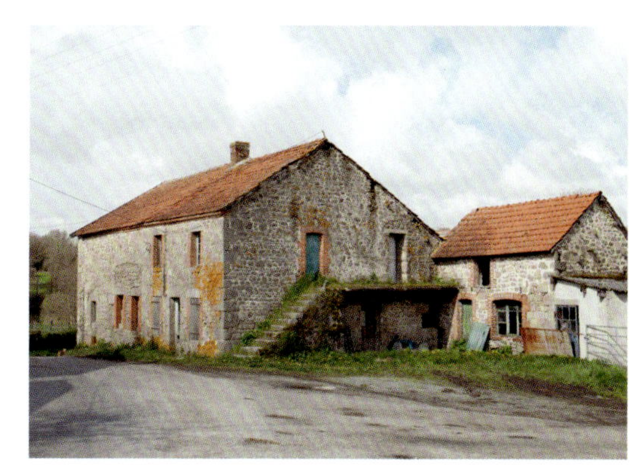

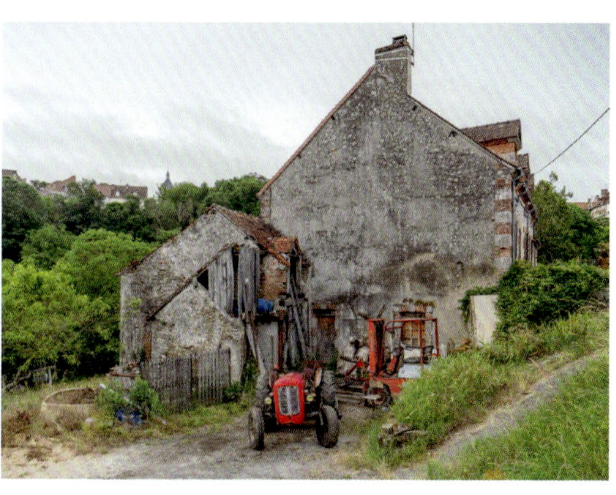

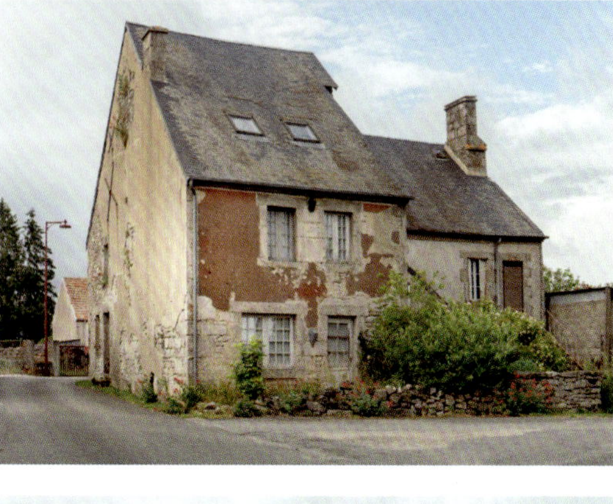

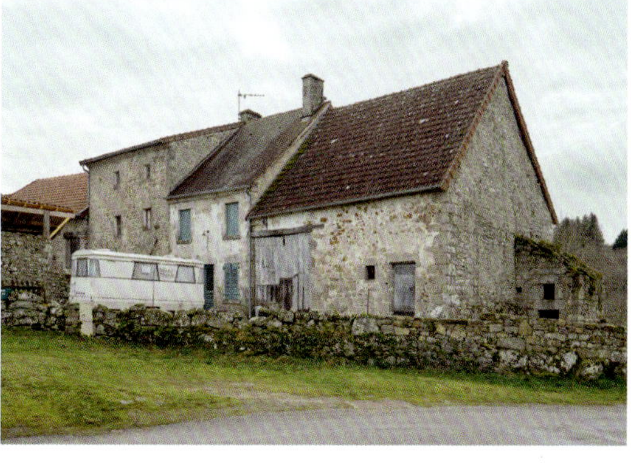

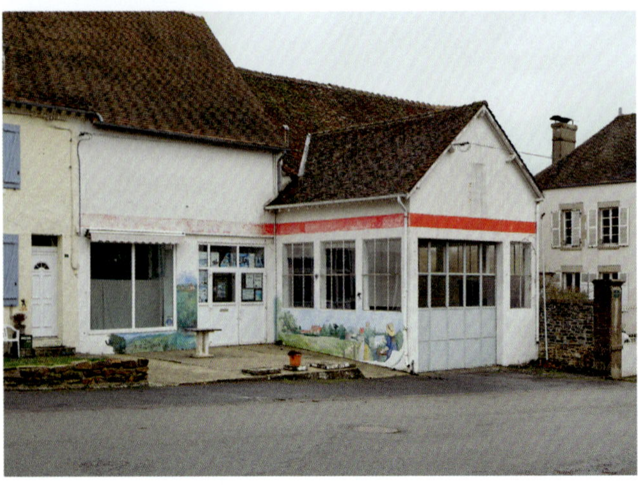

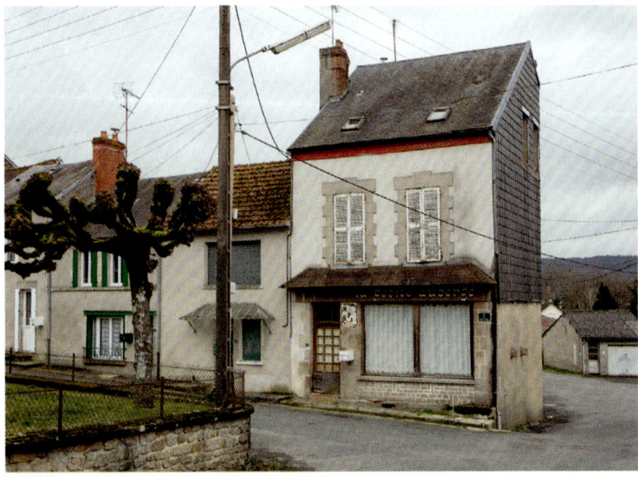

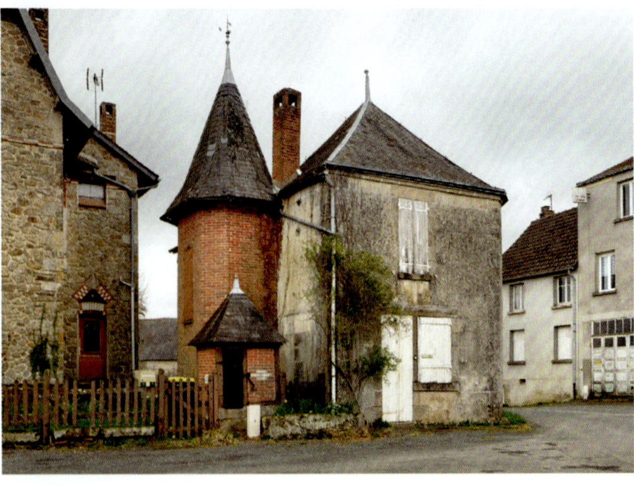

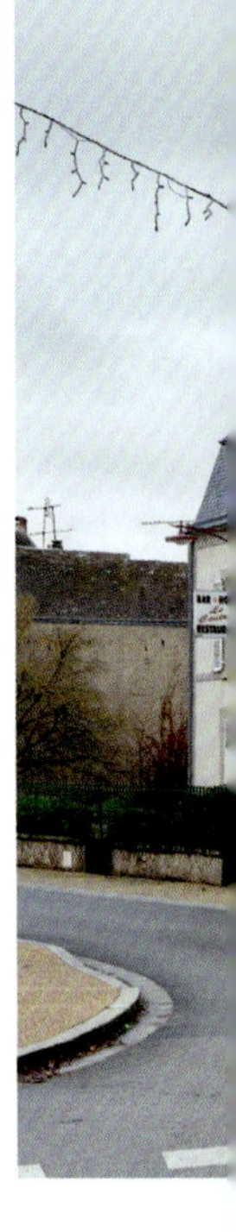

Fresselines
Dun-le-Palestel
Lafat

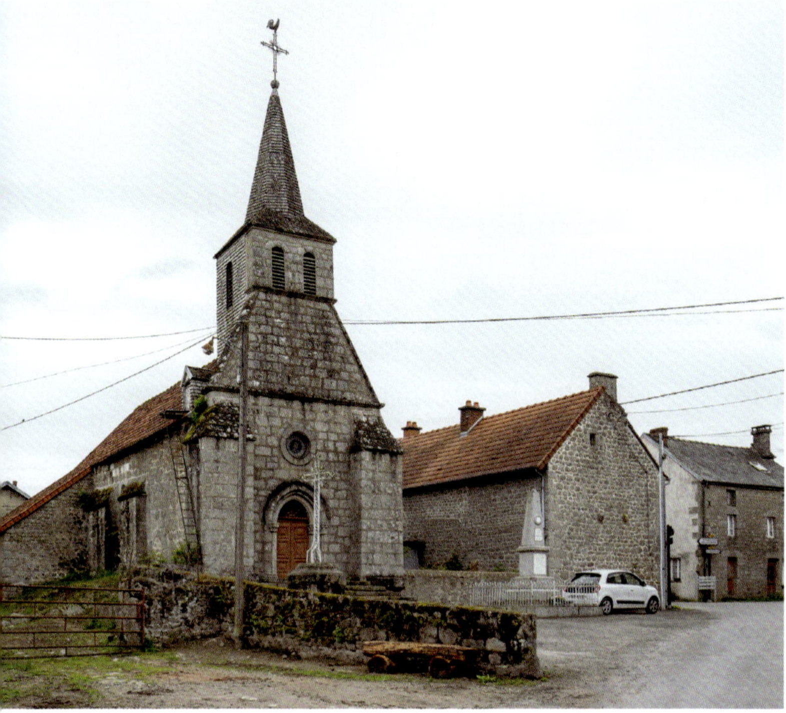

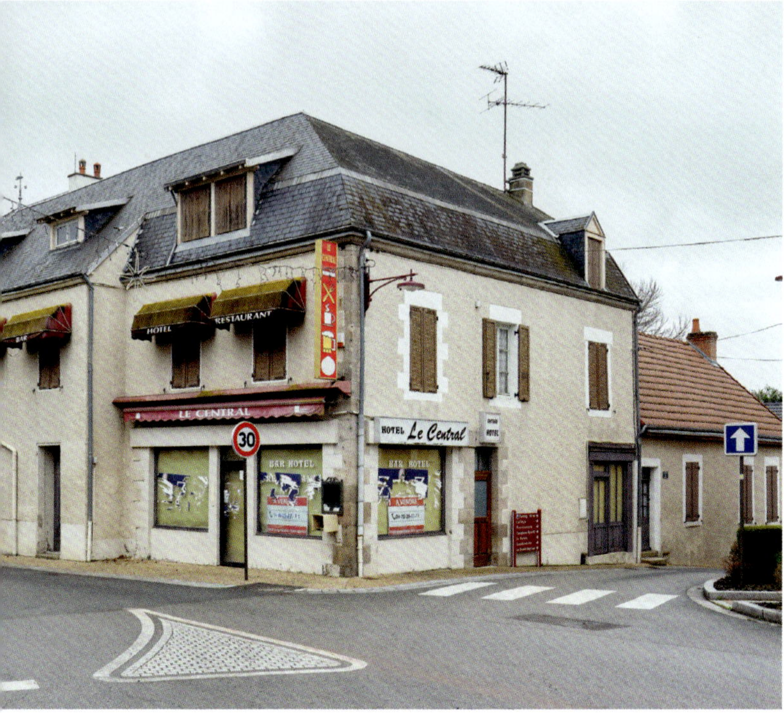

La Chaussade
Bonnat

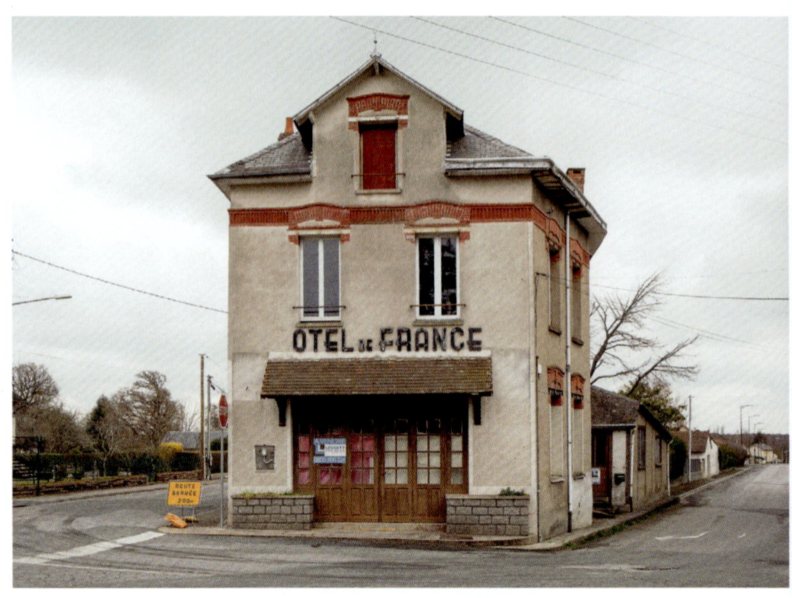

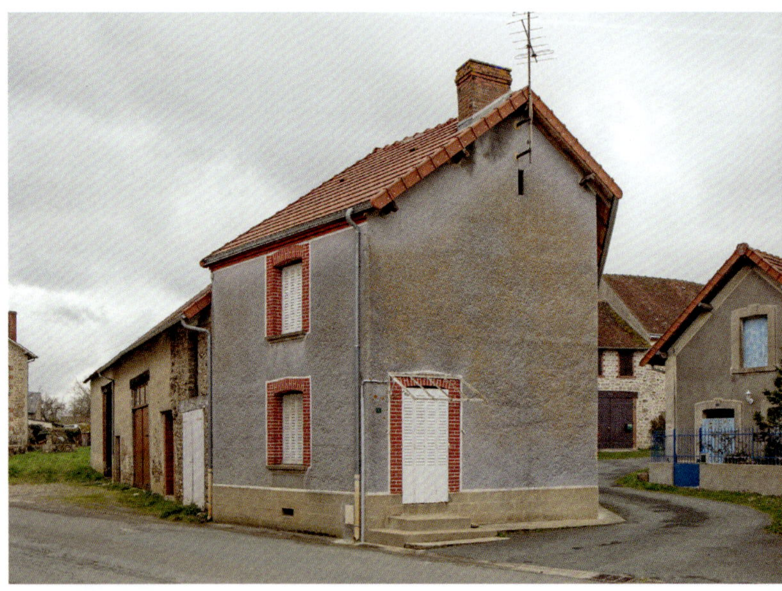

Dun-le-Palestel
Saint-Sulpice-le-Dunois

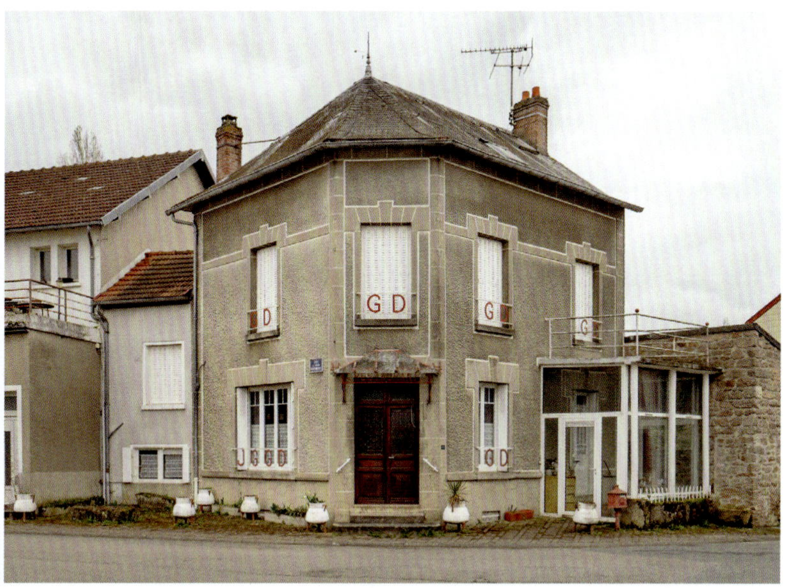

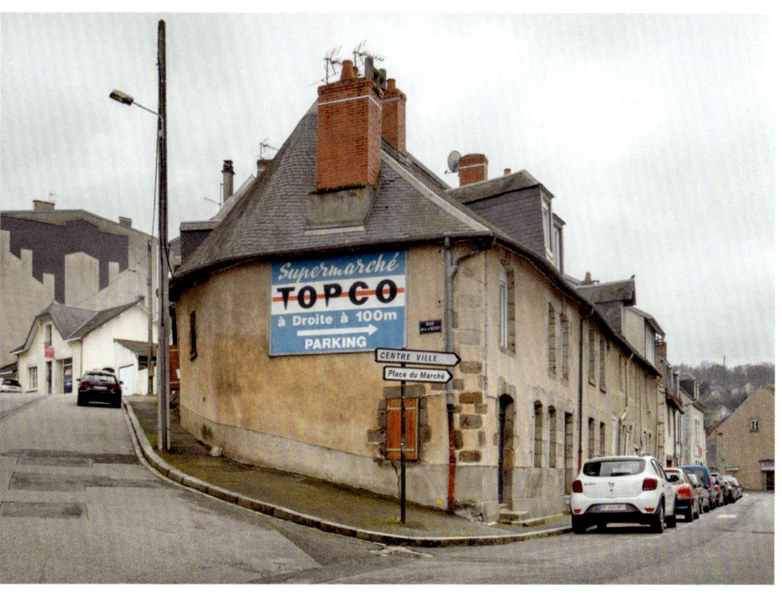

Dun-le-Palestel
Guéret

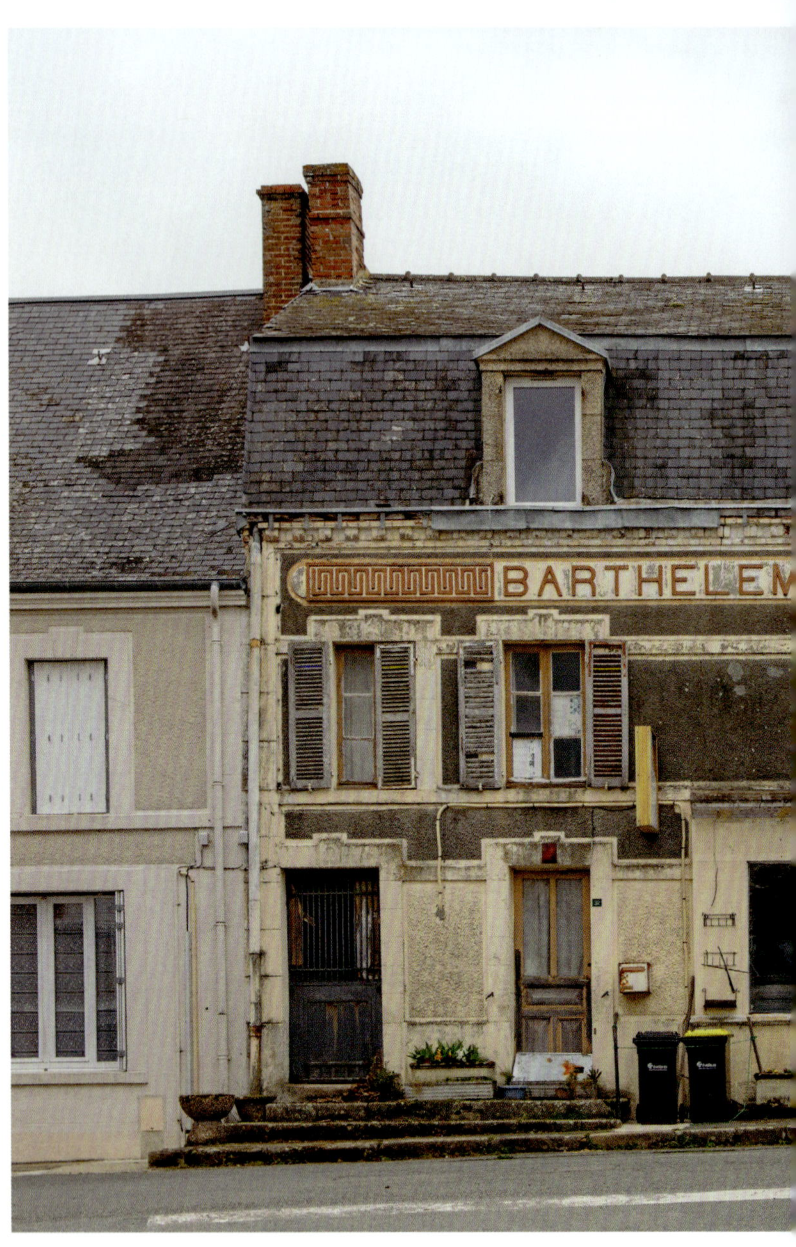

Saint-Sulpice-le-Dunois

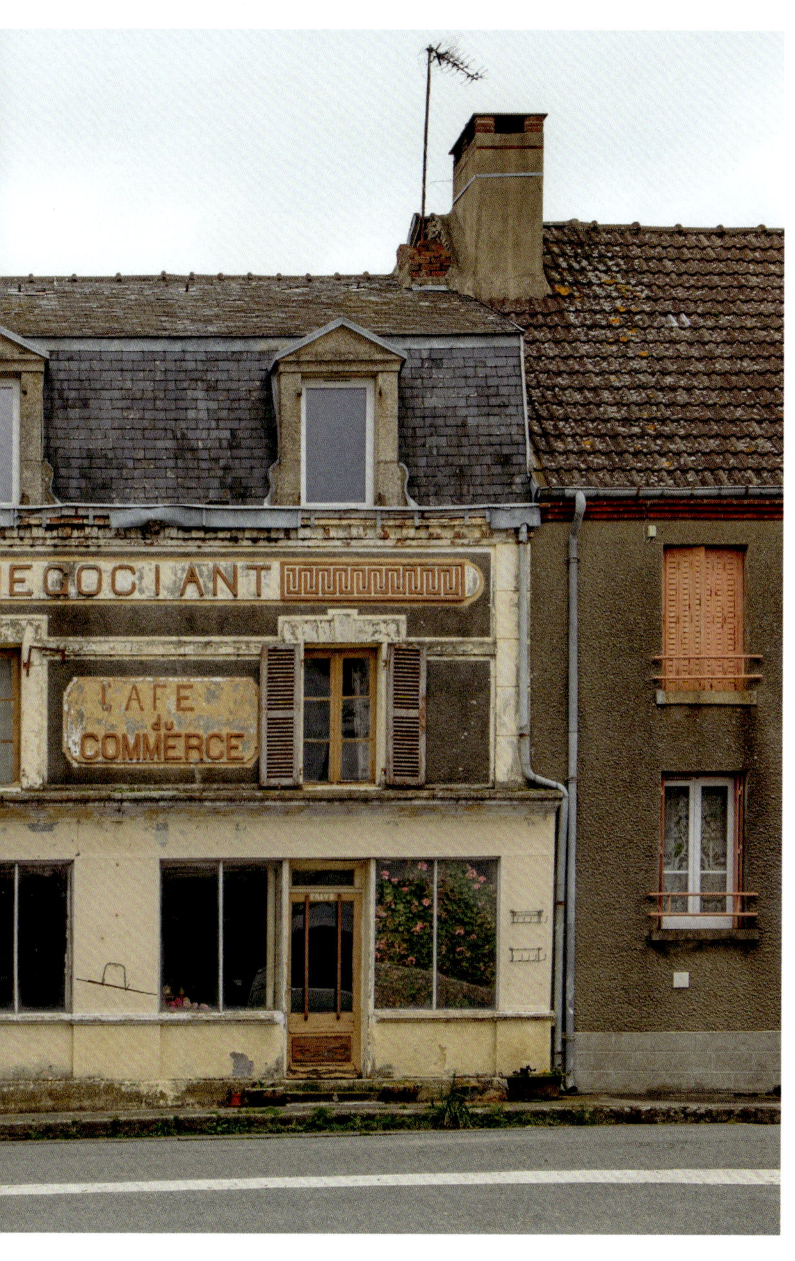

EGOCIANT
CAFE
du
COMMERCE

→ Saint-Fiel
Bussière-Dunoise
Crozant

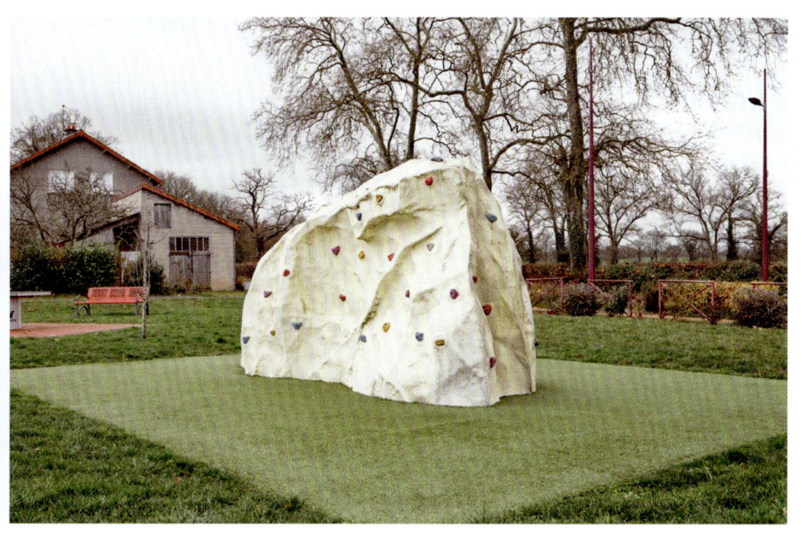

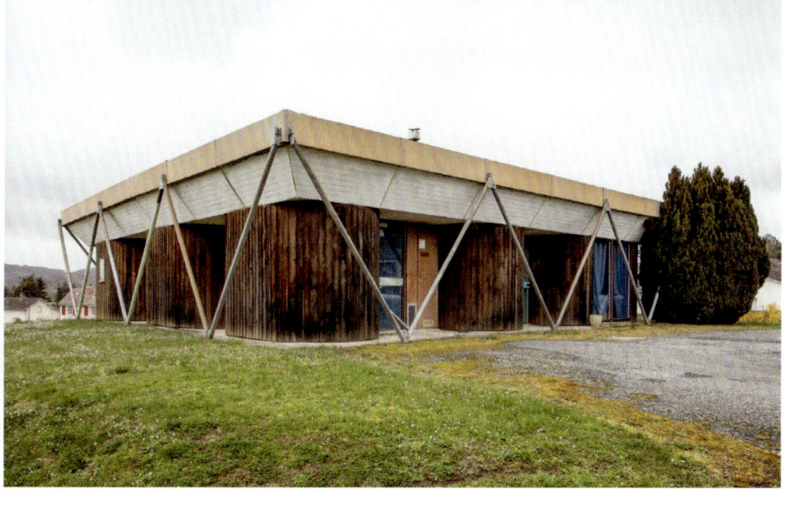

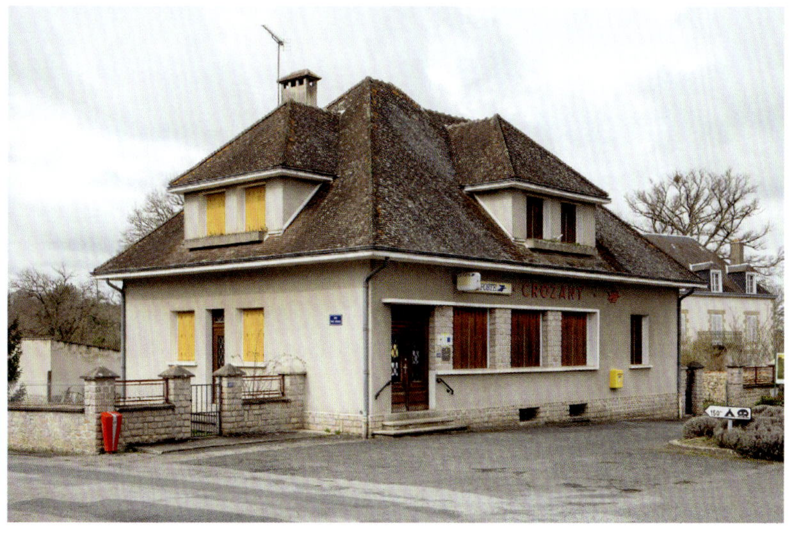
CROZANT

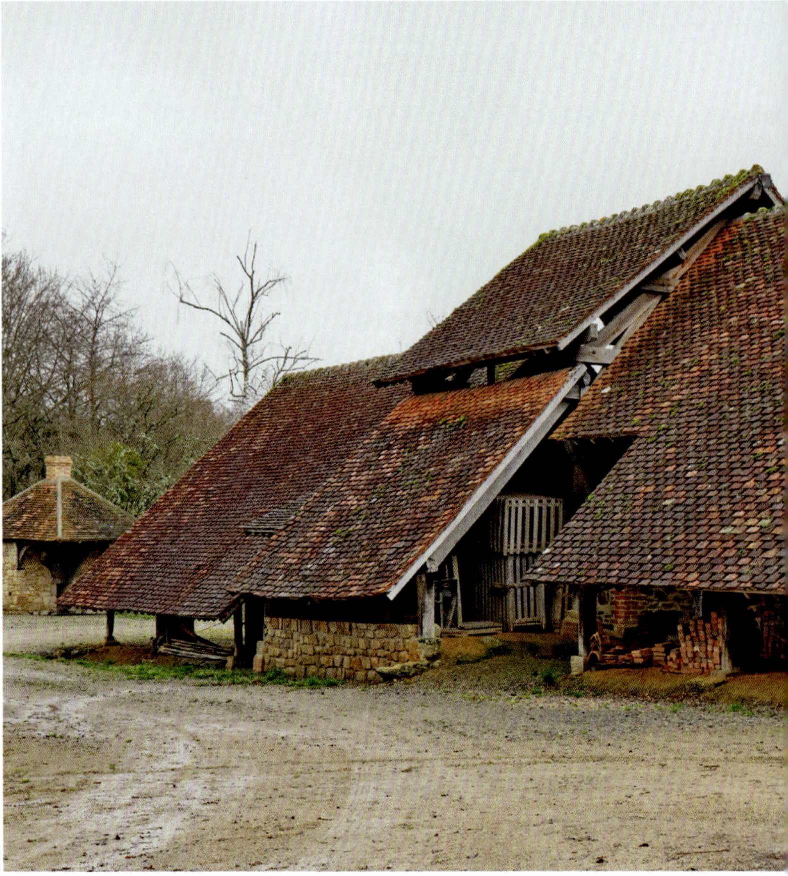

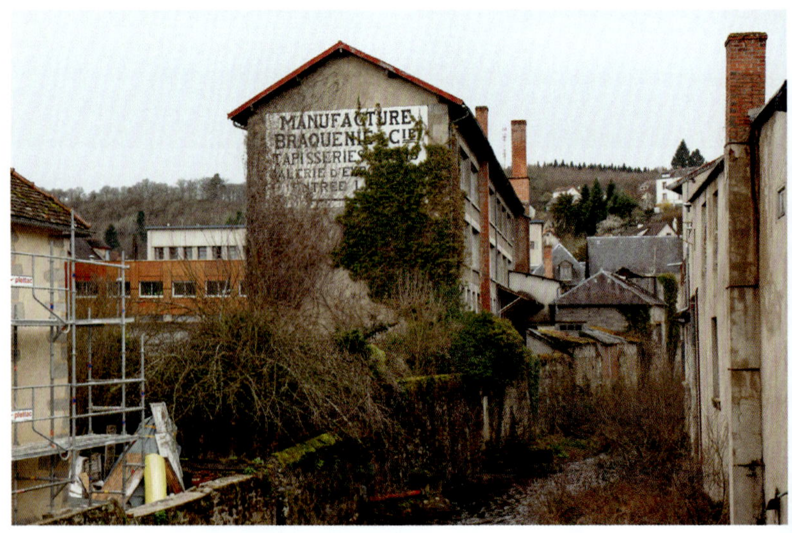

Cheniers
Aubusson

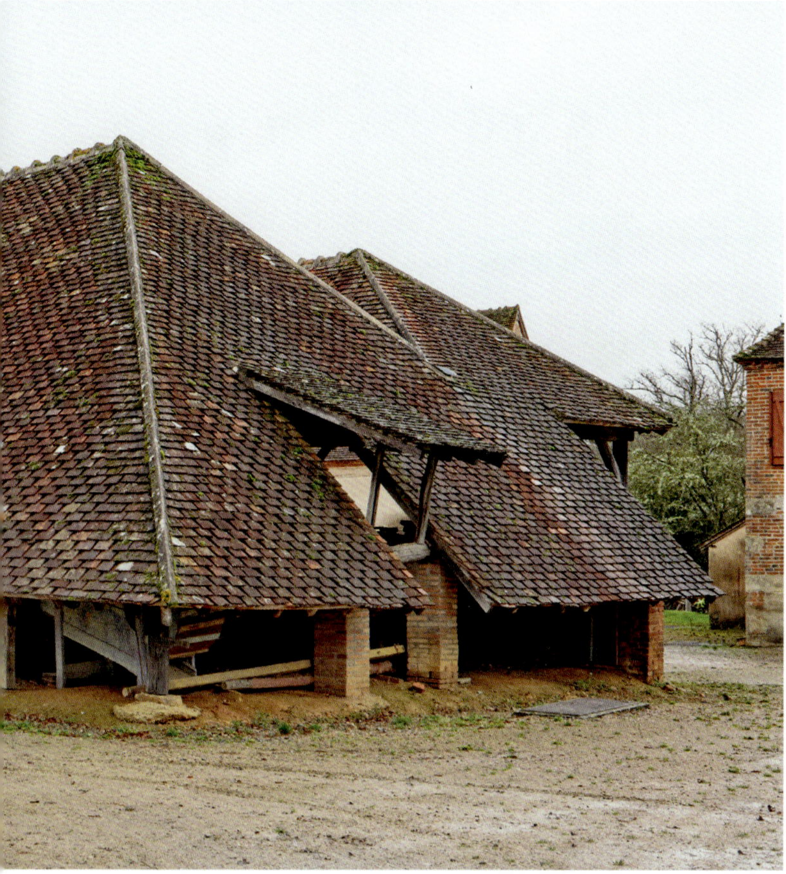

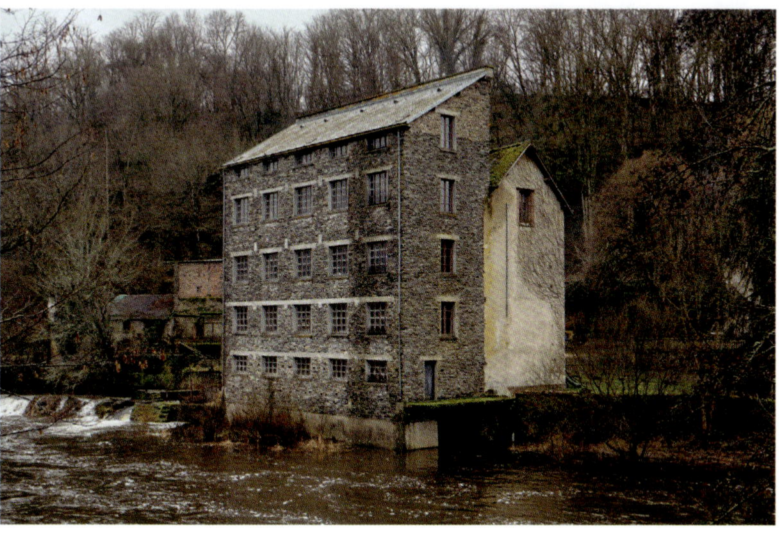

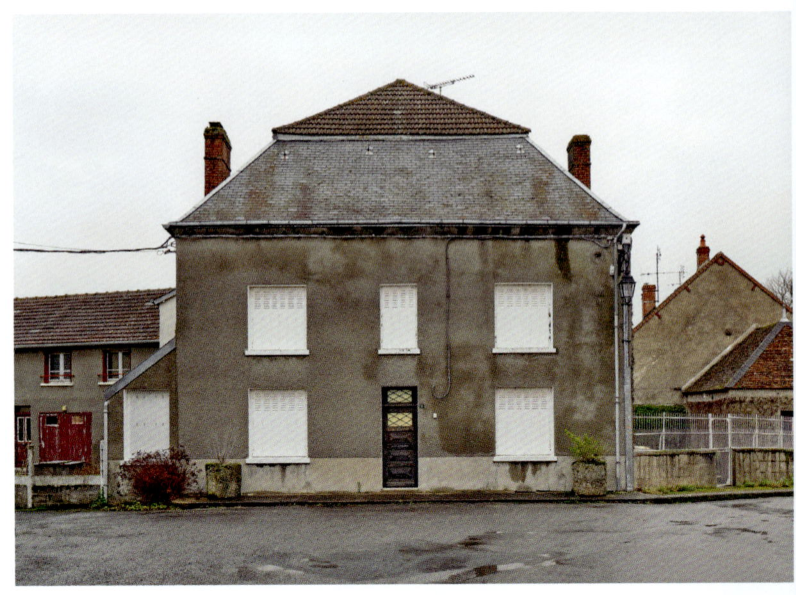

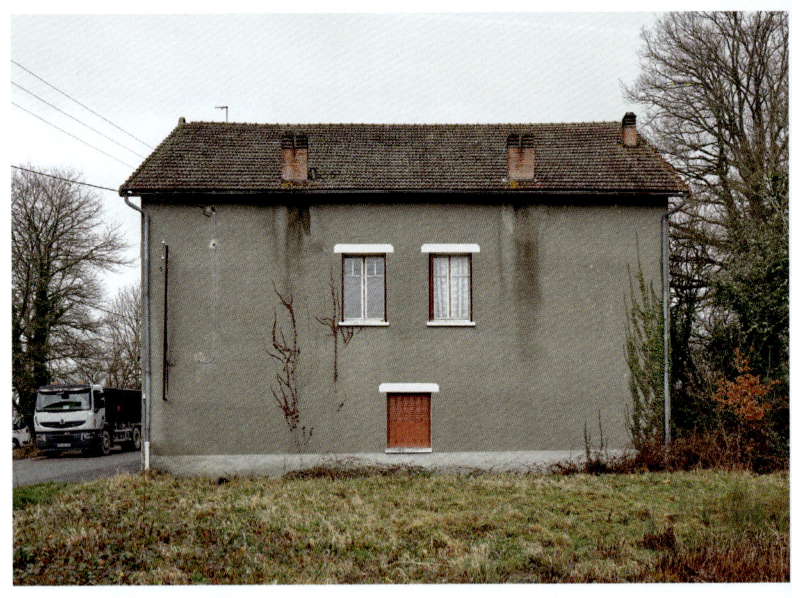

Fresselines
Saint-Fiel

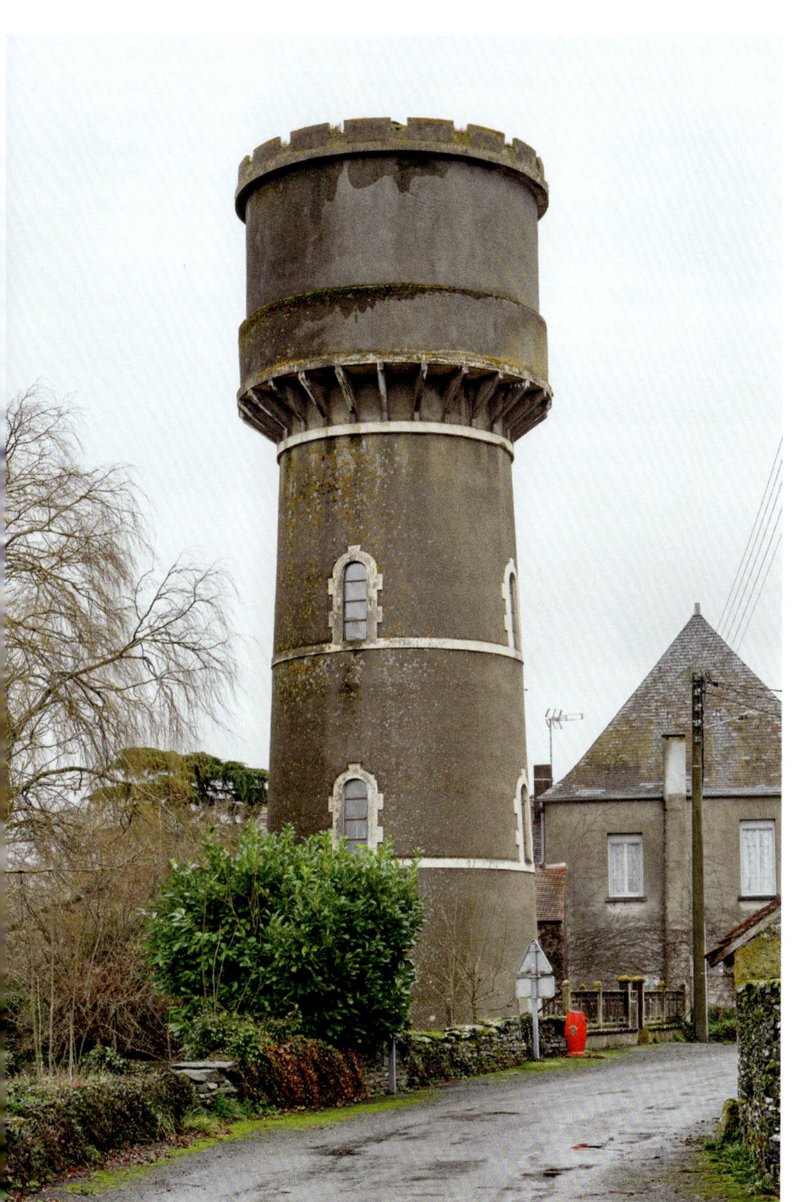

Fresselines

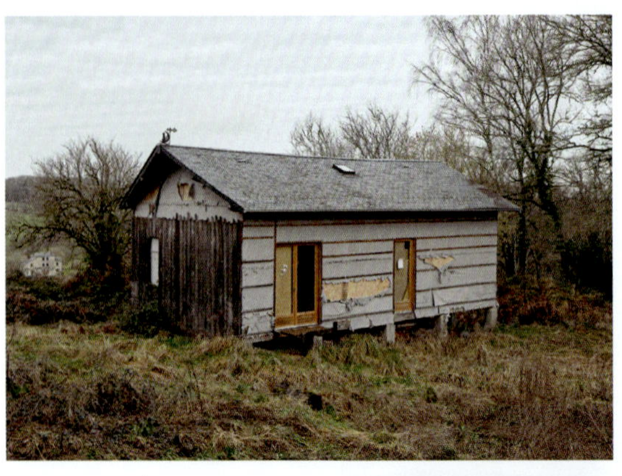

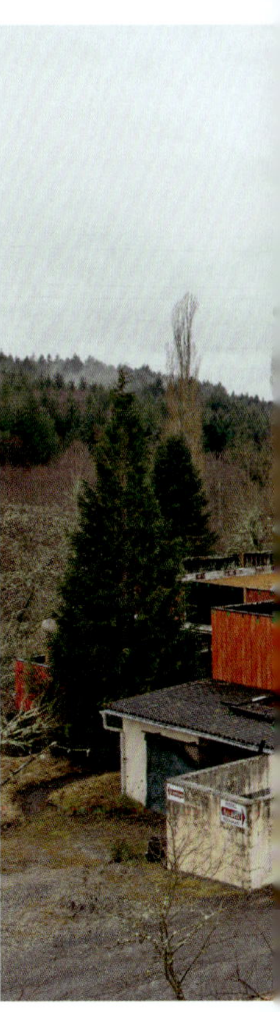

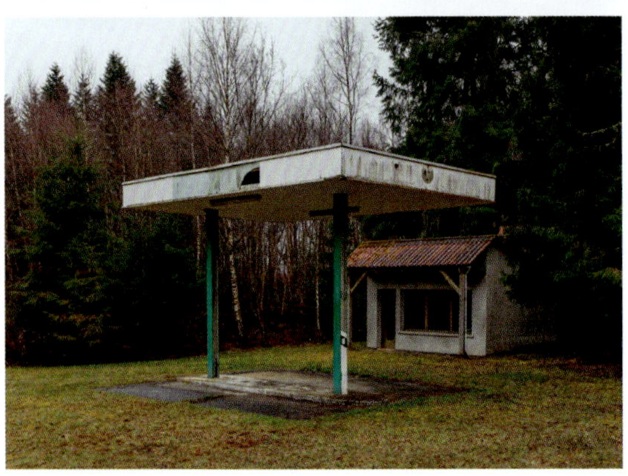

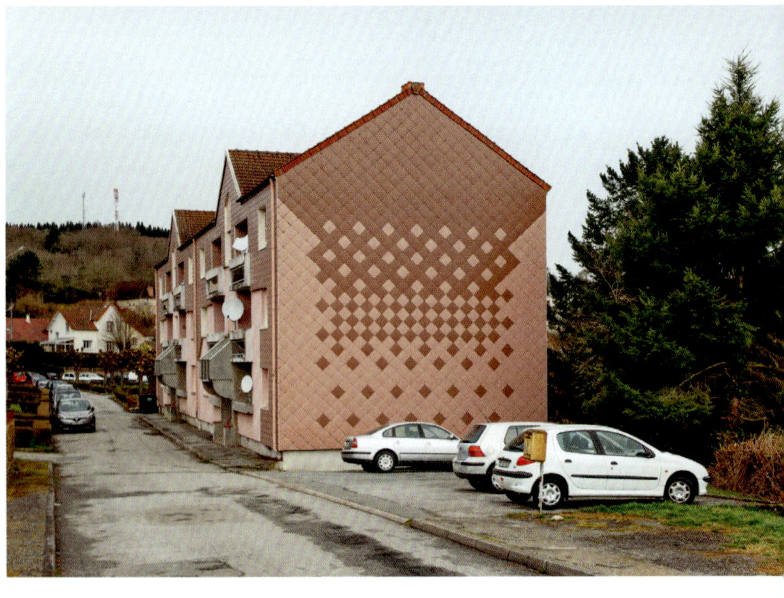

Chamberaud
La Pouge
Aubusson

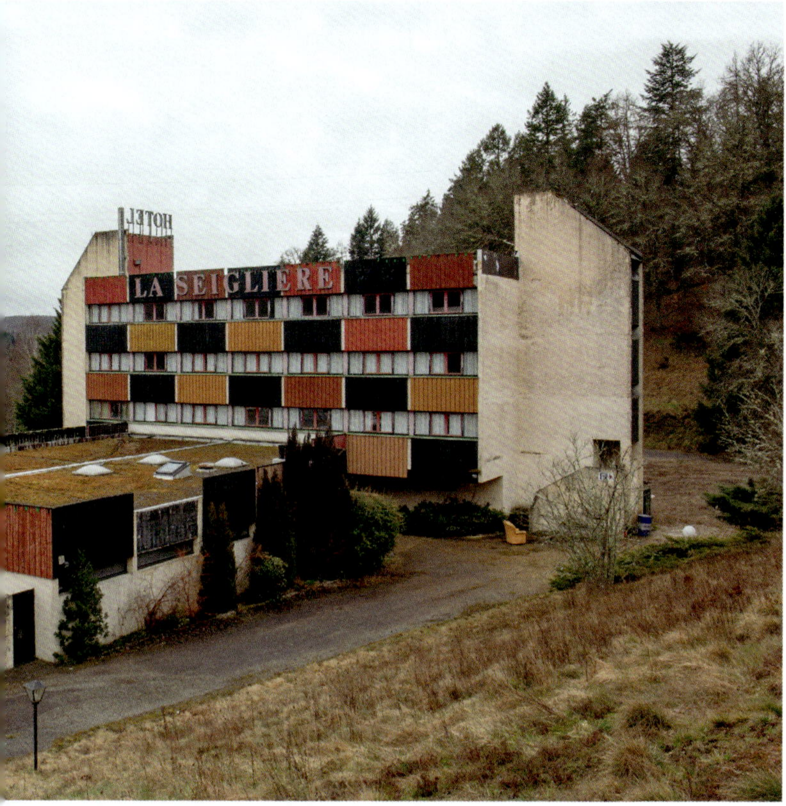

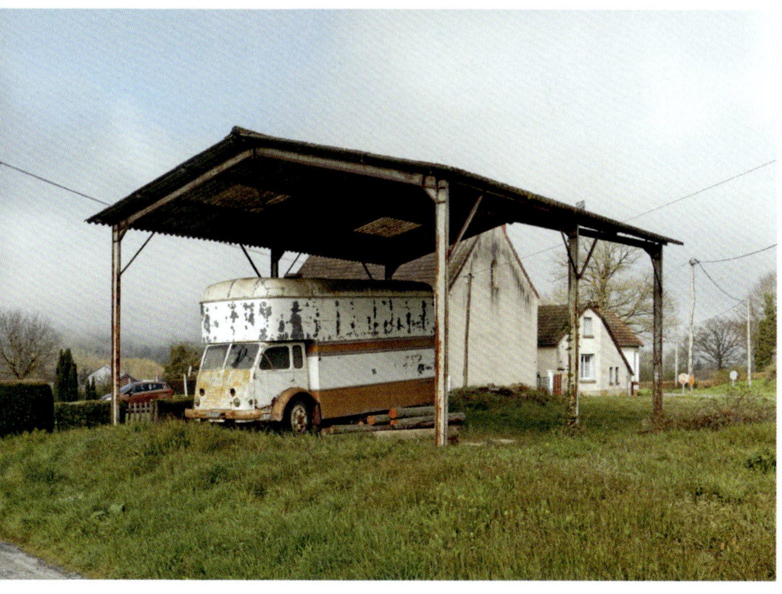

Aubusson
Lavaveix-les-Mines

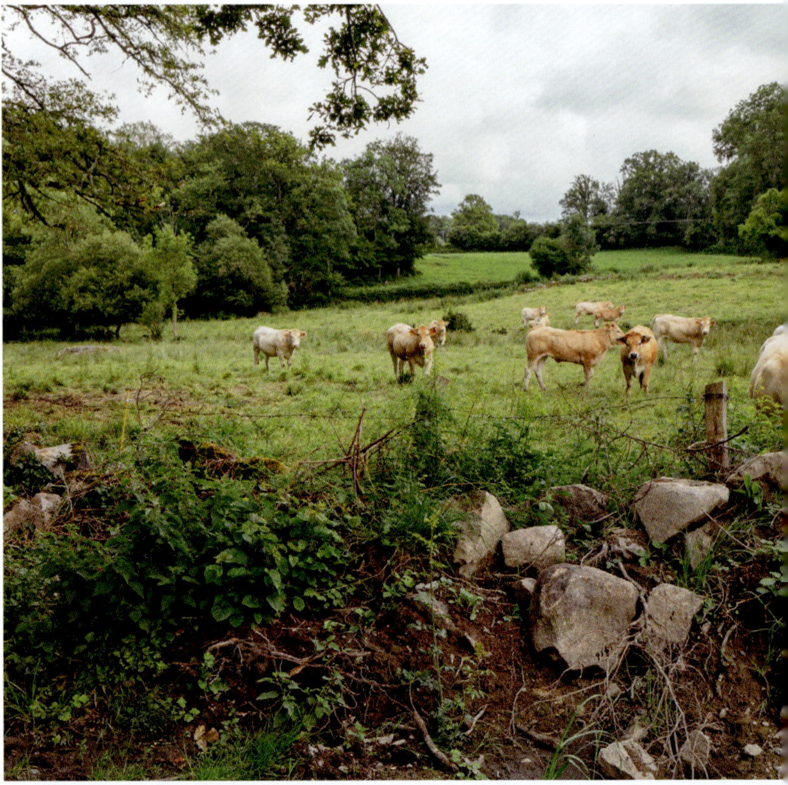

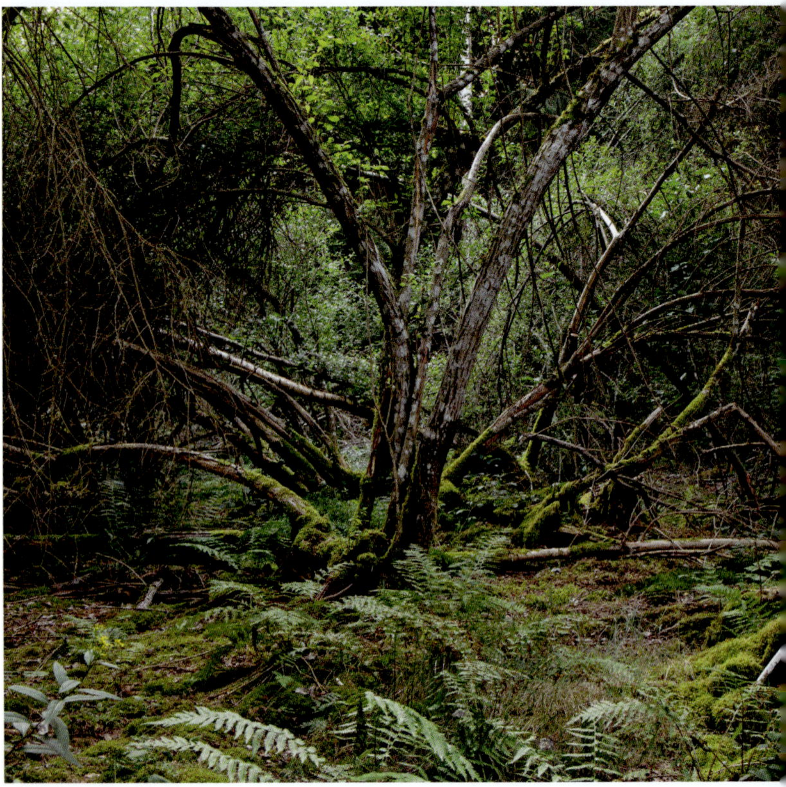

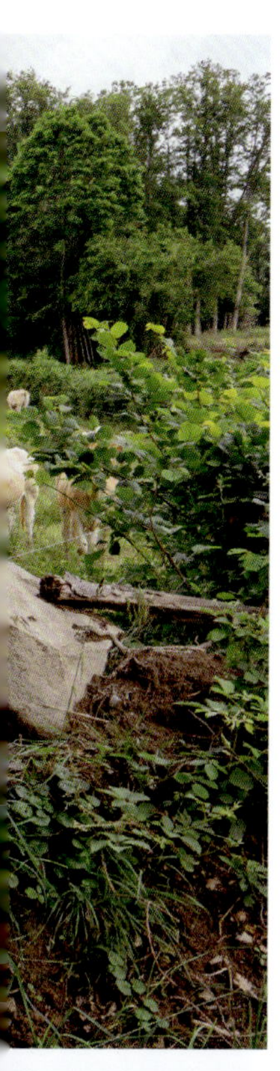

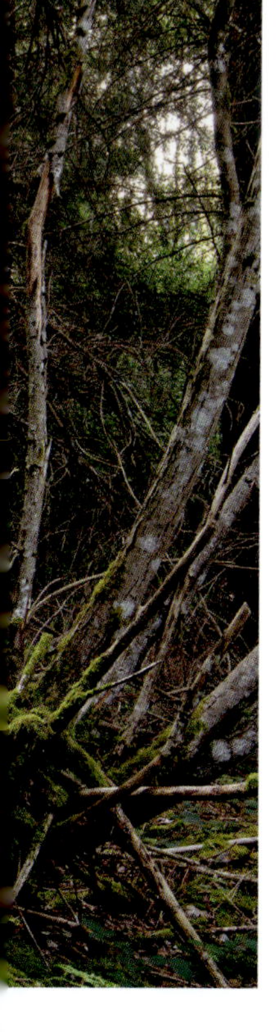

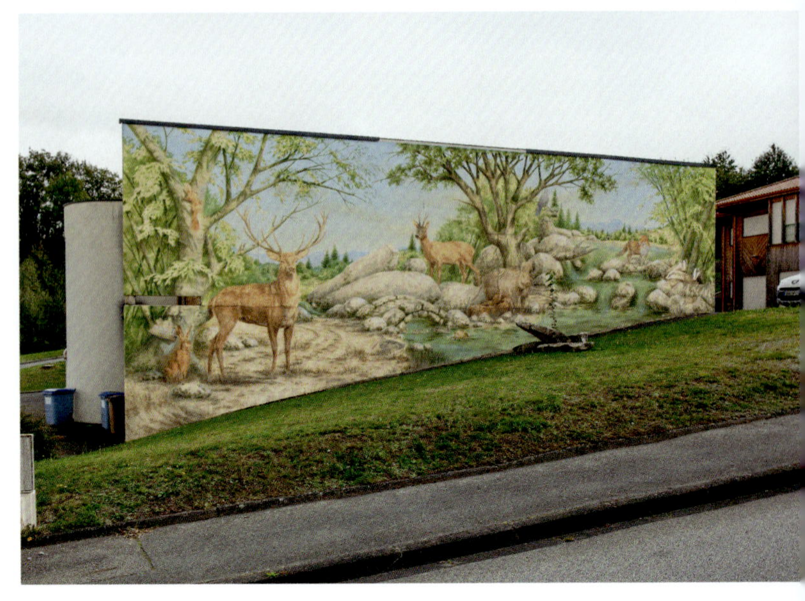

Langrois

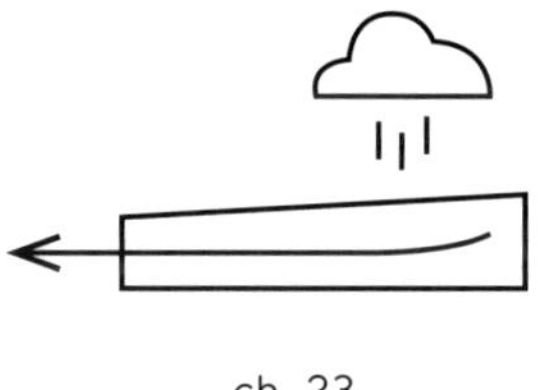

ch. 23

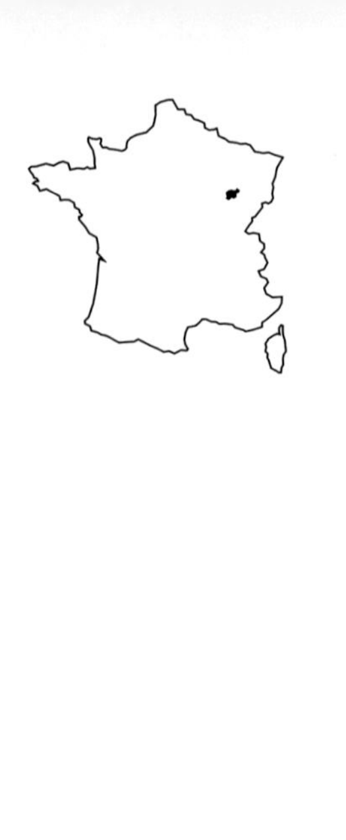

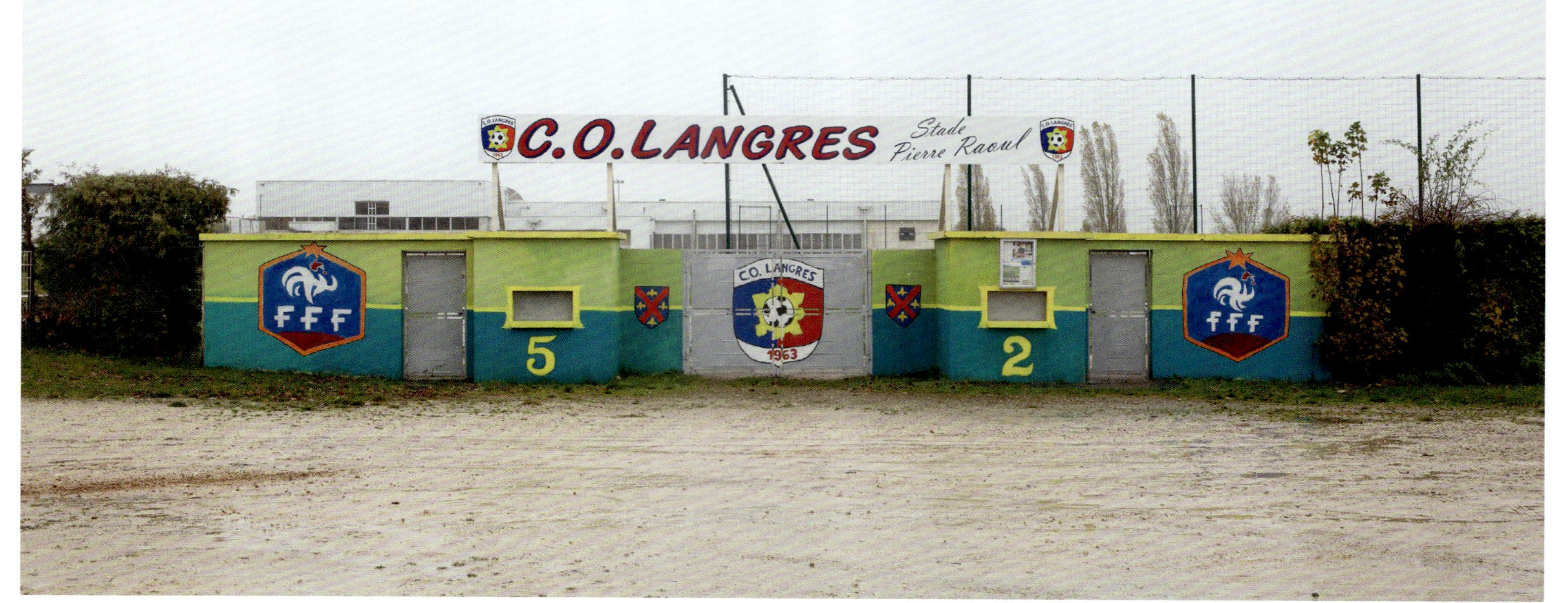

C.O.LANGRES
Stade Pierre Raoul
C.O. LANGRES
1963
FFF
FFF
5
2

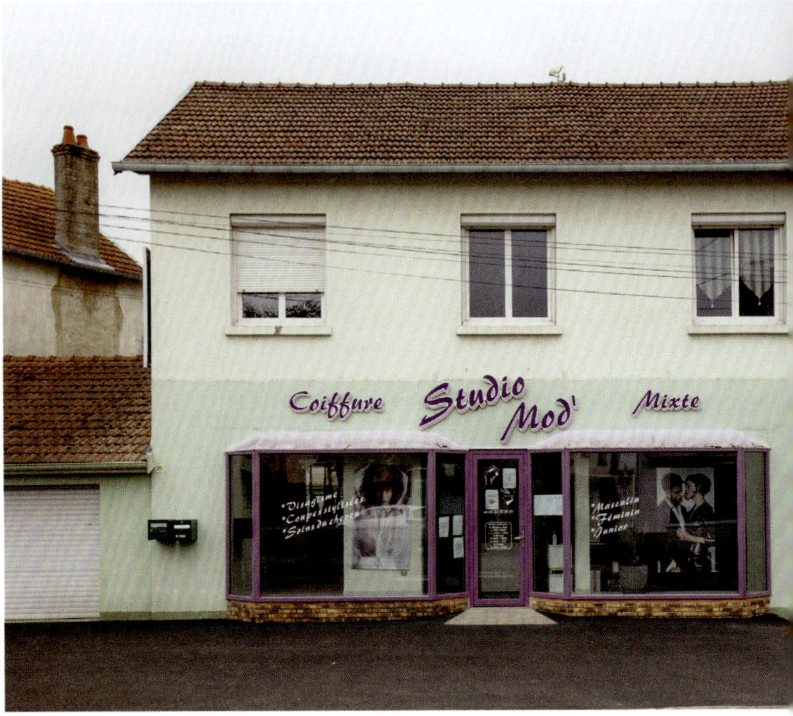

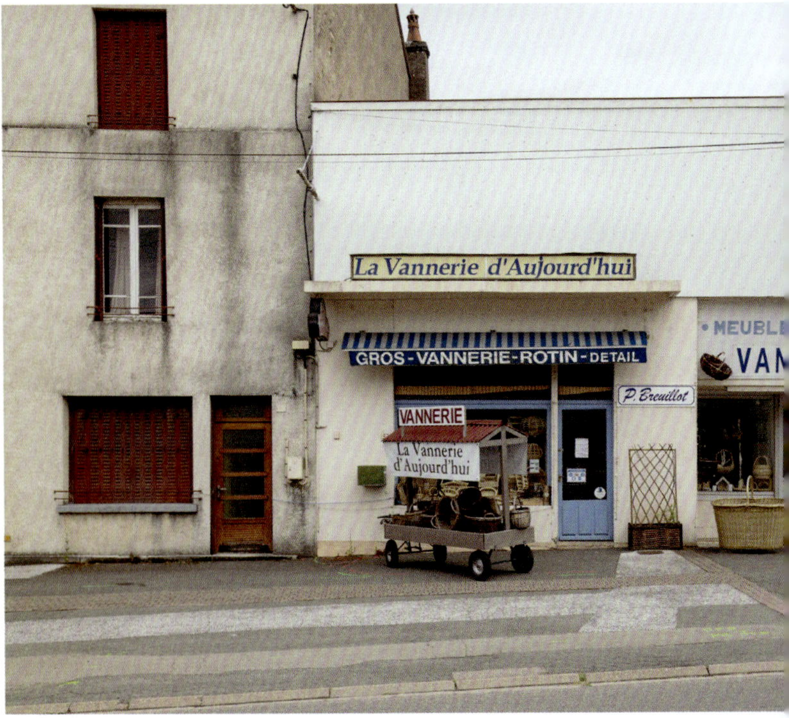

← Langres

Chalindrey
Fayl-Billot

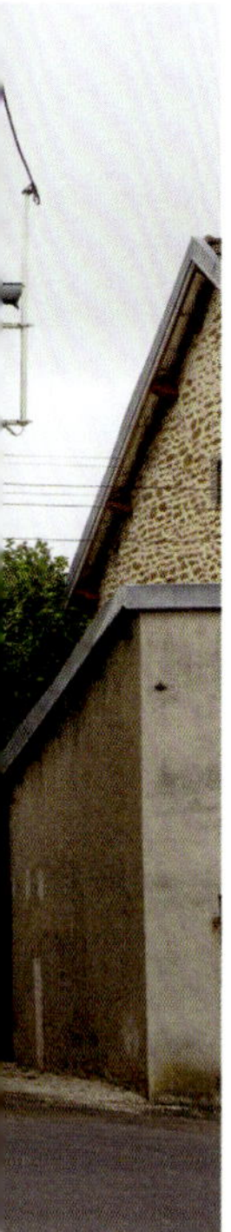

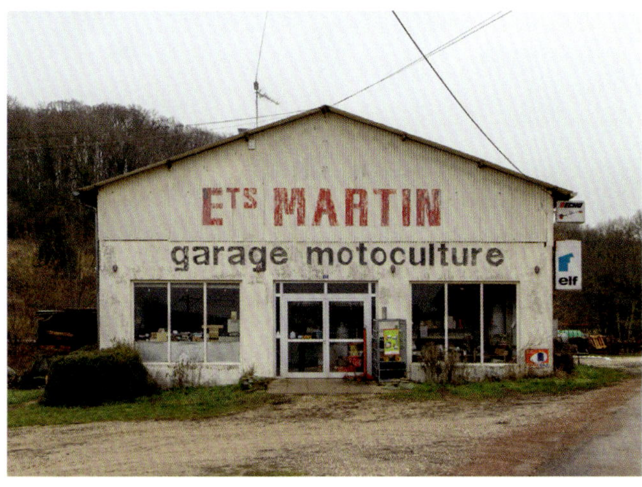

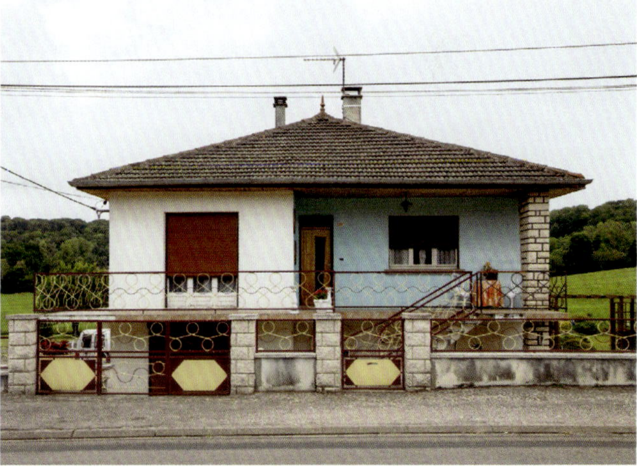

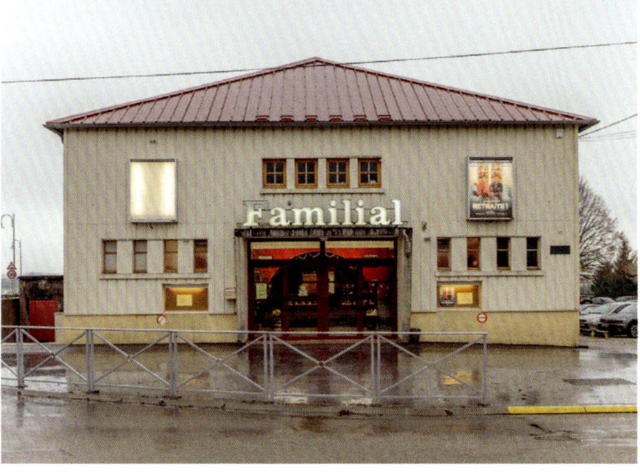

Cohons
Torcenay
Chalindrey

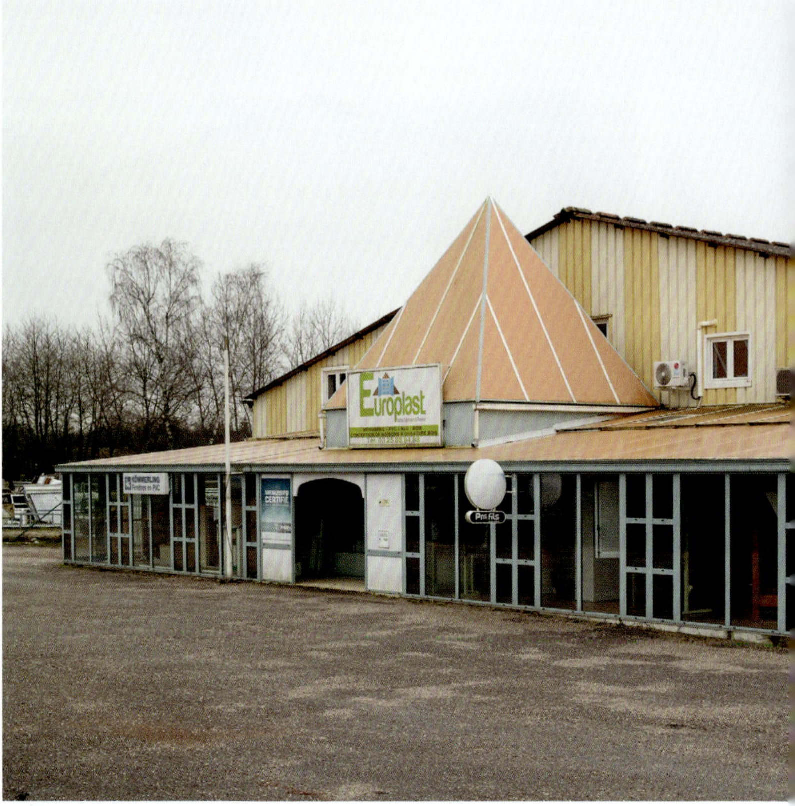

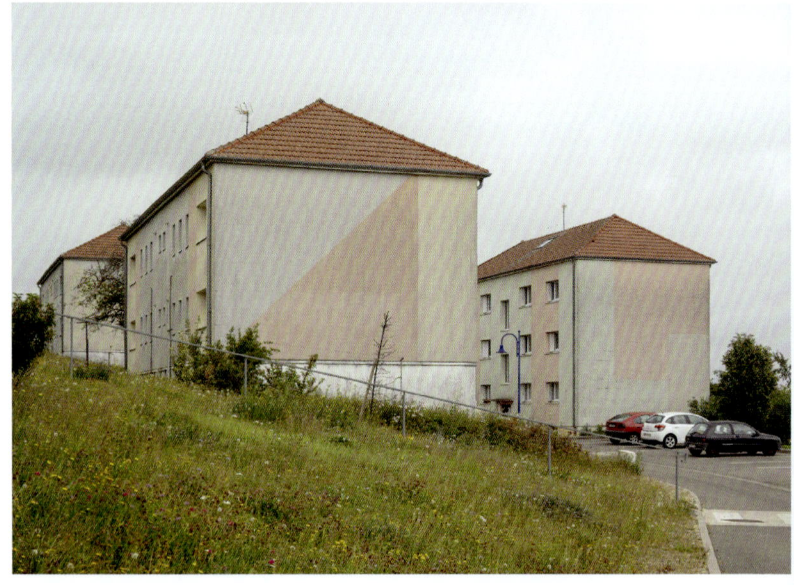

Chalindrey (2)

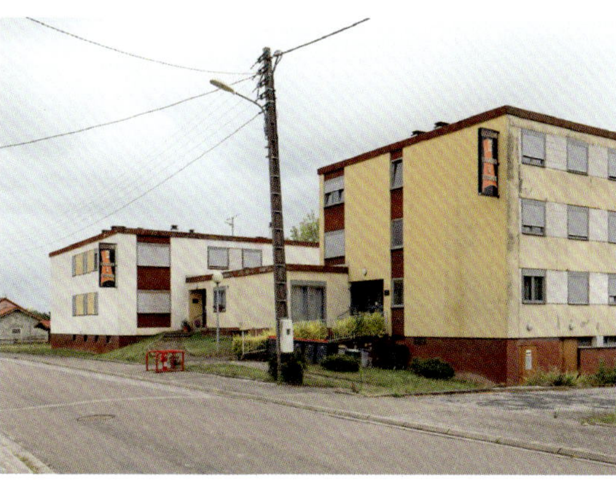

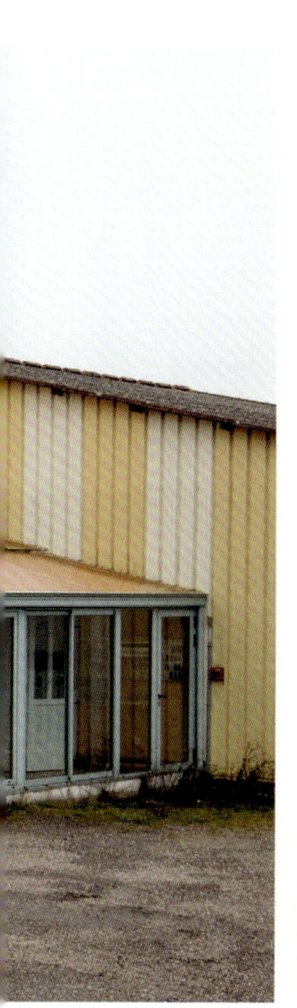

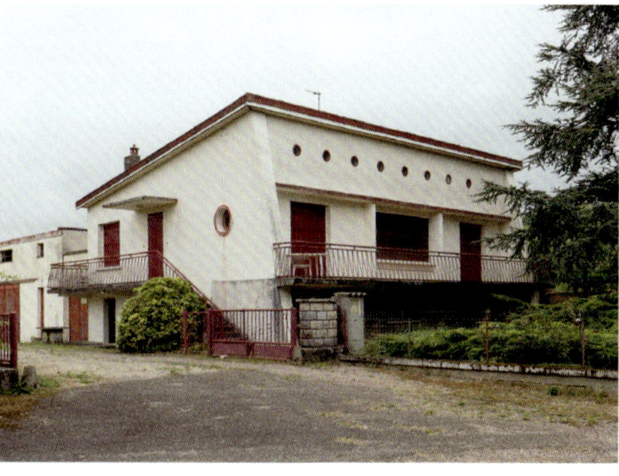

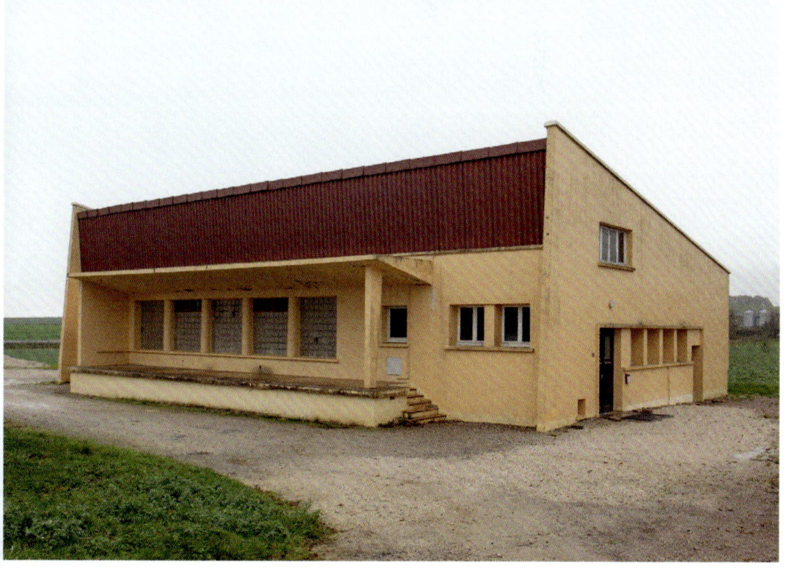

Chalindrey
Torcenay
Beauchemin

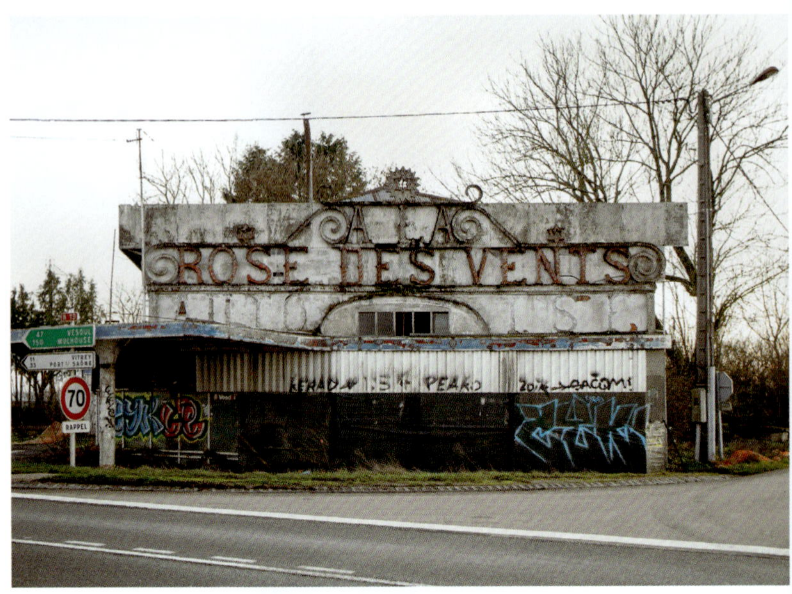

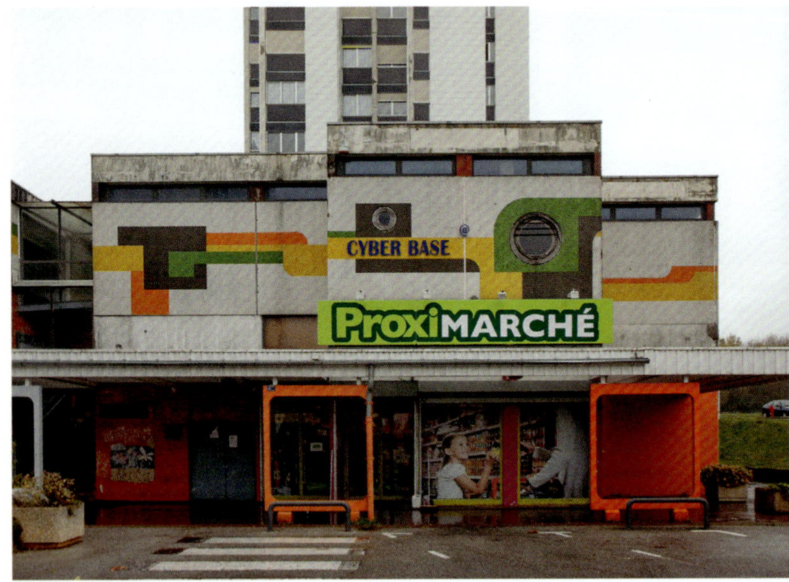

Fayl-Billot
Langres   → Bourbonne-les-Bains (4)

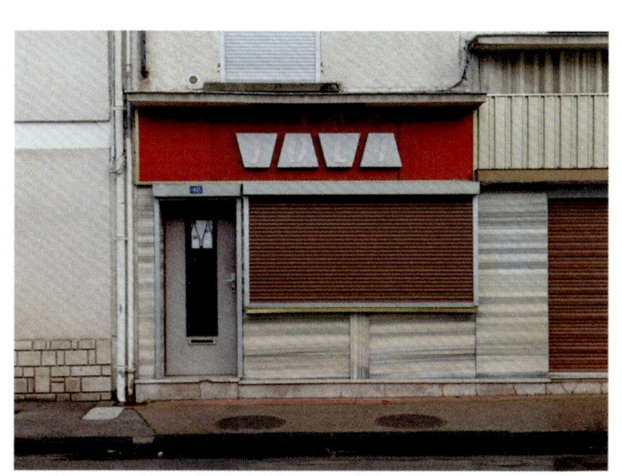
VIVA

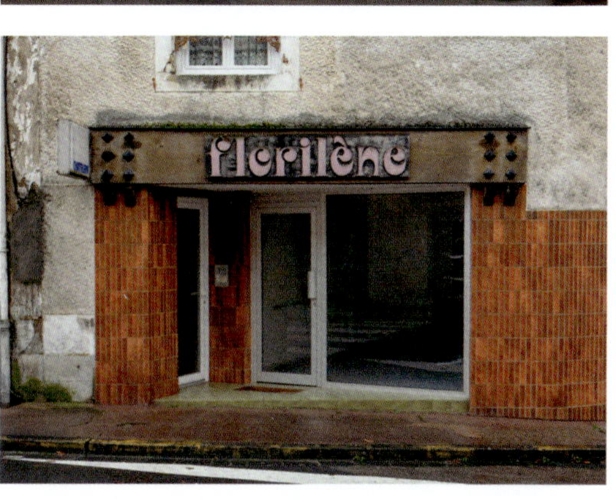
florilène

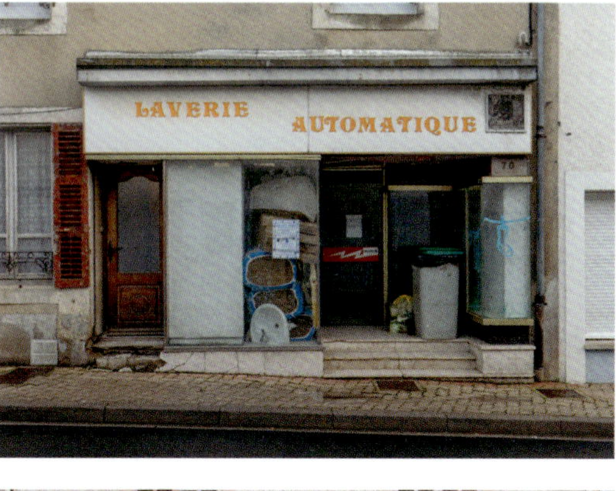
LAVERIE
AUTOMATIQUE

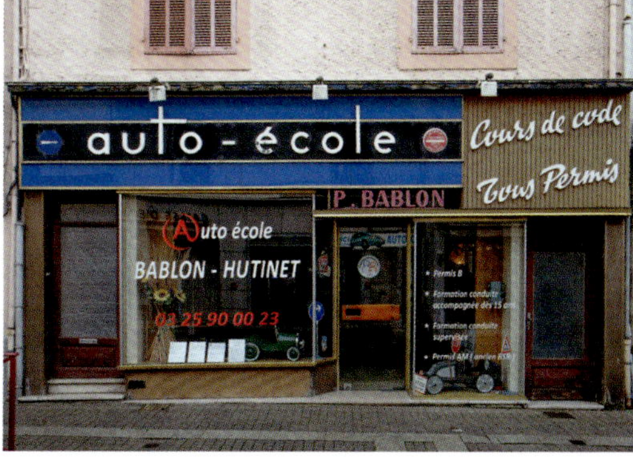
auto-école
Cours de code
Tous Permis
P. BABLON
Auto école
BABLON - HUTINET
01 25 90 00 23
• Permis B
• Formation conduite
accompagnée dès 15 ans
• Formation conduite
supervisée
• Permis AM (ancien BSR)

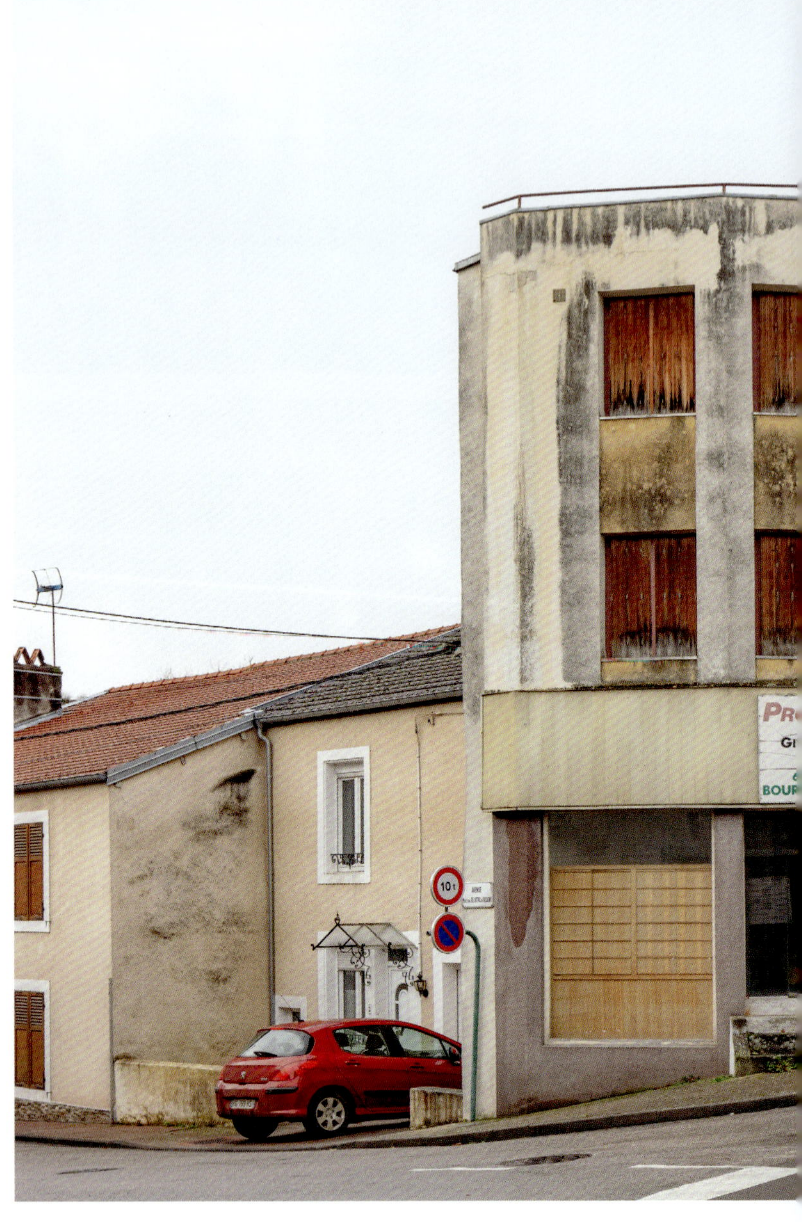

Bourbonne-les-Bains

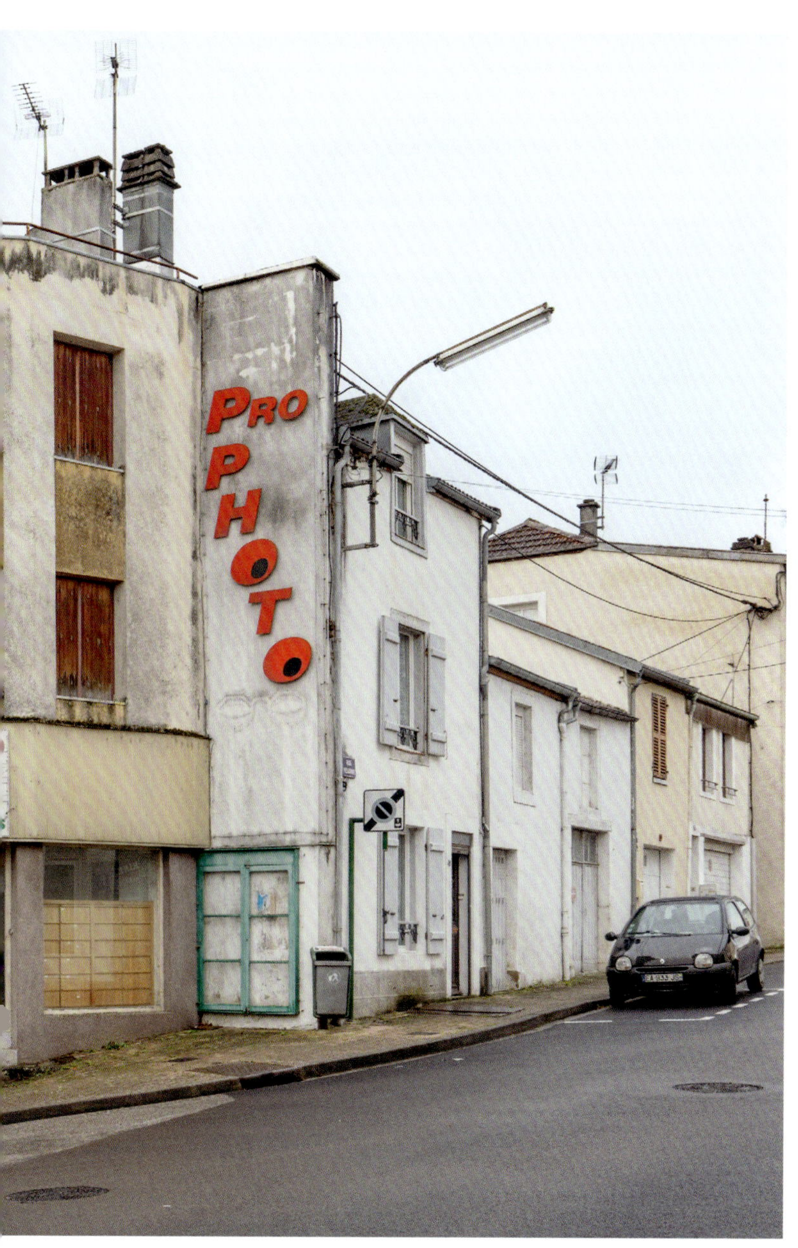

PRO
PHOTO

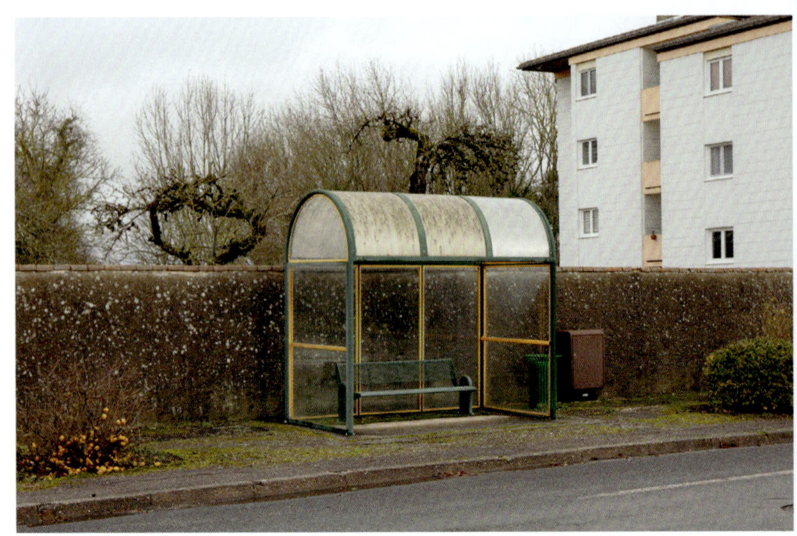

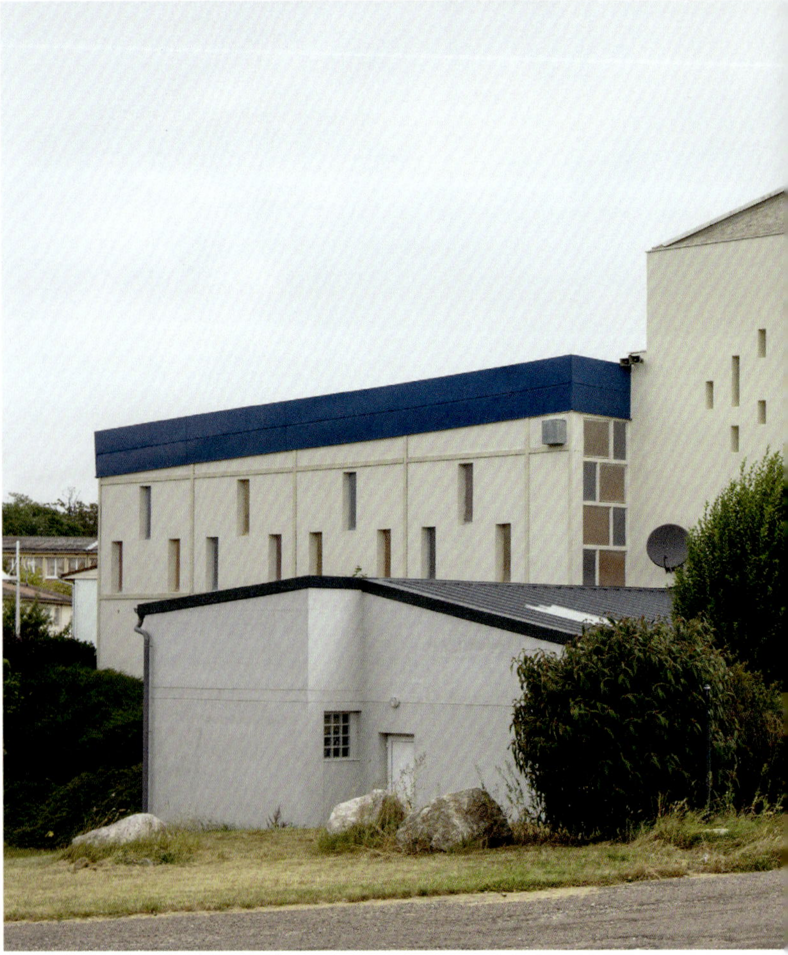

Bourbonne-les-Bains
Langres

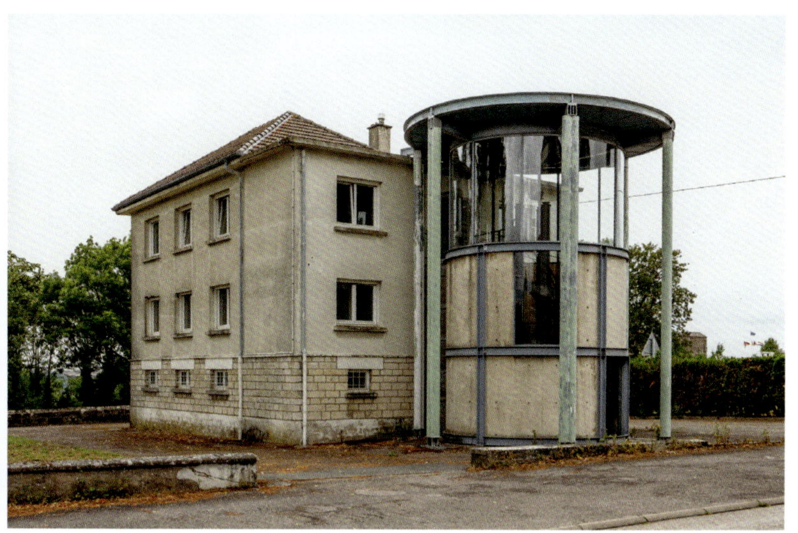

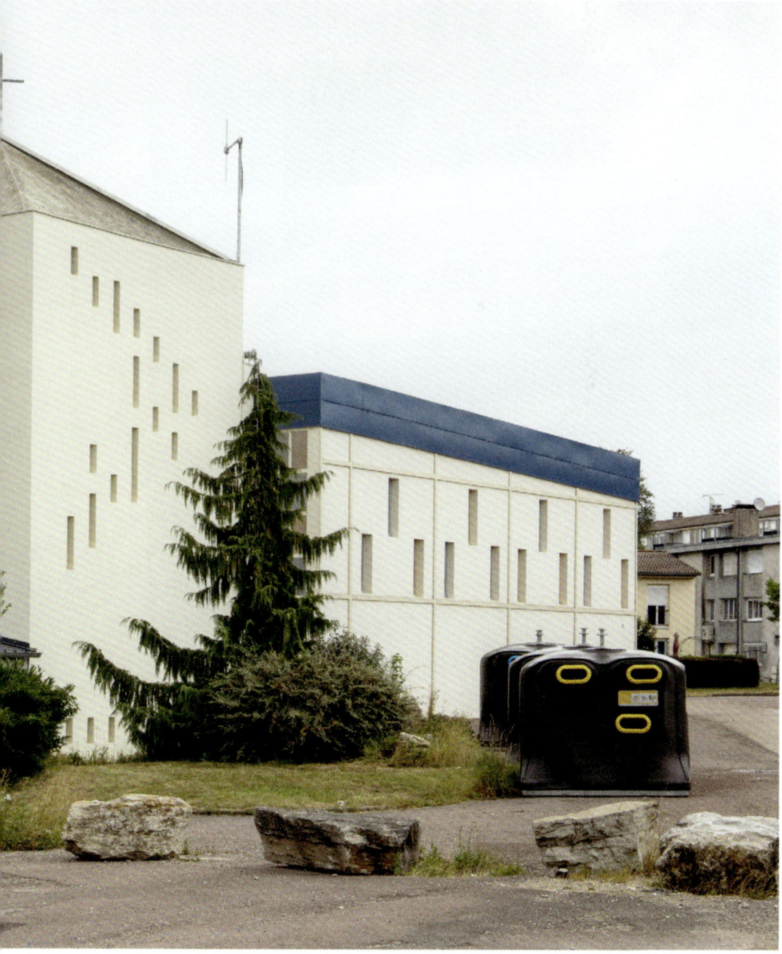

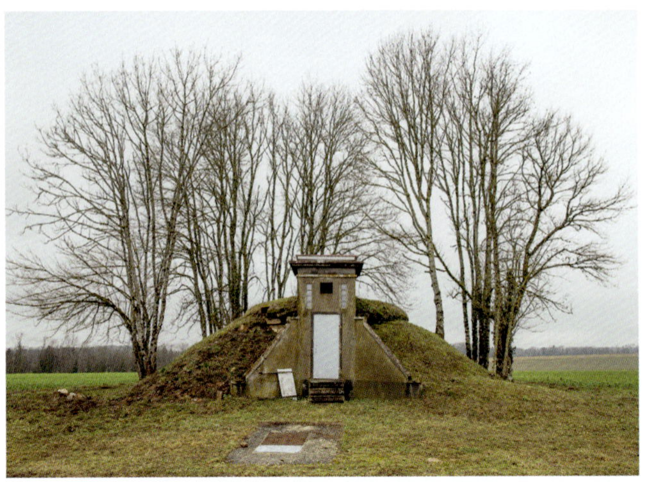

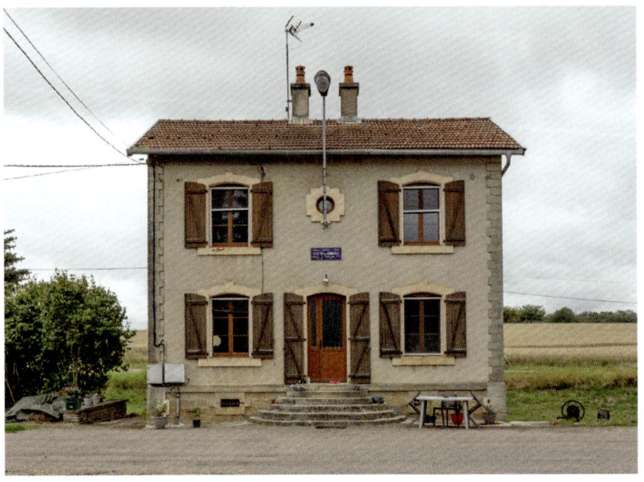

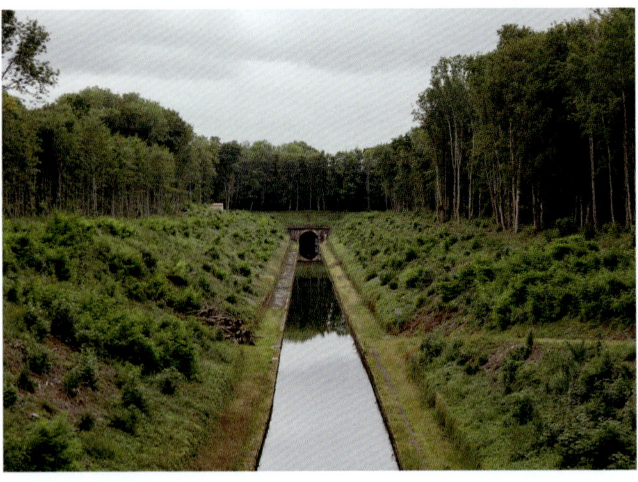

Guyonvelle
Dommarien
Balesmes-sur-Marne, *Canal entre Champagne et Bourgogne*

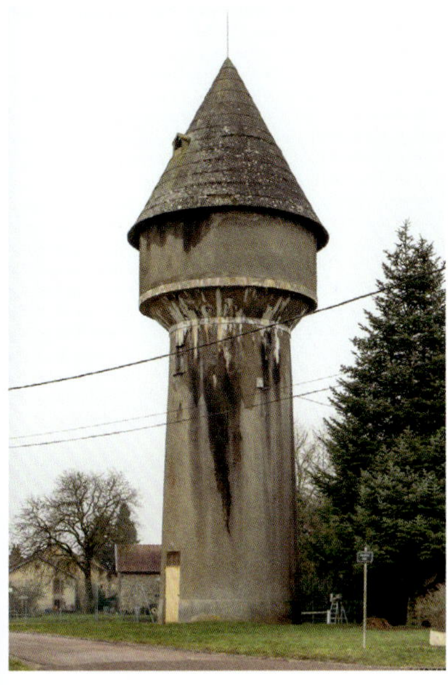
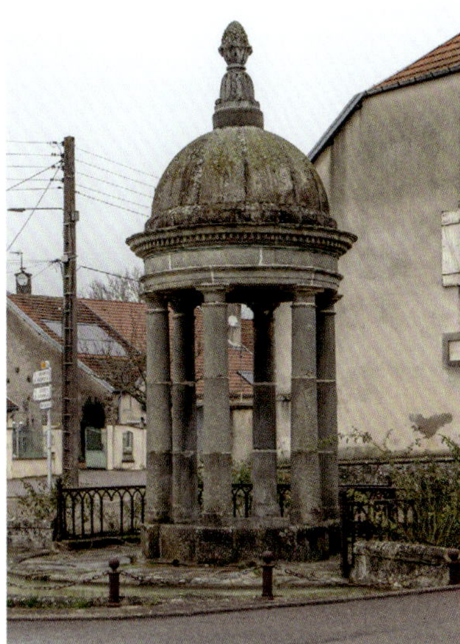
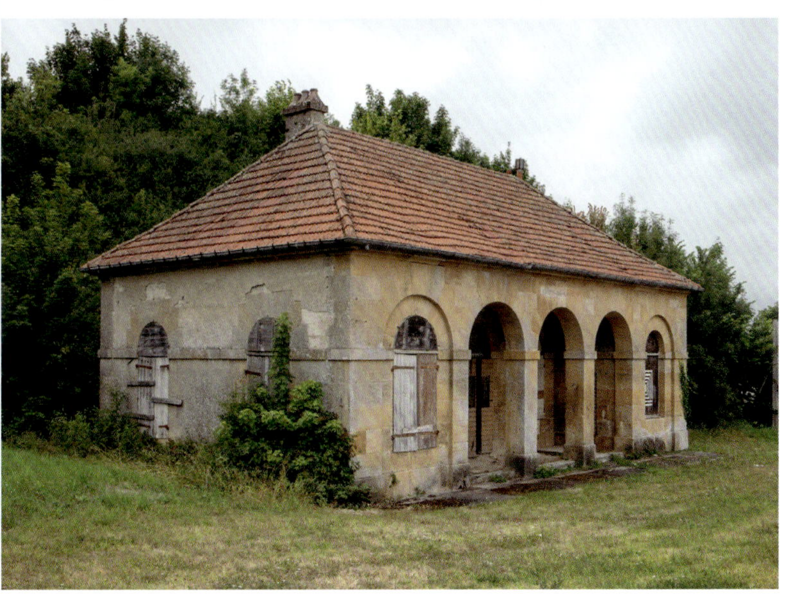

Maizières-sur-Amance
Haute-Amance
Langres

→ Chanoy
  Verseilles-le-Bas
  Beauchemin

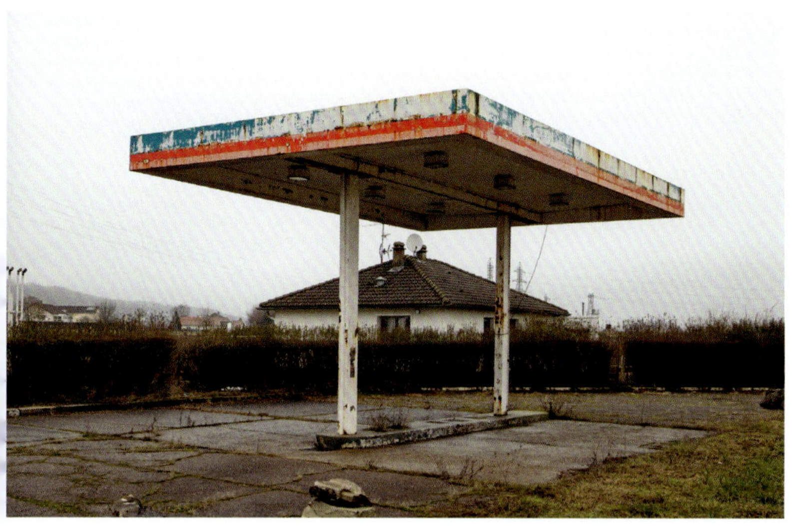

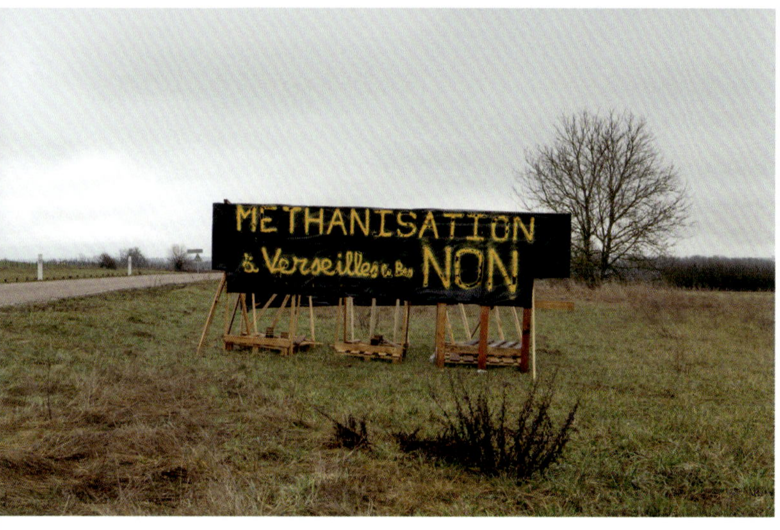

METHANISATION
à Verseilles le Bas NON

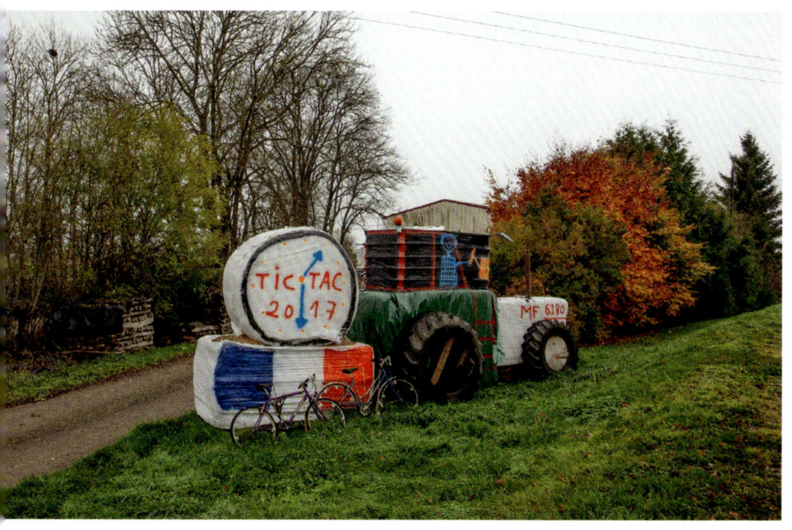

TIC TAC
2017
MF 6180

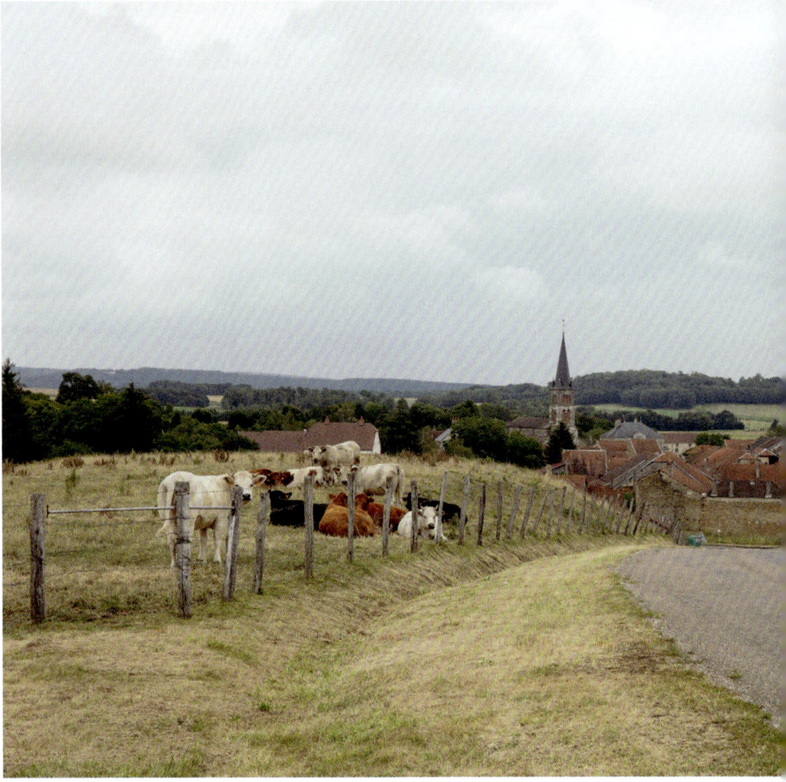

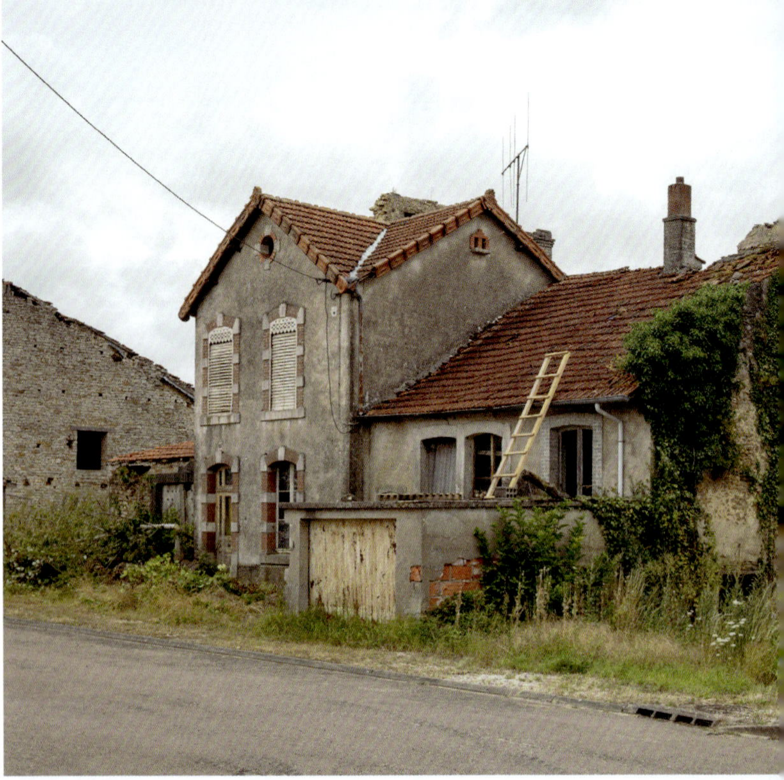

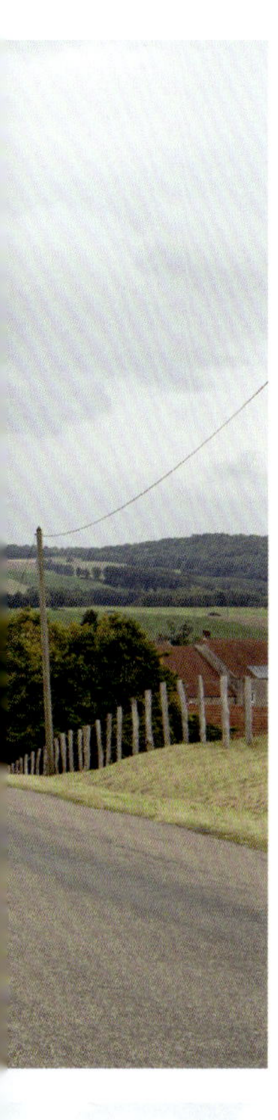

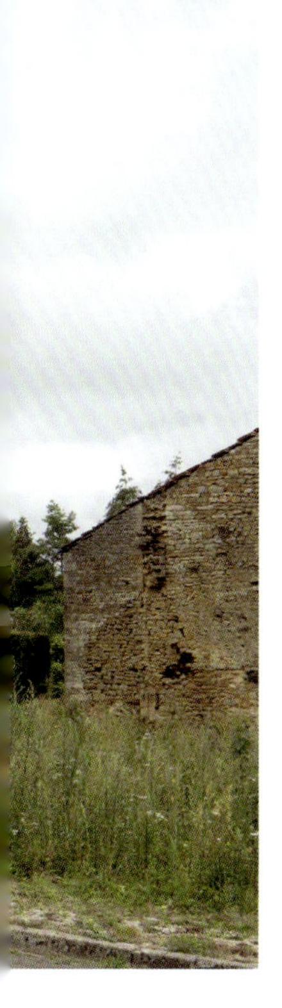

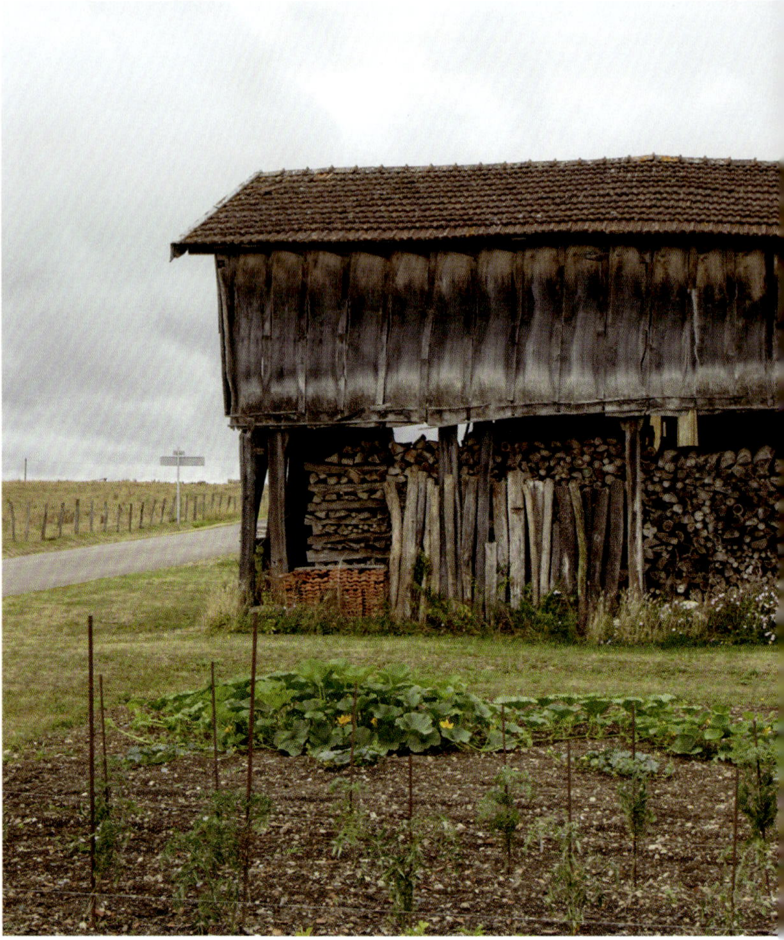

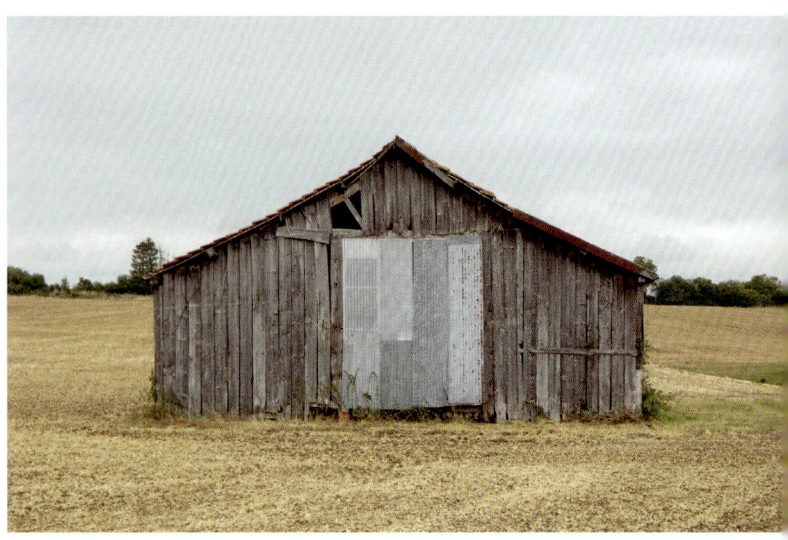

Genevrières
Dommarien

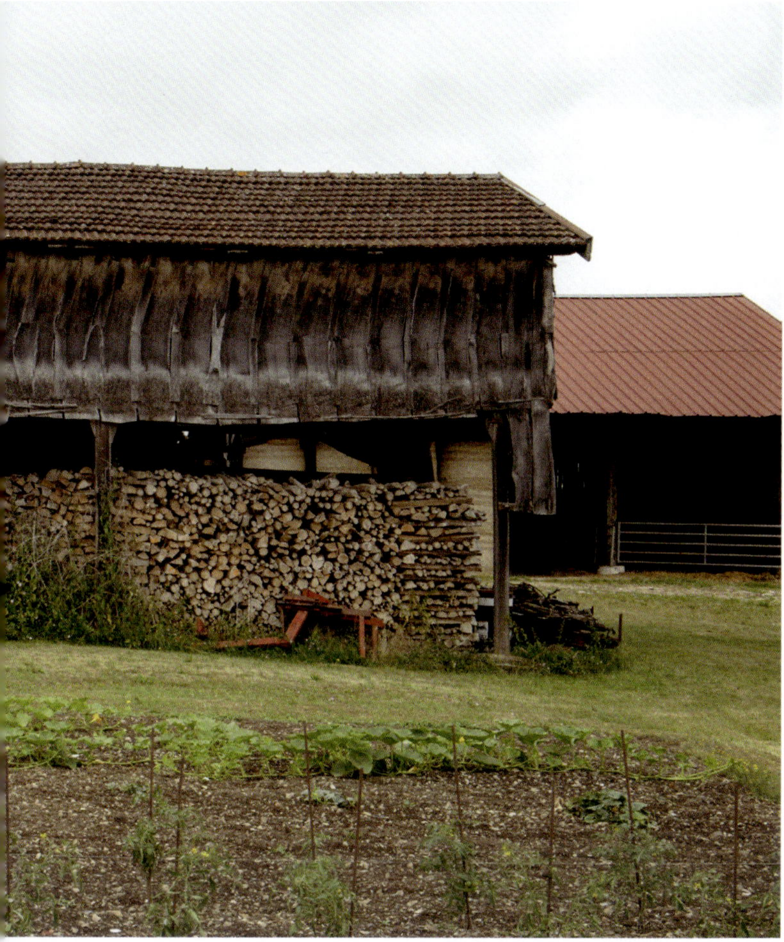

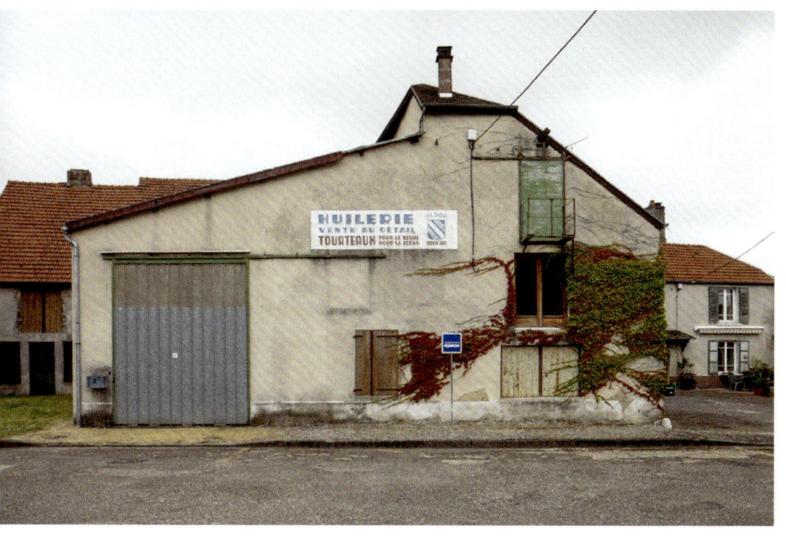
HUILERIE
VENTE AU DETAIL
TOURTEAUX

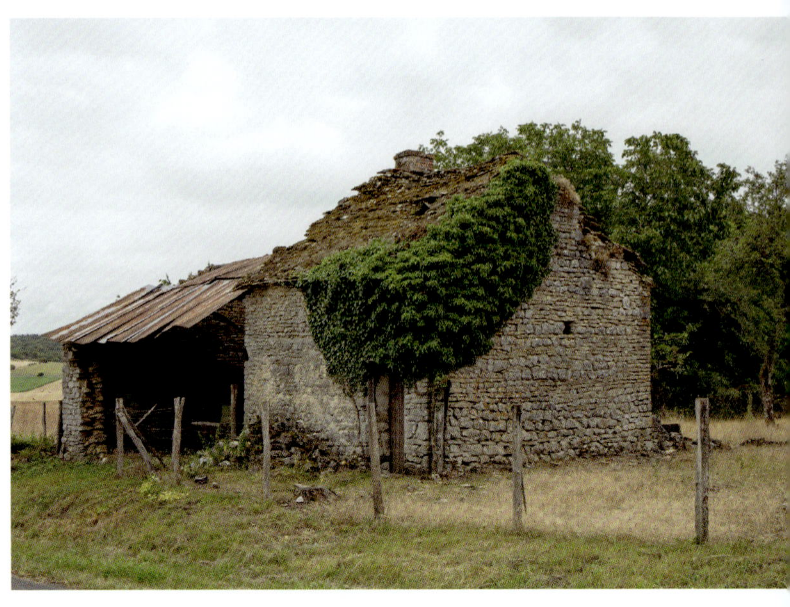

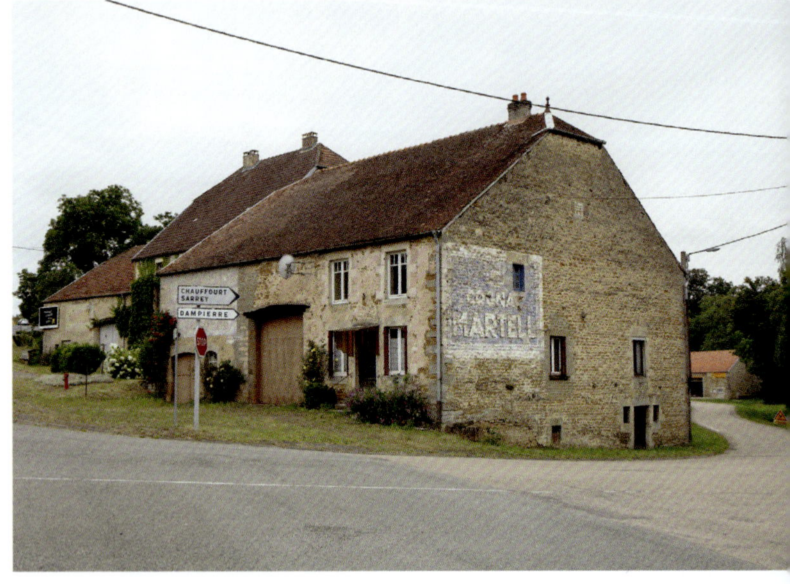

Chassigny
Frécourt

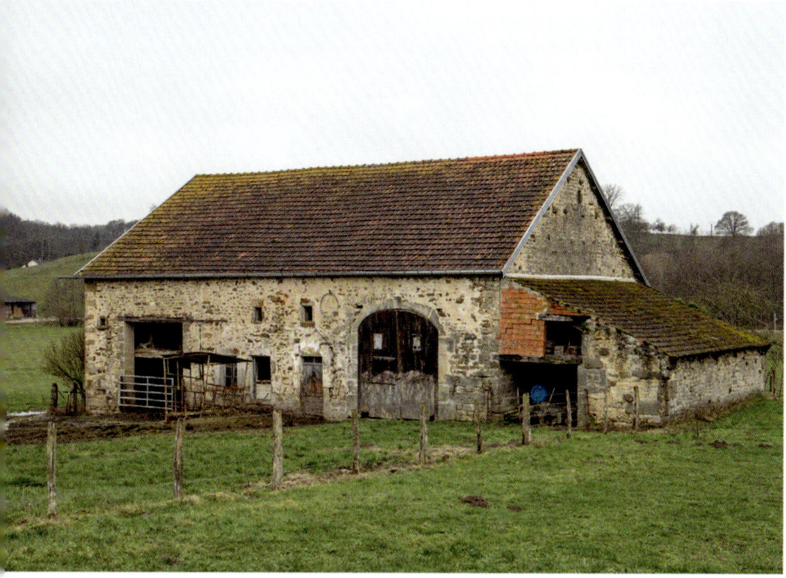

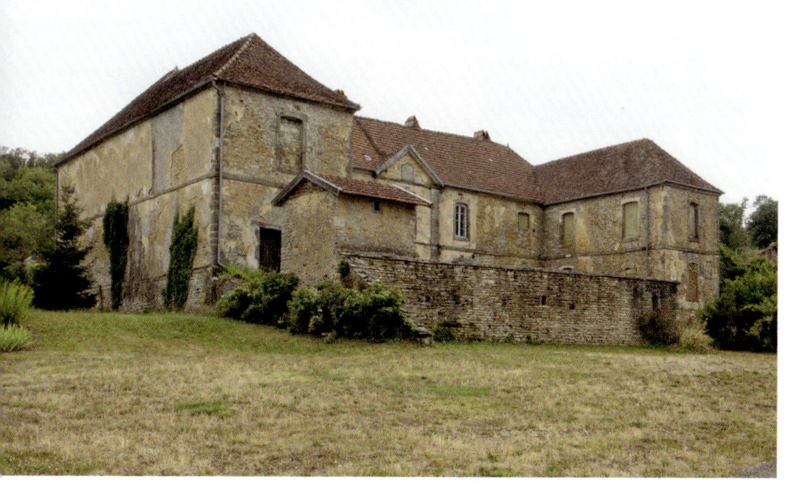

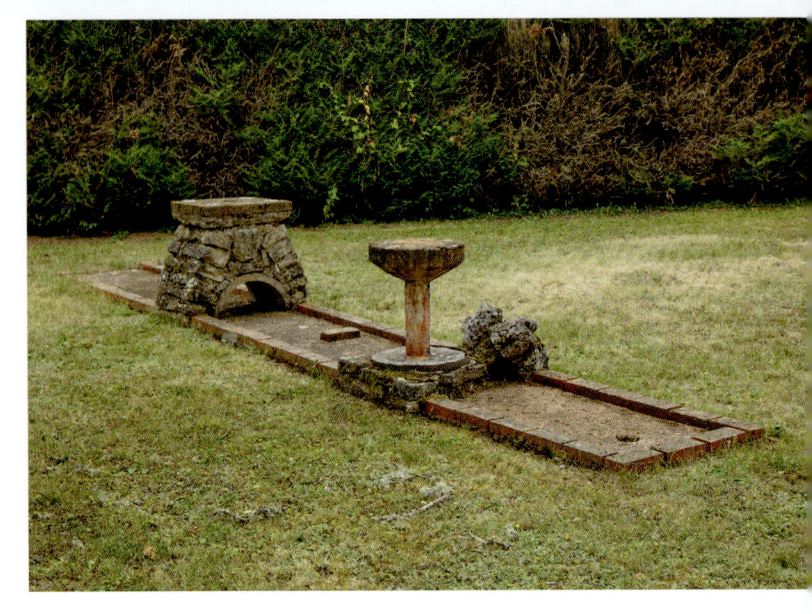

Enseignes-Objets

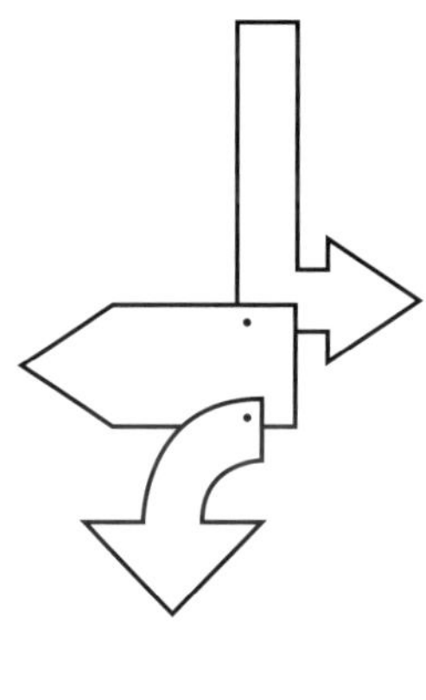

ch. 24

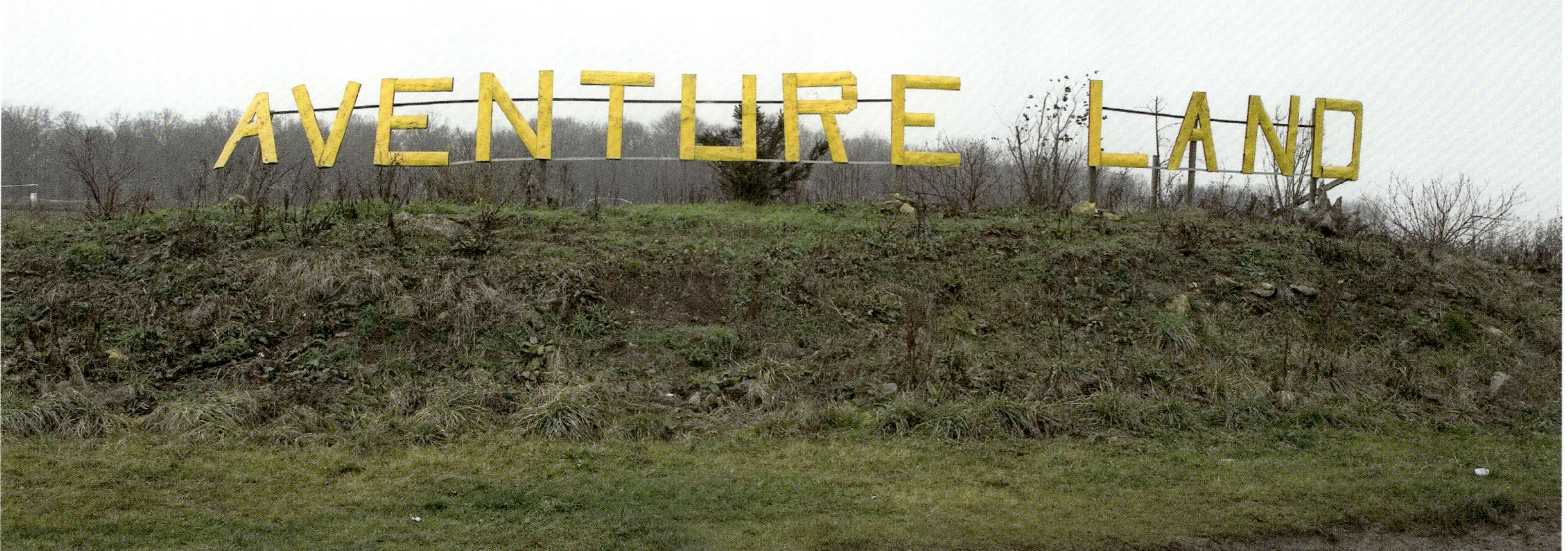
AVENTURE LAND

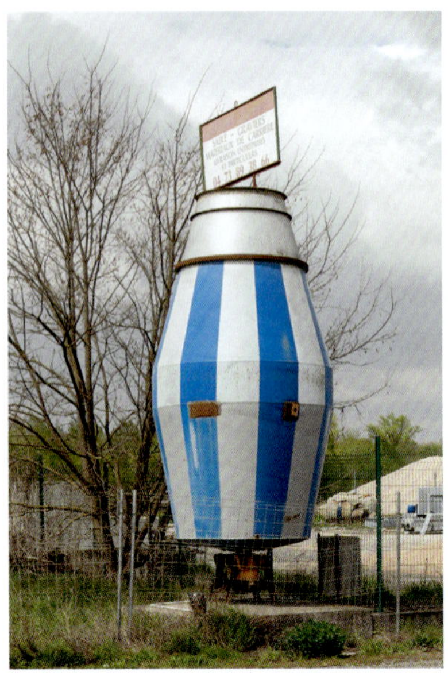
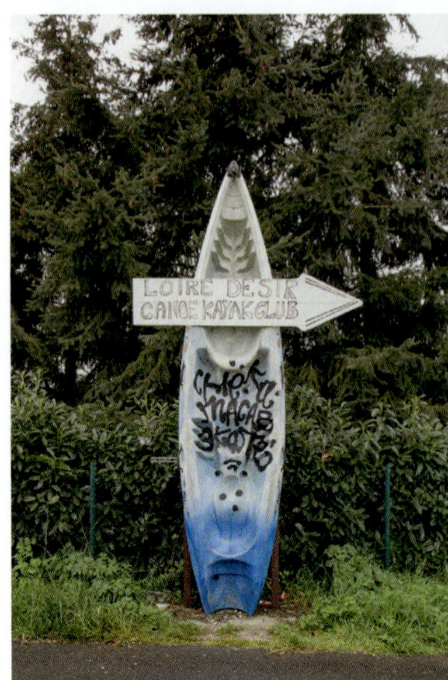

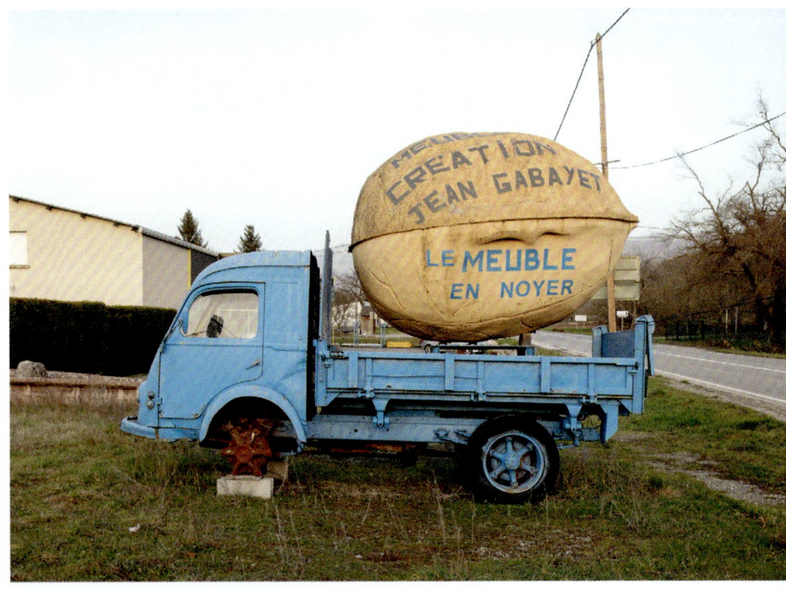

Parentignat, Grande et petite limagnes
La Riche, Val de Loire tourangeau
Saint-Hilaire-du-Rosier, Chambarans

← Magny-en-Vexin, Vexin français

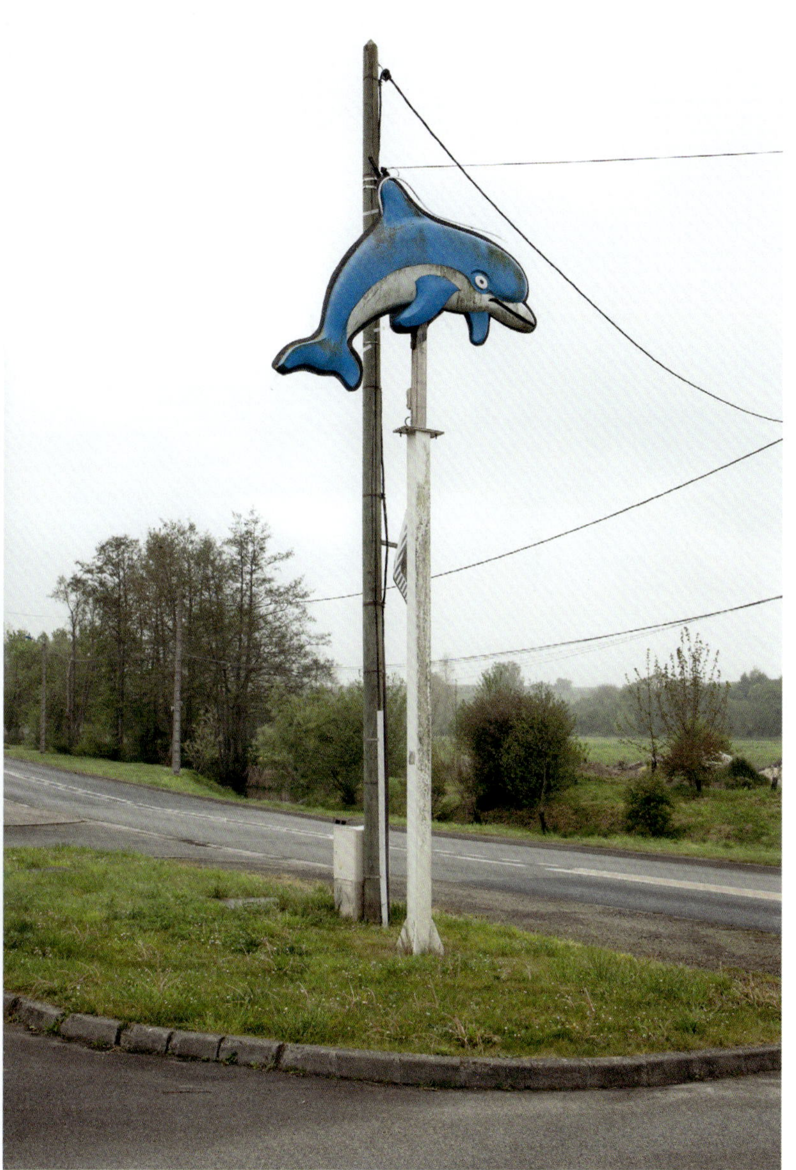

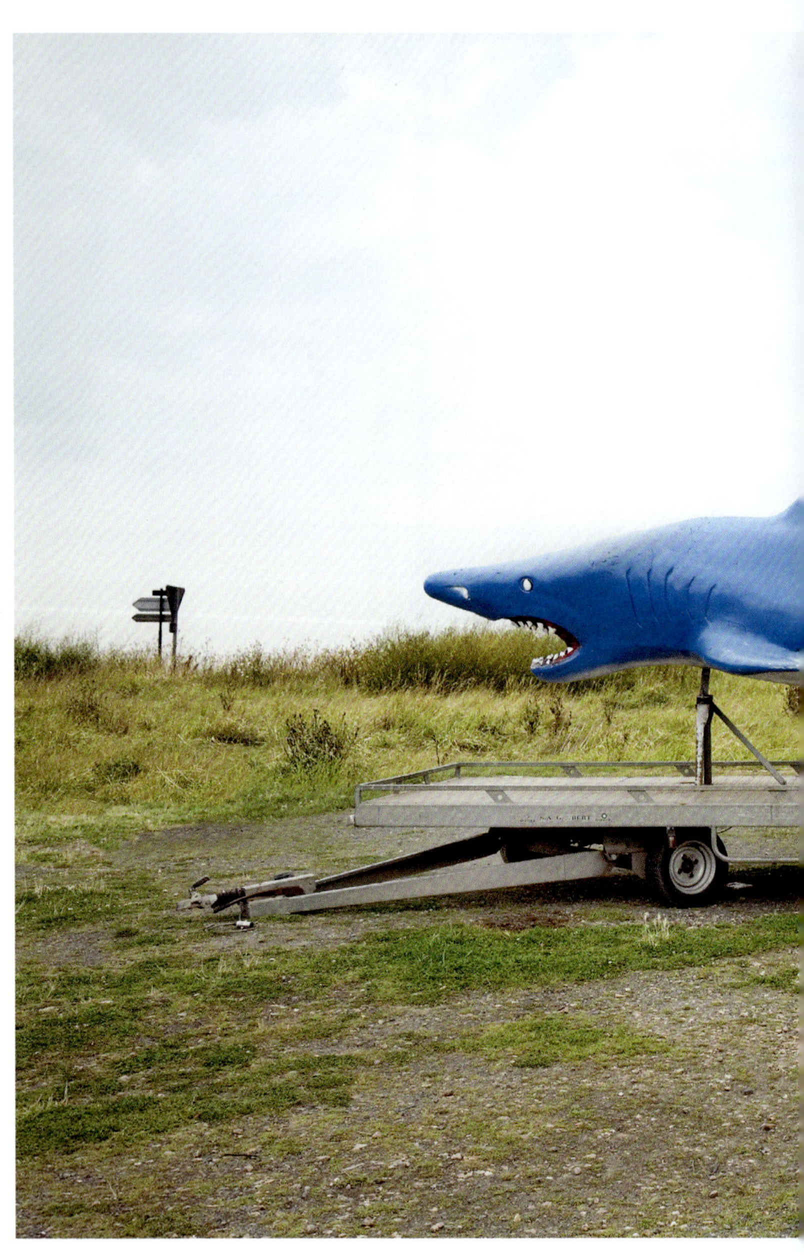

Honfleur, Pays d'Auge

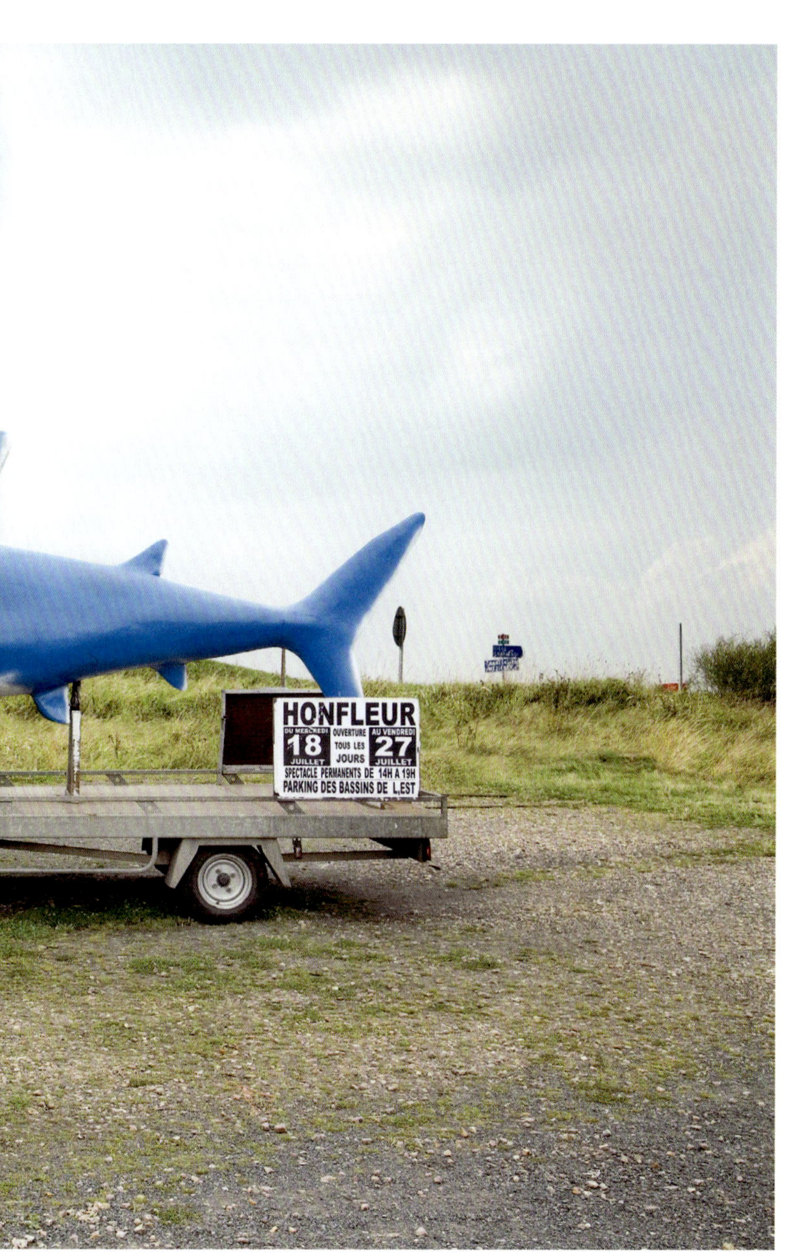
HONFLEUR
DU MERCREDI
18
JUILLET
OUVERTURE
TOUS LES
JOURS
AU VENDREDI
27
JUILLET
SPECTACLE PERMANENTS DE 14H A 19H
PARKING DES BASSINS DE L EST

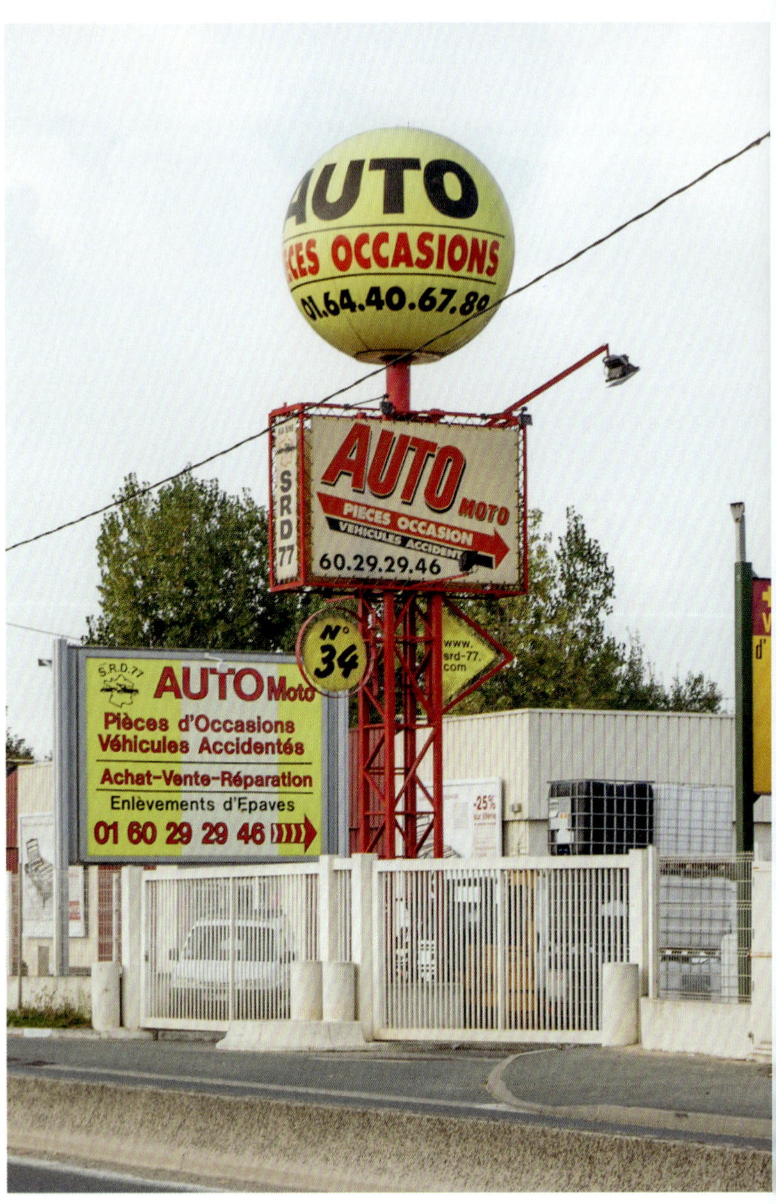

Sucy-en-Brie, Brie

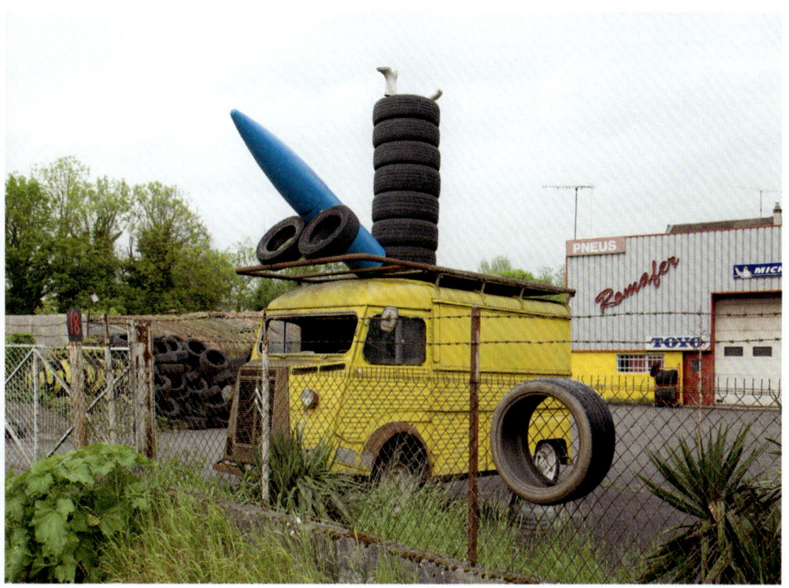

PNEUS
Remafer
TOYO
MICH

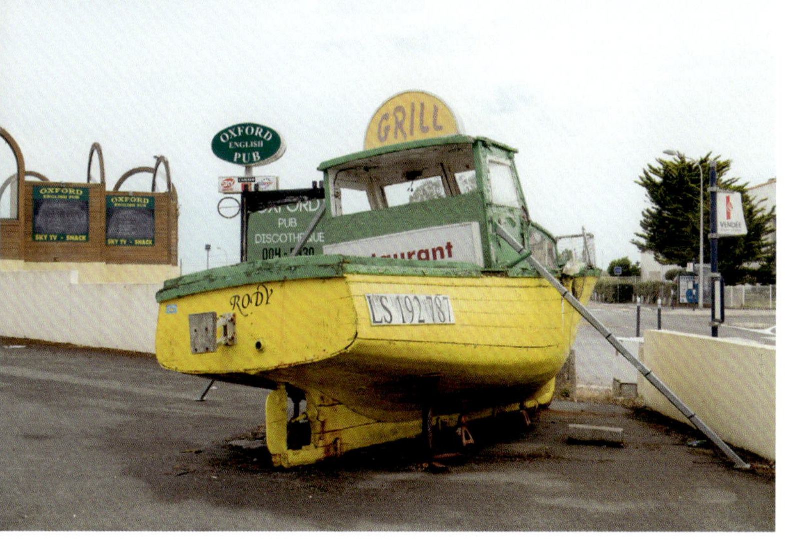

GRILL
OXFORD
ENGLISH
PUB
OXFORD
ENGLISH PUB
SKY TV - SNACK
OXFORD
ENGLISH PUB
SKY TV - SNACK
OXFORD
PUB
DISCOTHÈQUE
004 -
staurant
RODY
LS 192 87
VENDÉE

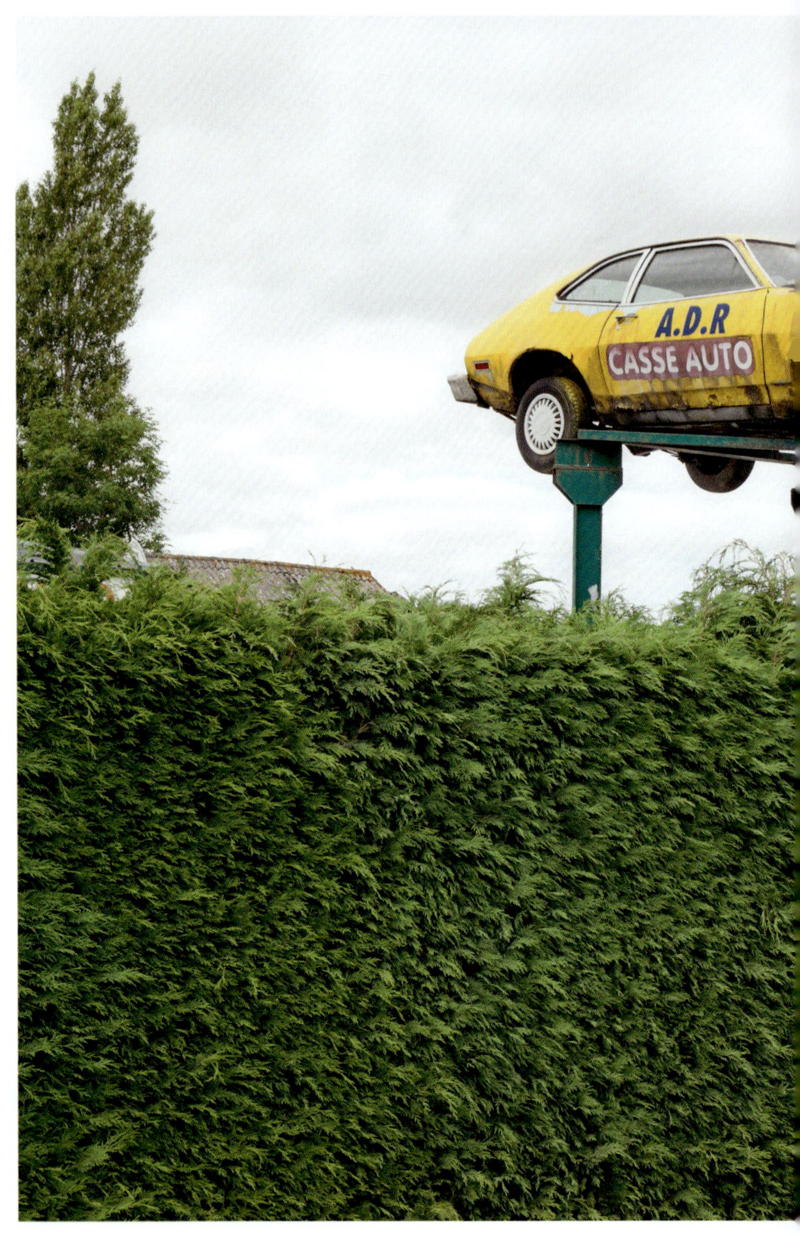

Thiberville, Pays d'Auge

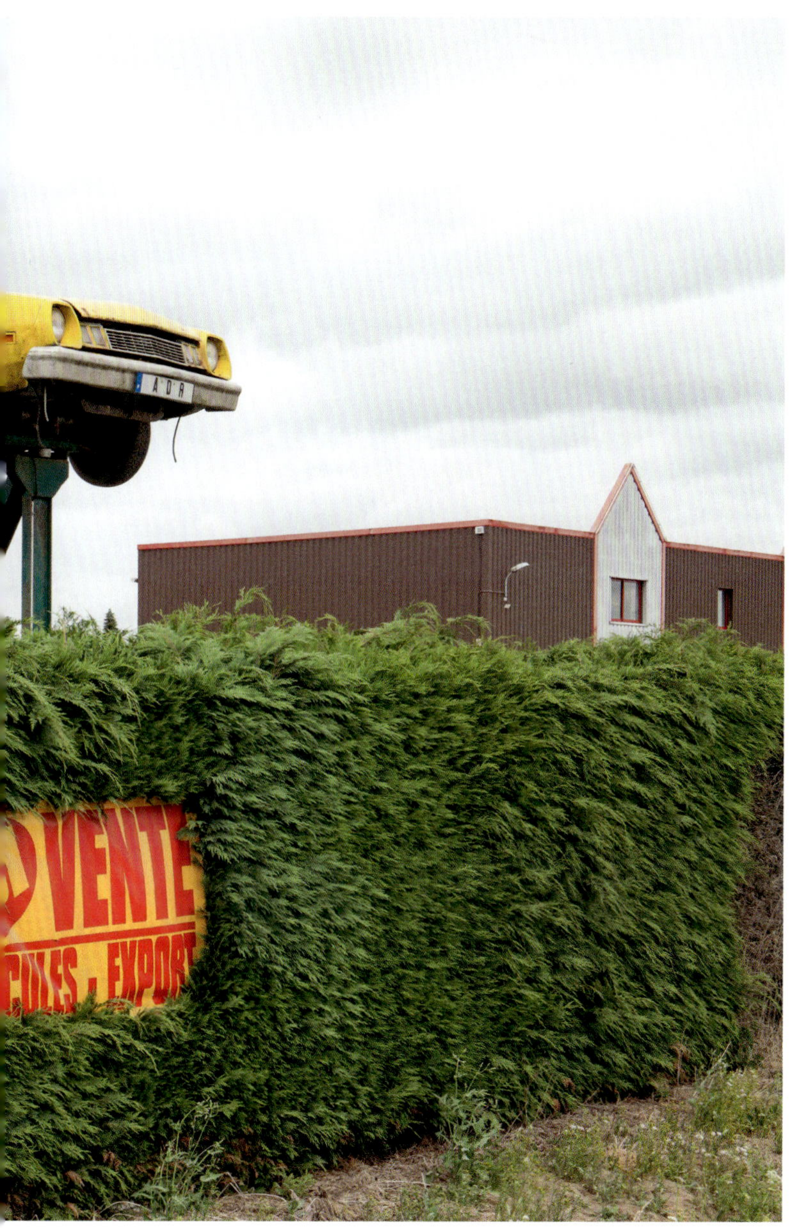

VENTE
CULES - EXPORT
A D R

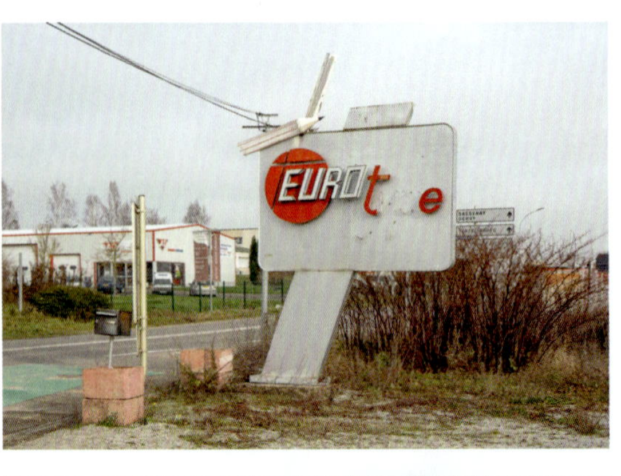
EUROt e

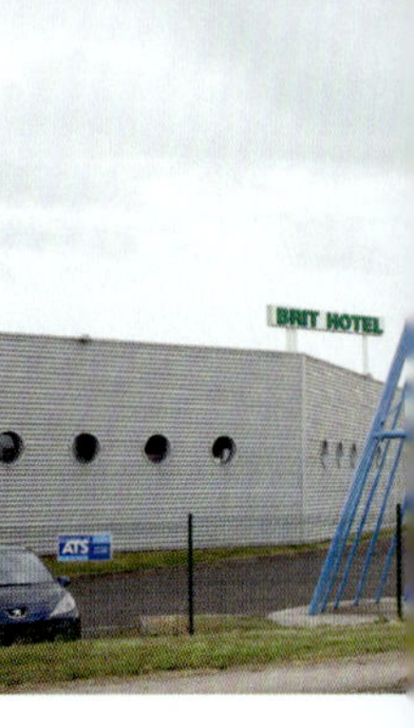
BRIT HOTEL

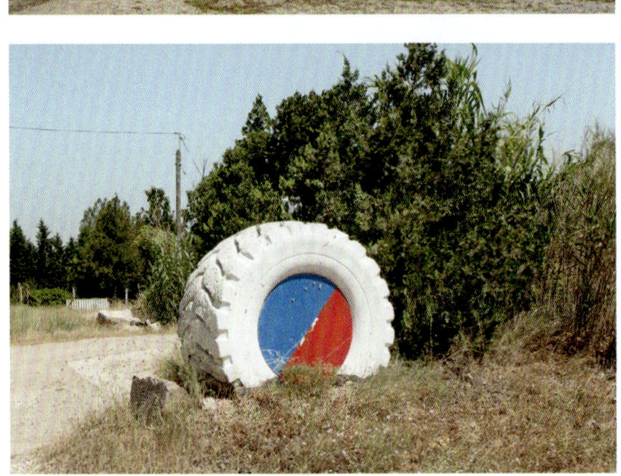

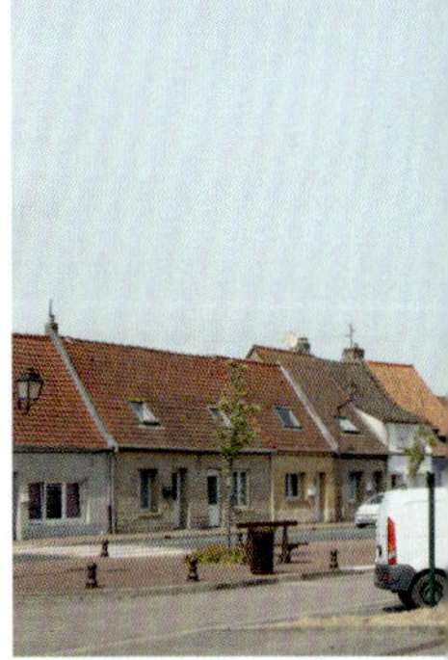

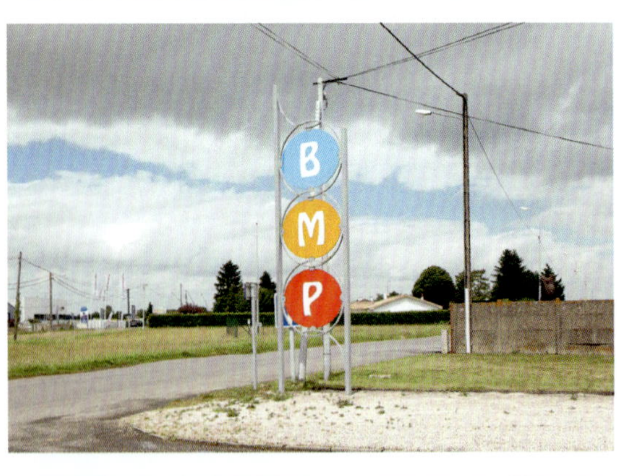
B
M
P

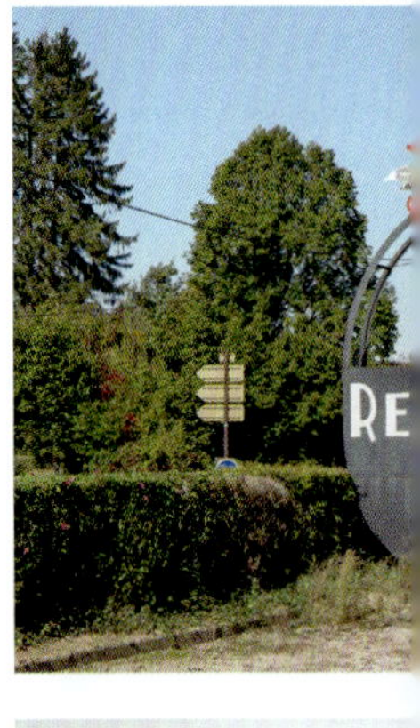
RE

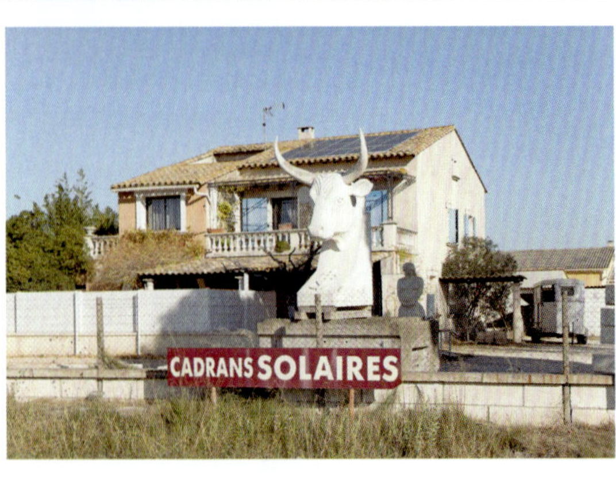
CADRANS SOLAIRES

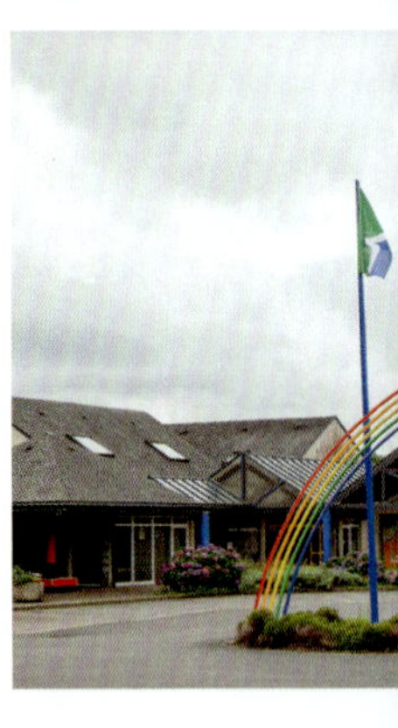

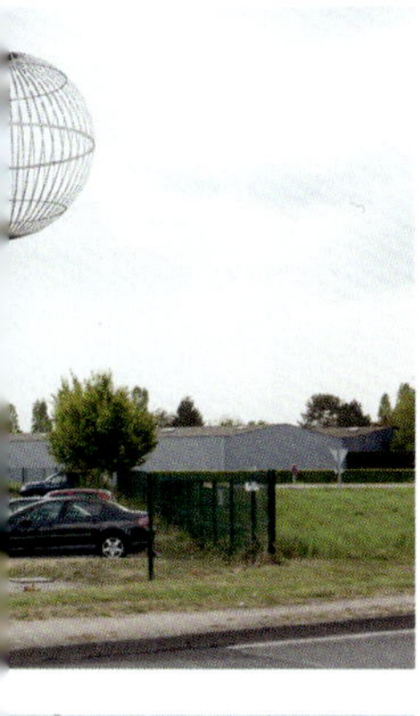

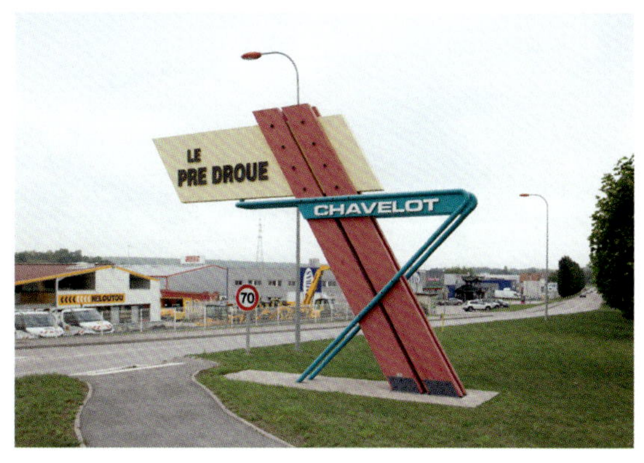
LE
PRE DROUE
CHAVELOT
70
NEGOUTOU

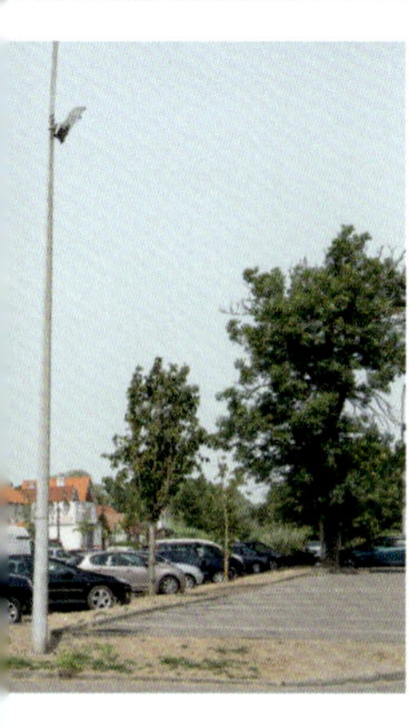

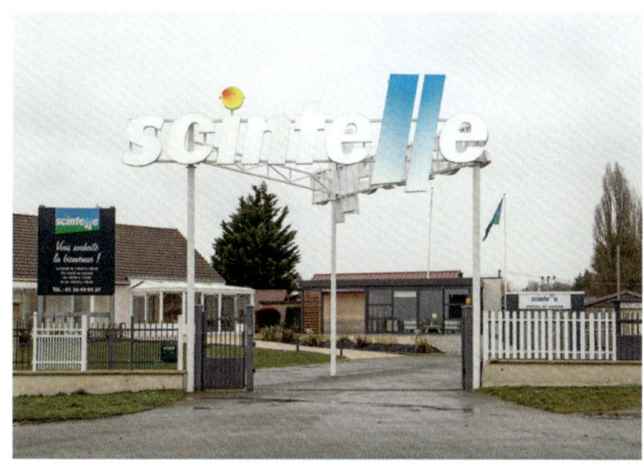
scintelle
scintelle
Vous souhaite
la bienvenue !

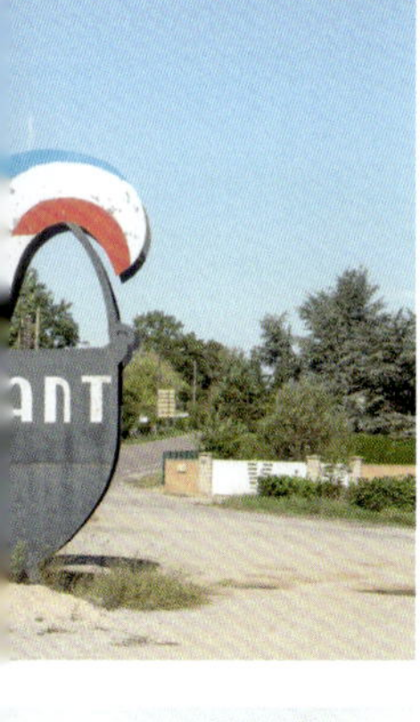
ANT

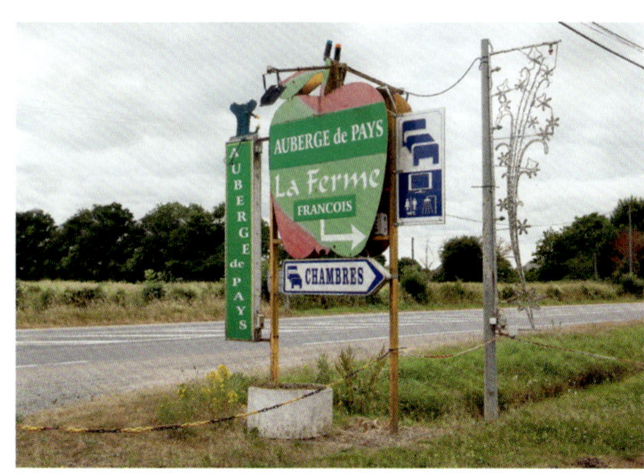
AUBERGE de PAYS
AUBERGE de PAYS
AUBERGE de PAYS
La Ferme
FRANCOIS
CHAMBRES

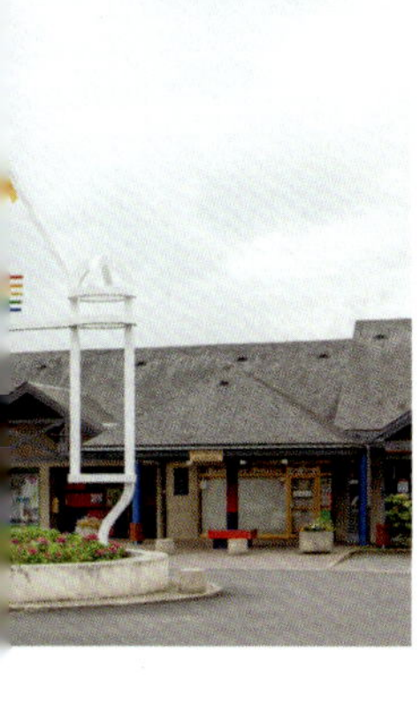

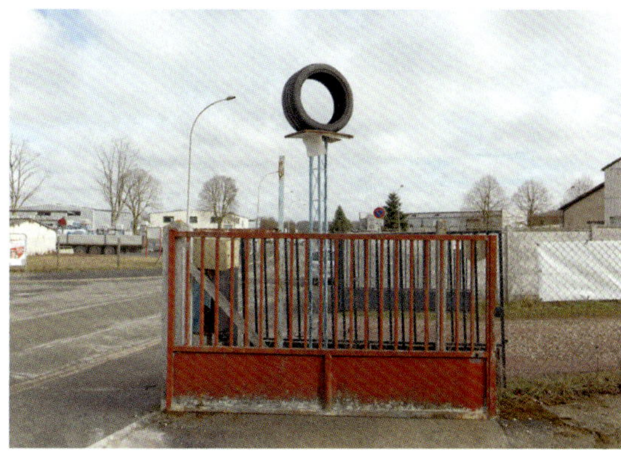

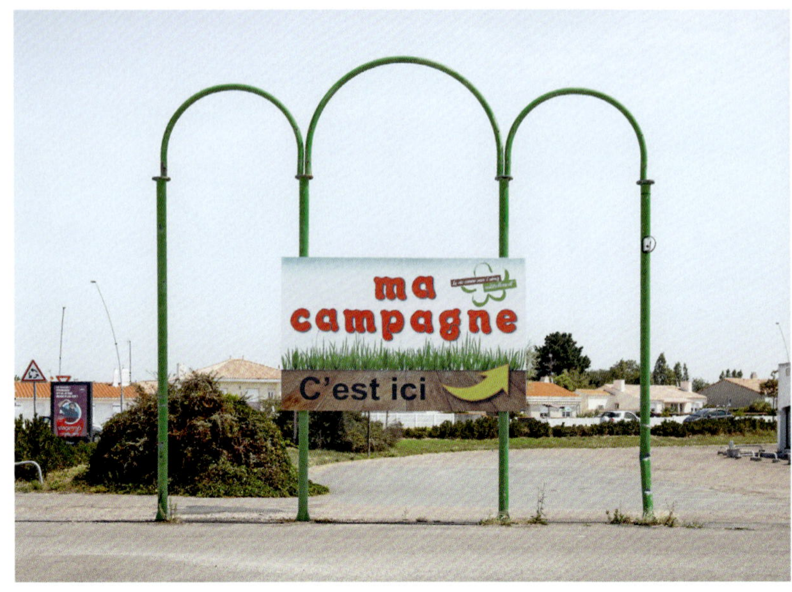

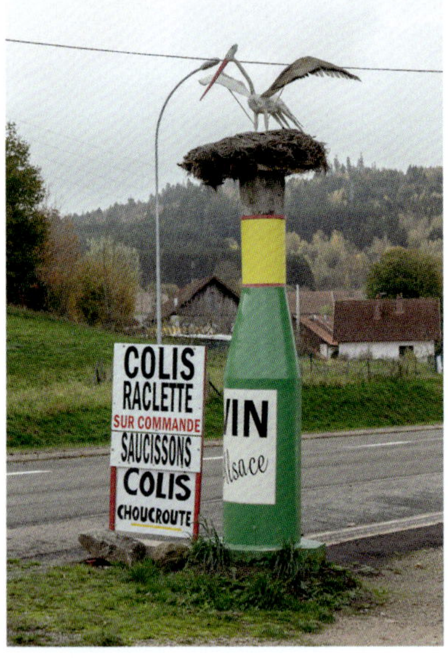

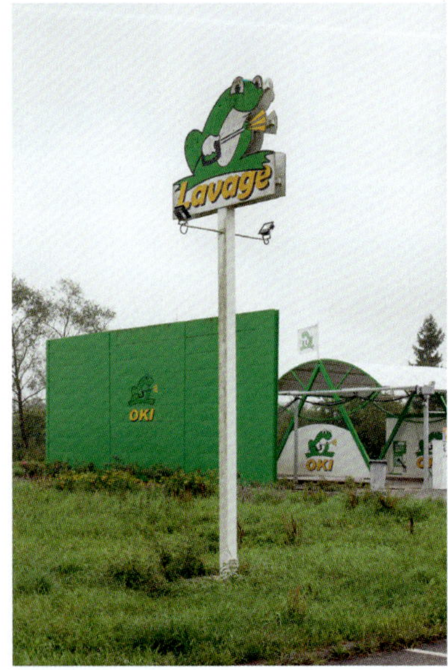

Les Sables-d'Olonne, Pays d'Olonne
Gerbépal, Hautes Vosges lorraines
Blainville-sur-l'Eau, Lunévillois

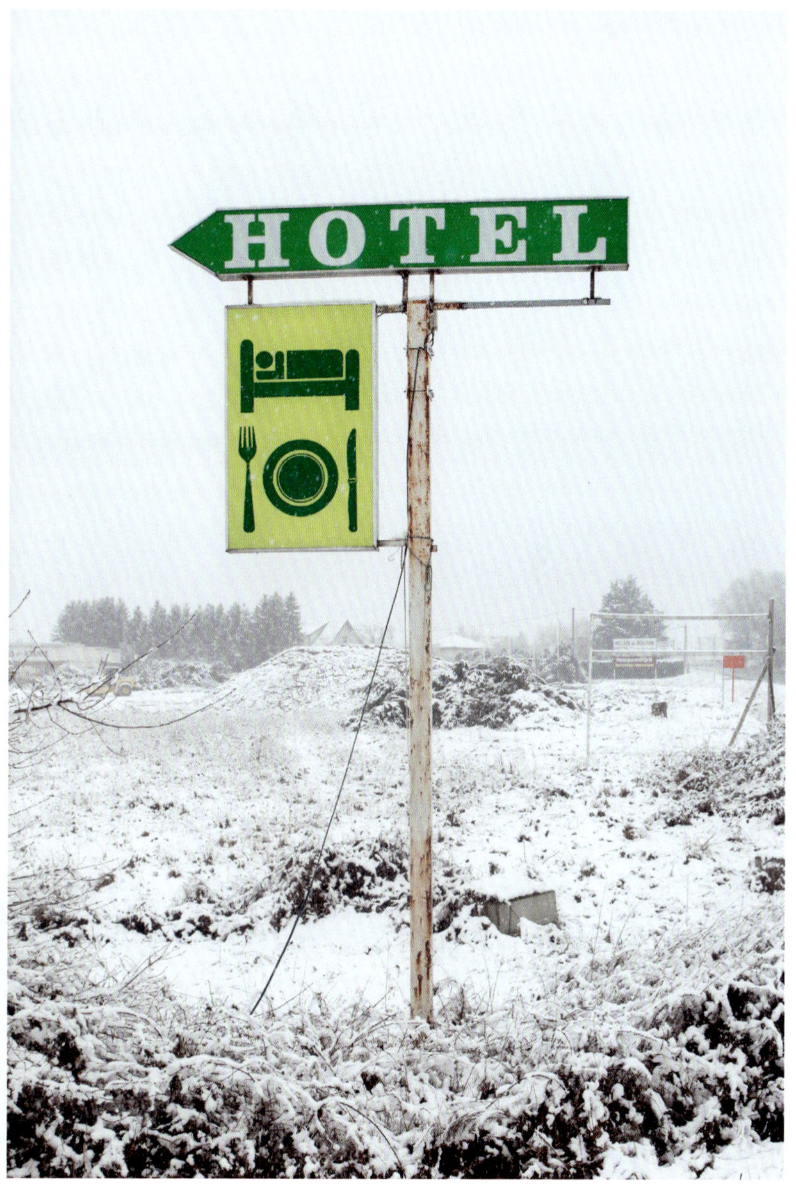
HOTEL

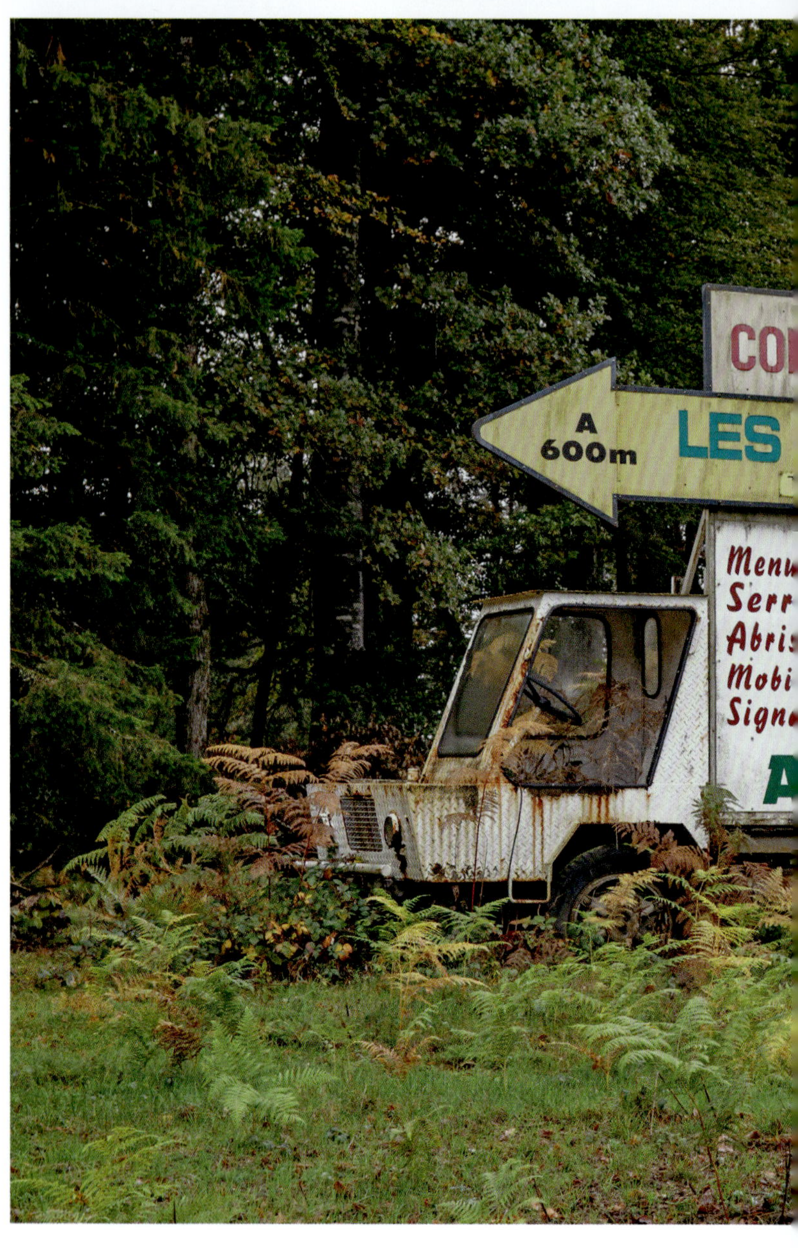

Égletons, Dordogne limousine

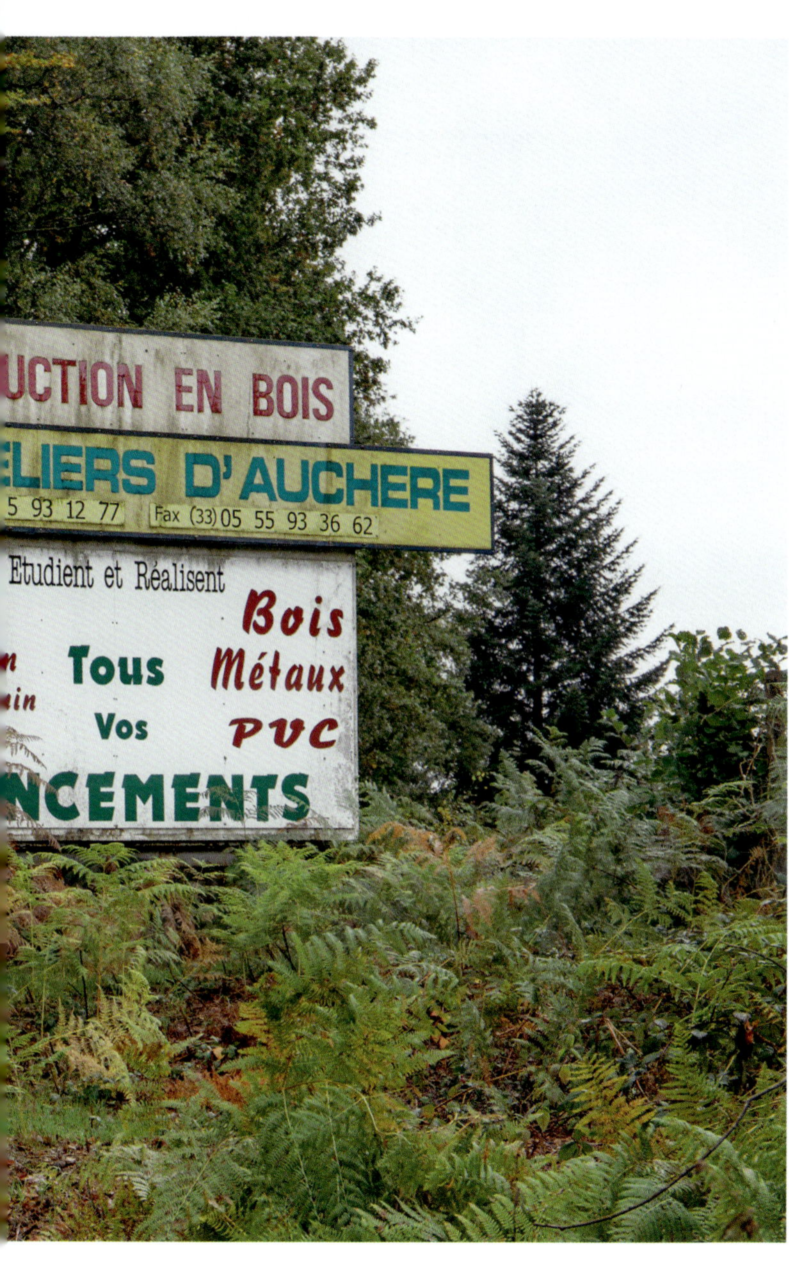
UCTION EN BOIS
ELIERS D'AUCHERE
5 93 12 77   Fax (33) 05 55 93 36 62
Etudient et Réalisent
Bois
Tous   Métaux
Vos   PVC
NCEMENTS

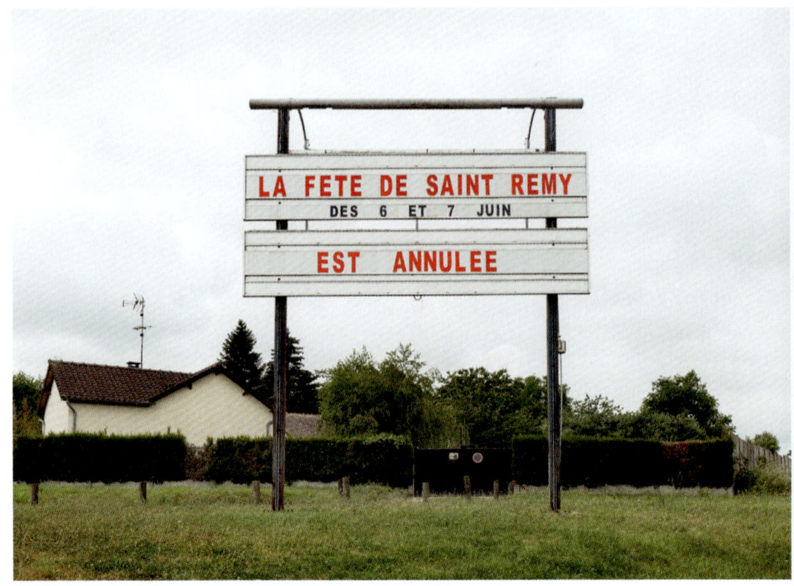

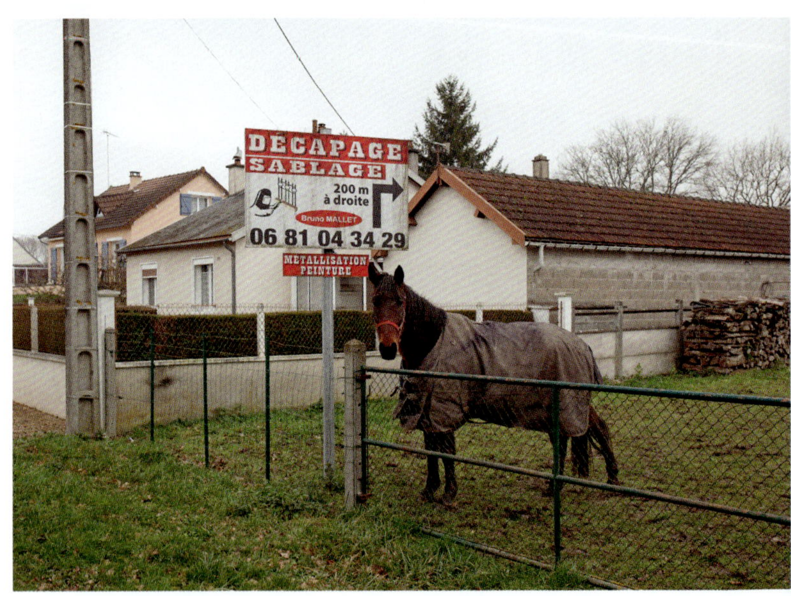

Saint-Rémy-sur-Avre, Drouais
Bessé-sur-Braye, Maine angevin

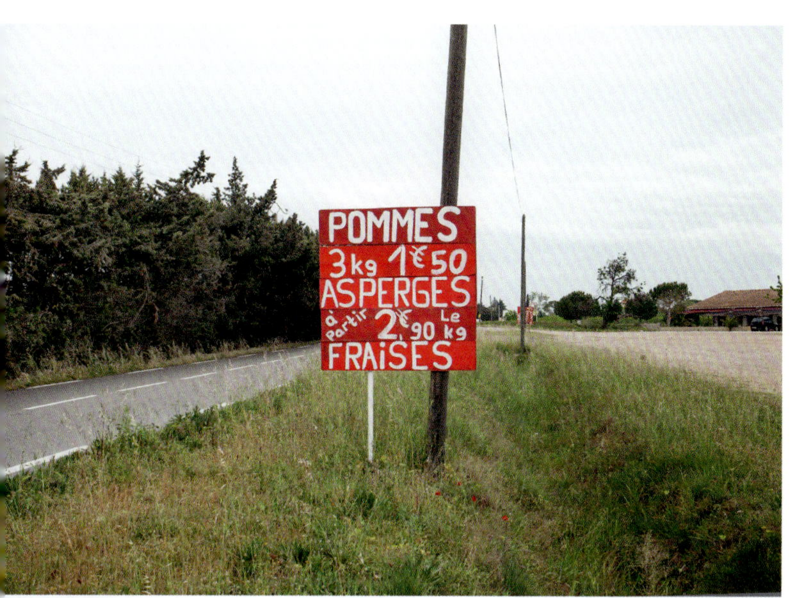
POMMES
3 kg 1€ 50
ASPERGES
à partir 2€ Le
90 kg
FRAISES

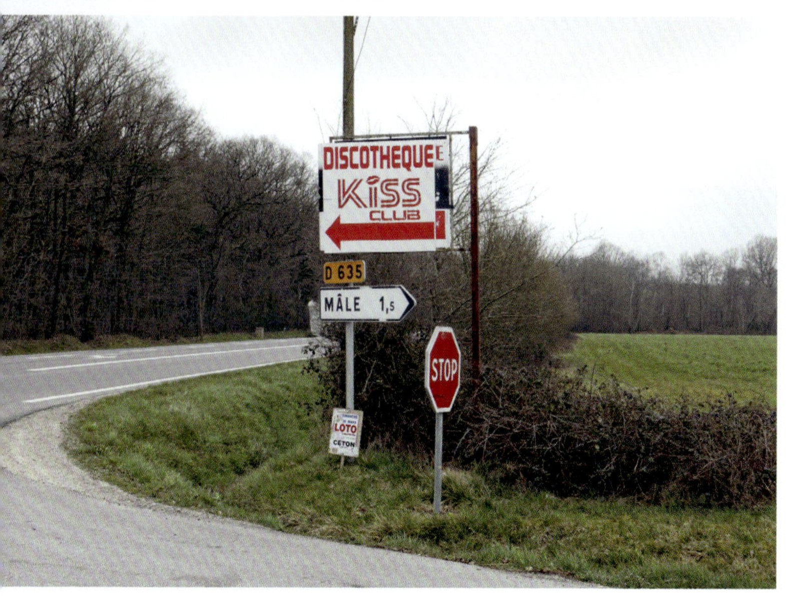
DISCOTHEQUE
KISS
CLUB
D 635
MÂLE 1,5
STOP
LOTO
CETON

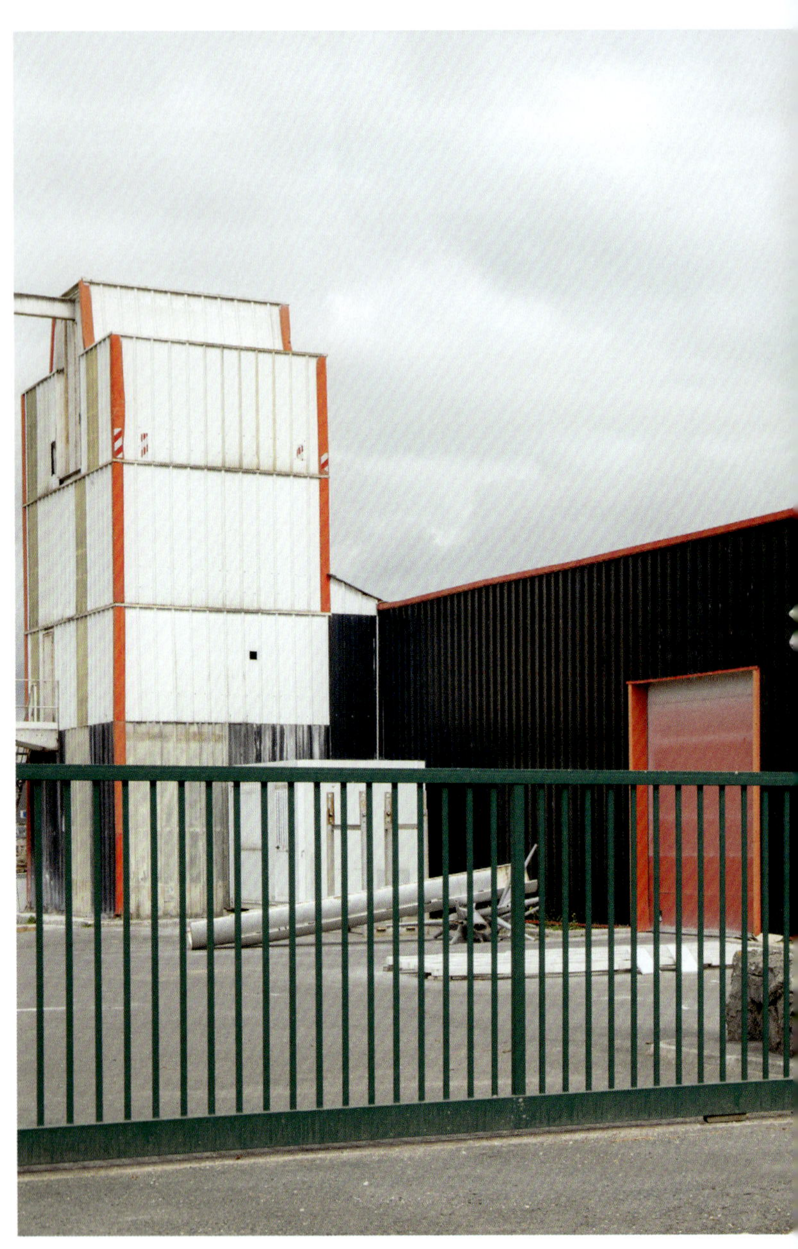

Mormant, Brie

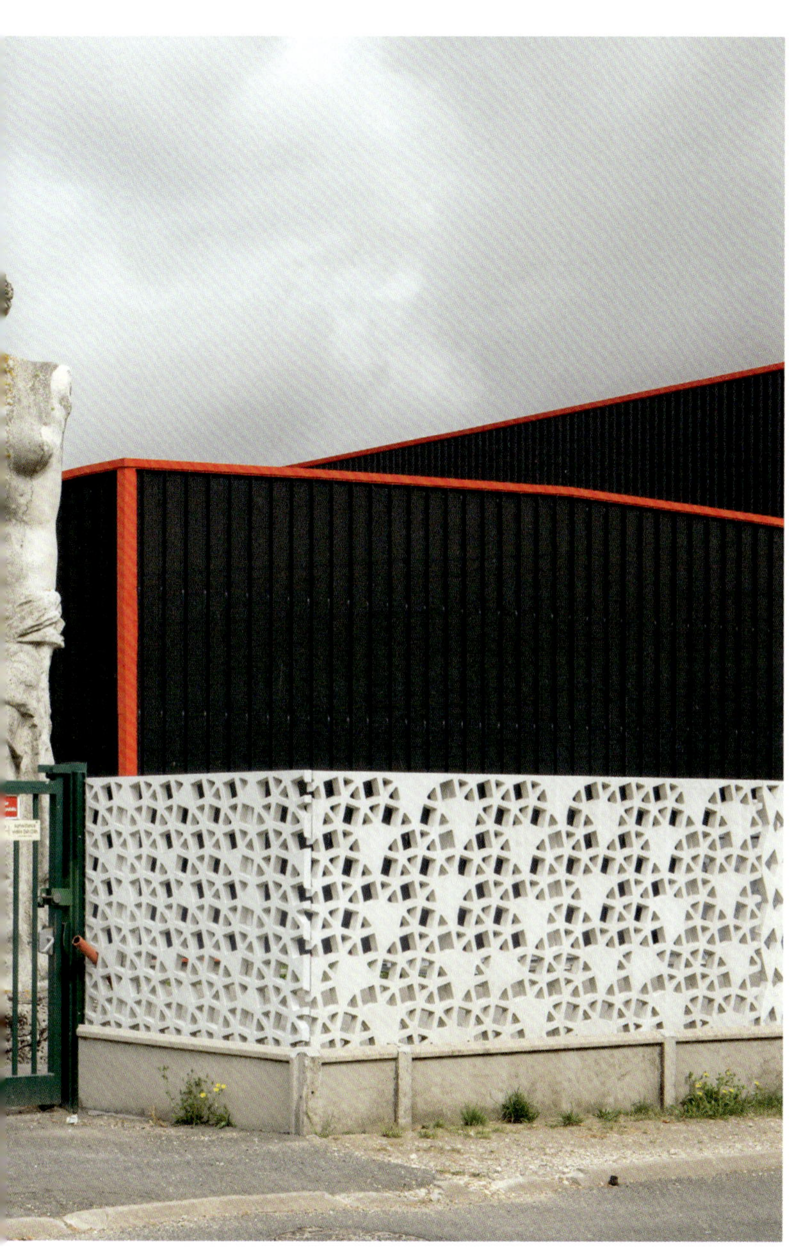

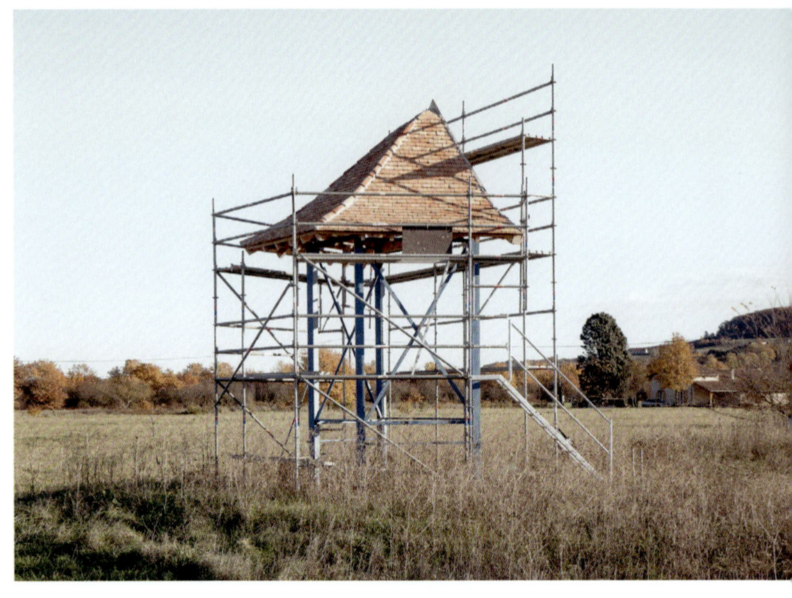

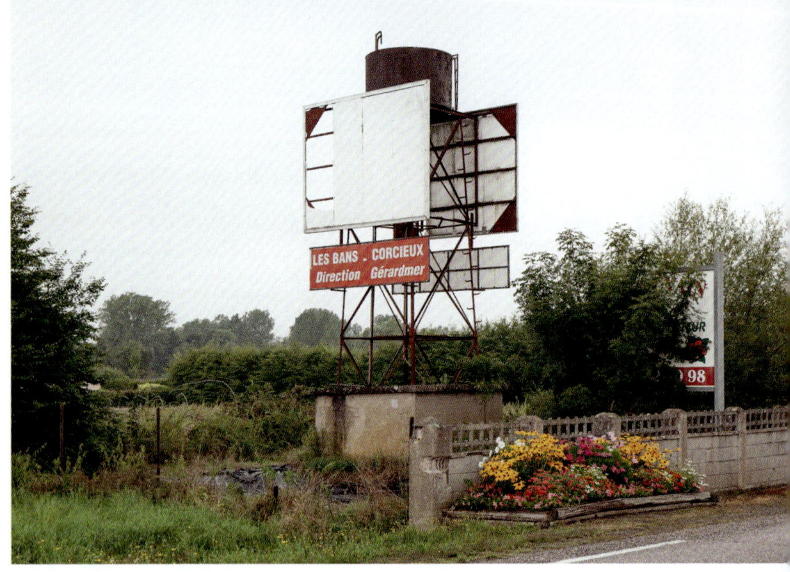

Le Temple-sur-Lot, Pays de Serres
Saint-Clément, Lunévillois

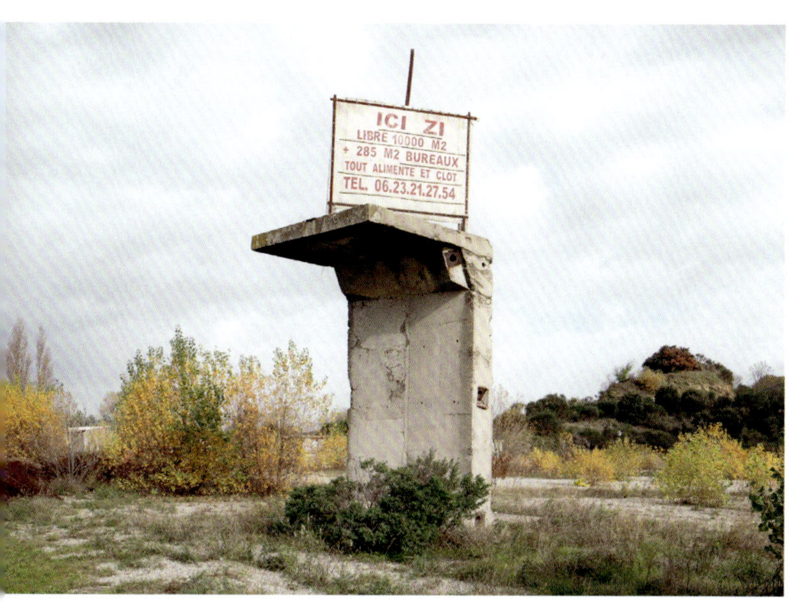

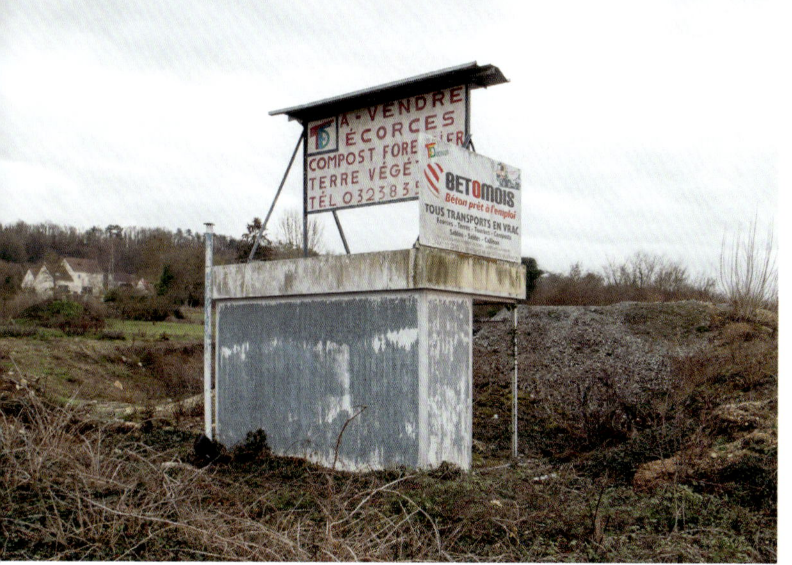

Pierrelatte, Tricastin
Blesmes, Brie   → Brugheas, Limagne bourbonnaise   191

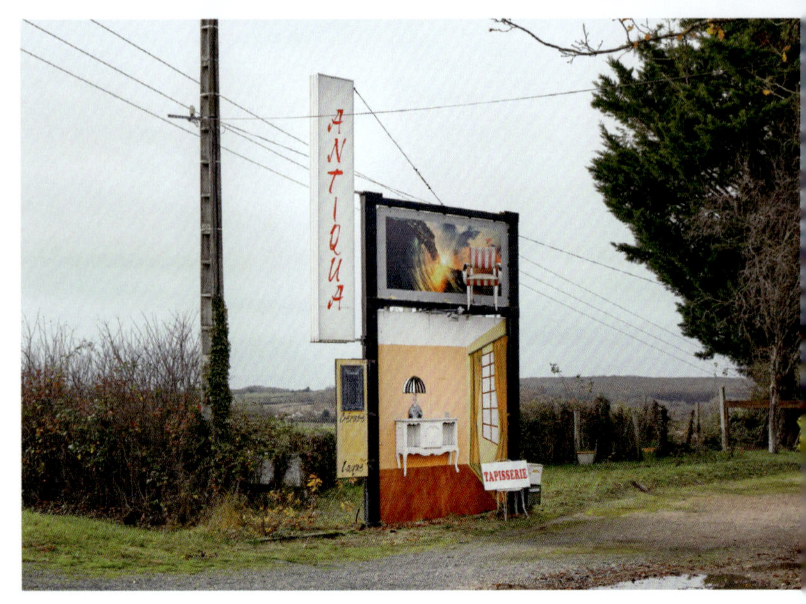
ANTIQUA
TAPISSERIE

Médoc

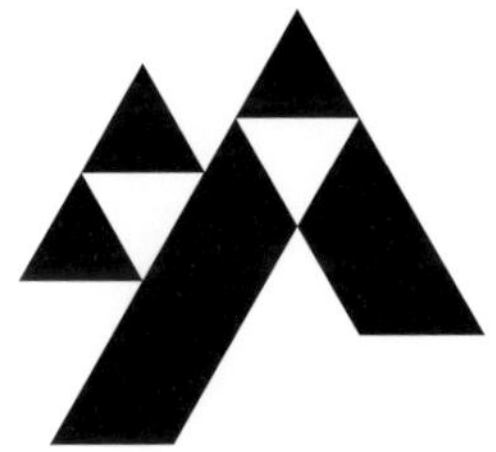

ch. 25

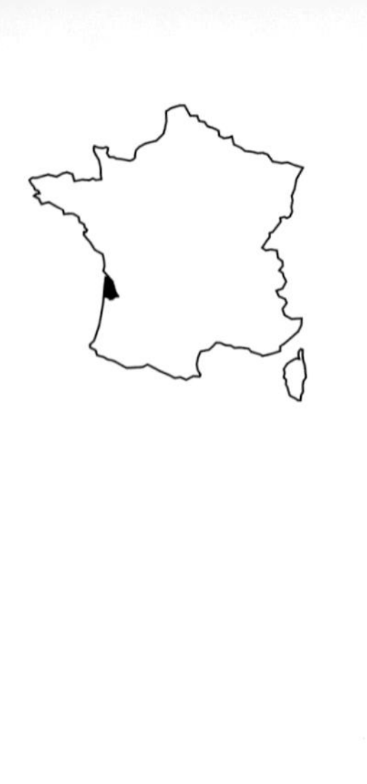

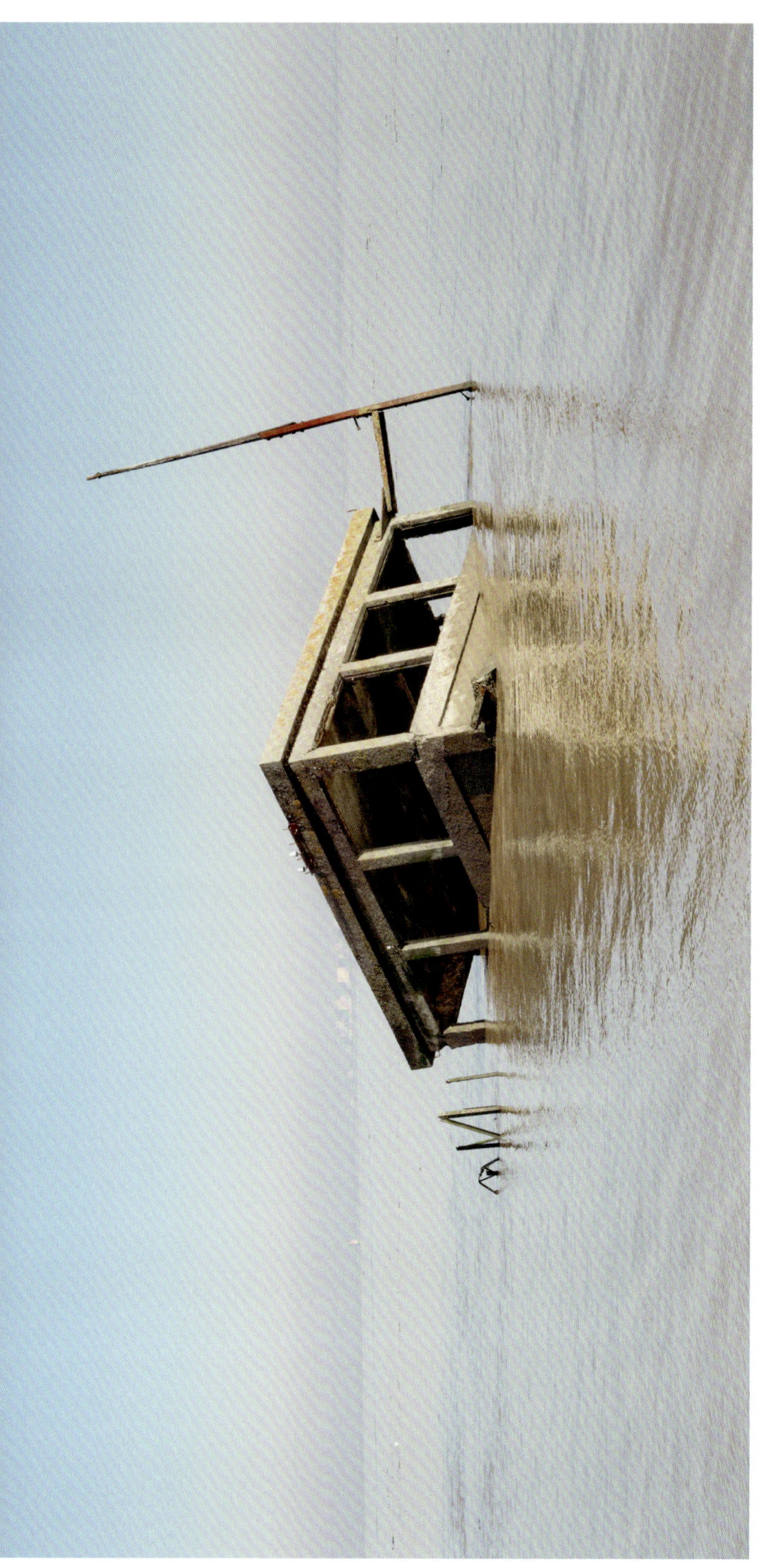

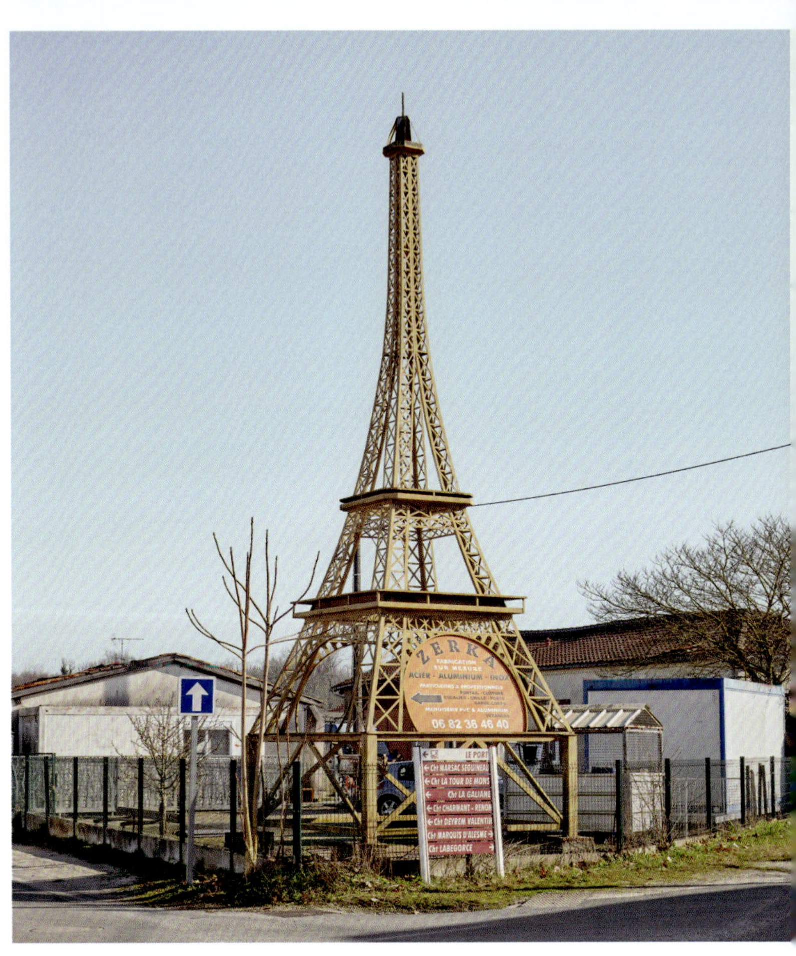

← Pauillac   Soussans

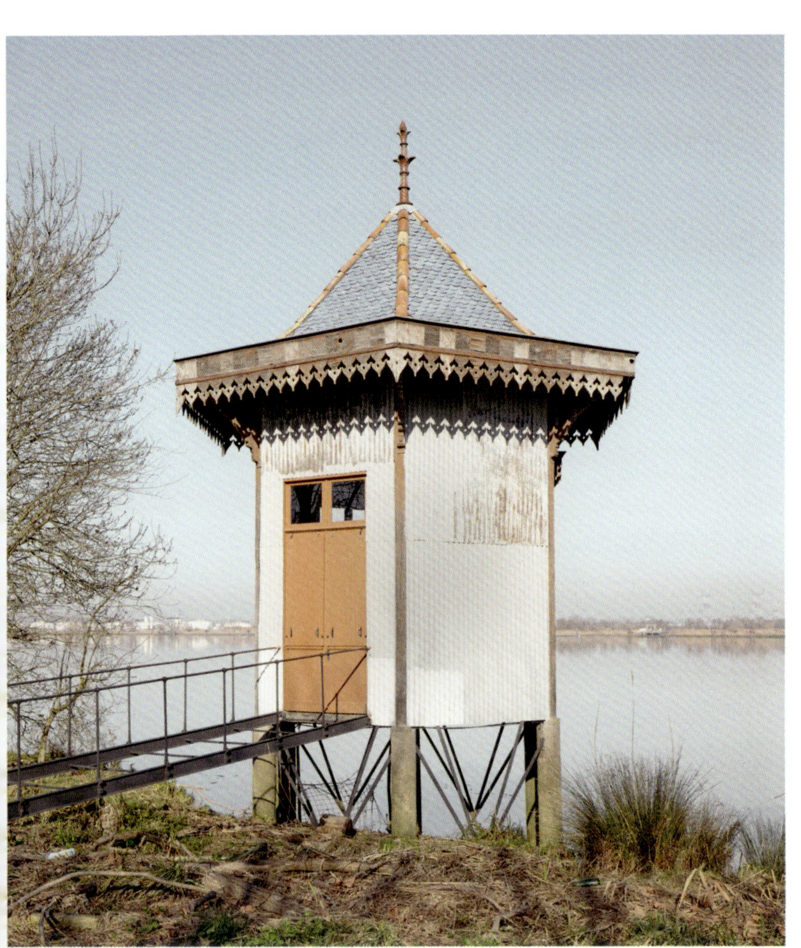

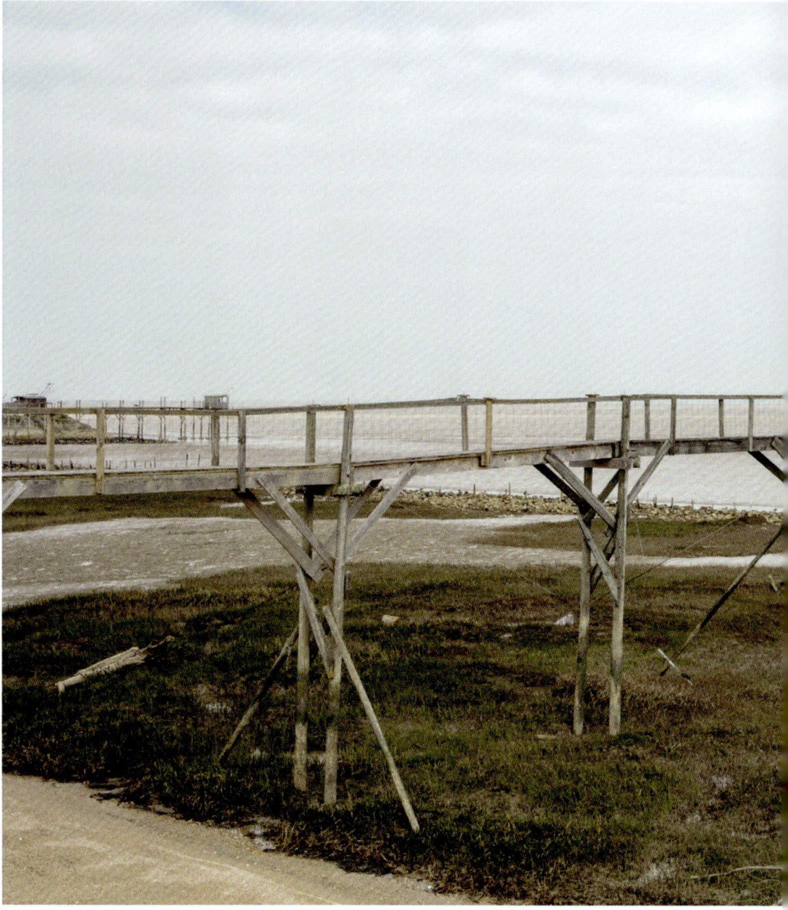

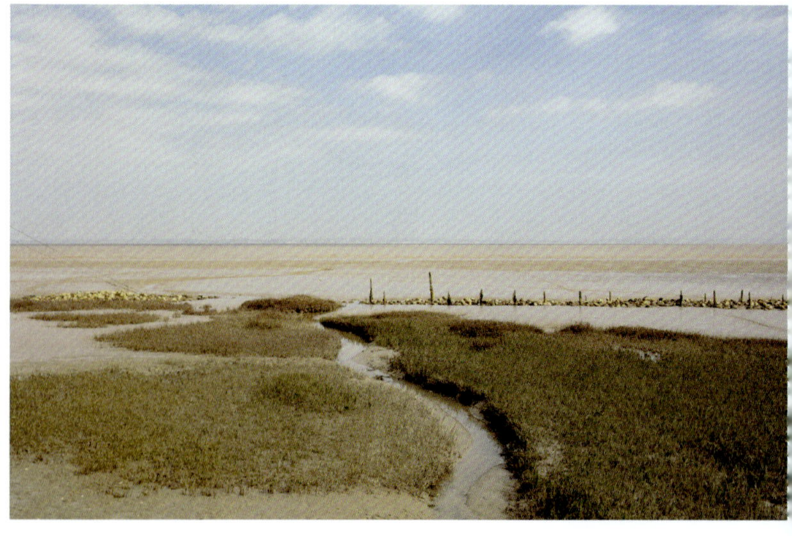

Jau-Dignac-et-Loirac (2)

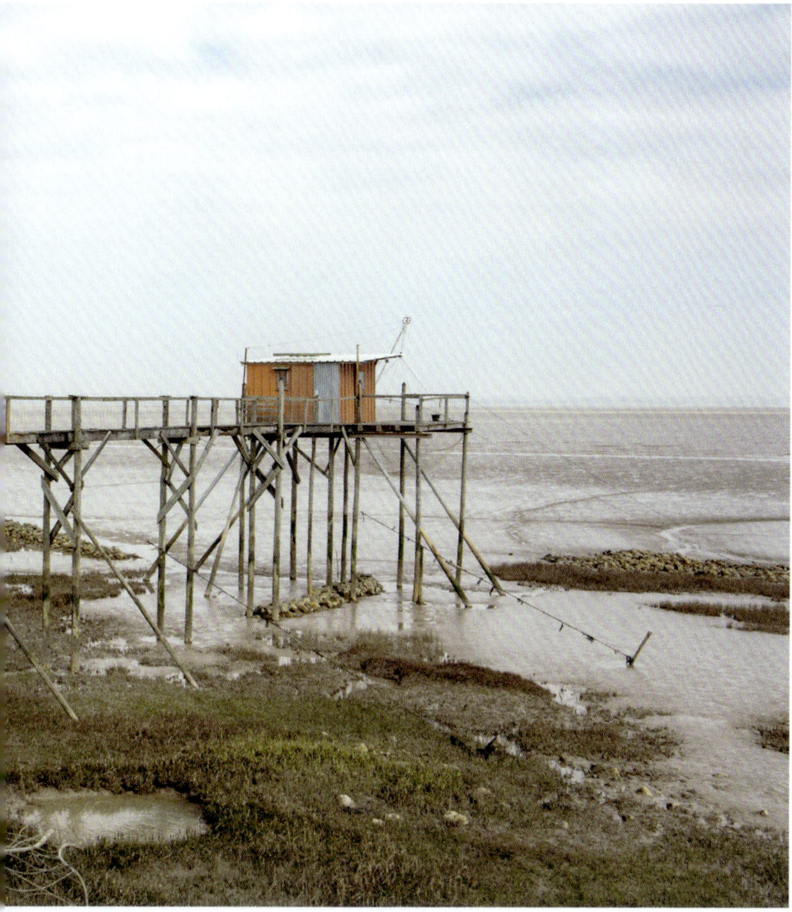

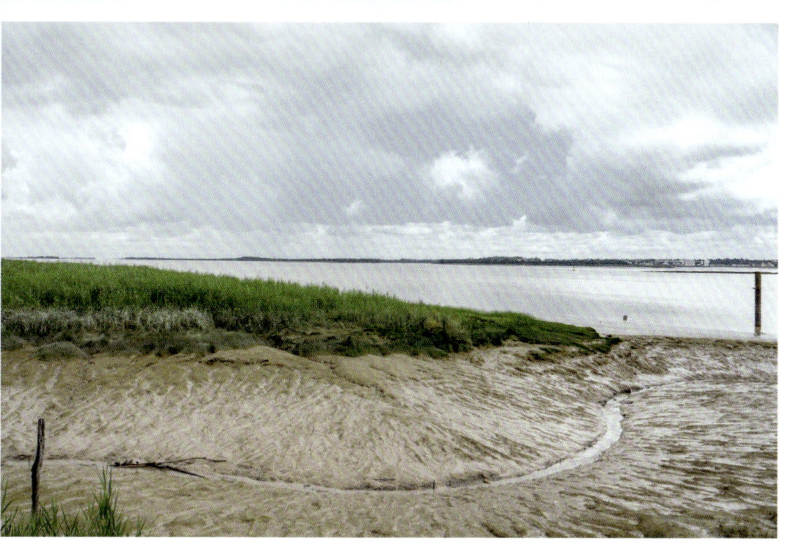

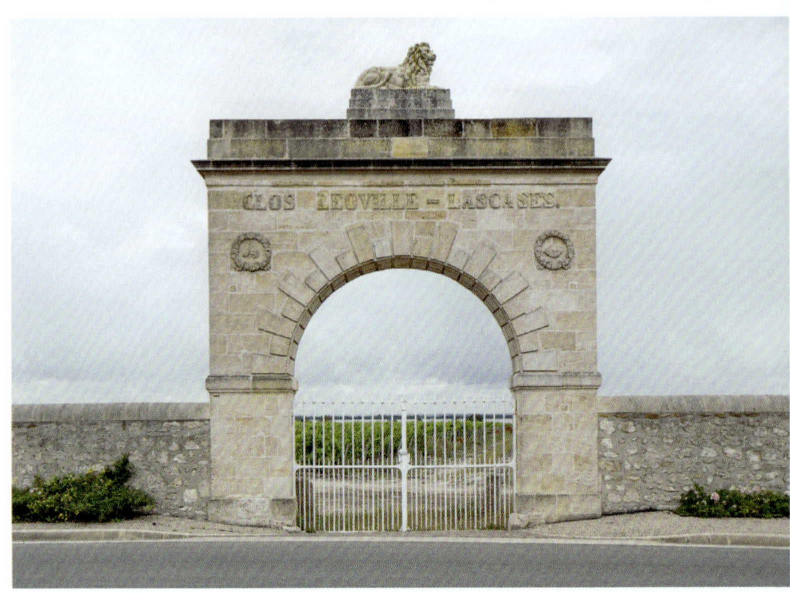

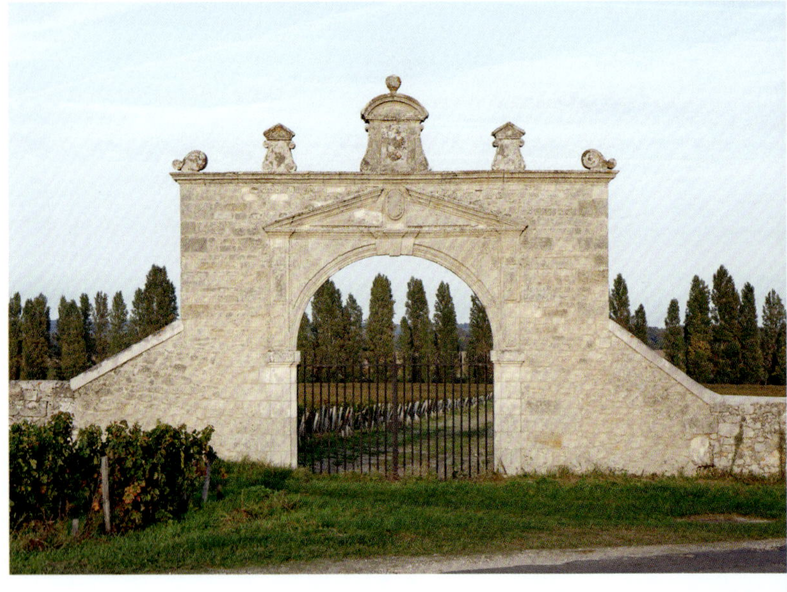

Saint-Julien-Beychevelle
Margaux

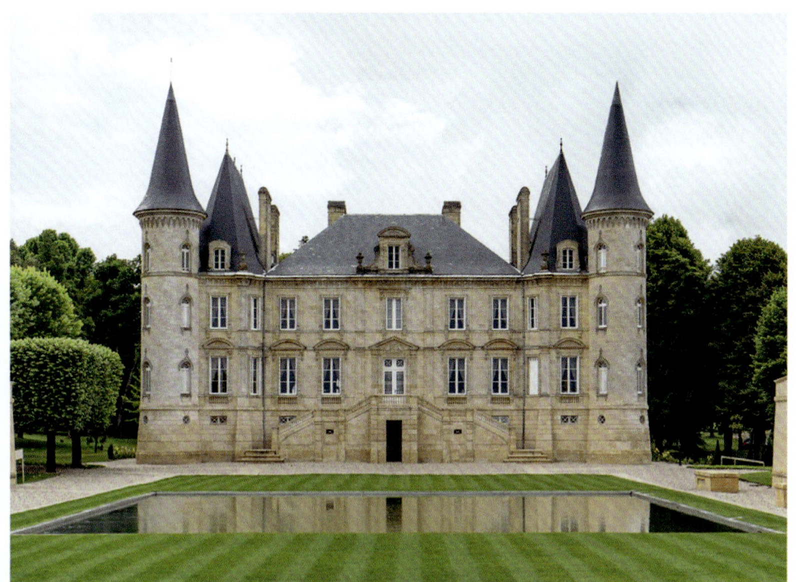

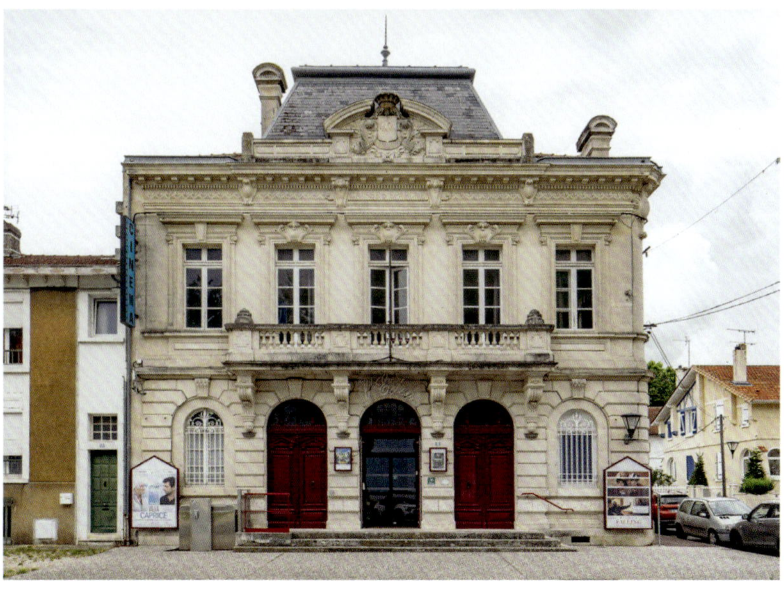

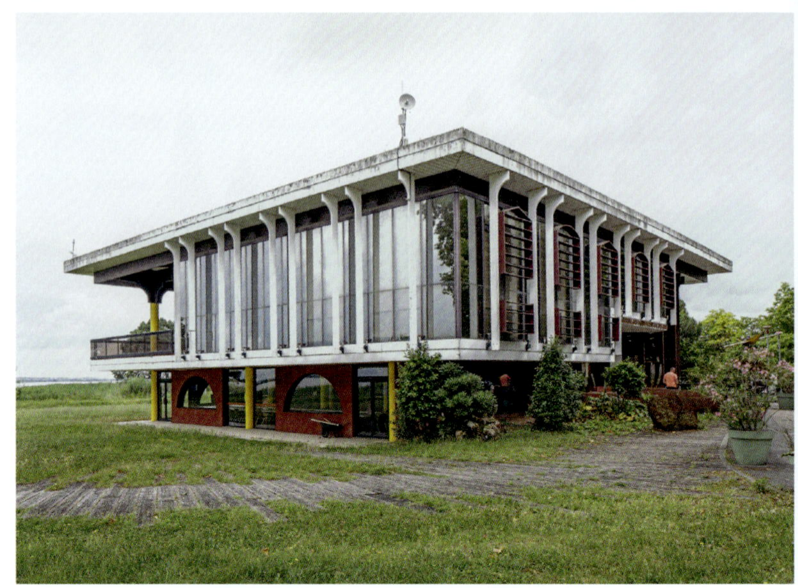

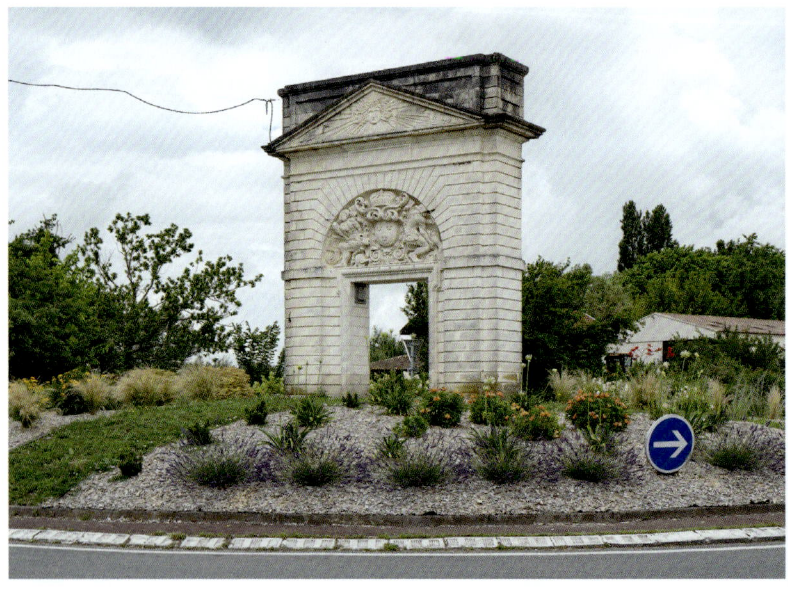

Pauillac
Cussac-Fort-Médoc

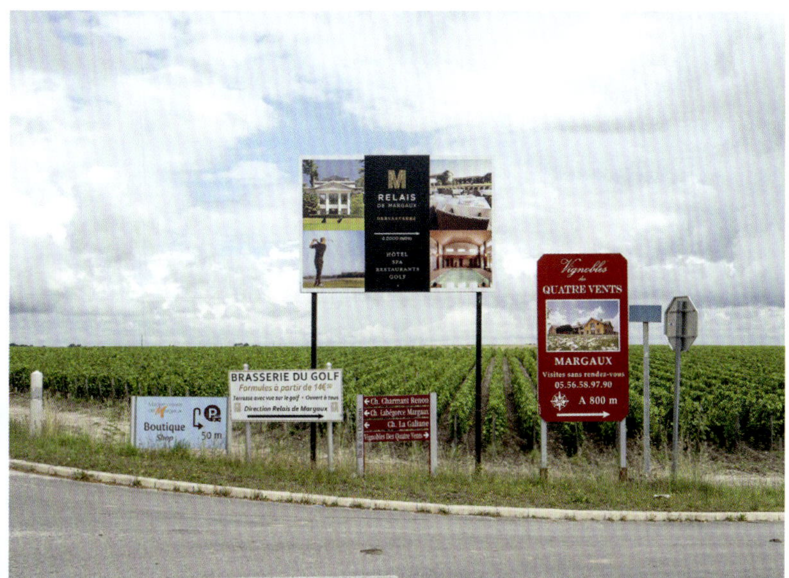

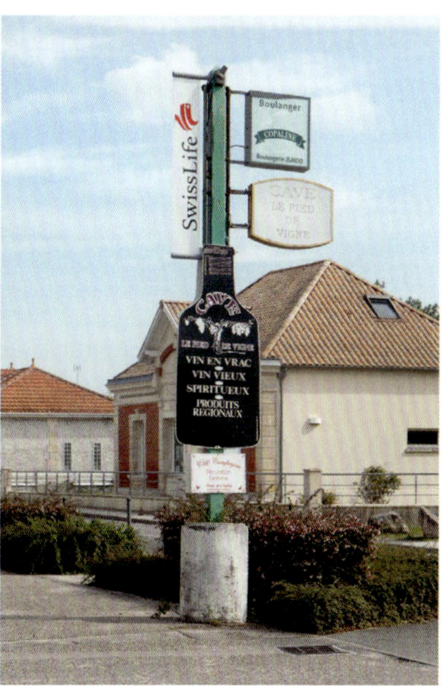

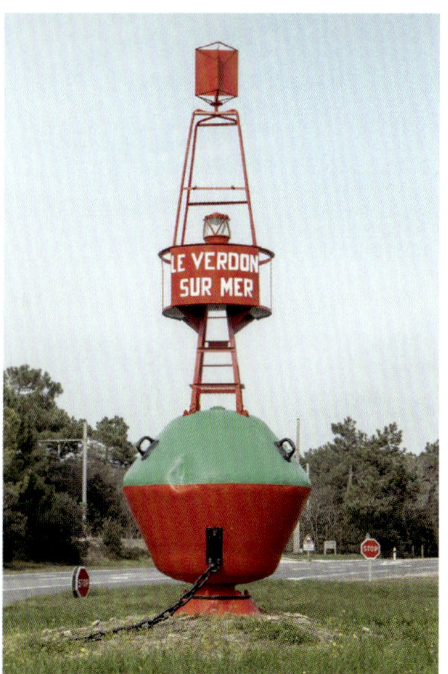

Margaux
Lacanau
Le Verdon-sur-Mer

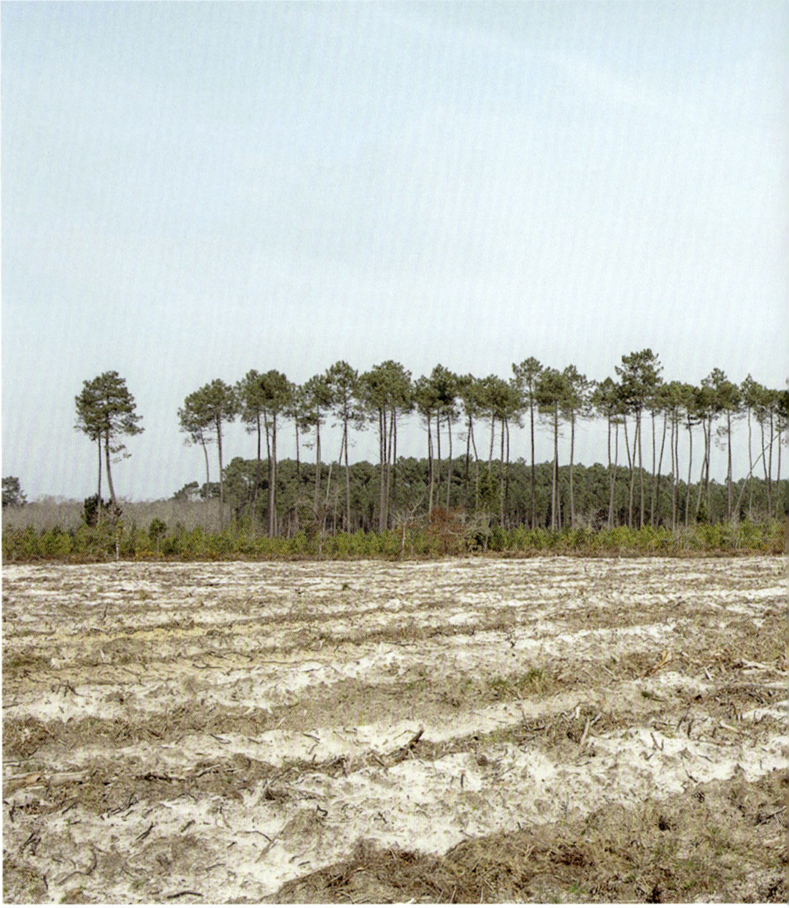

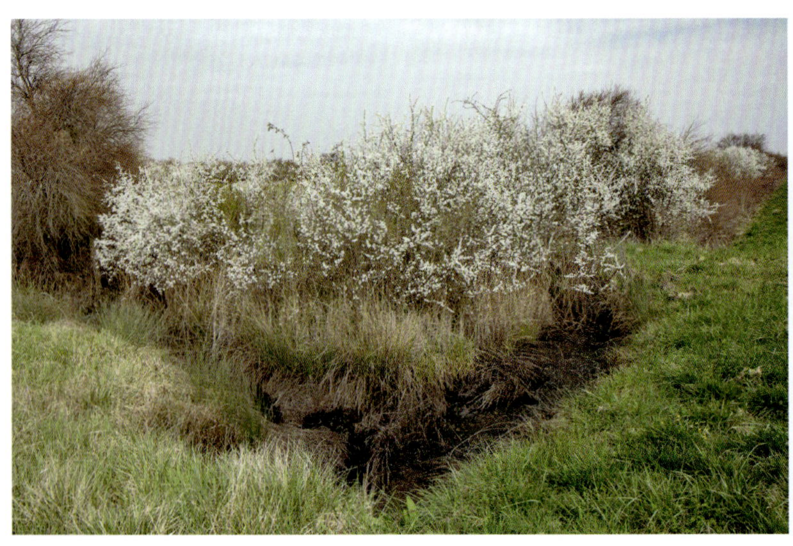

Castelnau-de-Médoc
Queyrac

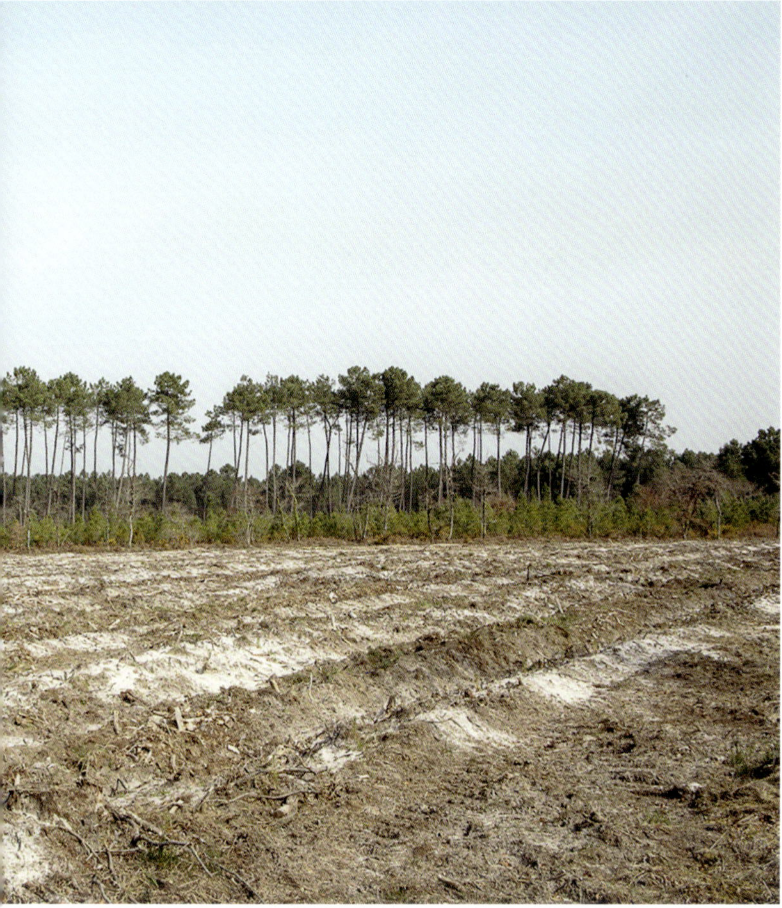

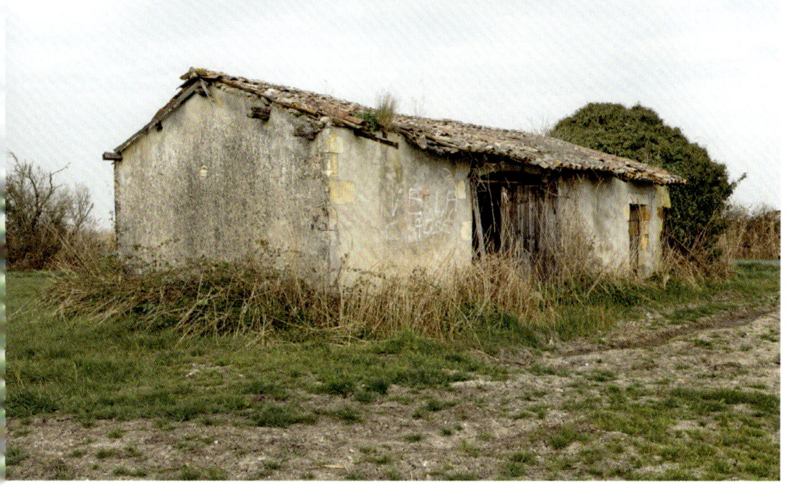

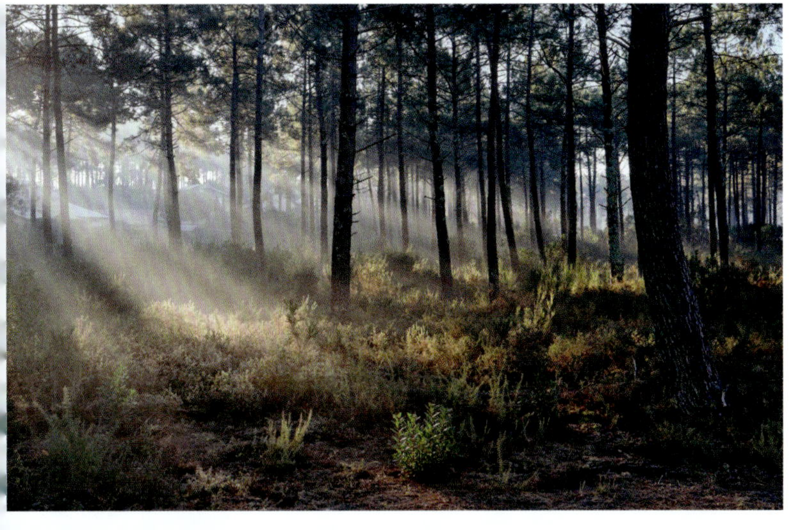

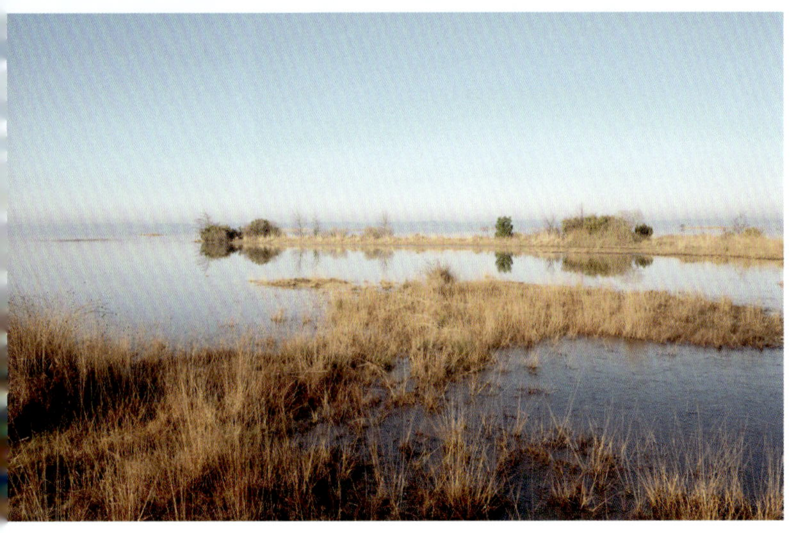

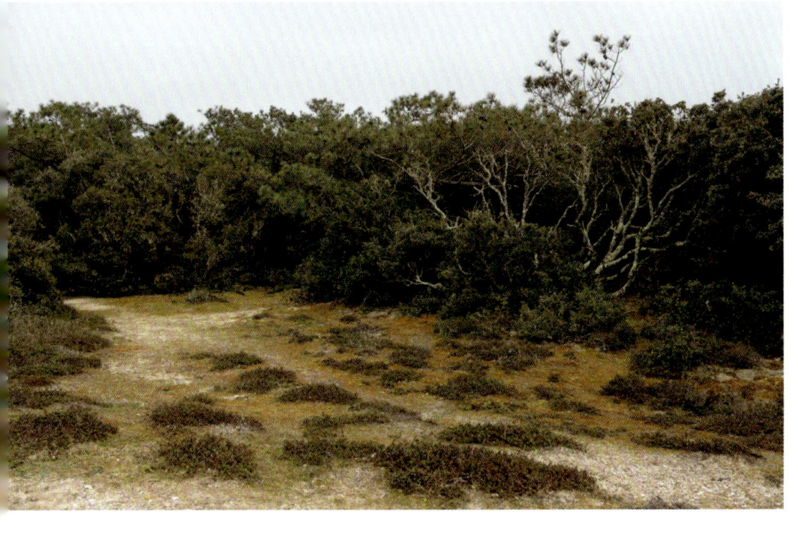

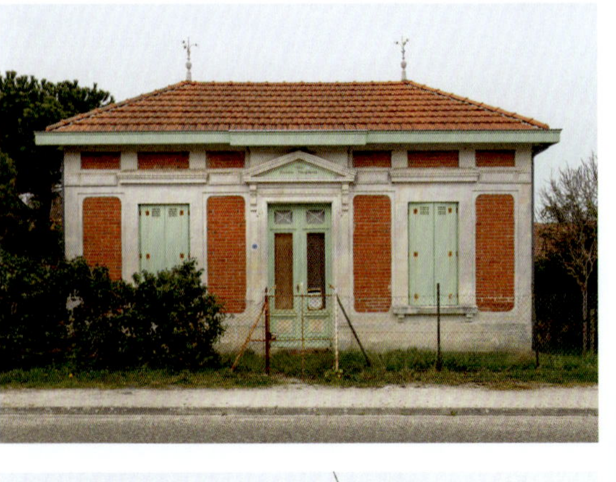

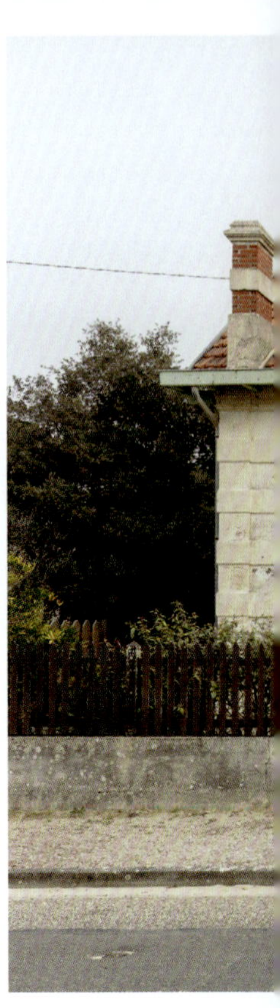

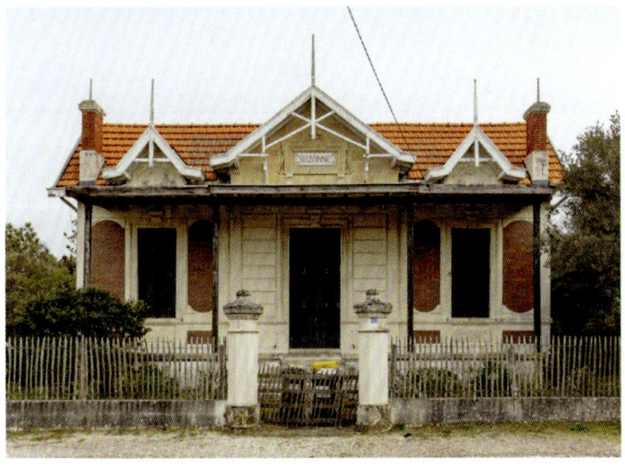

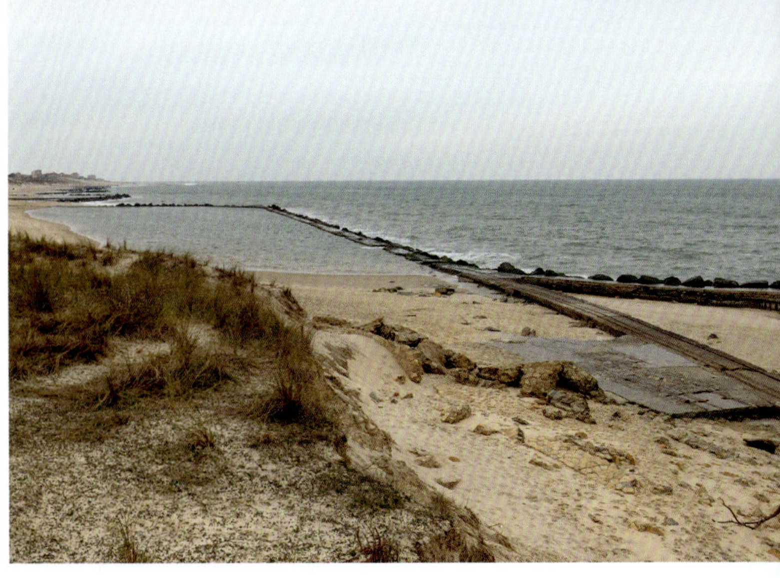

Soulac-sur-Mer (3)

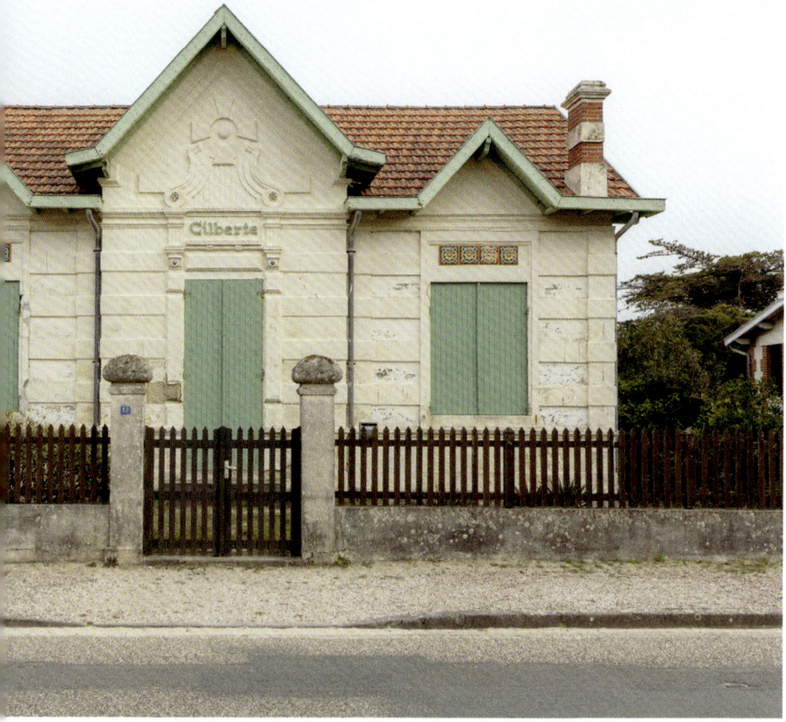

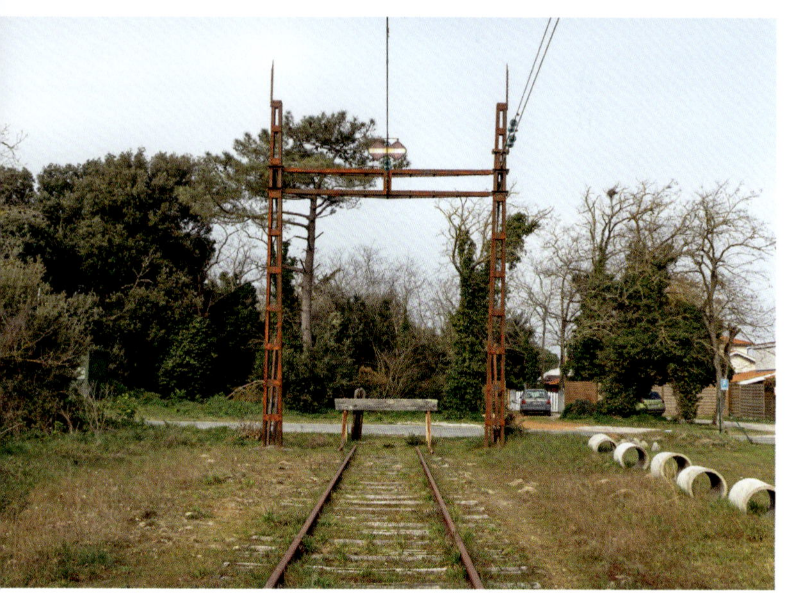

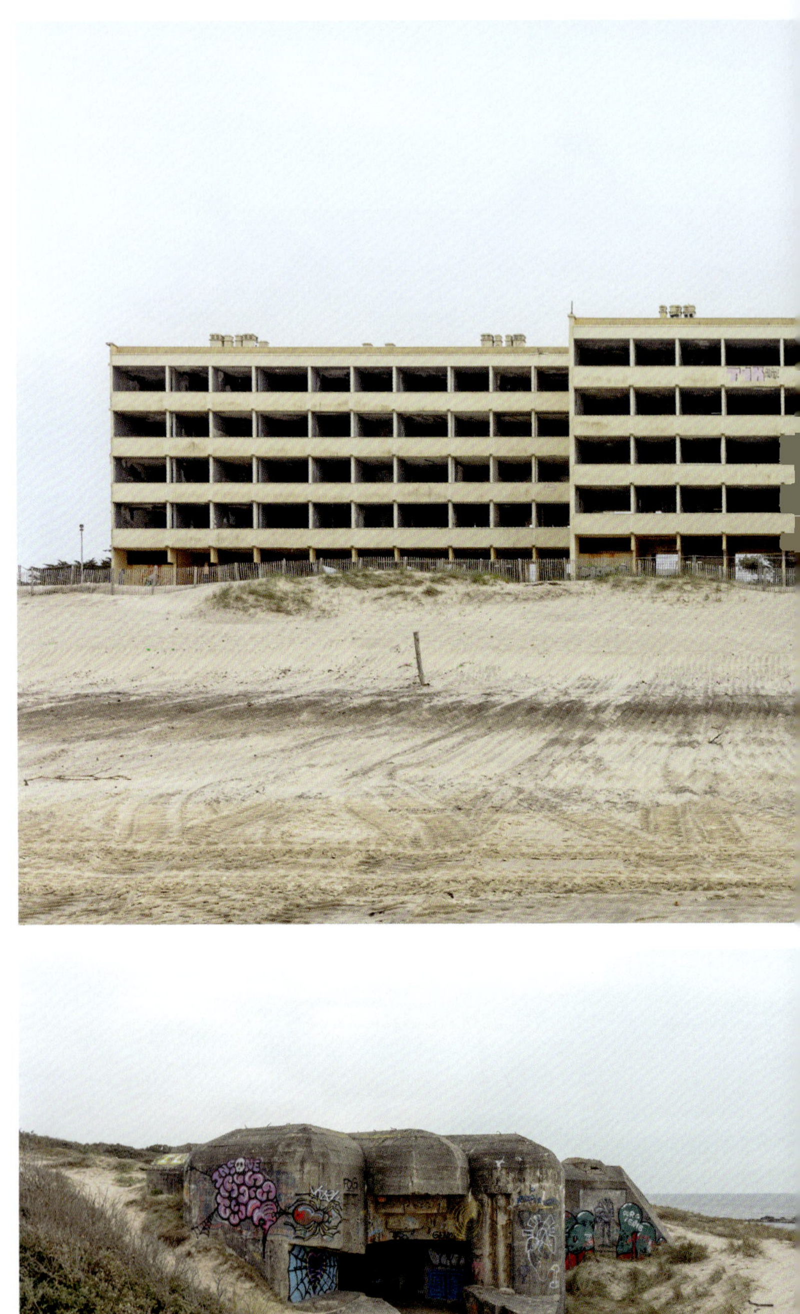

Soulac-sur-Mer (2)

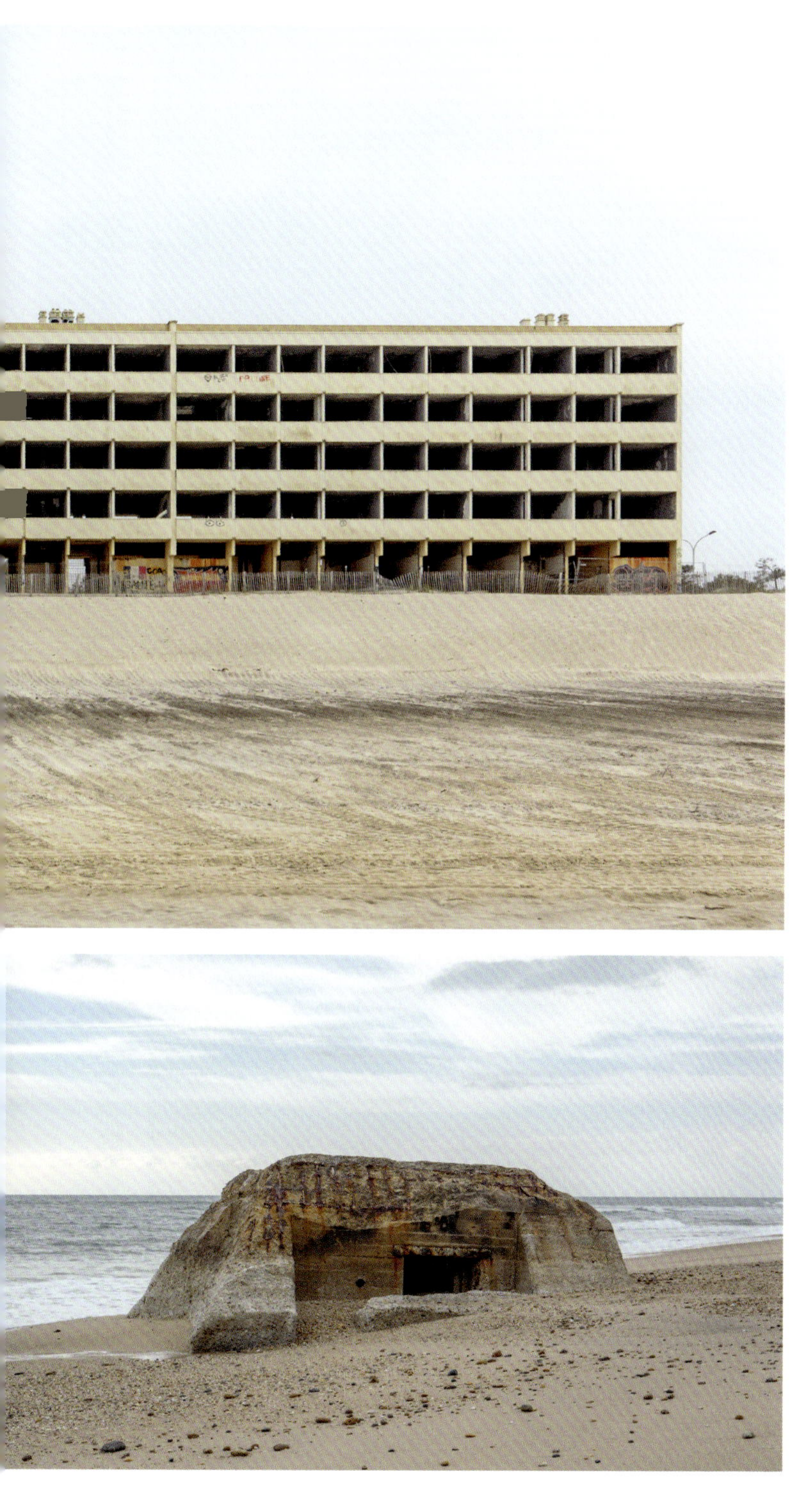

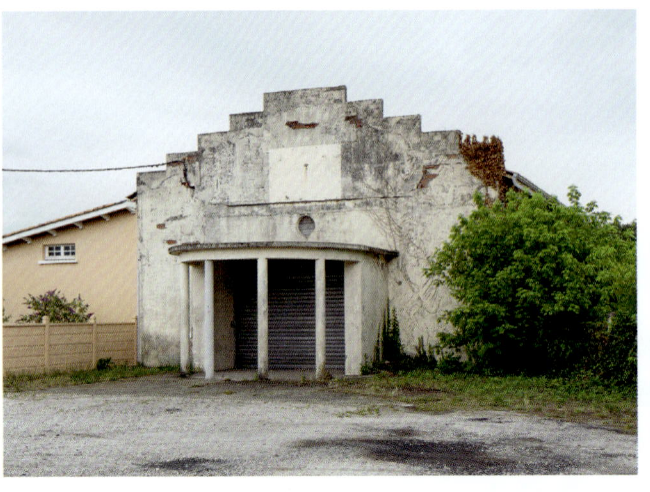

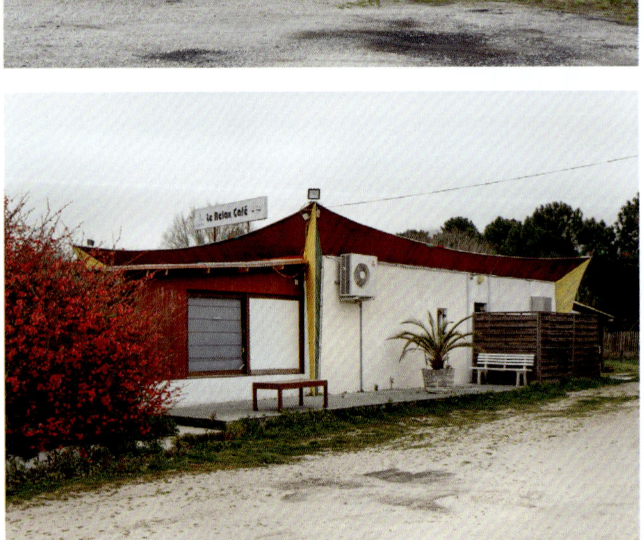

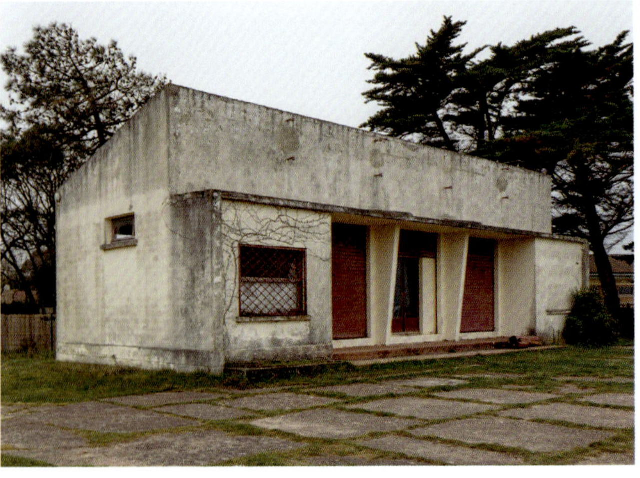

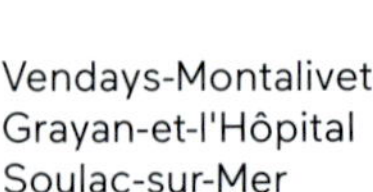
Vendays-Montalivet
Grayan-et-l'Hôpital
Soulac-sur-Mer

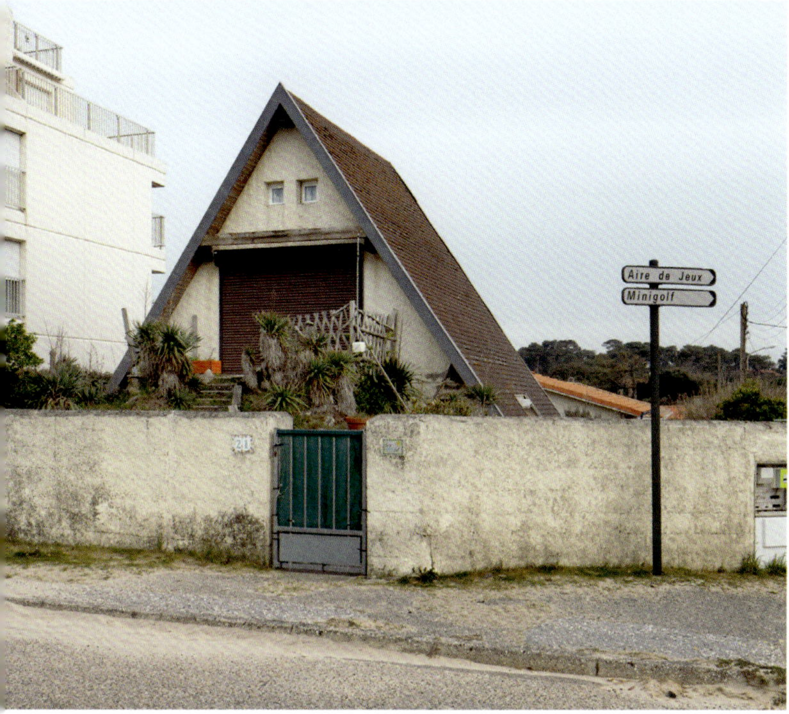

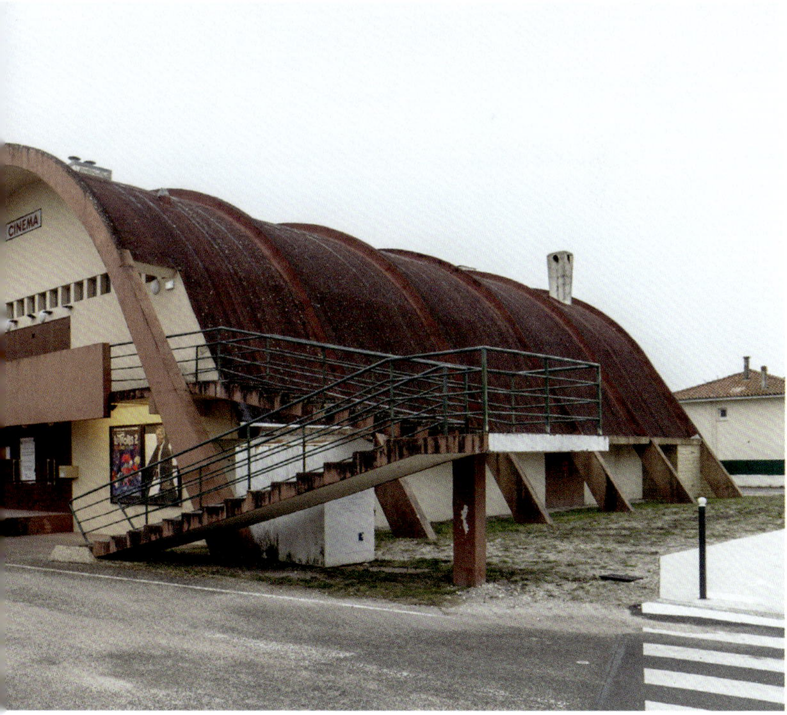

Soulac-sur-Mer
Hourtin

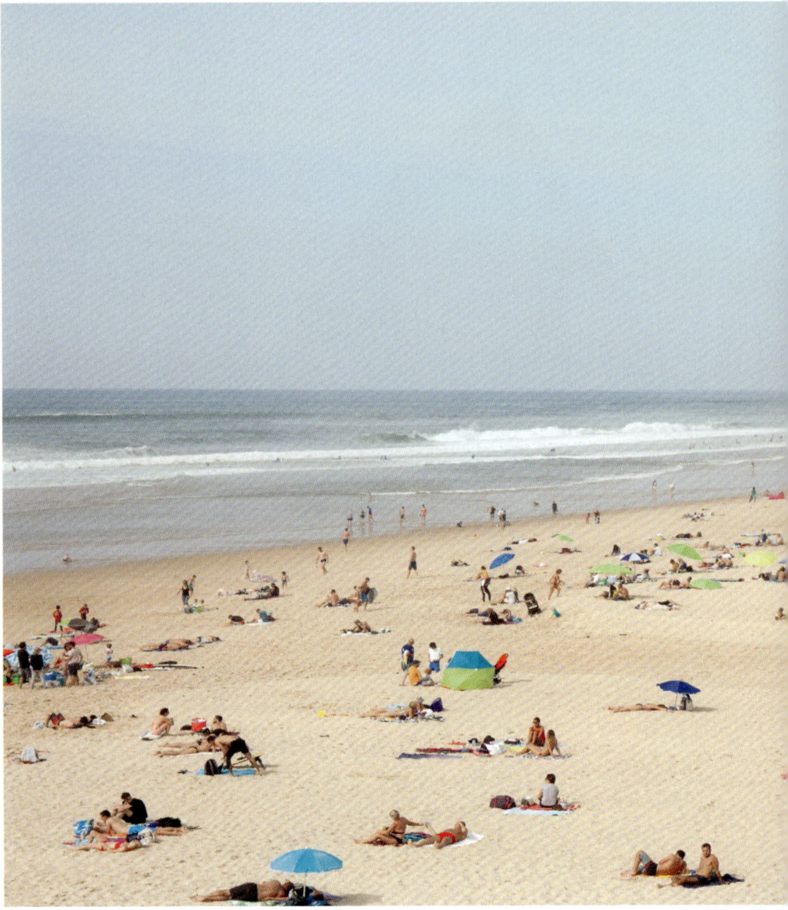

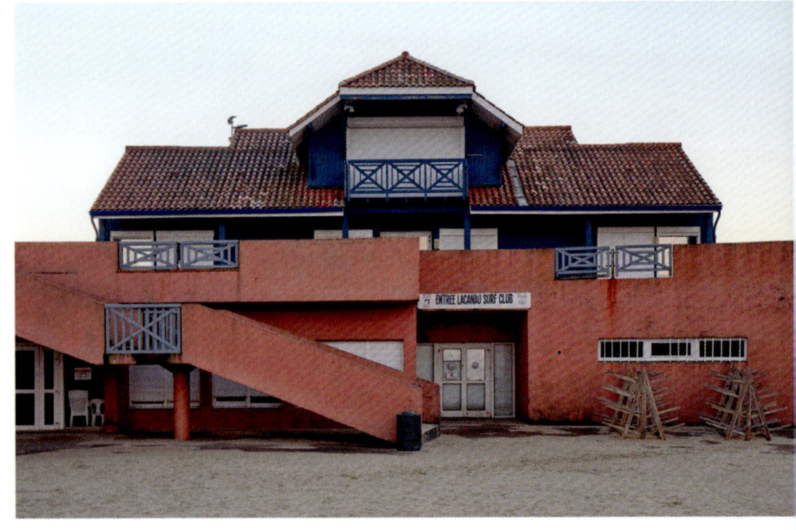

Lacanau

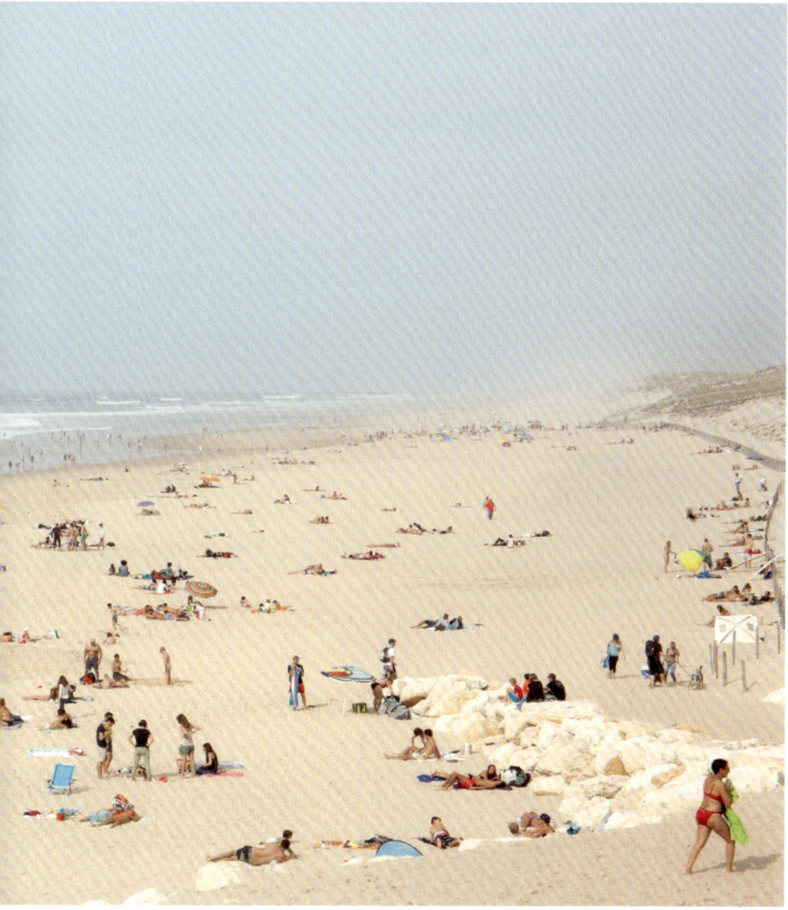

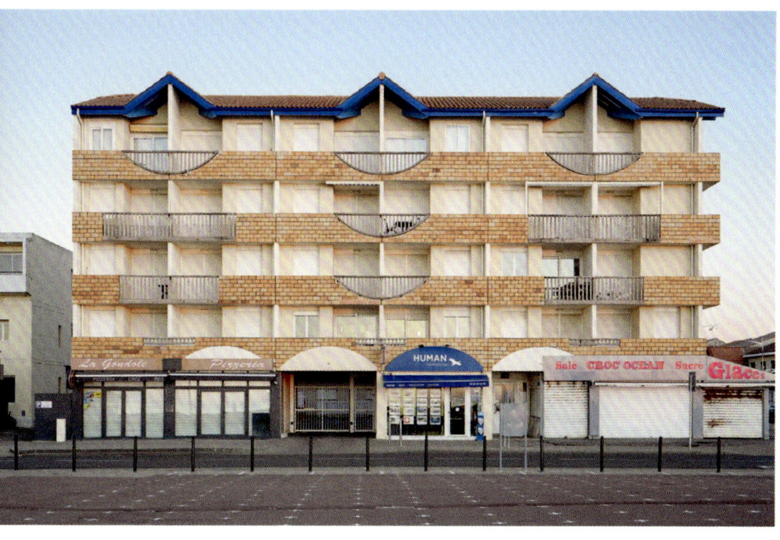

HUMAN
La Gondole
Pizzeria
Salé CROC OCEAN Sucré Glaces

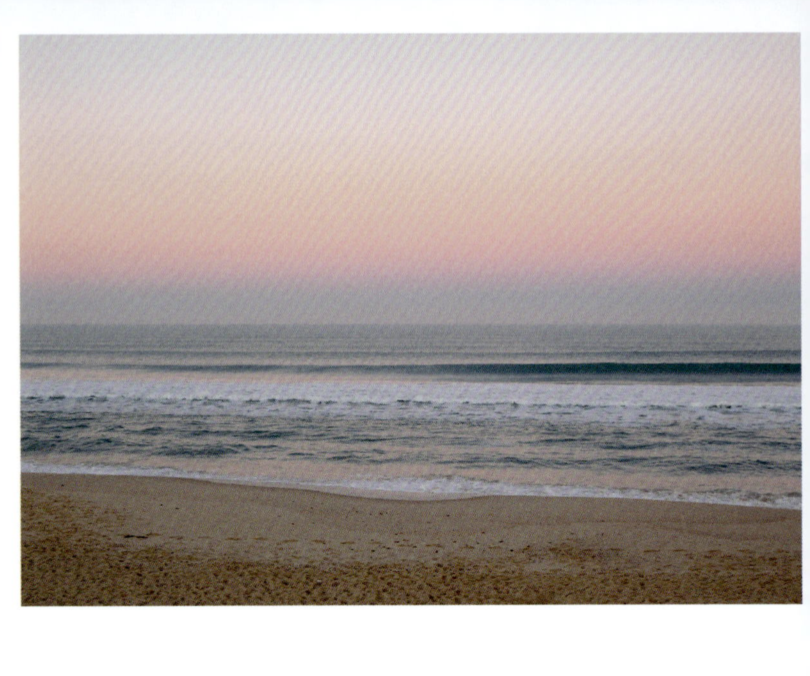

Pays d'Othe

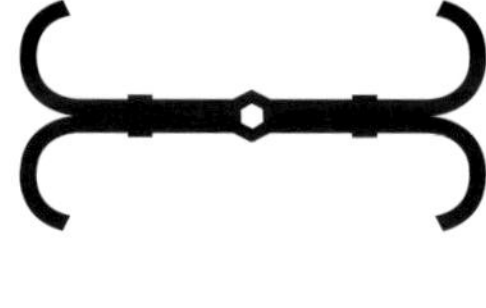

ch. 26

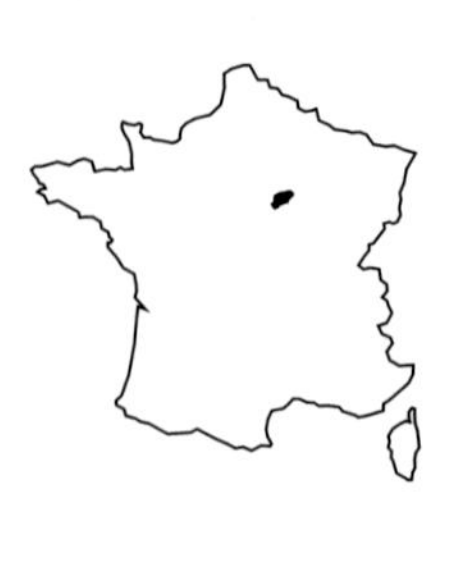

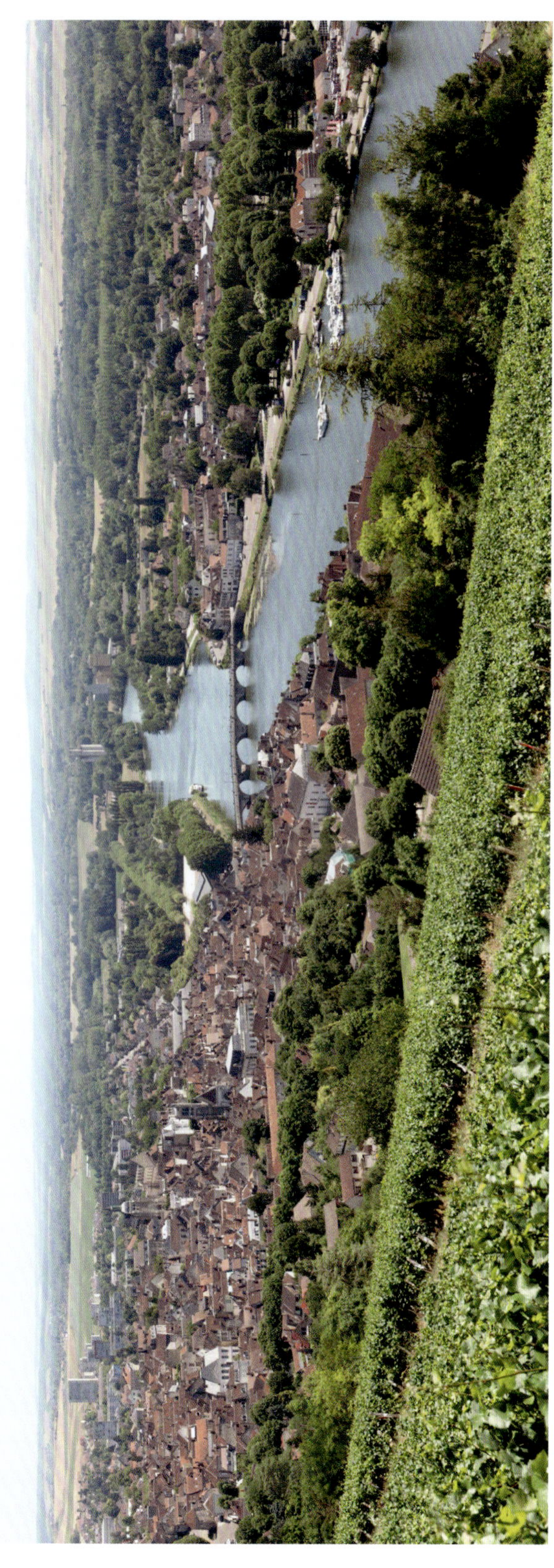

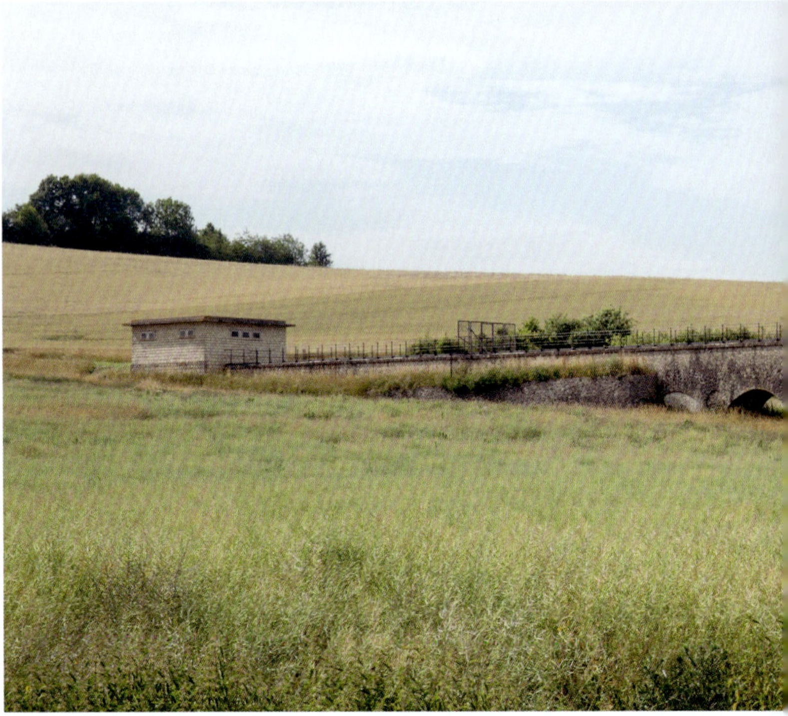

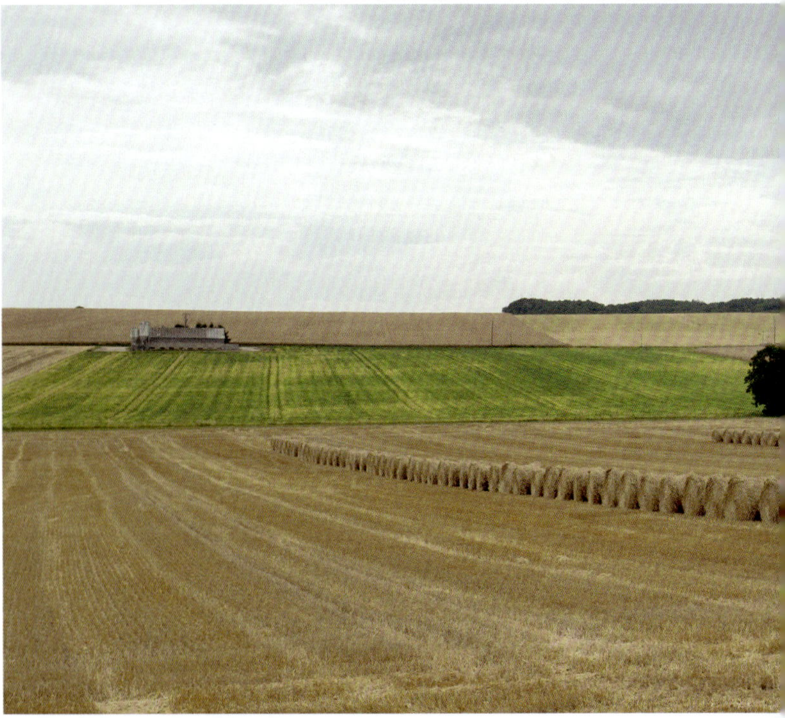

Villeperrot
Pays d'Othe

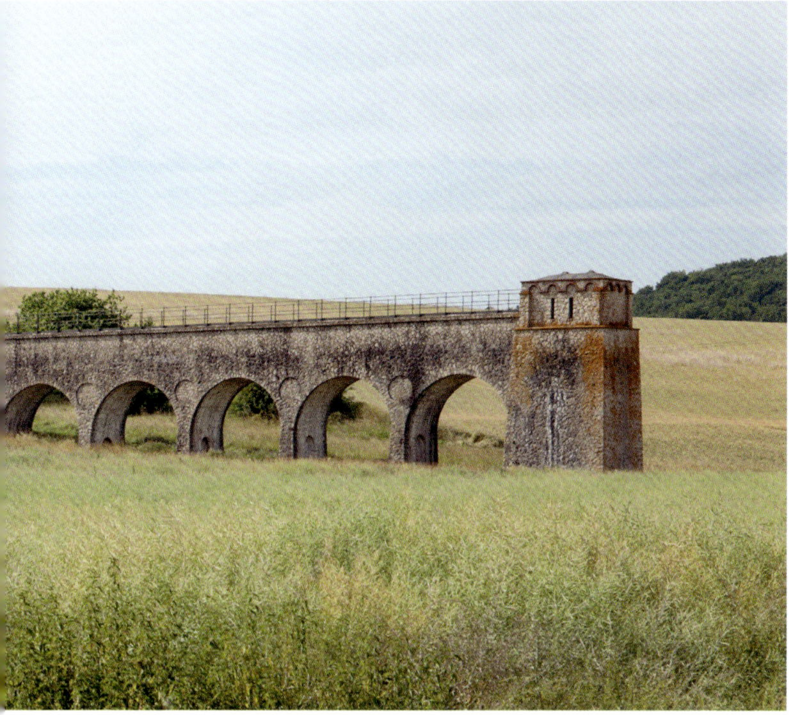

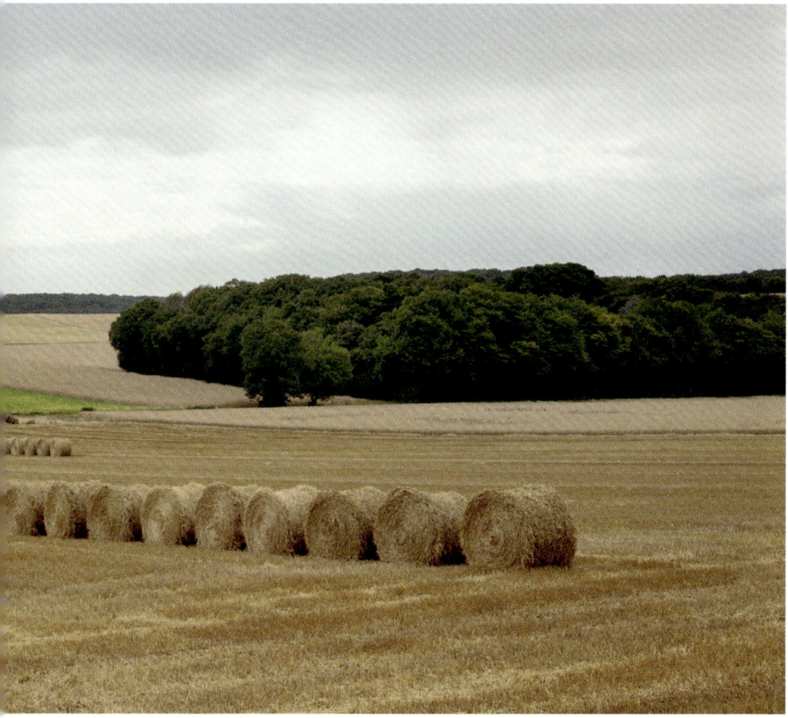

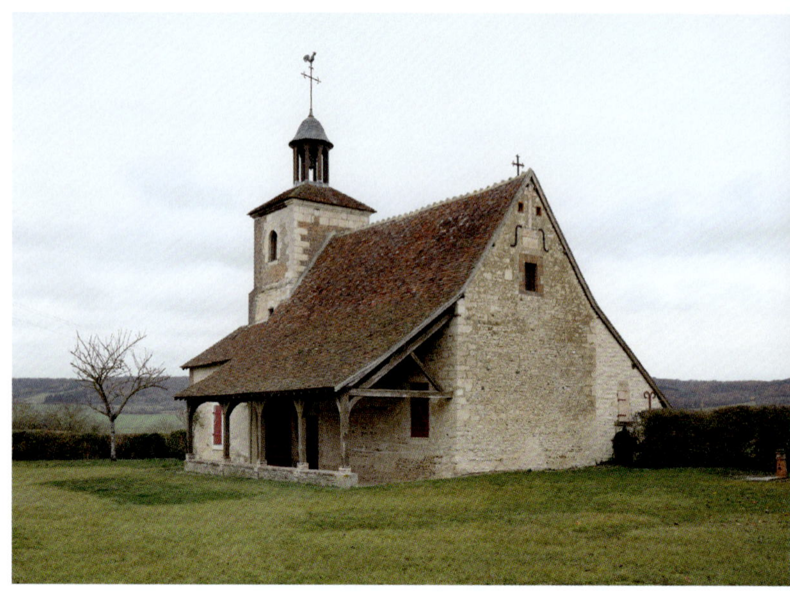
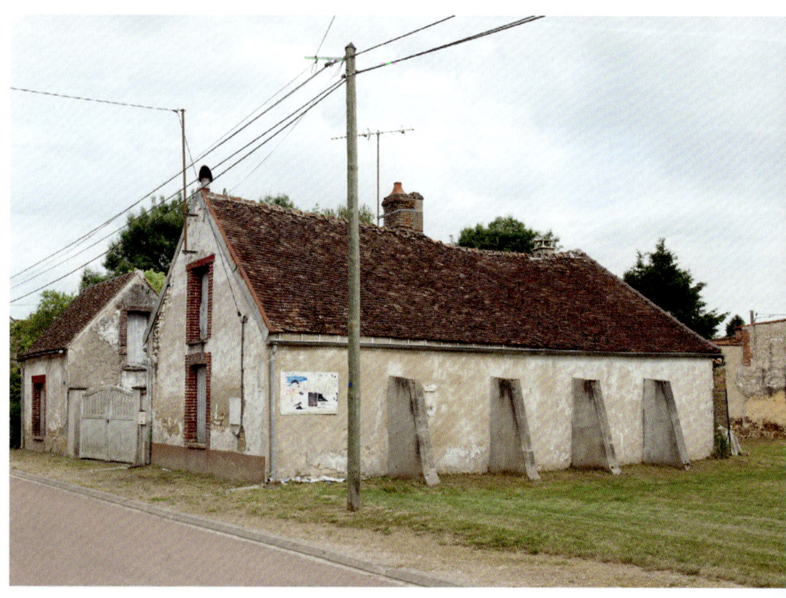

Aillant-sur-Tholon
Pont-sur-Vanne

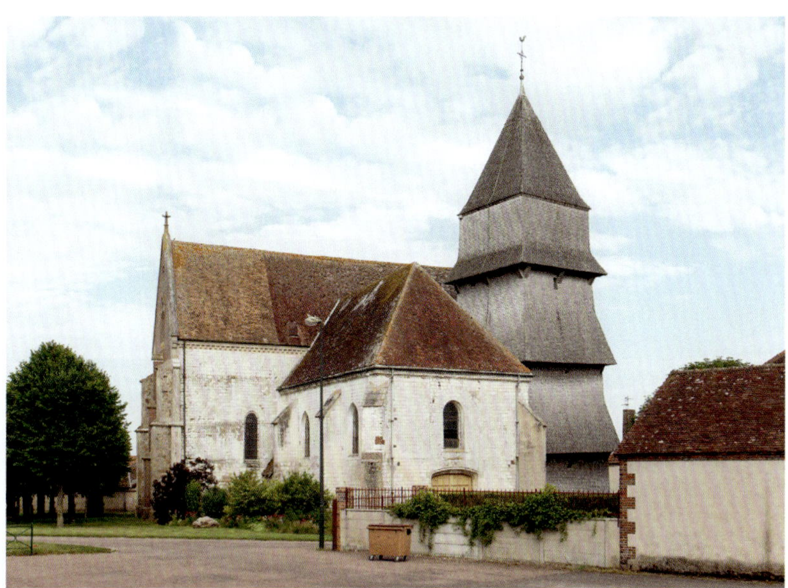

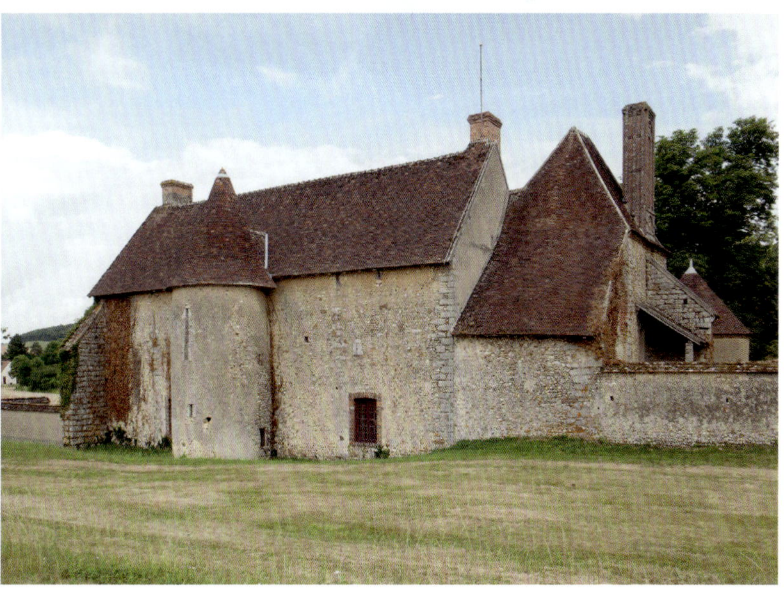

Villemaur-sur-Vanne
Cérilly

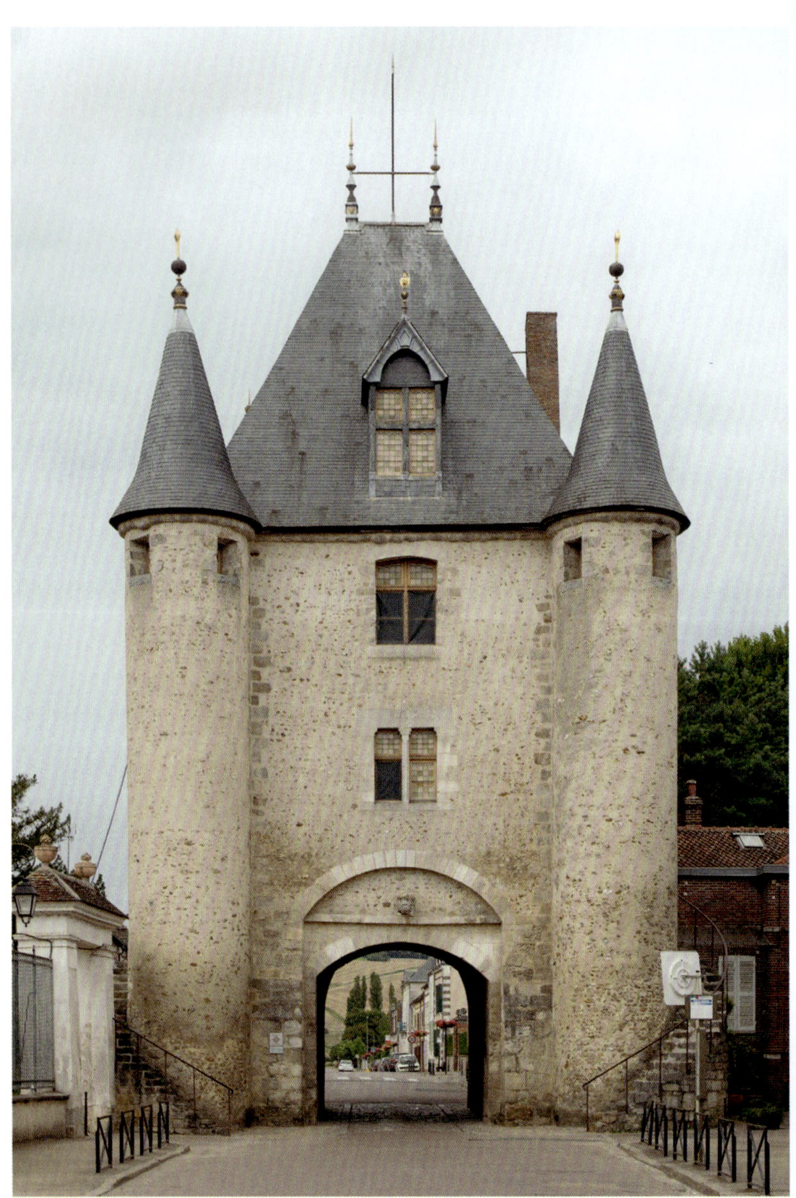

Villeneuve-sur-Yonne

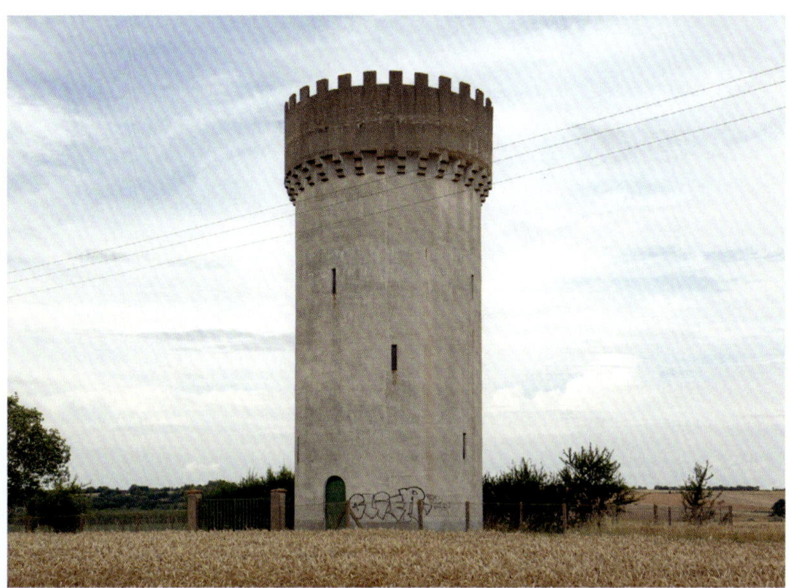

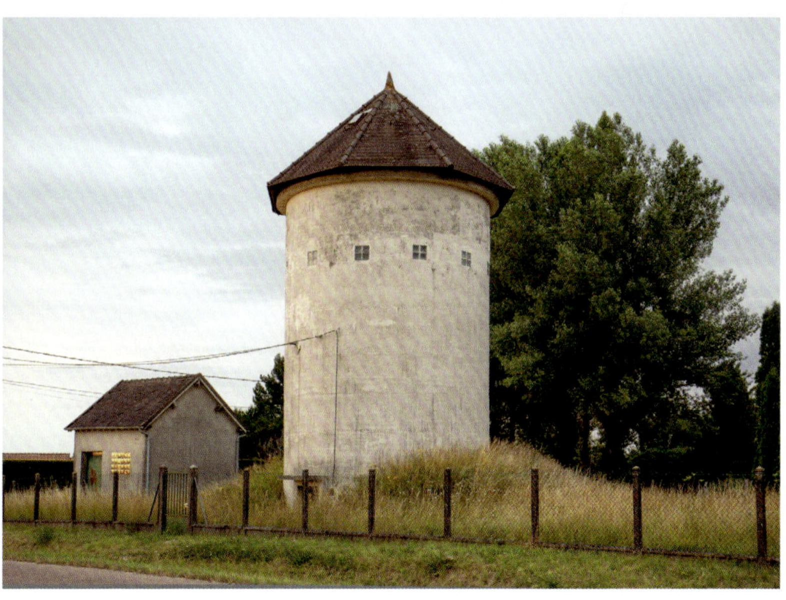

Saint-Florentin
Pays d'Othe

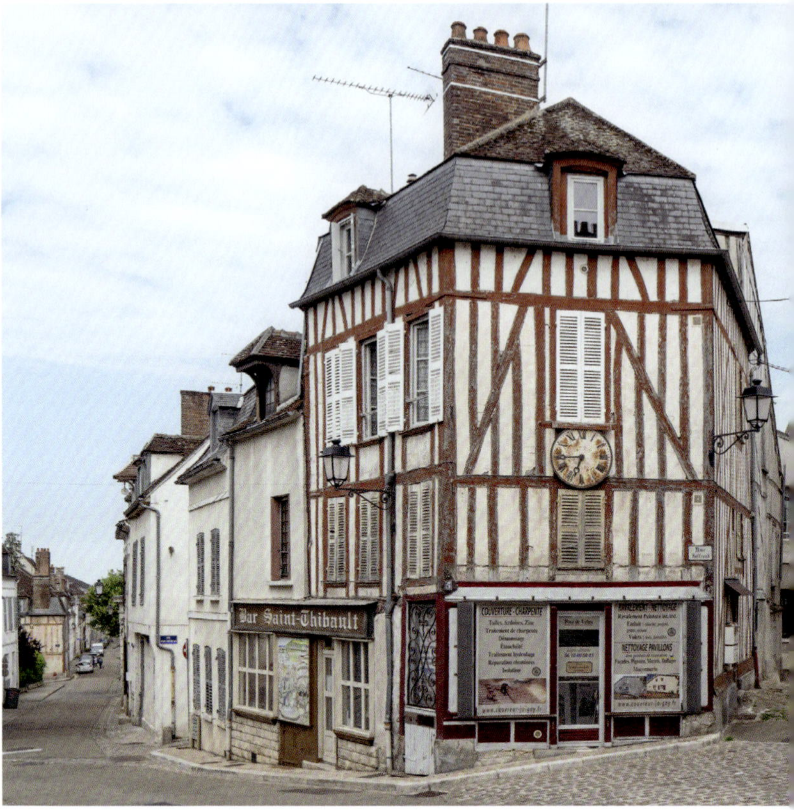

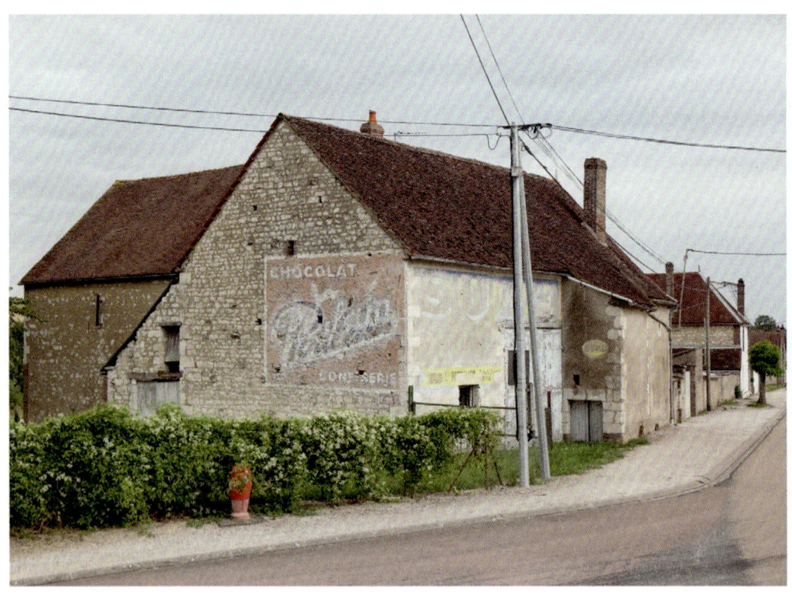

Joigny
Champlost

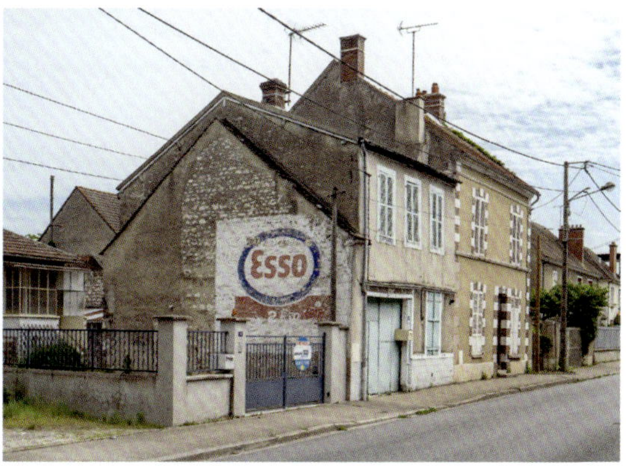

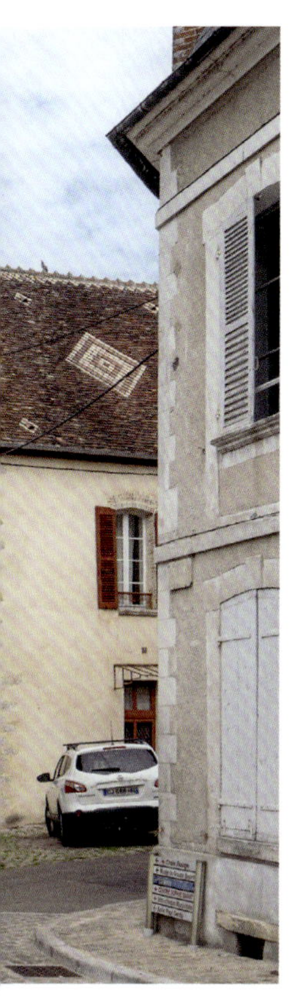

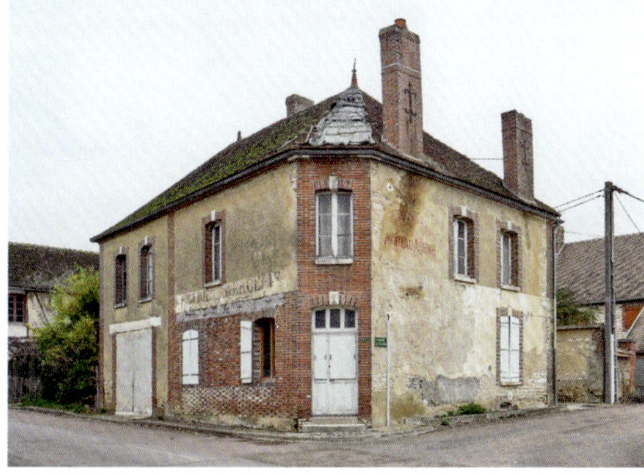

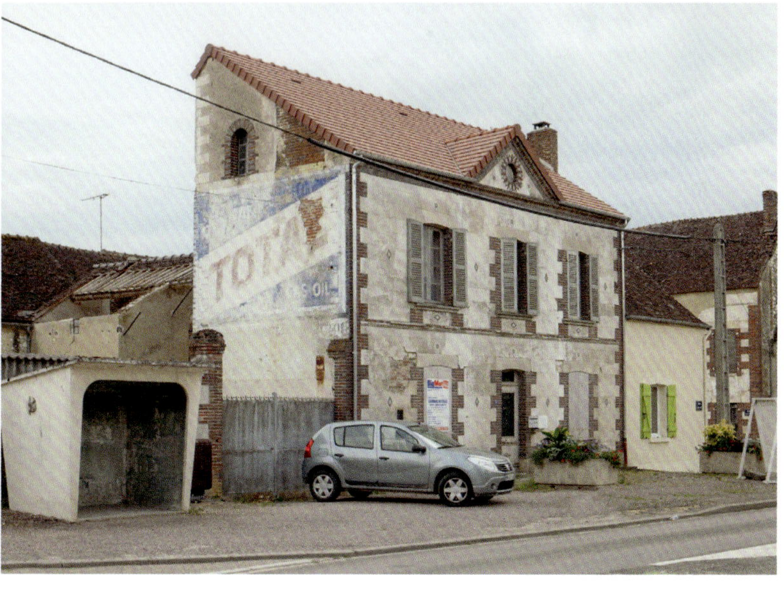

Laroche-Saint-Cydroine
Villiers-sur-Tholon
Avrolles

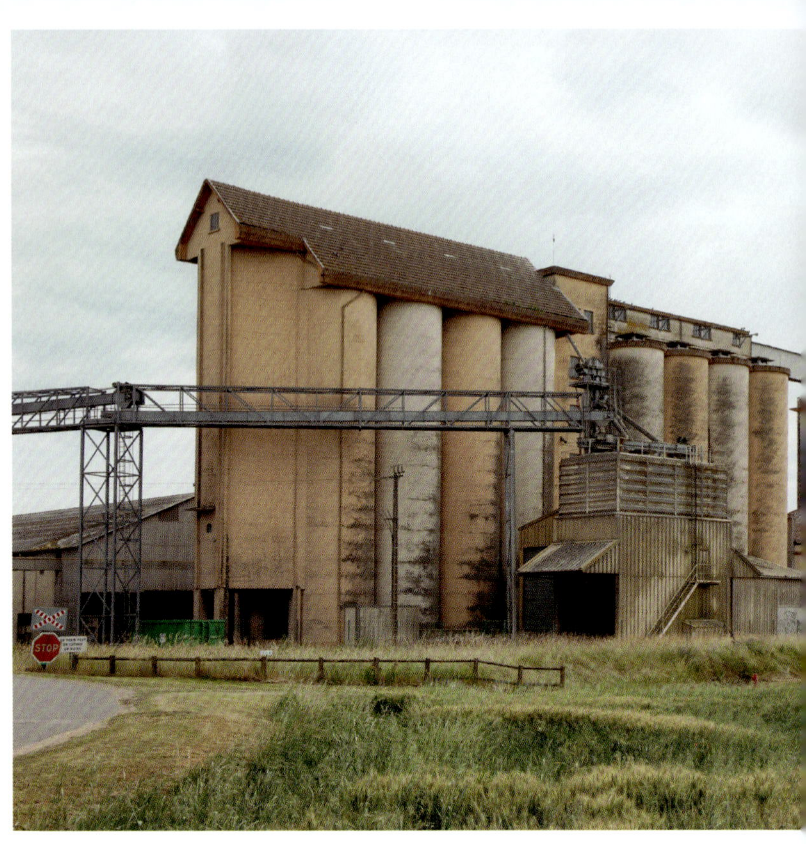

Molinons

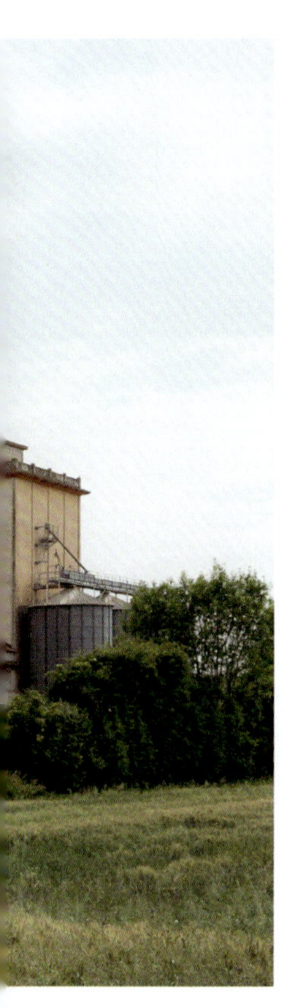

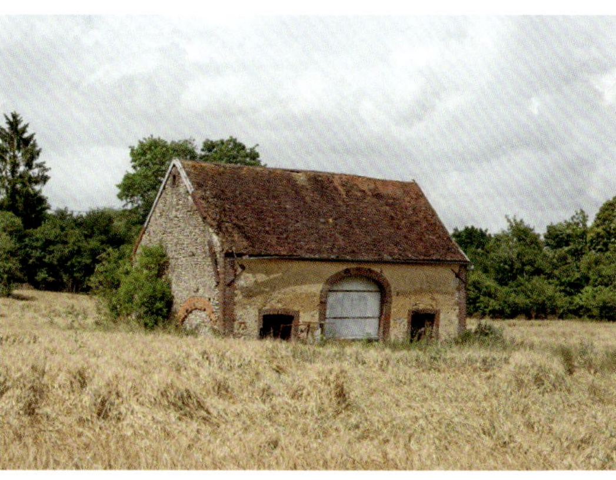

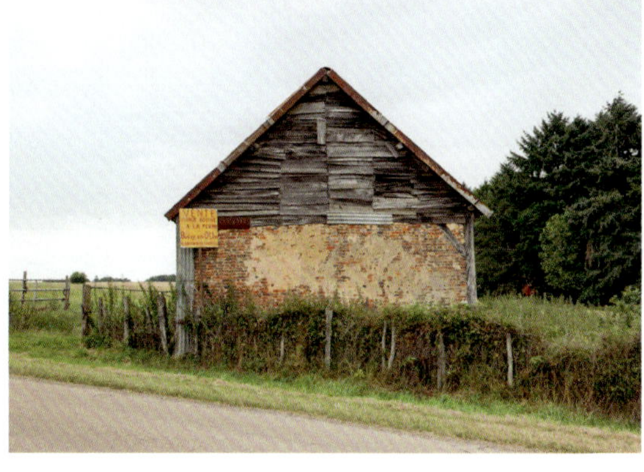

Cérilly
Arces-Dilo

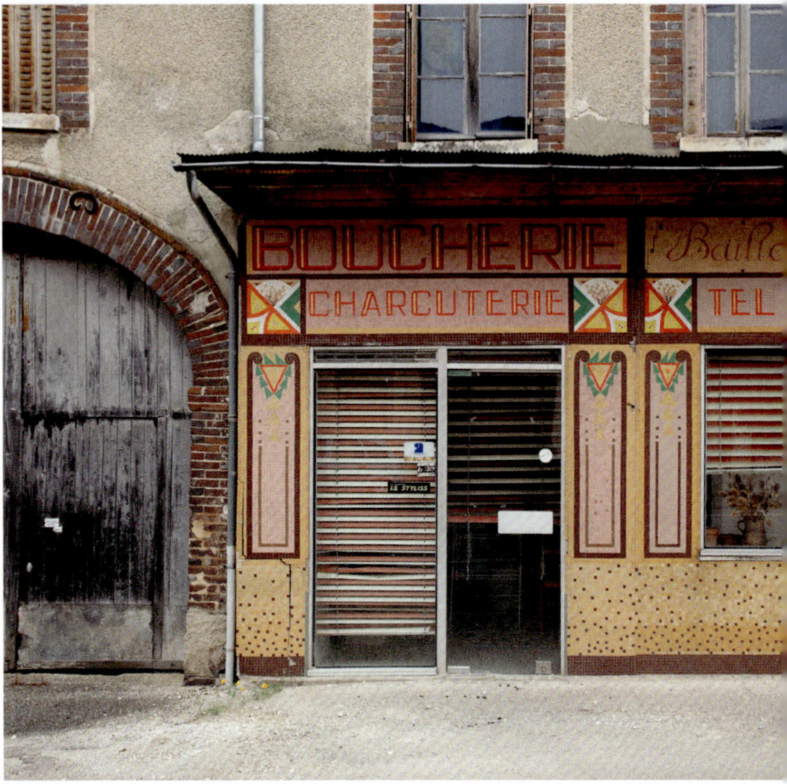

BOUCHERIE
CHARCUTERIE
TEL

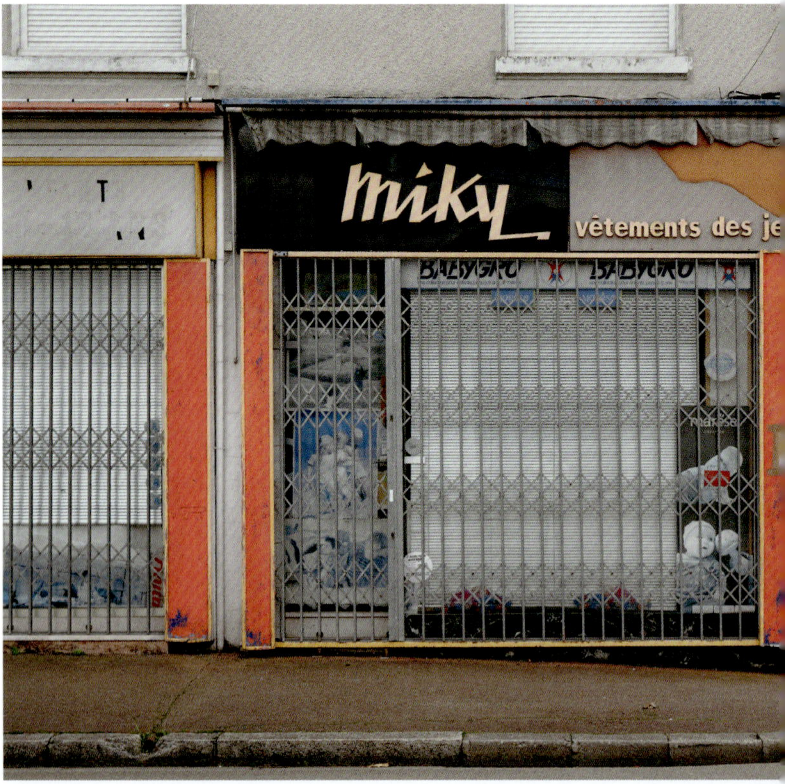

miky
vêtements des je
BABYGRO
BABYGRO

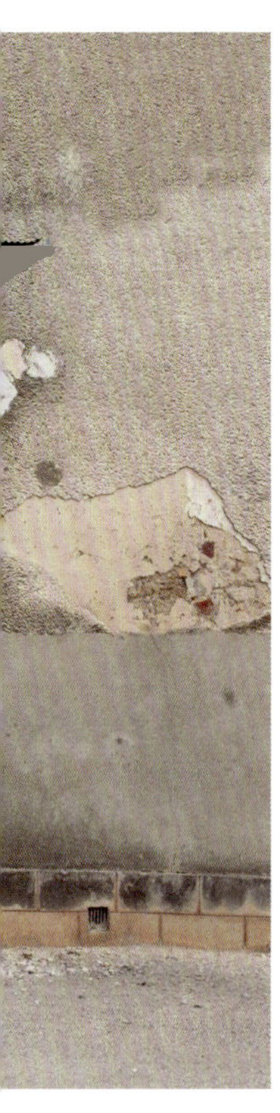

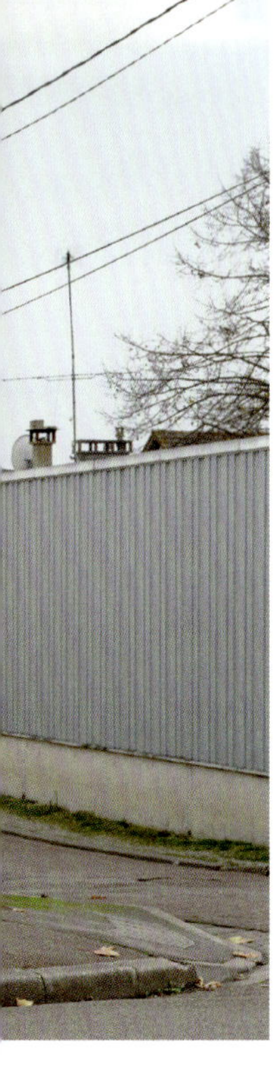

Arces-Dilo
Migennes

→ Migennes (4)

→→ Foissy-sur-Vanne
   Villeneuve-sur-Yonne
   Migennes

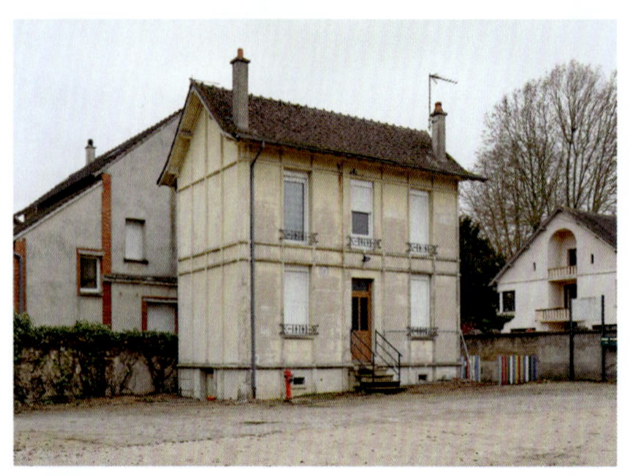

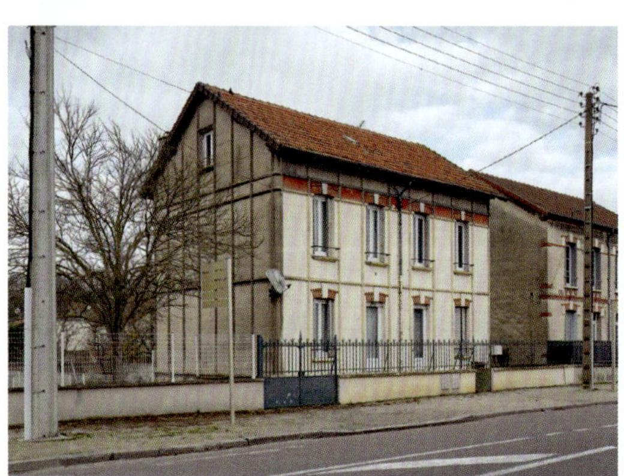

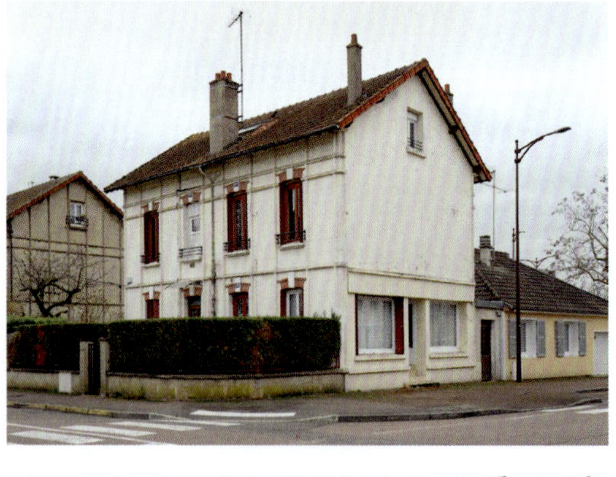

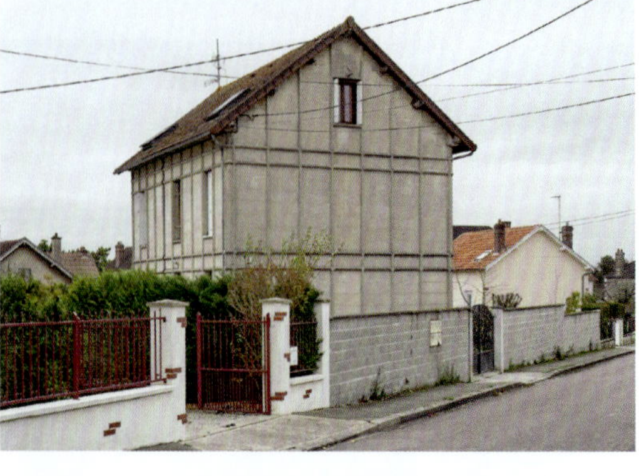

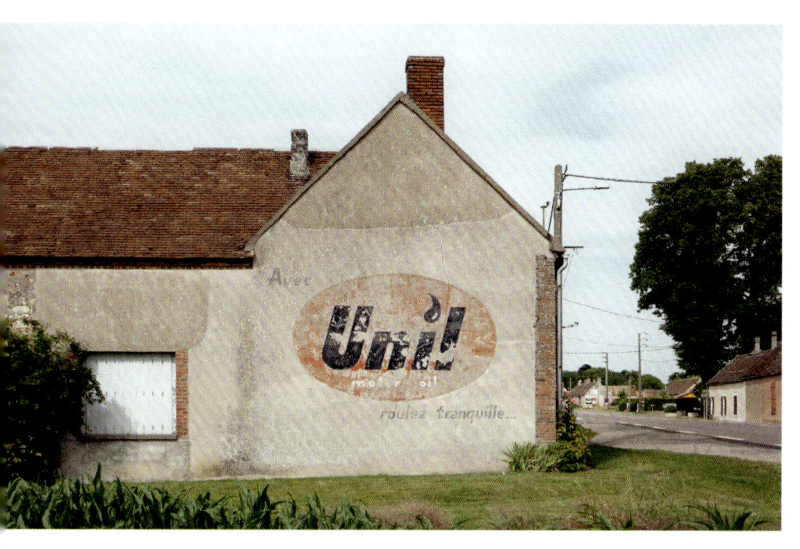

Avec
Unil
motor oil
roulez tranquille...

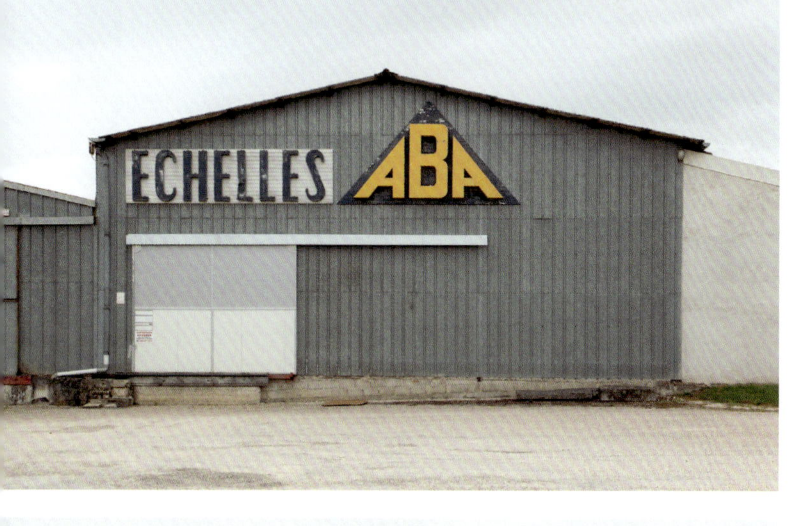

ECHELLES
ABA

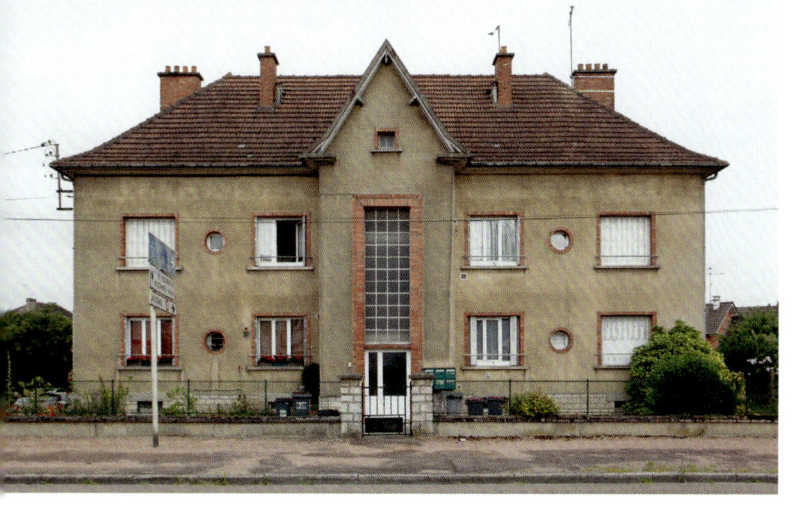

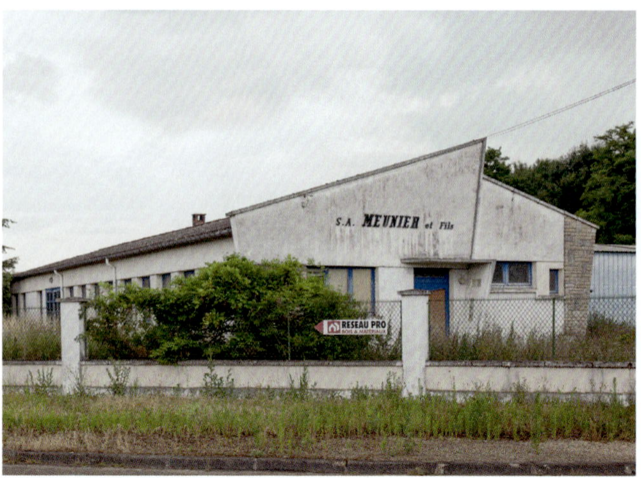

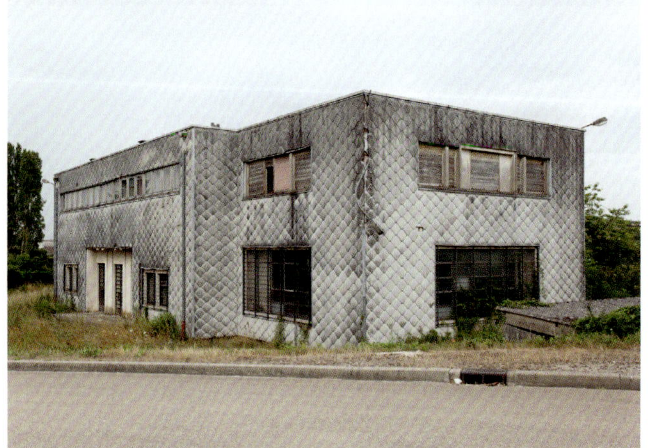

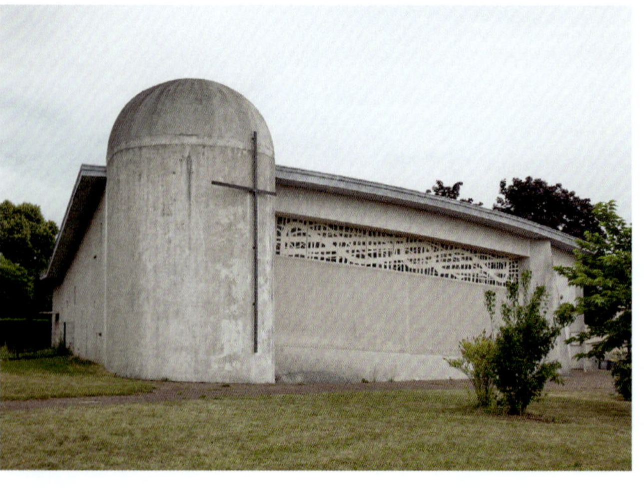

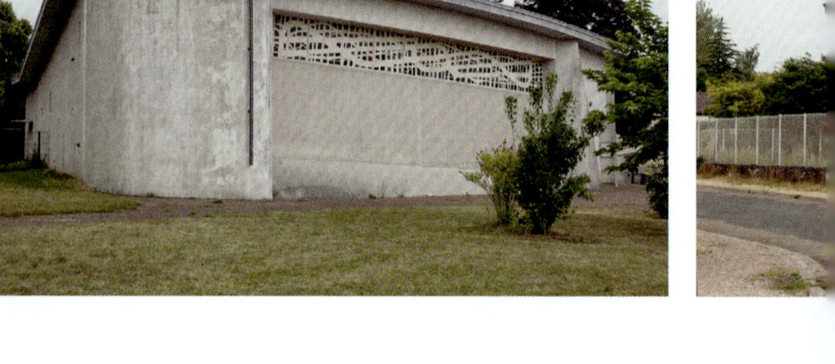

Migennes
Villeneuve-sur-Yonne
Joigny

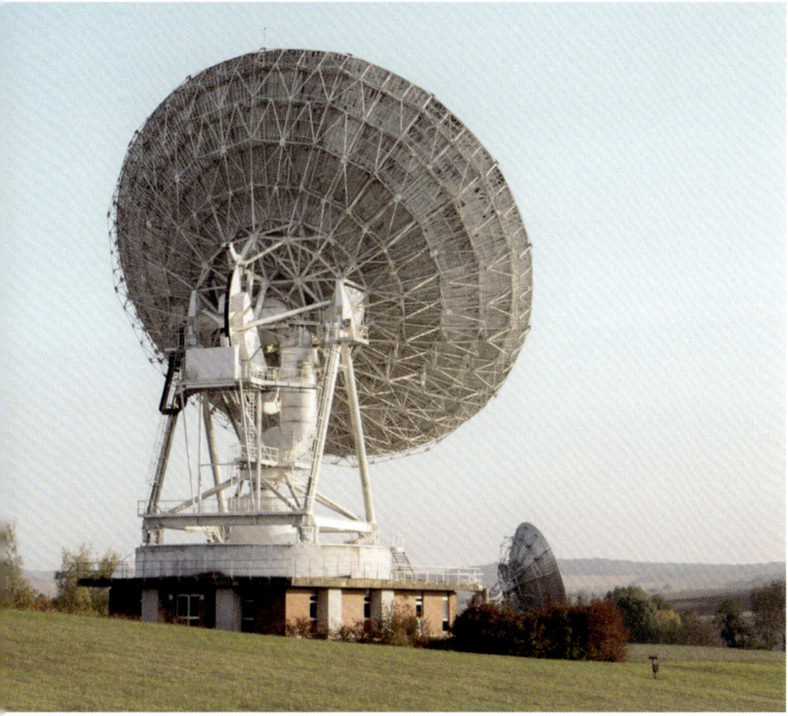

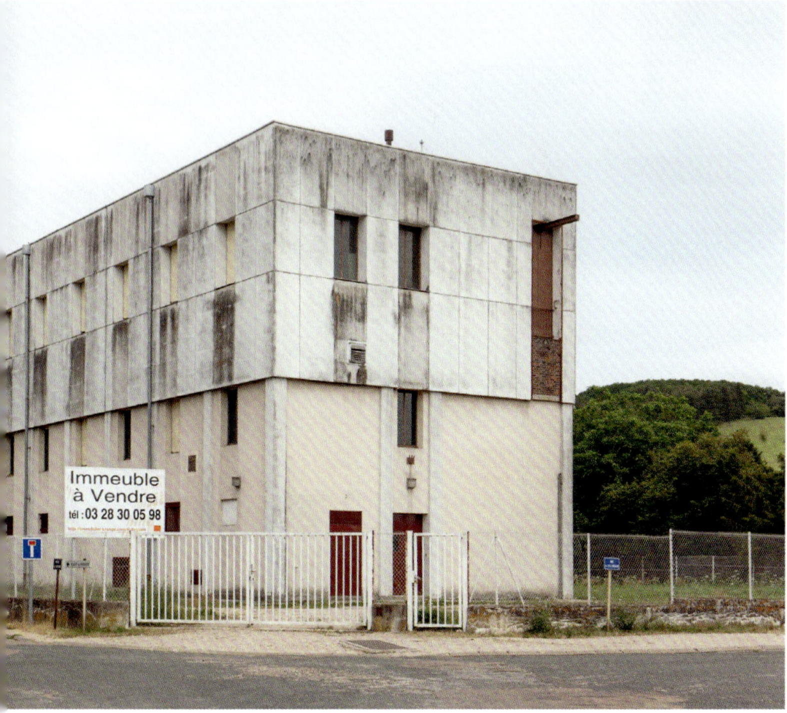

Bercenay-en-Othe
Villeneuve-sur-Yonne

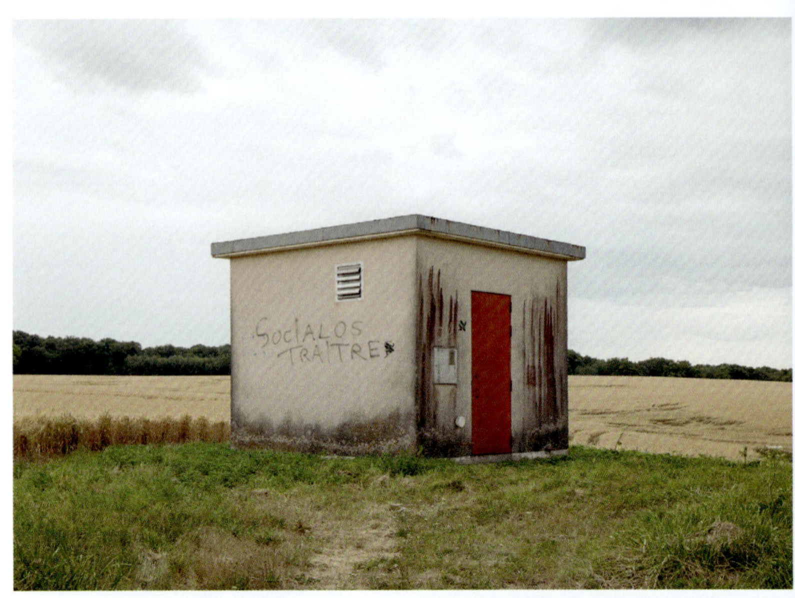

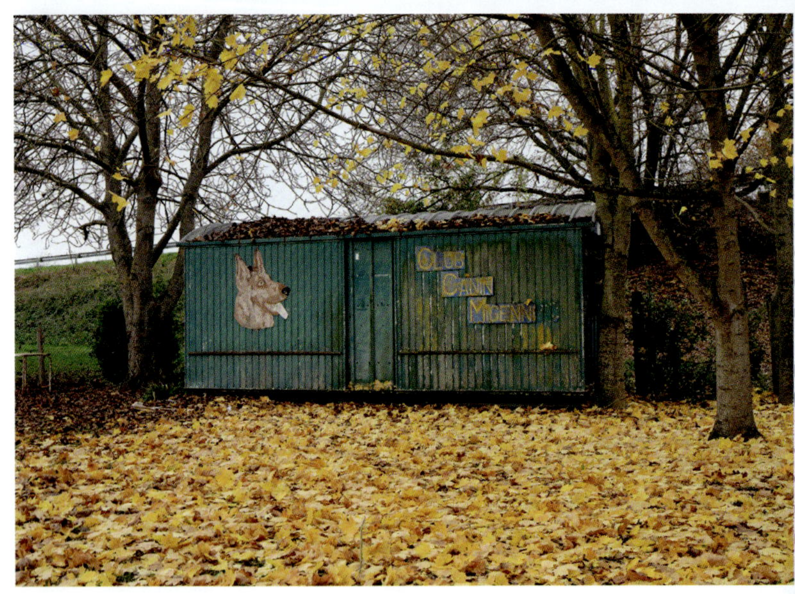

Pays d'Othe
Migennes

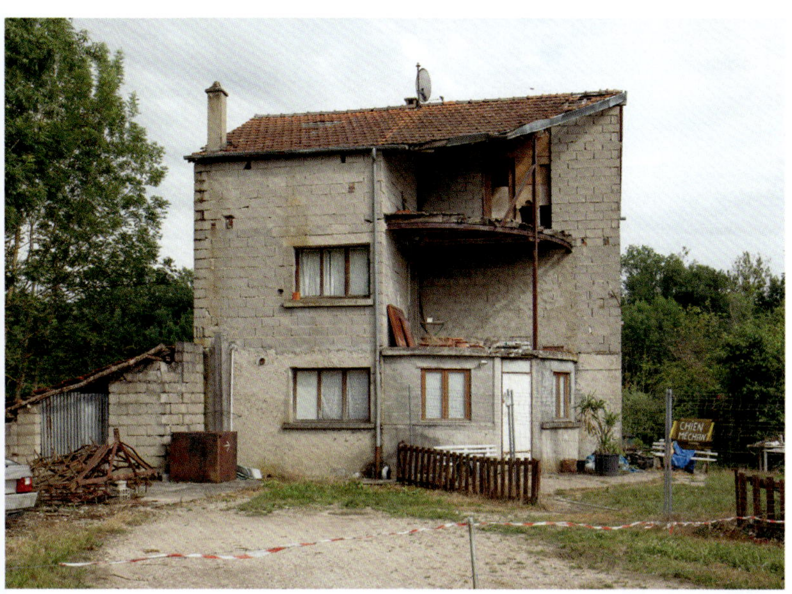

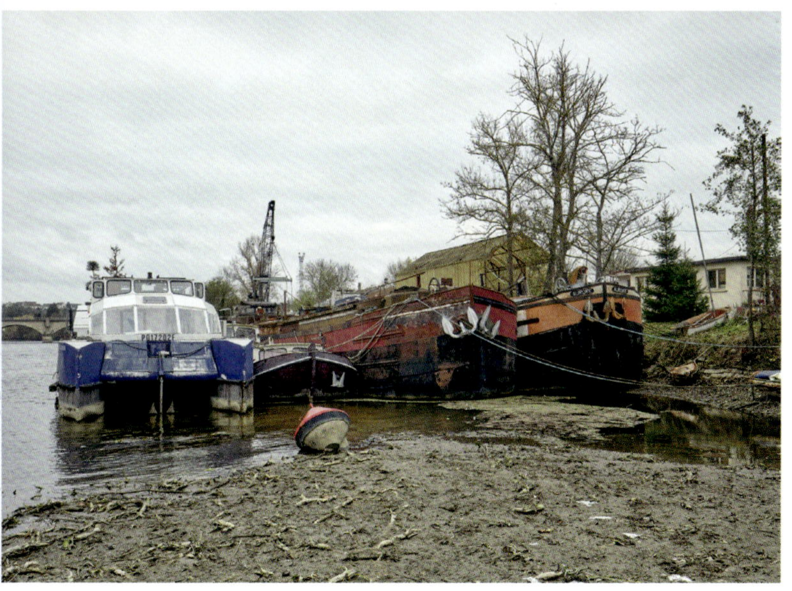

Saint-Florentin
Migennes

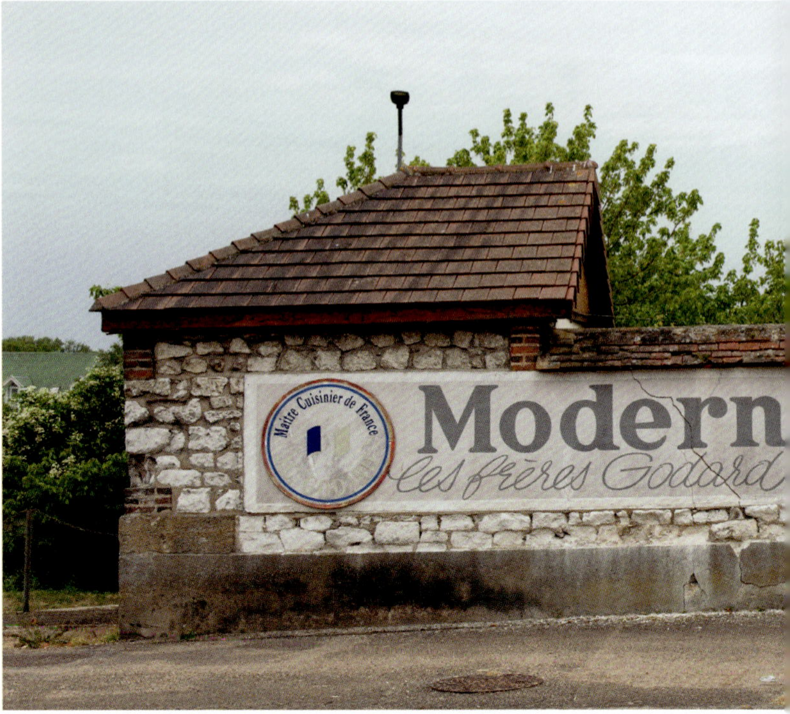

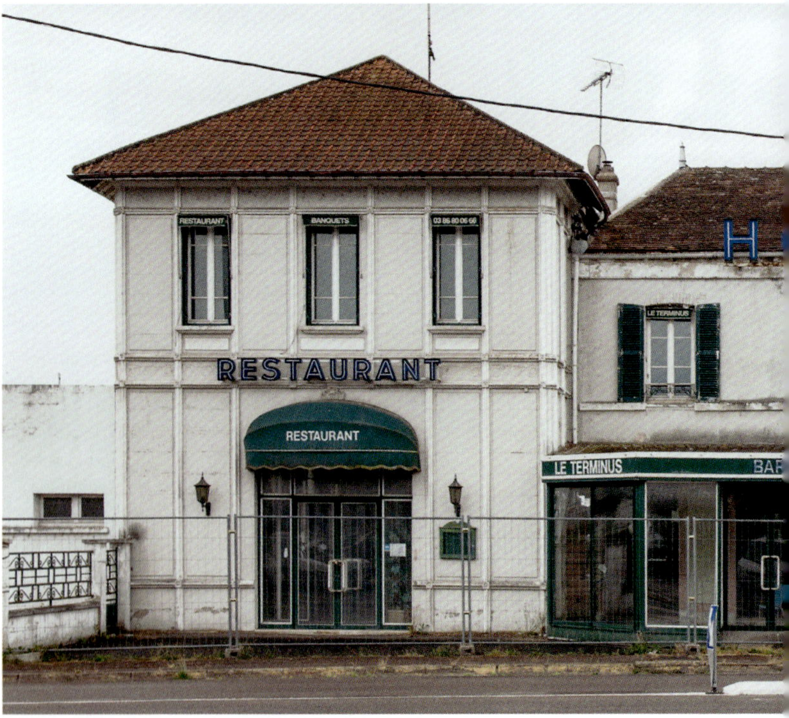

Joigny
Migennes

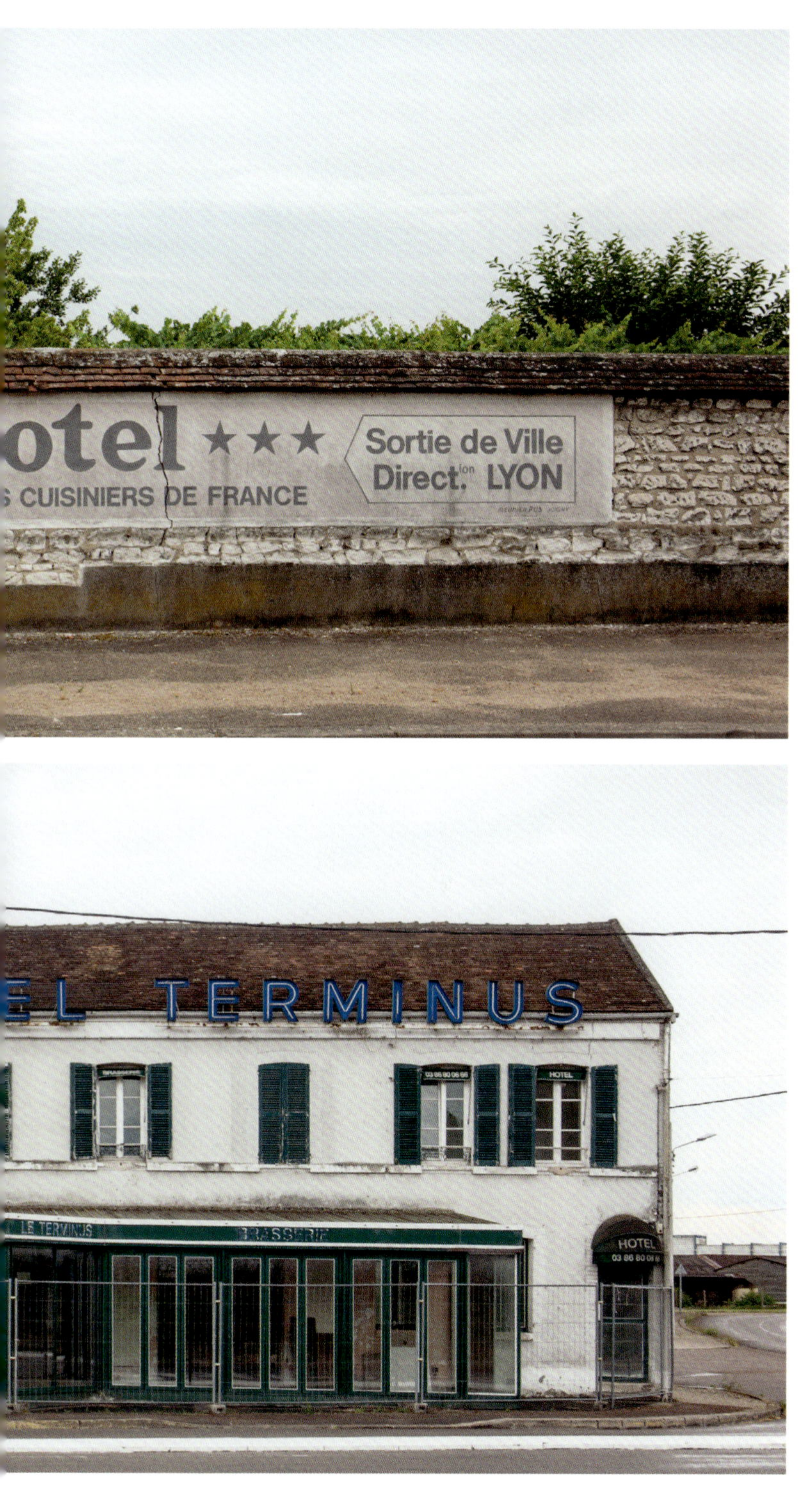
otel ★★★ Sortie de Ville
Direct.ion LYON
S CUISINIERS DE FRANCE
EL TERMINUS
HOTEL
03 86 80 06 95

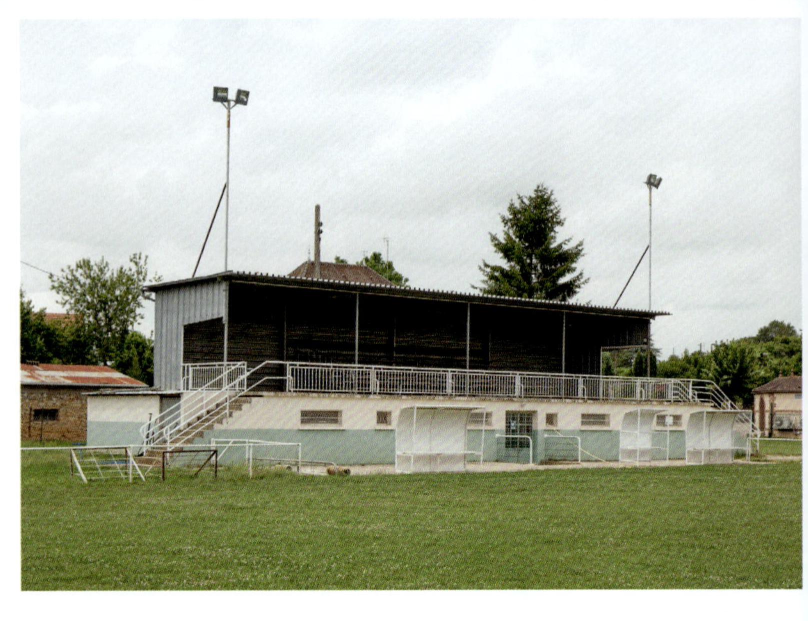

Plateau de Sainte-Maure

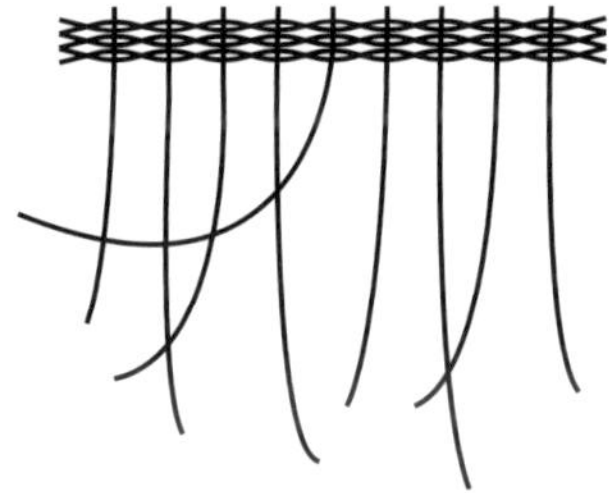

ch. 27

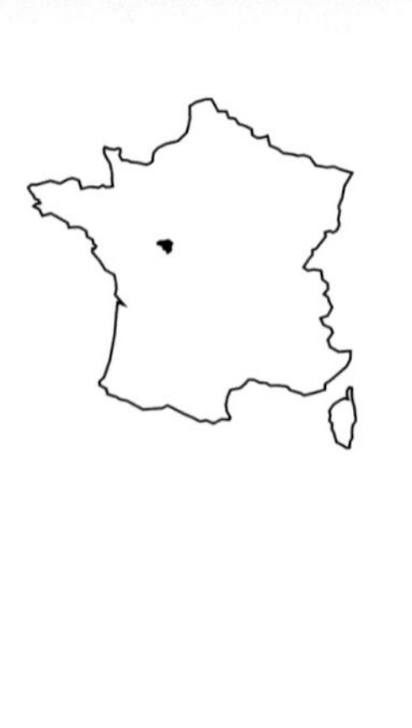

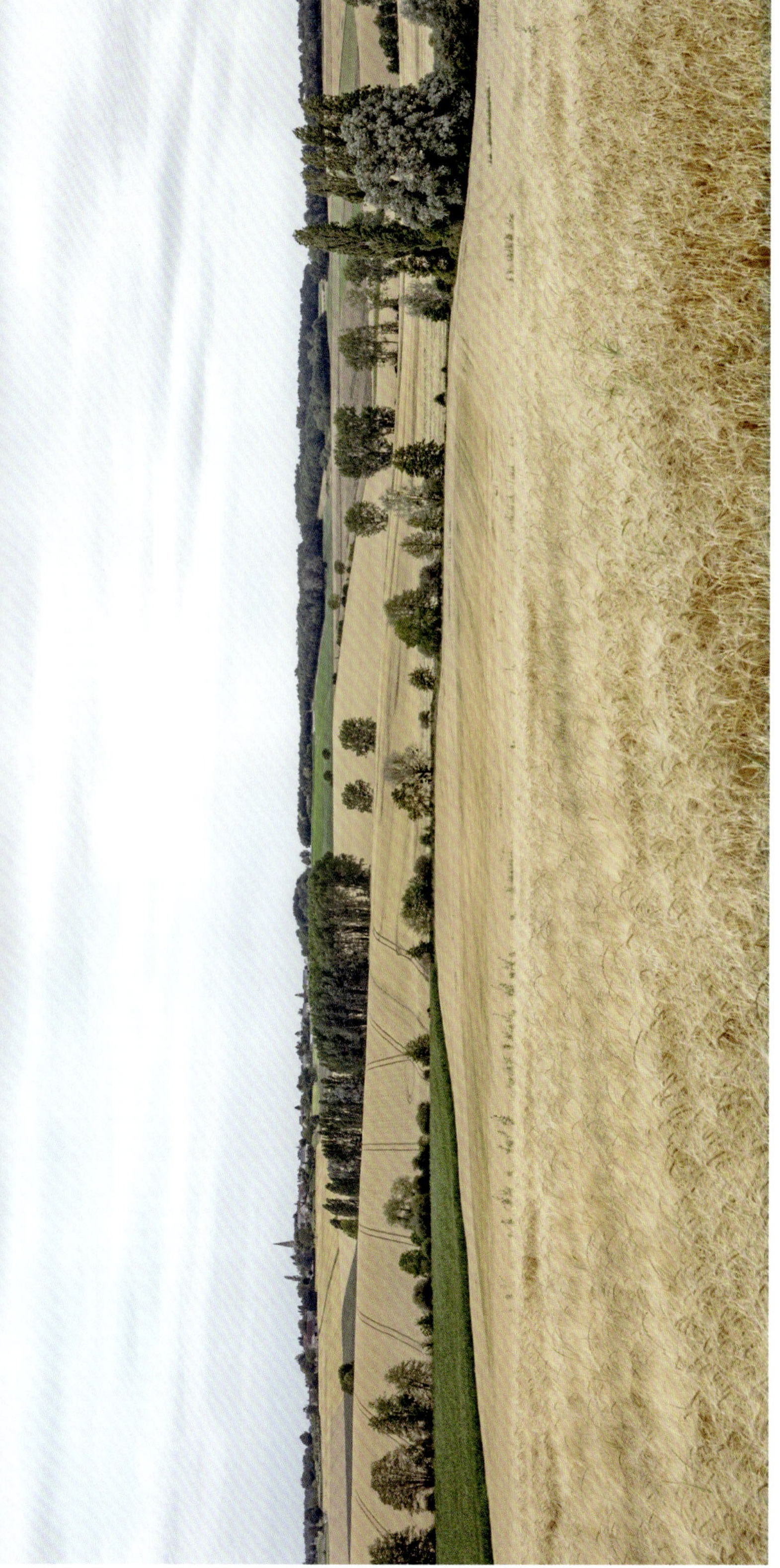

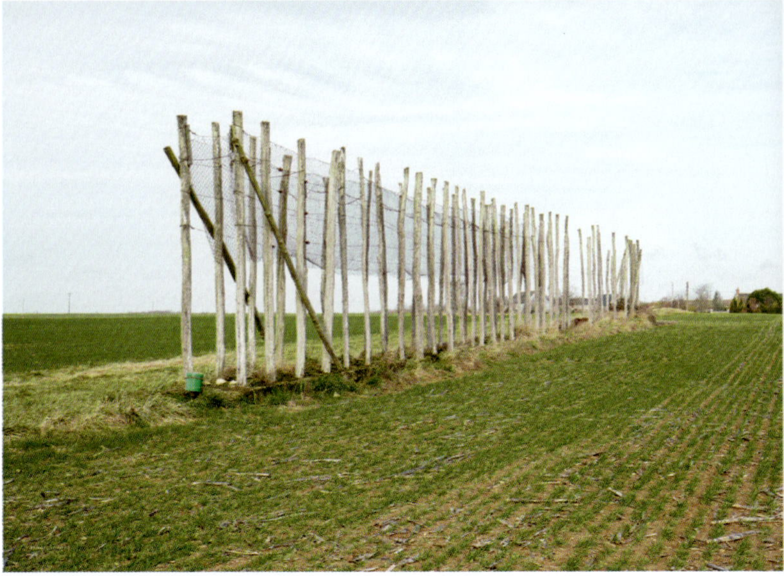

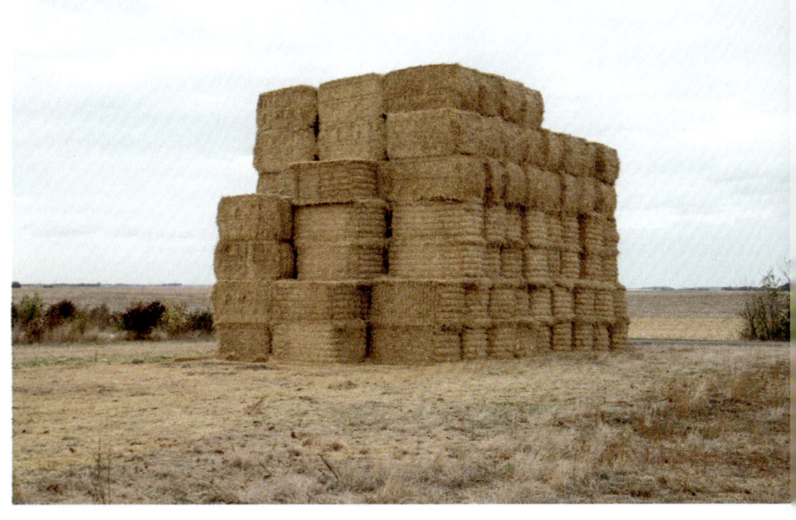

Louans
Chambourg-sur-Indre

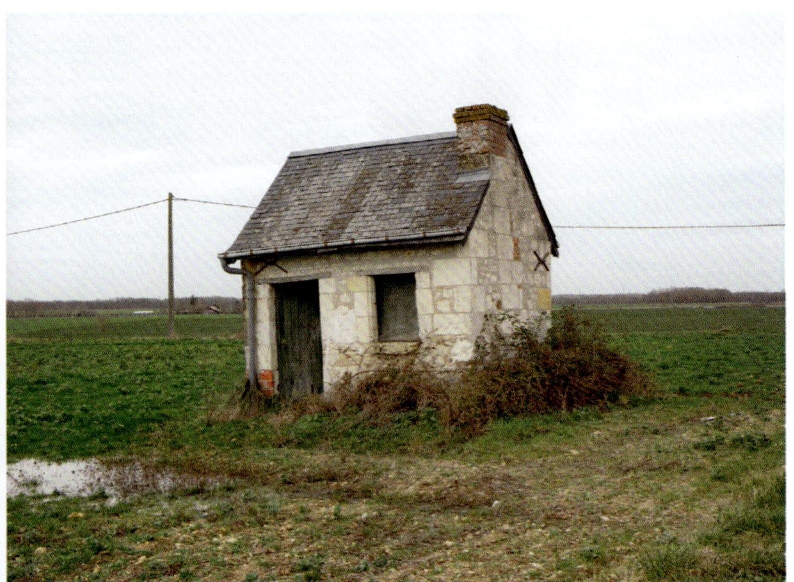

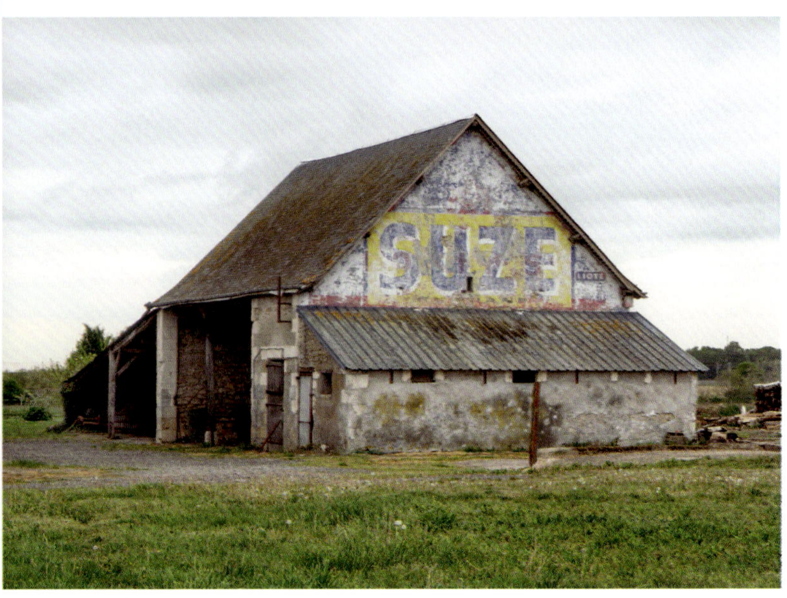

SUZE

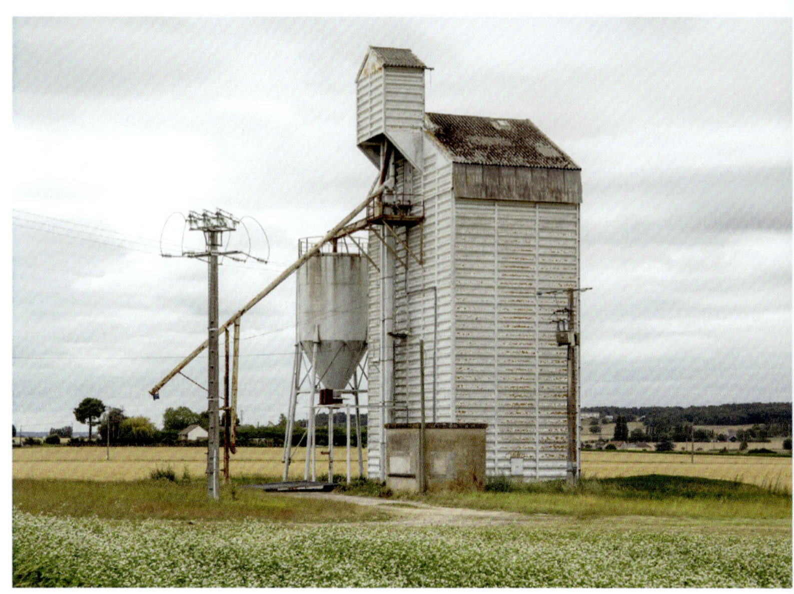

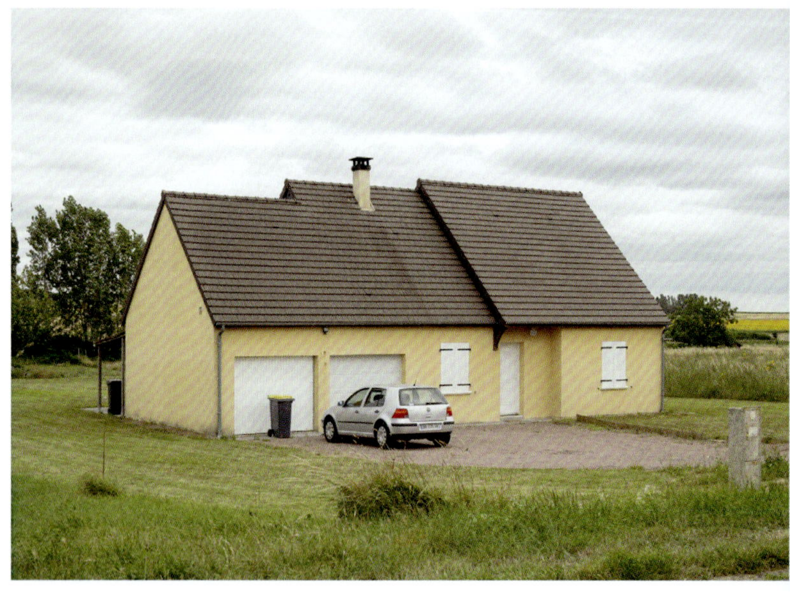

Bournan
Draché

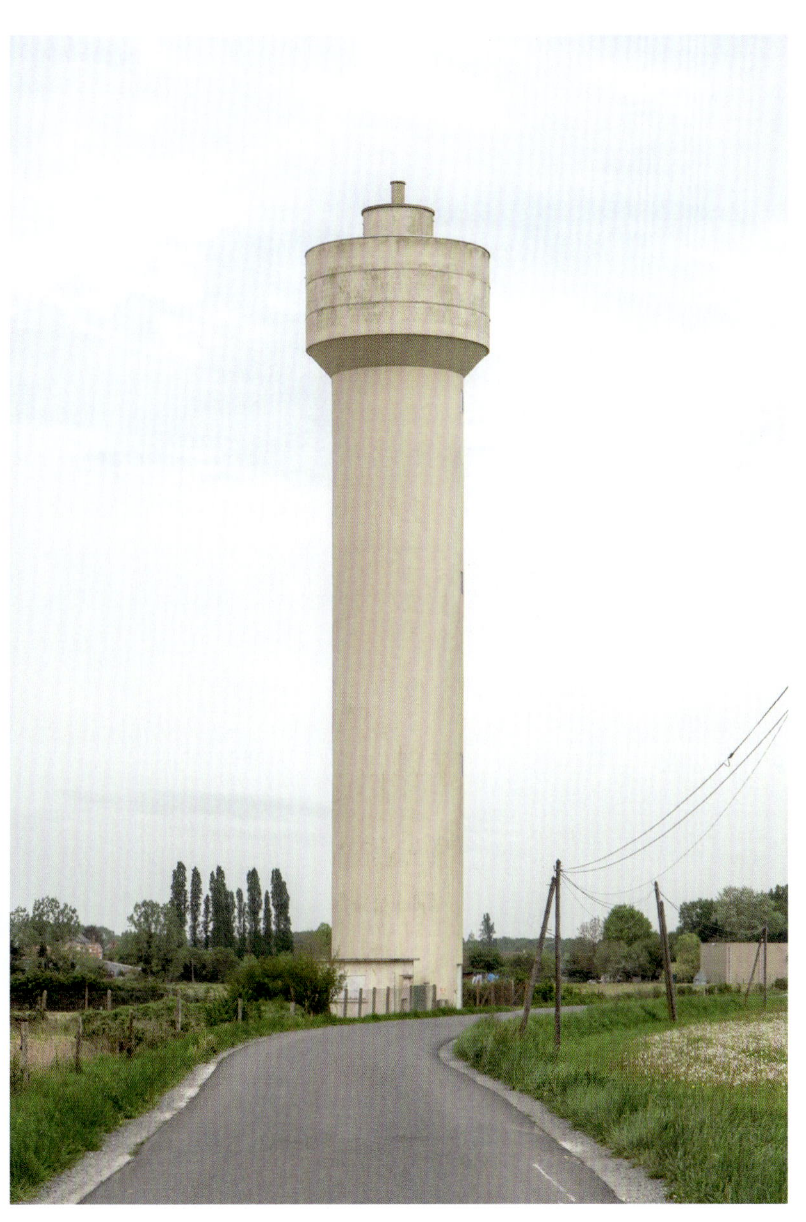

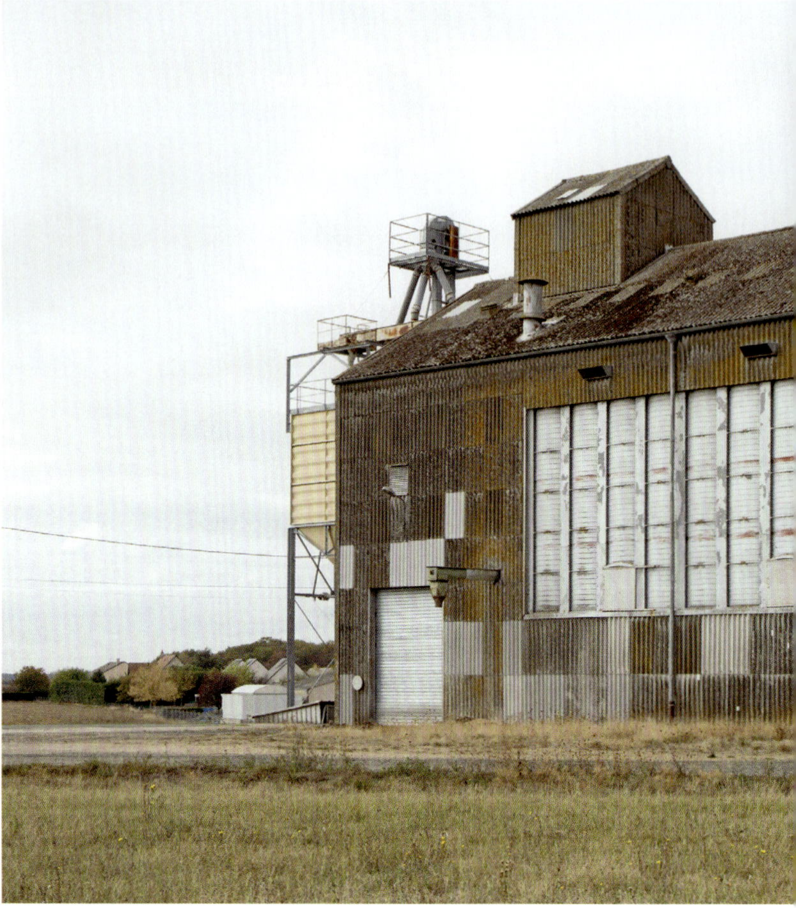

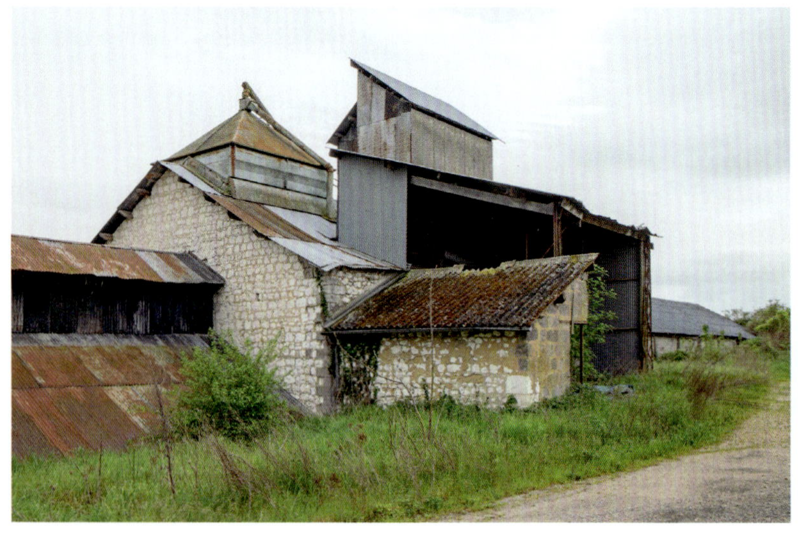

Bossée
Ligueil

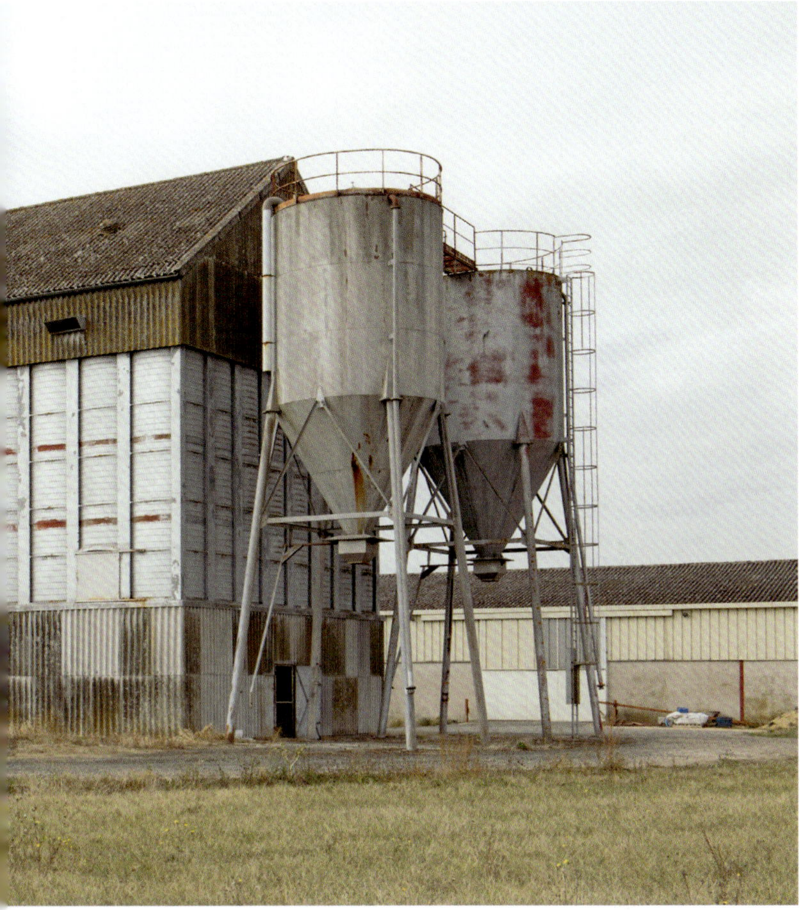

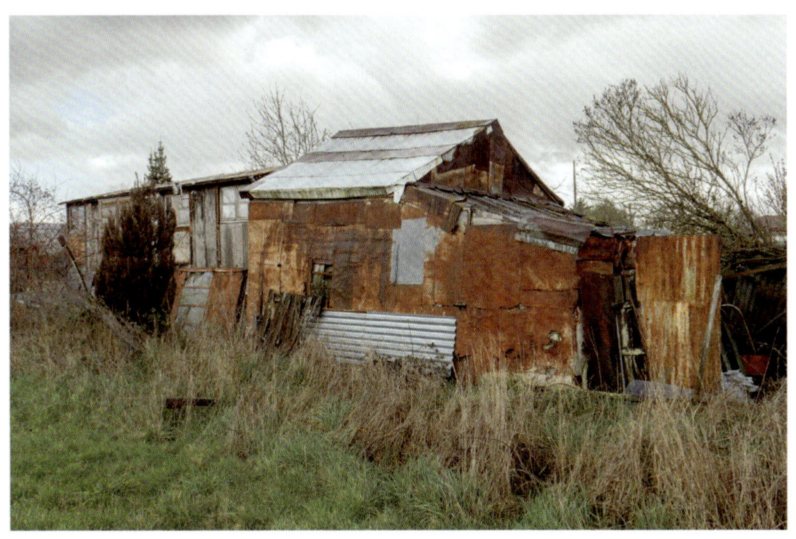

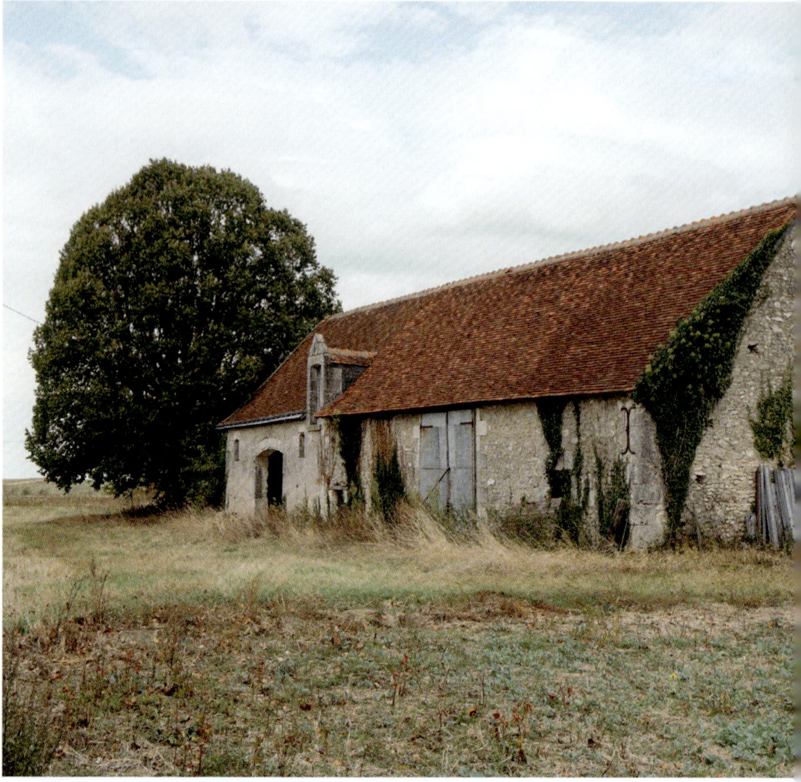

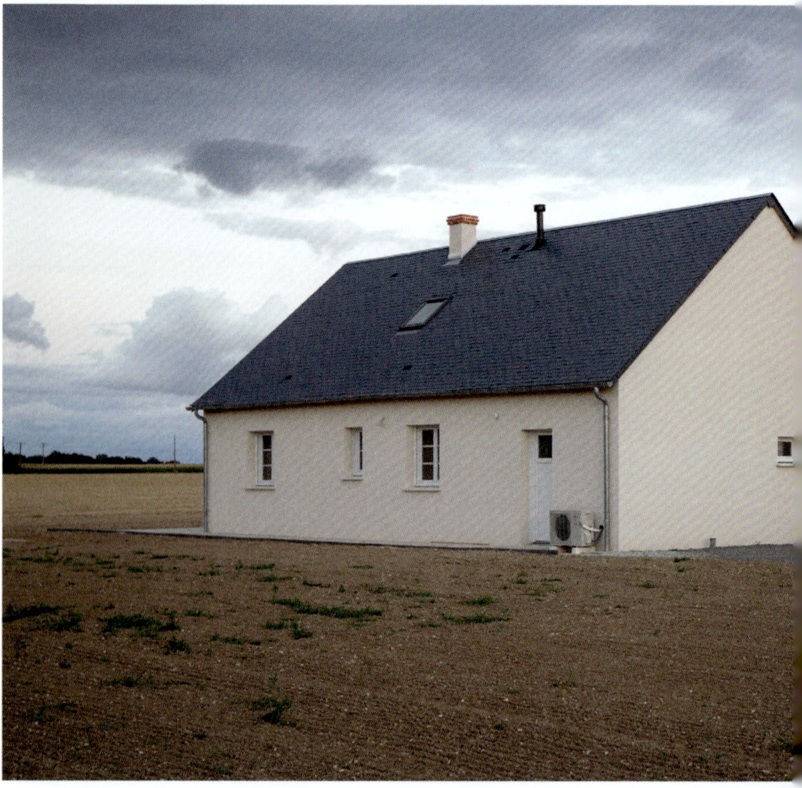

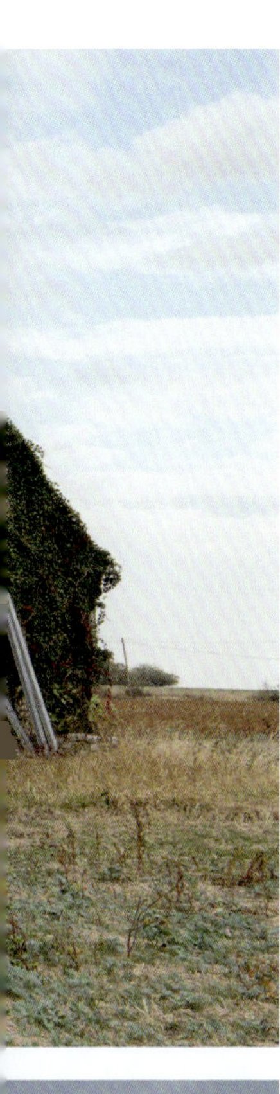

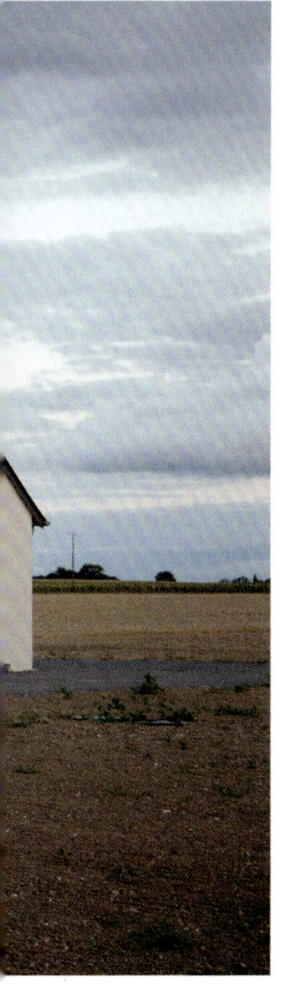

Dolus-le-Sec
Villeperdue

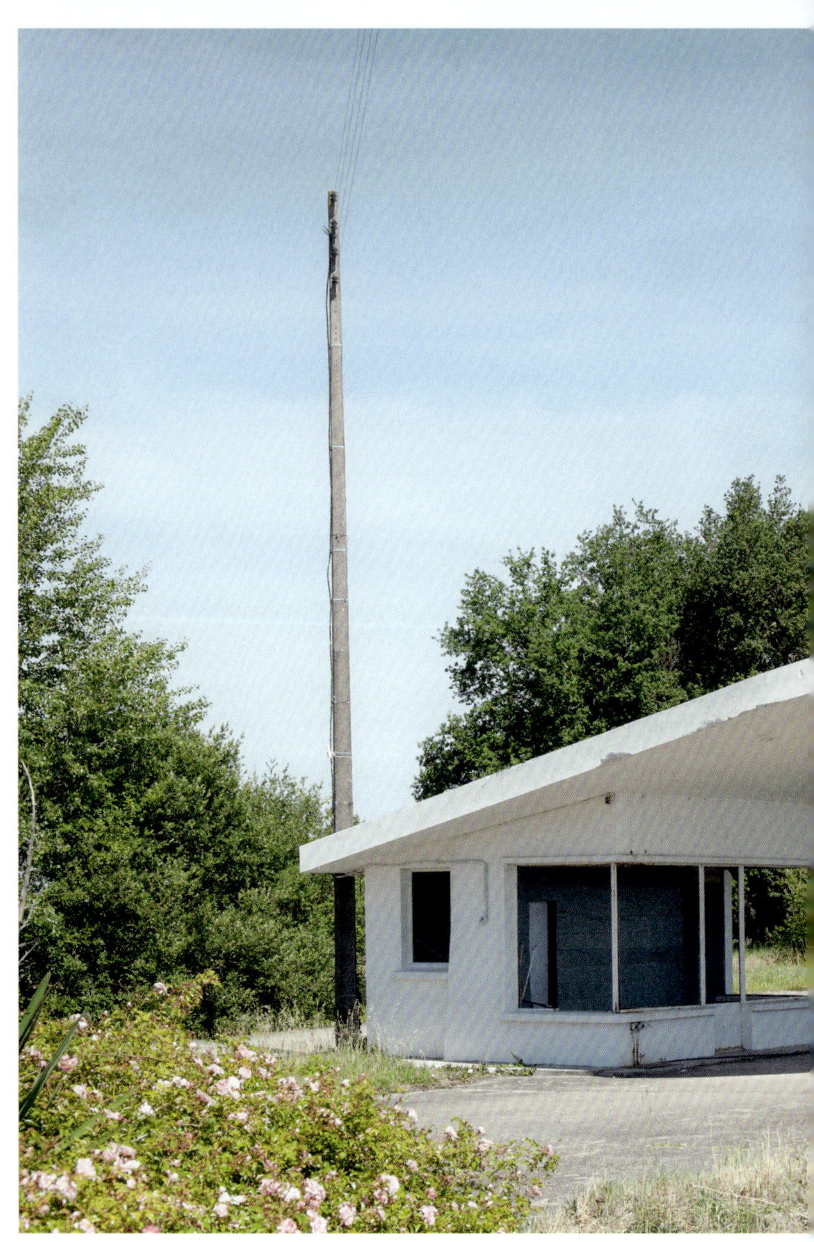

Sainte-Maure-de-Touraine

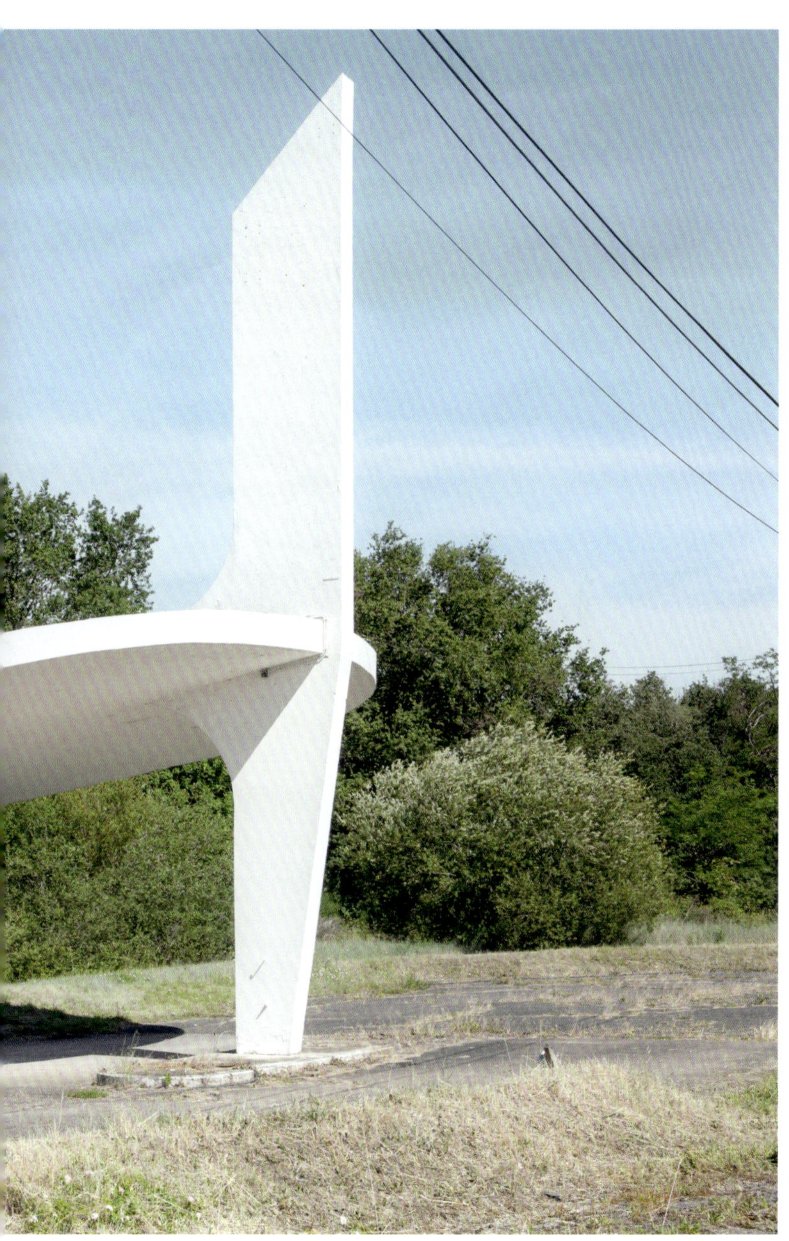

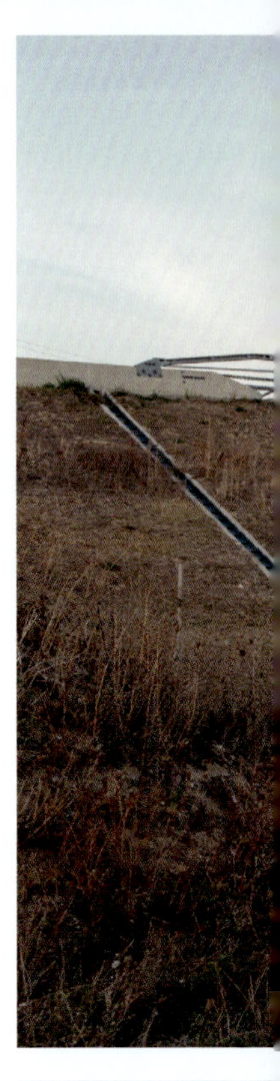

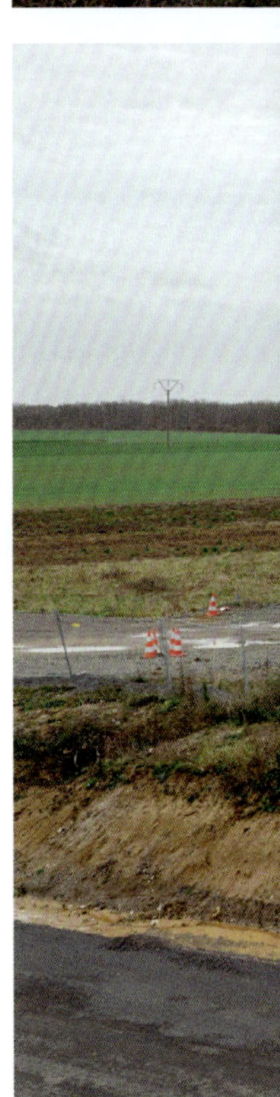

Villeperdue
Sainte-Maure-de-Touraine

→→ Sainte-Maure-de-Touraine
   Draché
   Civray-sur-Esves

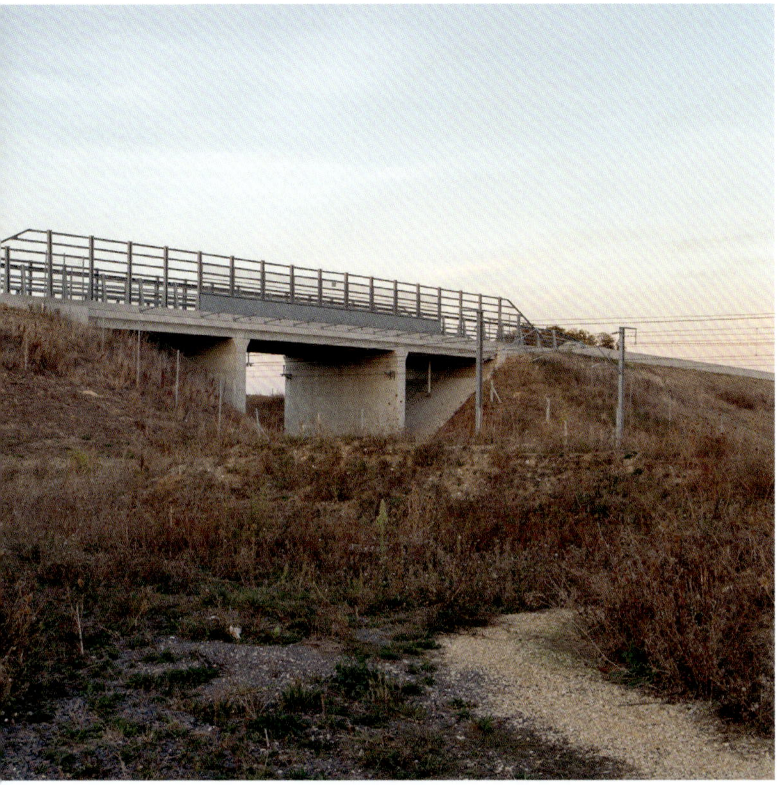

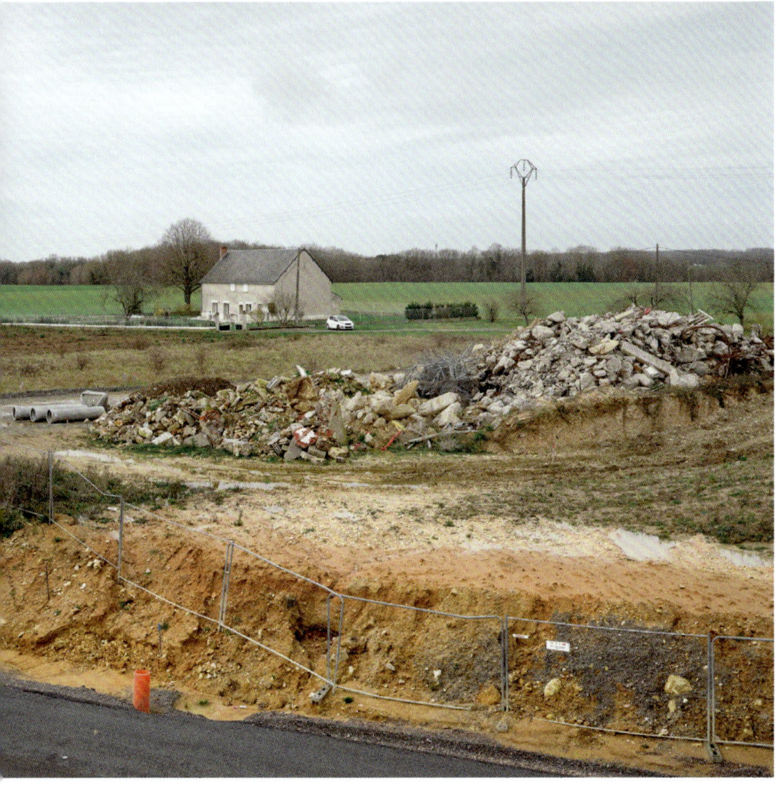

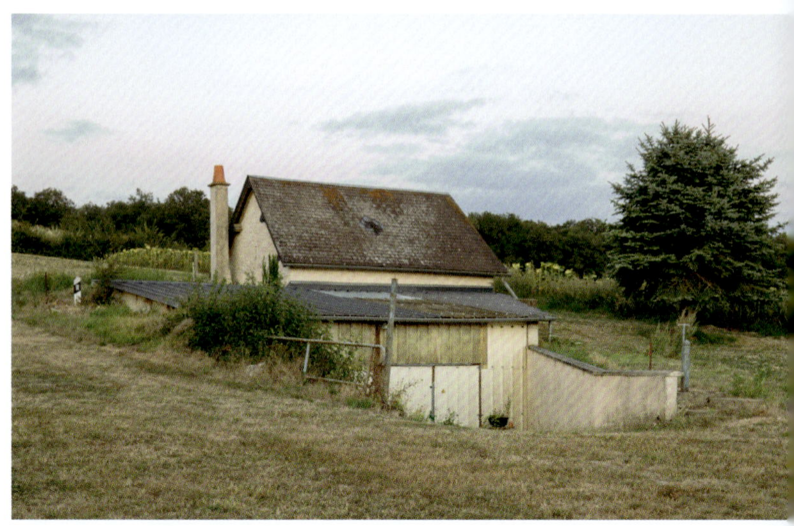

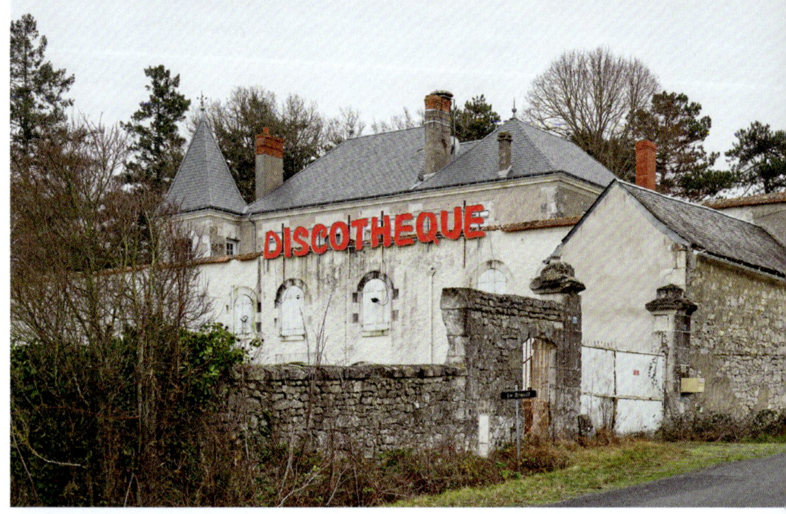
DISCOTHEQUE

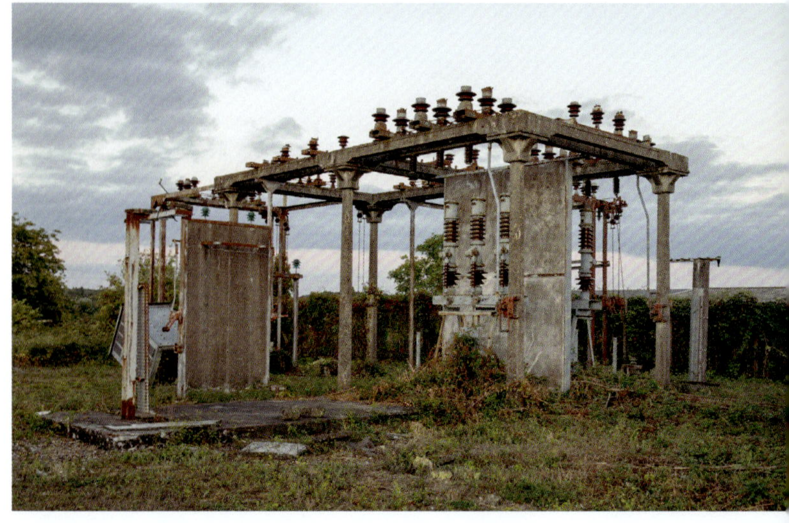

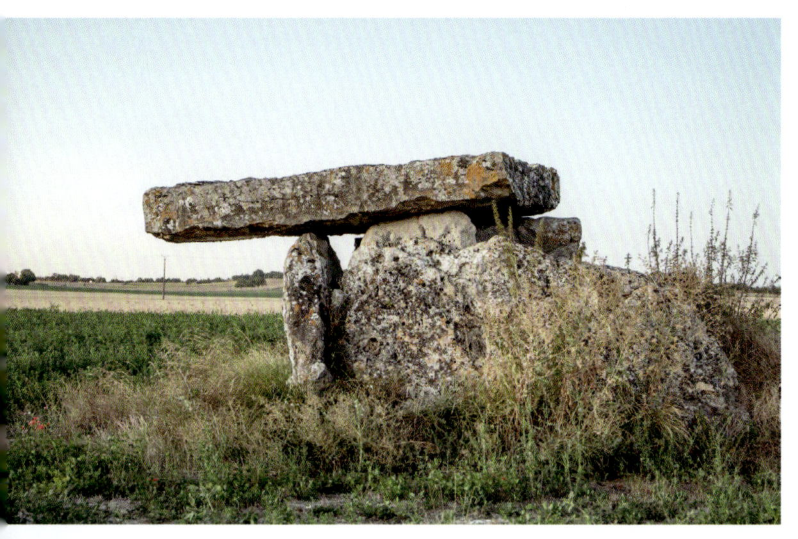

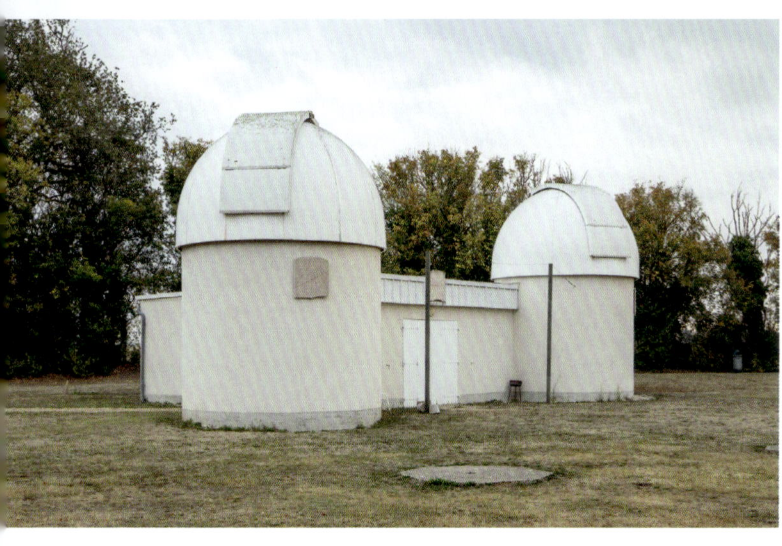

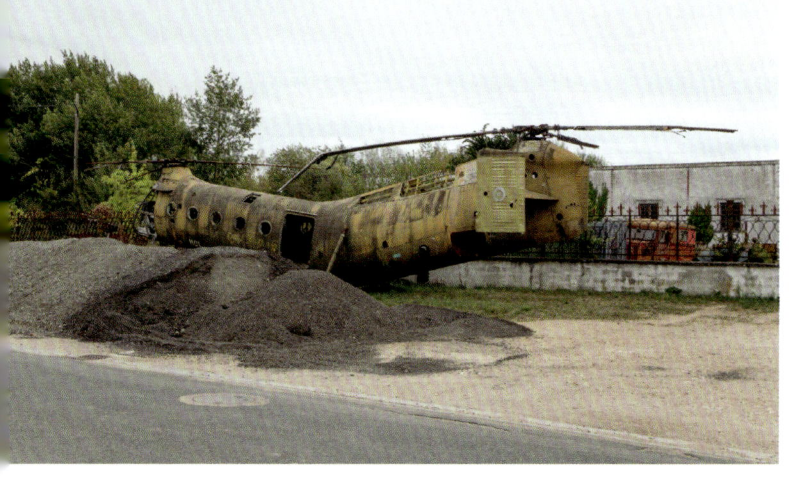

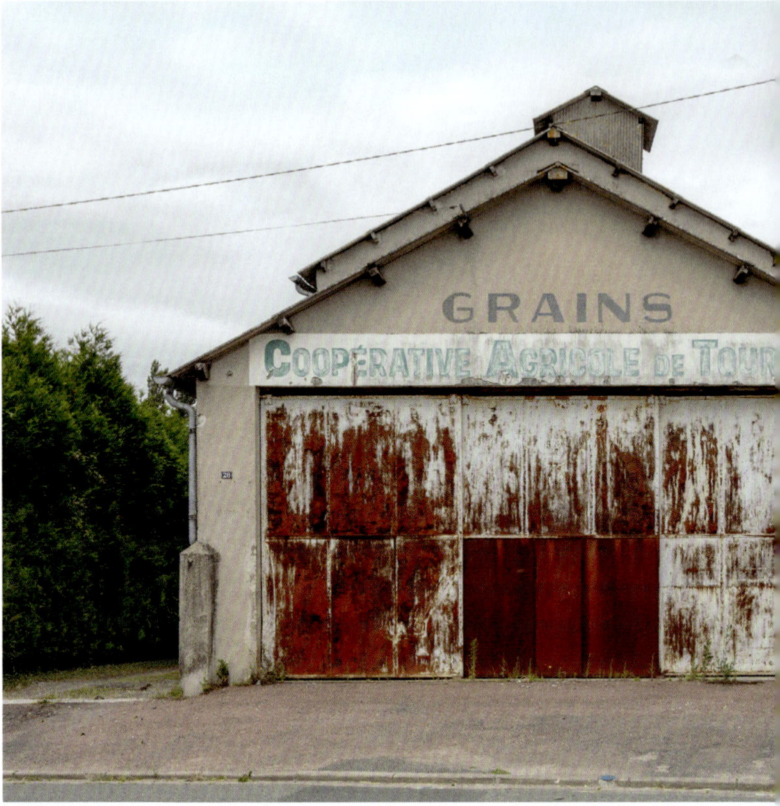

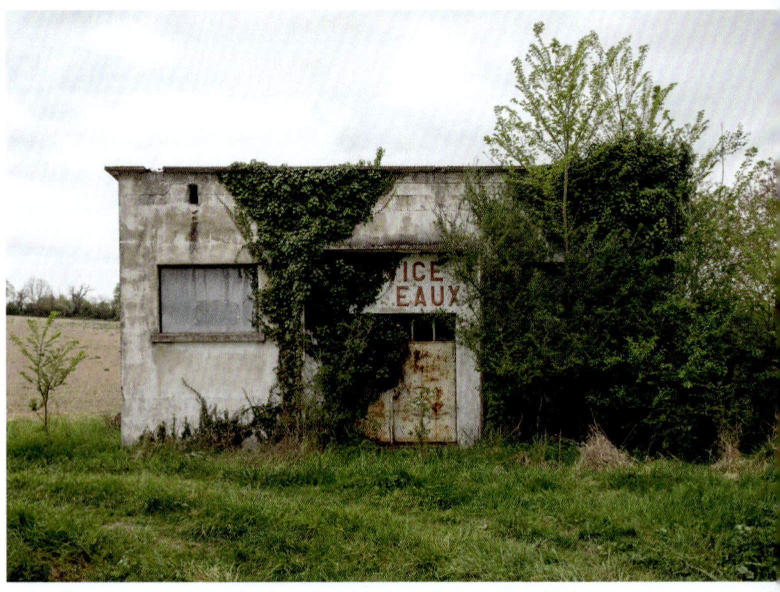

← Draché
Tauxigny   Ligueil
Villeperdue   Civray-sur-Esves

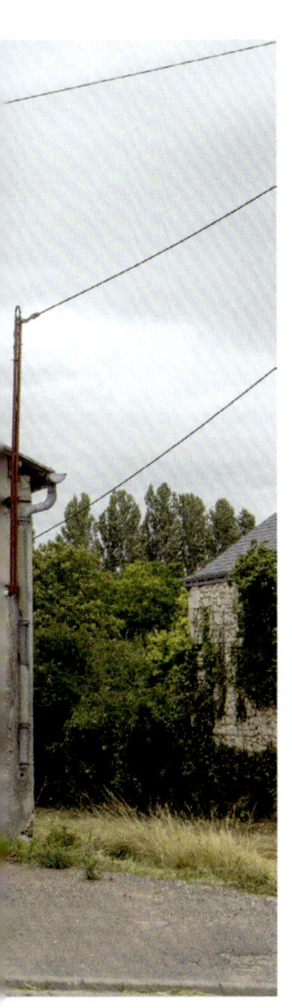
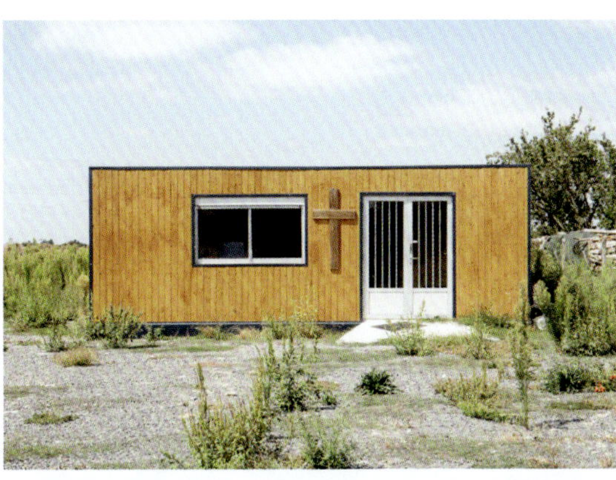
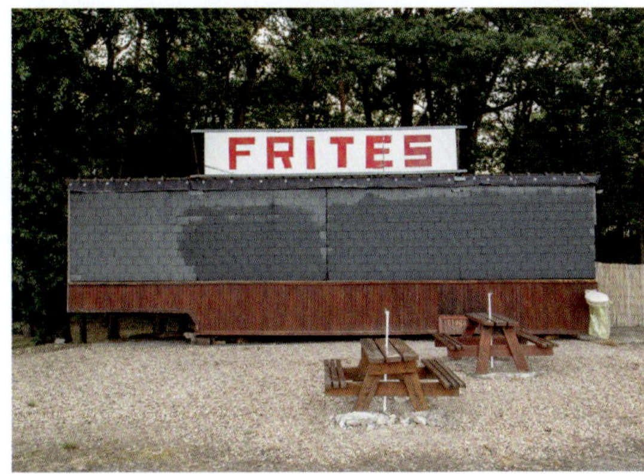
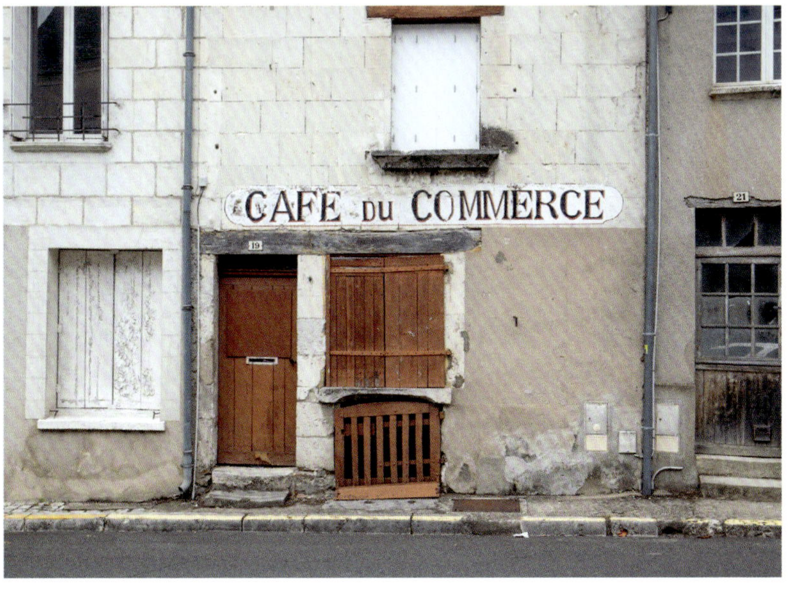

Port-de-Piles
Sorigny
Cormery

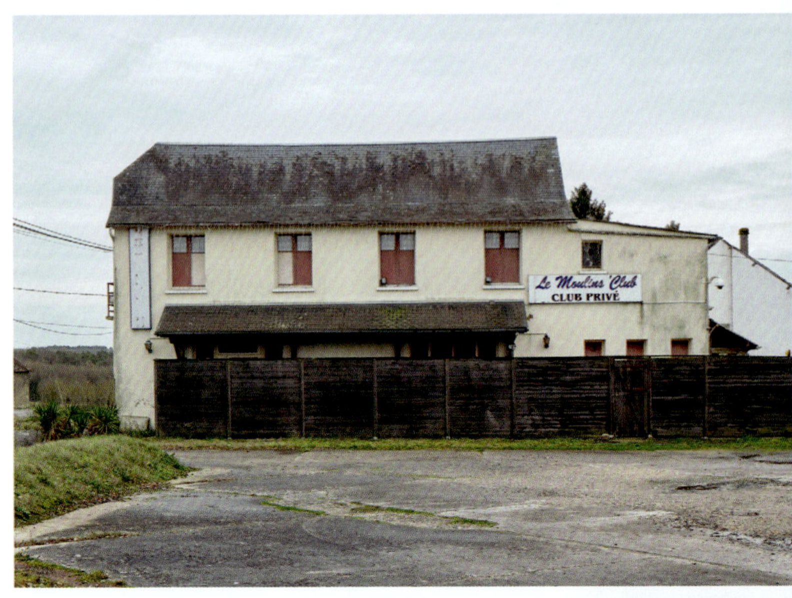

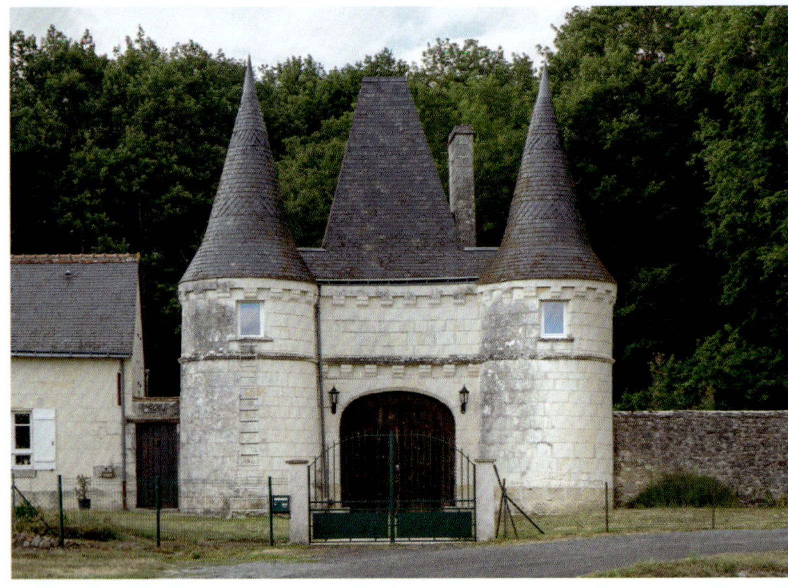

Sainte-Maure-de-Touraine
Saint-Épain

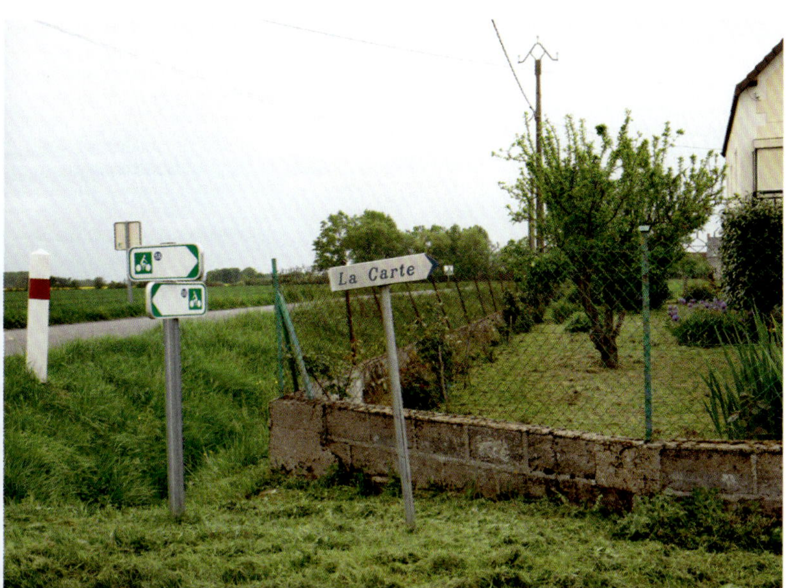

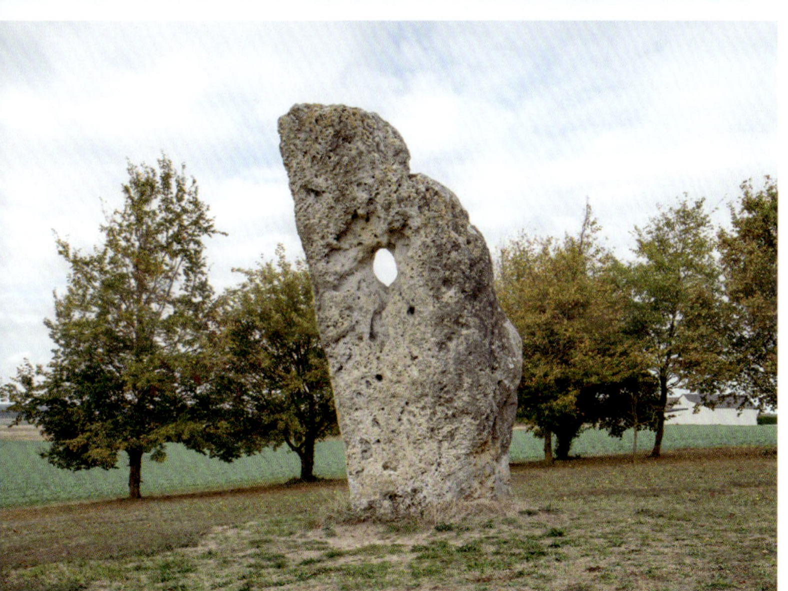

La Chapelle-Blanche-Saint-Martin
Draché

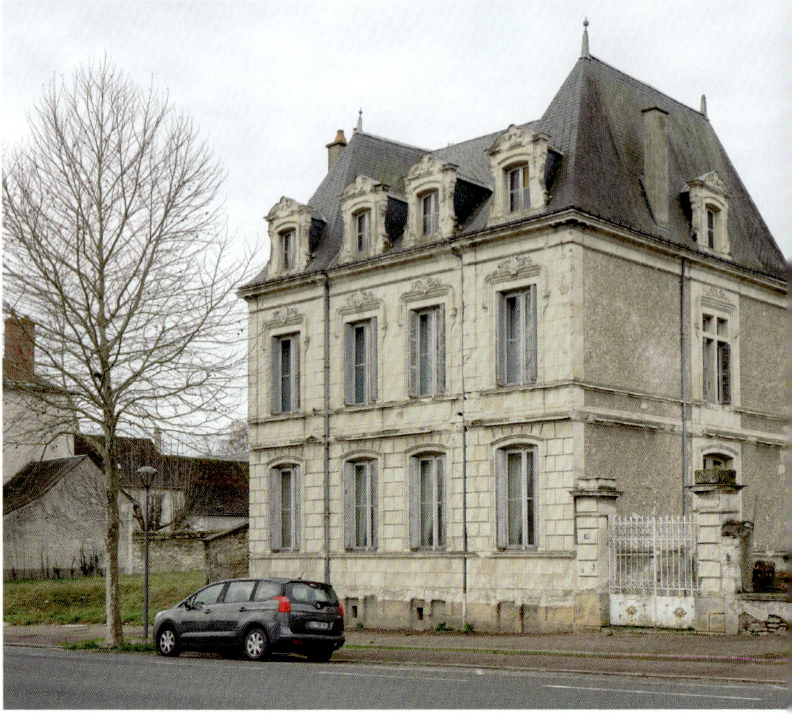

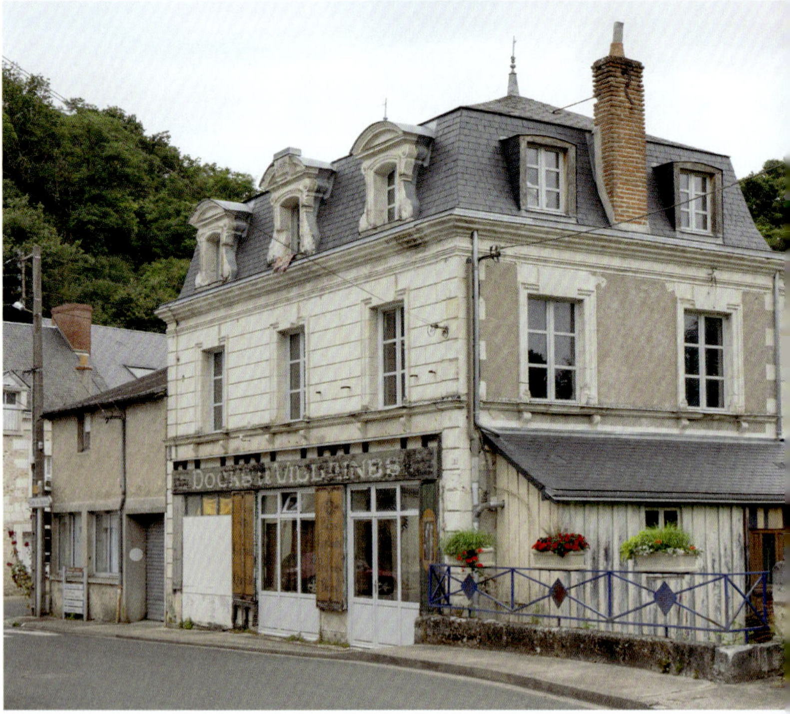

Sainte-Maure-de-Touraine
Villaines-les-Rochers

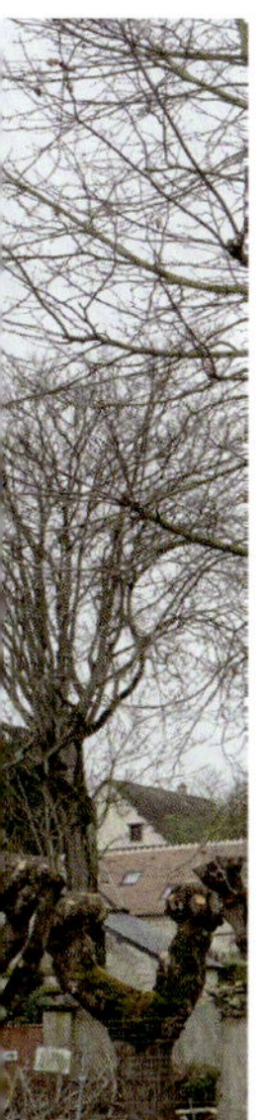

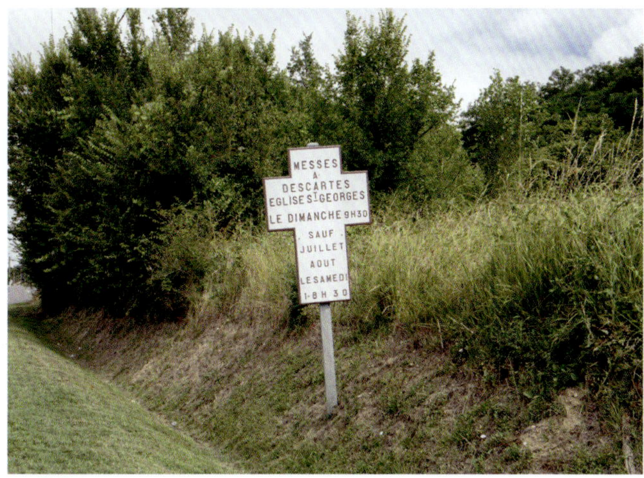
MESSES
A
DESCARTES
EGLISE St GEORGES
LE DIMANCHE 9H30
SAUF
JUILLET
AOUT
LE SAMEDI
18H30

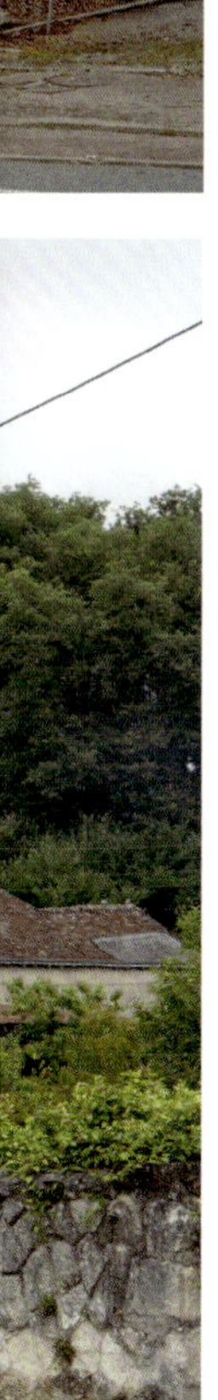

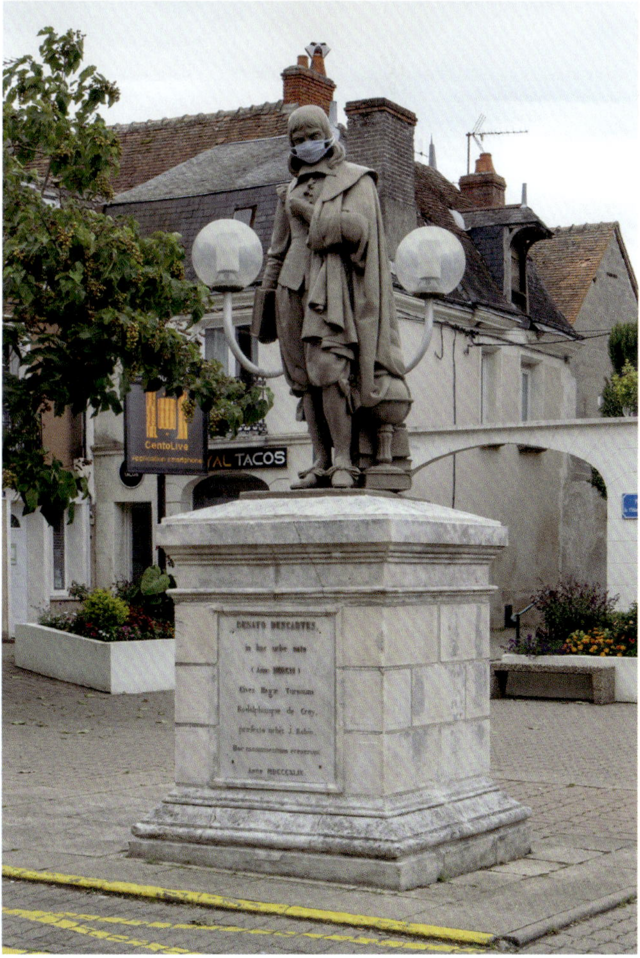

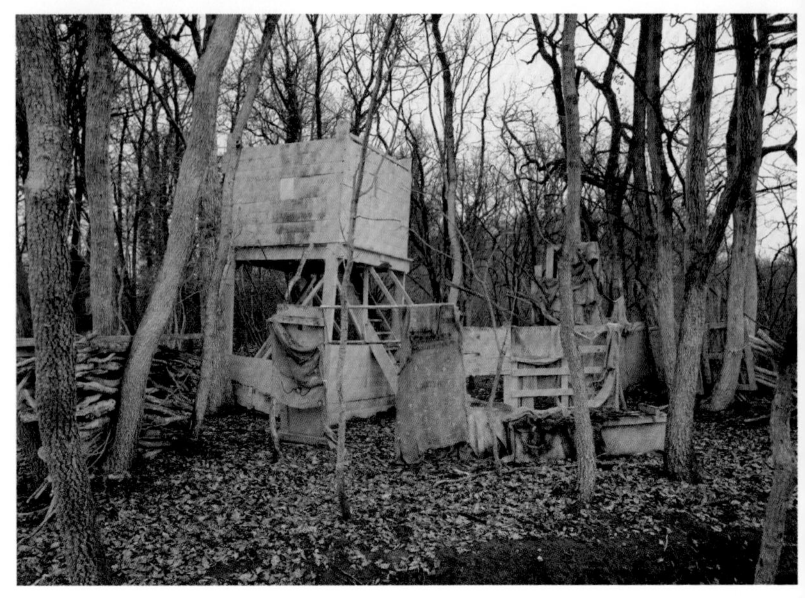

Non

NON

ch. 28

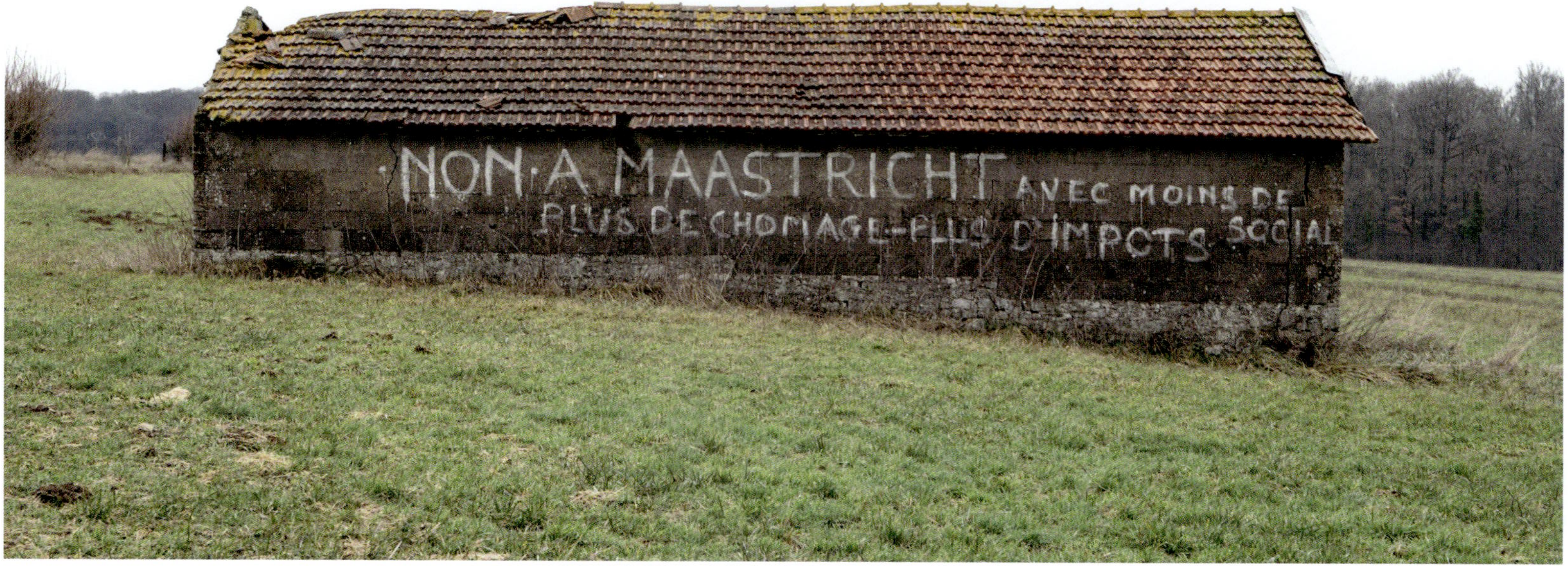

NON·A MAASTRICHT AVEC MOINS DE
PLUS DE CHOMAGE-PLUS D'IMPOTS SOCIAL

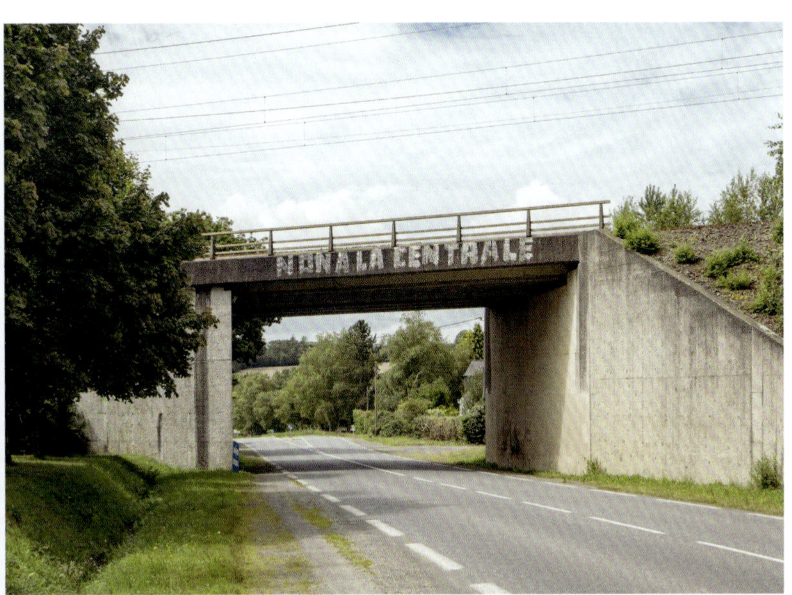

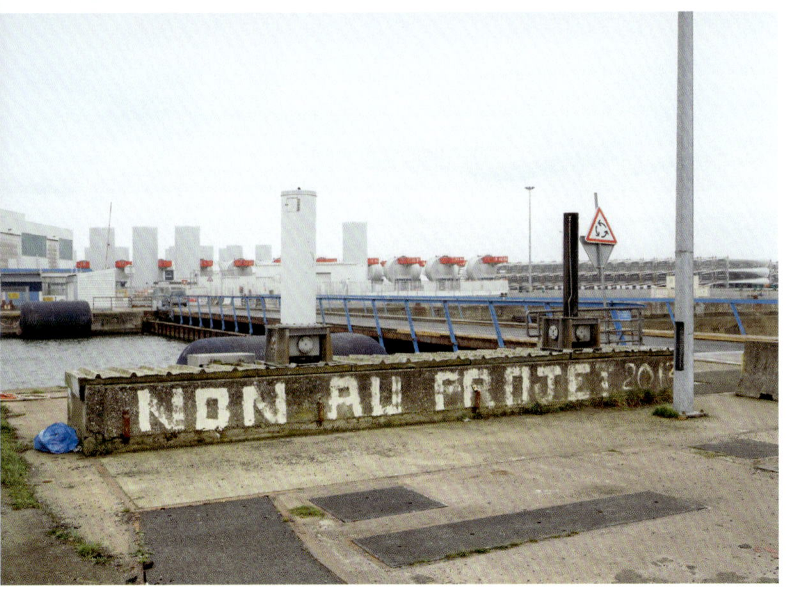

Saint-Sauveur, Léon
Saint-Nazaire, Presqu'île guérandaise

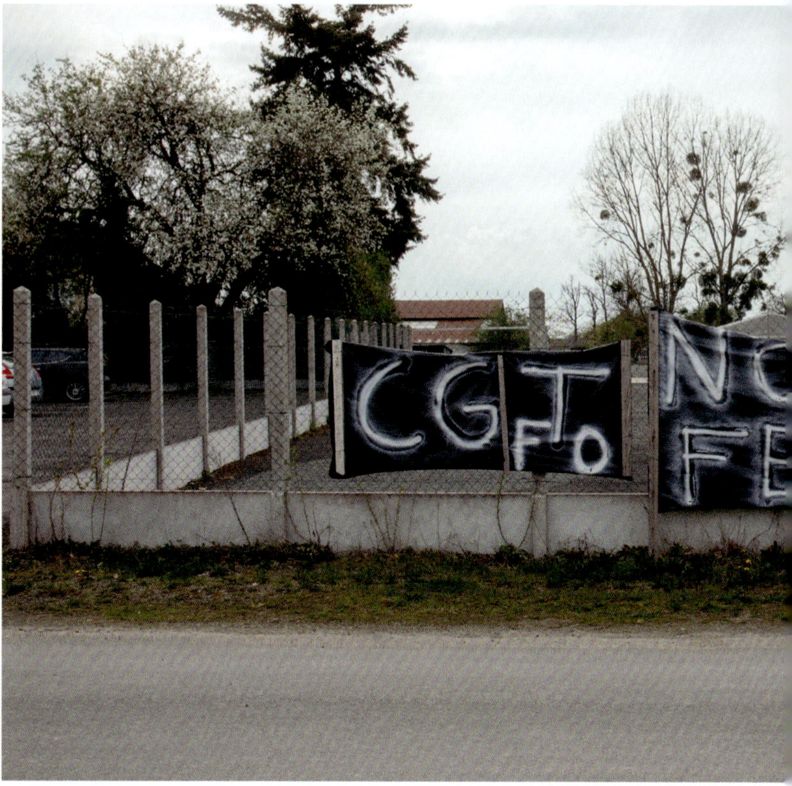

CGT
FO
NO
FE

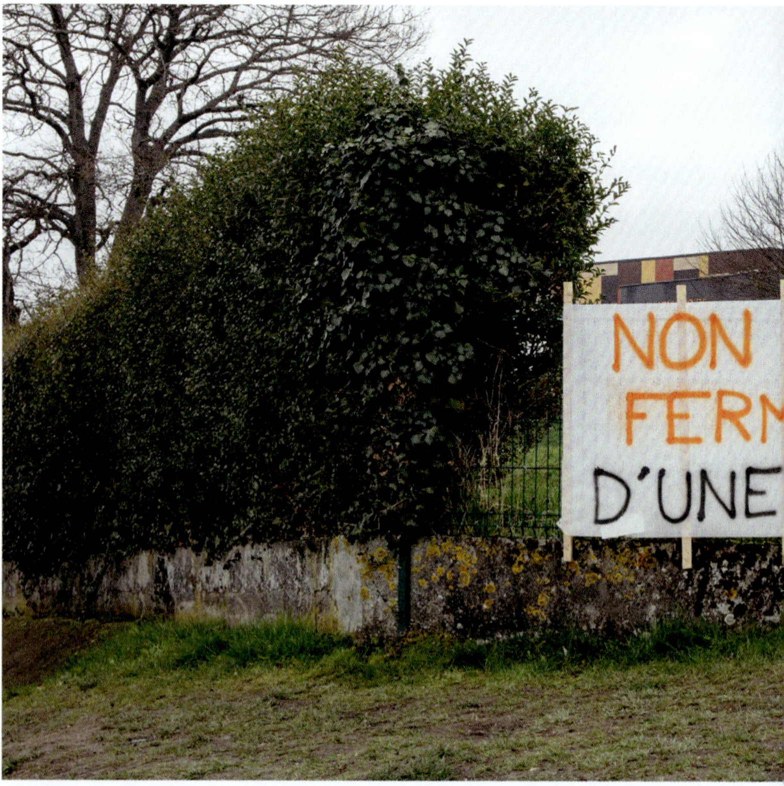

NON
FERM
D'UNE

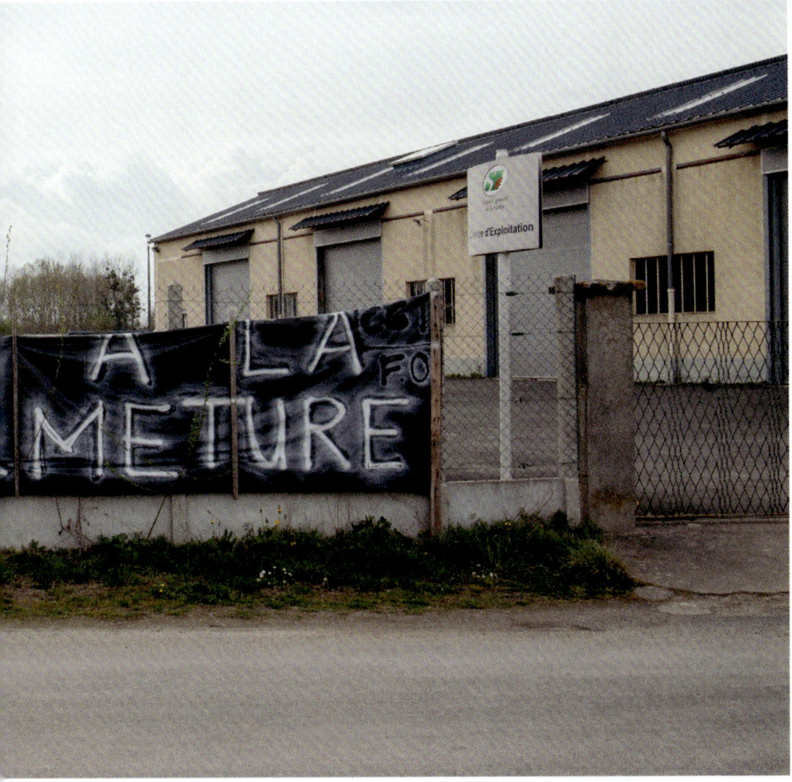

A LA
METURE
F.O
Centre d'Exploitation

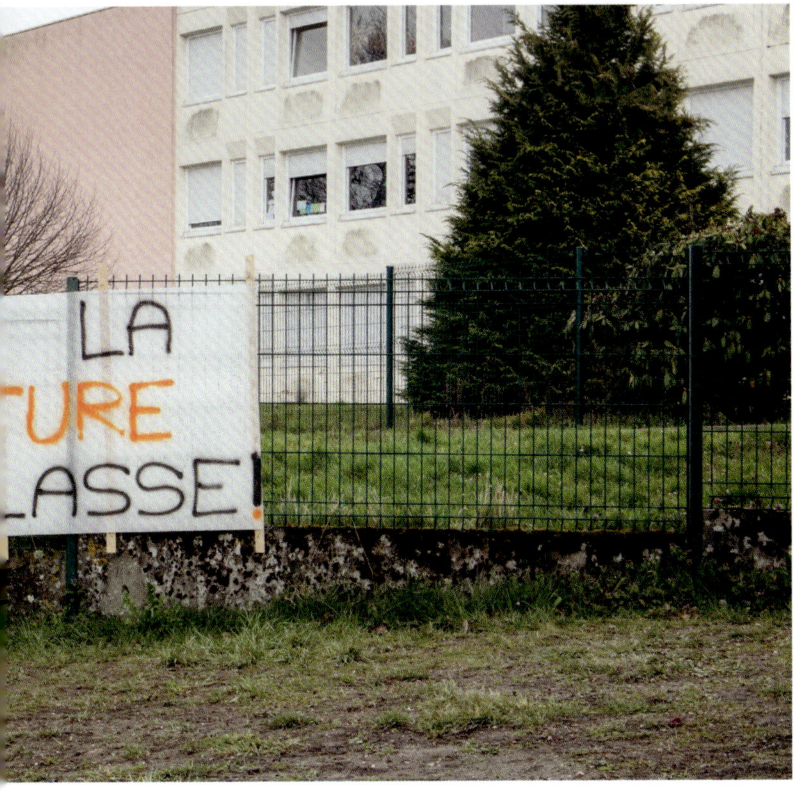

LA
URE
ASSE

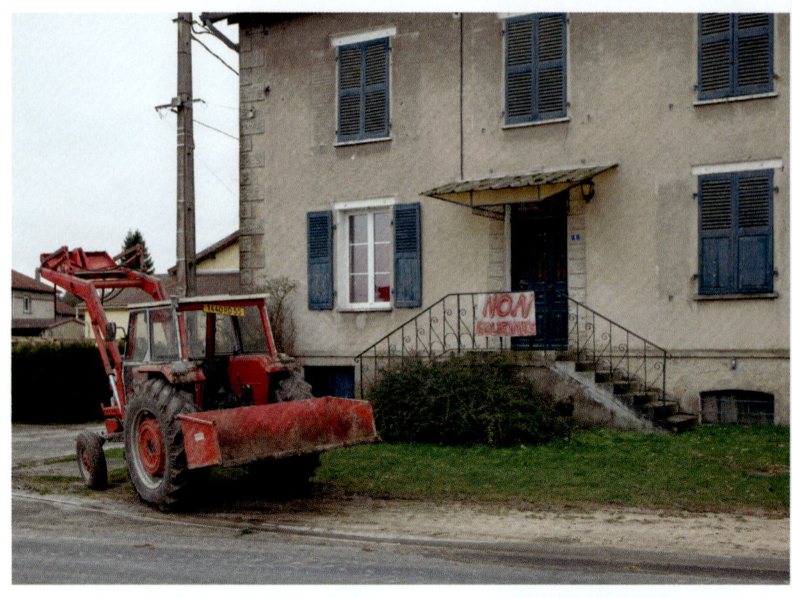

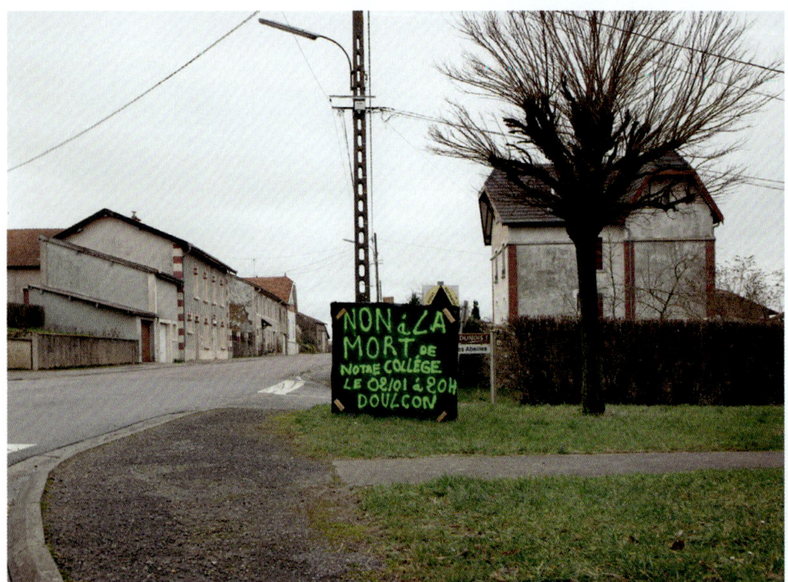

← Mayet, Calaisien
  Guéret, Haute Marche

Esnes-en-Argonne, Argonne
Aincreville, Argonne

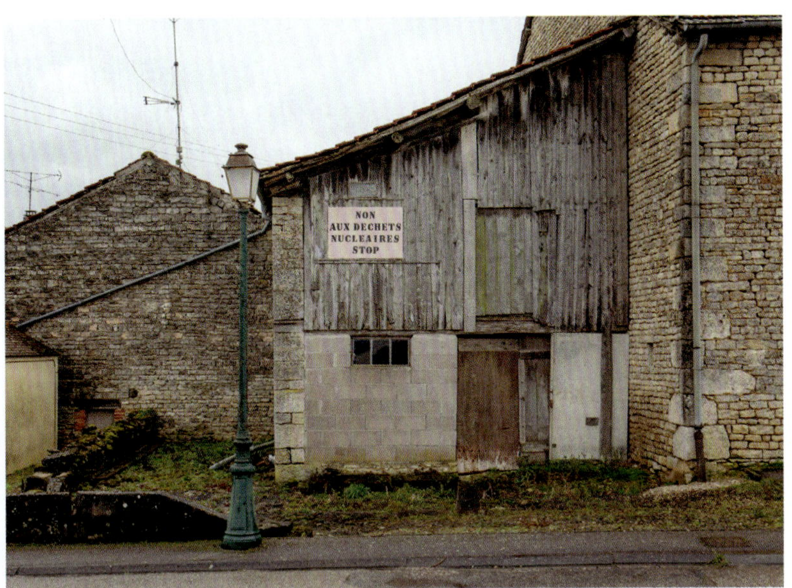

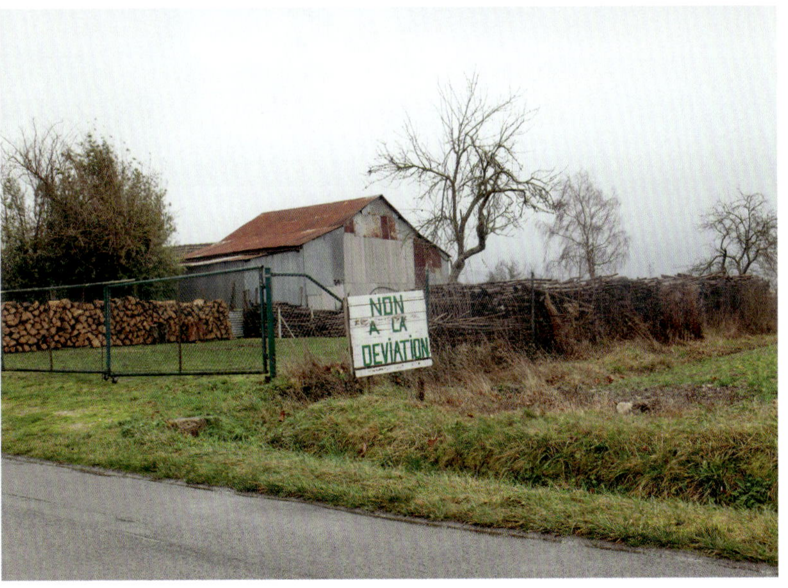

Grand, Pays de Neufchâteau
Chémery, Sologne

→ La Bridoire, Savoie propre
  Saint-Barthélemy-d'Anjou, Val d'Anjou

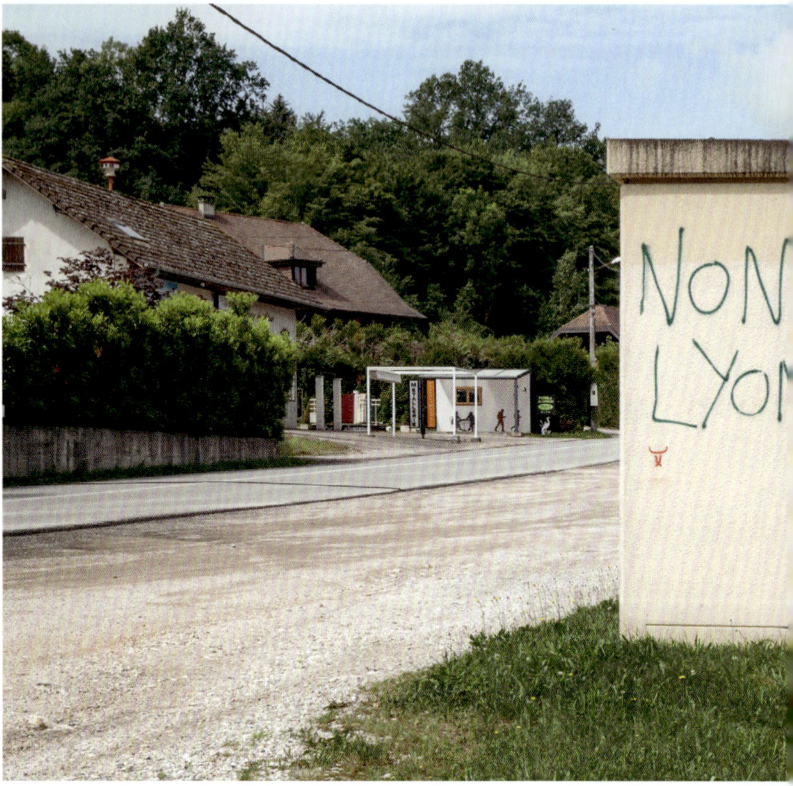

NON
LYON

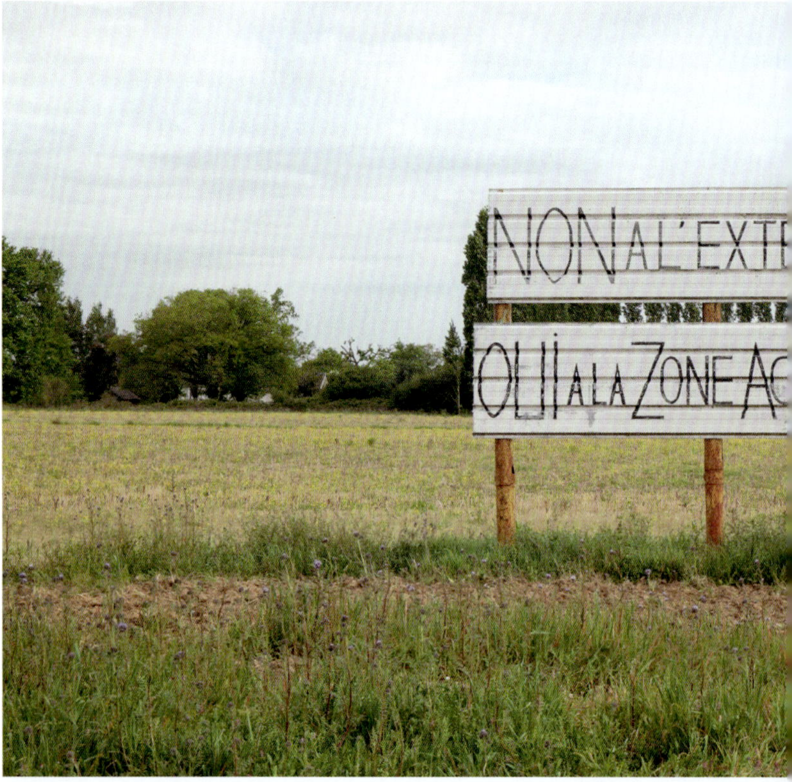

NON AL'EXT
OUI A LA ZONE A

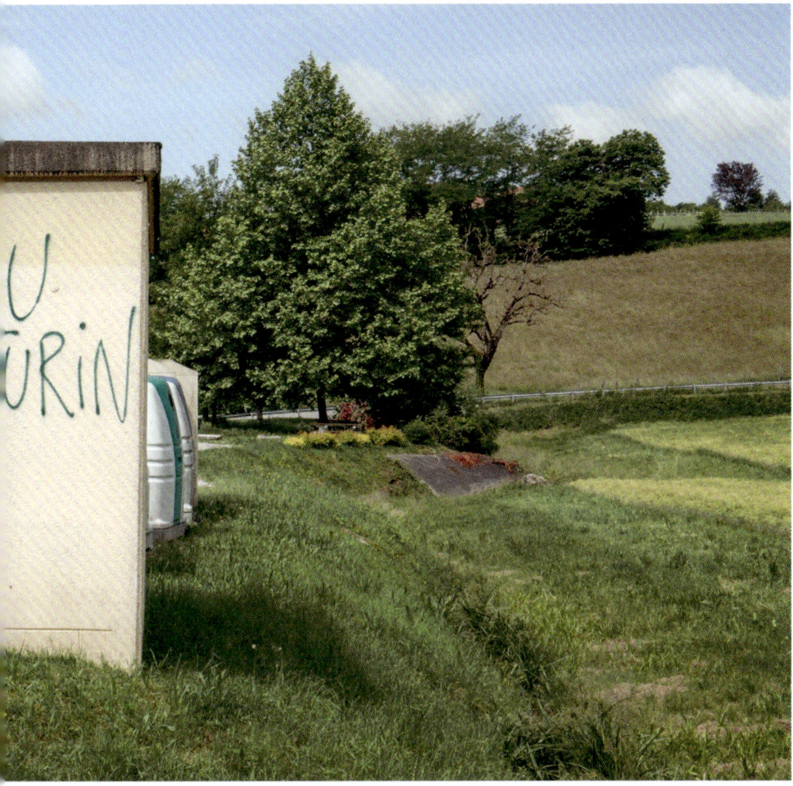

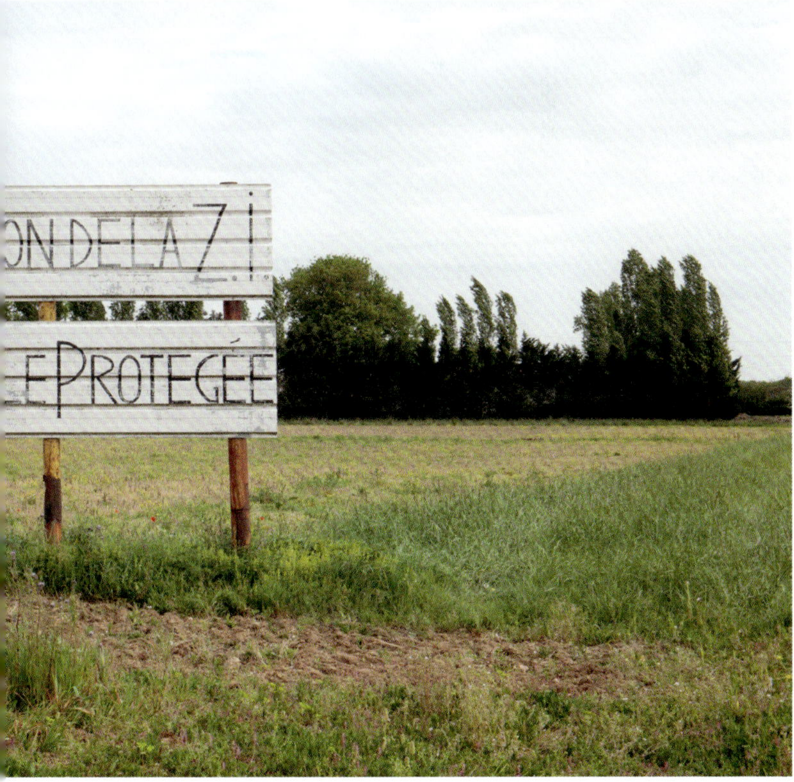

U.
URIN

ON DE LA Z !
E PROTEGÉE

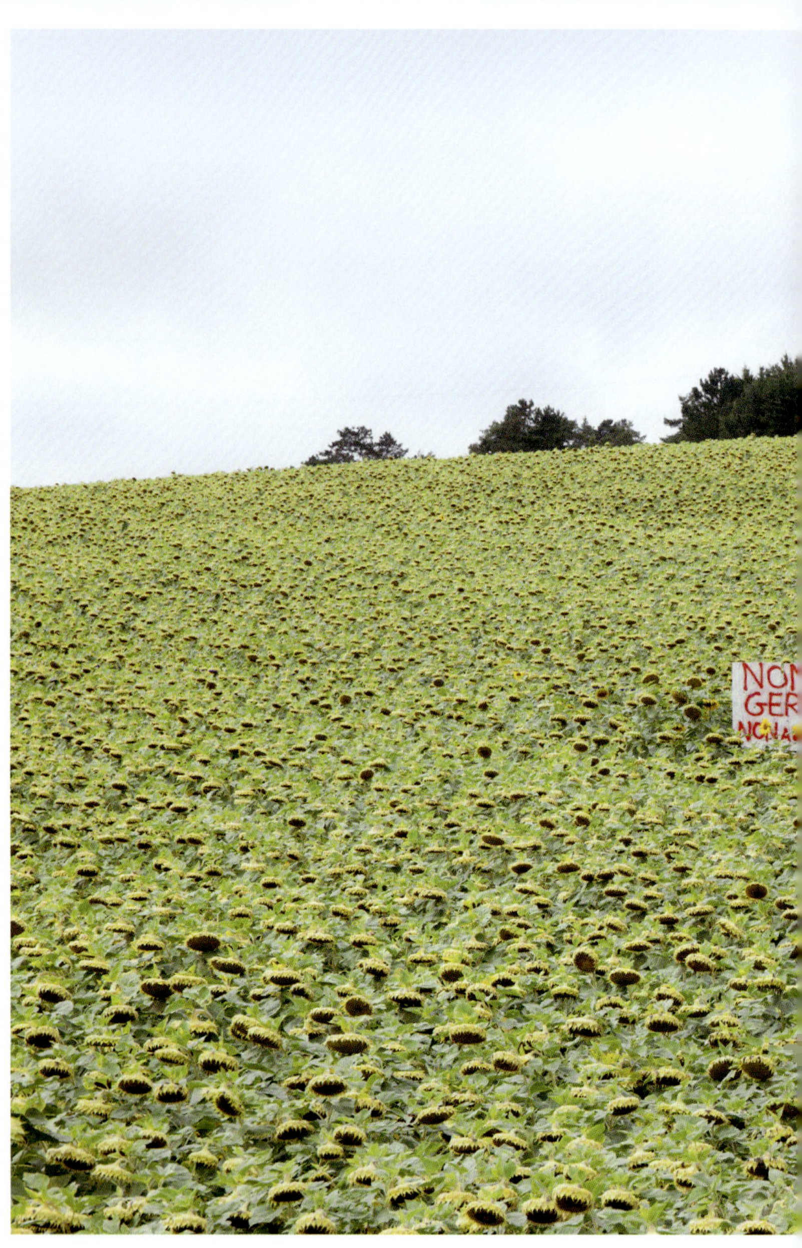

Toulois

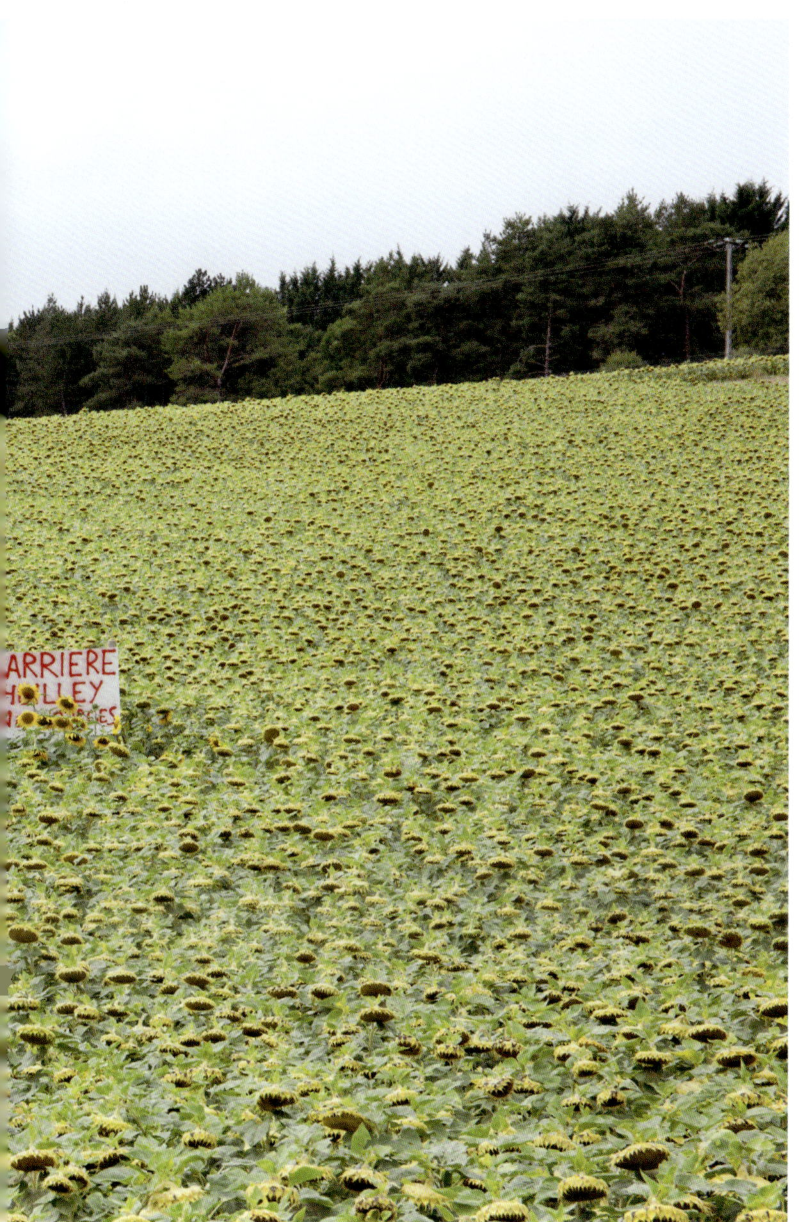

ARRIERE
HULLEY

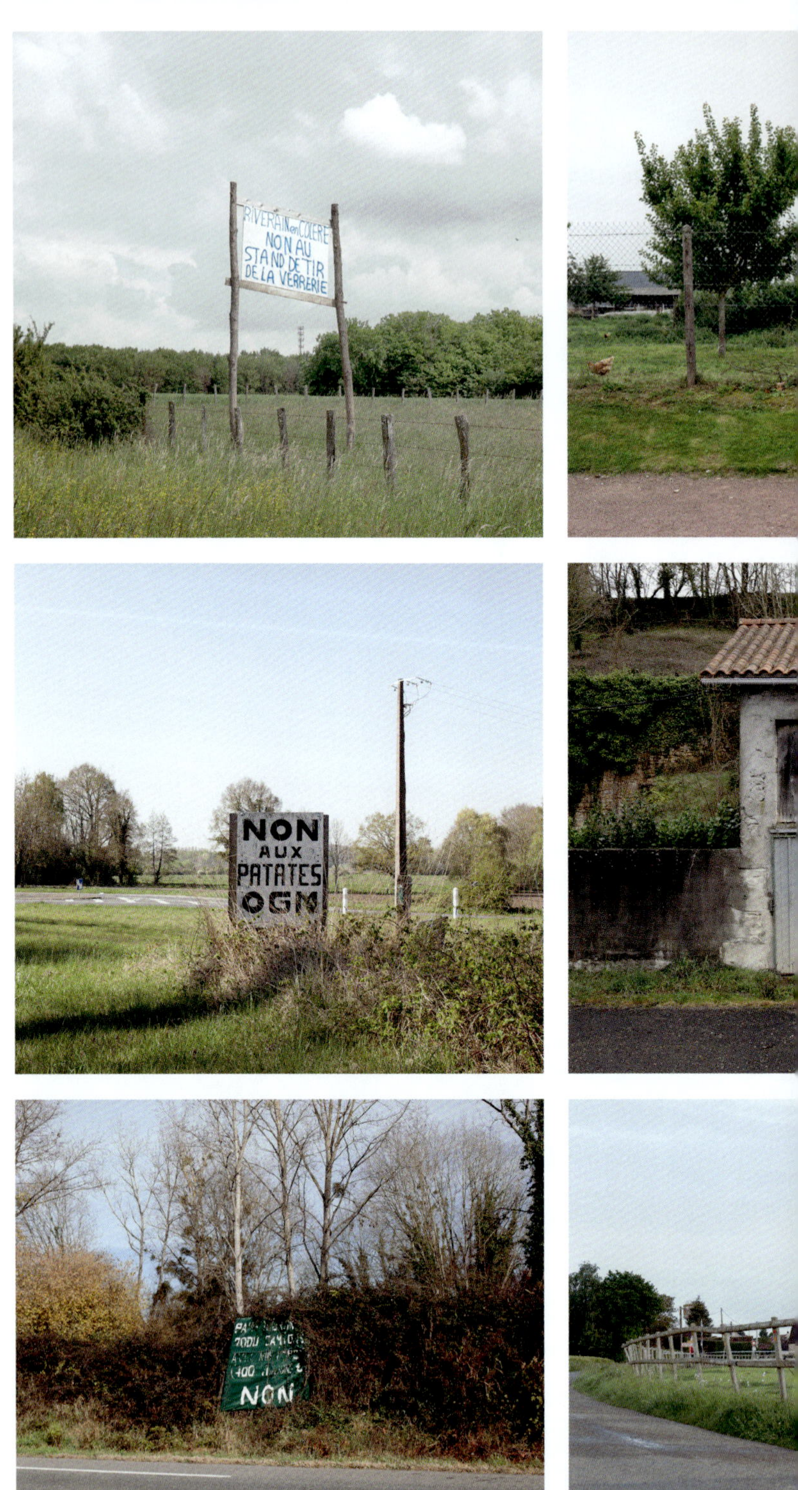
RIVERAIN en COLERE
NON AU
STAND DE TIR
DE LA VERRERIE
NON
AUX
PATATES
OGM
NON

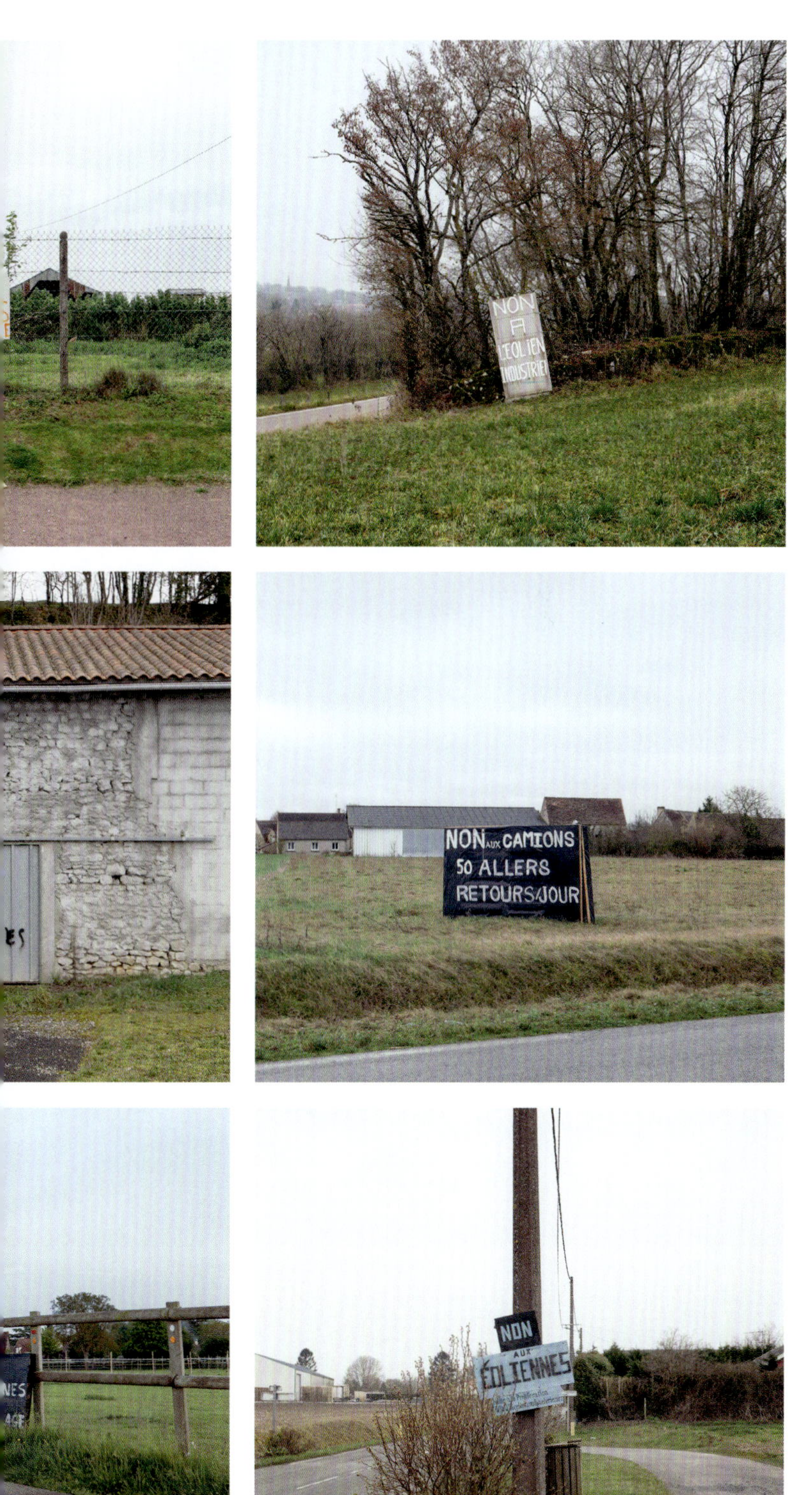
NON
A
L'EOLIEN
INDUSTRIEL
NON AUX CAMIONS
50 ALLERS
RETOURS/JOUR
NON
AUX
EOLIENNES

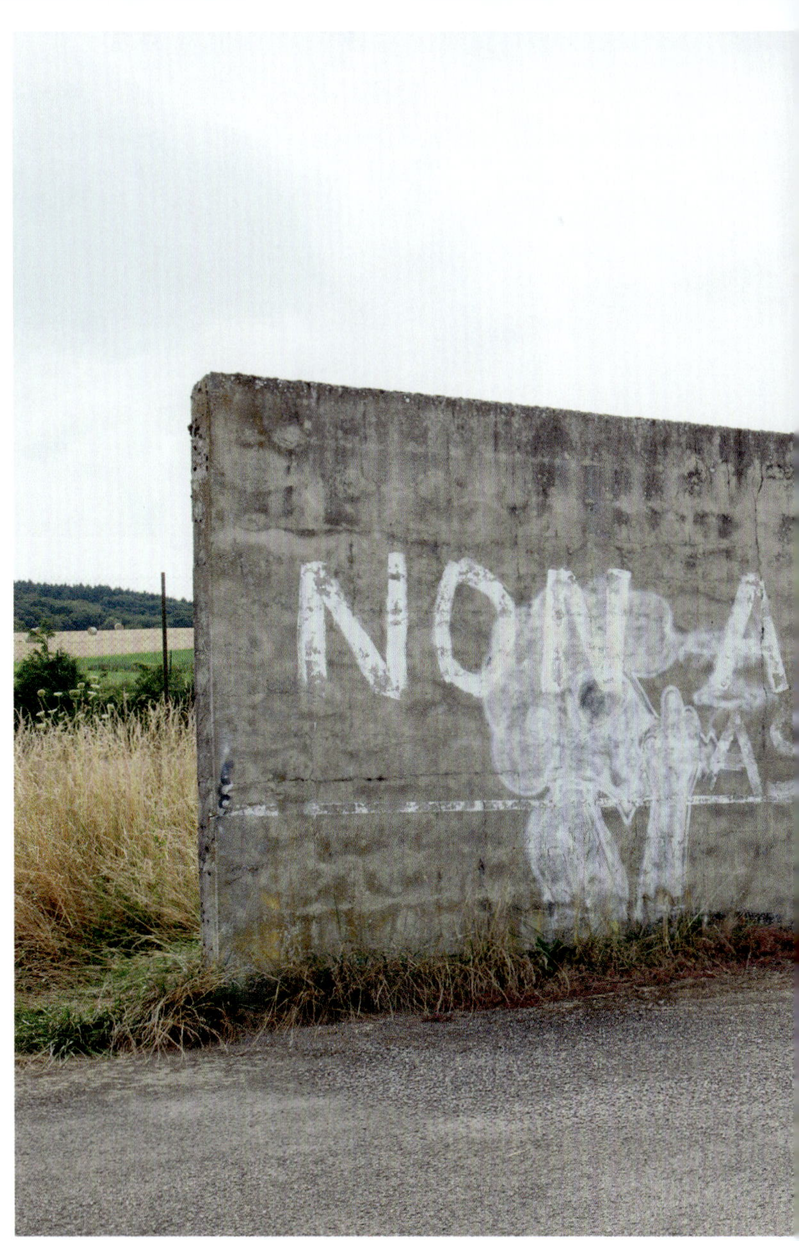

Région de Besançon

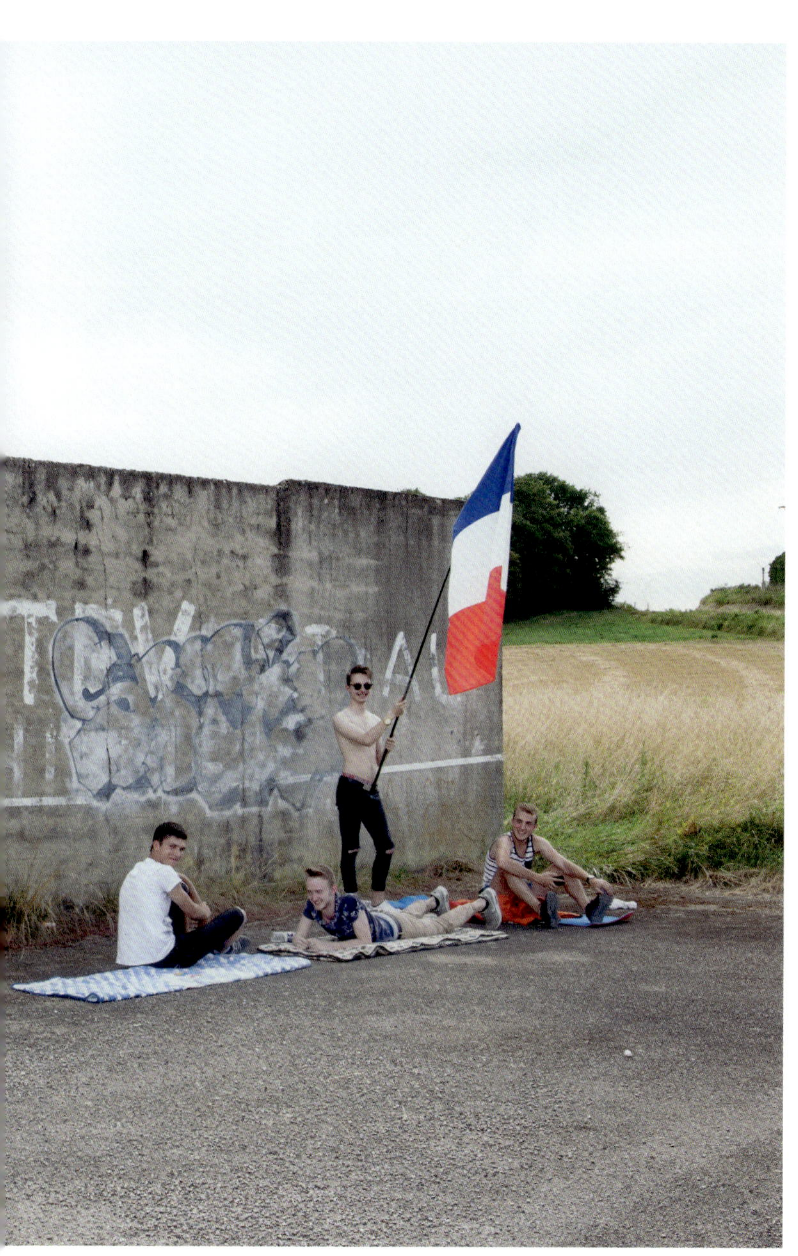

→ Plateau de Sainte-Maure
Sainte-Livrade-sur-Lot, Haut Agenais

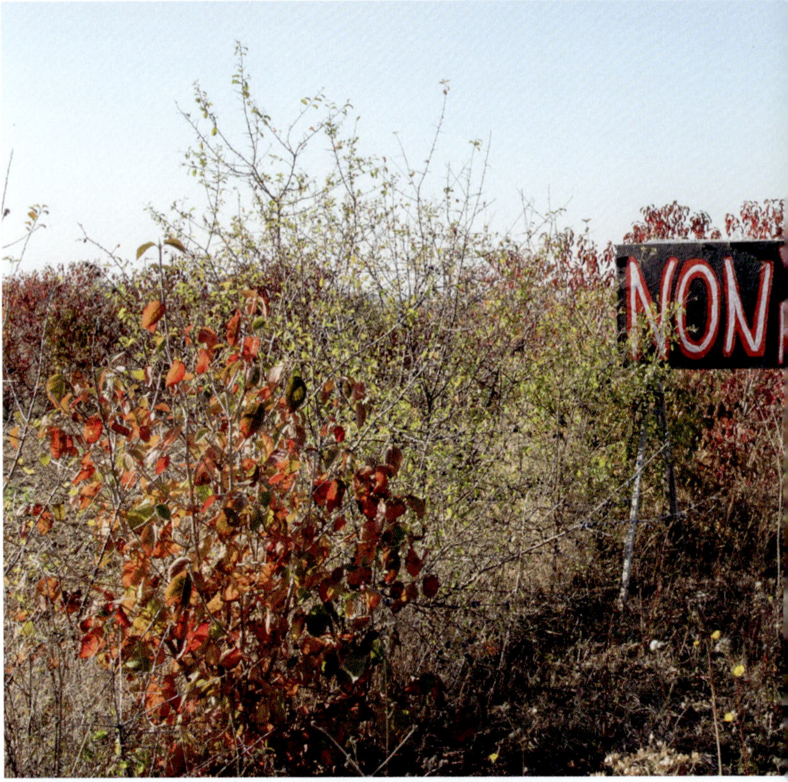

NON

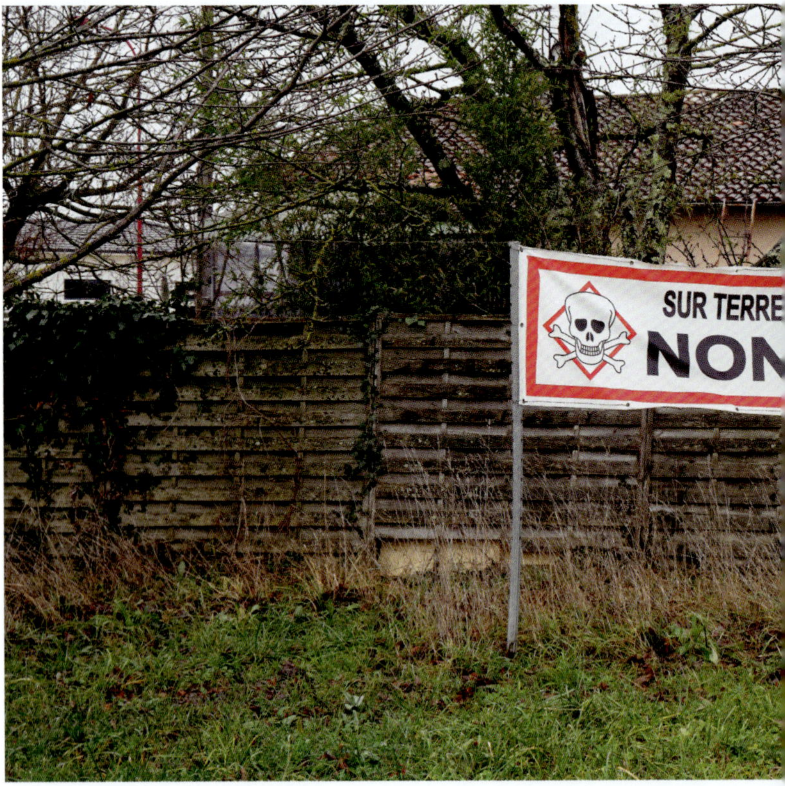

SUR TERRE
NON

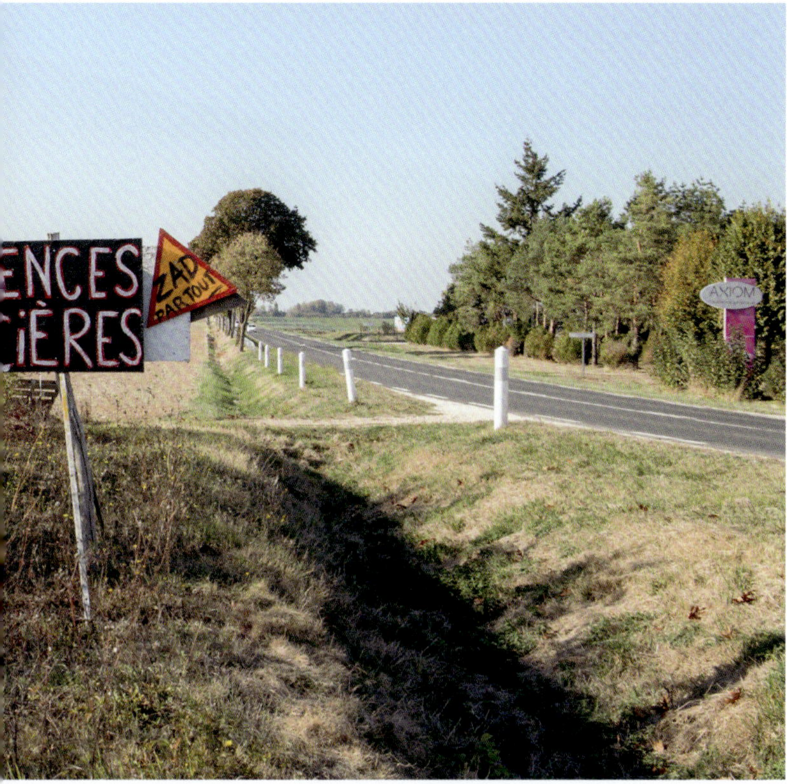

ENCES
IÈRES
ZAD
PARTOUT
AXIOM

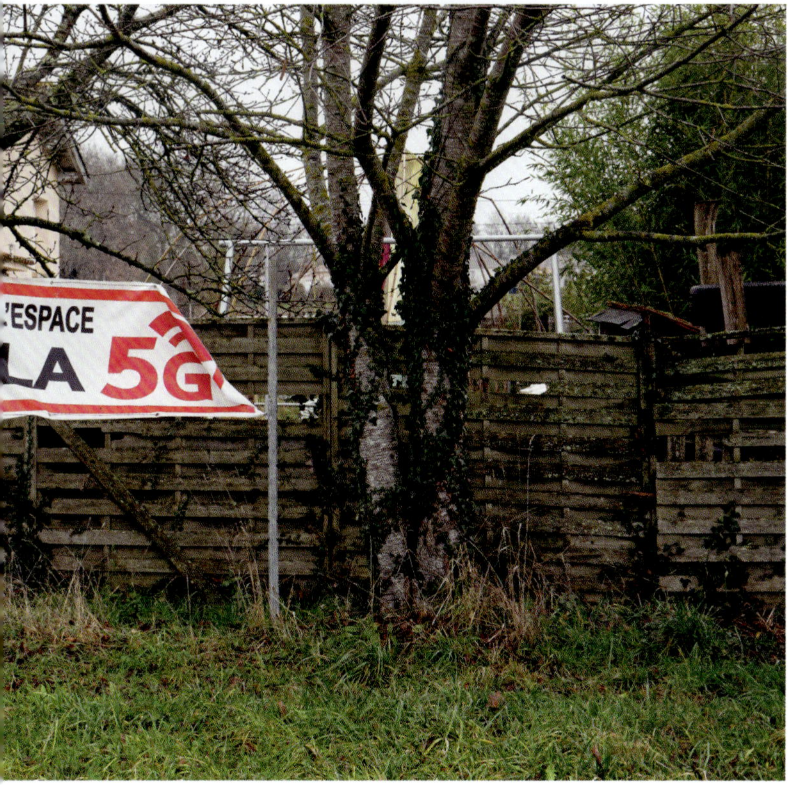

L'ESPACE
LA 5G

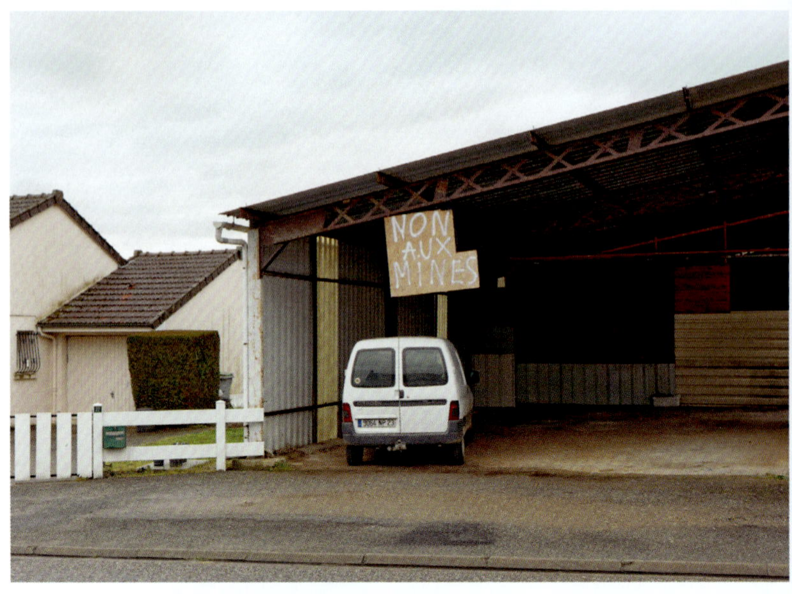

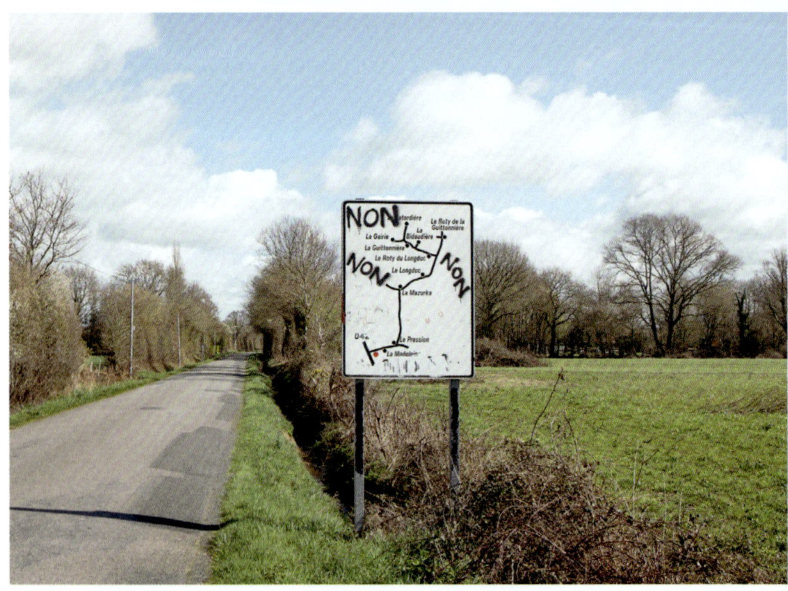

Boischaut Sud
Notre-Dame-des-Landes, Pays nantais

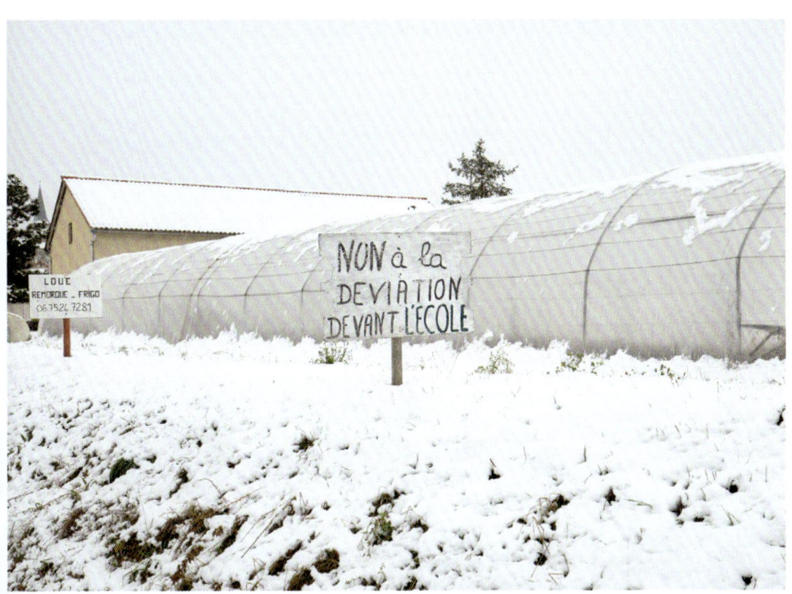

NON à la
DEVIATION
DEVANT L'ECOLE
LOUE
REMORQUE - FRIGO
06 7524 7281

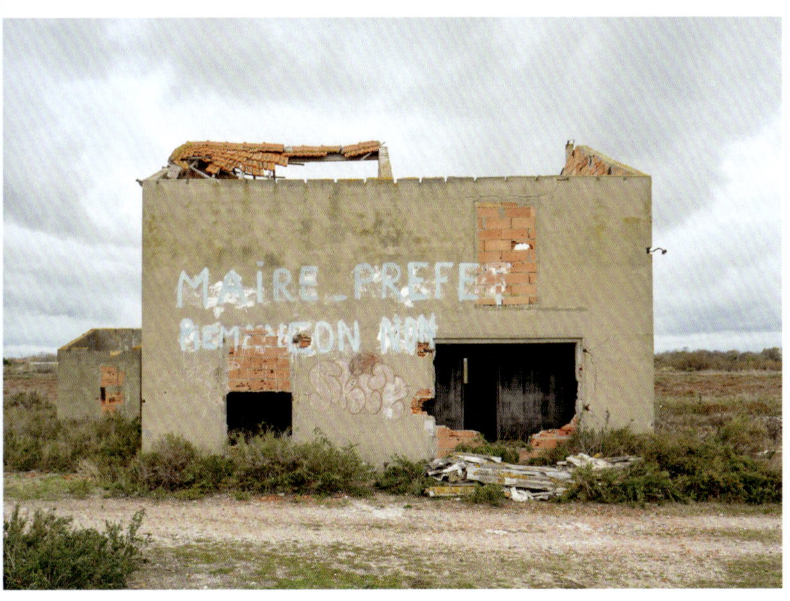

MAIRE - PREFET
DEMOLION NOM

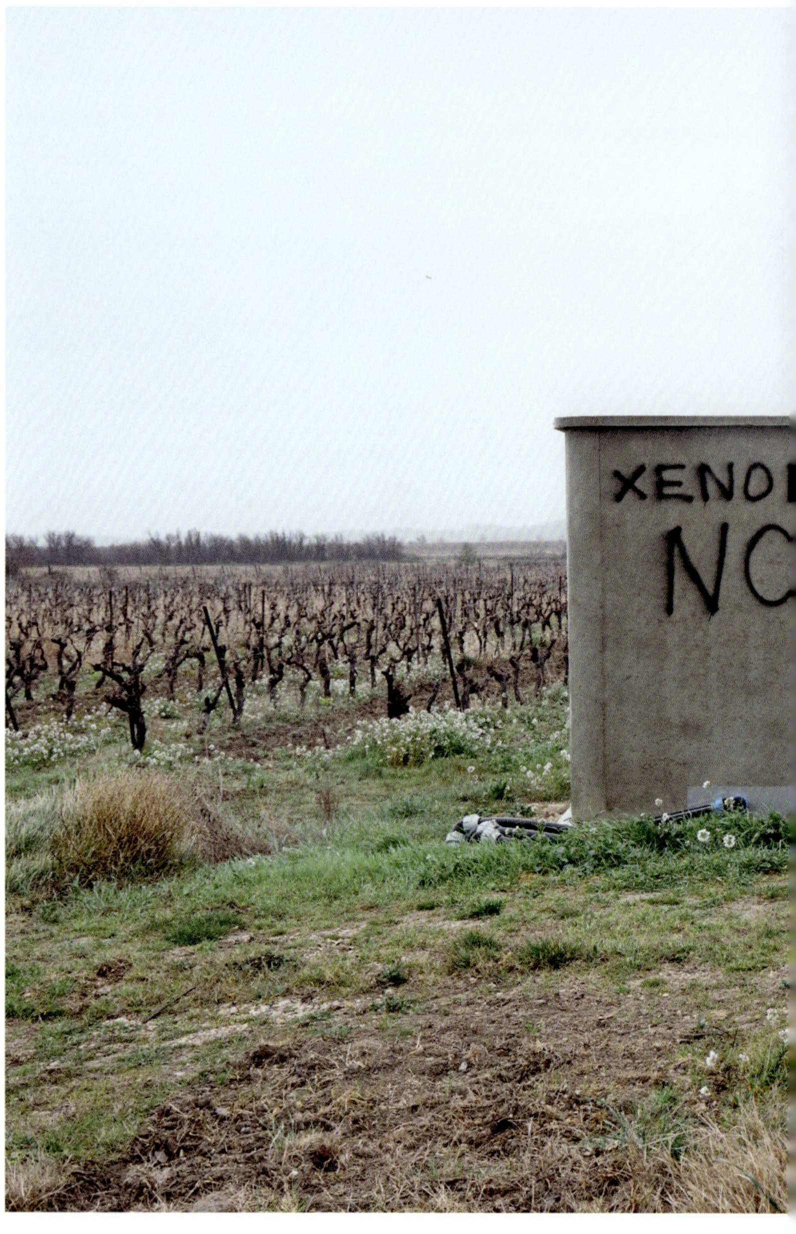

Escales, Minervois

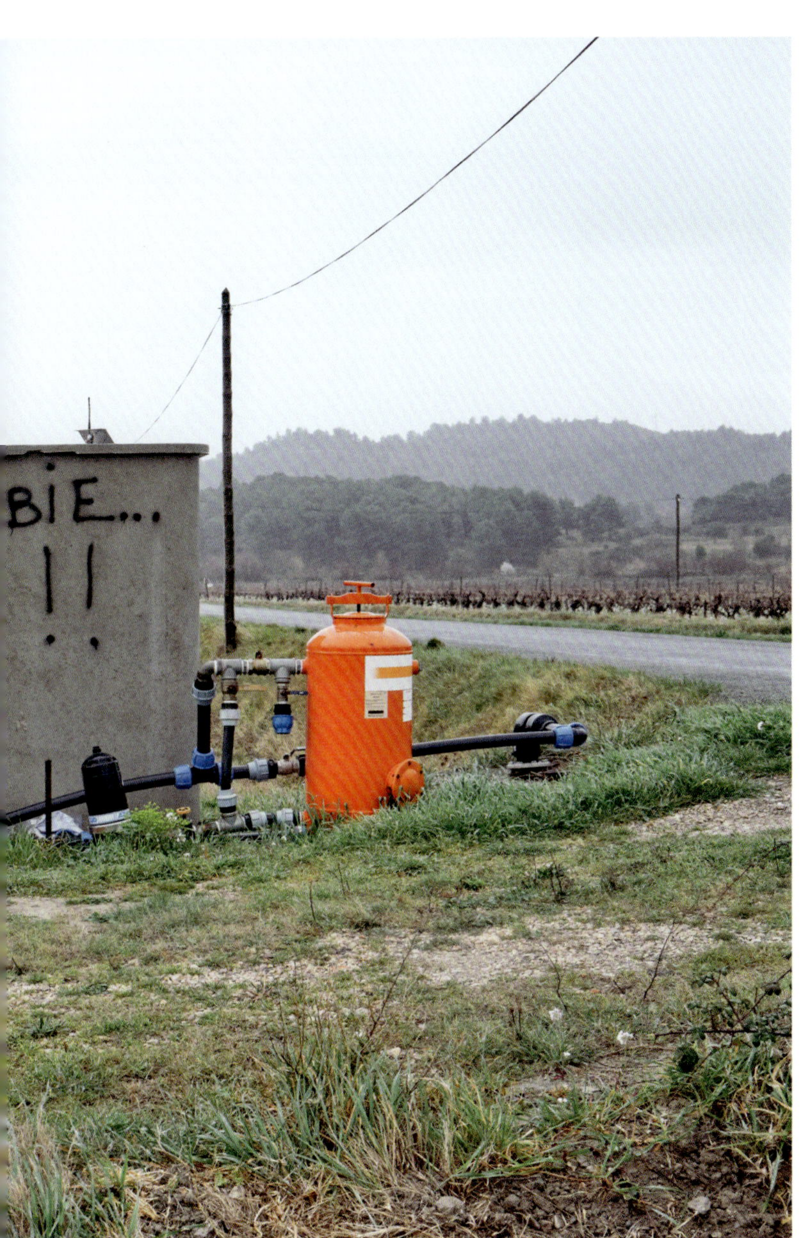
BIE...

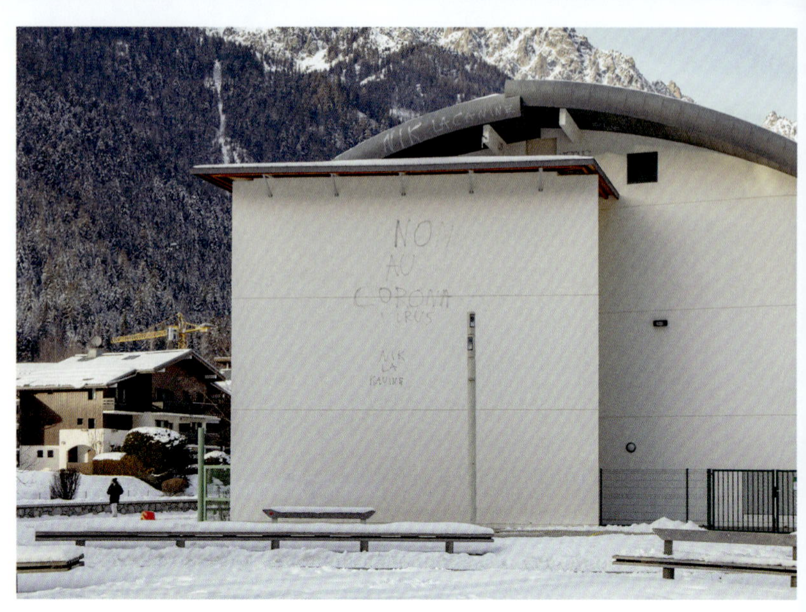

NON
AU
CORONA
VIRUS
NIK
LA
RAVINE

Presqu'île guérandaise

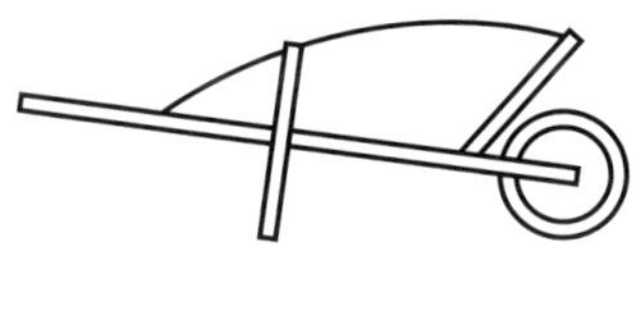

ch. 29

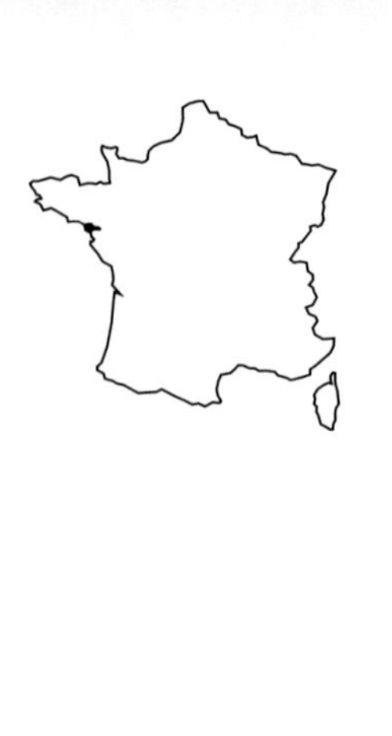

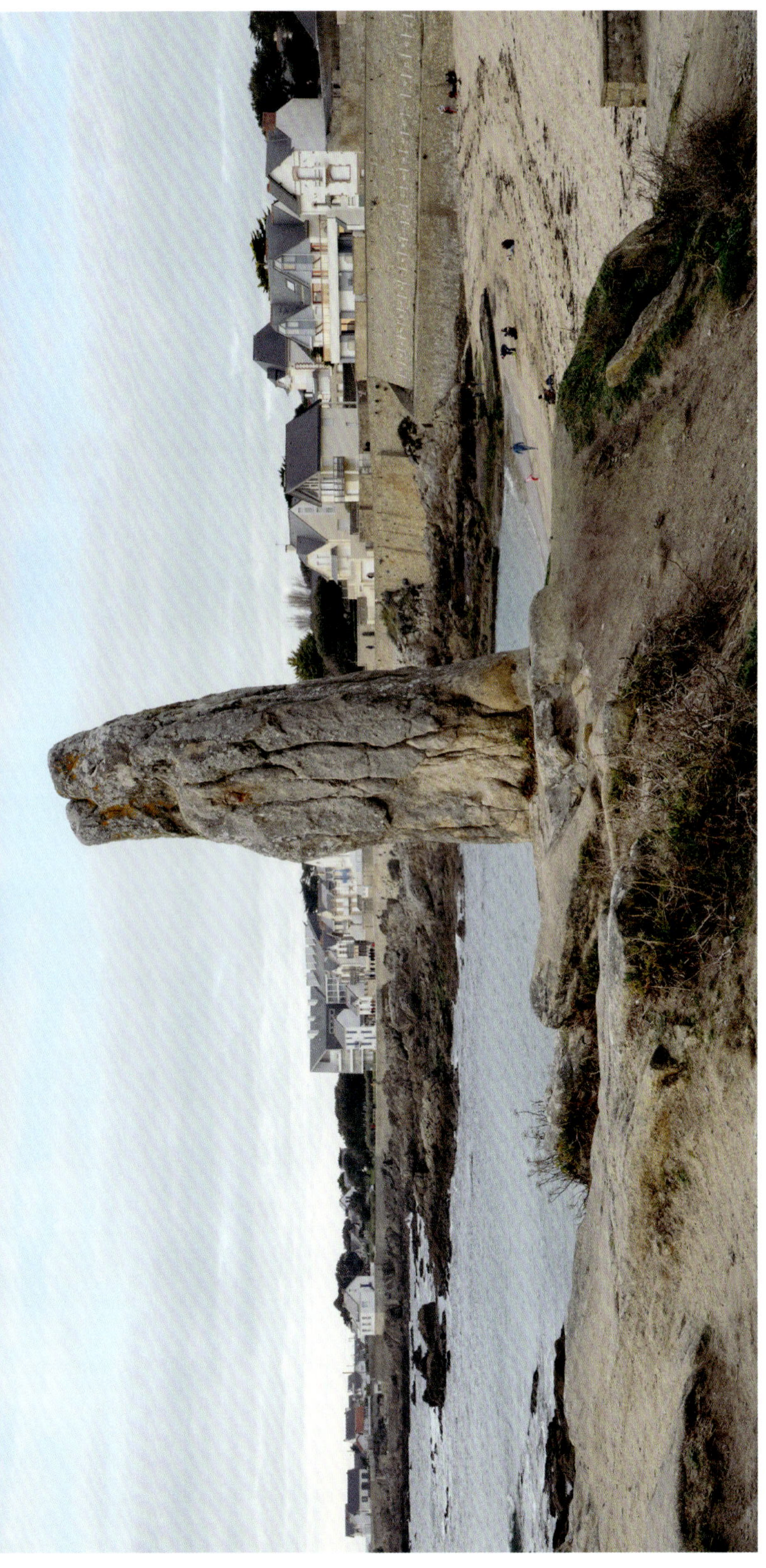

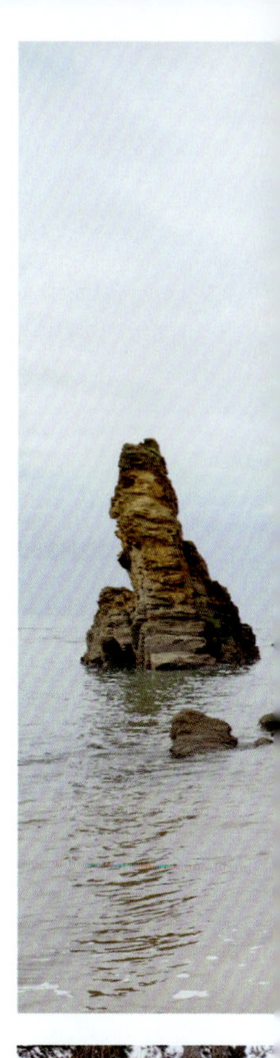

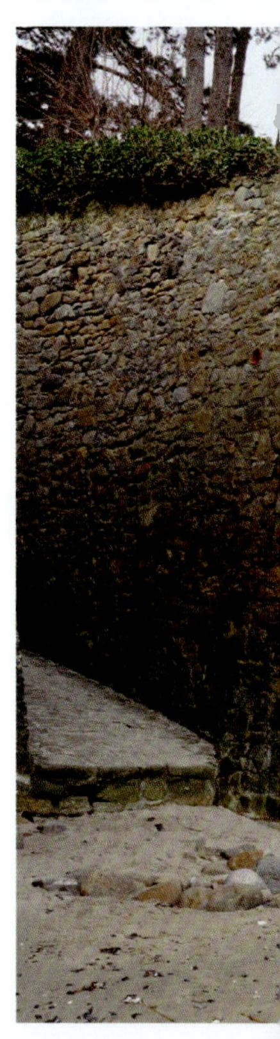

← Batz-sur-Mer

Pénestin
Le Pouliguen

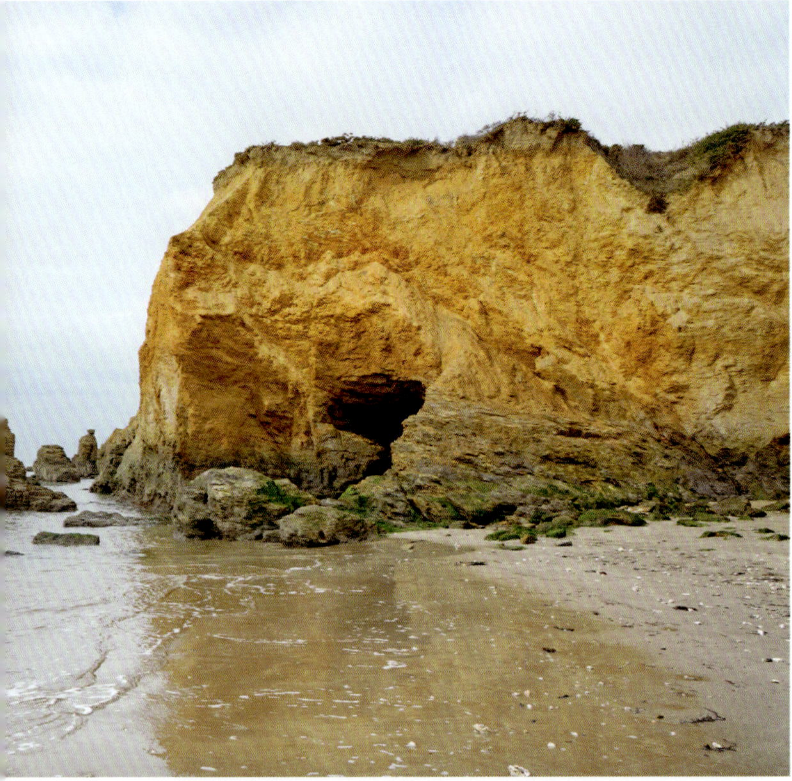

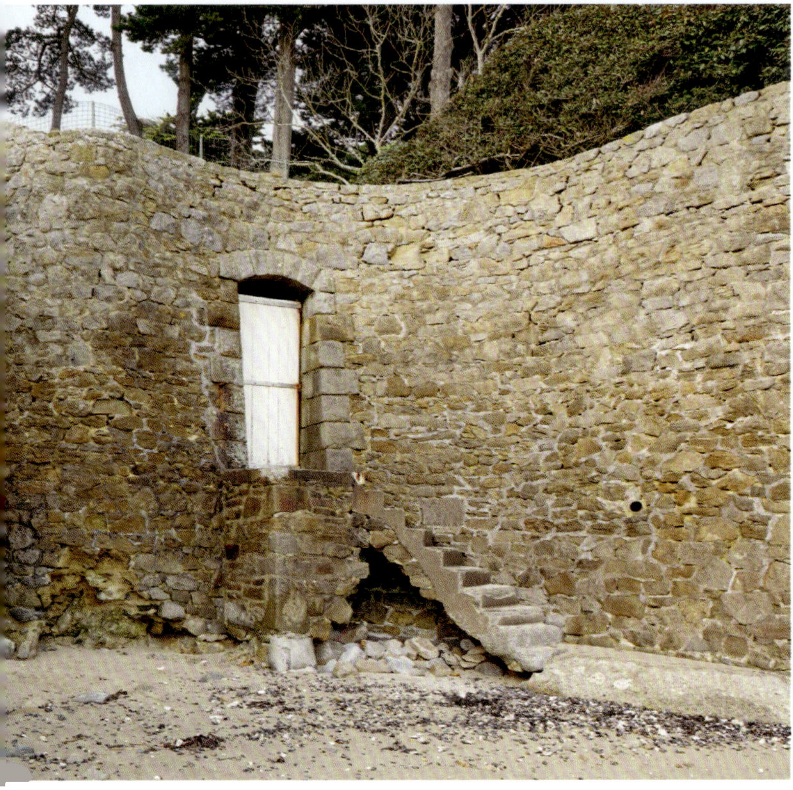

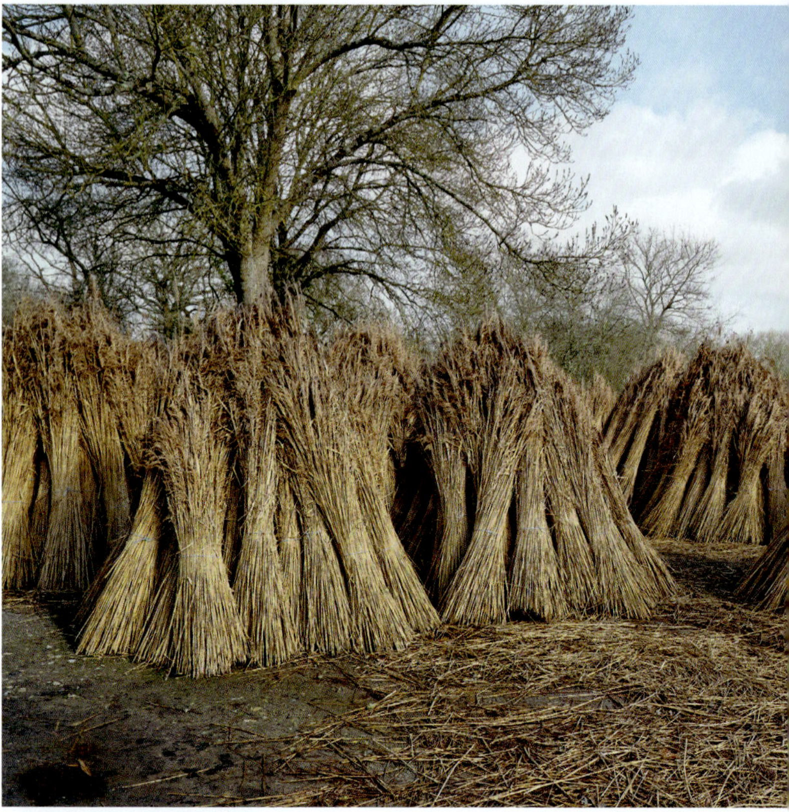

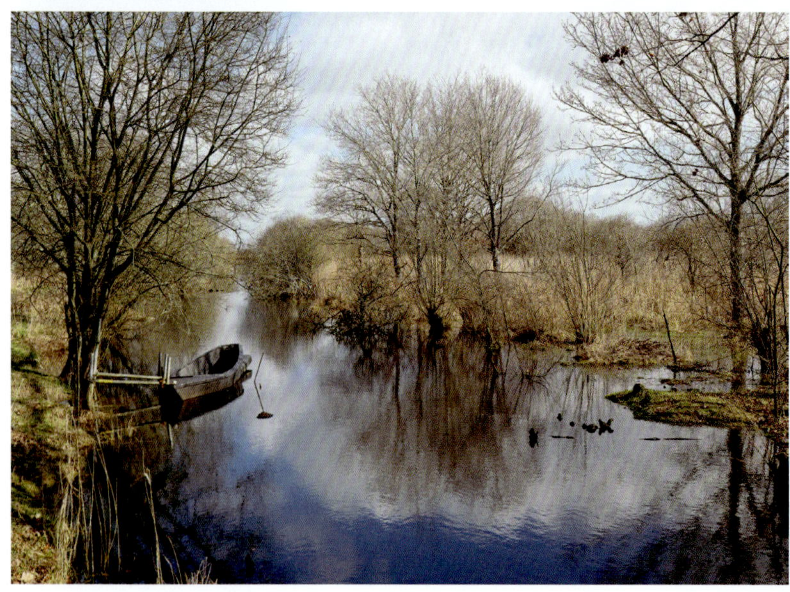

Saint-André-des-Eaux, *Marais de Brière* (2)

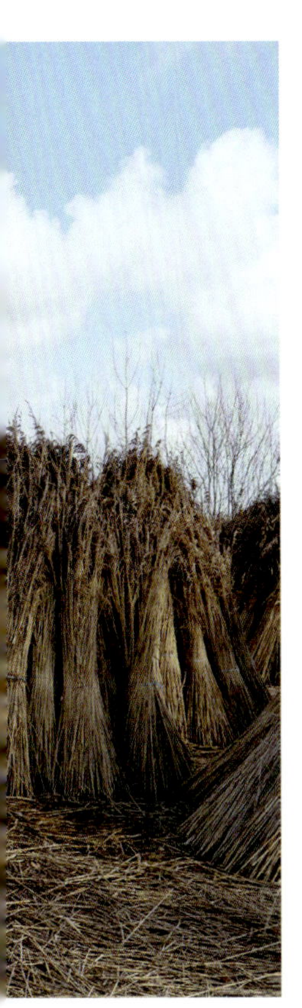

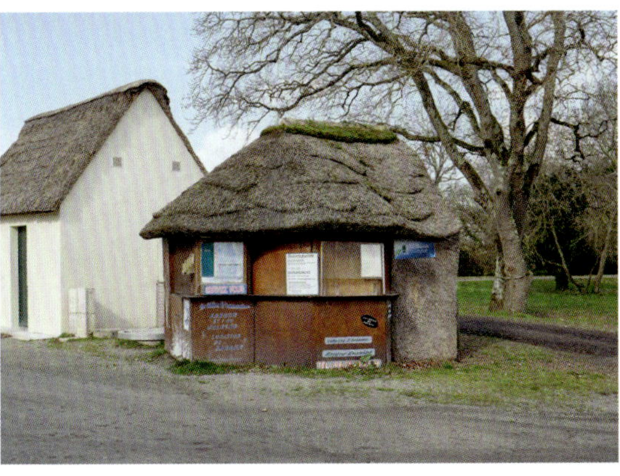

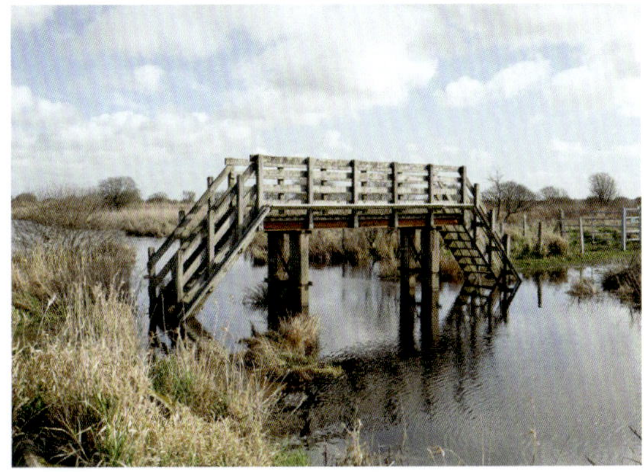

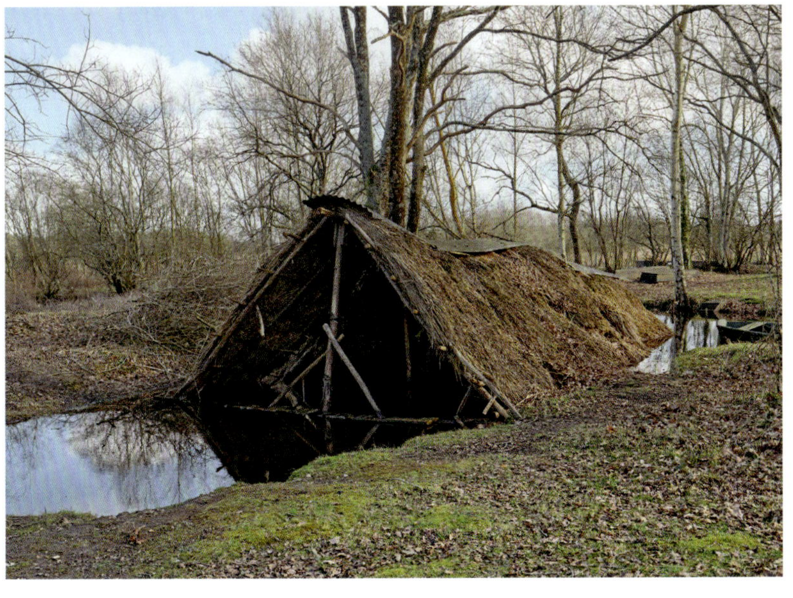

Saint-Lyphard
Saint-André-des-Eaux (2)

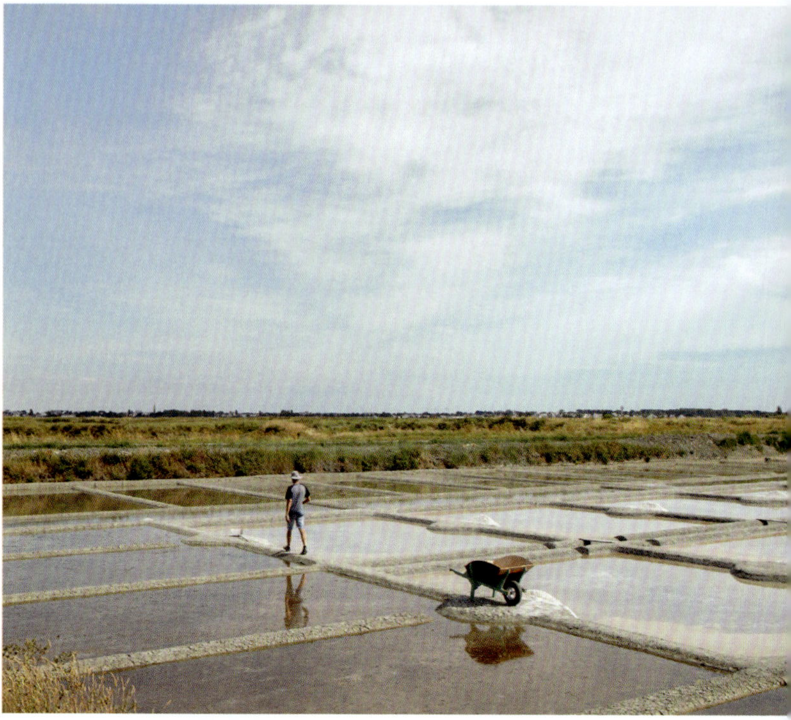

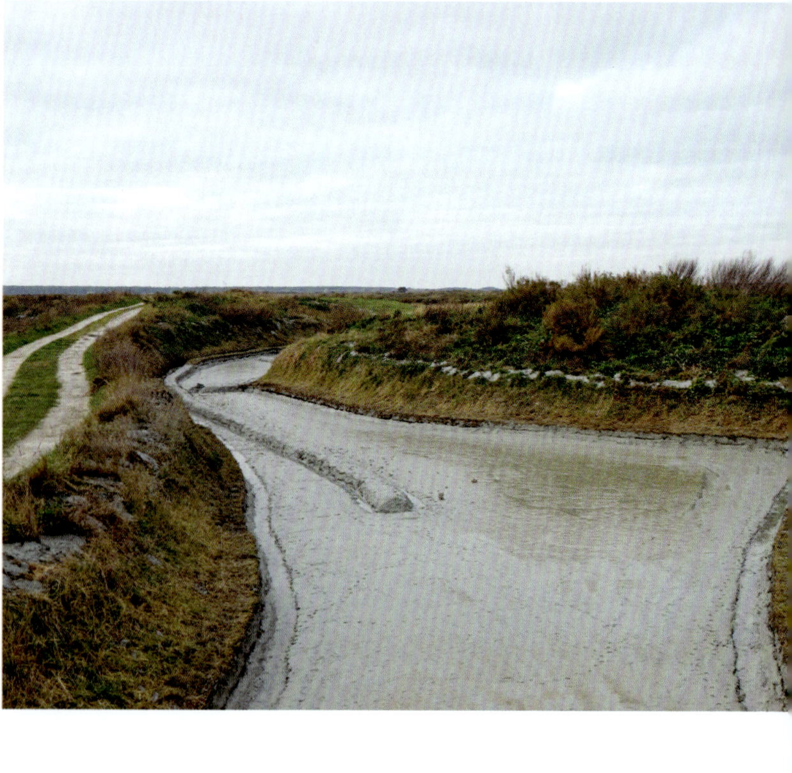

Trégaté
Guérande

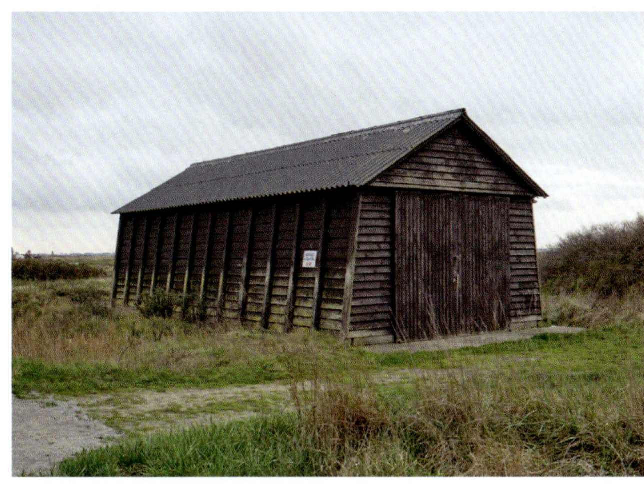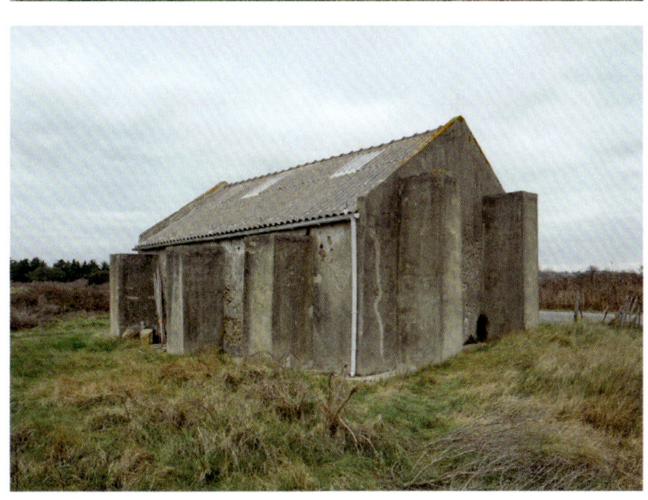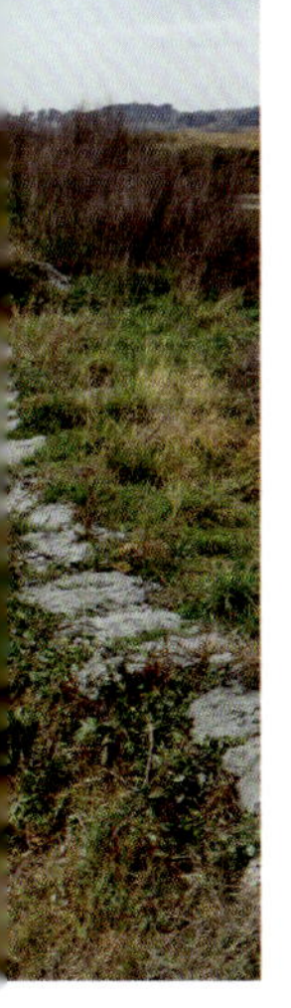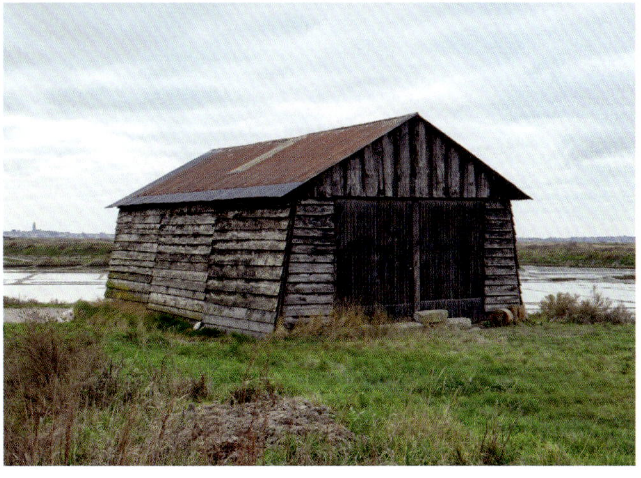

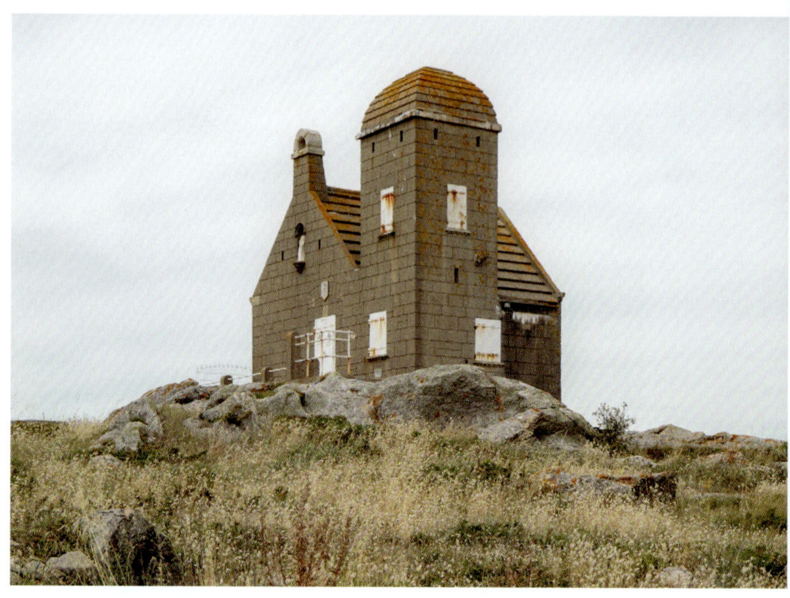

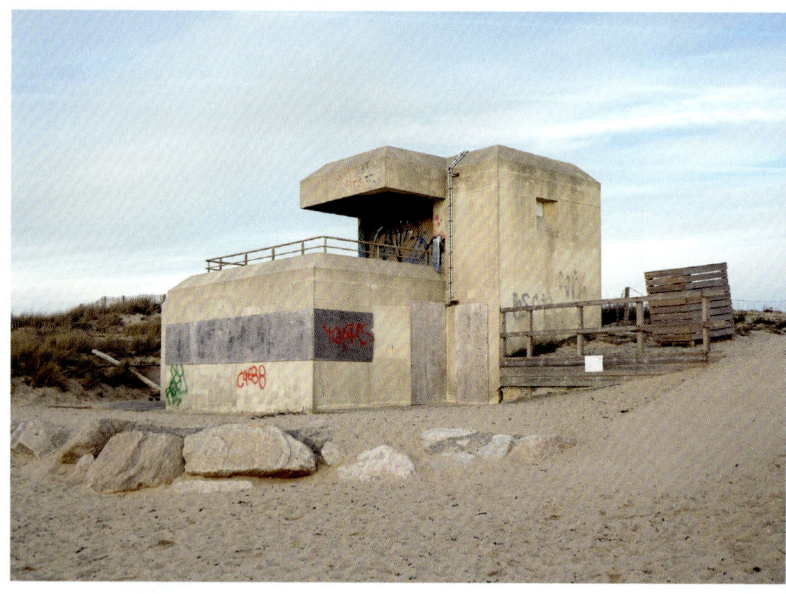

Le Croisic
La Turballe

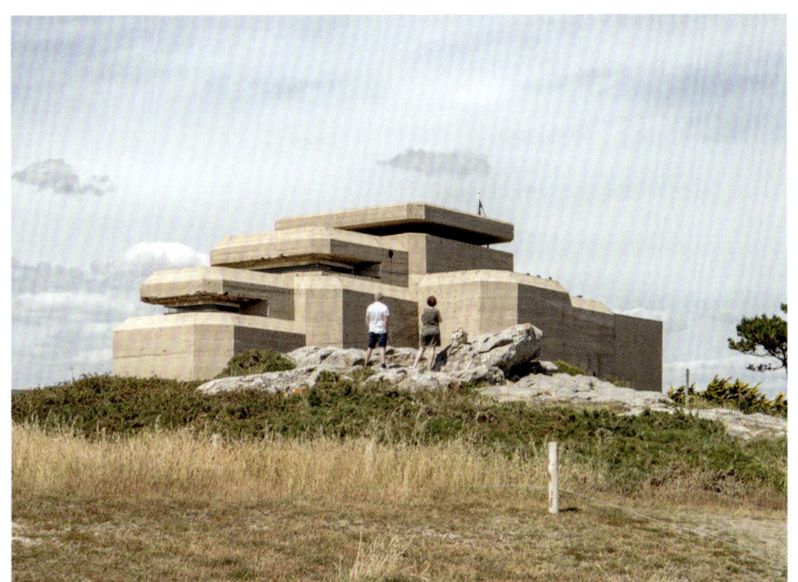

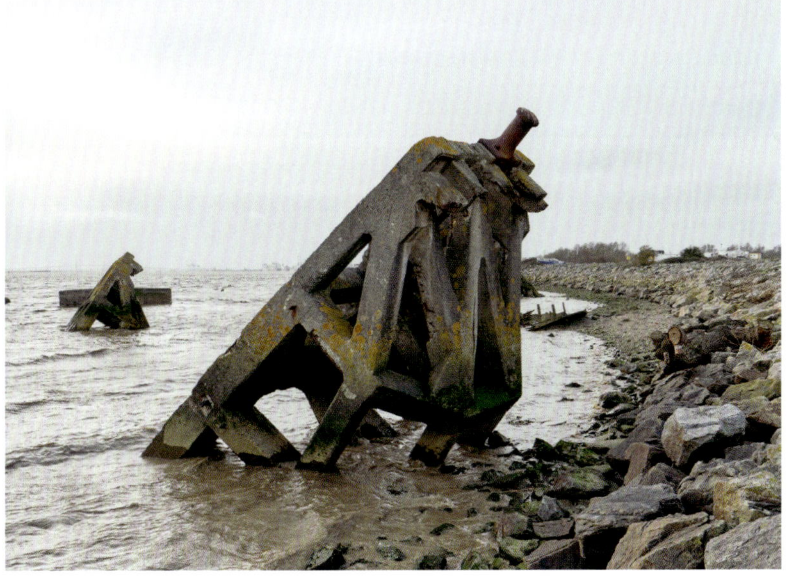

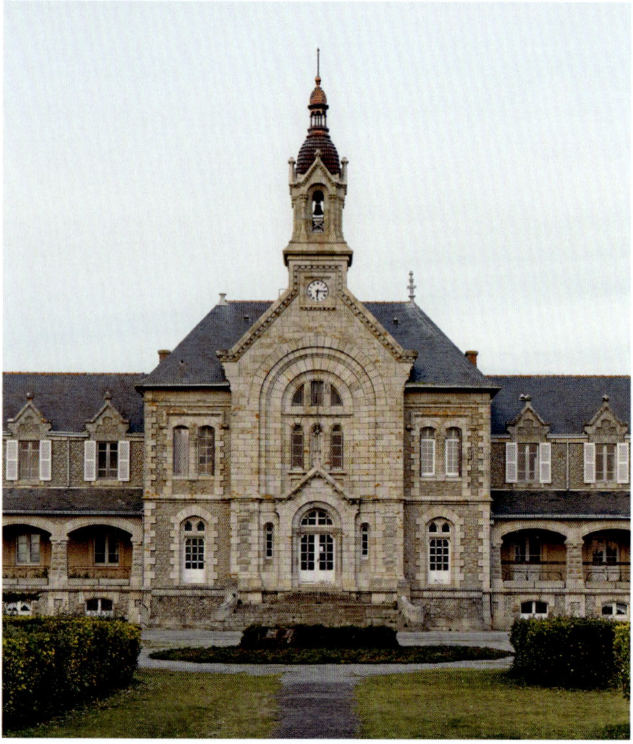

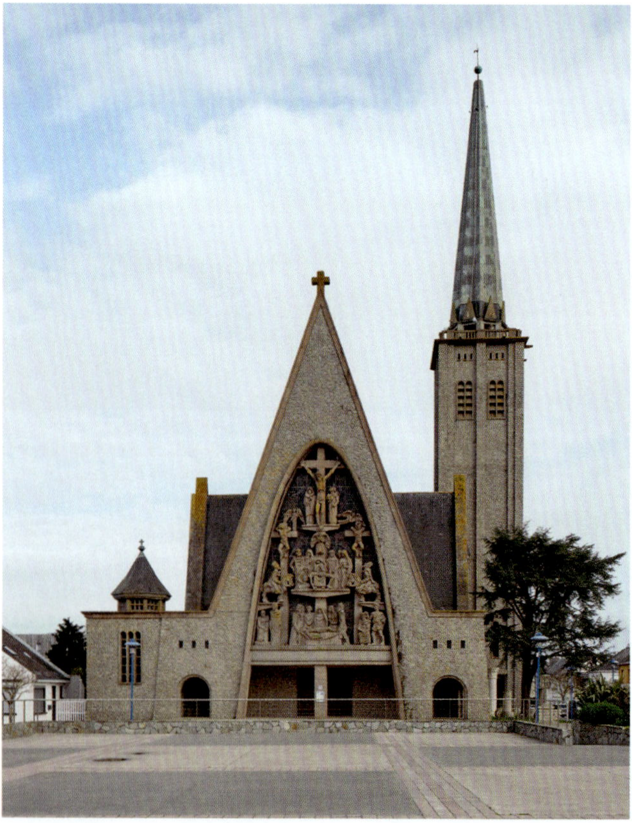

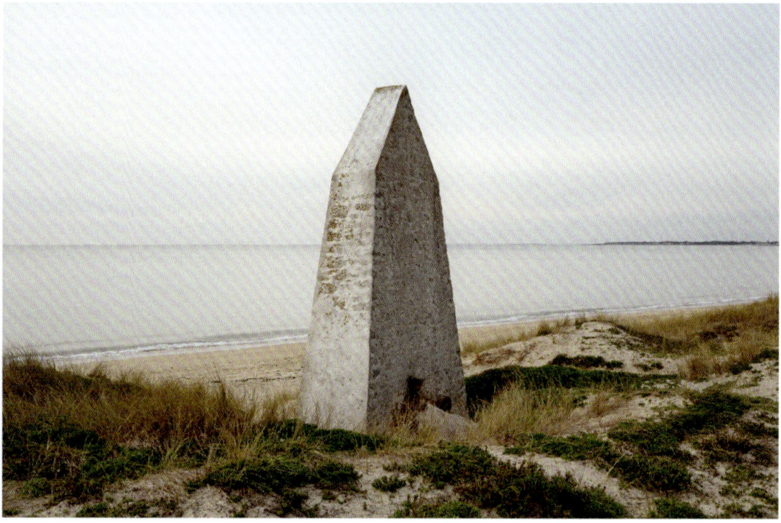

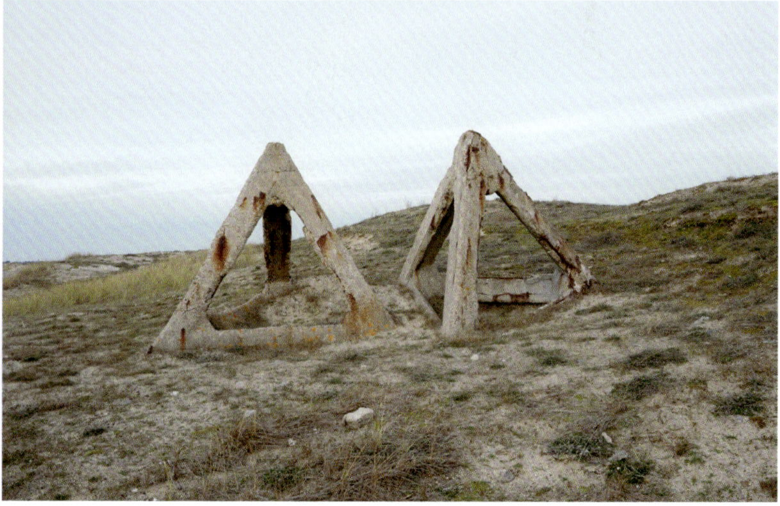

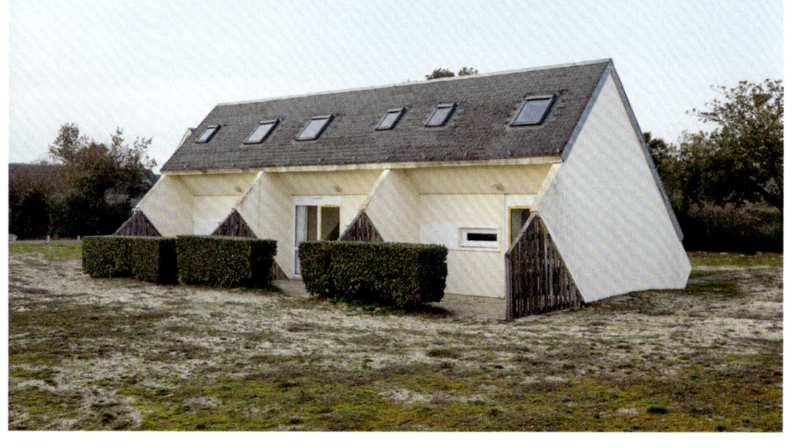

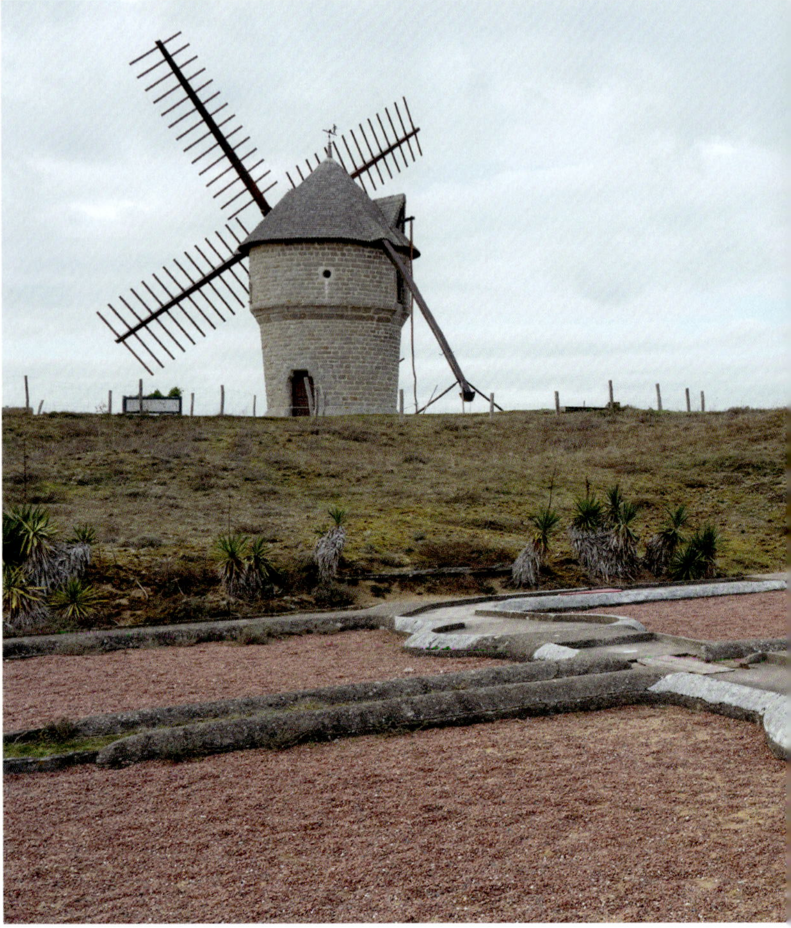

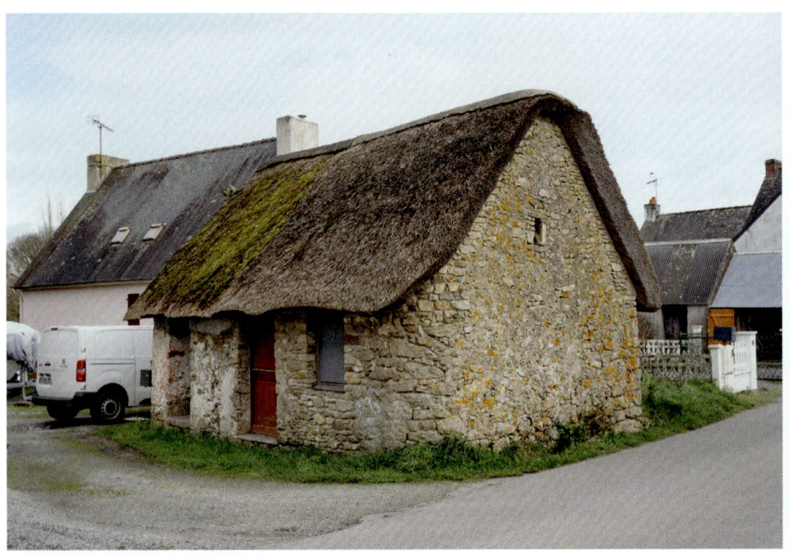

Batz-sur-Mer
Saint-Joachim

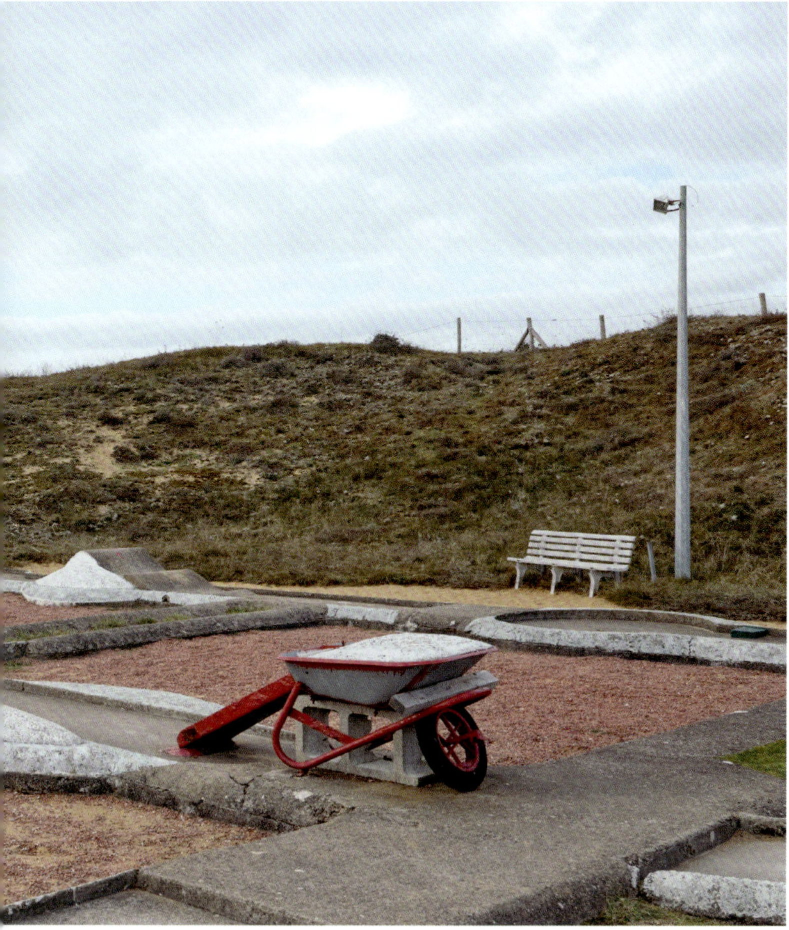

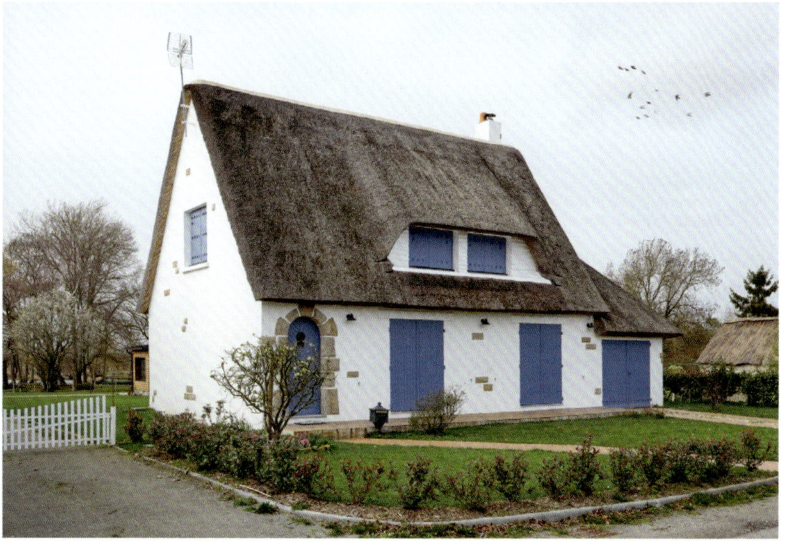

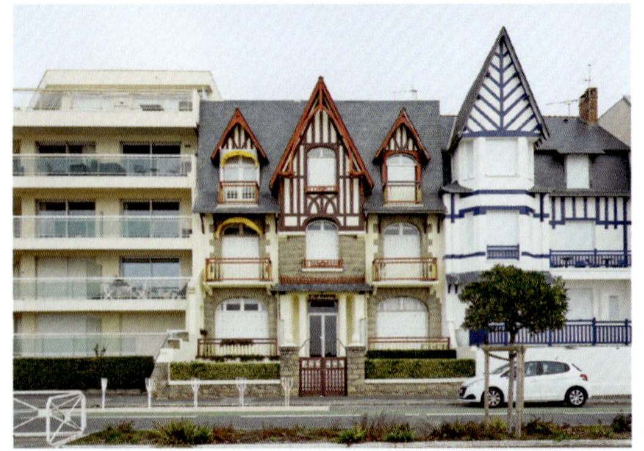

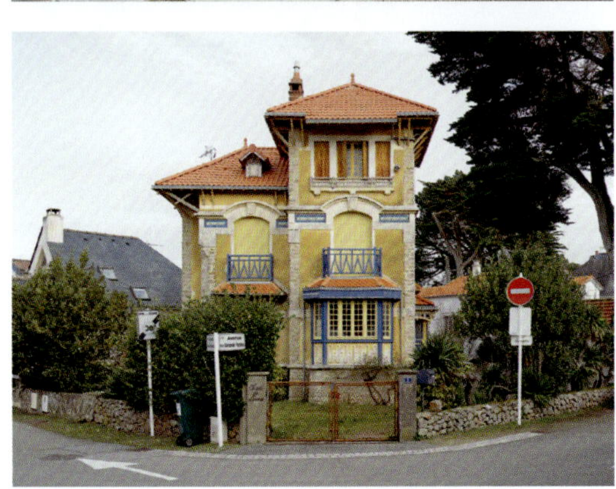

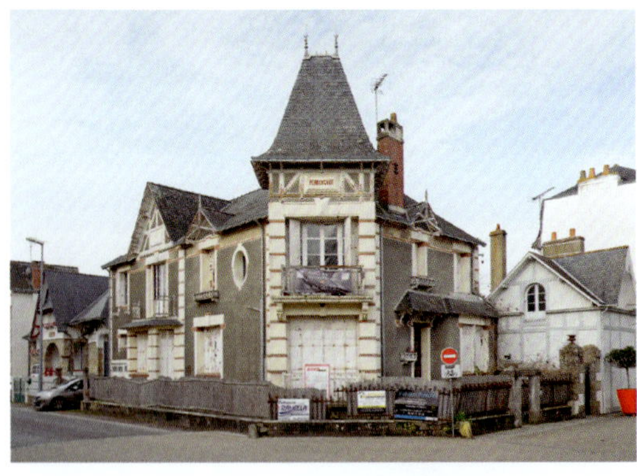

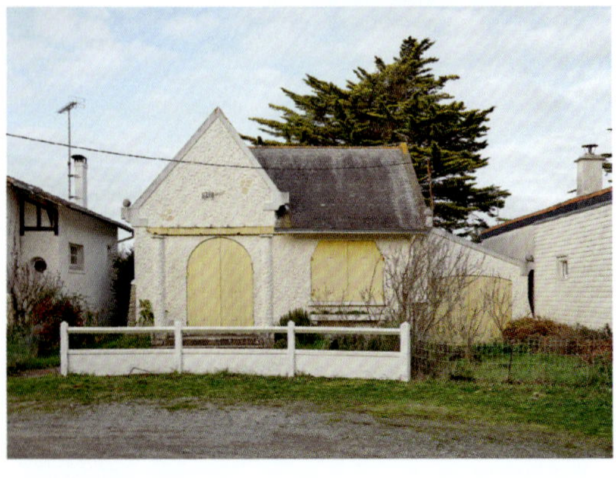

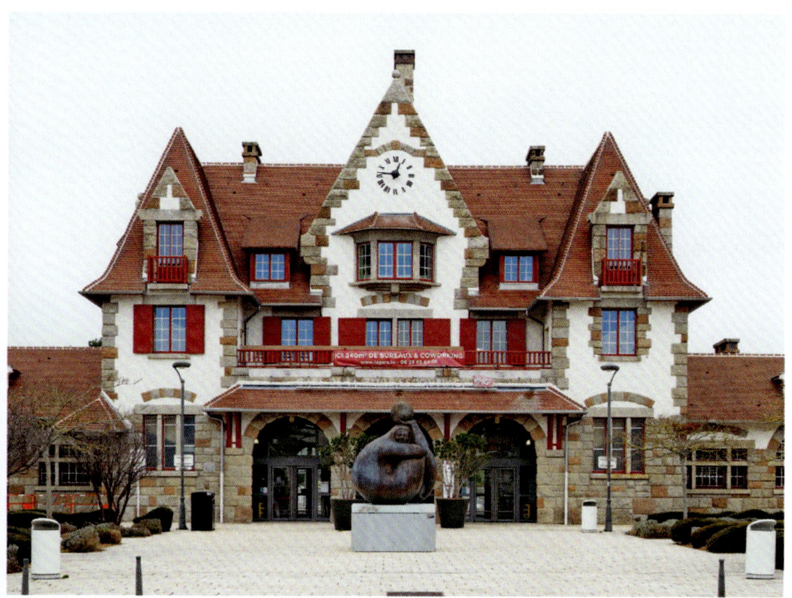

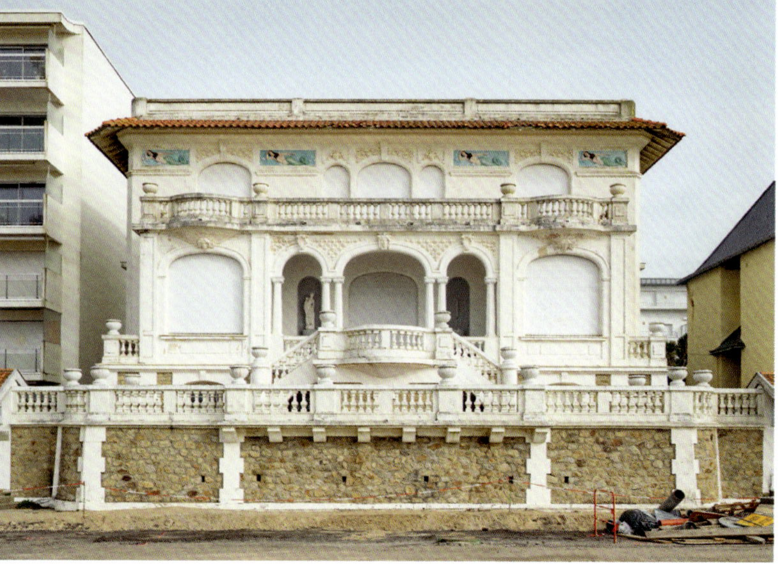

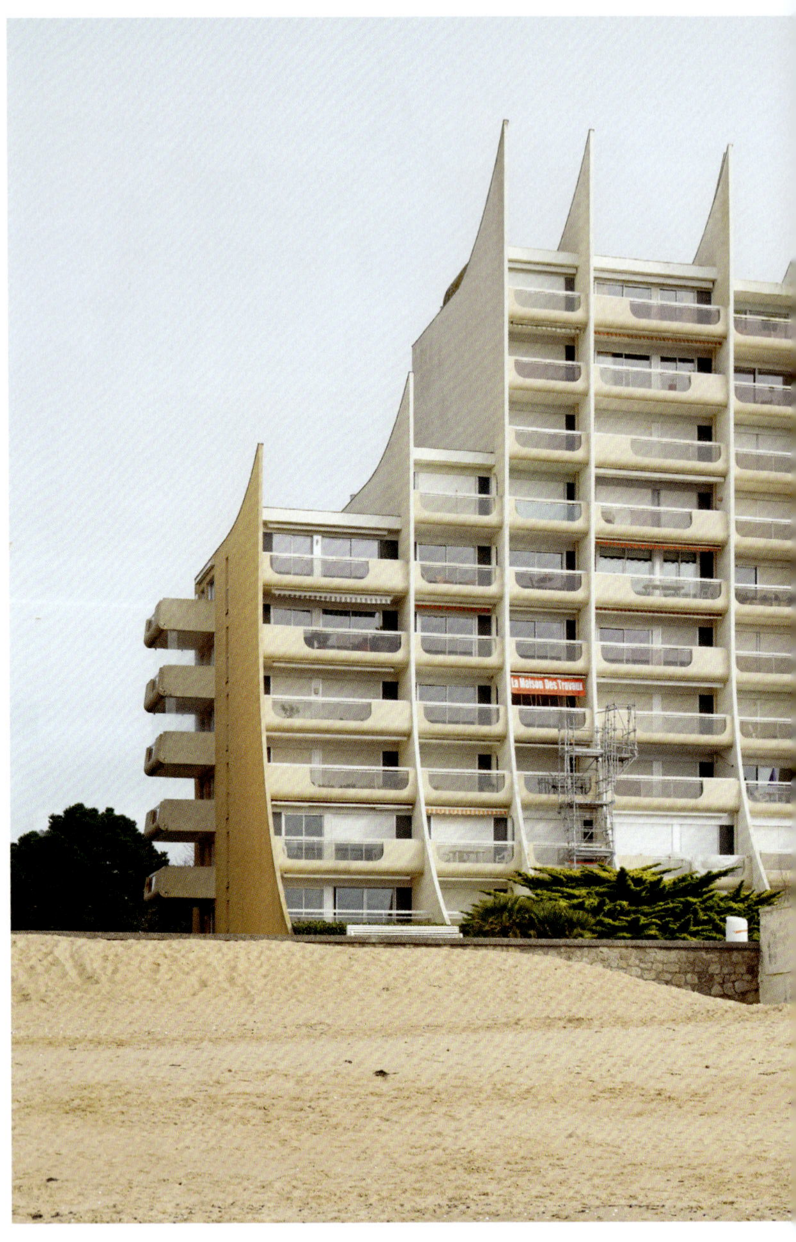

La Baule

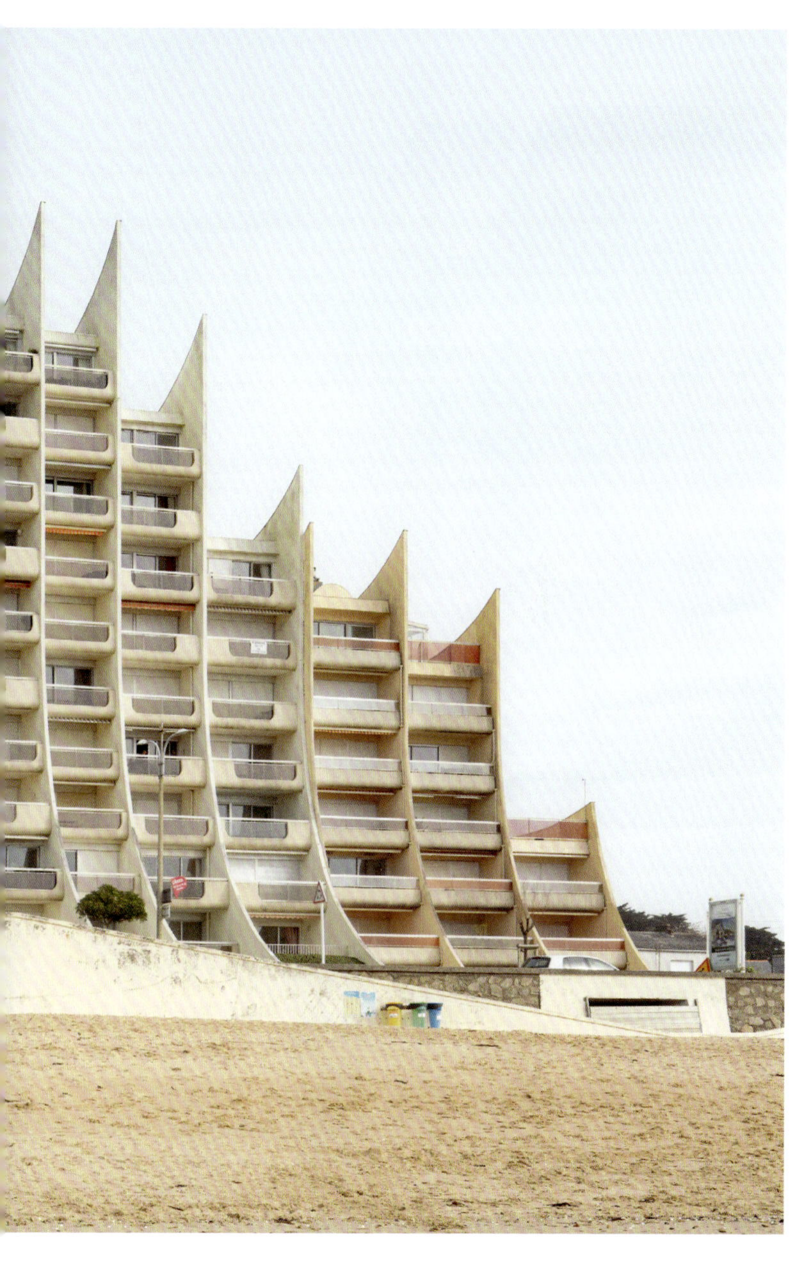

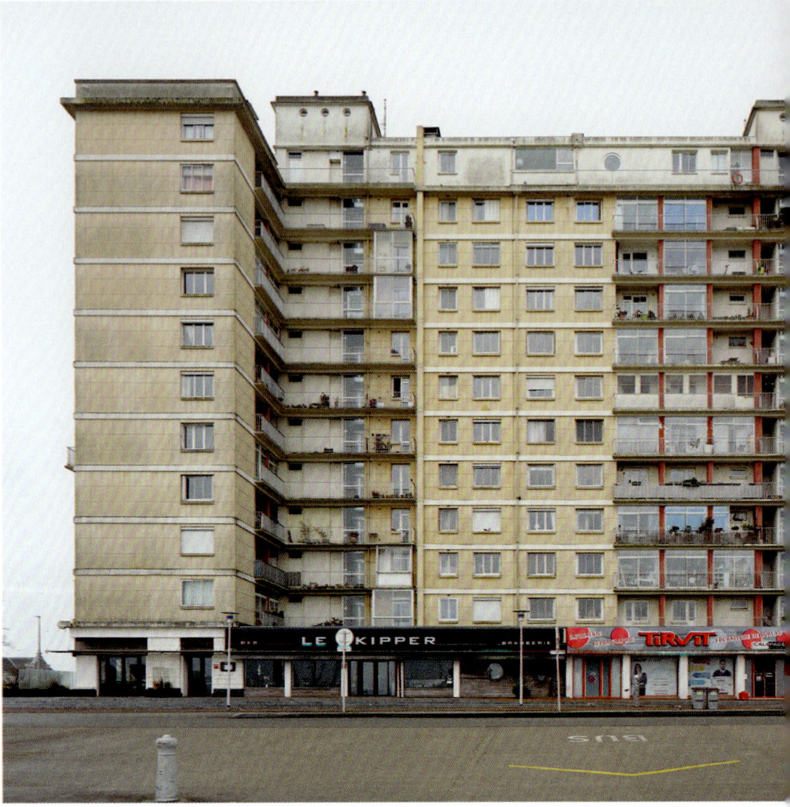

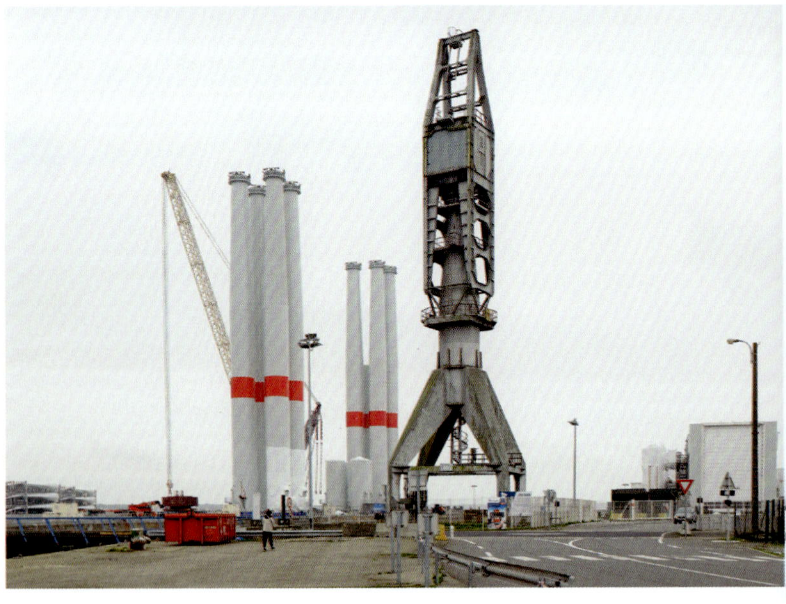

Saint-Nazaire

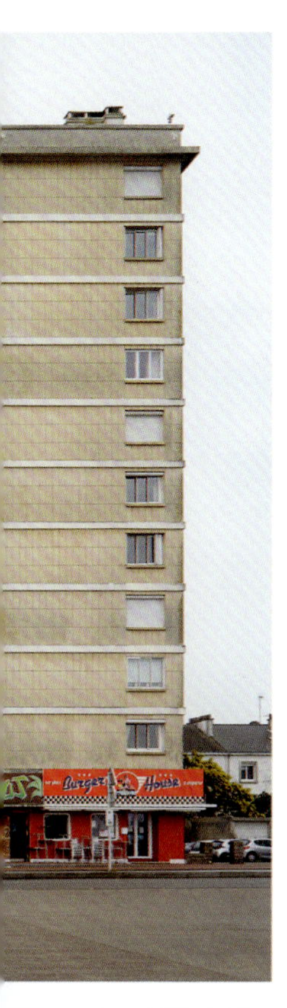

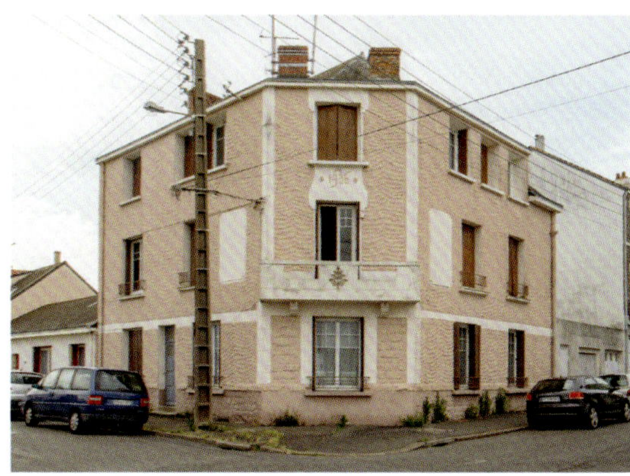

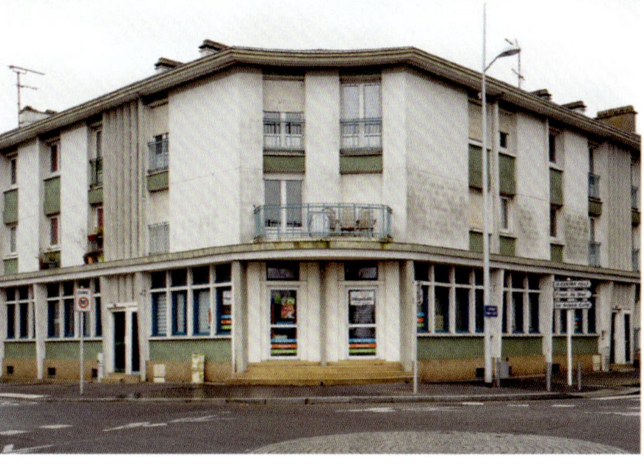

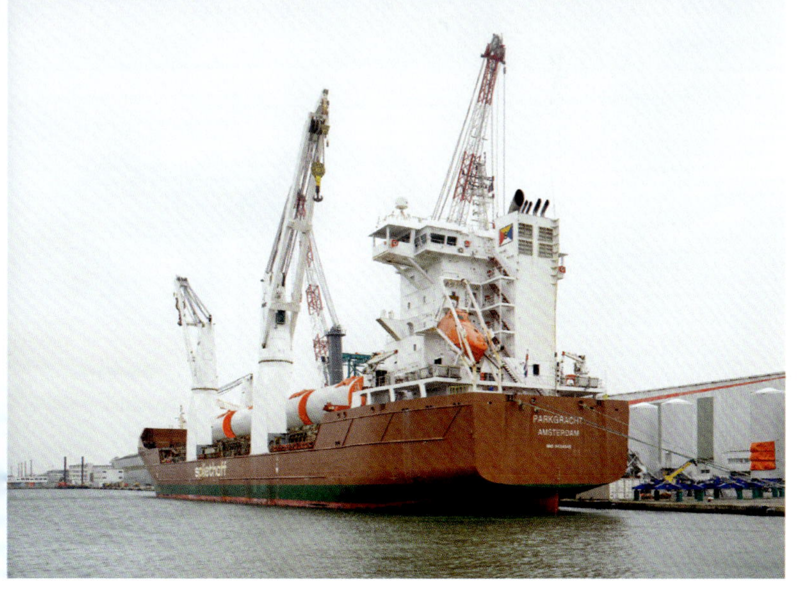

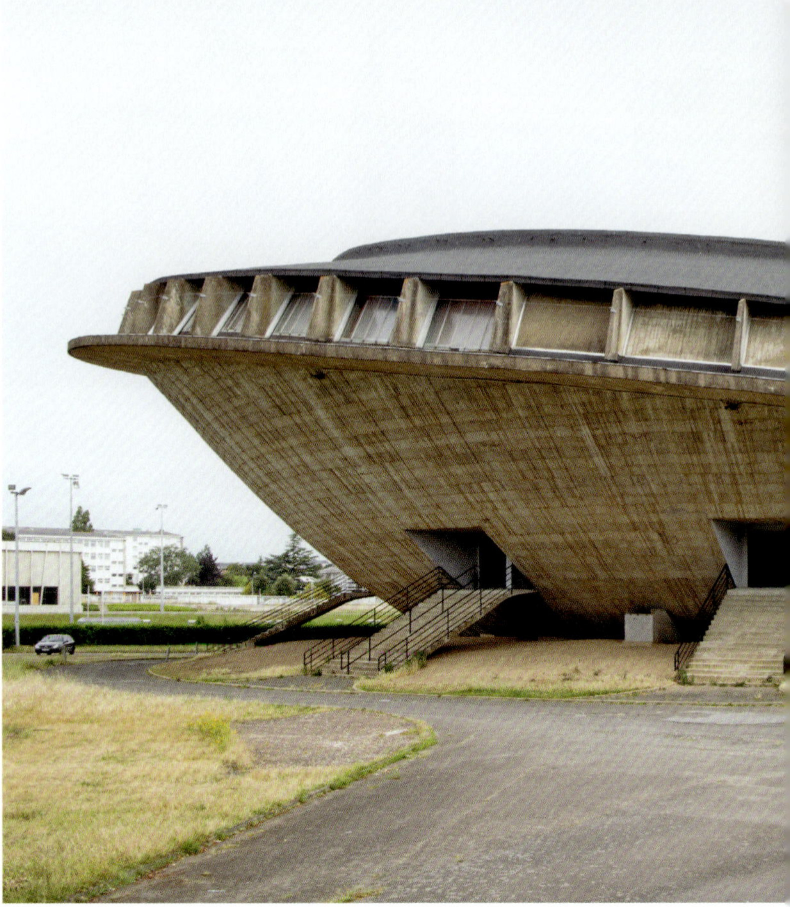

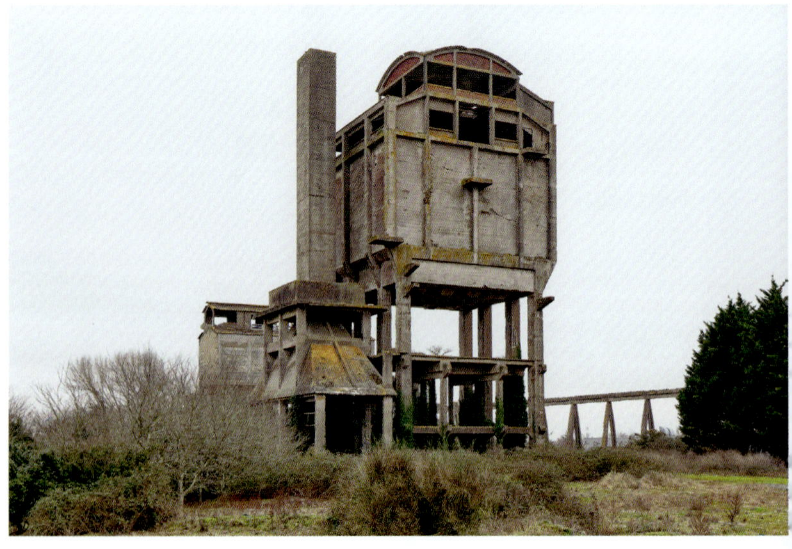

Saint-Nazaire
Treignac

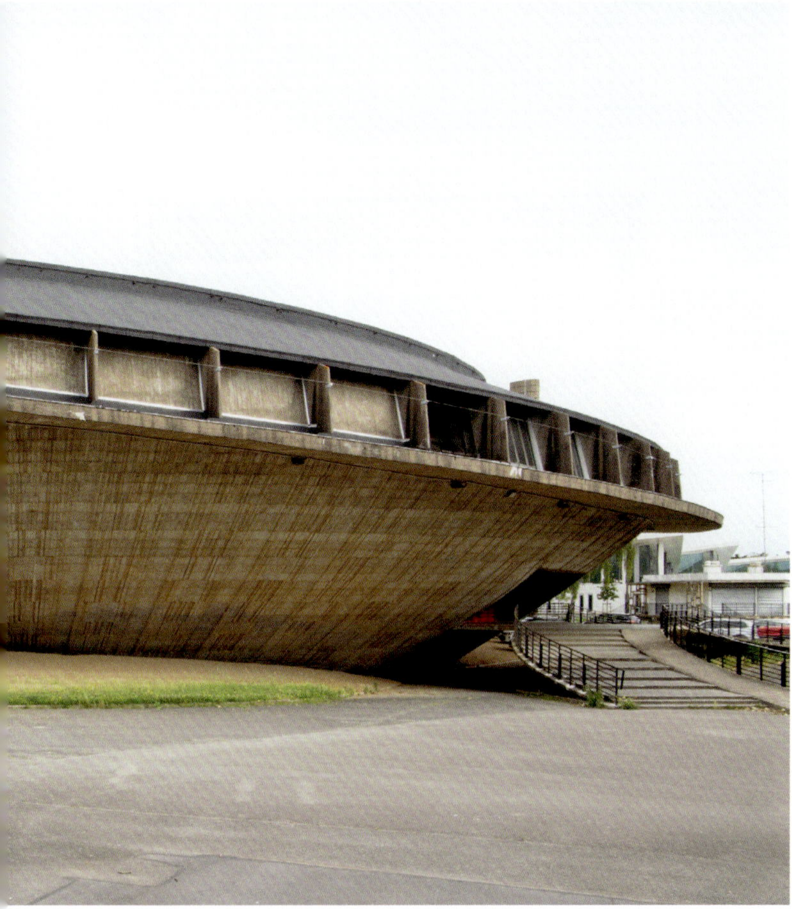

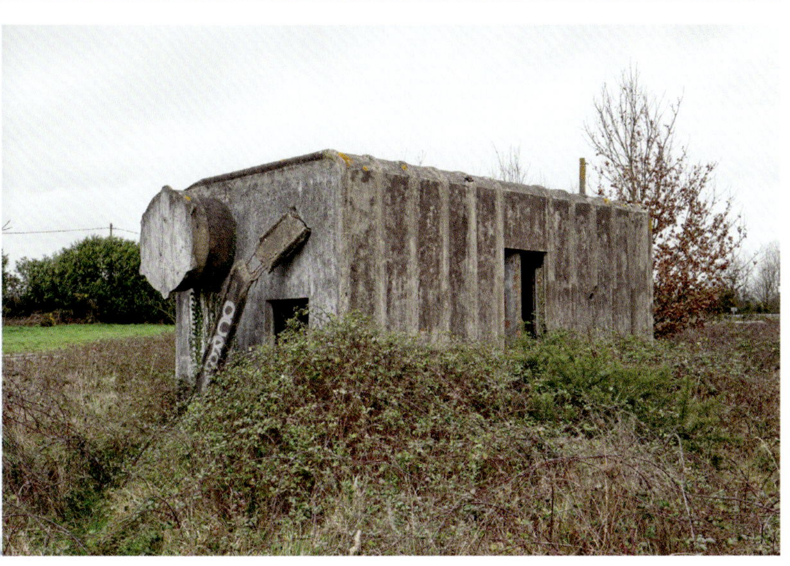

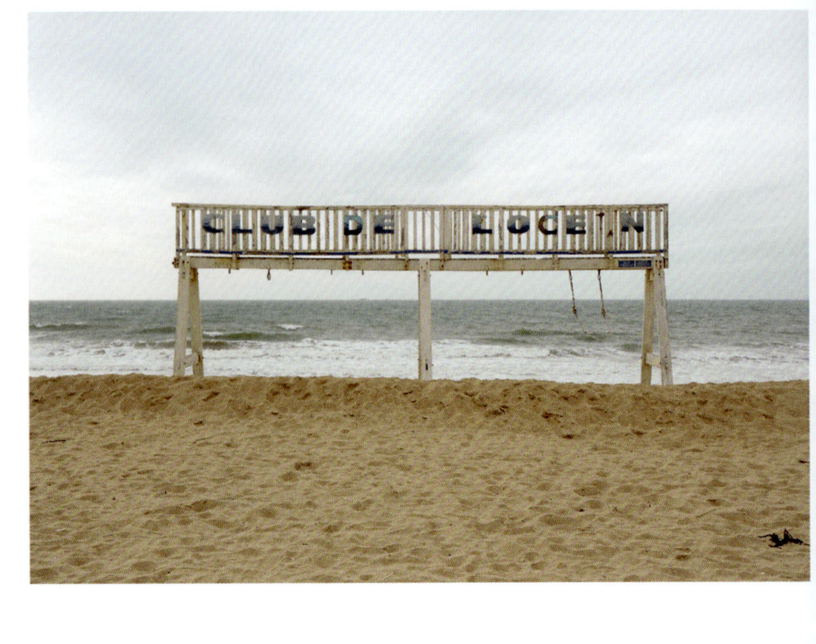
CLUB DE L'OCEAN

Roussillon

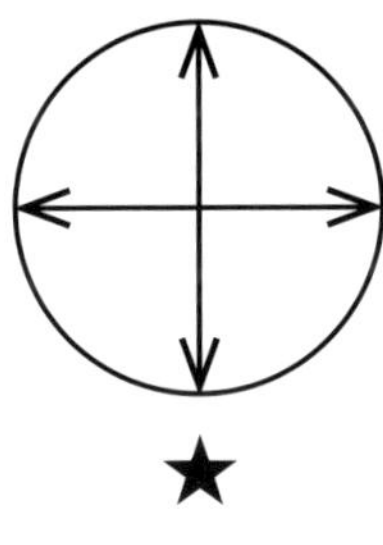

ch. 30

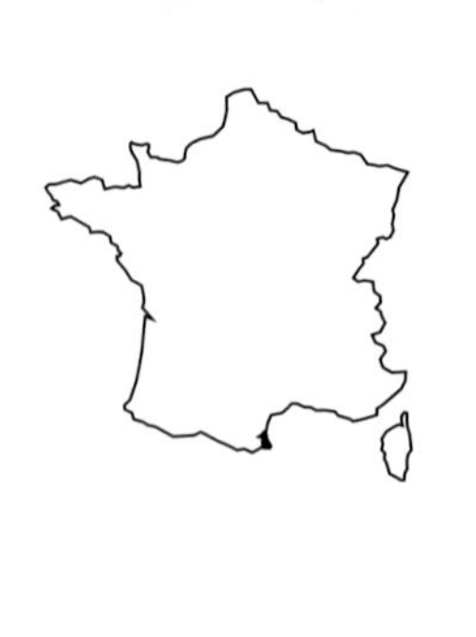

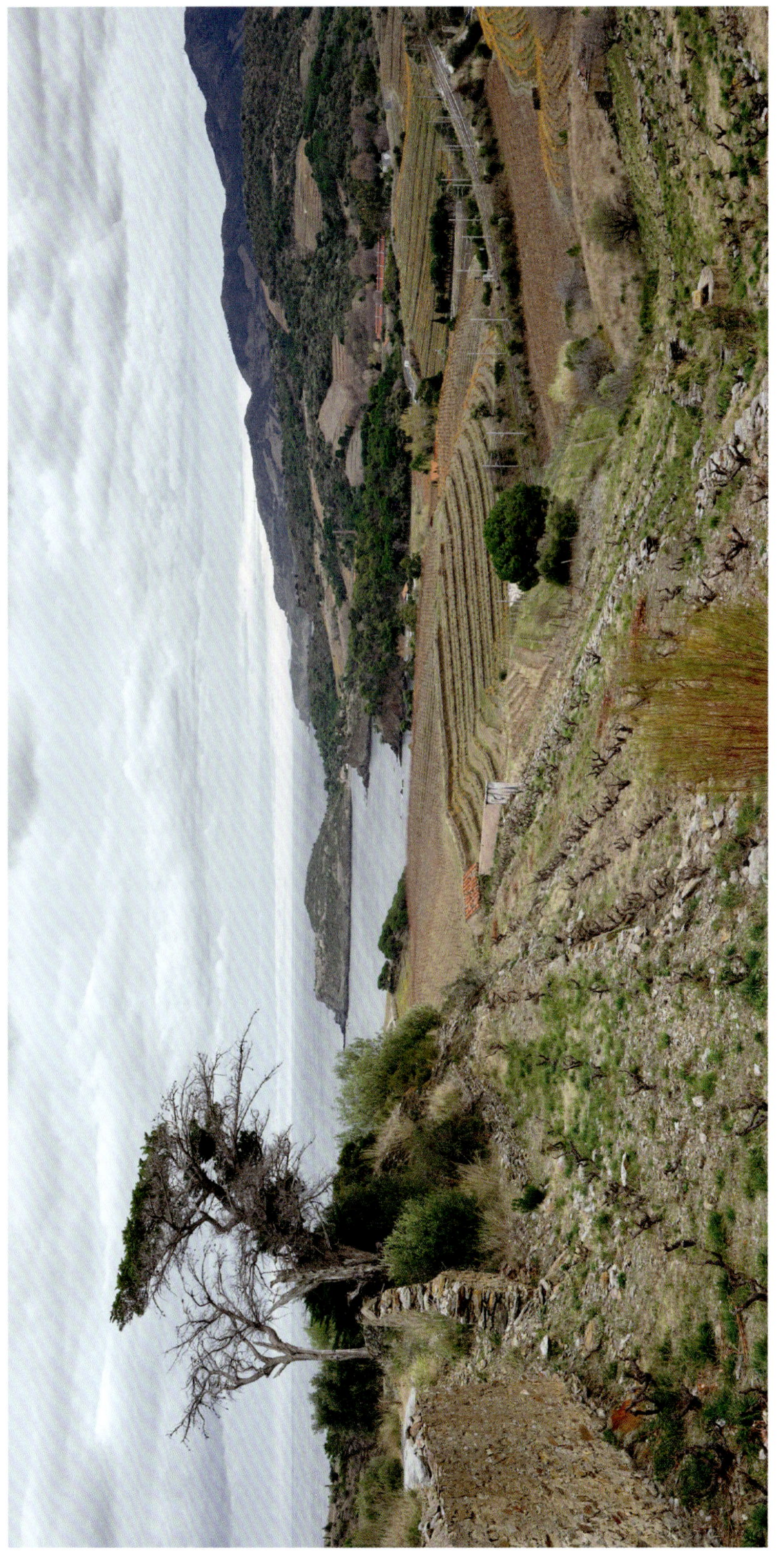

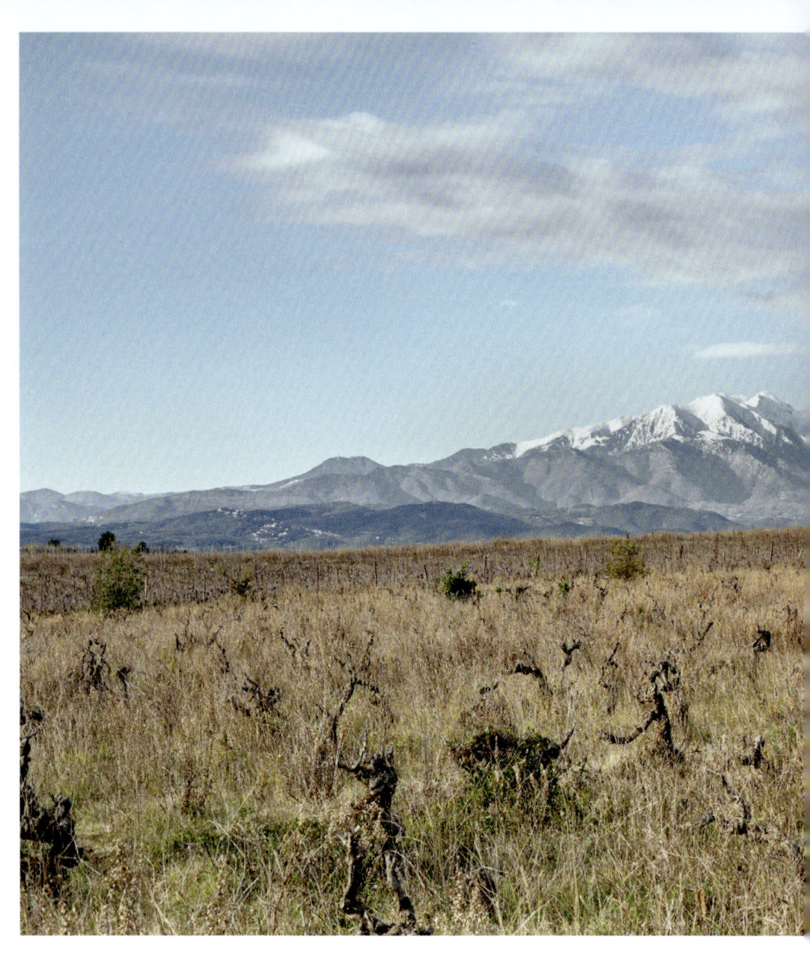

← Port-Vendres   Bages   → Montescot
Cerbère

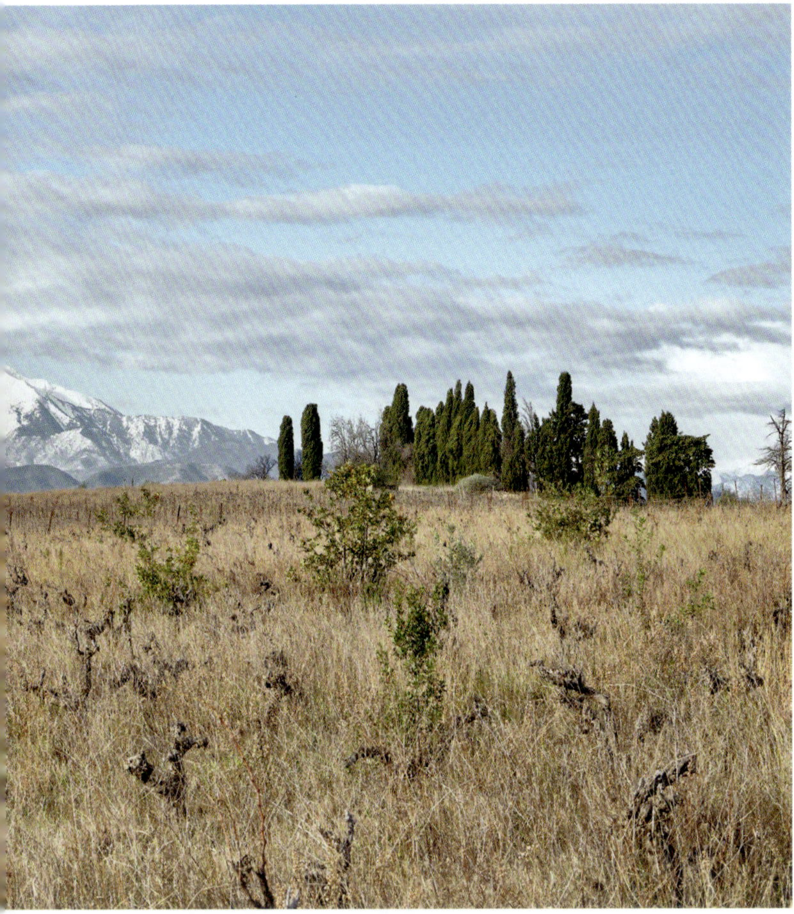

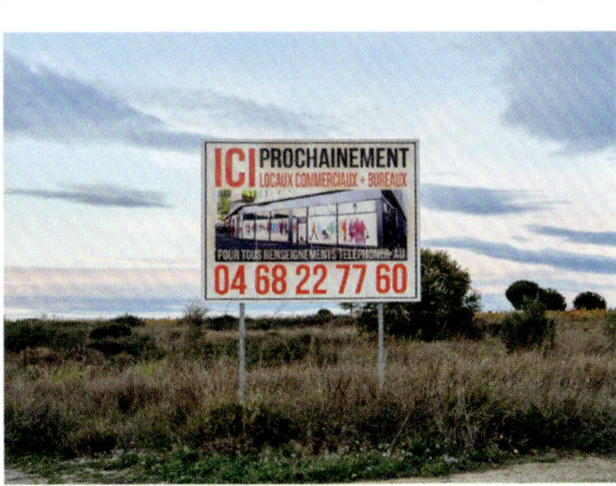
ICI PROCHAINEMENT
LOCAUX COMMERCIAUX + BUREAUX
POUR TOUS RENSEIGNEMENTS TELEPHONER AU
04 68 22 77 60

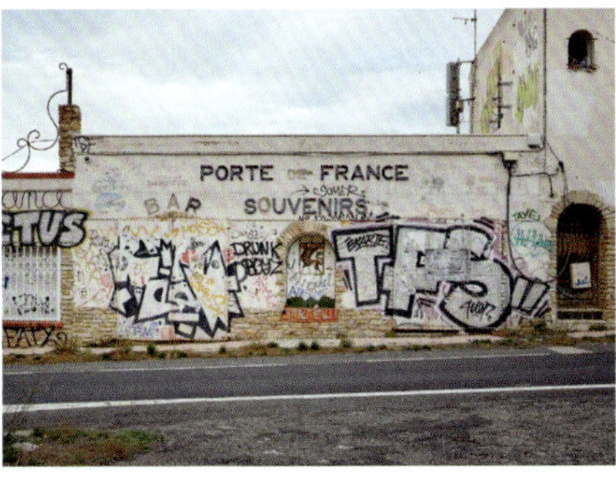
PORTE FRANCE
BAR SOUVENIRS
DRUNK BOYZ

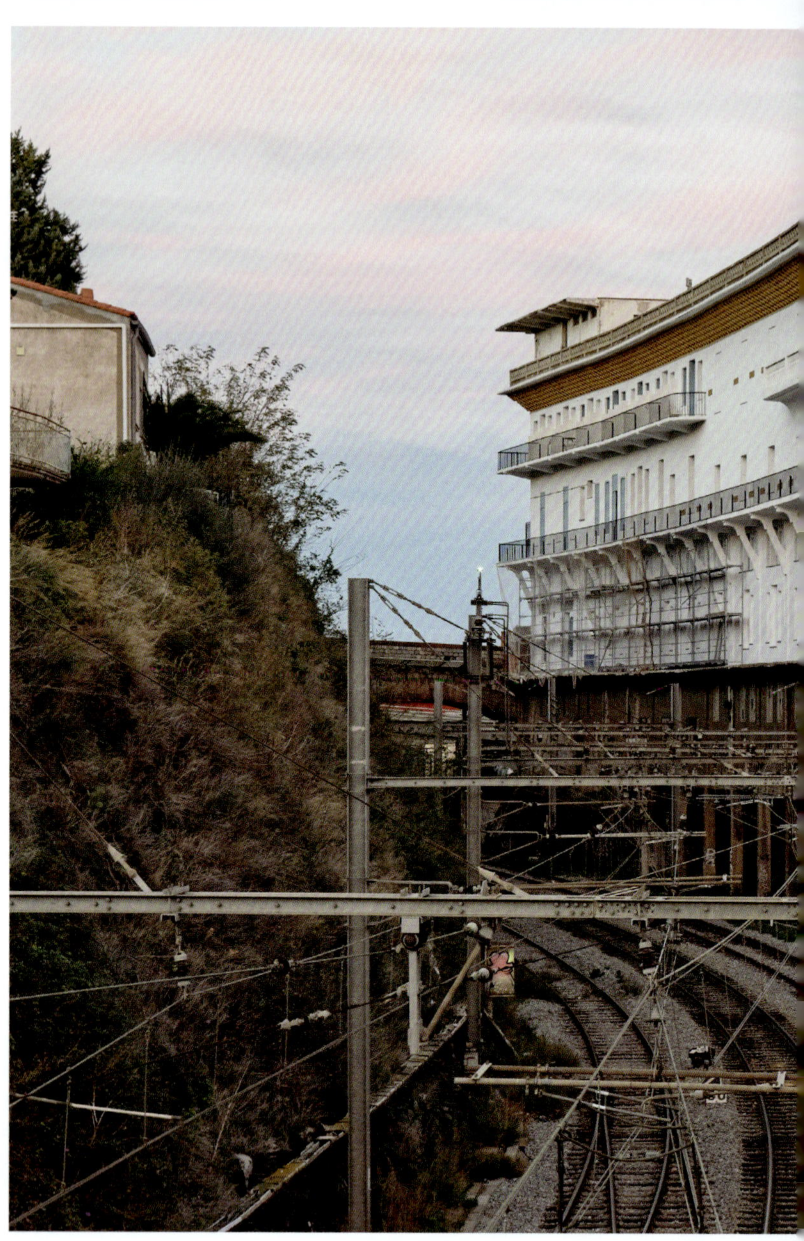

Cerbère

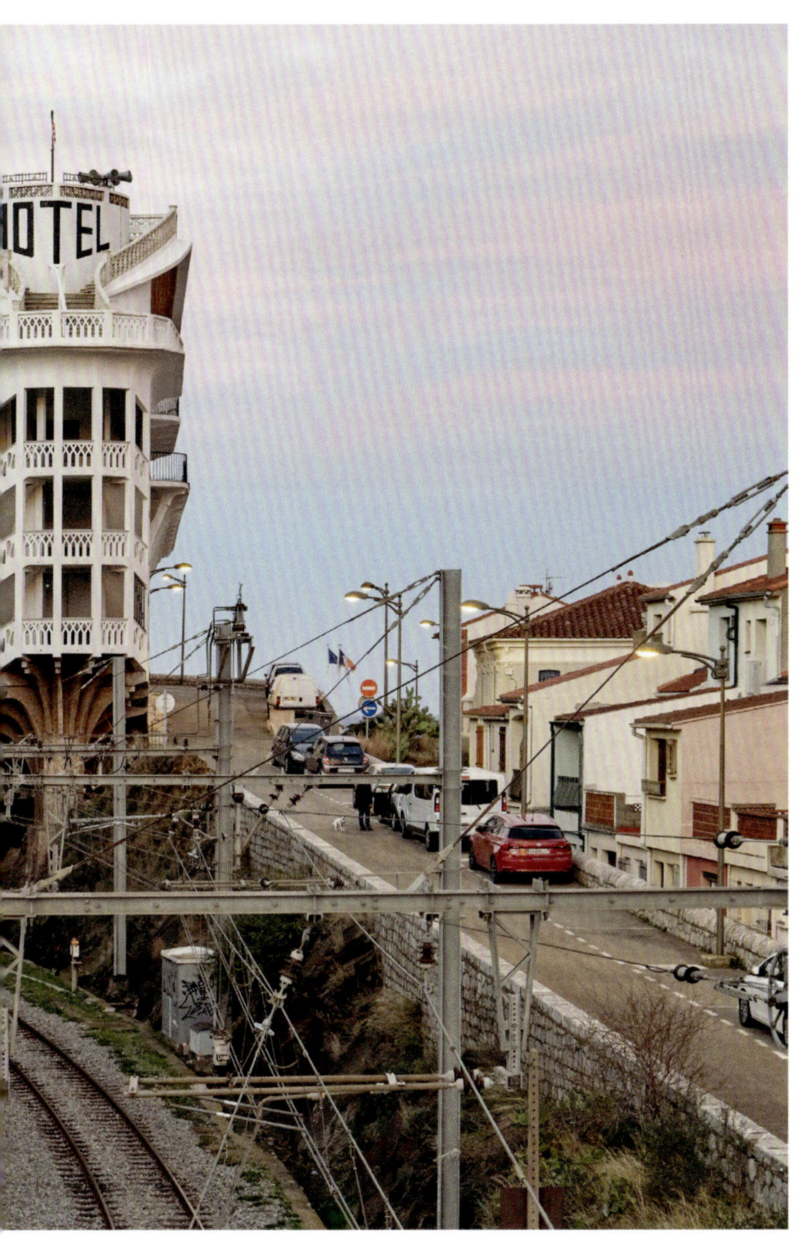

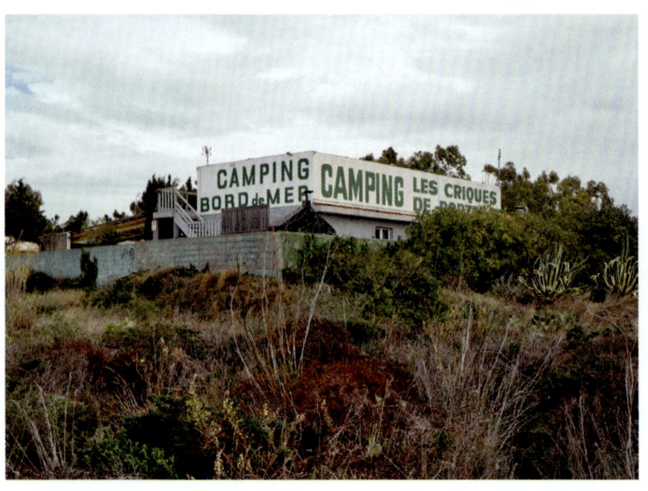

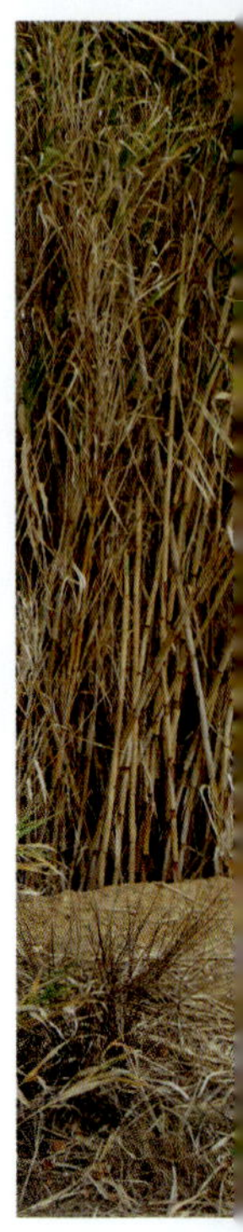

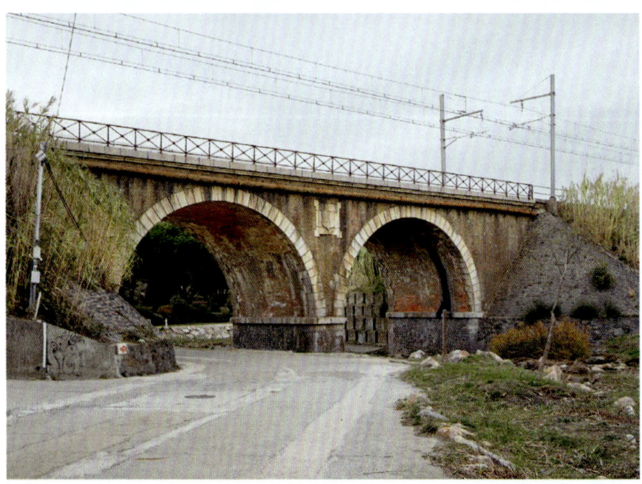

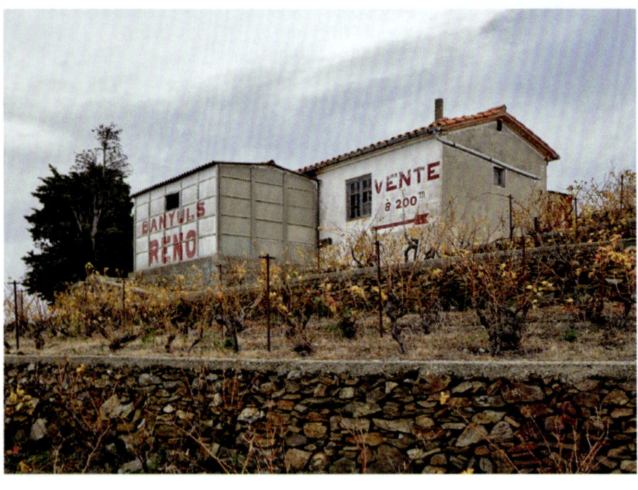

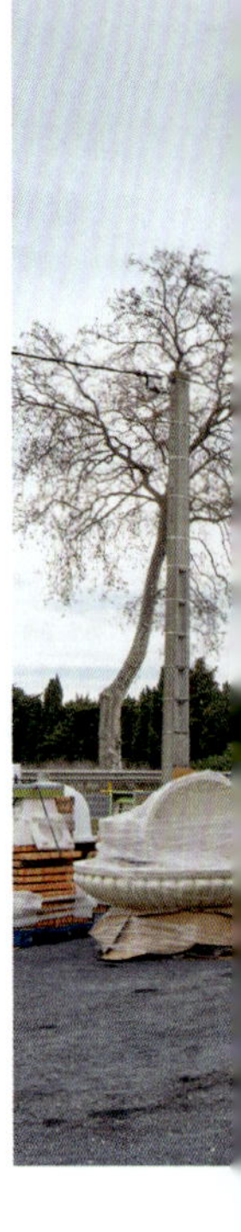

Argelès-sur-Mer (2)
Collioure

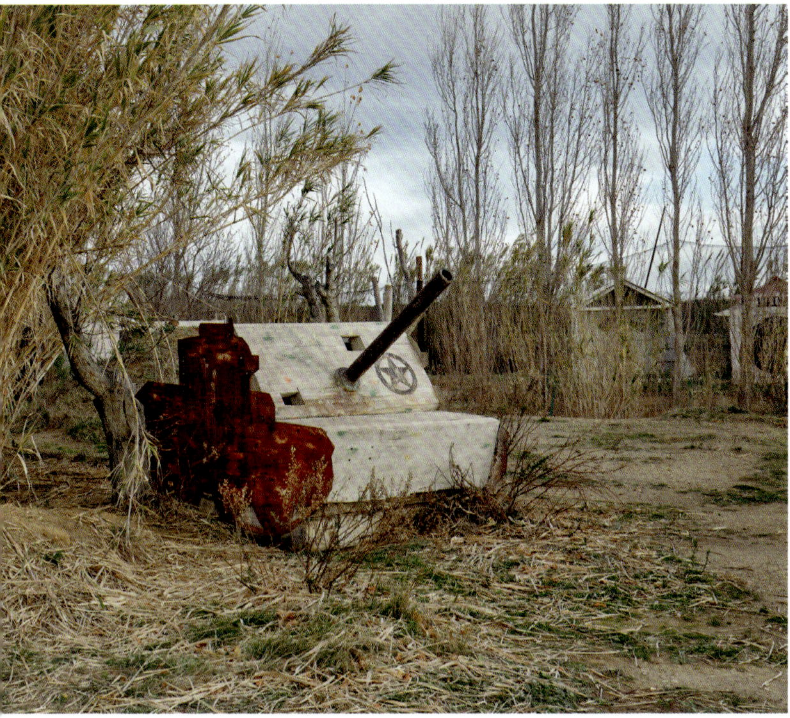

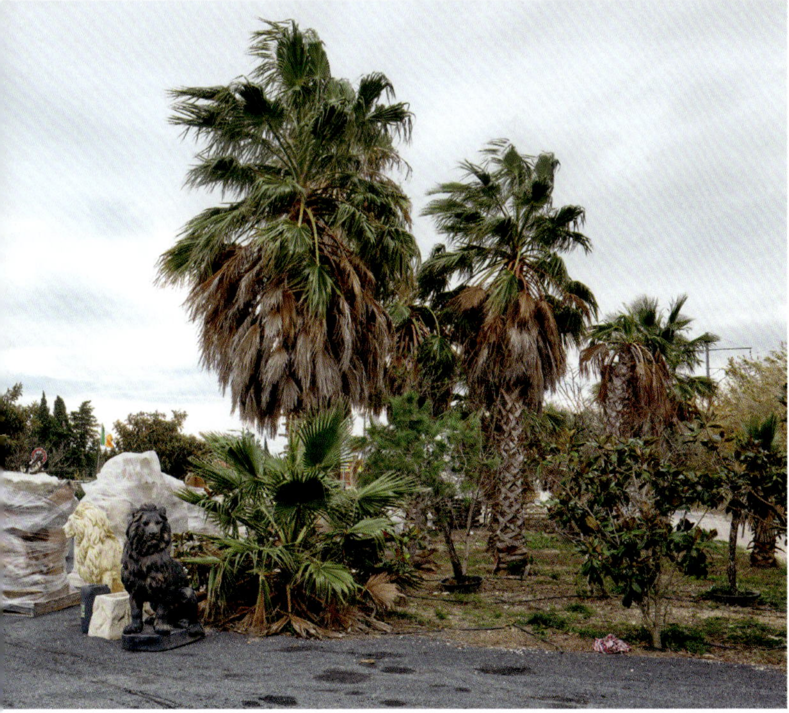

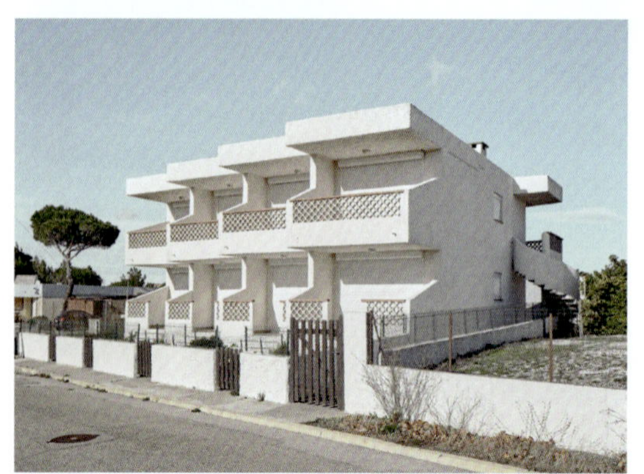

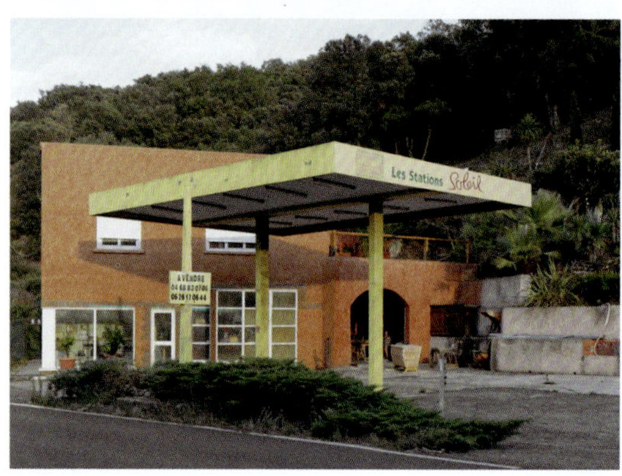

Les Stations Soleil
A VENDRE
04 68 82 07 06
06 26 17 06 44

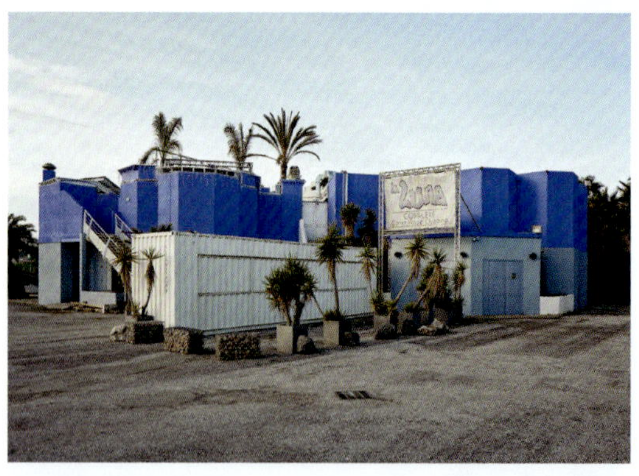

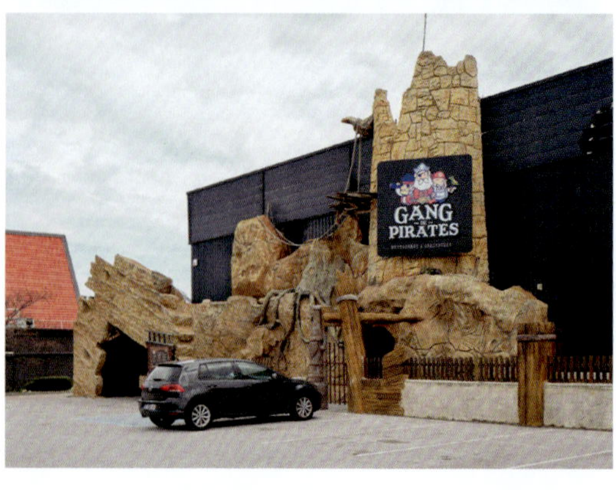

GANG
PIRATES

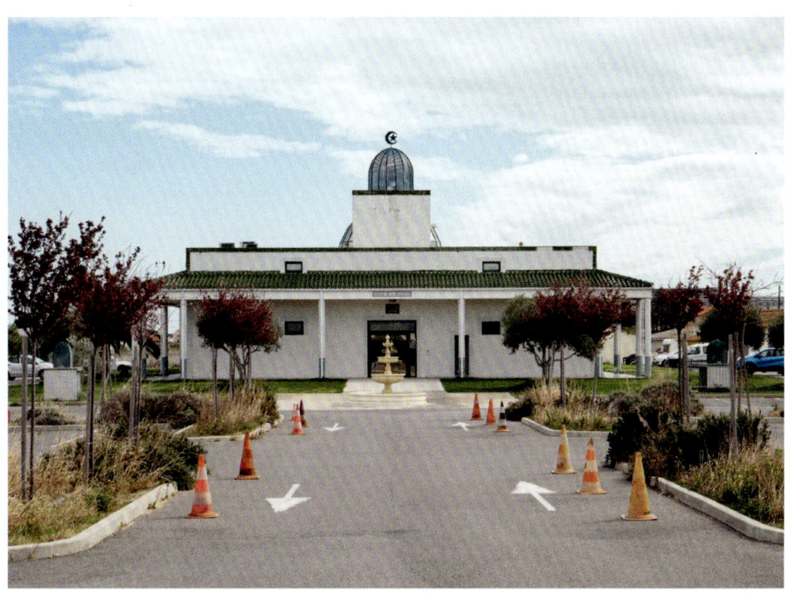

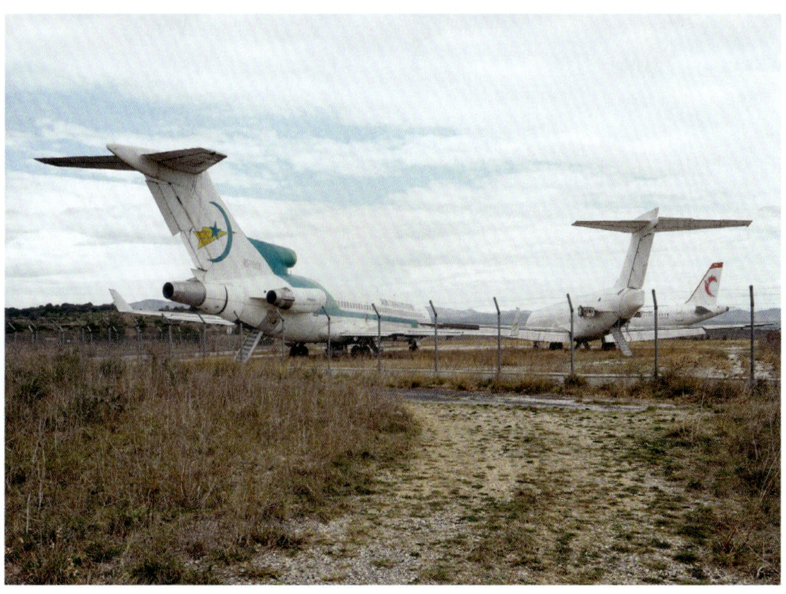

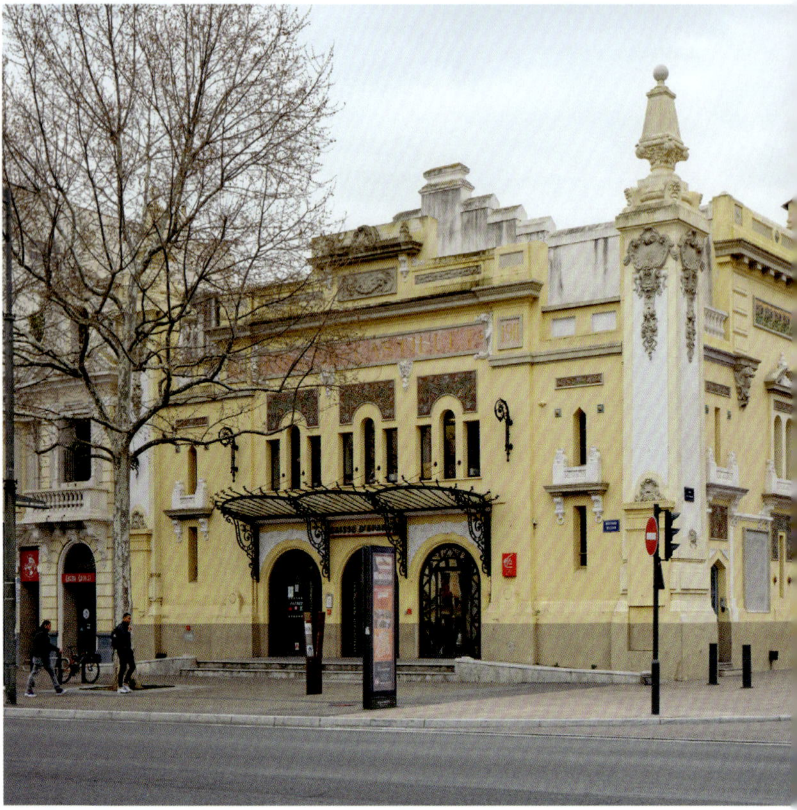

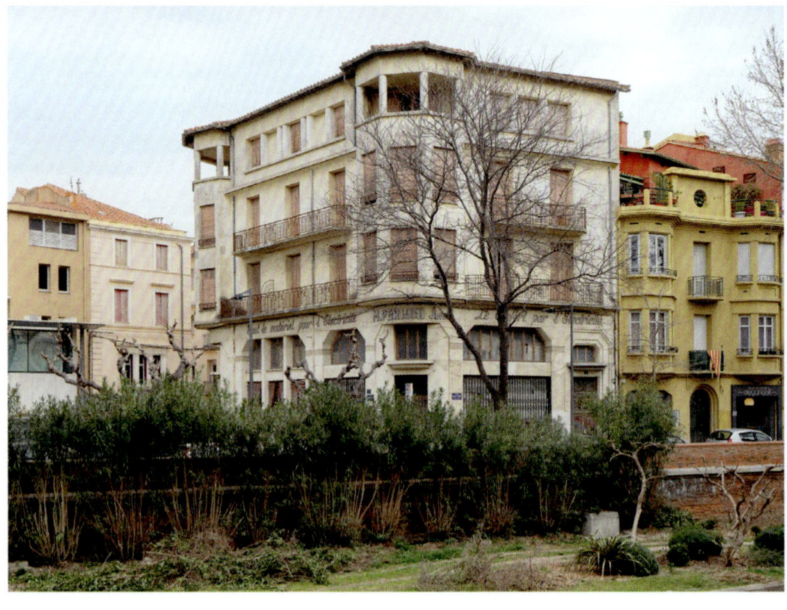

Perpignan

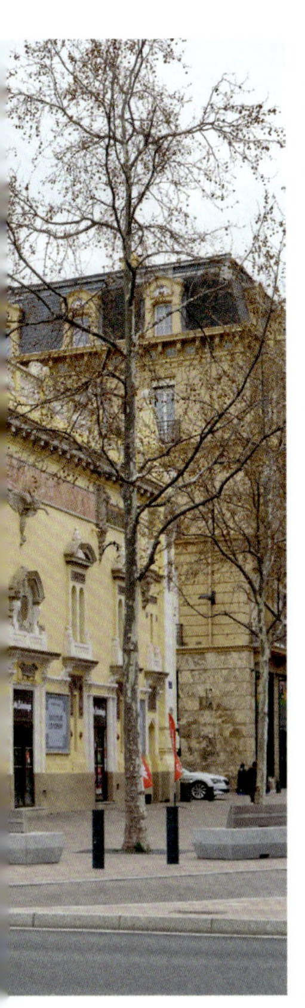

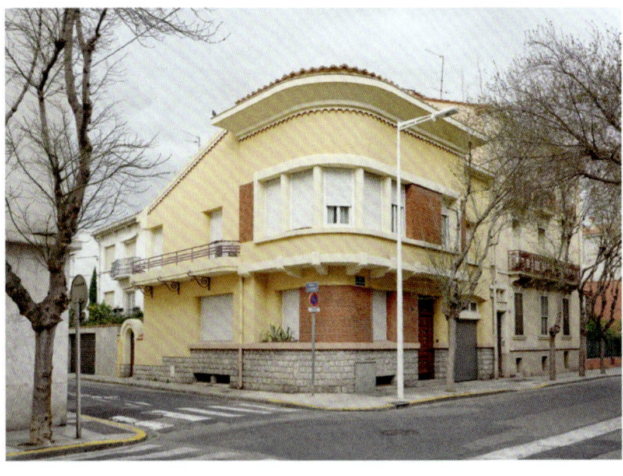

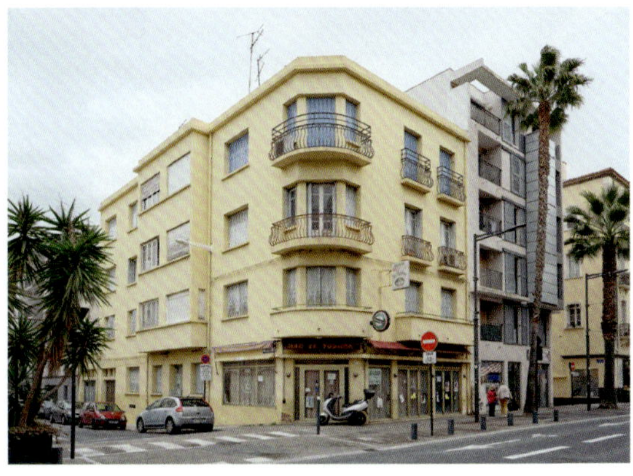

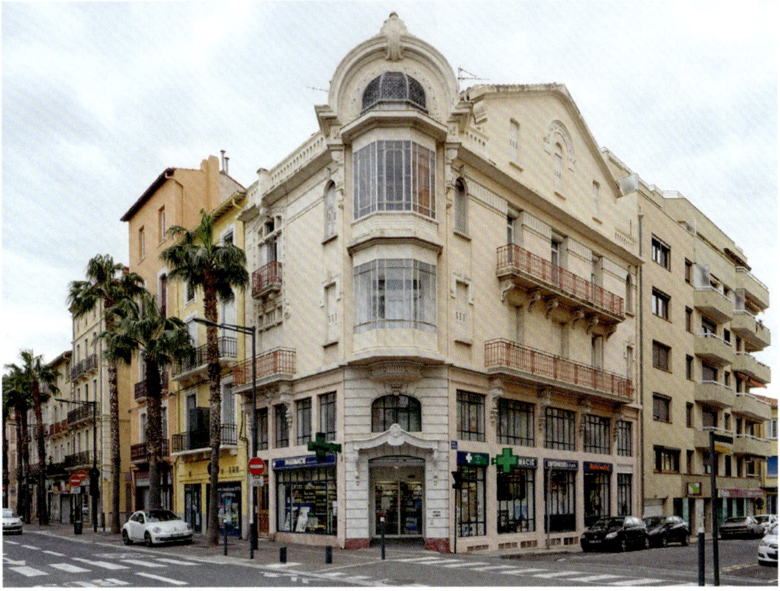

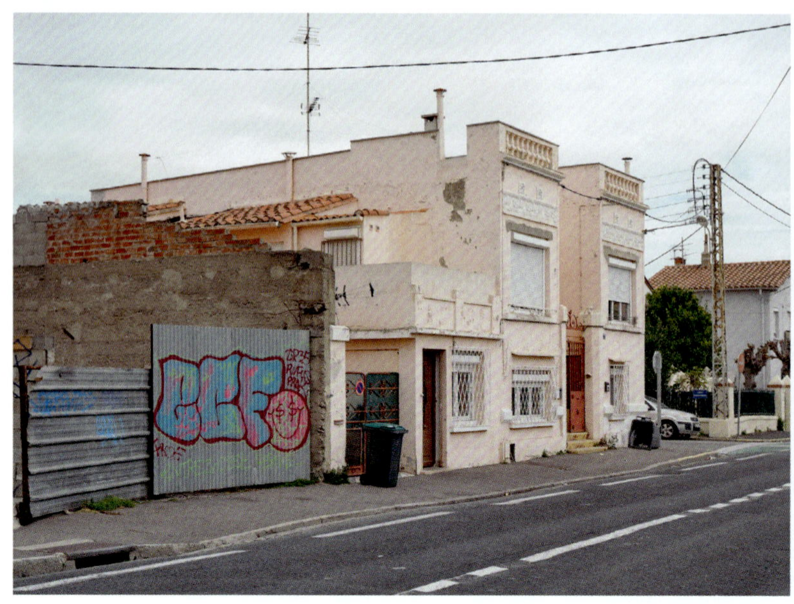

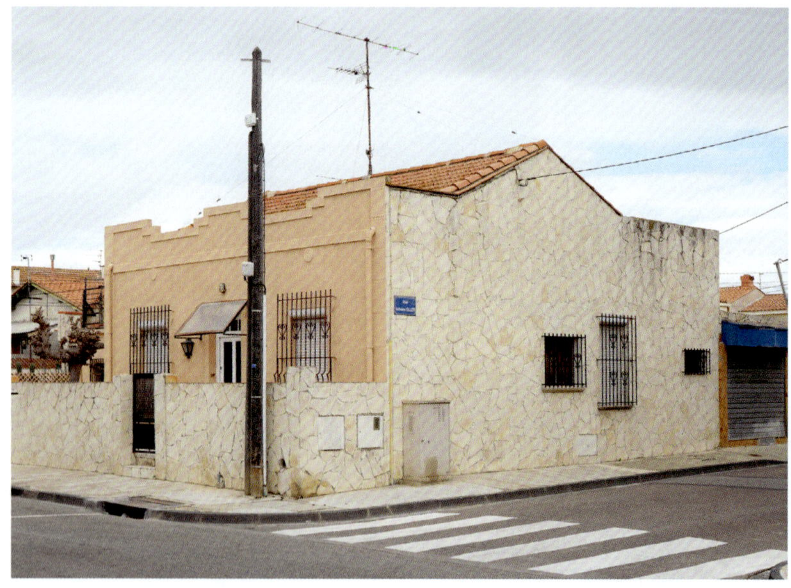

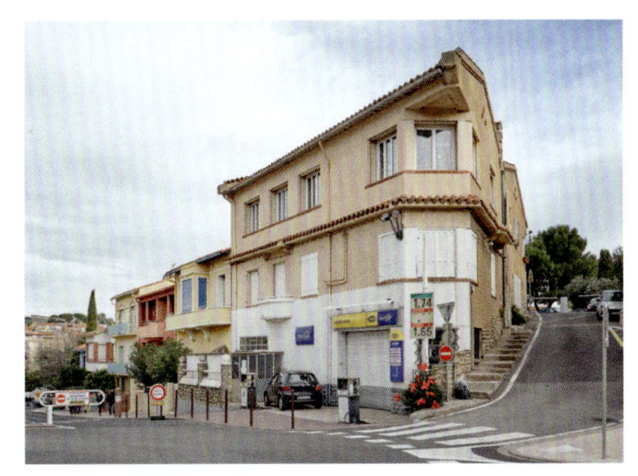

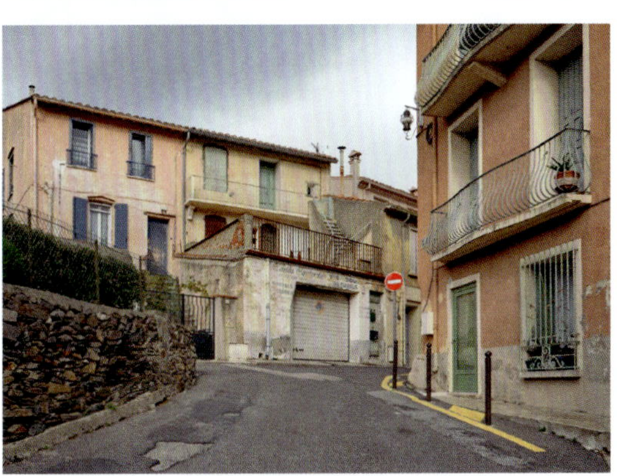

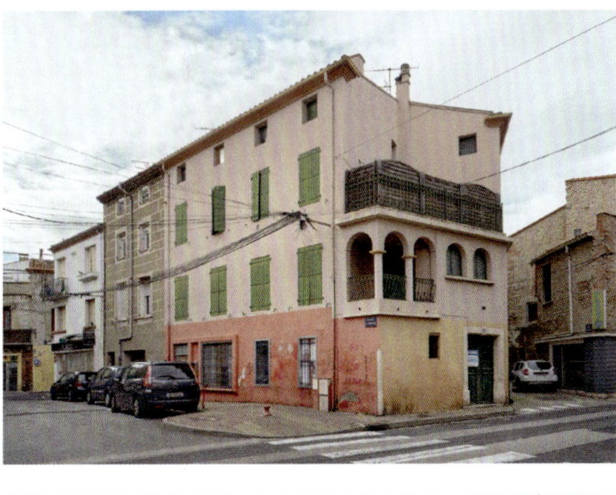

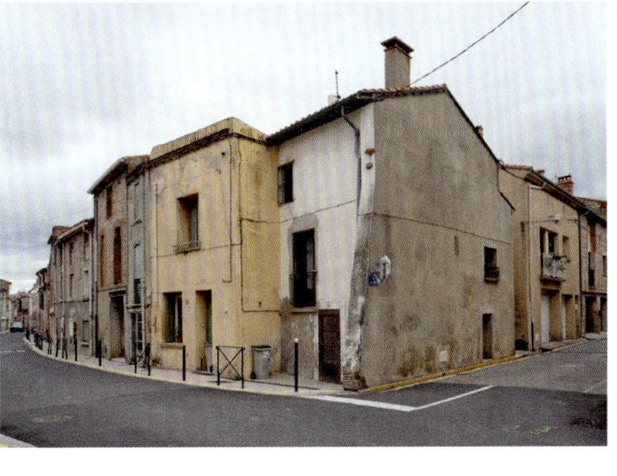

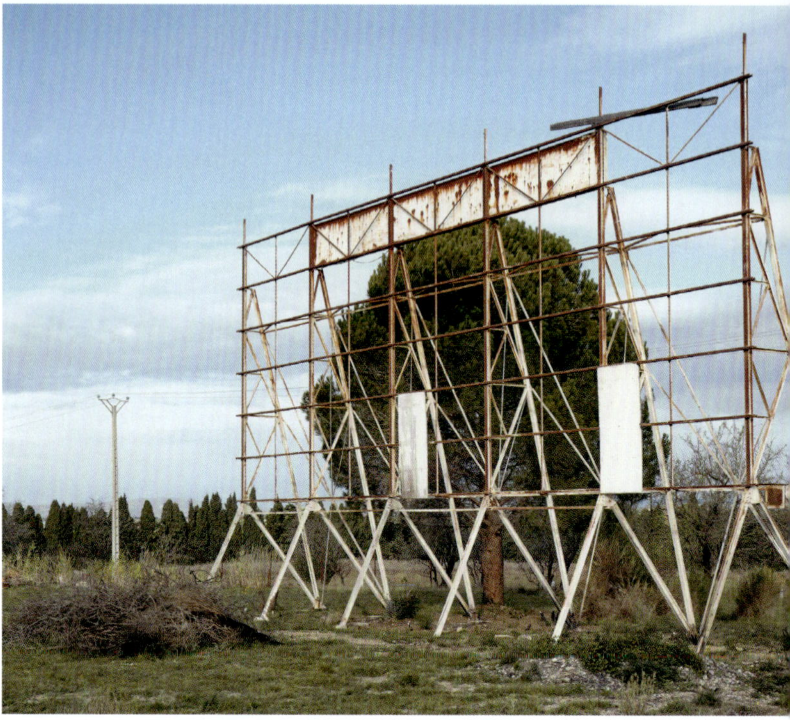

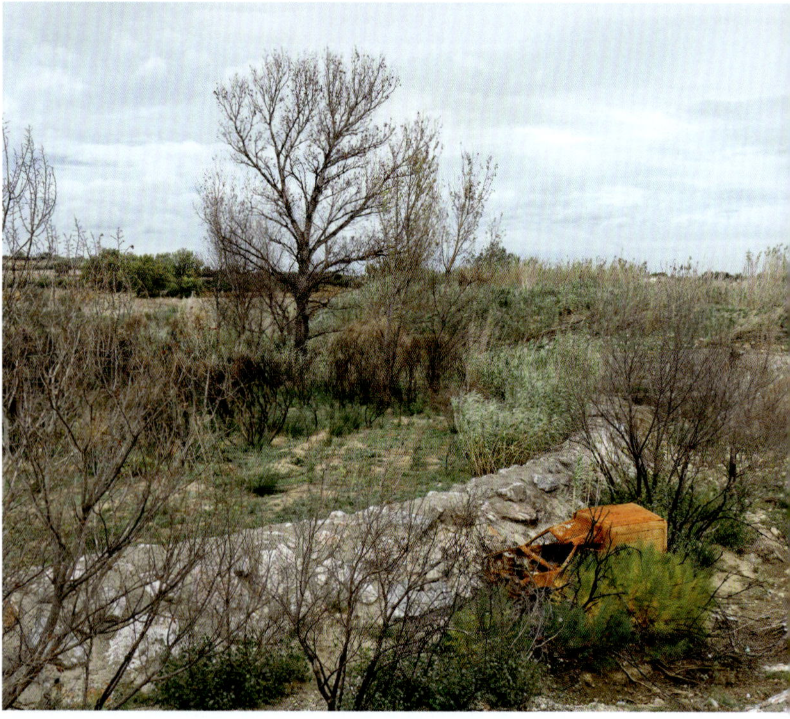

Bages
Saint-Estève

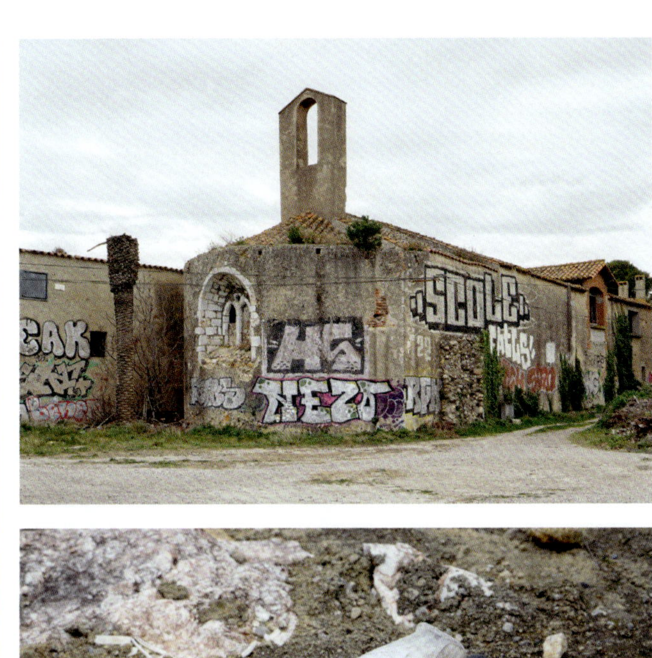

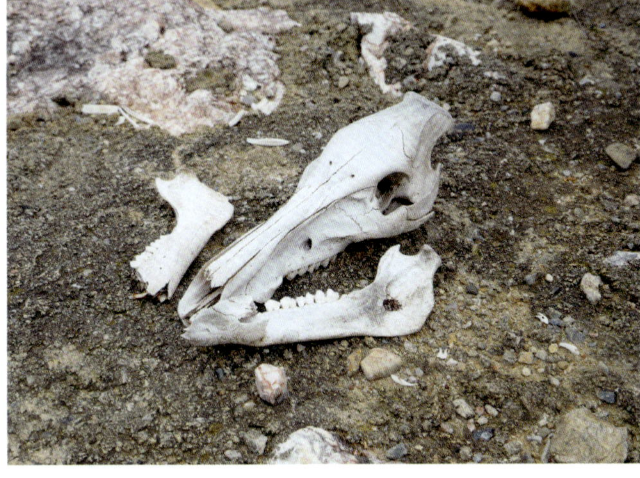

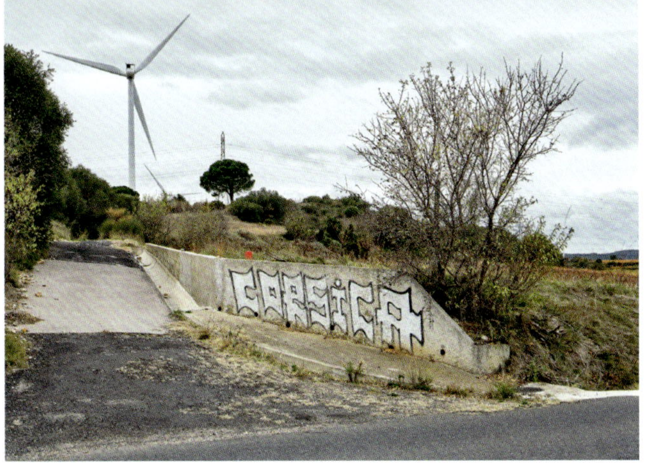

Rivesaltes
Saint-Estève (2)

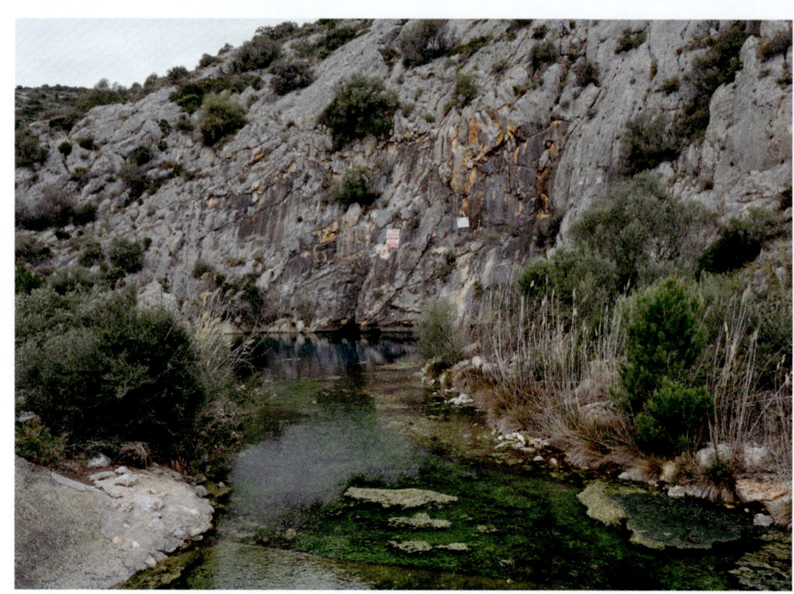

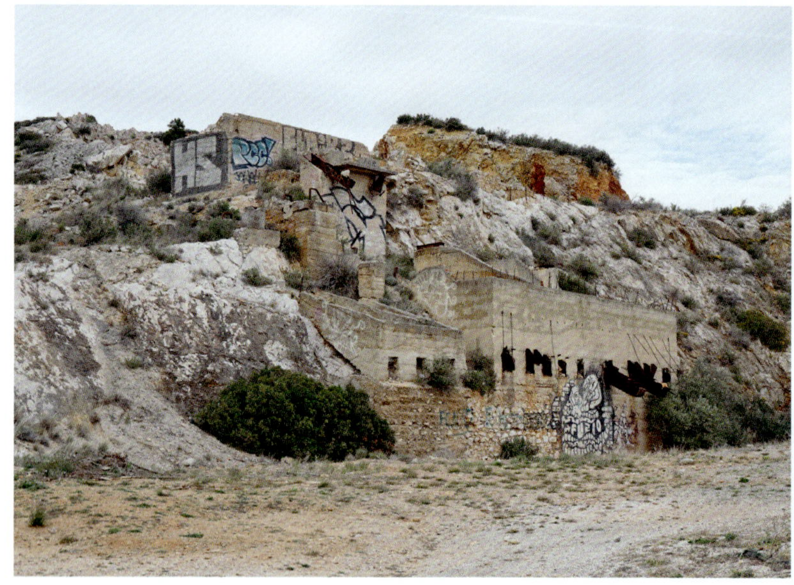

Salses-le-Château (2)

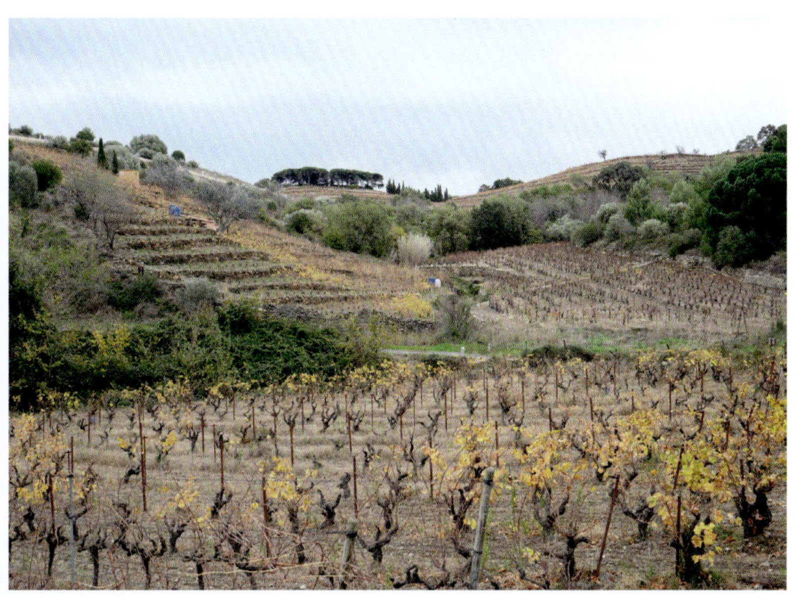

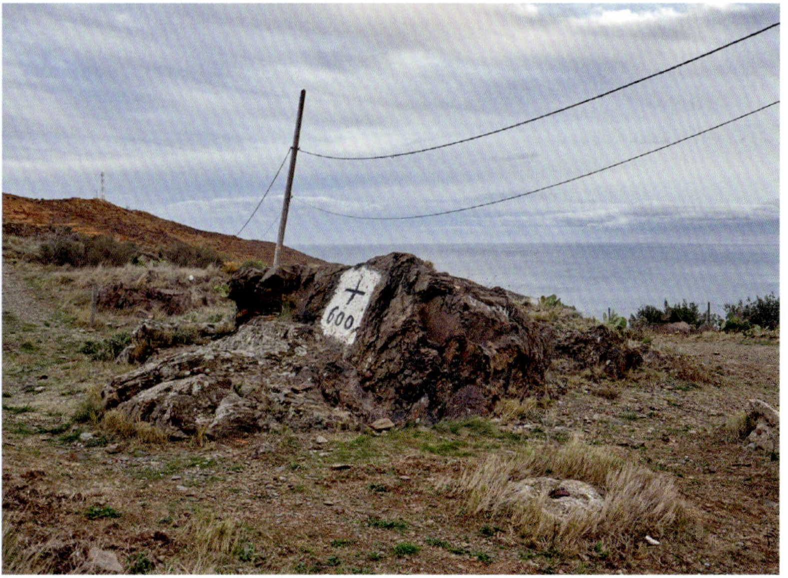

Collioure
Cerbère

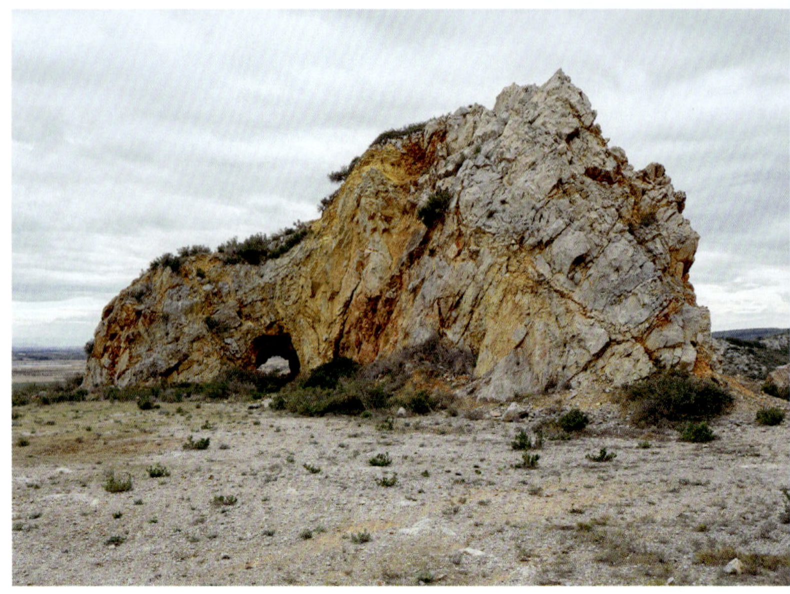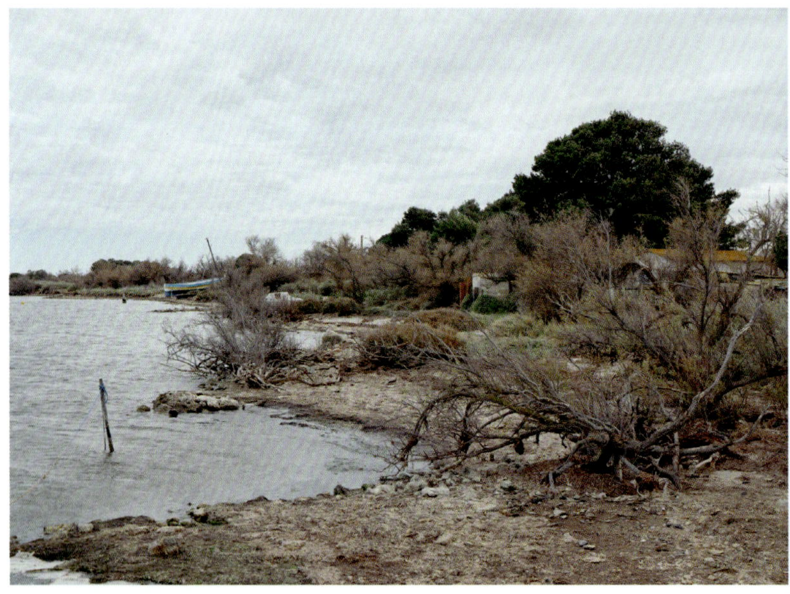

Salses-le-Château
Saint-Hippolyte   → Saint-Hippolyte (4)

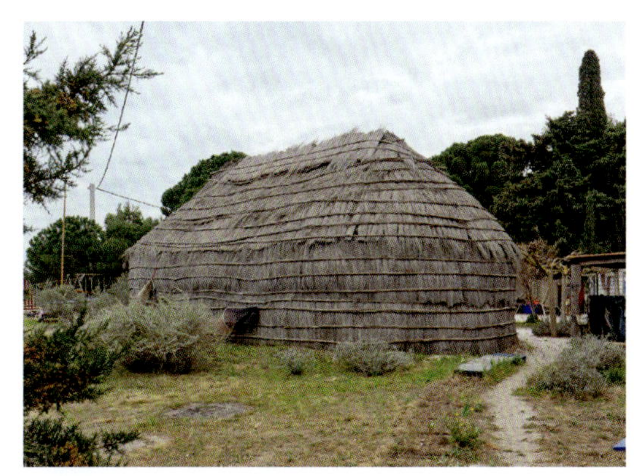

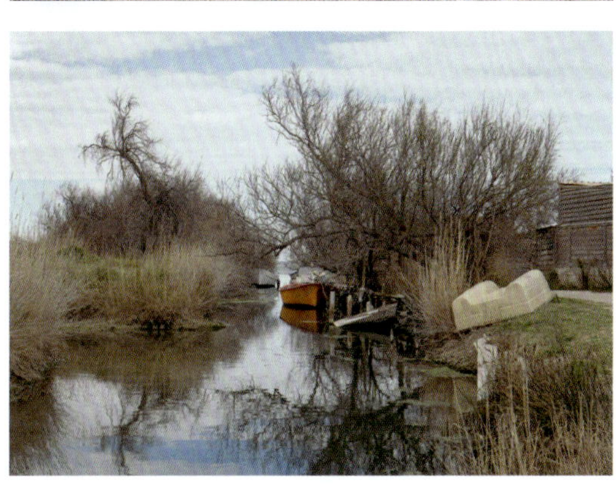

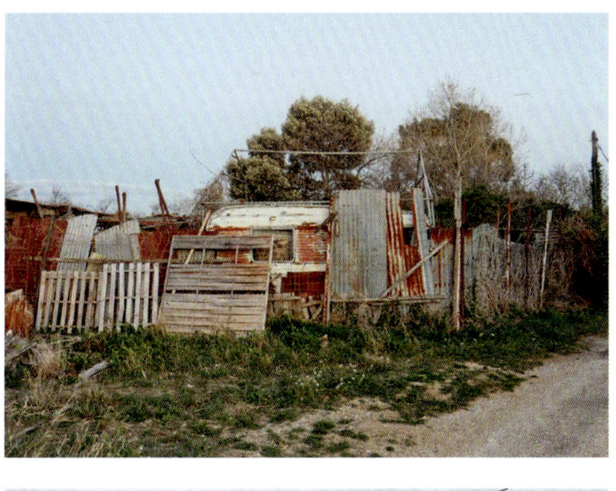

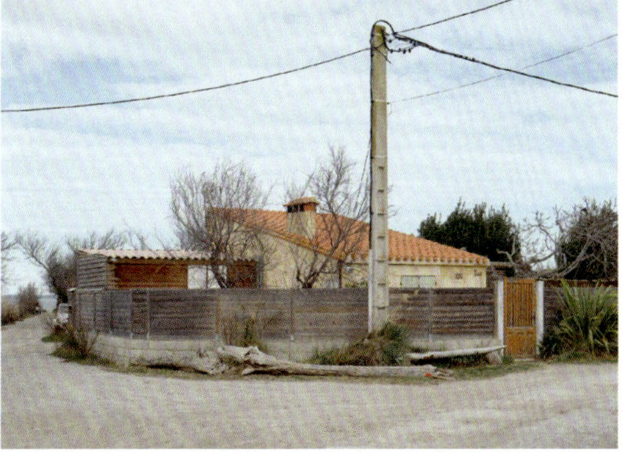

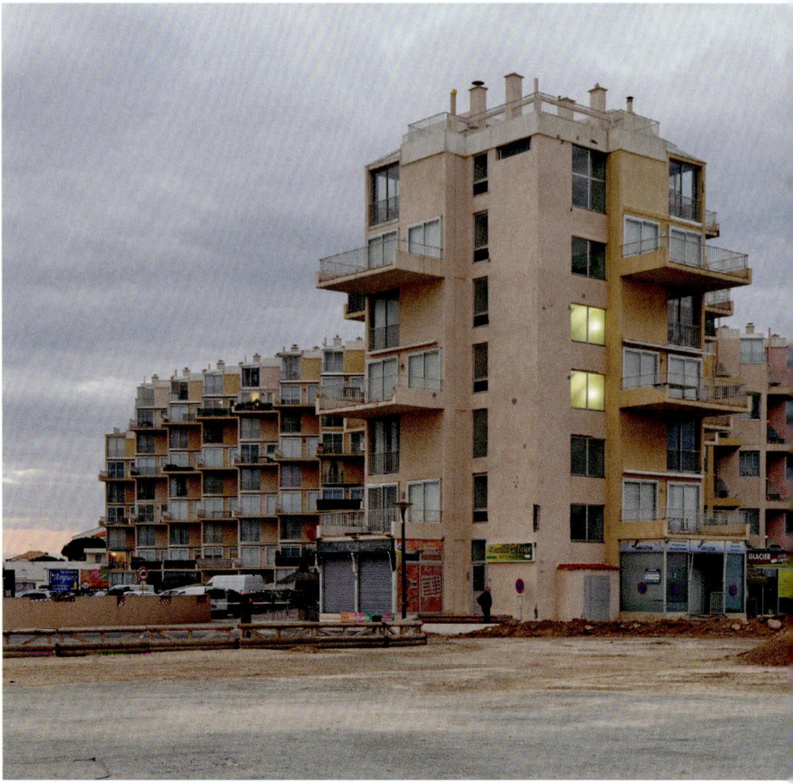

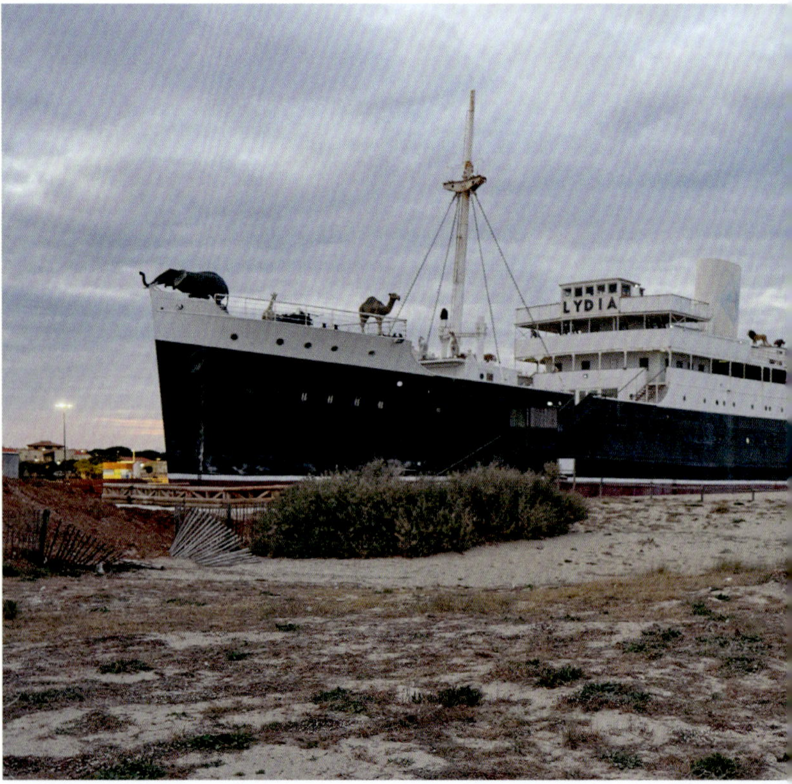

LYDIA

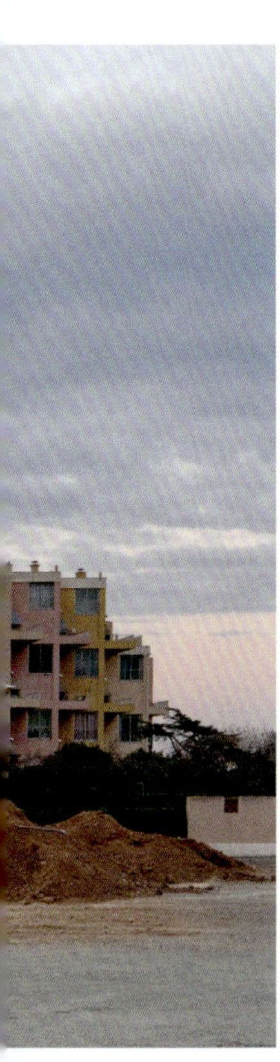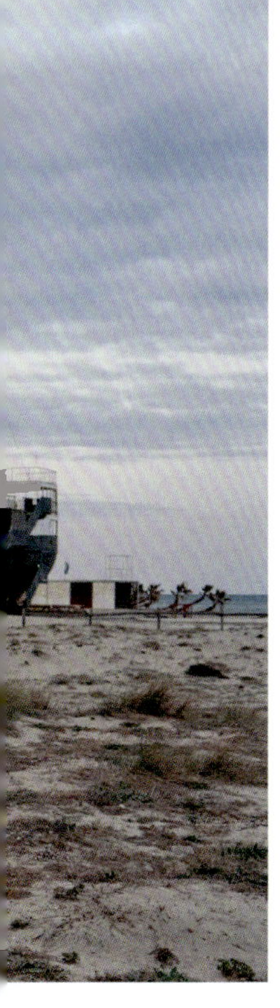

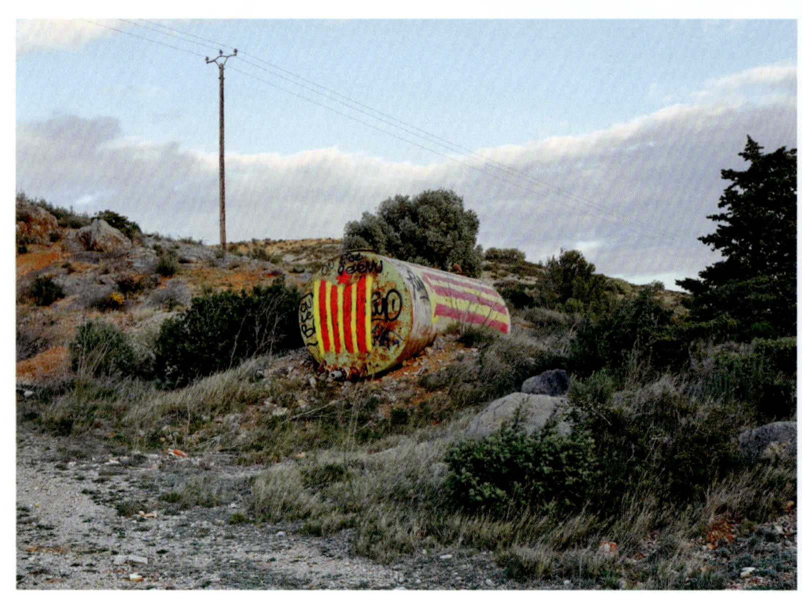

Valentinois

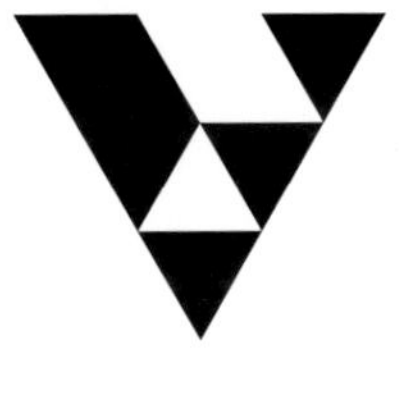

ch. 31

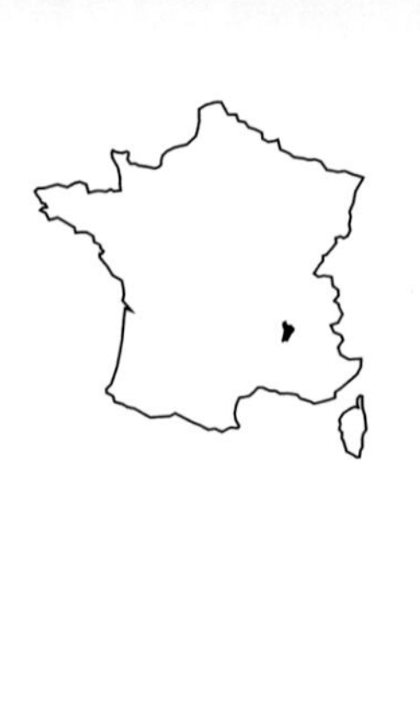

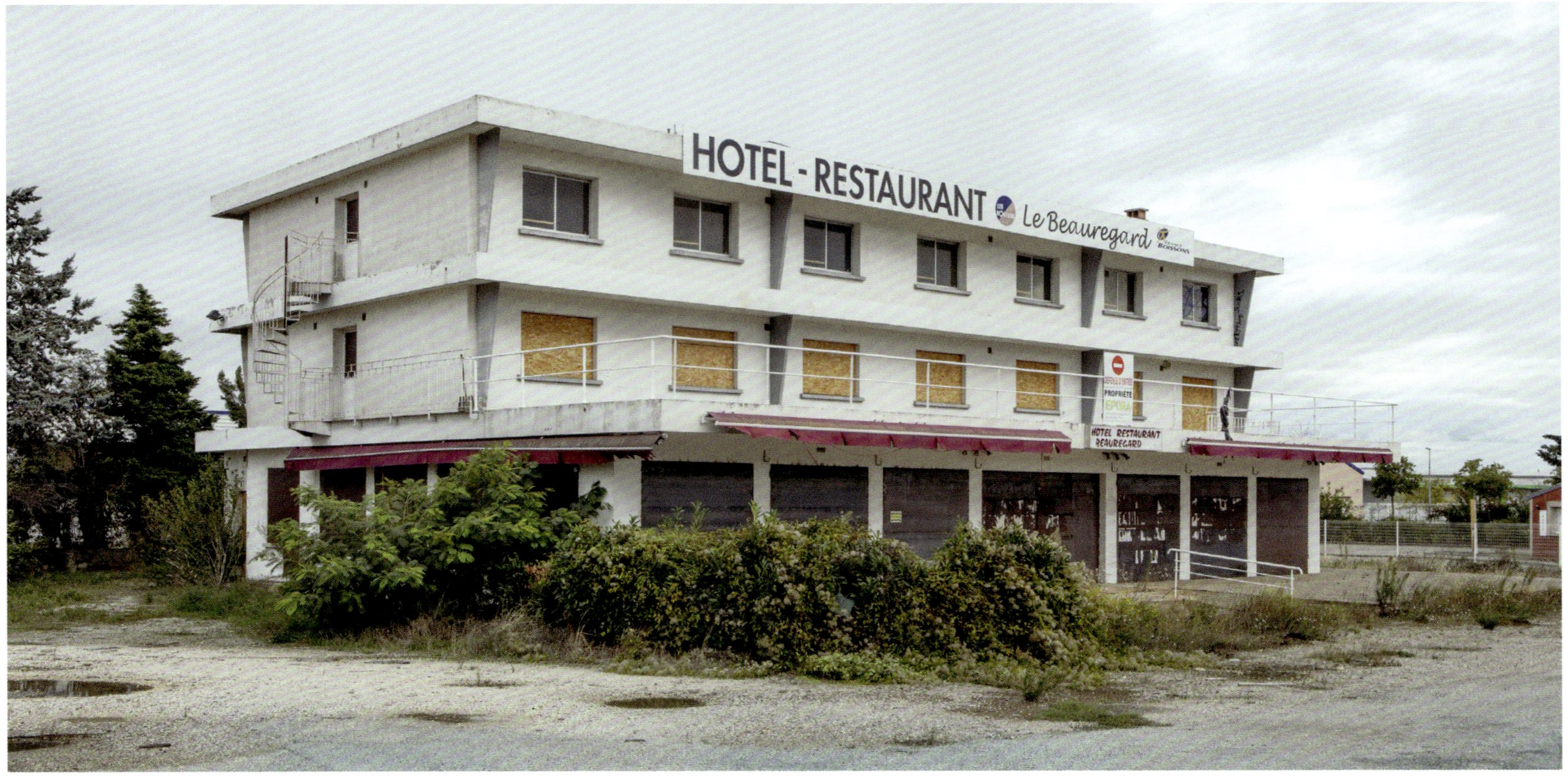

HOTEL - RESTAURANT
Le Beauregard
France BOISSONS
PROPRIÉTÉ
EPORA
HOTEL RESTAURANT
BEAUREGARD

← Bourg-de-Péage

Valentinois
Clérieux
Saint-Vincent-la-Commanderie

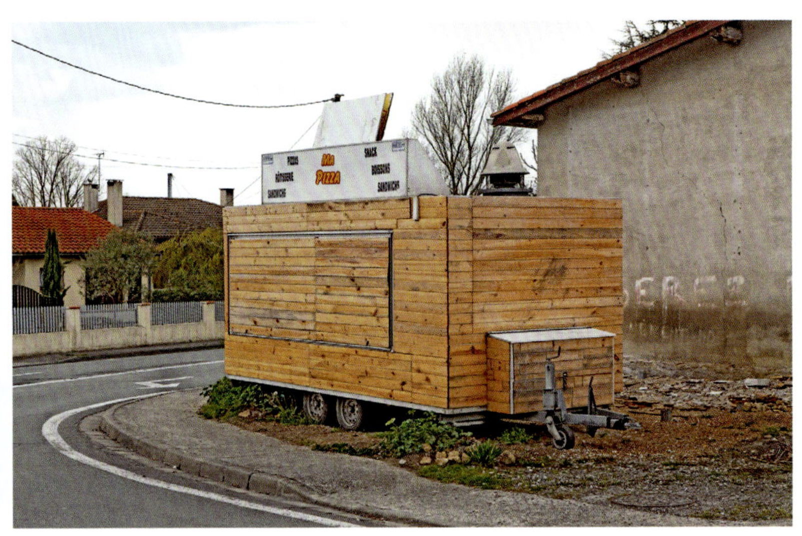

PIZZAS
RÔTISSERIE
SANDWICHS
Ma PIZZA
SNACK
BOISSONS
SANDWICHS

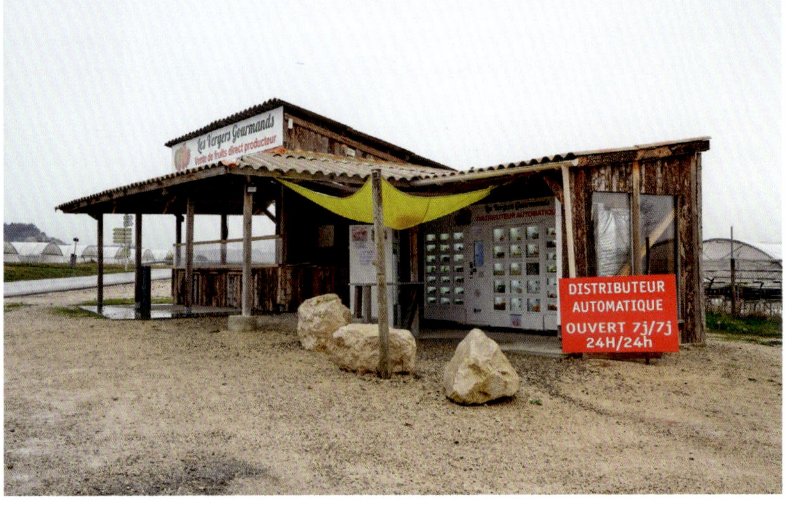

Les Vergers Gourmands
Vente de fruits direct producteur
DISTRIBUTEUR AUTOMATIQUE
DISTRIBUTEUR
AUTOMATIQUE
OUVERT 7j/7j
24H/24h

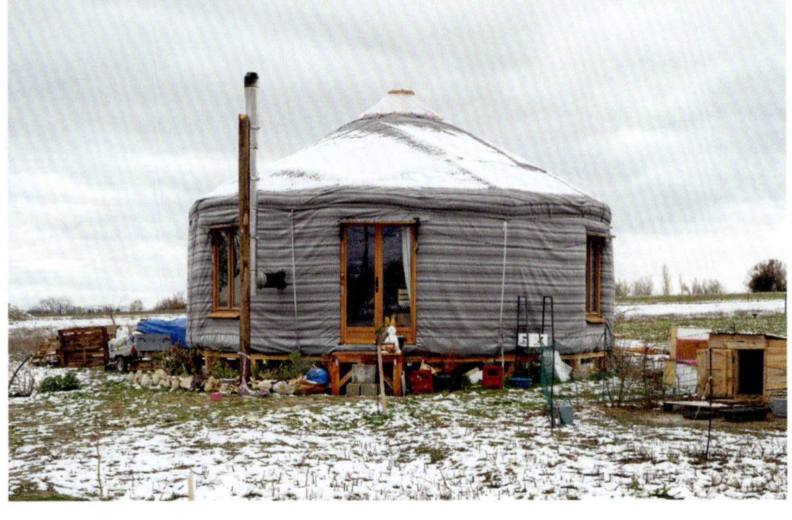

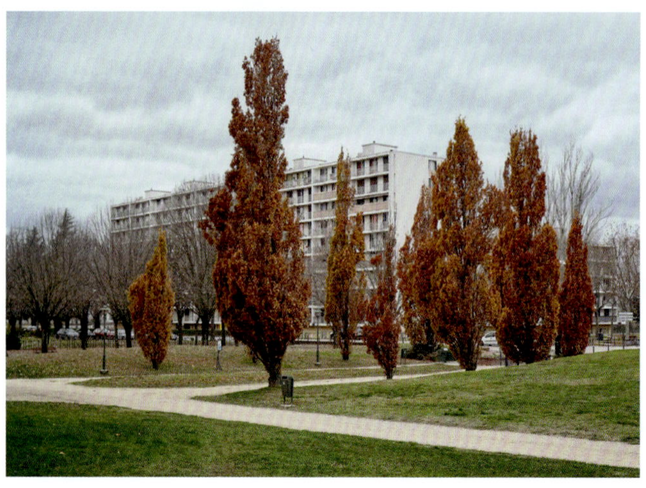
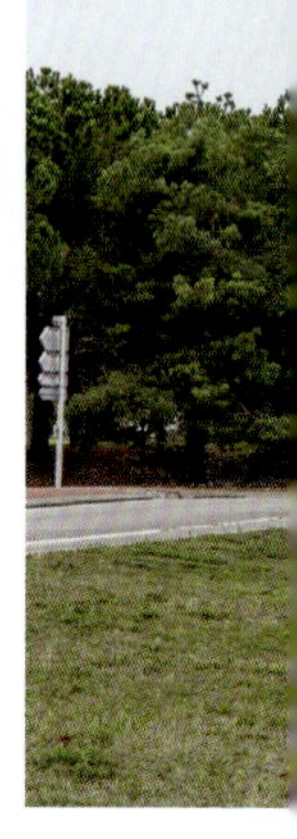
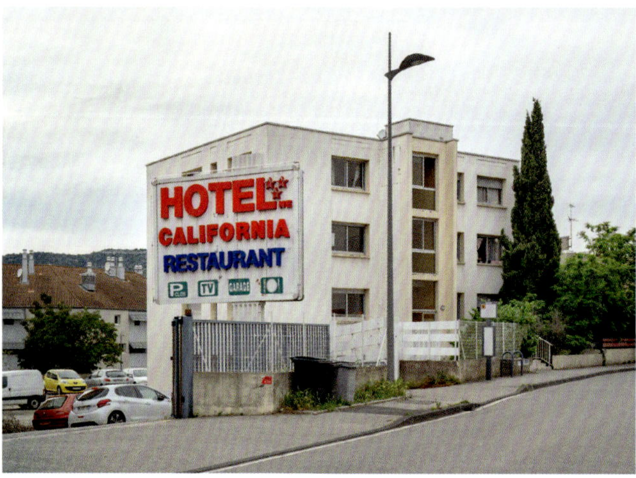
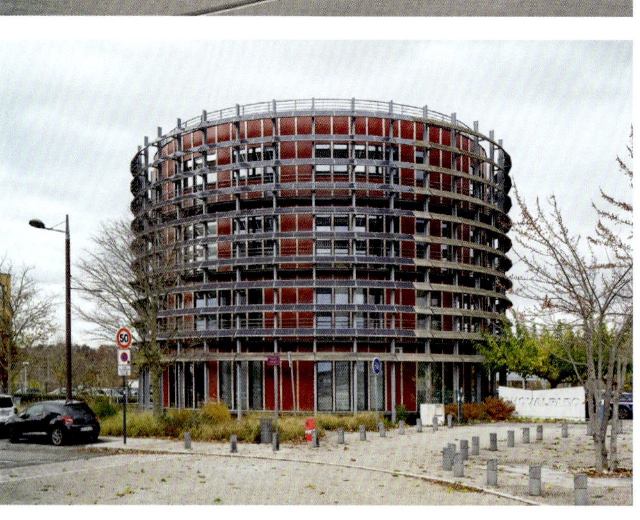
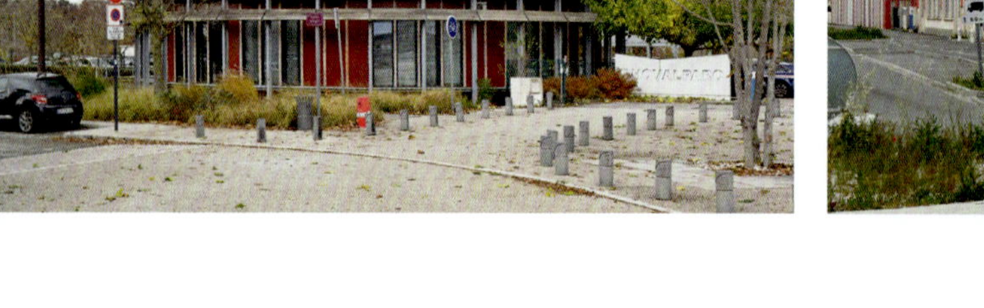

Valence (2)
Saint-Marcel-lès-Valence

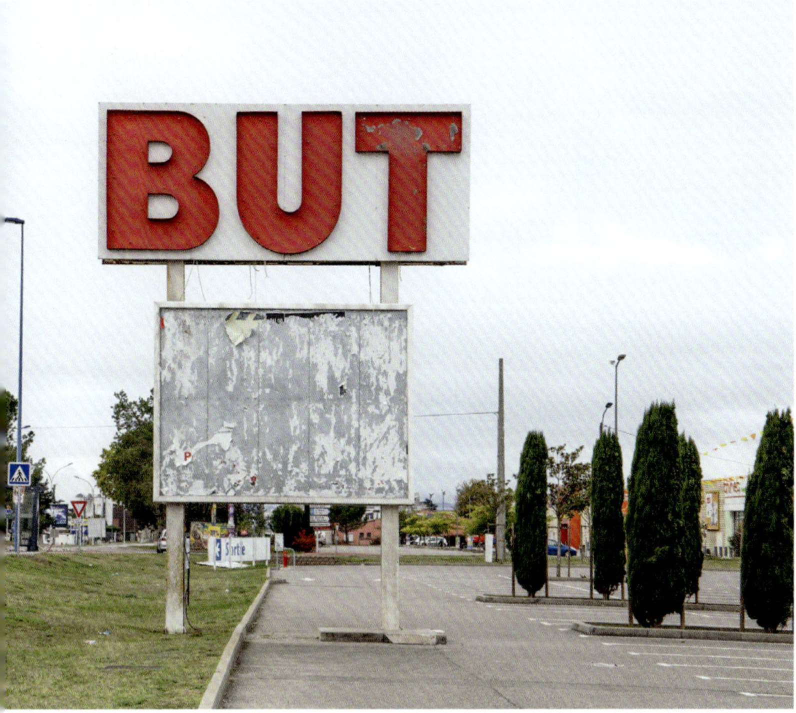

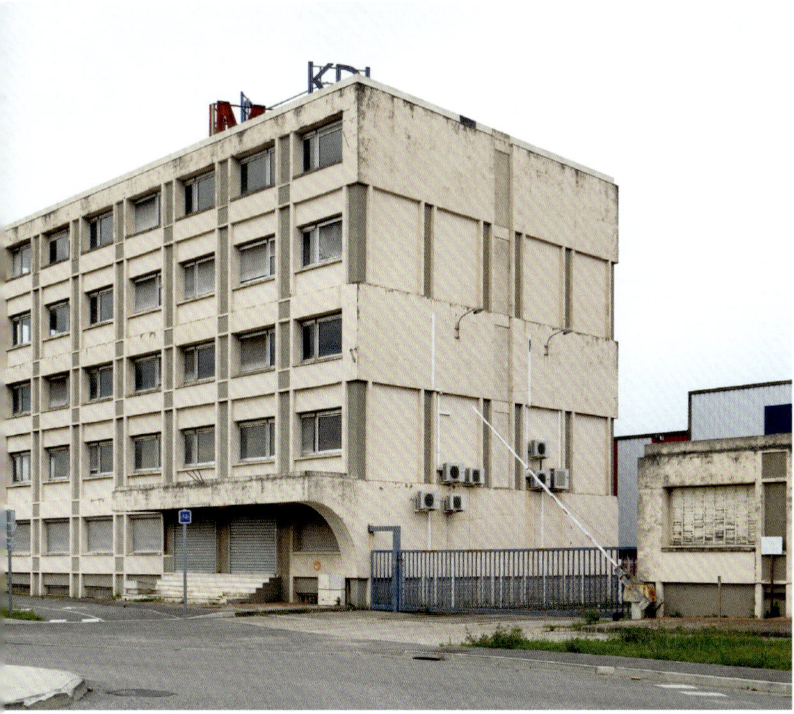

Romans-sur-Isère
Portes-lès-Valence

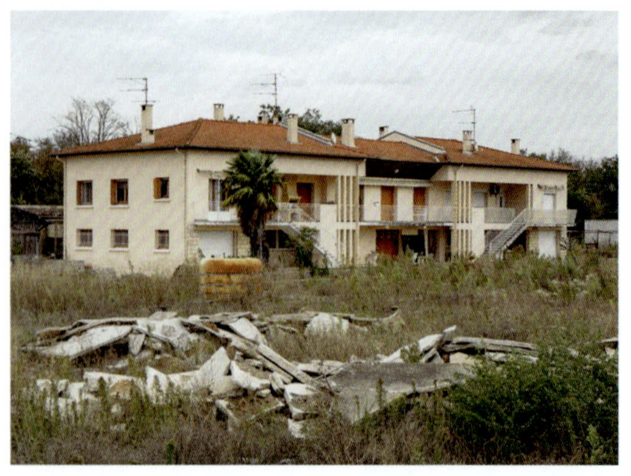

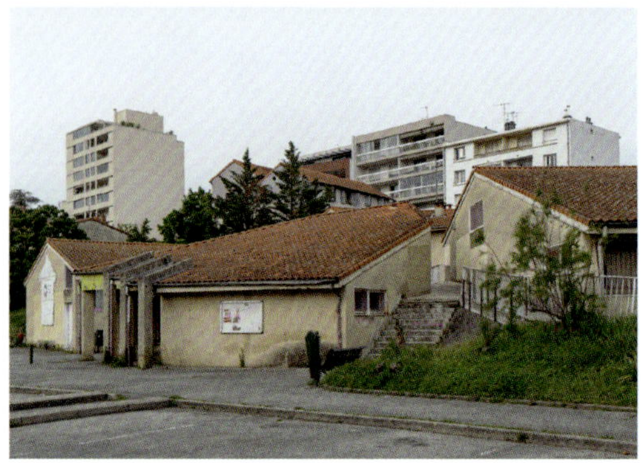

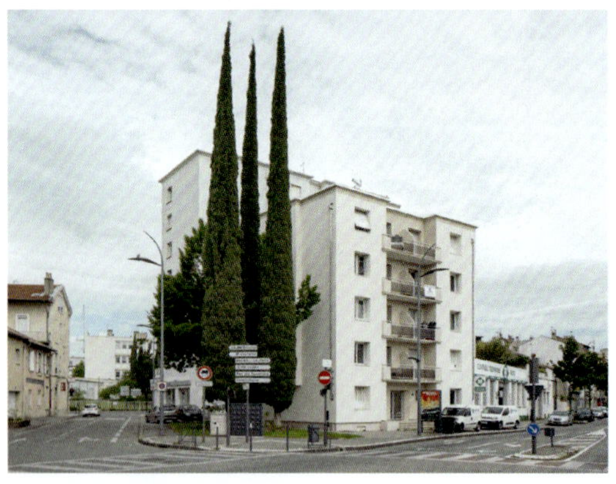

Chatuzange-le-Goubet
Valence (2)

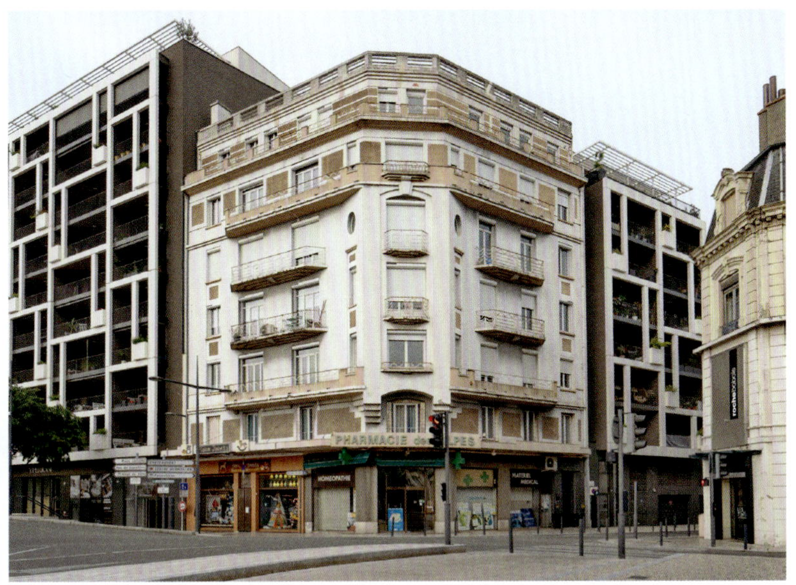

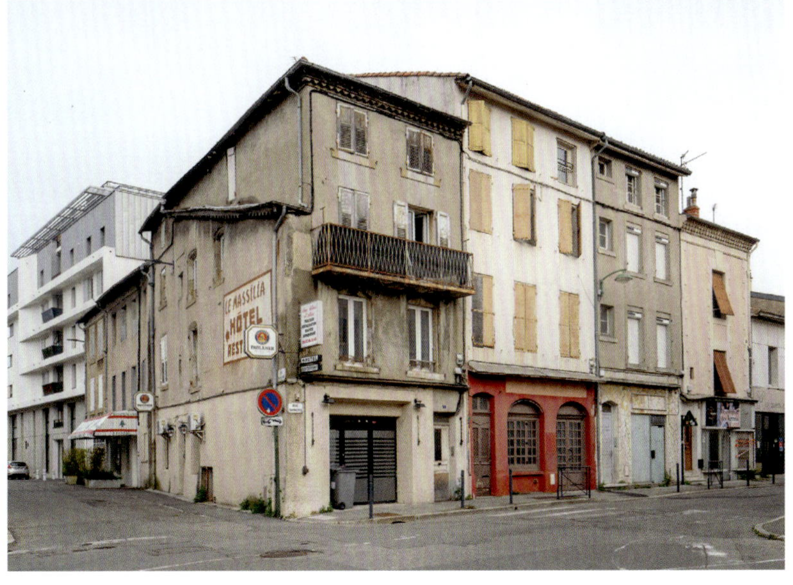

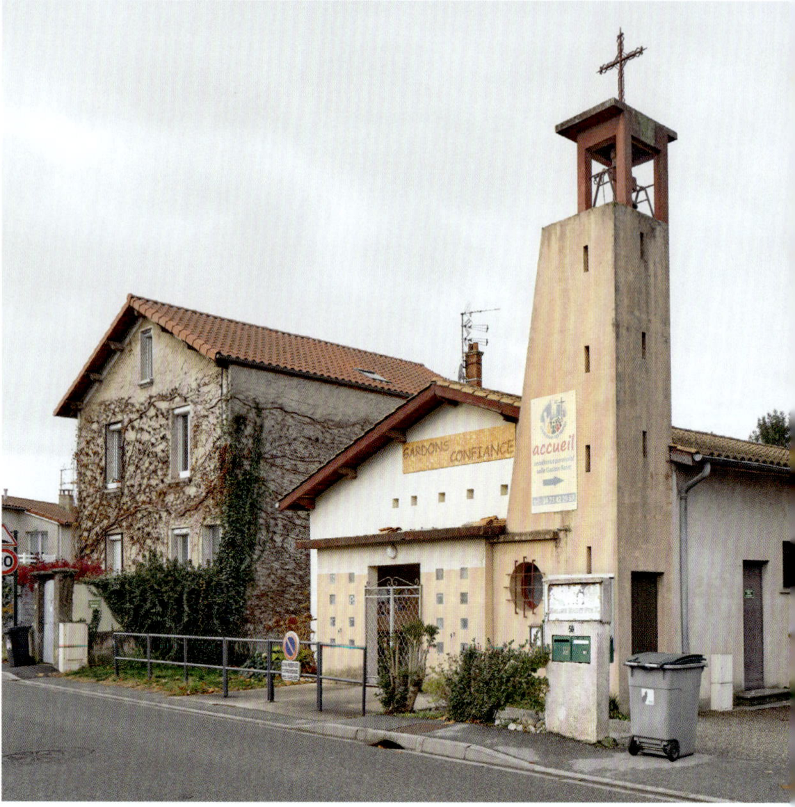

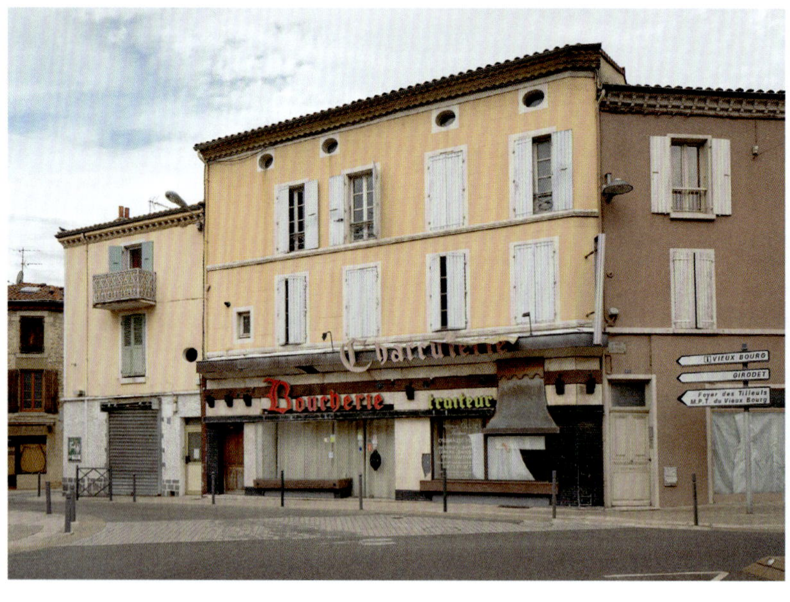

Valence
Bourg-lès-Valence

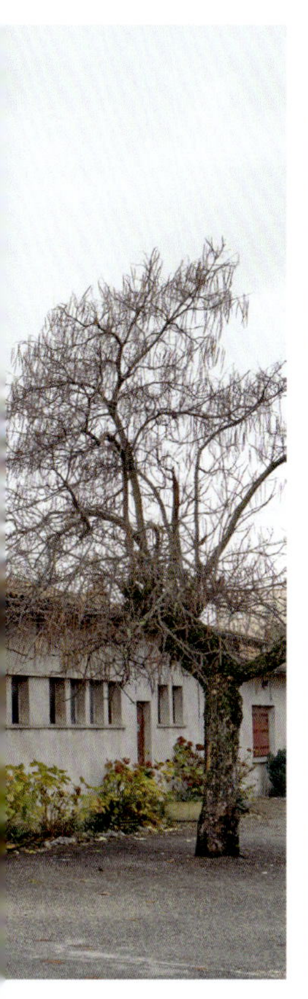

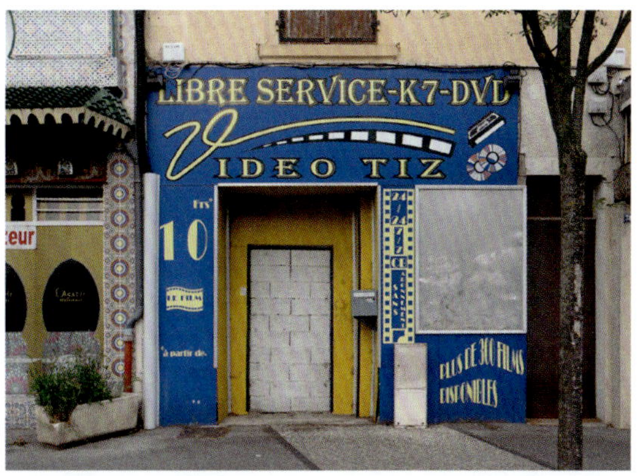

LIBRE SERVICE-K7-DVD
VIDEO TIZ
10
LE FILM
à partir de.
PLUS DE 300 FILMS
DISPONIBLES

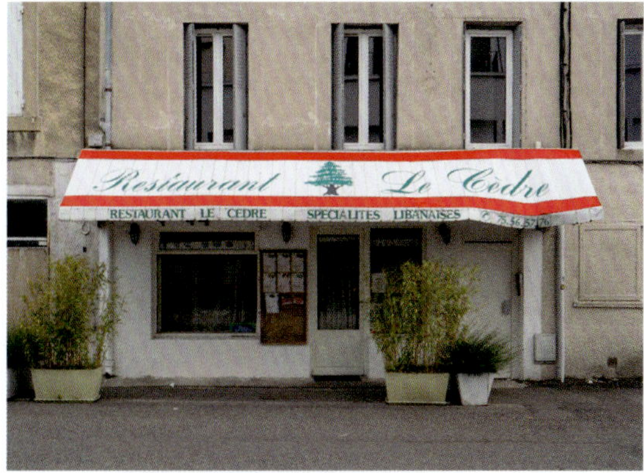

Restaurant Le Cèdre
RESTAURANT LE CEDRE   SPECIALITES LIBANAISES

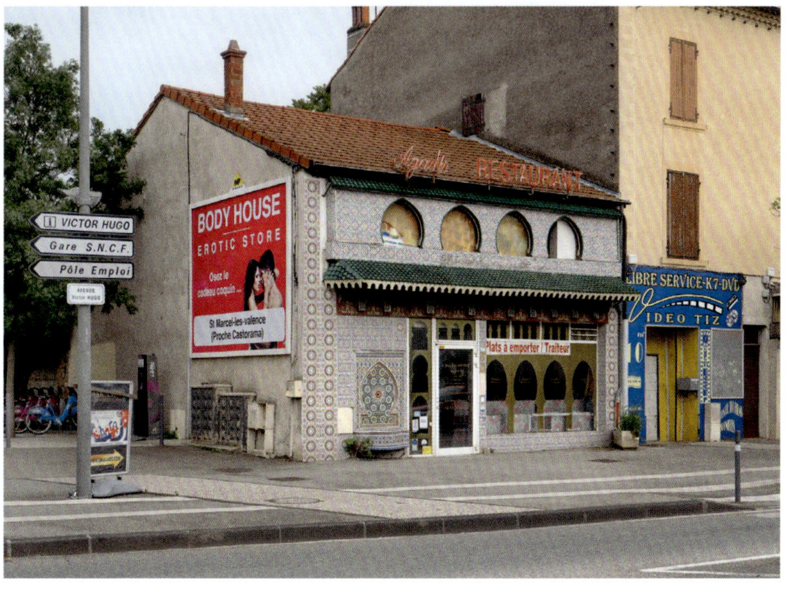

VICTOR HUGO
Gare S.N.C.F.
Pôle Emploi
BODY HOUSE
EROTIC STORE
Osez le
cadeau coquin ...
St Marcel-les-valence
(Proche Castorama)
RESTAURANT
Plats à emporter / Traiteur
LIBRE SERVICE-K7-DVD
VIDEO TIZ
10

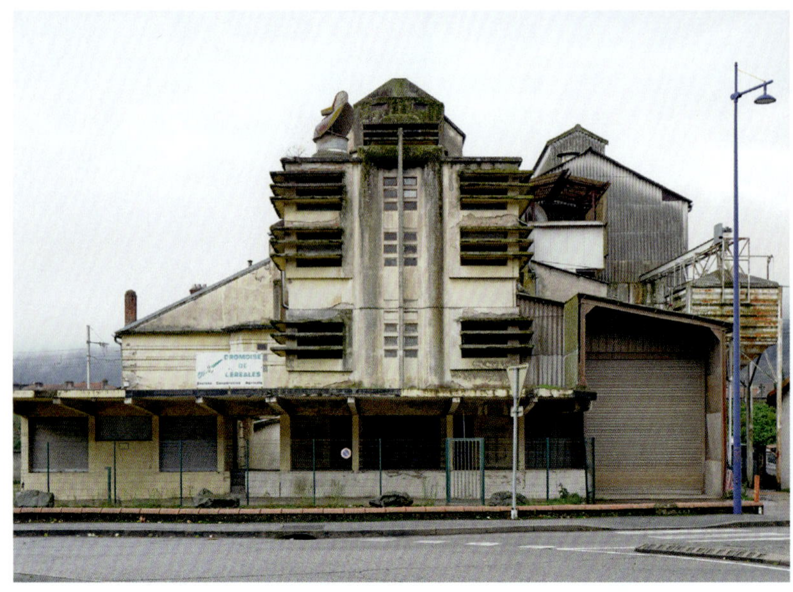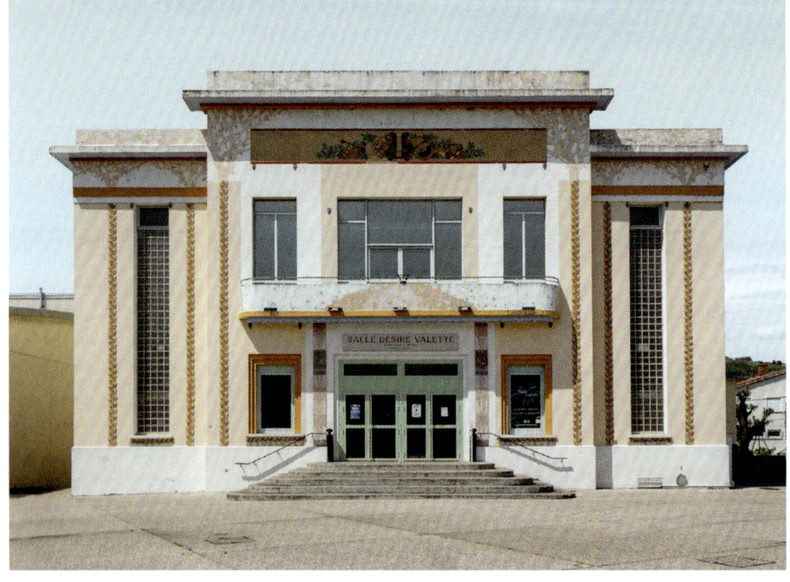

Saint-Vallier (2)

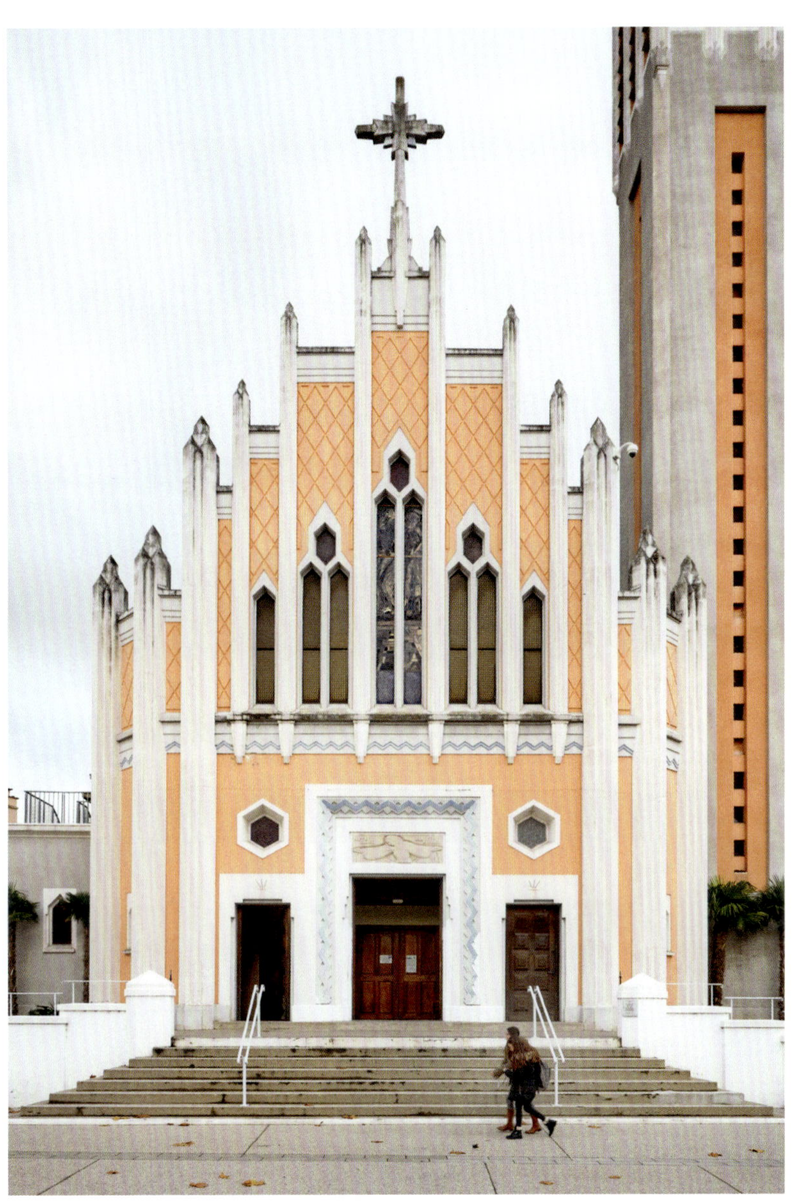

Romans-sur-Isère

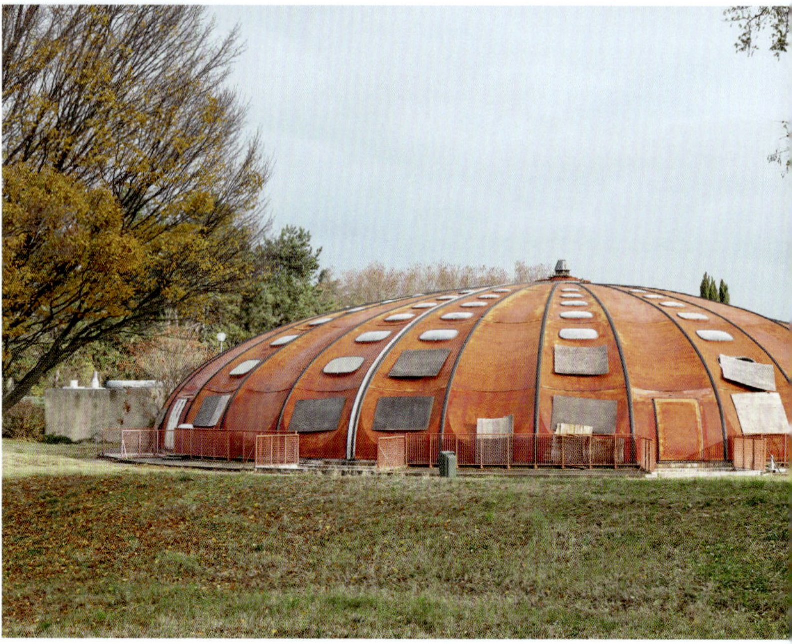

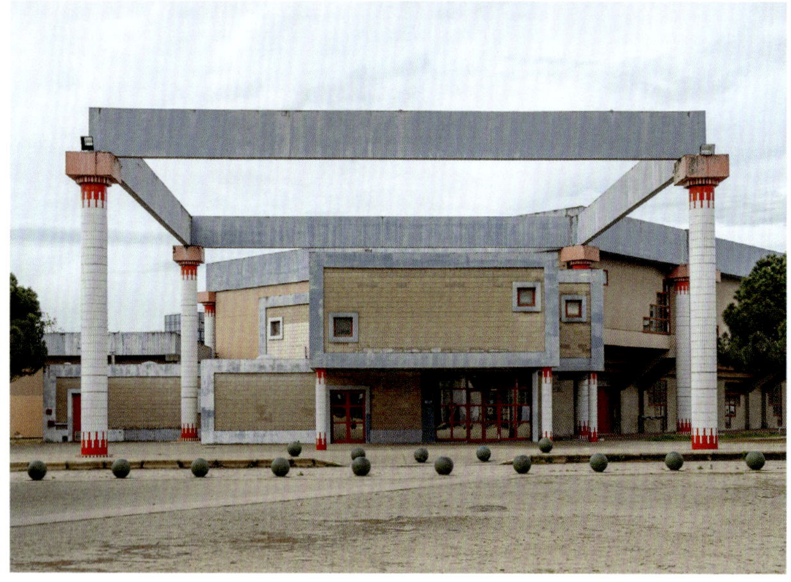

Valence

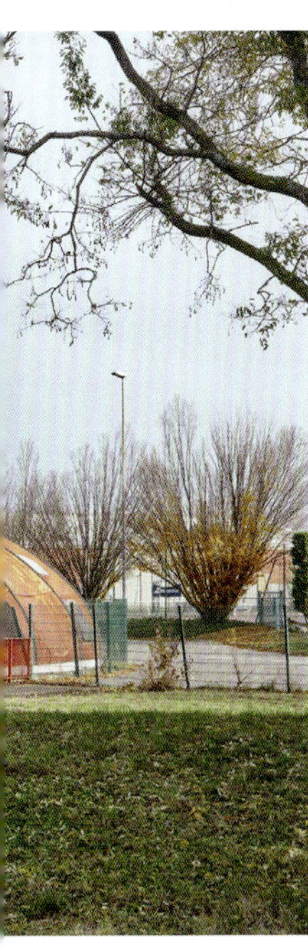

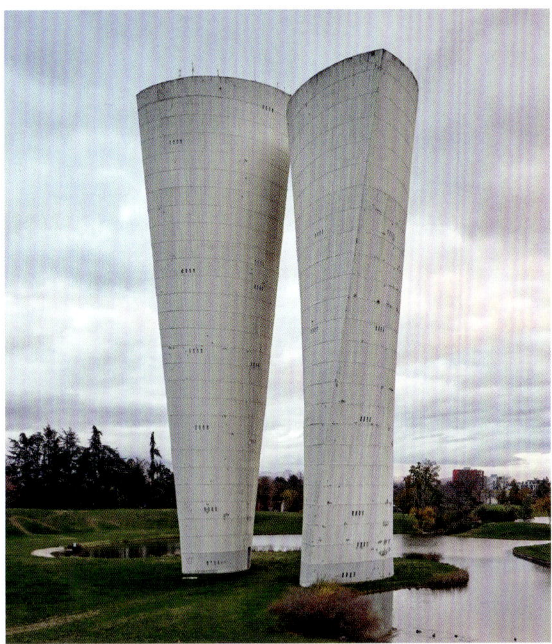

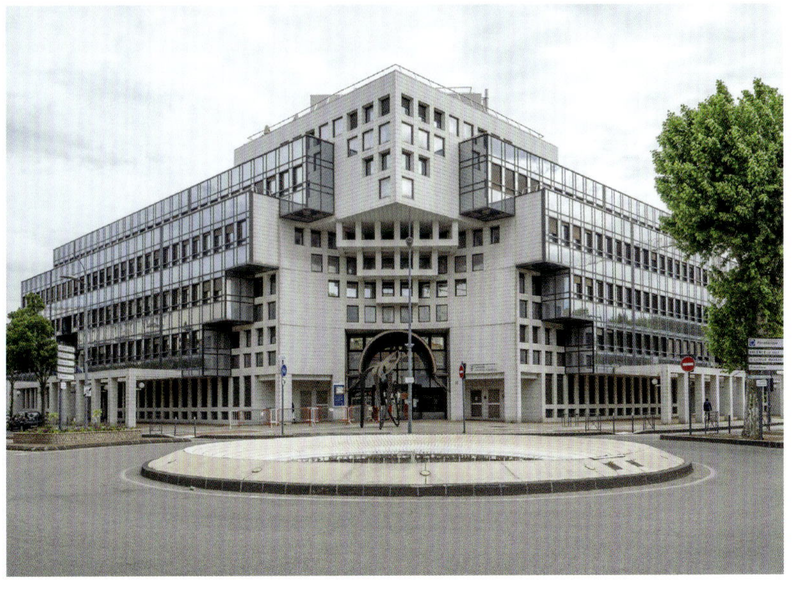

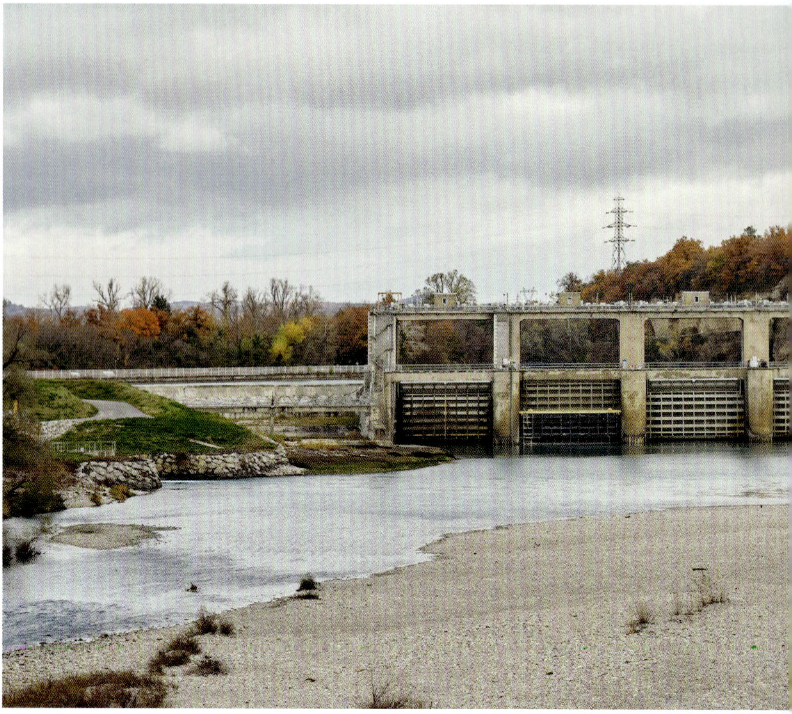

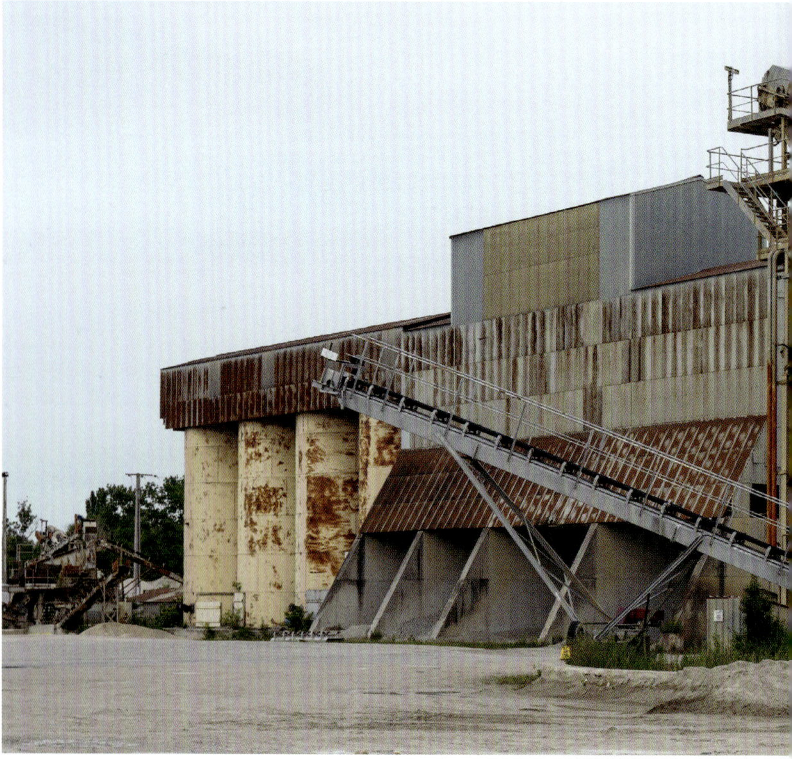

Châteauneuf-sur-Isère
Étoile-sur-Rhône

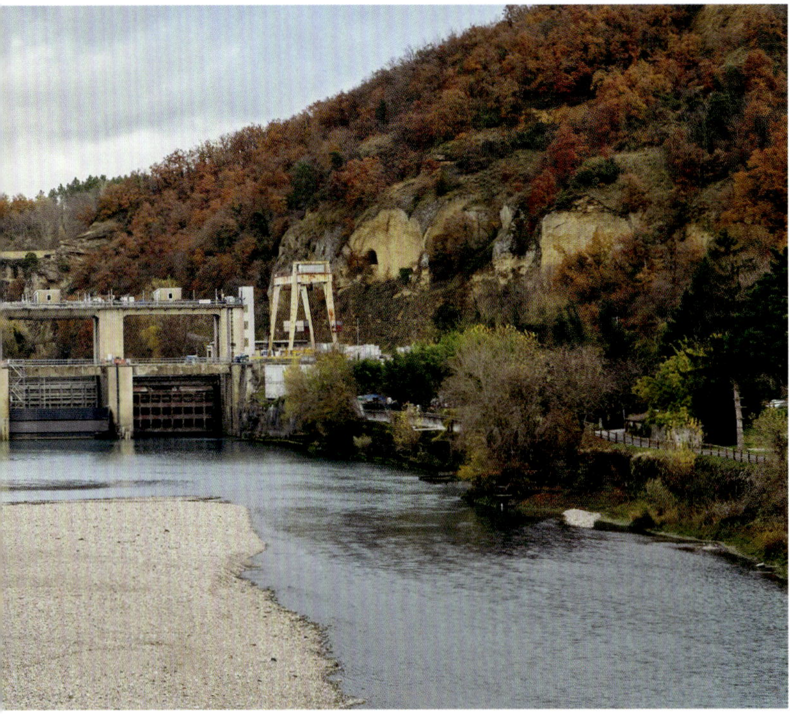

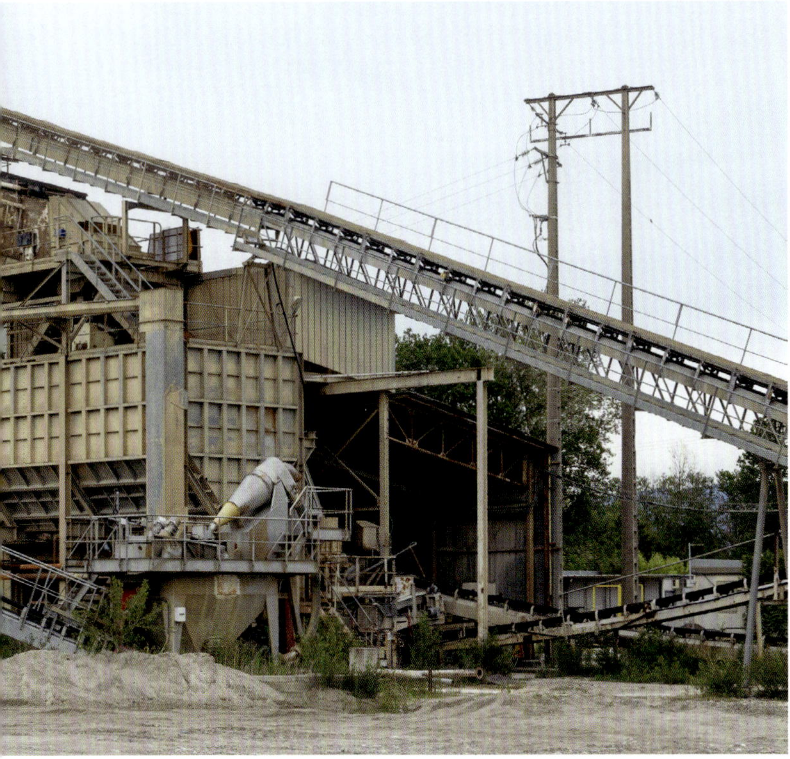

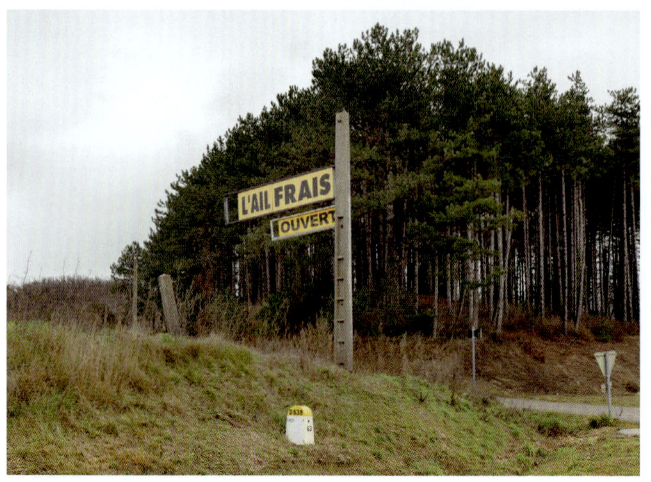

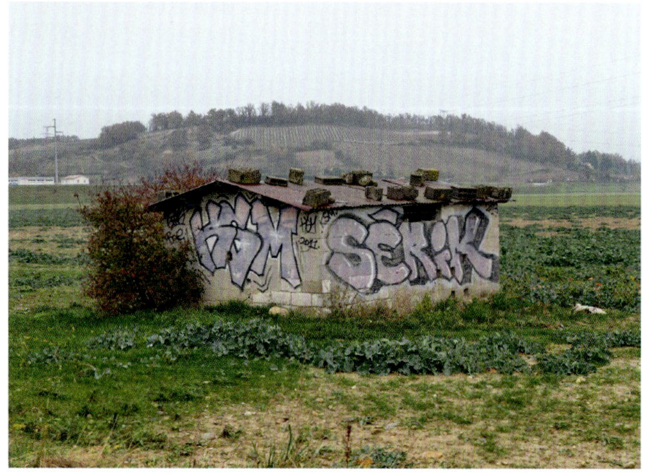

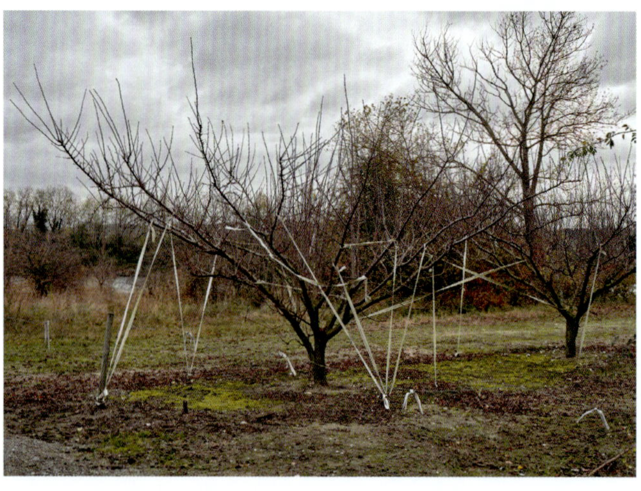

Vaunaveys-la-Rochette
Clérieux
Beaumont-Monteux

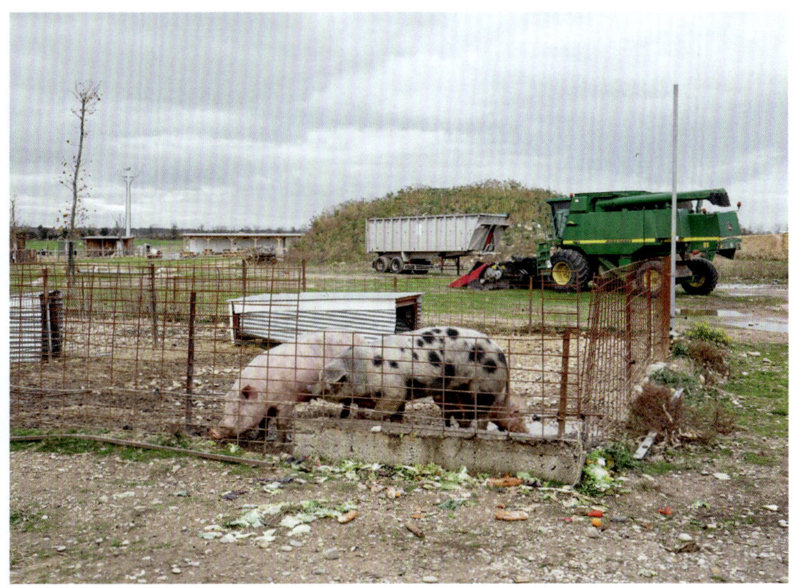

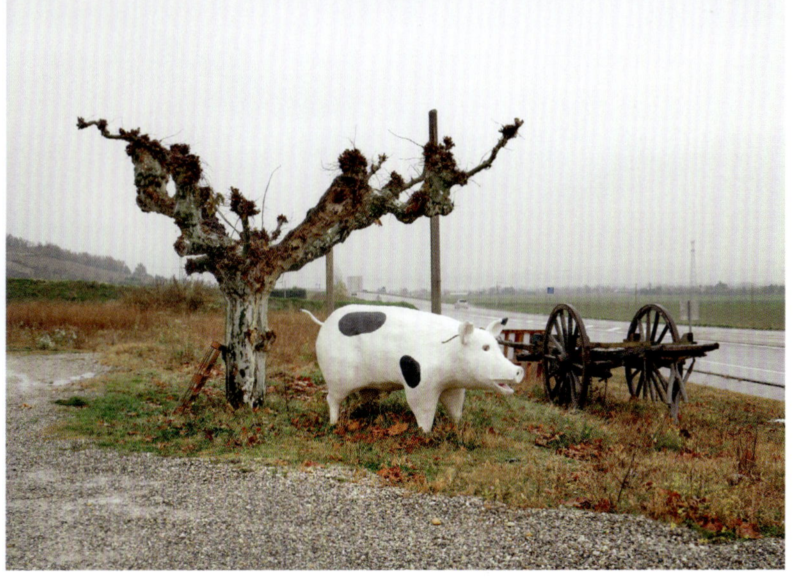

Thodure
Beaumont-Monteux

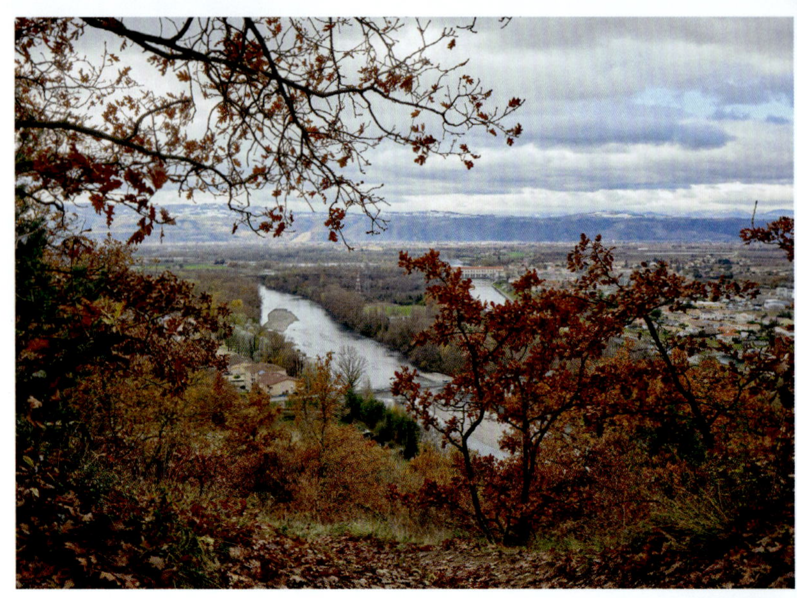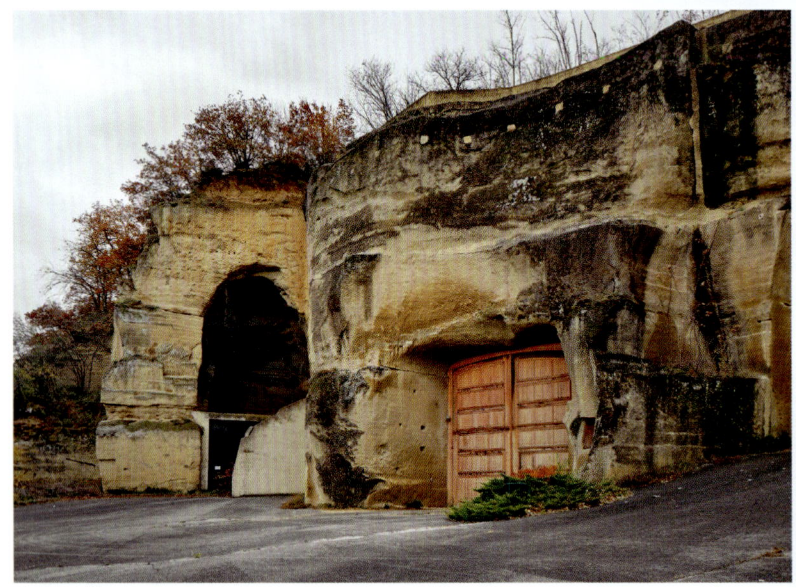

Châteauneuf-sur-Isère (2)

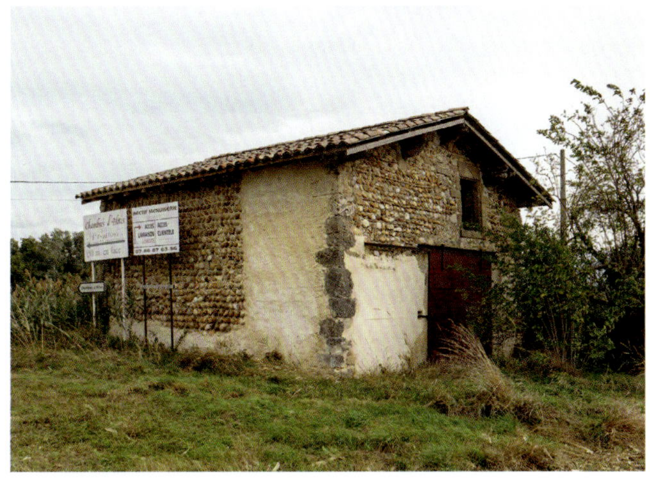

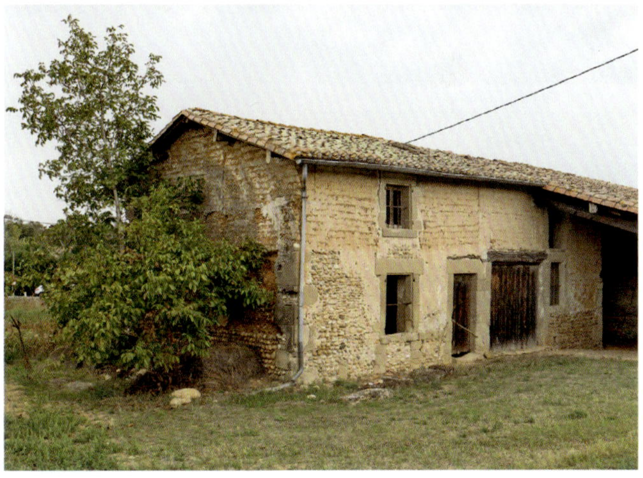

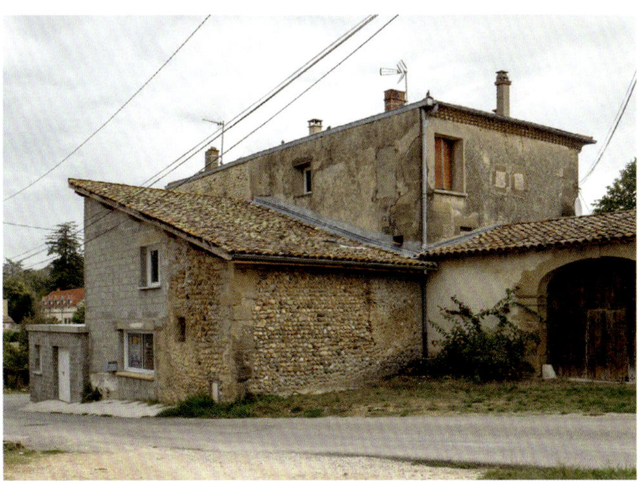

Alixan
Thodure (2)

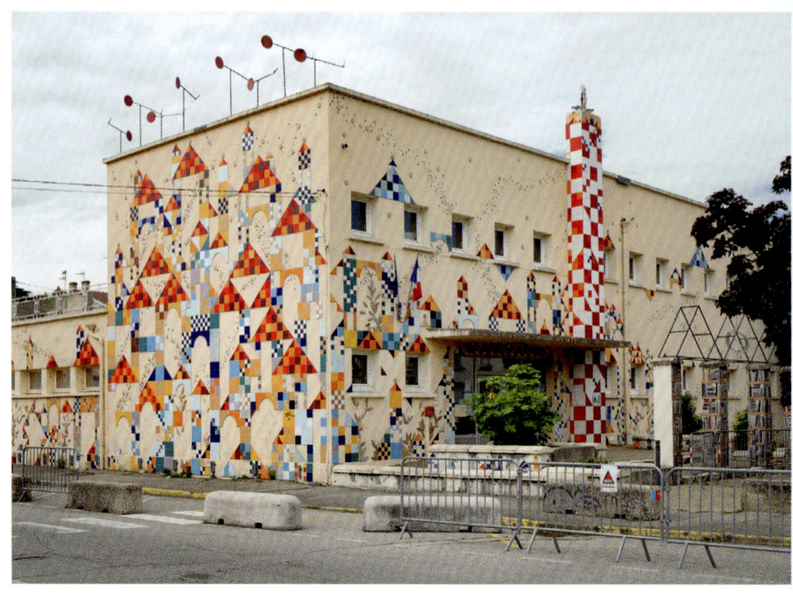

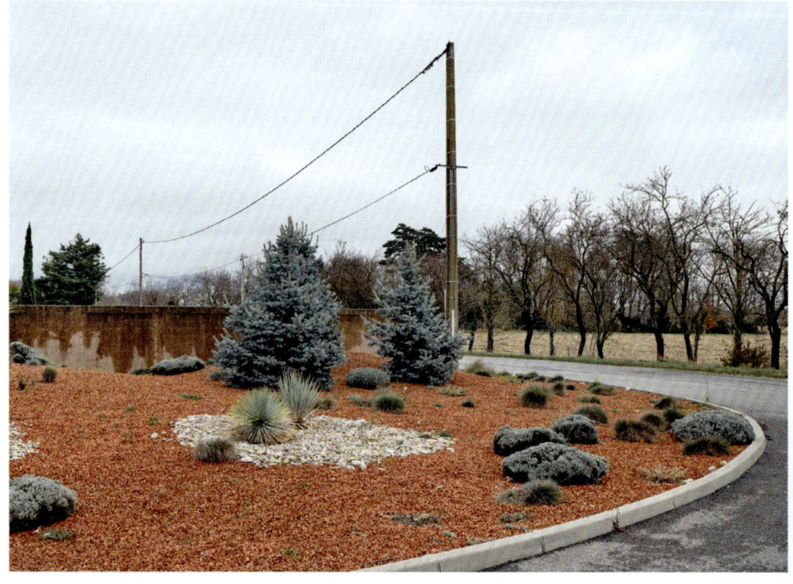

Tain-l'Hermitage
Montélier

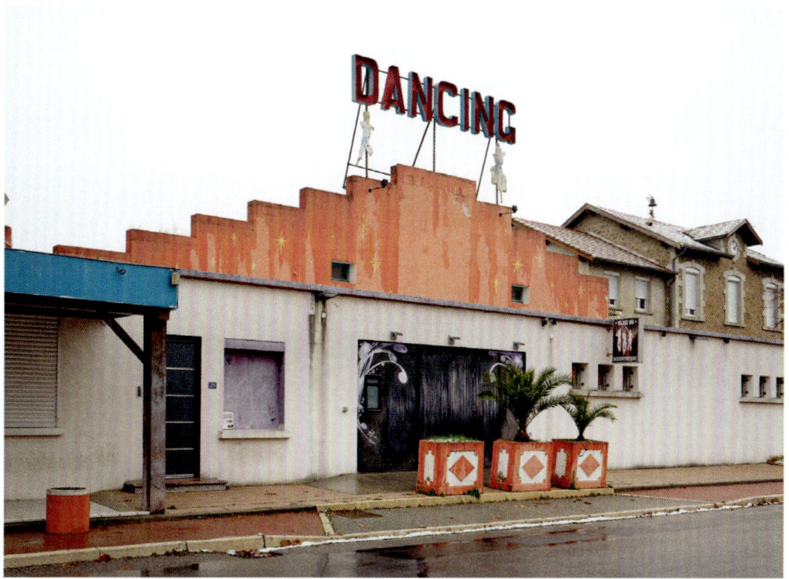
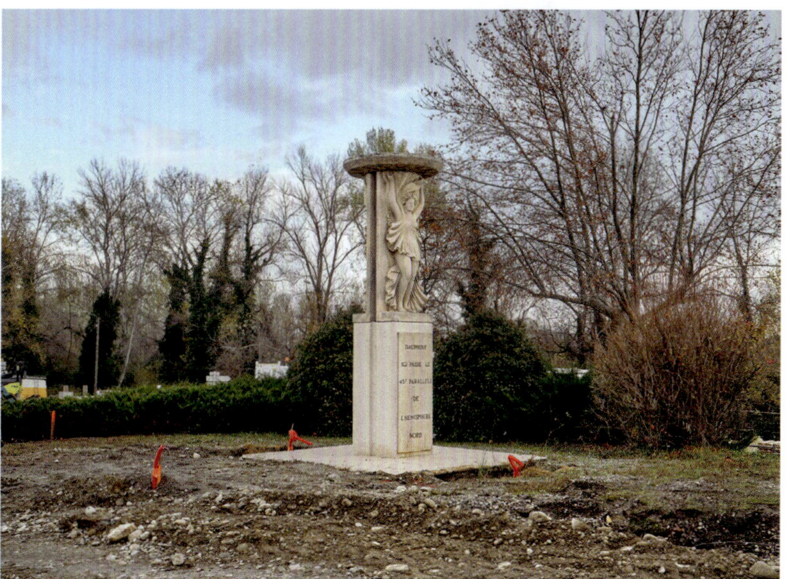

Chavannes
Pont-de-l'Isère   → Loriol-sur-Drôme

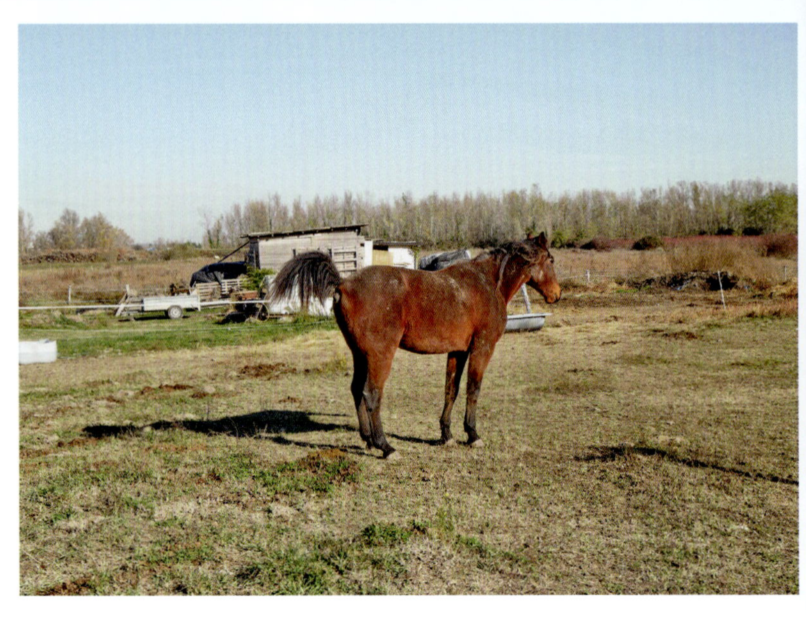

Remises

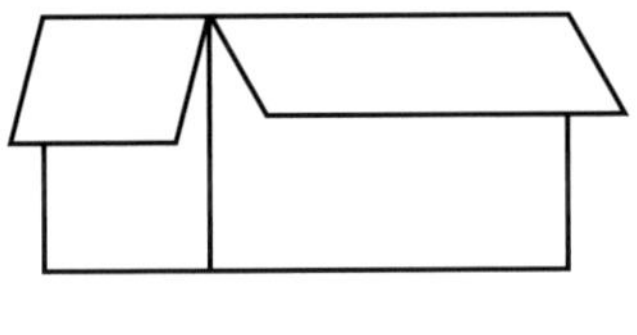

ch. 32

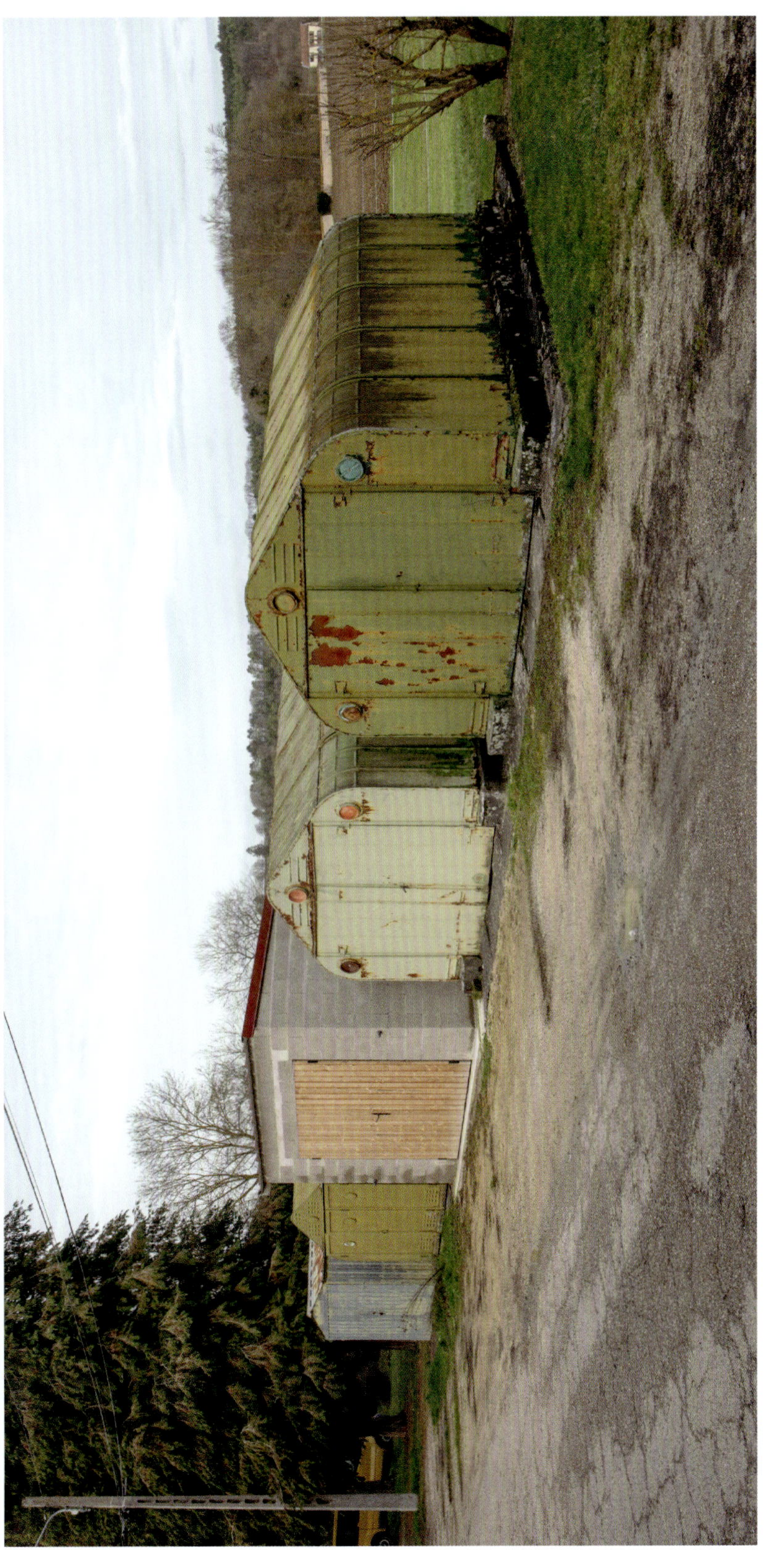

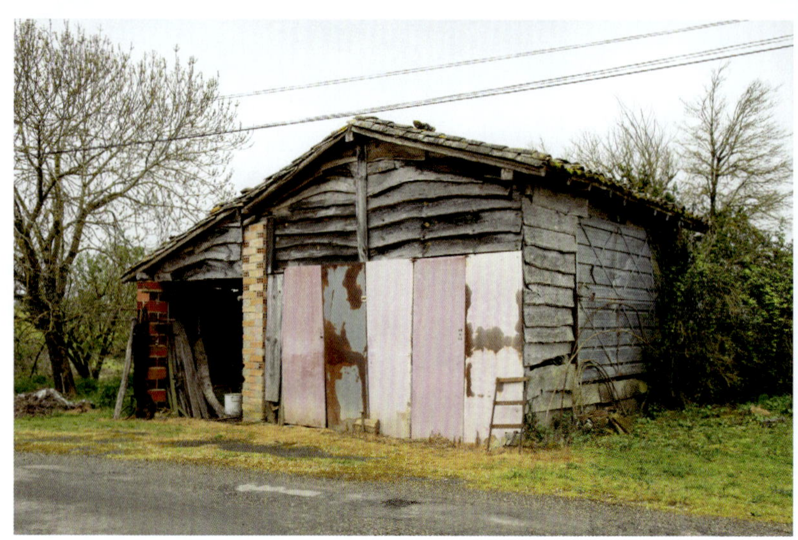

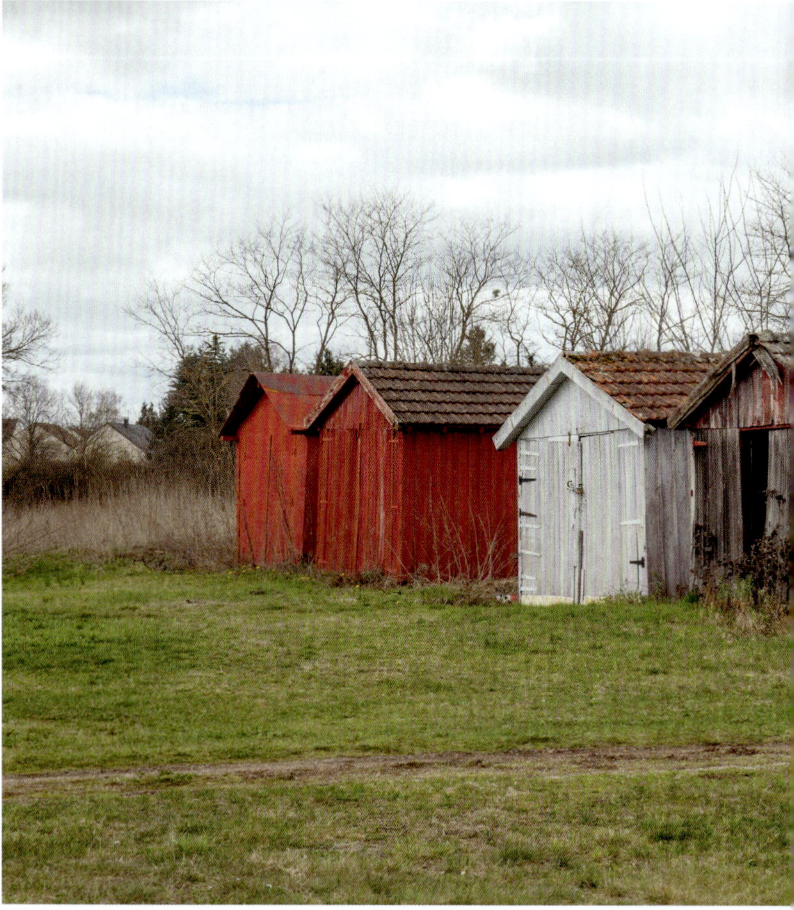

Monclar-de-Quercy, Montalbanais
Épinac, Autunois

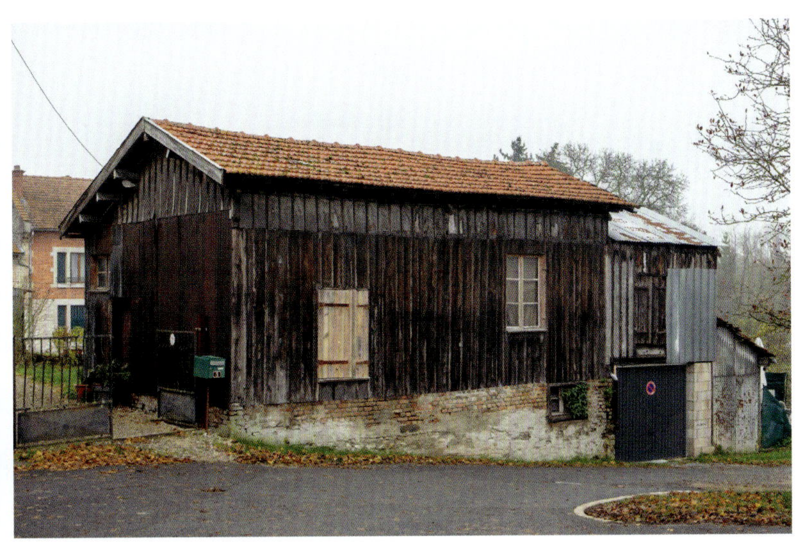

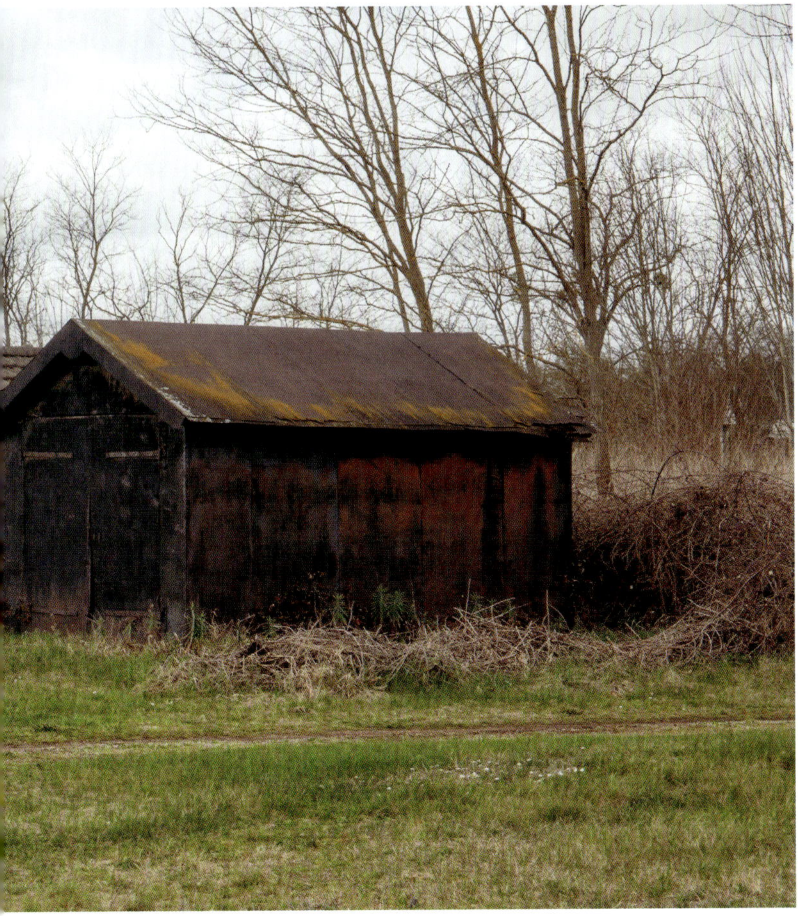

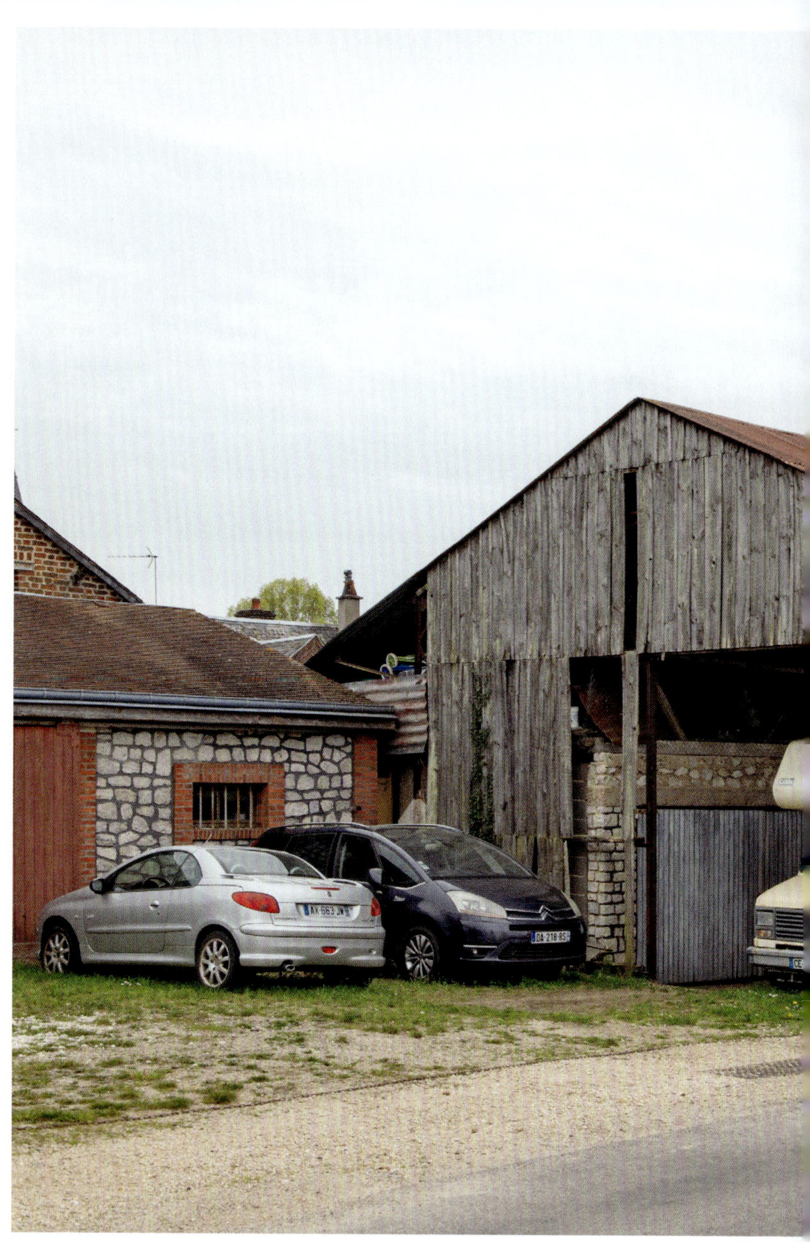

Chapelle-Royale, Perche

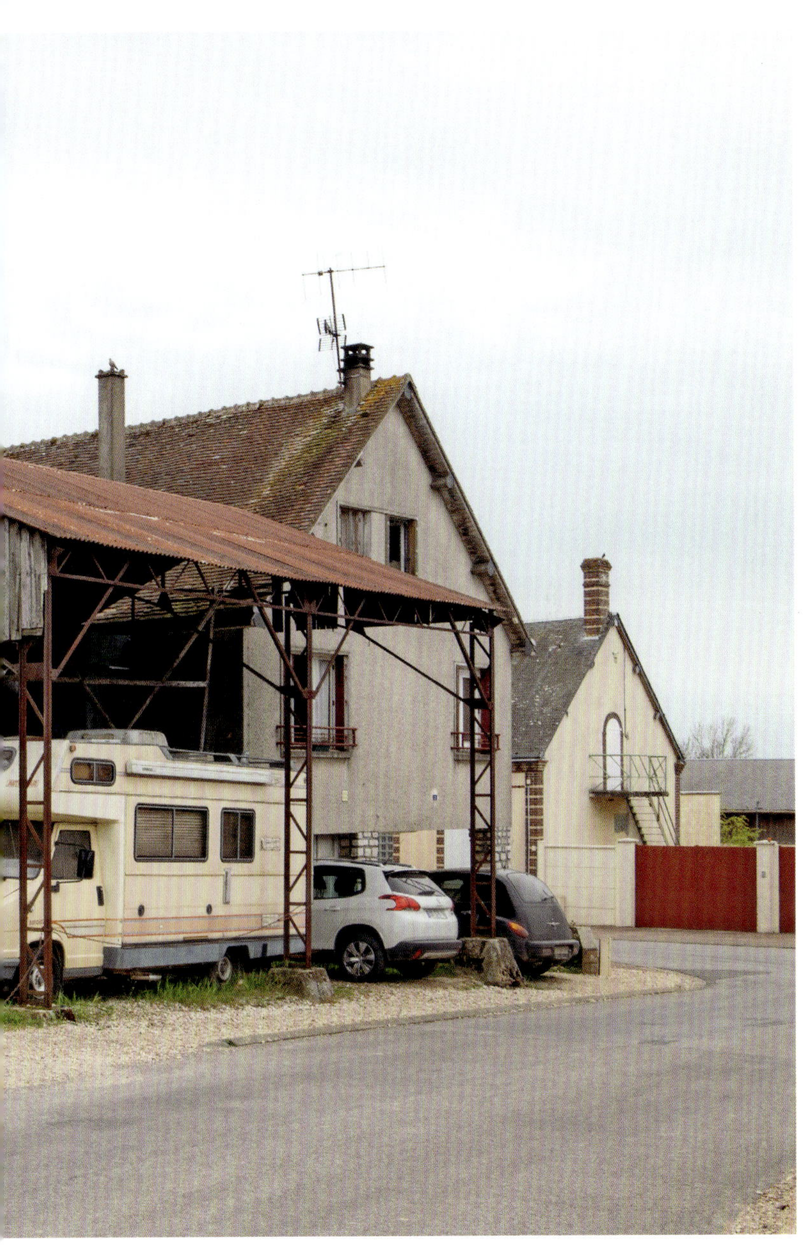

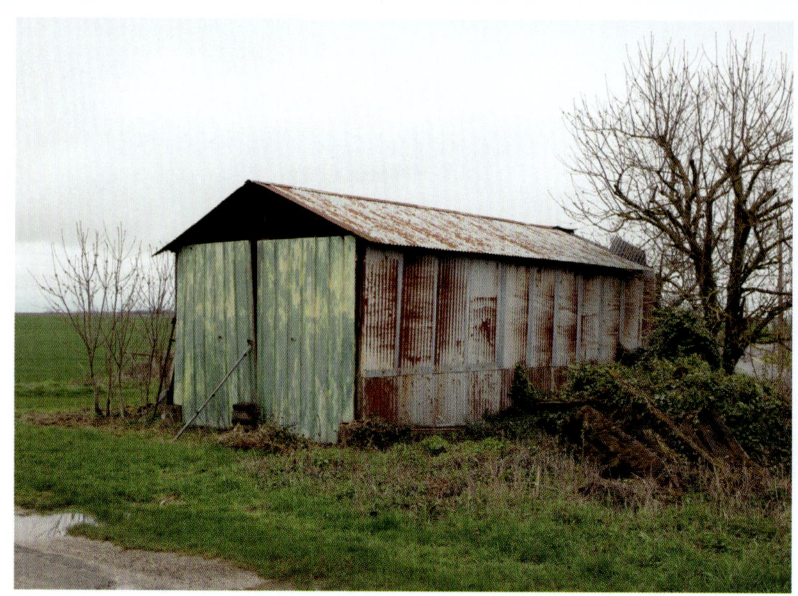

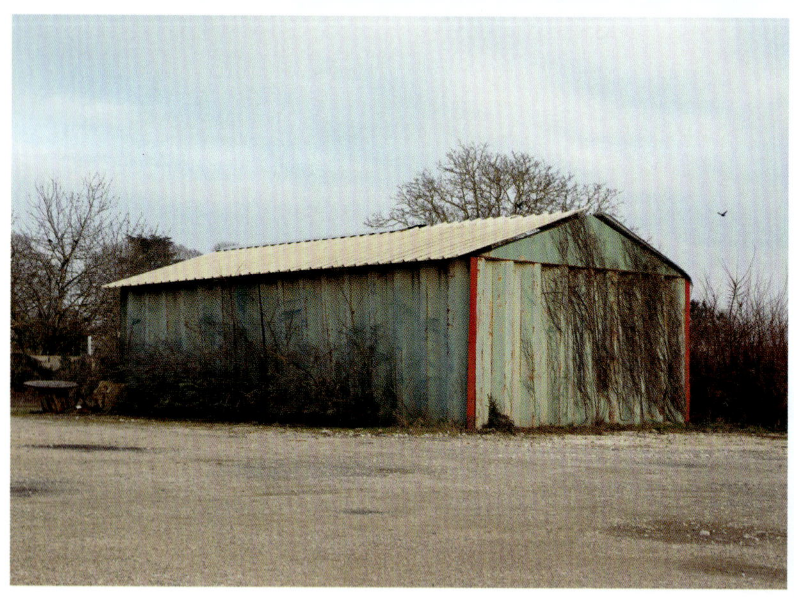

Averdon, Beauce
Beauce

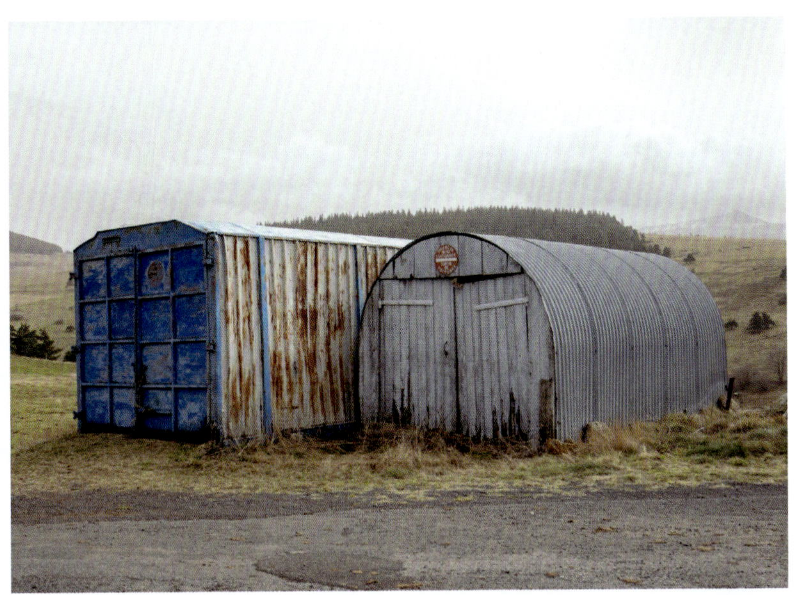

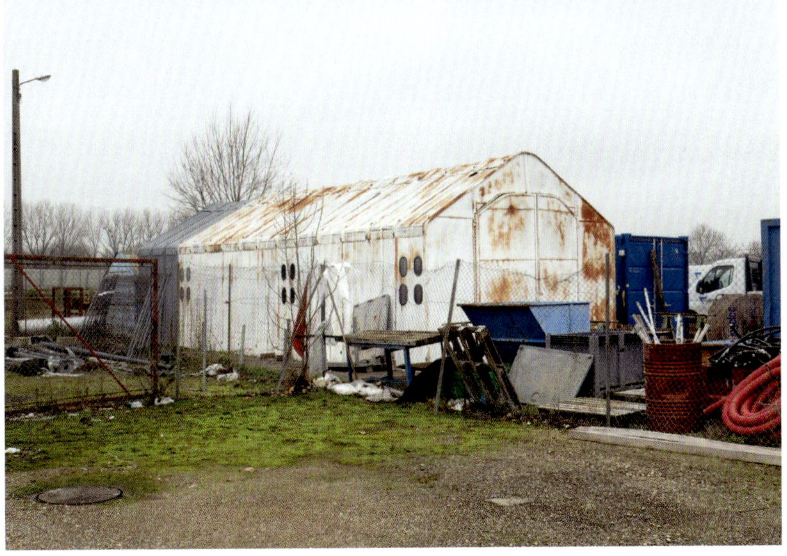

Chaudeyrolles, Velay
Chalon-sur-Saône, Chalonnais

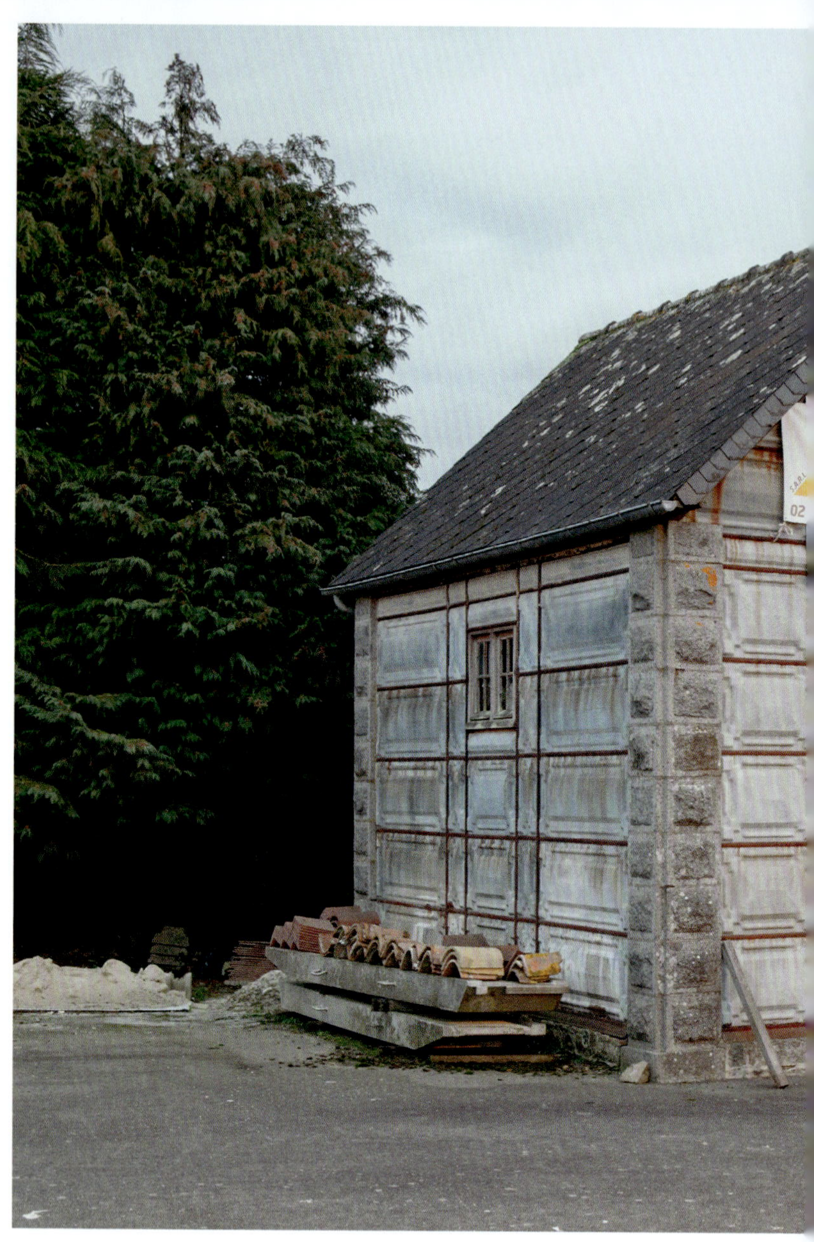

Juvigny-sous-Andaine, Domfrontais

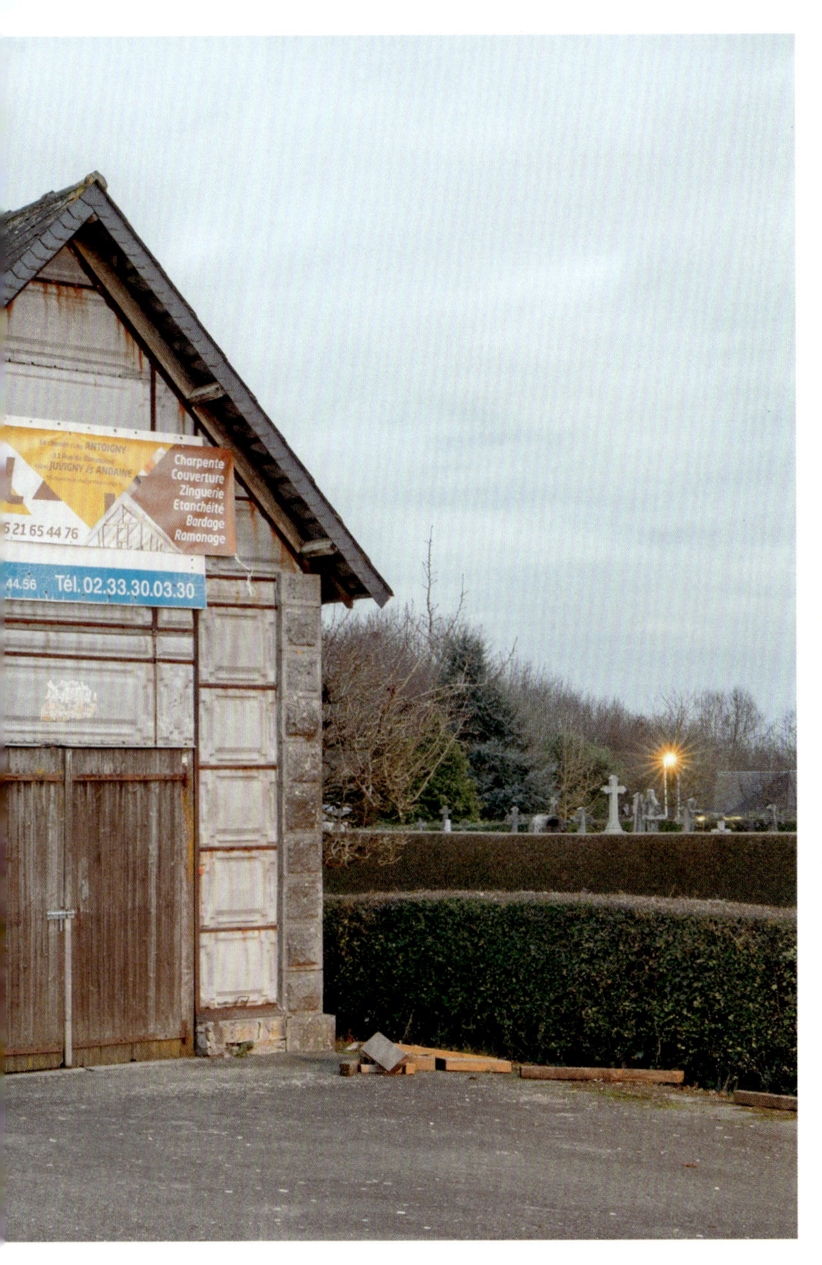
Le charpentier ANTOIGNY
11 Rue de Bourdaine
61140 JUVIGNY /s ANDAINE
Charpente
Couverture
Zinguerie
Etanchéité
Bardage
Ramonage
6 21 65 44 76
44.56   Tél. 02.33.30.03.30

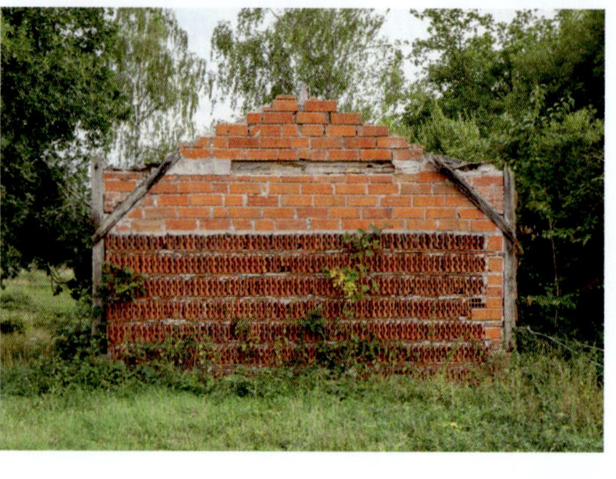
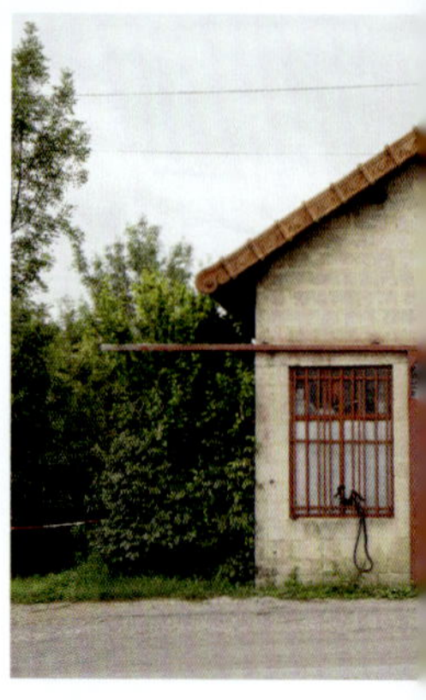
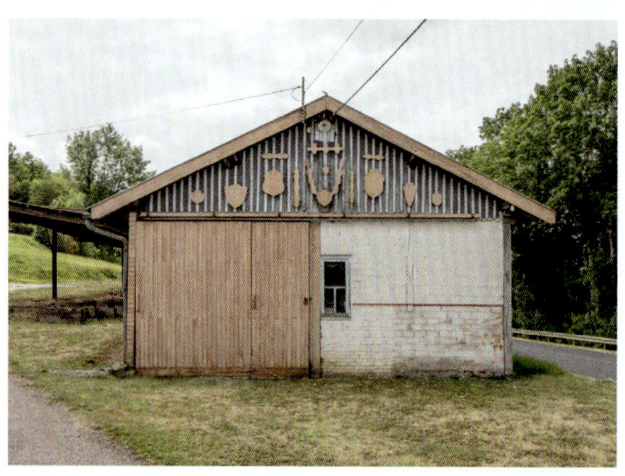
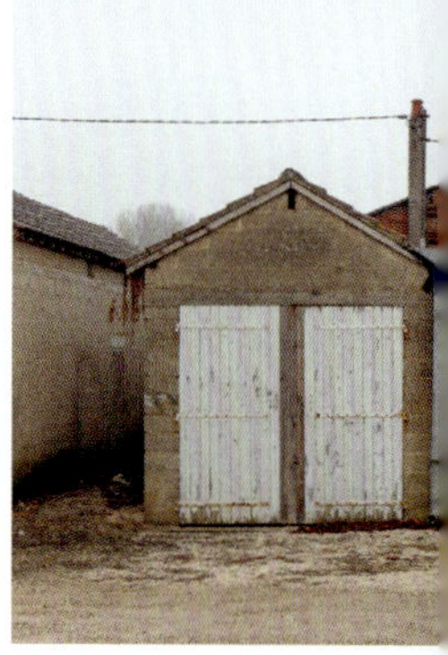
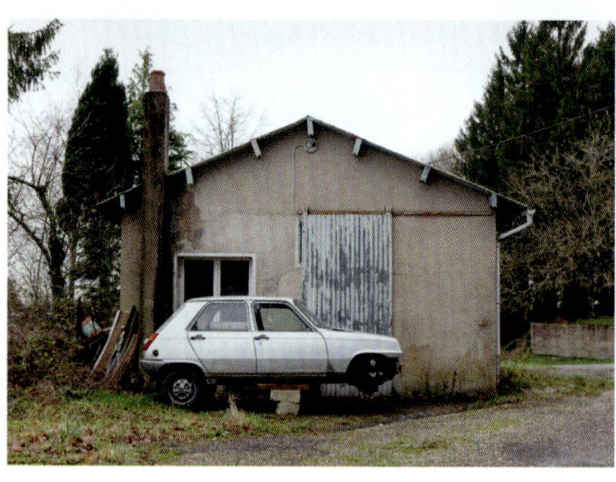
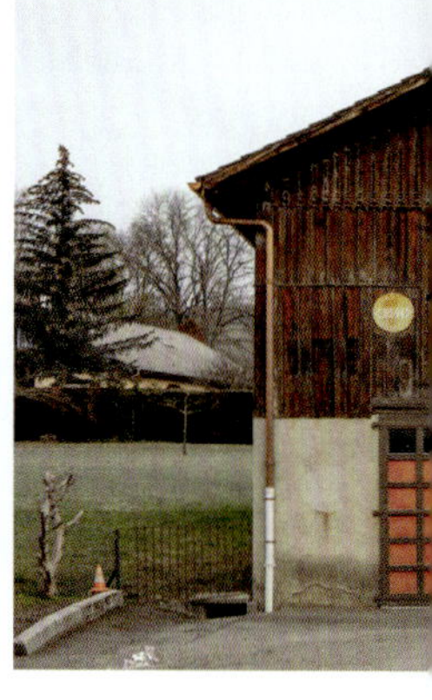

Landogne, Combrailles
Dommartin-le-Franc, Vallage
Monfaucon, Argonne

Cousance, Revermont
Verdun-sur-le-Doubs, Châlonnais
Ville-en-Sallaz, Faucigny

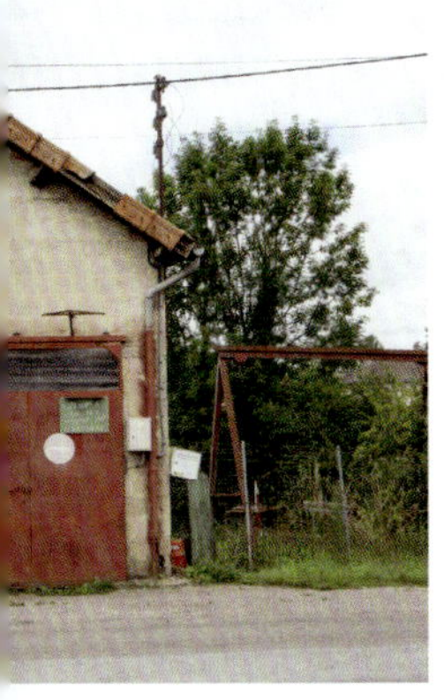
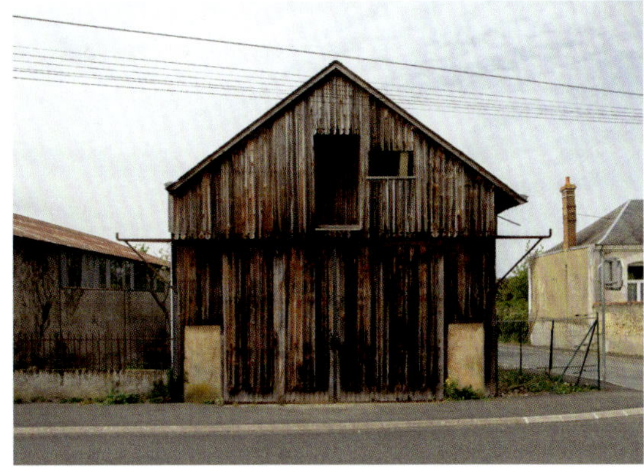
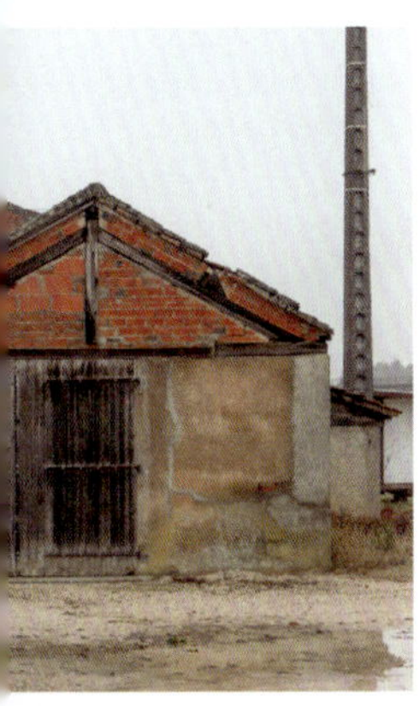
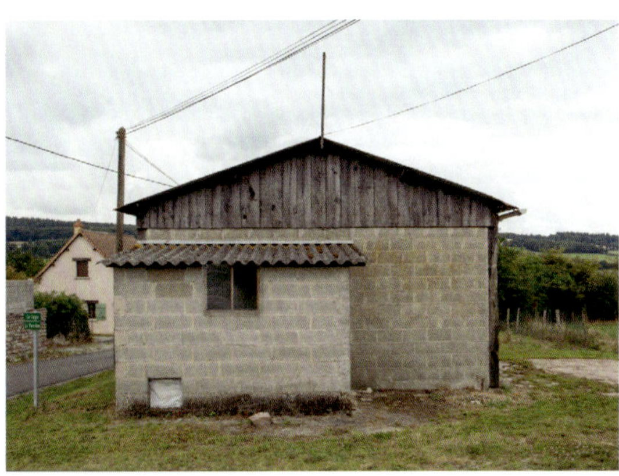
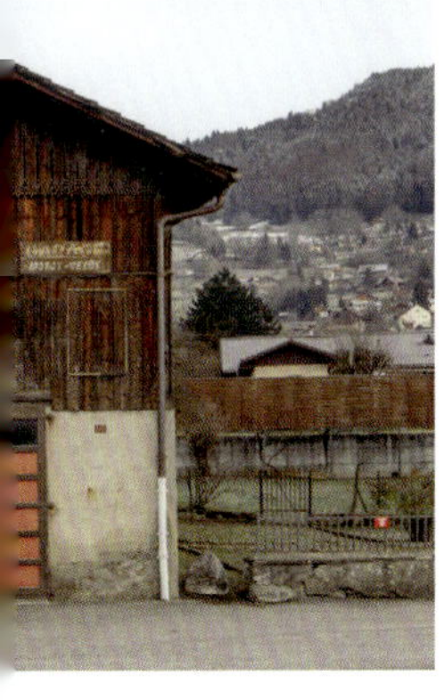
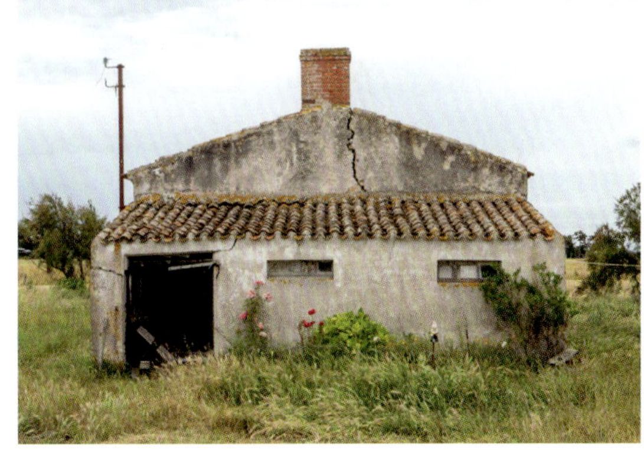

Savigny-sur-Braye, Perche
Alpes mancelles
Saint-Urbain, Marais breton vendéen

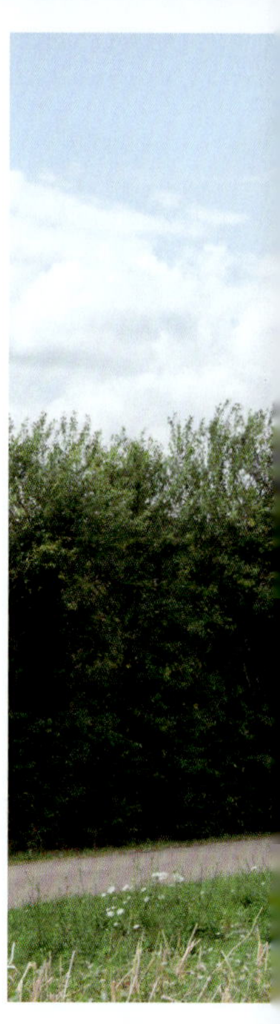

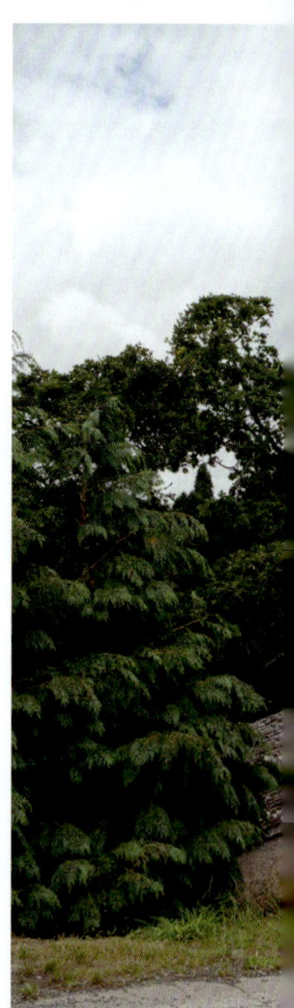

Treigny, Puisaye
Cornouaille

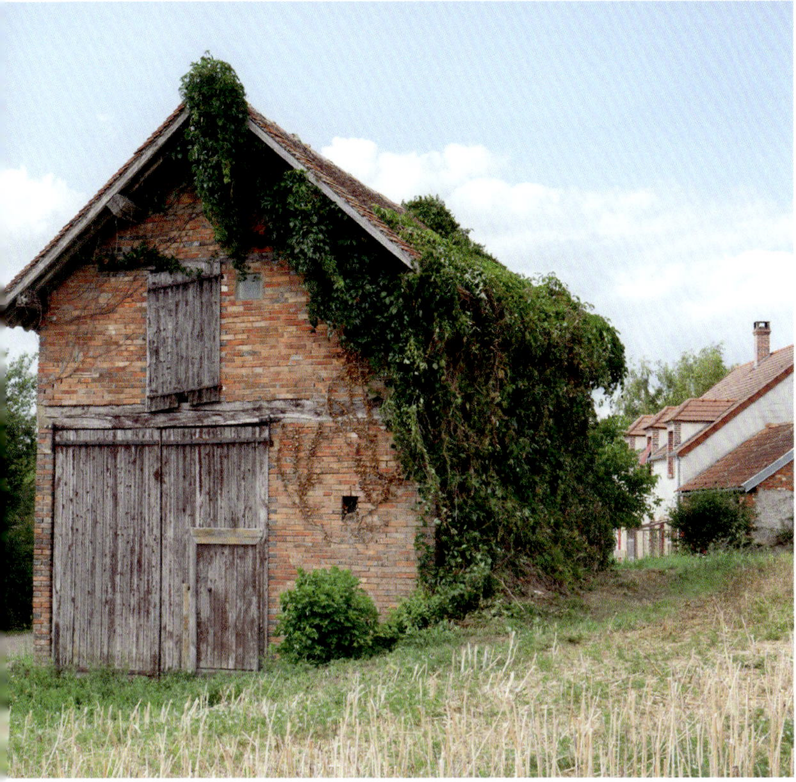

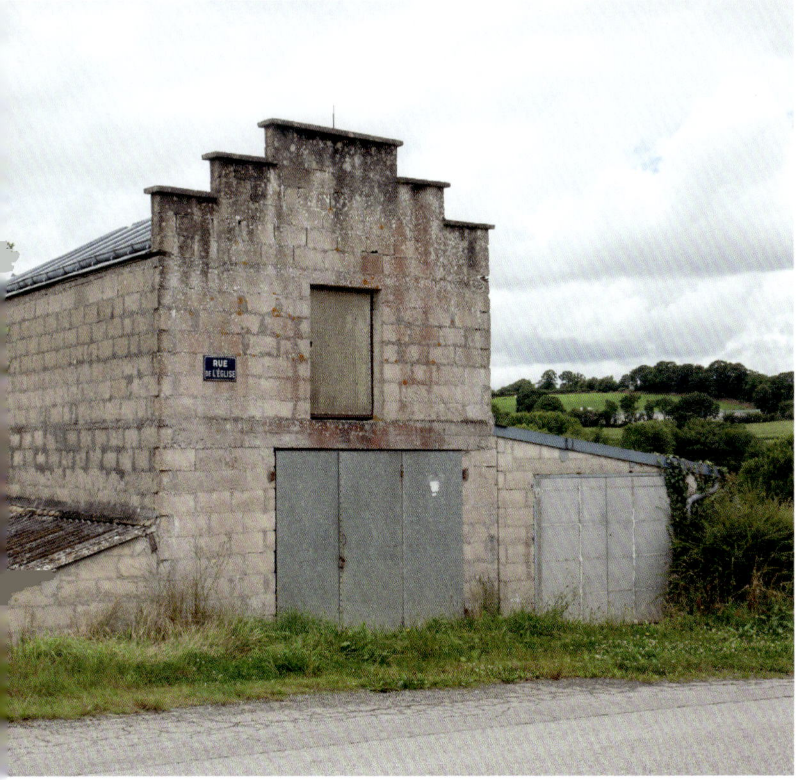

RUE
DE L'ÉGLISE

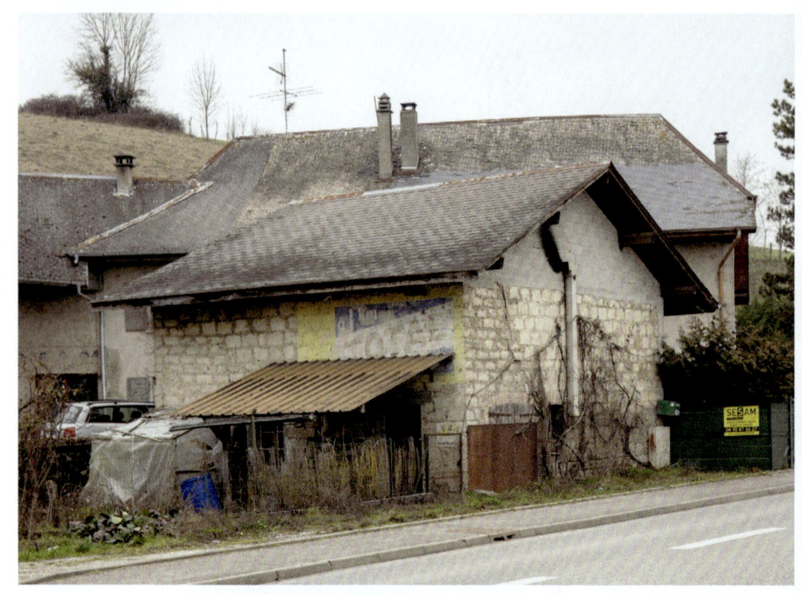

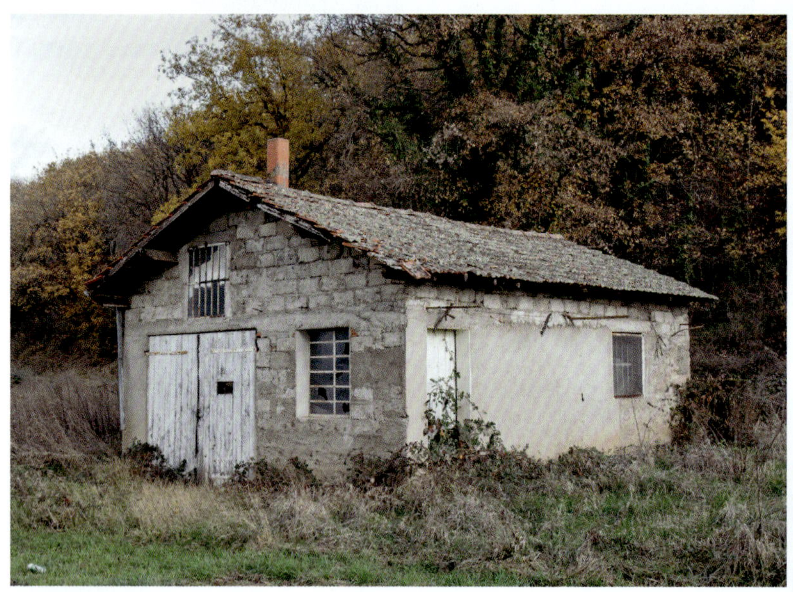

Vallières, Genevois
Auzon, Brivadois

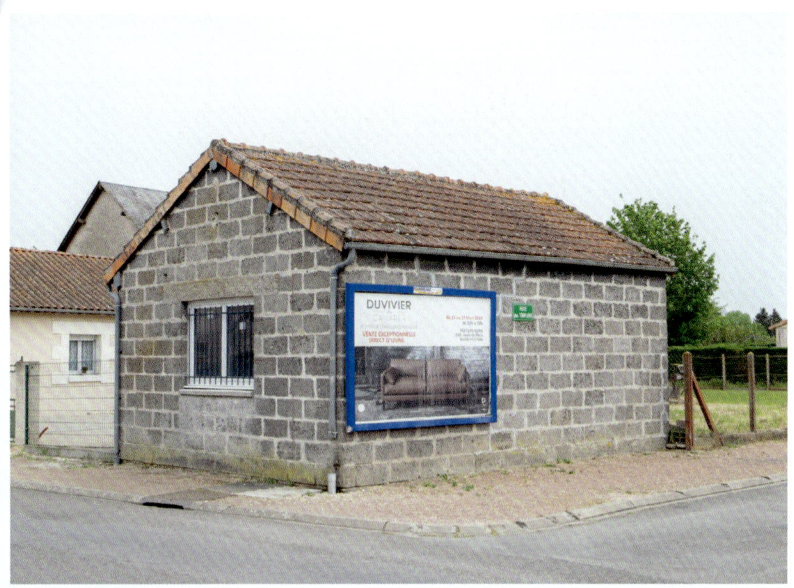

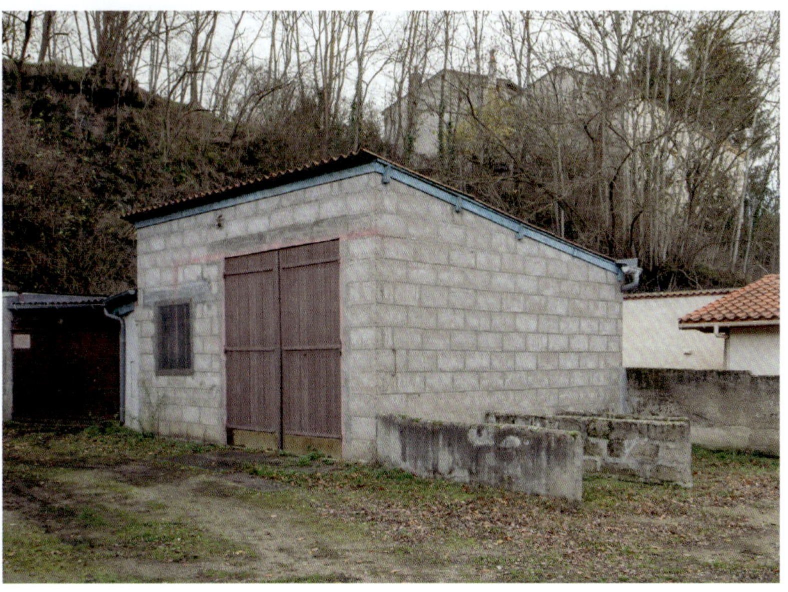

Beuxes, Loudunais
Auzat-la-Combelle, Brivadois

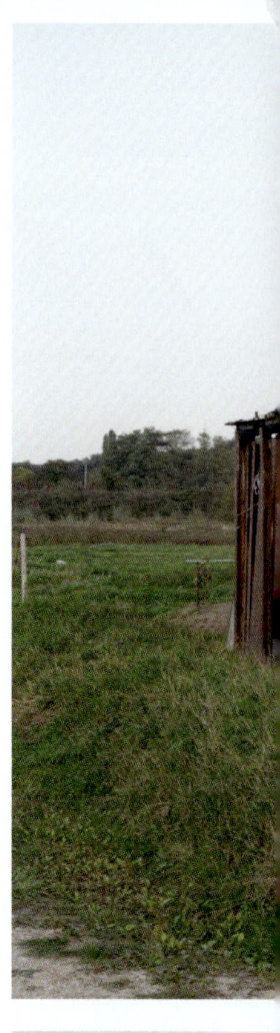

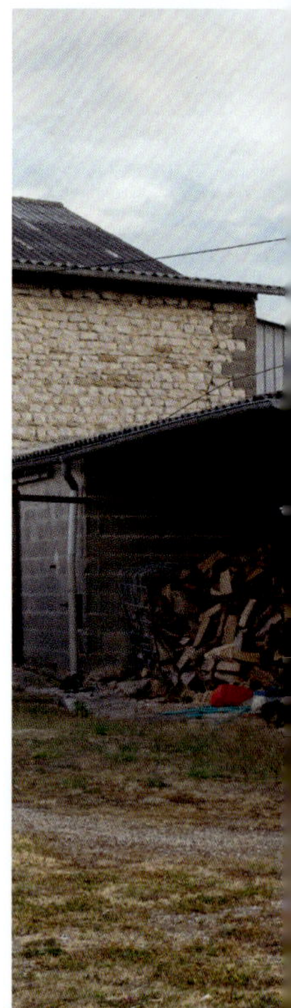

Auxerre, Auxerrois
Les Trois-Domaines, Barrois lorrain

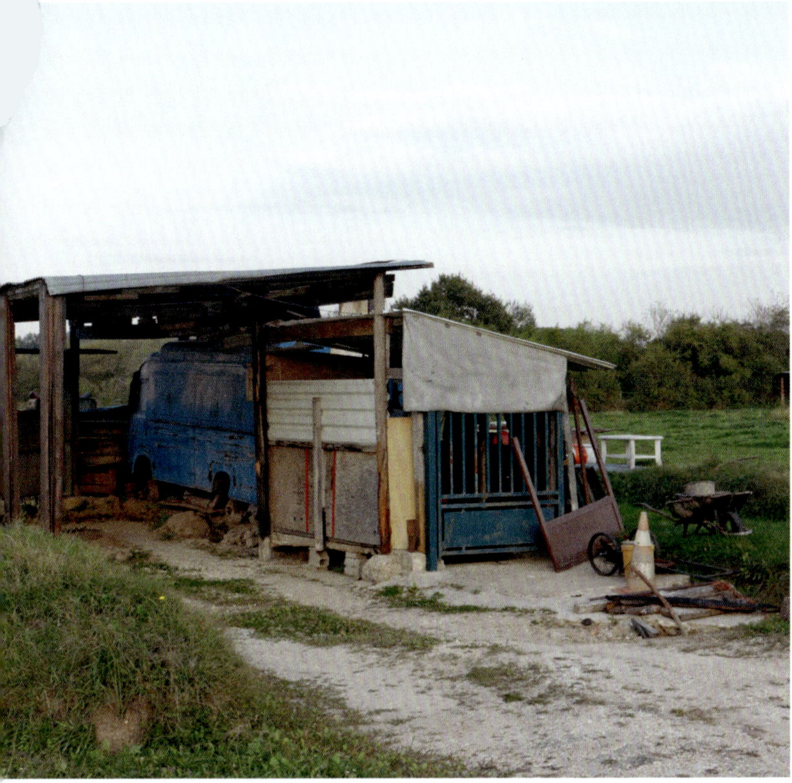

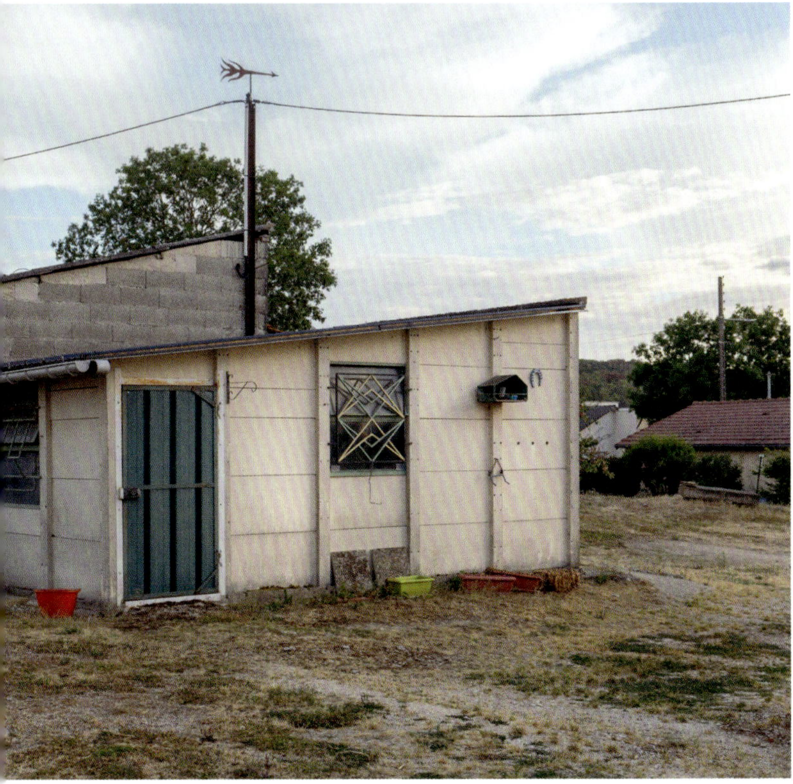

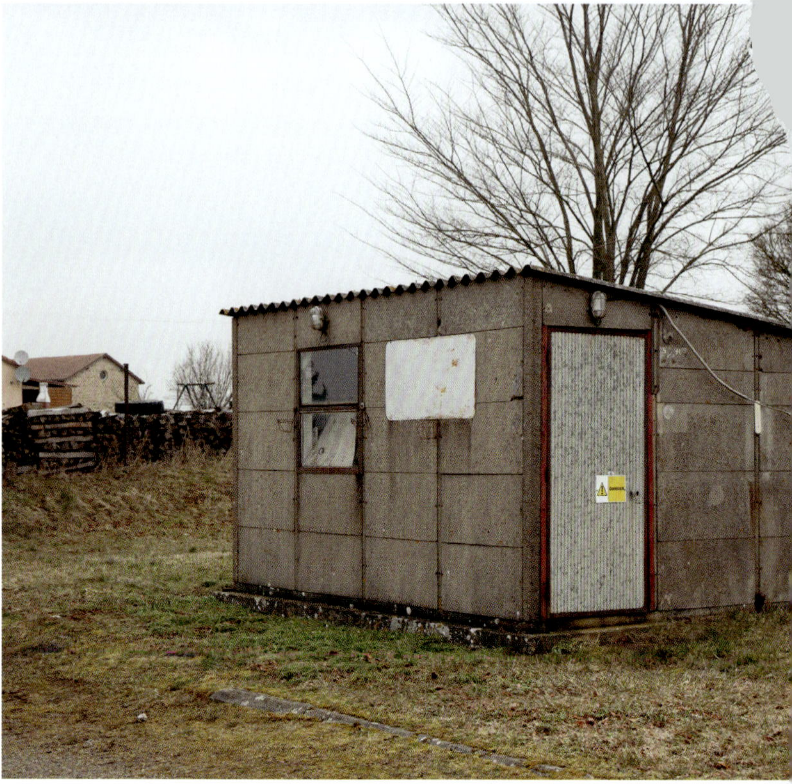

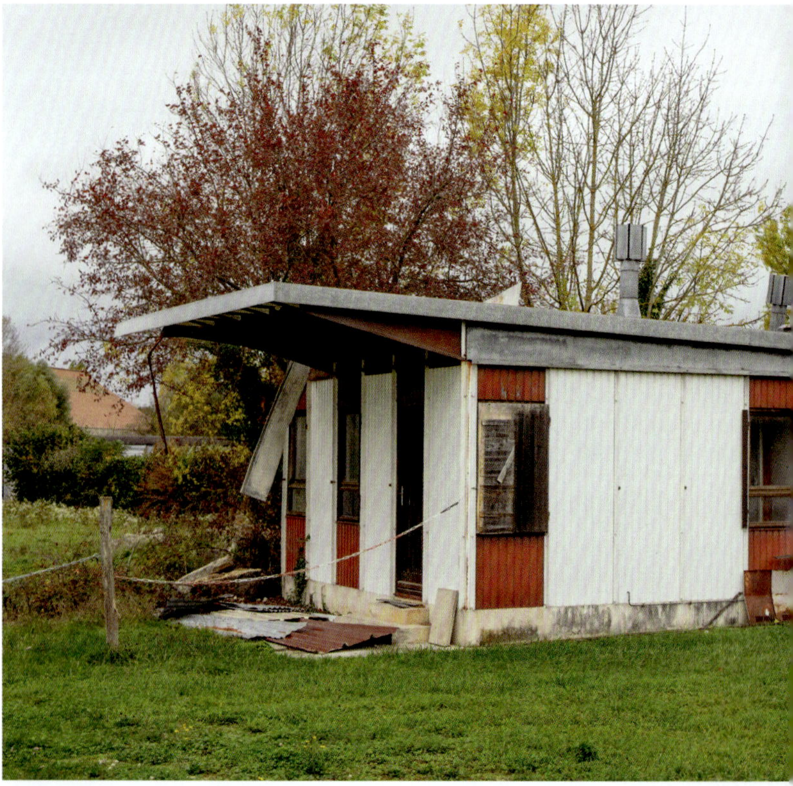

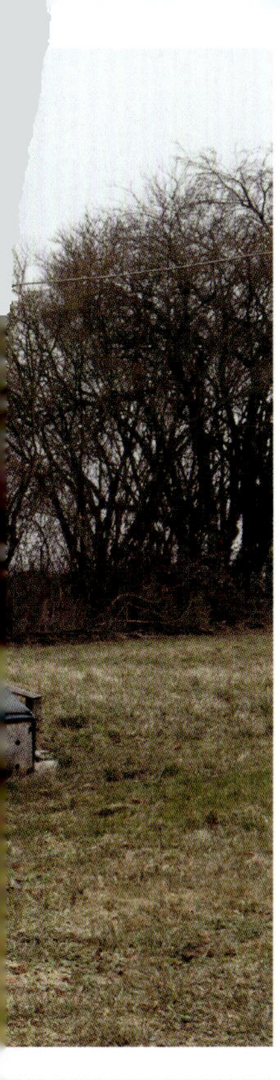
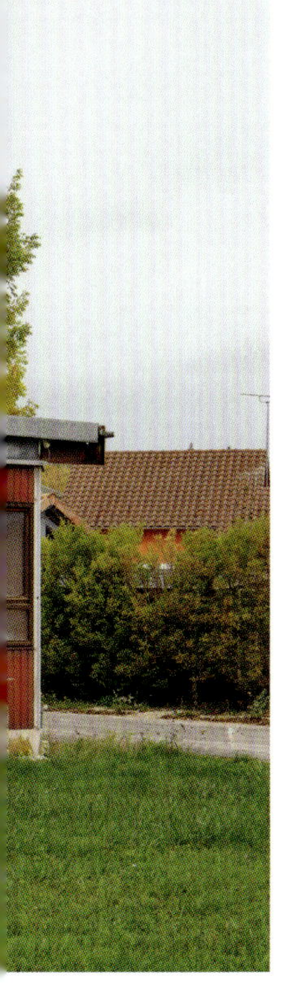

Thonne-le-Thil, Pays haut
Piney, Côte des Bar

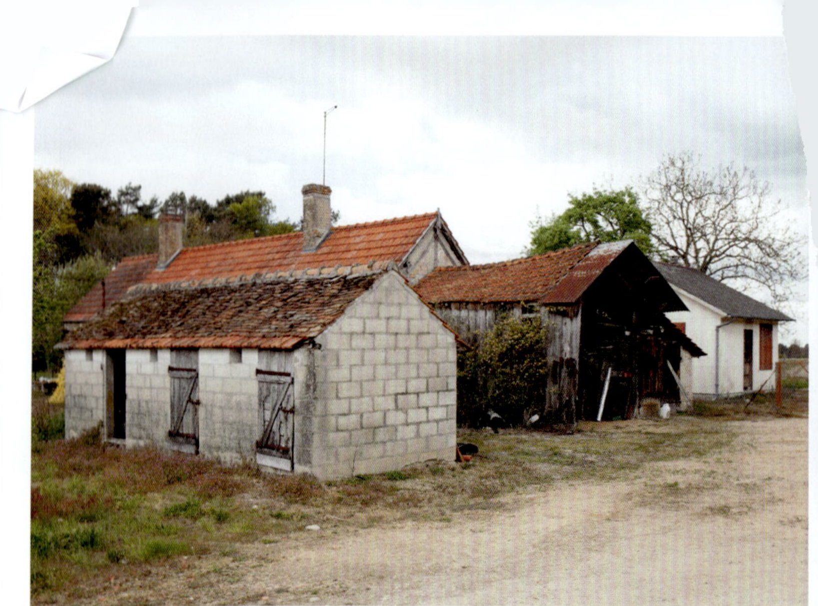

Vouzon, Sologne